L'ENCYCLOPÉDIE de la grossesse

L'ENCYCLOPÉDIE de la grossesse

Toutes les réponses à vos questions

Éditrice en chef de la publication
Dre Chandrima Biswas,
Obstétricienne consultante

Hurtubise

DK | Penguin Random House

UN MONDE D'IDÉES

www.dk.com

L'ENCYCLOPÉDIE DE LA GROSSESSE

Titre original de cet ouvrage : *The Pregnancy Encyclopedia*

Les Éditions Hurtubise bénéficient du soutien financier du gouvernement du Québec par l'entremise du programme de crédit d'impôt pour l'édition de livres.

Financé par le gouvernement du Canada | Canada

Éditrice en chef Dre Chandrima Biswas
Consultantes Dre Anastasia Alcock, Dre Jenny Hall, Dre Su Laurent, Prof. Lesley Page
Rédactrices Judy Barratt, Claire Cross, Susannah Steel
Directrices éditoriales Carrie Love, Victoria Heyworth-Dunne
Directrices artistiques Nicola Rodway, Alison Gardner, Collette Sadner, Marianne Markham
Éditrices du projet Shashwati Tia Sarkar, Victoria Marshallsay, Dawn Bates, Hilary Mandleberg, Ruth O'Rourke, Lise Dyer
Maquette Emma Forge, Tom Forge
Support technique à la création Sonia Charbonnier
Nouvelles illustrations Peter Bull
Nouvelles photographies Ruth Jenkinson
Recherche iconographique Lucy Claxton, Martin Copeland
Conception de la couverture Nicola Powling
Édition de la couverture Francesca Young
Pré-production Andy Hilliard
Directeur de la création Maxine Pedliham
Direction de la publication Mary-Clare Jerram
Traduction française Marion Cot-Nicolas et Nathalie Renevier
Mise en pages Geneviève Dussault et Nathalie Tassé
Adaptation de la couverture Geneviève Dussault
Édition et adaptation Estelle Denoncourt, Alexandrine Foulon, Jacinthe Moffet

Édition originale produite et réalisée par :
Dorling Kindersley Limited
A Penguin Company
80 Strand
Londres WC2R 0RL, R.-U.

ISBN : 978-2-89723-891-9

Dépôt légal : 1er trimestre 2017
Bibliothèque et Archives nationales du Québec
Bibliothèque et Archives Canada

Diffusion-distribution au Canada :
Distribution HMH
1815, avenue De Lorimier
Montréal (Québec) H2K 3W6
www.distributionhmh.com

Mise en garde
Cet ouvrage ne remplace nullement une visite médicale. Si vous avez le moindre doute, demandez l'avis d'un médecin. L'éditeur ni les auteurs ne peuvent être tenus responsables pour les éventuels problèmes résultant de l'utilisation de cet ouvrage.

Imprimé en Chine

www.editionshurtubise.com

Sommaire

Introduction

Une grossesse, qu'il s'agisse de la première ou des suivantes, est toujours une aventure aussi unique qu'incroyable. Dans ma vie d'obstétricienne, j'ai rencontré des patientes de tous les horizons et j'ai pu constater qu'il y avait autant de grossesses et d'accouchements différents qu'il y avait de femmes.

Découvrir que vous êtes enceinte, que ce soit pour la première, la deuxième, la troisième ou la quatrième fois, apporte son lot d'émotions comme la joie, l'excitation, la réticence, la peur, la stupéfaction, la curiosité, et bien sûr l'anxiété. Autant de sentiments aussi naturels que le besoin de conseils. Dans la société d'autrefois, caractérisée par de grandes familles et des couches sociales bien distinctes, des réseaux d'entraide se mettaient naturellement en place pour soutenir et informer les femmes sur tout ce qui touche à la grossesse. De nos jours, il est plus difficile d'en parler, et nos rares interlocuteurs sont une poignée de membres de la famille proche et d'amies, et naturellement le médecin, la sage-femme ou le gynécologue qui nous suivent à intervalles réguliers.

Souvent, notre premier réflexe est de chercher sur Internet. On y trouve en abondance des informations (parfois douteuses) et des anecdotes sur la grossesse et l'accouchement, aussi positives que négatives. Si le résultat de certaines recherches est instructif, il peut aussi être déroutant et déclencher une certaine anxiété chez la future maman quant à sa propre expérience.

La réponse à vos questions

Dans cet ouvrage, nous avons essayé de vous apporter à la fois les conseils et le soutien dont vous avez besoin à un des moments les plus importants de votre vie. Nous avons couvert tous les stades : préconception, grossesse, travail, naissance, et même les 3 premiers mois de vie de votre bébé. Les chapitres sont organisés par thèmes, généralement sous la forme de questions, afin de vous aider à trouver la réponse à vos interrogations, et traitent de sujets connexes suscep-

question ? réponse

Qui sont les consultantes ?

Rédactrice en chef
Dre Chandrima Biswas

La Dre Chandrima Biswas est chef de clinique au Whittington Hospital à Londres et chef du service obstétrique du North Central London Maternity Network. Elle est membre du Royal College of Obstetrics and Gynaecology et a été présidente du Maternity and Newborn Forum de la Royal Society of Medicine. Elle est spécialisée en obstétrique à haut risque et notamment aux problèmes liés à l'obésité de la mère.

Consultante
Dre Anastasia Alcock

La Dre Anastasia Alcock est pédiatre et spécialiste de la médecine d'urgence et des maladies infectieuses. Elle travaille actuellement à l'Oxford John Radcliffe Hospital, et est diplômée de l'Imperial College School of Medicine de Londres. Anastasia est la créatrice de The Prenatal Classroom, qui dispense des conseils sur la grossesse et la période postnatale. Elle est aussi l'auteur de *Your Baby's First Year*, ouvrage destiné à guider les jeunes parents dans les méandres de la première année de leur enfant.

Consultante
Dre Jenny Hall

La Dre Jenny Hall a collaboré avec le NHS pendant plus de 35 ans, d'abord en tant qu'infirmière et sage-femme, puis comme formatrice. Elle est actuellement chargée d'enseignement à l'université de Bournemouth et s'intéresse particulièrement à la spiritualité et à la dignité dans les soins. Rédactrice en chef pendant 10 ans de la revue *The Practising Midwife Journal*, elle est actuellement secrétaire de rédaction de la revue *Women & Birth*. Elle a écrit et coécrit de nombreux ouvrages et articles sur la maïeutique.

tibles de vous intéresser. Grâce à une frise du suivi prénatal et aux descriptions de nos spécialistes, vous découvrirez ce qui vous attend pendant votre grossesse, des échographies et autres examens à l'accouchement, en passant par le plan de naissance. Vous trouverez également des informations sur la nutrition, les exercices et les changements biologiques qui surviennent dans votre organisme et celui de votre bébé, ainsi que des conseils pour rester en bonne santé. La question des vêtements à acheter pour pouvoir y loger votre ventre toujours plus gros et le matériel à prévoir pour l'arrivée de votre petite merveille est également abordée. Enfin, un des chapitres traite des maux de la grossesse, essentiellement au cours du 1er trimestre. Le cas échéant, nous vous avons indiqué quand consulter votre médecin ou votre gynécologue.

Votre voyage jusqu'à la naissance et après

La description des premiers jours de votre bébé est précise, facile et agréable à lire. Grâce à des informations médicales poussées et des conseils éclairés, vous aborderez en confiance l'aventure de la grossesse et de la parentalité. Nos recommandations en matière de mode de vie, d'activité professionnelle et de bien-être vous aideront à vivre une grossesse heureuse et à attendre avec impatience l'arrivée du nouveau membre de votre famille.

J'espère que grâce à cet ouvrage fascinant, les (futures) femmes enceintes appréhenderont sereinement ces 9 mois si particuliers et profiteront au mieux des tout premiers instants de la vie de leur bébé.

Dre Chandrima Biswas

Consultante
Dre Su Laurent

La Dre Su Laurent est praticienne hospitalière en pédiatrie au Barnet Hospital de Londres depuis 1993. Elle s'intéresse particulièrement aux problèmes d'asthme et à la façon dont l'interaction entre le corps et l'esprit agit sur la santé physique. Elle est l'auteur de différents ouvrages sur la parentalité et la santé de l'enfant. Conseillère médicale pour l'association caritative Child Bereavement UK, elle a longtemps été experte en pédiatrie pour le magazine *Mother and Baby*.

Consultante
Prof. Lesley Page CBE

La Prof. Lesley Page est présidente du Royal College of Midwives. Elle a été le premier professeur de maïeutique au Royaume-Uni à l'université de Thames Valley ainsi qu'au Queen Charlotte's Hospital. Universitaire reconnue au niveau international, elle défend avec ferveur les droits des sages-femmes, des mères et des bébés. Elle a contribué à la mise en place des soins de maternité centrés sur la femme et a été sage-femme libérale et hospitalière pendant plus de 32 ans.

Rédactrice et consultante pour les États-Unis
Dre Paula Amato

La Dre Paula Amato est endocrinologue spécialisée dans la médecine de la reproduction et professeur agrégée à l'Oregon Health and Science University. Elle est diplômée de l'université de Toronto où elle a fait son internat en gynécologie-obstétrique. Elle a ensuite été chargée de cours dans le domaine de l'endocrinologie et de la médecine de la reproduction, et de l'infertilité à l'université de Californie. Elle a obtenu une spécialité en gynécologie, obstétrique, endocrinologie et médecine de la reproduction et infertilité.

Comment utiliser ce livre ?

Cet ouvrage de référence vous guidera et vous informera tout au long de ces 9 mois si particuliers. Avec ses questions-réponses faciles à consulter, il couvre tous les aspects de la grossesse et du travail, et s'intéresse aux premières semaines de votre bébé et de votre nouvelle famille.

ORGANISATION DES CHAPITRES

Les chapitres sont organisés par thèmes et regroupent toutes les questions sur un même sujet au même endroit. Consacrés notamment aux échographies et autres examens, à l'alimentation de la femme enceinte, au développement du bébé *in utero* ou au matériel nécessaire pour l'arrivée de votre petite merveille, ils sauront répondre à vos interrogations sur tous les sujets.

Au sein de chaque chapitre, différentes sections s'attardent sur un point particulier, sous la forme d'un petit résumé suivi de questions-réponses. Certaines pages étudient les points clés de façon approfondie et proposent de magnifiques visuels.

Navigation Un mini-sommaire vous indique les points abordés dans le chapitre que vous consultez.

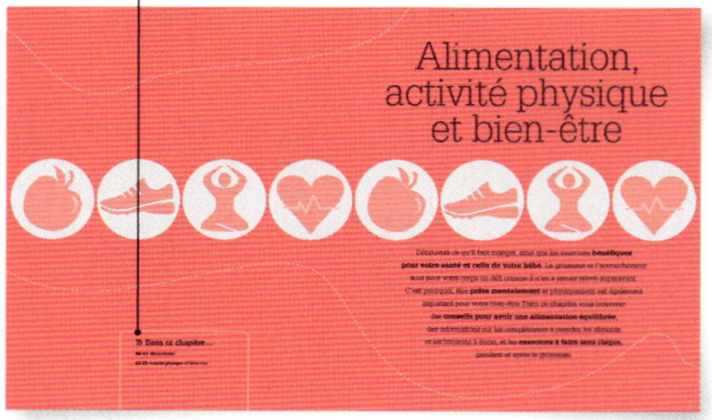

Chapitres Grâce à l'organisation par thèmes, vous trouvez facilement ce que vous cherchez.

Introduction Cet aperçu général vous donne une idée des points abordés dans le chapitre.

Sections Elles étudient en détail chaque sujet abordé dans un chapitre.

Questions Des réponses claires validées par des professionnels de la santé reconnus.

Explications visuelles Elles facilitent la compréhension des points délicats.

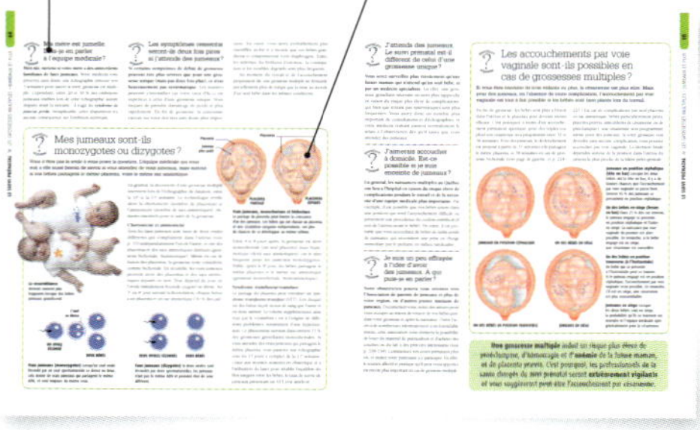

Pages questions-réponses Vous y trouverez les réponses aux questions les plus fréquemment posées. Des illustrations claires viennent compléter les explications.

Une question clef Les principaux sujets sont traités de façon approfondie.

Titres verticaux Découvrez le contenu de la page d'un seul coup d'œil.

Au fond des choses Ces pages s'attardent sur les questions essentielles qu'elles étudient en profondeur. Des réponses détaillées et des visuels dressent un tableau complet sur différents sujets.

Par étapes Les différentes étapes des processus sont clairement indiquées.

Étonnant ! Les faits répertoriés dans ces listes n'ont pas fini de vous surprendre.

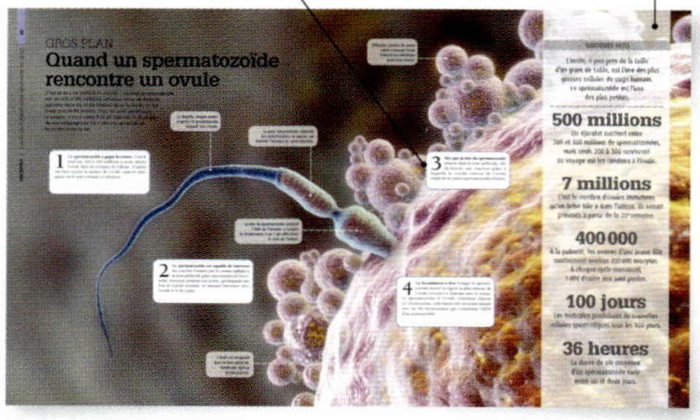

Gros plans Des visuels magnifiques et des faits surprenants pour illustrer la magie de la grossesse.

LES CHAPITRES DE CET OUVRAGE

BIENVENUE DANS L'AVENTURE DE LA GROSSESSE

» Pages 10 à 25

Le premier chapitre de cet ouvrage décrit la grossesse semaine par semaine. La rubrique « Côté Bébé » résume les étapes du développement du fœtus, tandis que le « Côté Maman » s'attarde sur les aspects qui vous concernent. Découvrez les incroyables changements qui surviennent au fil des jours. Un aide-mémoire hebdomadaire vous rappelle les points clés de la semaine, comme le début des cours prénataux, ou votre première échographie.

Illustrations Découvrez chaque semaine le développement de votre bébé tout au long de la grossesse.

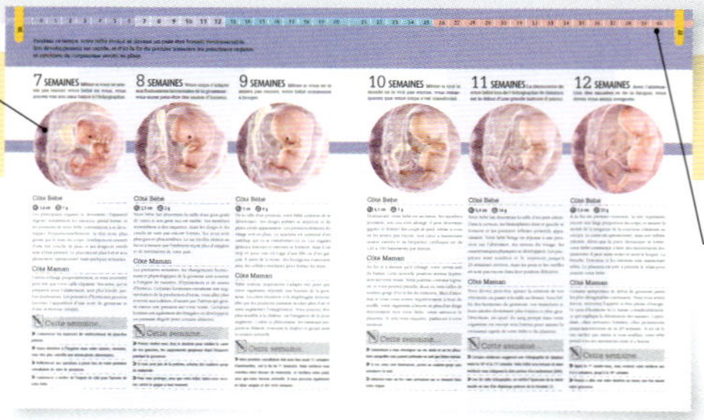

Frise du développement Suivez la croissance de votre bébé, semaine après semaine.

Une aventure en détail La taille et le poids de votre bébé sont indiqués pour chaque semaine, ainsi que les différents symptômes que vous risquez de ressentir.

CONCEPTION

Première étape de l'extraordinaire aventure de la grossesse, ce chapitre récapitule l'incroyable processus qui permet la conception et donne des explications détaillées sur la préparation du corps à la grossesse ou encore sur l'implantation de l'embryon. Des consignes pour optimiser la fertilité aux premiers signes qui témoignent que vous êtes enceinte, il vous aide à vous préparer et à vivre ces semaines essentielles.

ALIMENTATION, EXERCICES ET BIEN-ÊTRE

Pas de grossesse sans une flopée de conseils sur ce qu'il faut faire et ne pas faire pour votre bonne santé et celle de votre bébé. Ce chapitre vous indique les aliments à éviter et vous explique comment une alimentation saine peut favoriser le développement de votre bébé à ses débuts. Vous y trouverez également des exercices et des techniques de relaxation pour gérer au mieux les désagréments de la grossesse et vous concentrer sur le travail le moment venu.

SUIVI PRÉNATAL

Les soins que vous recevrez pendant la grossesse sont essentiels. Dans ce chapitre, vous découvrirez les différents intervenants et types de suivi prénatal, et serez amenée à réfléchir à votre plan de naissance, à la personne qui vous accompagnera ainsi qu'aux lieux et techniques d'accouchement possibles. La partie sur les échographies et autres examens vous aidera à comprendre leur intérêt et ce qu'ils peuvent vous apporter ainsi qu'à votre bébé.

VOTRE GROSSESSE ET VOUS

Les changements qui interviennent dans votre organisme lors de la grossesse ont des conséquences sur de nombreux aspects de votre vie, de la relation avec votre partenaire à votre sommeil ou aux voyages. Outre le côté pratique, ce chapitre s'attarde sur les changements physiques et émotionnels provoqués par la grossesse, et se penche sur les maux et les complications les plus fréquemment observés.

DÉVELOPPEMENT DE VOTRE BÉBÉ

Lors d'une grossesse, rien n'est plus fascinant que le développement de votre bébé dans l'utérus. Ce chapitre décrit chaque étape de l'évolution de votre bébé et vous montre comment, en quelques semaines, il passe d'un amas de cellules à un fœtus parfaitement identifiable. Outre sa croissance et ses caractéristiques externes, nous nous pencherons sur le développement de ses organes, puis sur son héritage génétique.

PRÉPARATIFS PRATIQUES

Des soutiens-gorge d'allaitement, ceintures de maternité et pantalons de grossesse aux coussins d'allaitement, poussette, bassinette ou pyjamas, nombreux sont les articles dont vous aurez besoin pour votre grossesse et l'arrivée de votre bébé. Ce chapitre vous guide dans vos choix, vous donne des conseils sur ce qui est indispensable et vous aide à ne rien oublier pour votre grossesse et les premiers mois de votre bébé.

TRAVAIL ET ACCOUCHEMENT

Ce chapitre, consacré au travail et à l'accouchement, vous guide à travers chaque étape en vous aidant à reconnaître le début du travail et à évaluer sa progression. Vous y trouverez également des conseils sur les techniques et les médicaments permettant d'atténuer la douleur. Enfin, vous découvrirez ce qui se passe immédiatement après l'accouchement : les soins apportés à votre nouveau-né, ce que vous ressentez et la création de liens affectifs avec votre bébé.

PÉRIODE POSTNATALE

Au cours de la grossesse, vous commencerez à envisager votre vie avec votre bébé. Ce chapitre vous donne un aperçu de ce qui vous attend et vous prépare à vous occuper de lui au quotidien. Vous y trouverez des conseils pour l'allaiter, le laver, l'habiller, le réconforter ou le transporter, ainsi que pour gérer les premières maladies, complétés par des astuces et des recommandations pour bien récupérer après l'accouchement.

SITUATIONS PARTICULIÈRES

Au cours d'une grossesse surviennent parfois des situations aussi douloureuses qu'inattendues comme une fausse couche, un accouchement prématuré qui impose des soins spécifiques au bébé, ou un nouveau-né souffrant d'un problème particulier ou d'une maladie. Ce chapitre s'arrête sur les difficultés auxquelles doivent faire face certaines familles, leur apportant conseils et informations pour mieux comprendre et accepter ces situations difficiles.

» Dans ce chapitre...

Bienvenue dans l'aventure de la grossesse

Félicitations ! **Vous êtes enceinte**, ou du moins pensez-vous l'être ! Dans ce chapitre, vous trouverez un résumé de ce à quoi vous attendre chaque semaine. N'hésitez pas à consulter les chapitres suivants pour avoir plus d'informations sur chaque sujet.

VOTRE CALENDRIER
de grossesse

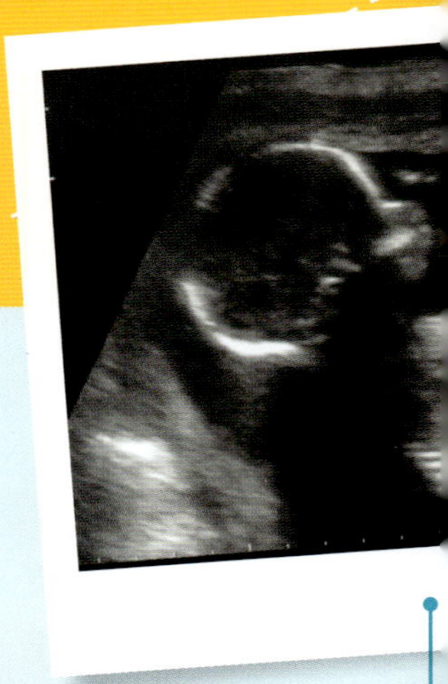

Dès la conception, votre bébé et vous allez traverser une multitude de changements extraordinaires. Votre grossesse commence le premier jour de vos dernières règles. La durée moyenne d'une grossesse est de 40 semaines d'aménorrhée, divisées en 3 trimestres d'environ 3 mois chacun. Dans cet ouvrage, le terme *semaine* désigne 1 semaine complète d'aménorrhée. Grâce à ce calendrier des principaux événements, découvrez d'un coup d'œil le déroulement de votre grossesse.

Menstruations Votre grossesse commence le premier jour de vos dernières règles. Au cours des 2 premières semaines, vous n'êtes donc pas enceinte.

Compléments Prenez de l'acide folique avant d'être enceinte, ou dès que vous apprenez que vous l'êtes et continuez jusqu'après l'accouchement, pendant toute la durée de l'allaitement. On vous recommandera peut-être aussi de prendre de la vitamine D.

VOTRE BÉBÉ SE DÉVELOPPE
Même s'il n'est pas plus gros qu'un grain de raisin, votre bébé se développe rapidement. Son petit cœur bat, son visage se dessine et ses membres se forment.

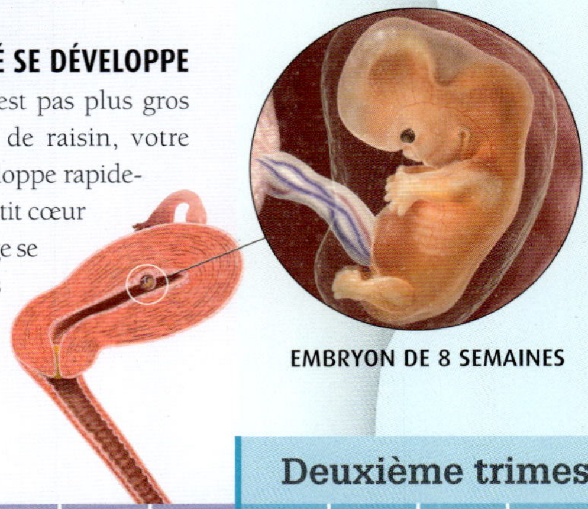

EMBRYON DE 8 SEMAINES

ÉCHOGRAPHIE MORPHOLOGIQUE
Vérification des organes, des systèmes et des membres, et recherche d'éventuelles malformations. Vous pourrez également savoir si vous attendez une fille ou un garçon.

Premier trimestre | **Deuxième trimestre**

0 1 2 3 4 5 6 7 8 9 10 11 12 | 13 14 15 16 17 18 19 20

CONCEPTION
Dès qu'un spermatozoïde féconde un ovule, la vie de votre bébé commence. Quelques jours après, l'ovule fécondé vient s'implanter dans la muqueuse de l'utérus, à l'endroit où le placenta se formera.

Symptômes de début de grossesse Vous pouvez ressentir des symptômes comme des fringales, des nausées, une grande fatigue et des sautes d'humeur, qui, le plus souvent, finissent par disparaître.

Consultations prénatales
Votre premier rendez-vous doit avoir lieu avant 12 semaines d'aménorrhée. Lors de cette consultation très complète, votre médecin vous remettra votre dossier de maternité à conserver et à apporter à chaque visite de suivi.

Le dire aux autres
Attendez la fin du premier trimestre ou l'échographie de datation pour annoncer votre grossesse au reste du monde.

Exercice physique
Bougez et restez en bonne santé. Si votre activité habituelle est trop intense, adaptez-la ou inscrivez-vous à des cours spécialement destinés aux femmes enceintes.

Vaccin contre la grippe
La grippe est potentiellement dangereuse pour vous comme pour votre bébé. Pour l'éviter, vous pouvez vous faire vacciner à tout moment de votre grossesse.

Vous êtes enceinte !
Un test de grossesse détecte la présence de l'hormone hCG qui confirme que vous attendez un bébé.

BONNE NOUVELLE !

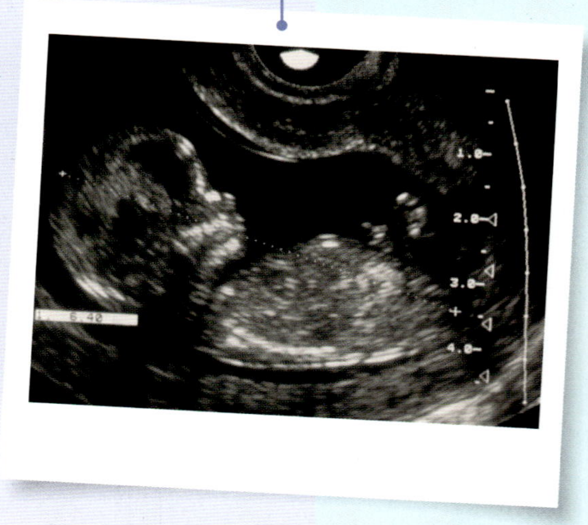

ÉCHOGRAPHIE DE DATATION
Lors de cet examen non obligatoire qui a lieu entre 10 et 13 semaines d'aménorrhée, votre bébé est mesuré de la couronne crânienne au coccyx (mesure crâniocaudale). Le technologue en échographie vérifie également l'épaisseur de la clarté nucale. En outre, il vous indiquera la date prévue d'accouchement. Sachez néanmoins que votre bébé est considéré à terme 5 semaines avant cette date.

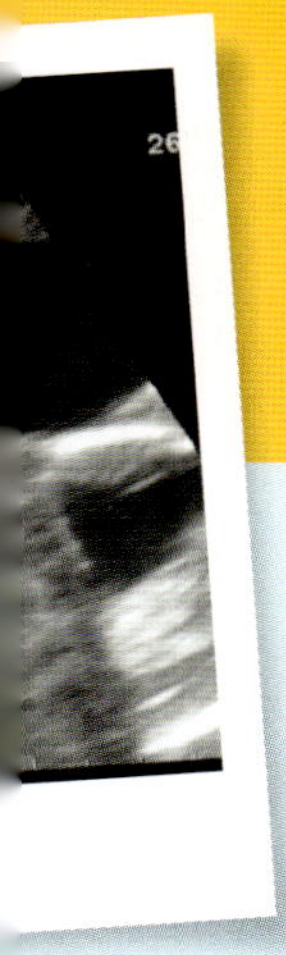

LA POSITION DE VOTRE BÉBÉ

À ce stade avancé, la croissance du fœtus reste sous surveillance, tout comme l'efficacité du placenta. Votre bébé est pratiquement à terme et commence à être à l'étroit. Sa tête glisse peu à peu dans la cavité pelvienne. Le fœtus est engagé lorsque la partie la plus large de sa tête est entrée dans l'ouverture supérieure du bassin. Votre corps commence alors à se préparer pour le travail.

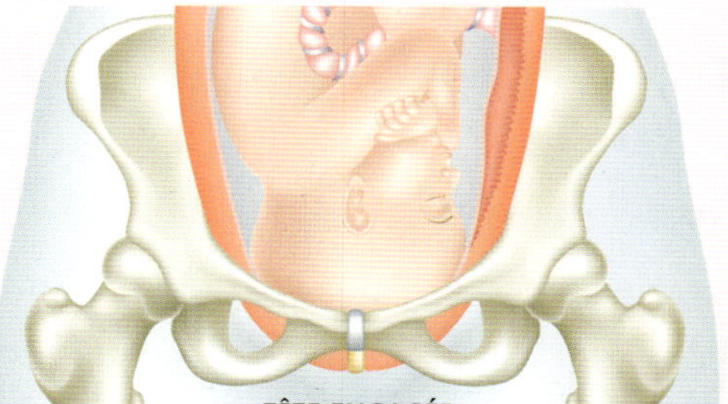

TÊTE ENGAGÉE

e dire à votre employeur izarrement, le Code du travail ne prévoit aucun délai. Mais informer votre employeur de votre grossesse revient à vous prémunir contre tout icenciement, la loi interdisant de licencier une femme enceinte.

L'équipement de votre bébé Commencez à réfléchir à ce dont vous aurez besoin pour votre bébé. Dormira-t-il dans une bassinette, un berceau ou un moïse ? Renseignez-vous sur les poussettes, les sièges auto et les porte-bébés.

Votre plan de naissance Il est temps de choisir où vous voulez accoucher, qui vous accompagnera et la technique d'accouchement que vous envisagez.

Vaccin contre la coqueluche Vous pouvez vous faire vacciner entre la 26e et la 38e semaine. Votre bébé sera ainsi protégé de la naissance jusqu'aux premières vaccinations.

Cours de prénataux L'heure est venue de les commencer. Ces cours sont très demandés, n'hésitez pas à vous renseigner à l'avance auprès du CLSC de votre quartier ou de votre sage-femme qui vous présentera les différentes formules possibles.

Date d'accouchement Un bébé naît généralement entre 37 et 42 semaines. Pas d'inquiétude si vous n'avez pas encore accouché.

Troisième trimestre

21 | 22 | 23 | 24 | 25 | 26 | 27 | 28 | 29 | 30 | 31 | 32 | 33 | 34 | 35 | 36 | 37 | 38 | 39 | 40+

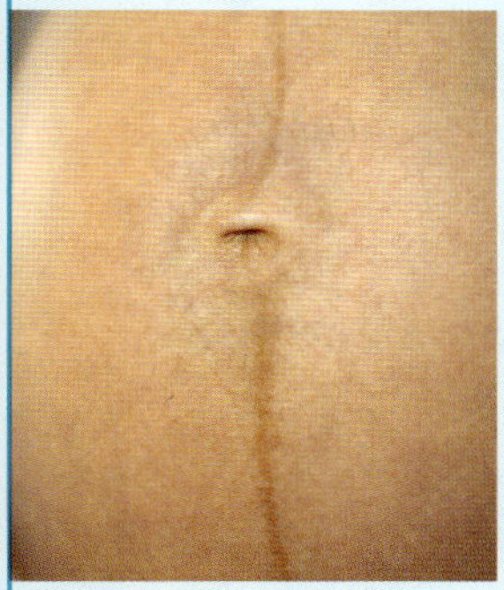

SYMPTÔMES INDÉSIRABLES COURANTS DE LA GROSSESSE

La plupart des femmes sont positives et pleines d'énergie au deuxième trimestre. Cependant, des mains et des pieds gonflés, des saignements gingivaux, des hémorroïdes, des crampes, ou des changements au niveau de la peau ne sont pas rares. Certaines femmes ont également une ligne brune sur le ventre, qui disparaît après l'accouchement.

VOTRE BÉBÉ BOUGE !

Lors des dernières semaines, vous percevrez beaucoup plus les mouvements de votre bébé. Vous pourrez même sentir s'il a le hoquet. De son côté, il continue à s'habituer à votre voix. N'hésitez pas à consulter votre médecin si vous constatez des changements dans sa façon de bouger.

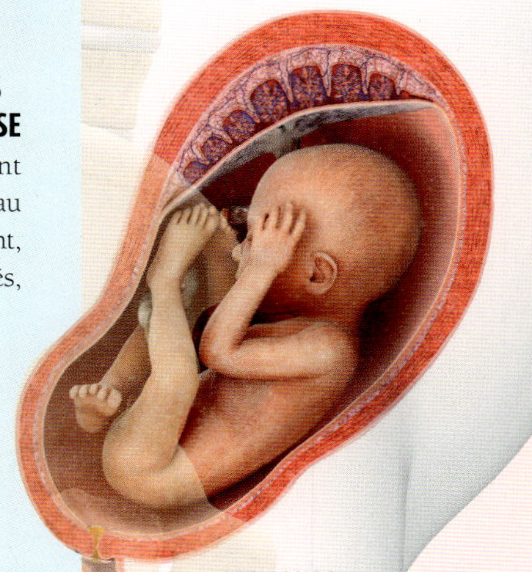

DES COUPS DE PIED DANS L'UTÉRUS

Faire son nid Reposez-vous le plus possible. Même si vous ressentez le besoin pressant de tout nettoyer du sol au plafond, n'en faites pas trop.

Préparez votre valise et votre dossier de maternité. Ayez toujours votre dossier sur vous. Préparez votre valise d'hôpital ou organisez les choses pour accoucher à domicile. Assurez-vous que la personne qui vous accompagnera le jour J sait où trouver ce dont vous aurez besoin.

Vous préparer pour le travail Certains exercices peuvent faciliter le travail. Passez du temps à quatre pattes assise sur un ballon ; faites de la relaxation, utilisez des techniques de respiration. Essayez de masser votre périnée pour l'assouplir.

ÊTES-VOUS PRÊTE ?

Surveillez les premiers signes du travail (perte des eaux ou début des contractions). Au-delà de 41 ou 42 semaines, vous aurez dépassé le terme. C'est fréquent, n'hésitez pas à parler de la prochaine étape à votre médecin ou à votre sage-femme.

Premier trimestre

1 À 14 JOURS

Le compte à rebours de votre grossesse commence avec vos règles, début du cycle de fertilité.

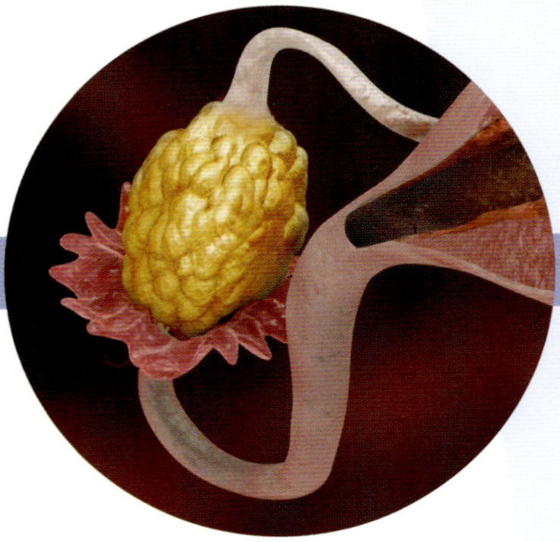

Côté Bébé

Il n'y a pas encore de bébé, mais les follicules ovariens travaillent pour libérer le prochain ovule.

Côté Maman

Il est souvent difficile de connaître précisément le jour de la conception, c'est pourquoi la date des dernières règles sert généralement de repère. Au cours des 2 premières semaines, le corps relance le cycle de fertilité. La première semaine, la muqueuse utérine se désagrège, la deuxième elle recommence à épaissir en préparation d'une grossesse.

Cette semaine…

» Commencez à prendre 400 µg d'acide folique par jour, avant la conception.

» Avec votre partenaire, adoptez un mode de vie sain pour augmenter vos chances de concevoir un bébé et éviter tout problème pendant votre grossesse – arrêtez de fumer, limitez votre consommation d'alcool et de caféine, mangez sainement, et faites régulièrement de l'exercice.

» Faites un bilan de santé, vérifiez que vos vaccins sont à jour et renseignez-vous pour gérer au mieux les maladies dont vous souffrez actuellement.

» L'obésité est un facteur de grossesse à haut risque et doit être prise en considération avant la conception. Elle peut également avoir un effet néfaste sur vos hormones et réduire vos chances d'avoir un enfant.

2 SEMAINES

L'ovaire libère un ovule (ovocyte mature). S'il est fécondé par un spermatozoïde, un bébé est conçu.

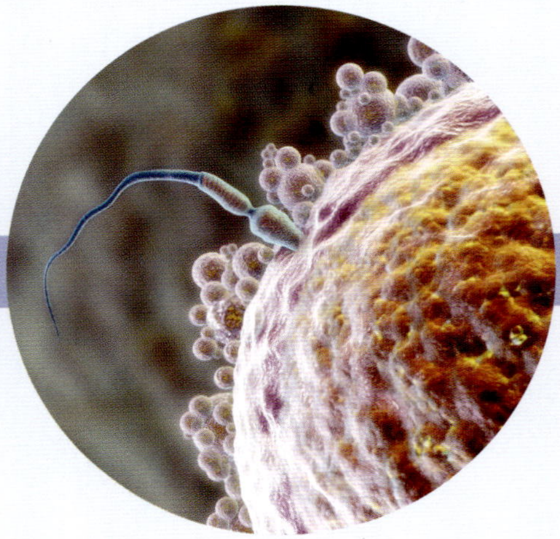

Côté Bébé

Longueur : environ 0,1 mm

Une fois libéré, un ovule peut survivre 24 heures en attendant d'être fécondé. Un éjaculat contient entre 200 et 500 millions de spermatozoïdes, mais quelques centaines à peine arriveront à l'ovule, où le vainqueur sera le seul à pénétrer pour le féconder. Peu après la fécondation, la couche externe de l'œuf s'épaissit pour empêcher qu'un autre spermatozoïde n'entre. Le matériel génétique du spermatozoïde et celui de l'ovule fusionnent pour concevoir votre bébé qui, au début de sa vie, n'est constitué que d'une seule cellule appelée *zygote*.

Côté Maman

Le zygote informe l'hypophyse (glande pituitaire), située dans le cerveau, de sa présence. Celle-ci déclenche alors la libération de l'hormone gonadotrophine chorionique humaine (hCG) qui bloque le cycle menstruel.

Cette semaine…

» Faites souvent l'amour pour vous donner un maximum de chances de concevoir un bébé. Ayez des rapports sexuels tous les 2 ou 3 jours pendant tout le mois.

» Détendez-vous, le stress peut avoir un effet néfaste sur votre capacité à être enceinte. De nombreux couples réussissent à concevoir un bébé lorsqu'ils sont en vacances. Ne vous demandez pas pourquoi !

3 SEMAINES

Il se passe des choses fantastiques dans votre corps, et certaines femmes en ressentent les premiers signes.

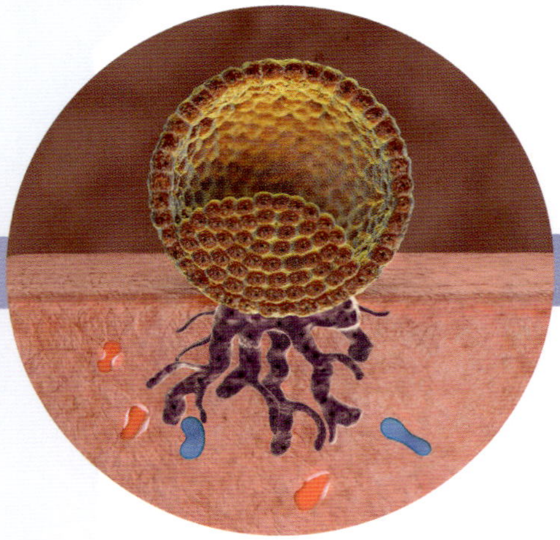

Côté Bébé

Longueur : environ 0,1 mm

Votre bébé est maintenant un amas de 100 cellules environ, appelé *blastocyste*, qui vient s'implanter dans la muqueuse de l'utérus, devenue collante pour qu'il puisse s'y fixer. Le placenta se formera là où le blastocyste se niche. Pour l'instant, le sac vitellin se développe pour nourrir votre bébé au premier stade de la grossesse.

Côté Maman

Les hormones, y compris les œstrogènes et la progestérone, envahissent votre corps pour aider le blastocyste à s'implanter solidement. Vous ressentirez peut-être les premiers symptômes de la grossesse, comme la fatigue ou des seins douloureux. Lors de l'implantation de l'œuf, de petits saignements peuvent apparaître, mais ils sont généralement légers, brefs et non douloureux.

Cette semaine…

» En attendant de savoir si vous êtes enceinte, évitez l'alcool, le tabac et la caféine, et mangez équilibré. Votre bébé prendra ainsi un bon départ.

» Vous découvrirez peut-être que vous êtes enceinte grâce à un test de grossesse ultrasensible.

» Consultez votre médecin pour savoir s'il est risqué ou non de continuer un éventuel traitement en cours.

Le premier trimestre est une période cruciale, au cours de laquelle les principaux organes se forment. Les hormones libérées par les ovaires alimentent l'embryon jusqu'à ce que le placenta prenne le relais vers 10 semaines.

LÉGENDE

Taille moyenne : jusqu'à 20 semaines, de la couronne crânienne au coccyx. À partir de 20 semaines, de la couronne crânienne au talon.

Poids moyen

4 SEMAINES

Si vous n'avez pas eu vos règles cette semaine, il est temps de vous demander si vous n'êtes pas enceinte.

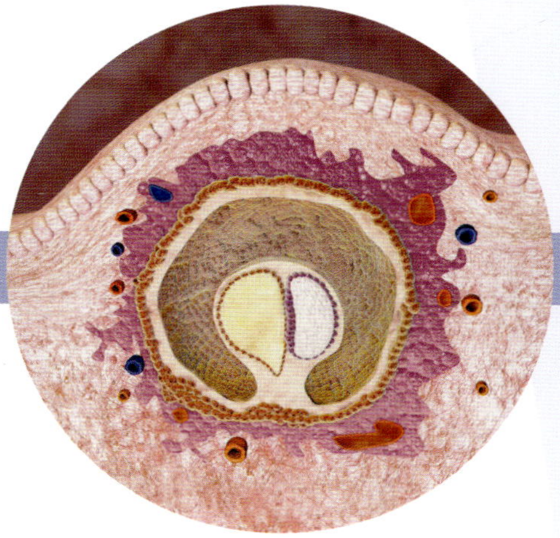

Côté Bébé

Longueur : 2 mm

La vie de votre minuscule bébé a commencé. L'embryon, couche de cellules qui se développe rapidement, flotte dans un sac amniotique rempli de liquide. Un système de circulation sanguine basique est en place, le cerveau et le système nerveux prennent doucement forme.

Côté Maman

Vous ressentirez peut-être certains symptômes de début de grossesse, notamment des nausées et des vomissements. Le taux d'hormone gonadotrophine chorionique humaine (hCG) produite par l'ovule fécondé est suffisamment élevé pour être détecté par un test de grossesse.

Cette semaine…

» Faites un test de grossesse.

» Si ce n'est pas déjà fait, commencez à prendre 400 µg d'acide folique et 10 µg de vitamine D par jour.

» Si votre grossesse n'était pas planifiée, arrêtez toute contraception.

» Prenez rendez-vous chez votre médecin pour une consultation de début de grossesse.

» Arrêtez l'alcool et le tabac, et limitez la caféine à 200 mg par jour.

5 SEMAINES

Votre corps s'adapte à votre grossesse, même si elle ne se voit pas encore, et vous risquez de le ressentir.

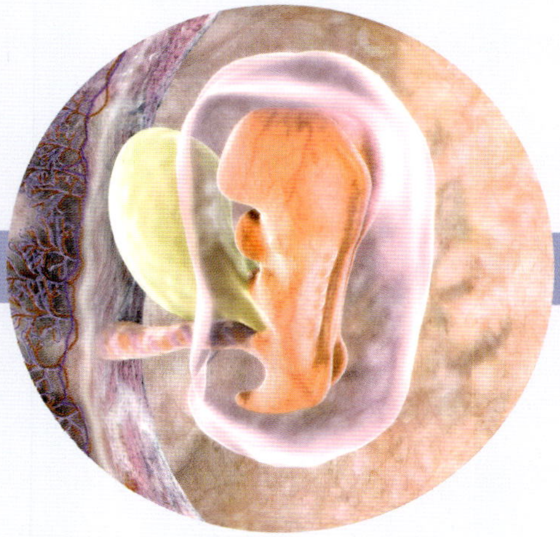

Côté Bébé

4 mm

L'embryon ressemble désormais à un petit têtard. Le corps s'est allongé et une rangée de cellules sombres, future moelle épinière, est apparue dans le dos. Les yeux s'ébauchent sous la forme de deux petits points noirs, et des excroissances, ou *bourgeons*, donneront ensuite naissance aux membres. Le cœur grossit vite, et commencera à battre d'ici la fin de cette semaine.

Côté Maman

Les symptômes du premier trimestre sont désormais très forts. La plupart du temps, ils disparaîtront au bout de 12 semaines. Si vous souffrez de nausées et de vomissements, mangez des aliments simples et du gingembre. Si vous ne gardez vraiment rien dans l'estomac, parlez-en à votre médecin.

Cette semaine…

» Découvrez les aliments que vous pouvez consommer sans risque pendant votre grossesse, et ceux susceptibles d'être nocifs pour votre bébé, comme le poisson cru ou les œufs peu cuits, la charcuterie ou les produits laitiers non pasteurisés.

» Si votre travail est dangereux ou physiquement épuisant, parlez de votre grossesse à votre employeur afin qu'il prenne les dispositions nécessaires.

» Soyez prudente en utilisant des produits de nettoyage, portez des gants et ouvrez les fenêtres afin de ne pas inhaler les vapeurs.

6 SEMAINES

Ce n'est pas parce que votre ventre reste plat que votre corps ne change pas.

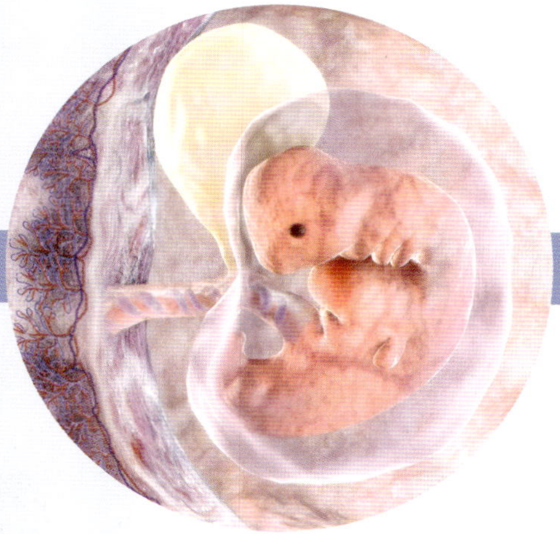

Côté Bébé

8 mm

La longueur de votre bébé a doublé. Il ressemble désormais à une petite crevette. La tête et le cerveau se développent à une vitesse incroyable, et l'emplacement des yeux est maintenant bien marqué par deux points noirs de chaque côté. Des rétines primitives se forment.

Côté Maman

Votre métabolisme s'accélère, vos poumons travaillent plus dur et votre volume sanguin augmente. Ne soyez pas surprise de constater que vous avez déjà pris un peu de poids, même si cela ne se voit pas au niveau de votre ventre. Vos vaisseaux sanguins se détendent, ce qui entraîne une chute de la tension artérielle. Ne restez pas debout trop longtemps pour éviter tout risque d'étourdissement. Vos mamelons et leurs aréoles (peau qui les entoure), deviennent plus foncés, et désormais un bouchon muqueux obstrue l'utérus pour protéger votre bébé de toute infection.

Cette semaine…

» En cas de saignement ou d'antécédents de fausse couche, votre médecin vous proposera une échographie précoce.

» Attention à la toxoplasmose, contractée au contact d'excréments de chat ou par la consommation de viande peu cuite.

» Faites un minimum d'exercice. Plus vous serez en forme, plus le travail et l'accouchement seront faciles.

Pendant ce temps, votre bébé évolue et devient un petit être humain reconnaissable. Son développement est rapide, et d'ici la fin du premier trimestre les principaux organes et systèmes de l'organisme seront en place.

7 SEMAINES

Même si vous ne sentez pas encore votre bébé en vous, vous pouvez voir son cœur battre à l'échographie.

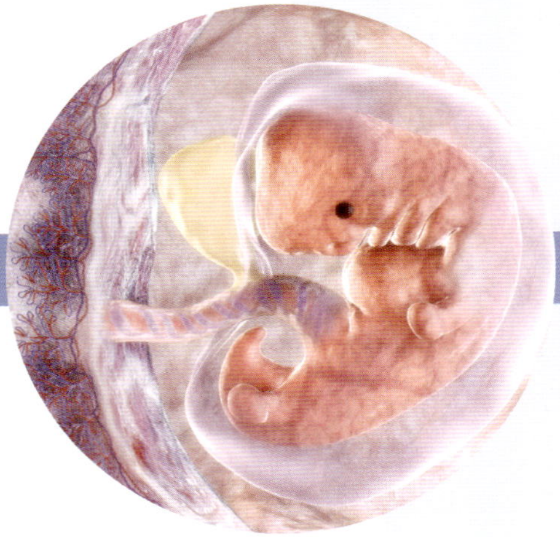

Côté Bébé

1,6 cm · 1 g

Les principaux organes se dessinent ; l'appareil digestif, notamment les intestins, prend forme, et les poumons de votre bébé commencent à se développer. Proportionnellement, la tête reste plus grosse que le reste du corps. L'embryon est couvert d'une fine couche de peau et ses doigts et orteils sont à l'état primitif. Le placenta est plus fort et sera pleinement opérationnel dans quelques semaines.

Côté Maman

L'utérus s'élargit progressivement, et vous trouverez peut-être que votre taille s'épaissit. Vos seins, qui se préparent pour l'allaitement, sont plus lourds, parfois douloureux. Les poussées d'hormones peuvent favoriser l'apparition d'une acné de grossesse et d'une sécheresse cutanée.

Cette semaine…

» Commencez les exercices de renforcement du plancher pelvien.

» Soyez attentive à l'hygiène dans votre cuisine ; enceinte, vous êtes plus sensible aux intoxications alimentaires.

» Réfléchissez aux questions à poser lors de votre première consultation de suivi de grossesse.

» Commencez à mettre de l'argent de côté pour l'arrivée de votre bébé.

8 SEMAINES

Votre corps s'adapte aux fluctuations hormonales de la grossesse : vous aurez peut-être des sautes d'humeur.

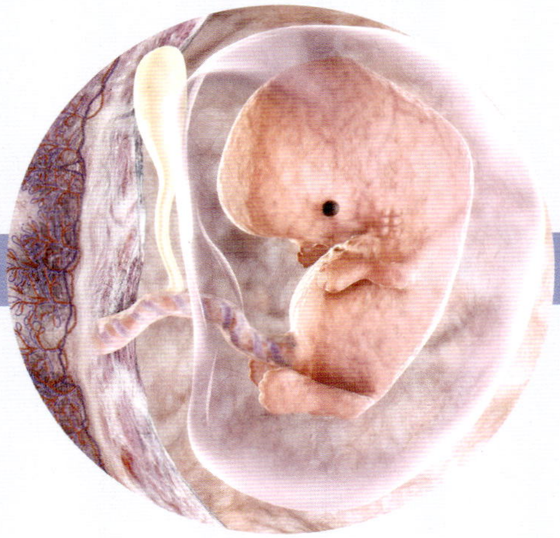

Côté Bébé

2,3 cm · 2 g

Votre bébé fait désormais la taille d'un gros grain de raisin et son petit nez est visible. Ses membres ressemblent à des raquettes, mais les doigts et les orteils ne sont pas encore formés. Ses yeux sont plus gros et plus sombres. Le sac vitellin rétrécit au fur et à mesure que l'embryon reçoit plus d'oxygène et de nutriments de votre part.

Côté Maman

Les premières semaines, les changements hormonaux et physiologiques de la grossesse sont souvent à l'origine de nausées, d'épuisement et de sautes d'humeur. Certaines hormones entraînant une augmentation de la production d'urine, vous allez plus souvent aux toilettes, d'autant que l'utérus qui grossit exerce une pression sur votre vessie. Certaines femmes ont également des fringales ou développent un puissant dégoût pour certains aliments.

Cette semaine…

» Prenez rendez-vous chez le dentiste pour vérifier la santé de vos gencives, les saignements gingivaux étant fréquents pendant la grossesse.

» Si vous avez pris de la poitrine, achetez des soutiens-gorge de maternité.

» Pour vous protéger, ainsi que votre bébé, faites-vous vacciner contre la grippe à tout moment.

9 SEMAINES

Même si vous ne le sentez pas encore, votre bébé commence à bouger.

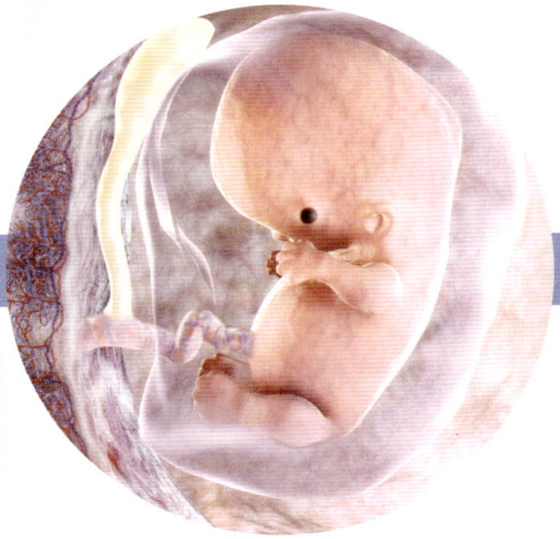

Côté Bébé

3 cm · 4 g

De la taille d'un pruneau, votre bébé continue de se développer. Ses doigts palmés se séparent et de petits orteils apparaissent. Les premiers éléments du visage sont en place. Le squelette est constitué d'un cartilage qui va se transformer en os. Les organes génitaux internes et externes se forment, mais il est trop tôt pour voir s'il s'agit d'une fille ou d'un garçon. À partir de la vessie, des bourgeons s'associent avec des cellules tissulaires pour former les reins.

Côté Maman

Votre système respiratoire s'adapte vite pour que votre organisme réponde aux besoins de la grossesse. Les côtes s'écartent et le diaphragme remonte afin que les poumons puissent stocker plus d'air et ainsi augmenter l'oxygénation. Vous pourrez être plus sensible à la chaleur, car l'irrigation de la peau augmente. Contre ce phénomène, les vaisseaux sanguins se dilatent, évacuant la chaleur et gérant ainsi la tension artérielle.

Cette semaine…

» Votre première consultation doit avoir lieu avant 12 semaines d'aménorrhée, soit la fin du 1er trimestre. Votre médecin vous remettra votre dossier de maternité, et vérifiera votre poids ainsi que votre tension artérielle. Il vous prescrira également un bilan sanguin et des tests urinaires.

10 SEMAINES

Même si tout le monde ne le voit pas encore, vous remarquerez que votre corps s'est transformé.

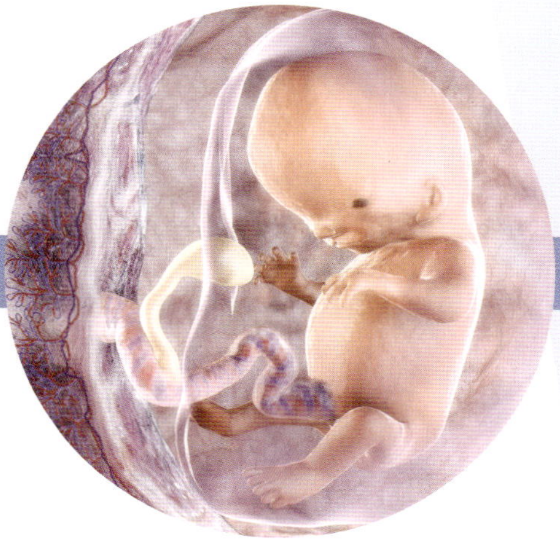

Côté Bébé

4,1 cm 7 g

Dorénavant, votre bébé est un fœtus. Ses membres poussent, son cou s'est allongé, il peut désormais gigoter et donner des coups de pied, même si vous ne les sentez pas encore. Son cœur a maintenant quatre cavités et sa fréquence cardiaque est de 120 à 160 battements par minute.

Côté Maman

Au fur et à mesure qu'il s'élargit, votre utérus sort du bassin. Cette nouvelle position atténue la pression sur votre vessie. Votre poitrine continue à grossir, et vous pouvez prendre deux ou trois tailles de soutien-gorge d'ici la fin du trimestre. Rien d'anormal si vous vous sentez régulièrement à bout de souffle, votre organisme a besoin de plus d'air dirigé directement vers votre bébé, votre utérus et le placenta. Si cela vous inquiète, parlez-en à votre médecin.

Cette semaine…

» Commencez à vous renseigner sur vos droits et sur les allocations auxquelles vous pouvez prétendre en tant que future maman.

» Si vos seins sont douloureux, portez un soutien-gorge sans armatures la nuit.

» Informez-vous sur les cours prénataux qui se donnent dans votre région.

11 SEMAINES

La découverte de votre bébé lors de l'échographie de datation est le début d'une grande histoire d'amour.

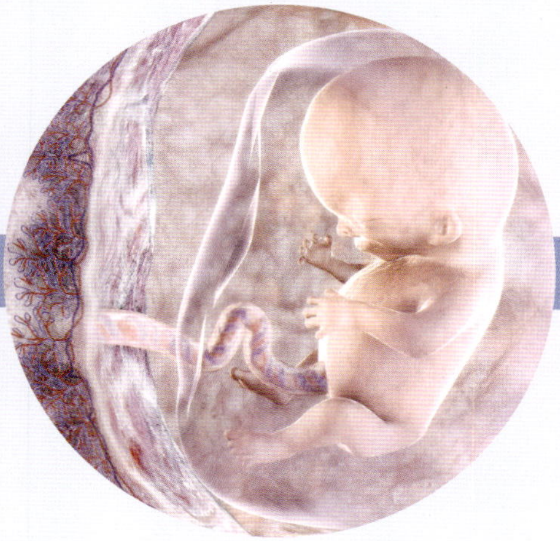

Côté Bébé

5,4 cm 14 g

Votre bébé fait désormais la taille d'un petit citron. Dans le cerveau, les hémisphères droit et gauche se forment et les premiers réflexes primitifs apparaissent. Votre bébé bouge en réponse à une pression sur l'abdomen. Au niveau du visage, les caractéristiques physiques se développent. Les paupières sont soudées et le resteront jusqu'à 26 semaines environ, mais les yeux et les oreilles ne sont pas encore dans leur position définitive.

Côté Maman

Vous devrez peut-être ajuster la ceinture de vos vêtements ou passer à la taille au-dessus. Sous l'effet des hormones de grossesse, vos mamelons et leurs aréoles deviennent plus foncées et plus gros. Désormais, un quart du sang pompé dans votre organisme est envoyé vers l'utérus pour assurer la croissance rapide de votre bébé et du placenta.

Cette semaine…

» Certains médecins suggèrent une échographie de datation entre la 10e et la 13e semaine. Votre bébé sera mesuré et votre médecin vous indiquera la date prévue d'accouchement (DPA).

» Lors de cette échographie, on vérifie l'épaisseur de la clarté nucale en vue d'un dépistage précoce de la trisomie 21.

12 SEMAINES

Avec l'atténuation des nausées et de la fatigue, vous devez vous sentir revigorée.

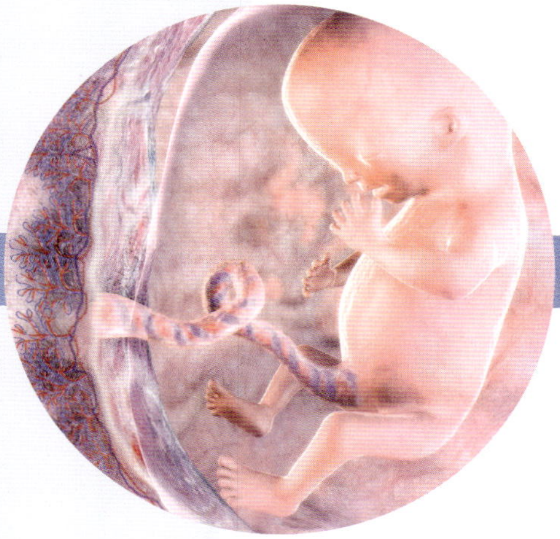

Côté Bébé

7,4 cm 23 g

À la fin du premier trimestre, la tête représente encore une large proportion du corps, et mesure la moitié de la longueur de la couronne crânienne au coccyx. Le cœur est opérationnel, mais son rythme ralentit. Alors que la paroi thoracique se forme, votre bébé commence à faire des mouvements respiratoires. Il peut aussi avaler et avoir le hoquet. La bouche, l'estomac et les intestins sont maintenant reliés. Le placenta est prêt à prendre le relais pour nourrir votre bébé.

Côté Maman

Certains symptômes de début de grossesse parmi les plus désagréables s'atténuent. Vous vous sentez mieux, retrouvez l'appétit et êtes pleine d'énergie. Le taux d'hormone hCG baisse considérablement, ce qui explique la diminution des nausées. Cependant, chez certaines femmes, elles persisteront jusqu'aux environs de la 20e semaine. Si tel est le cas, sachez que même si vous souffrez, votre bébé prend tous les nutriments dont il a besoin.

Cette semaine…

» Après le 1er rendez-vous, vous reverrez votre médecin aux 4 à 6 semaines, jusqu'à la 30e semaine.

» Pensez à aller voir votre dentiste au moins une fois durant votre grossesse.

Deuxième trimestre

13 SEMAINES

Les changements qui surviennent dans votre corps vous épanouissent. Profitez de ce moment unique.

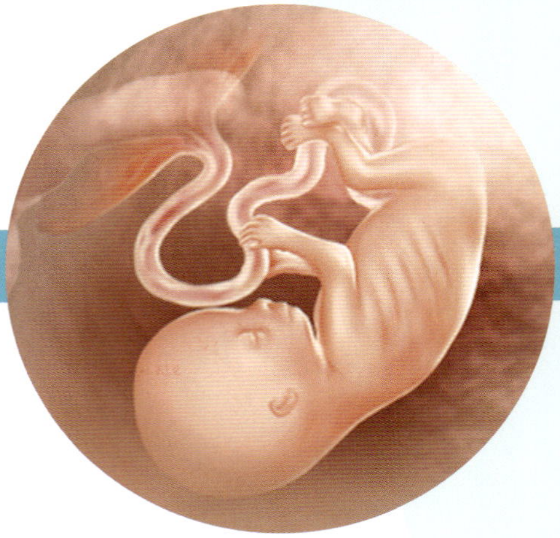

Côté Bébé

8,7 cm **43 g**

Grâce au tronc qui s'allonge, votre bébé est mieux proportionné. Les mains et les pieds ne sont plus palmés, les ongles des orteils continuent de pousser et les nombreux os des mains et des pieds commencent à se former.

Côté Maman

La relaxine assouplit vos articulations et vos ligaments en préparation de l'accouchement. Inconvénient, vous risquez de ressentir une certaine gêne en raison des contraintes supplémentaires sur vos ligaments. Alors que votre volume sanguin augmente encore, la nature de votre peau se modifie. Avec votre ventre qui commence à se remarquer, plus de doute pour votre entourage : vous êtes bien enceinte.

Cette semaine…

» Maintenant que vous débordez d'énergie, c'est le moment idéal pour prendre des vacances avant que votre ventre ne vous gêne trop. Certaines compagnies aériennes refusent les femmes enceintes à un stade trop avancé. Pensez à vérifier le terme accepté avant de réserver.

» Faites un journal de grossesse. Mettez-y des photos de votre ventre qui s'arrondit et ce que vous ressentez.

» À partir du 2e trimestre, il est recommandé de vous faire vacciner contre la grippe.

14 SEMAINES

Votre grossesse commence à être bien visible et vous ressentez sans doute un incroyable bien-être.

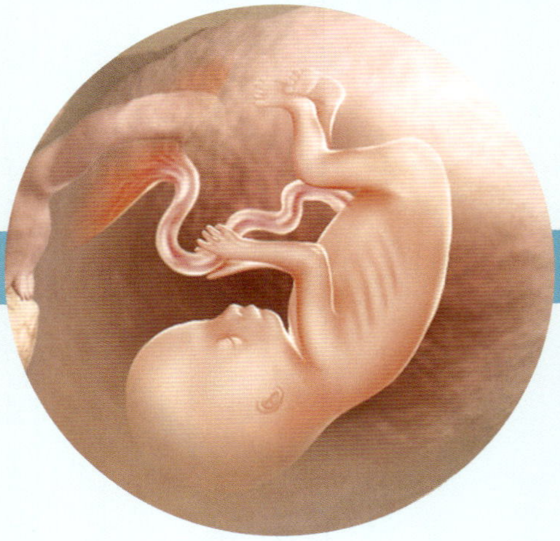

Côté Bébé

10,1 cm **70 g**

Le cordon ombilical, source de vie de votre bébé, s'épaissit et s'allonge car il transporte un volume croissant de sang riche en oxygène et de nutriments. Chez les filles, les ovaires, qui descendent dans le bassin, fabriquent des milliers d'ovocytes. Les organes génitaux externes sont de plus en plus visibles et pourront être examinés lors d'une échographie.

Côté Maman

Un nez bouché ou qui saigne, des maux de tête dus à la sinusite, provoqués par l'afflux de sang supplémentaire dans la membrane muqueuse, ne sont pas inhabituels. De nouveaux symptômes, comme la constipation ou des troubles digestifs, peuvent apparaître, effets indésirables des hormones qui rendent votre système digestif paresseux.

Cette semaine…

» Vous commencez à être à l'étroit dans vos habits. Achetez quelques vêtements de grossesse.

» Si vous devez subir une biopsie du trophoblaste ou une amniocentèse, le moment est venu.

» Même si rien ne vous y oblige, pensez à annoncer votre grossesse à votre employeur afin de pouvoir bénéficier des dispositions légales prévues pour les femmes enceintes, notamment celles qui les protègent de tout licenciement.

15 SEMAINES

Il est normal que vous ayez des sentiments mitigés en voyant vos courbes changer.

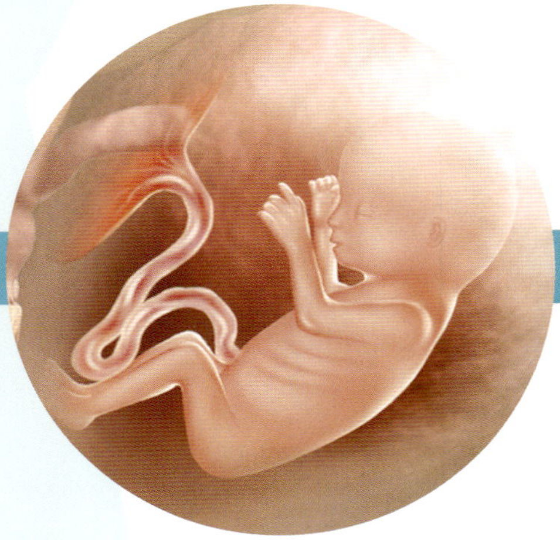

Côté Bébé

11,6 cm **100 g**

Les reins de votre bébé filtrent le sang et éliminent les déchets de son organisme. Les messages entre son cerveau et le reste du corps étant transmis plus rapidement, ses actions sont mieux coordonnées. Ainsi, ses yeux peuvent désormais effectuer des mouvements lents.

Côté Maman

Grâce à toutes ces hormones, qui vous donnent une peau éclatante, vos cheveux sont plus épais, plus brillants et tombent moins que d'habitude. Vos ongles sont plus beaux et plus durs.

Cette semaine…

» Si vous ne faites pas d'exercice, il est temps de vous y mettre. Pourquoi ne pas vous inscrire à un cours de yoga prénatal ?

» Commencez à réfléchir à votre plan de naissance : où voulez-vous accoucher ? Qui vous accompagnera ? Quelle technique d'accouchement envisagez-vous ?

» Si cela vous intéresse, inscrivez-vous à des cours prénataux. Ce sera l'occasion pour vous de rencontrer des femmes qui vont accoucher en même temps que vous et qui vivent dans votre région.

» Prenez du temps pour vous et votre partenaire.

Votre grossesse est désormais bien engagée et le risque de fausse couche est moindre. Vous allez probablement connaître un regain d'énergie. Le fœtus grossit de façon spectaculaire et votre ventre s'arrondit.

16 SEMAINES

Même si vous ne vous sentez pas différente, votre grossesse commence à vraiment se voir.

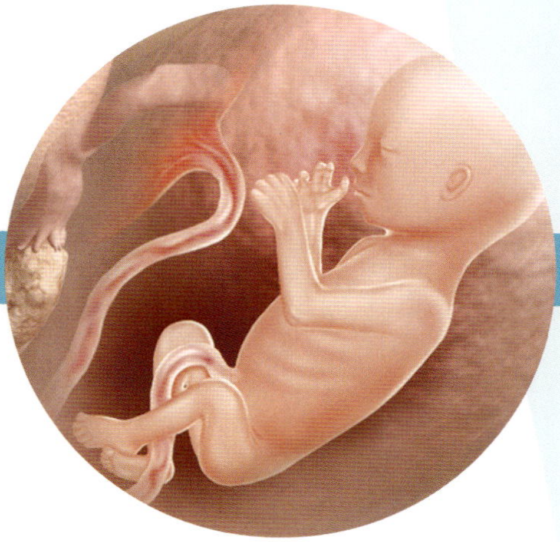

Côté Bébé

13 cm **140 g**

Le fœtus est maintenant plus gros que le placenta. Le tronc et les membres grandissent rapidement, alors que la croissance de la tête ralentit. Votre bébé est donc mieux proportionné. Vous entendrez peut-être son cœur battre pour la première fois grâce au Doppler fœtal, appareil placé sur votre ventre pour mesurer les ondes sonores.

Côté Maman

Une hausse de la production de mélanine, qui colore votre peau et vos cheveux, peut provoquer des changements cutanés. Un masque de grossesse (ou *mélasma*) apparaît parfois sur les joues, le front, la lèvre supérieure et le cou. En outre, vous observerez peut-être une ligne brune (ou *linea nigra*) sur votre ventre. Ces signes s'atténueront ou disparaîtront après l'accouchement.

Cette semaine…

» Votre médecin vous parlera sans doute de l'échographie morphologique prévue sous peu. Si votre bilan sanguin montre que vous êtes anémiée, il vous prescrira des compléments en fer.

» Si vous portez des lentilles de contact, vous trouverez peut-être vos yeux plus secs que d'habitude. Pour y pallier, votre opticien vous donnera un collyre spécial.

» Les régimes sont déconseillés pendant la grossesse. Mangez des aliments frais et sains.

17 SEMAINES

L'épanouissement de la grossesse illumine votre peau et se ressent dans votre humeur.

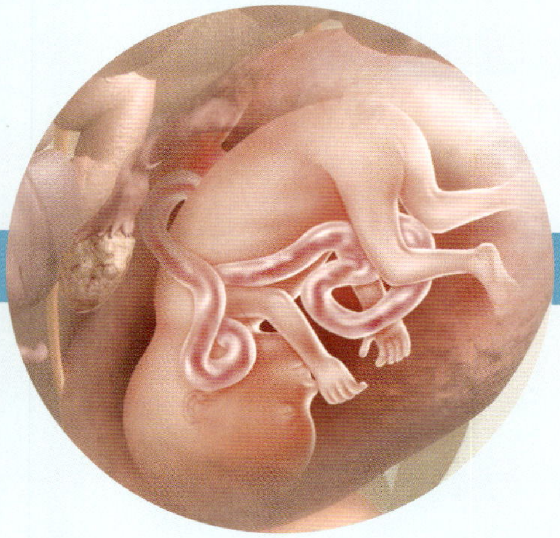

Côté Bébé

14,2 cm **190 g**

Les organes génitaux de votre bébé sont désormais développés et bien visibles. D'ici la fin de la semaine, les bourgeons des dents de lait seront en place sous les gencives.

Côté Maman

Votre cœur travaille deux fois plus pour pomper la quantité supplémentaire de sang dans votre organisme. Pour gérer ce volume et stabiliser votre tension artérielle, vos vaisseaux sanguins s'assouplissent et se dilatent. Comme la peau reçoit plus de sang, vous semblez rayonnante et en bonne santé. En outre, l'augmentation du flux sanguin dans la région pelvienne peut stimuler votre libido.

Cette semaine…

» En raison des changements hormonaux, vous aurez peut-être plus chaud qu'à l'accoutumée. Portez des vêtements microporeux ou superposez les couches afin de pouvoir en enlever si nécessaire.

» Favorisez le développement du système nerveux de votre bébé en mangeant des aliments riches en acides gras oméga 3, comme des graines de lin, de l'huile d'olive ou des poissons gras. Cependant, certains, comme le maquereau, présentent un taux de mercure élevé. Dans ce cas, ne dépassez pas deux portions par semaine (voir p. 52).

» Même si vous avez fait le plein d'énergie, prenez le temps de vous reposer.

18 SEMAINES

Vous ressentirez peut-être les mouvements de votre bébé pour la première fois. C'est le ballet fœtal.

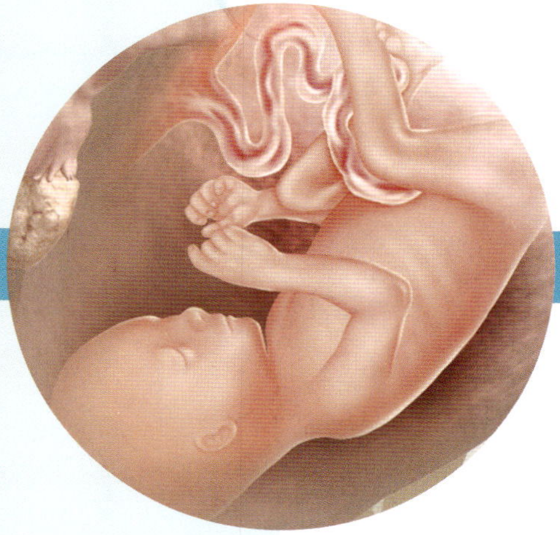

Côté Bébé

15,3 cm **240 g**

Votre bébé ressemble de plus en plus au petit être que vous prendrez dans vos bras. Les traits du visage sont désormais bien marqués et les empreintes digitales se forment. Les paupières sont toujours fermées, mais les globes oculaires sont mobiles.

Côté Maman

Vous sentirez peut-être votre bébé bouger pour la première fois. On parle alors de *ballet fœtal*. Les sensations rappellent celles de gargouillis dans le ventre. Chaque semaine, votre utérus grossit d'environ 1 cm. Le fond, (c'est-à-dire le haut) est à peu près au niveau de votre nombril. Les ligaments qui soutiennent la région pelvienne s'étirent et s'affinent, ce qui peut provoquer des douleurs au niveau des hanches et du dos.

Cette semaine…

» L'échographie morphologique a lieu entre la 18e et la 20e semaine. Si vous le souhaitez, vous connaîtrez le sexe de votre bébé.

» Votre ventre, de plus en plus proéminent, suscite des commentaires. Certaines personnes voudront sans doute le toucher. Refusez gentiment.

» Votre centre de gravité se déplace au fur et à mesure que votre morphologie change. Vous risquez de vous sentir un peu instable. Il est sans doute temps d'oublier les talons hauts.

À la fin de ce deuxième trimestre, le poids de votre bébé a doublé. Les principaux organes continuent de se développer rapidement. Votre grossesse est maintenant bien visible et une agréable sensation de bien-être vous envahit.

19 SEMAINES

Vous êtes presque à la moitié de l'aventure ! Félicitations !

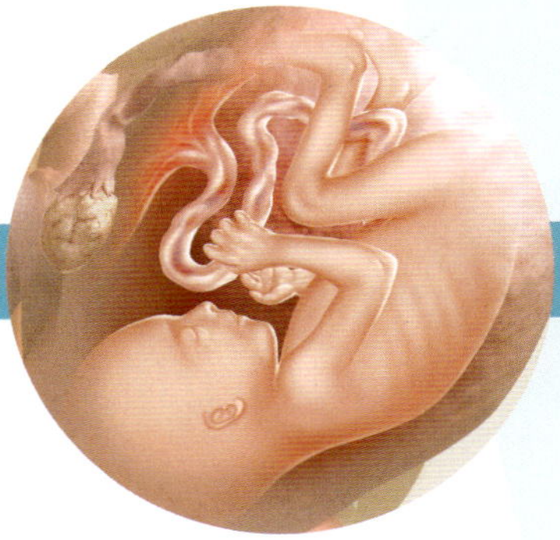

Côté Bébé

16,4 cm — 300 g

Les jambes sont plus longues que les bras et la formation du squelette continue. Ses sens (vue, ouïe, goût, toucher et odorat) se mettent en place dans le cerveau.

Côté Maman

La prise de poids s'accélère. Désormais, vous prendrez entre 0,5 et 1 kg par semaine jusqu'à l'accouchement. Votre bébé représente une toute petite part de ce poids supplémentaire, le reste étant dû à l'augmentation du volume sanguin et de la poitrine, au liquide amniotique et aux réserves de graisse. Alors que votre utérus continue de remonter, exerçant une pression sur l'estomac, la progestérone assouplit les muscles abdominaux. Des troubles digestifs, comme des brûlures d'estomac, peuvent apparaître. En outre, des symptômes déjà existants peuvent s'intensifier.

Cette semaine…

» Consommez un maximum de fibres et buvez beaucoup d'eau afin de ramollir la consistance de vos selles et d'éviter d'être constipée.

» Commencez à réfléchir à un prénom.

20 SEMAINES

Découvrez votre bébé bien formé à l'échographie morphologique.

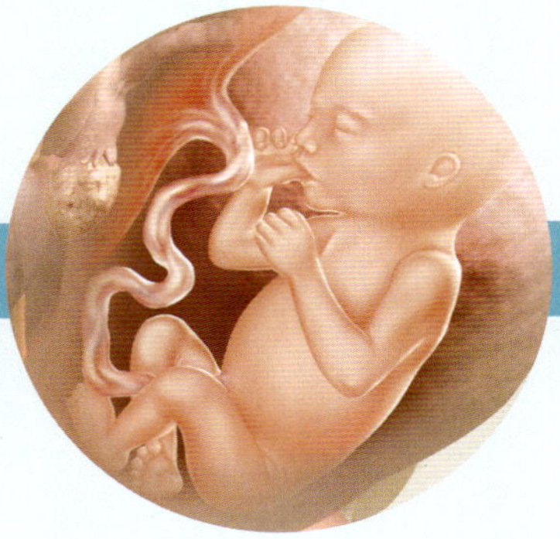

Côté Bébé

26,7 cm — 360 g

Votre bébé avale de plus en plus de liquide amniotique filtré par ses reins. Ensuite, il urine. Sa peau se compose de deux couches distinctes, l'épiderme et le derme. Elle est recouverte de *lanugo* (fin duvet) et de la graisse se forme dessous. Elle commence à libérer une substance blanche et cireuse, le *vernix caseosa*, qui forme une couche protectrice, notamment contre l'urine.

Côté Maman

Sous votre nombril, votre ventre s'arrondit un peu plus chaque jour. Le volume sanguin supplémentaire alimente les organes qui travaillent plus dur pour votre bien-être et celui de votre bébé.

Cette semaine…

» Il se peut qu'on ne vous pèse pas à chacune de vos visites. On surveillera néanmoins votre poids si vous avez entamé votre grossesse avec une surcharge pondérale ou si vous avez du diabète.

21 SEMAINES

Vous sentez de plus en plus votre bébé bouger.

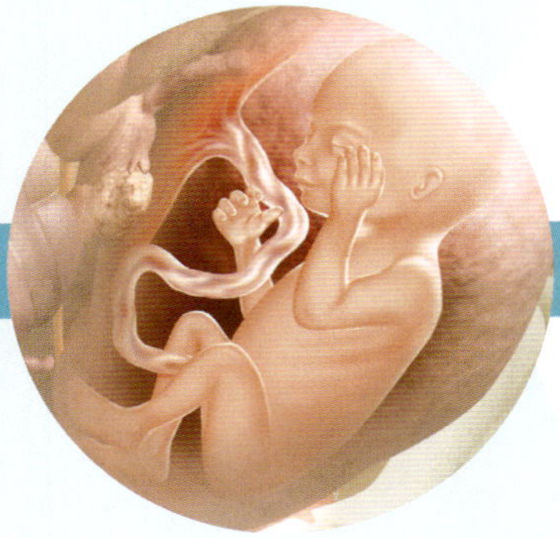

Côté Bébé

27,8 cm — 430 g

Les nerfs et les petits os de l'oreille interne sont maintenant suffisamment développés pour que votre bébé entende. Au fur et à mesure que son système nerveux se forme, il fait des mouvements volontaires comme donner des coups de pied ou sucer son pouce.

Côté Maman

Une grande partie du volume sanguin supplémentaire part dans l'utérus. Cette nouvelle répartition du sang dans votre organisme risque de provoquer des sensations de vertige. Les mouvements de votre bébé sont de plus en plus perceptibles. Une fois identifié, le schéma (et non le nombre) de mouvements de votre bébé sera un excellent indicateur du bien-être fœtal. Si vous ne le sentez pas bouger pendant 24 heures, contactez votre obstétricien.

Cette semaine…

» Faites de l'exercice physique. La marche et la natation sont idéales, mais pratiquez le jogging avec modération si vous débutez.

» Continuez à manger sainement. Limitez les aliments trop gras pour éviter les troubles digestifs.

22 SEMAINES

Vous ressentirez peut-être des effets indésirables de la grossesse.

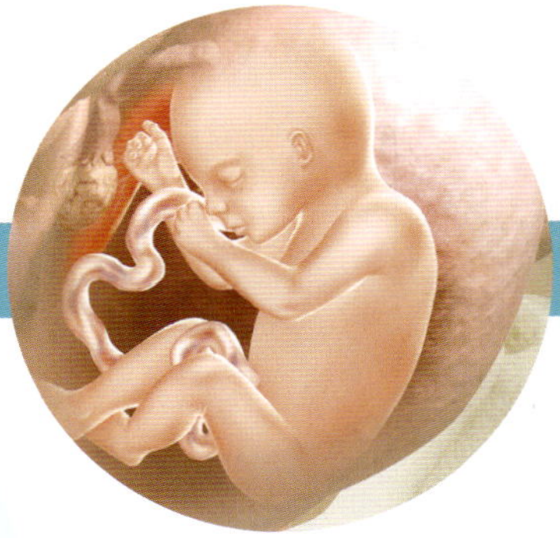

Côté Bébé

28,9 cm — 501 g

Baignant dans le liquide amniotique, avec juste un peu de graisse sous-cutanée, votre bébé est un peu fripé. Les cellules cutanées commencent à produire une couche protectrice de kératine. De petits ongles apparaissent à la base du lit de l'ongle. Votre bébé a maintenant des cils et des sourcils, peut-être même des cheveux.

Côté Maman

Au fur et à mesure que l'utérus s'élargit, les fibres d'élastine et de collagène de la peau s'affinent, ce qui peut provoquer des vergetures. Après l'accouchement, ces marques rouges ou violet foncé resteront pâles et légèrement brillantes. Votre peau est très sèche et très irritée. Hydratez-la avec une crème non parfumée. À ce stade de la grossesse, des crampes douloureuses dans les jambes, souvent associées à des spasmes, sont fréquentes. La flexion du pied et des massages peuvent les atténuer.

Cette semaine…

» Boire beaucoup d'eau et consommer des aliments riches en potassium (comme la banane) ou en calcium réduisent la fréquence des crampes.

23 SEMAINES

Restez active afin d'être bien préparée pour l'accouchement et de récupérer rapidement.

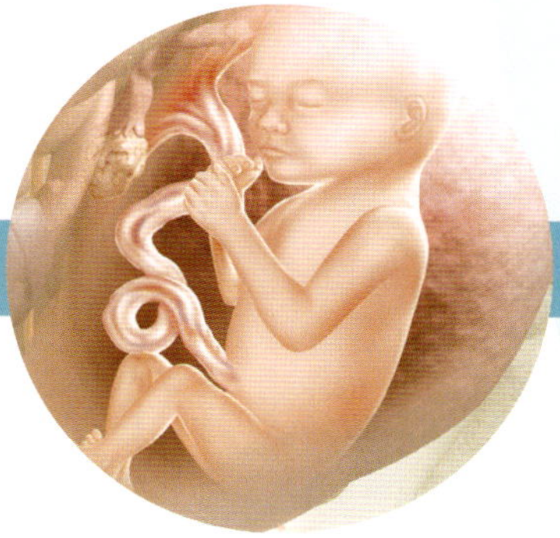

Côté Bébé

30 cm 600 g

Les poumons de votre bébé commencent à produire une substance, appelée *surfactant*, qui tapisse la surface des alvéoles pulmonaires (petits sacs d'air) et les renforce en préparation à la respiration hors de l'utérus. Dans l'oreille interne, la cochlée, organe de l'audition, a fini de se développer. Votre bébé réagit aux sons en tournant la tête et peut sursauter en cas de bruit fort. De plus, il se familiarise avec votre voix qu'il reconnaîtra à la naissance.

Côté Maman

Faire un peu d'exercice maintiendra vos muscles et ligaments forts et souples et vous évitera de souffrir de certains maux de la grossesse comme le mal de dos. Il est établi que le travail est plus court et le rythme cardiaque fœtal plus fort chez les femmes qui font un peu de sport. Les exercices de renforcement du plancher pelvien sont essentiels pour fortifier les muscles qui soutiennent les organes de cette région, notamment l'utérus.

Cette semaine…

» Le cas échéant, parlez à votre aîné de l'arrivée prochaine du bébé. Mais restez simple, un jeune enfant n'a pas la notion du temps. Certains livres vous aideront à aborder le sujet.

» De bonnes sources de protéines, comme la viande maigre, les légumineuses, les œufs, le lait pasteurisé et le fromage, sont essentielles pour la croissance de votre bébé.

24 SEMAINES

Parfois actif lorsque vous voulez dormir, il peut vous donner des coups de pied, bâiller ou hoqueter.

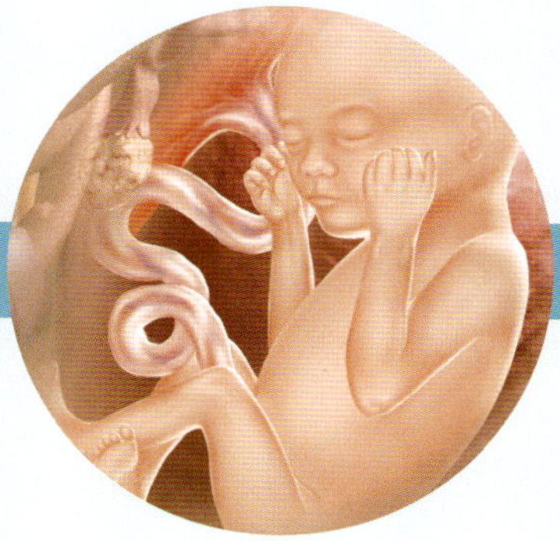

Côté Bébé

34,6 cm 660 g

Au fur et à mesure que son cerveau devient plus complexe, votre bébé développe une mémoire primitive. Ses ondes cérébrales sont maintenant proches de celle d'un nouveau-né. Vous percevrez peut-être ses hoquets ou le sentirez bâiller lorsqu'il entame un cycle de sommeil et d'éveil. Ses narines sont ouvertes, et les bourgeons des dents définitives se mettent en place dans les gencives. D'ici la fin du trimestre, le rythme cardiaque fœtal oscillera entre 140 et 150 battements par minute.

Côté Maman

Votre ventre s'étire et grossit vite pour s'adapter à la croissance rapide de votre bébé. Au fur et à mesure qu'il avance et remonte, il comprime votre diaphragme, vous donnant parfois la sensation d'être à bout de souffle. Il écrase également votre estomac, ce qui peut provoquer des remontées acides.

Cette semaine…

» Avec votre ventre qui s'arrondit, vous aurez parfois l'impression d'être en équilibre instable. Faites attention de ne pas compenser par une mauvaise posture qui ajouterait une contrainte supplémentaire sur votre dos.

» Avez-vous parlé de votre grossesse à votre employeur ? Sinon, il est temps de le faire, afin qu'il puisse prendre les dispositions nécessaires pour vous remplacer.

25 SEMAINES

Au terme de ce deuxième trimestre, vos pensées sont sans doute tournées vers la naissance.

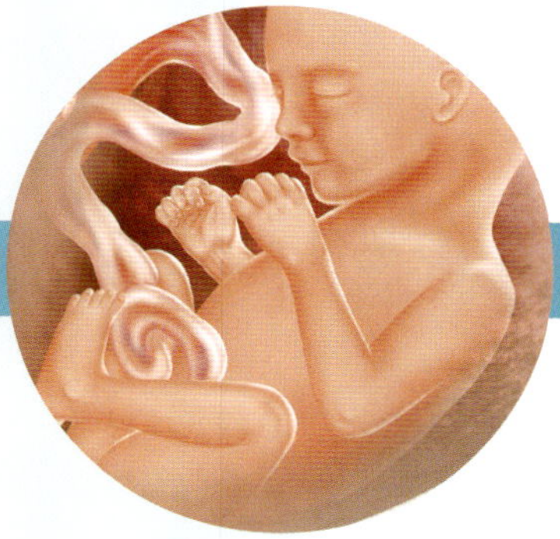

Côté Bébé

35,6 cm 760 g

Ses mains étant complètement formées, votre bébé peut attraper tout ce qui passe à sa portée. Il peut aussi découvrir le plaisir de sucer son pouce. Certains bébés profitent de l'espace qui reste dans l'utérus pour faire des mouvements de pédalage qui ressemblent à la marche. Chez les garçons, les testicules commencent à descendre de l'abdomen dans le scrotum.

Côté Maman

Votre utérus continue de monter et de comprimer vos organes. Vous pouvez ressentir une certaine gêne interne. Votre volume sanguin est d'environ 6 litres, et votre cœur travaille dur pour pomper tout ça. Vos vaisseaux sont détendus au maximum et votre tension artérielle risque d'augmenter un peu. La rétention d'eau (œdème) fait enfler les mains, les pieds et les chevilles. Cependant, si vous constatez un gonflement sévère, signalez-le à votre médecin.

Cette semaine…

» Vous aurez peut-être une consultation prénatale. Votre obstétricien mesurera la hauteur de votre utérus pour vérifier que votre bébé grandit comme il faut.

» Si vous avez des antécédents de fausse couche, il vous fera sans doute une échographie pour vérifier la longueur du col.

» Votre système digestif étant comprimé, il peut être plus facile de remplacer les trois repas habituels par des collations plus fréquentes mais moins copieuses.

Troisième trimestre

26 SEMAINES

C'est la dernière ligne droite. Fière, vous vous émerveillez de voir votre ventre grossir encore.

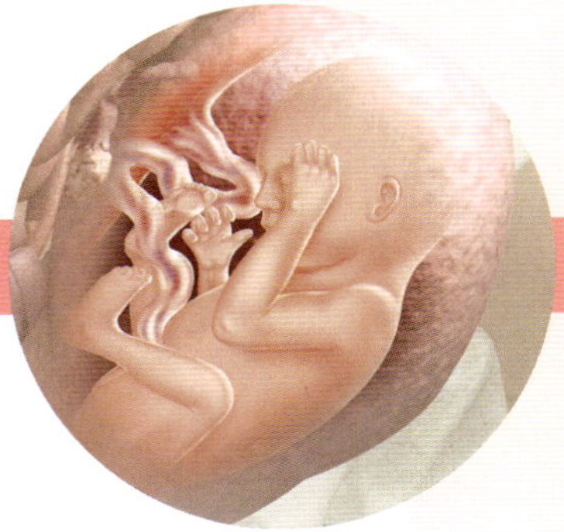

Côté Bébé

36,6 cm **875 g**

Les paupières de votre bébé ne devraient pas tarder à s'ouvrir pour la première fois. Il est maintenant sensible à la lumière qui passe à travers la paroi abdominale, même si pour l'instant il voit seulement en noir, blanc et gris. Alors que ses reins arrivent à maturité, une quantité plus importante d'urine est produite et excrétée dans le sac amniotique. Le *vernix* cireux qui recouvre le fœtus empêche sa peau d'être irritée par l'urine.

Côté Maman

Vous êtes sans doute soulagée à l'idée d'entamer le troisième trimestre. Ne soyez pas surprise si un liquide s'écoule de vos seins. Ce prélait, appelé *colostrum*, produit pendant la grossesse, sera prêt pour votre bébé dès sa naissance.

Cette semaine…

» Parler à votre enfant à naître peut accélérer la mise en place de liens affectifs avec votre bébé, votre voix lui devenant familière.

» Si vous souffrez d'hémorroïdes, mangez des fibres pour que vos selles restent molles.

» Si vos varices vous posent problème, portez des bas de contention et surélevez vos jambes le plus possible.

» Faites la liste de ce dont vous aurez besoin pour votre bébé. Réfléchissez surtout au gros équipement et si le cœur vous en dit, commencez vos achats.

27 SEMAINES

Il est rassurant de constater que 90 % des bébés qui naissent à ce stade de la grossesse survivent.

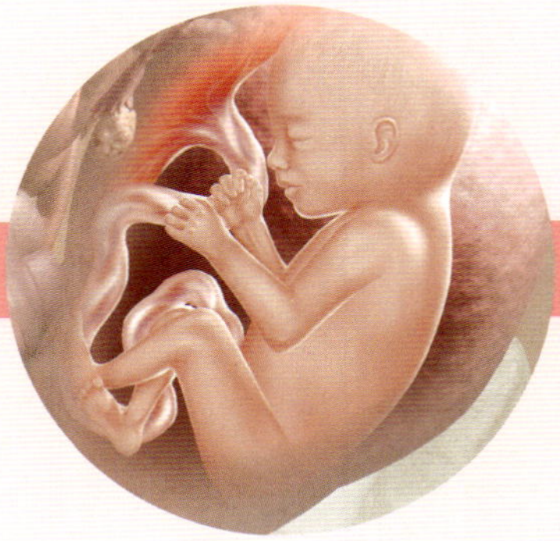

Côté Bébé

37,6 cm **1 kg**

Votre bébé qui ne cesse de grossir est de plus en plus à l'étroit dans l'utérus, mais peut encore se tourner et bouger ses membres. Le développement de ses organes et de ses muscles est renforcé par les acides aminés (éléments constitutifs des protéines), qui passent dans votre sang. Désormais, les garçons grossissent plus que les filles. Les lignes de la main commencent à se former, et les bourgeons dentaires, l'émail et la dentine continuent de se développer.

Côté Maman

La production de liquide amniotique ralentit et votre bébé, de plus en plus actif, vous bombarde de coups de pied. Notez son schéma d'activité. Si vous constatez des changements dans sa façon de bouger (ralentissement ou arrêt complet des mouvements), consultez votre obstétricien. À ce stade de la grossesse, certaines femmes marchent en se dandinant, à cause de leur nouvelle morphologie mais aussi de la distension des ligaments et des tissus. Ce phénomène risque de s'intensifier au cours des semaines à venir. Peut-être vous sentirez-vous lourde et gauche. Faites attention de ne pas glisser sur les surfaces lisses comme le sol de la douche.

Cette semaine…

» Surveillez vos gestes et évitez d'intensifier les contraintes sur votre dos.

» Vérifiez si vos mains et vos pieds n'enflent pas trop.

28 SEMAINES

Difficile à ce stade de vous souvenir comment vous vous sentiez sans votre gros ventre.

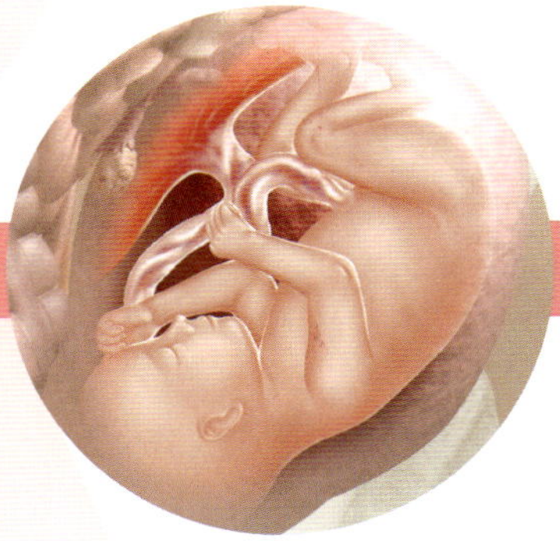

Côté Bébé

38,6 cm **1,2 kg**

Organes vitaux, les poumons continuent de se développer pour préparer votre bébé à respirer à la naissance. Les plis du cerveau ont évolué et renferment maintenant des millions de nouvelles cellules cérébrales. Le cortex peut envoyer des impulsions électriques.

Côté Maman

Vos seins se préparent à allaiter. Les hormones de grossesse augmentent le débit sanguin dans votre poitrine dont le tissu change. Les veines deviennent plus saillantes et prennent du volume. La région du mamelon continue de grossir et de foncer. Vous remarquerez sans doute de petits renflements, appelés *tubercules de Montgomery*, autour du mamelon.

Cette semaine…

» Vous aurez peut-être une consultation prénatale cette semaine. Votre obstétricien en profitera pour ordonner un bilan sanguin afin d'écarter tout risque de diabète gestationnel et d'anémie.

» Si le Rhésus de votre groupe sanguin est négatif, il vous prescrira une injection d'anticorps anti-Rhésus (ou anti-D) pour éviter toute complication lors de cette grossesse et des suivantes.

Si votre bébé naissait maintenant, il pourrait survivre avec un peu d'aide. Mais l'utérus reste encore l'endroit le plus sûr pour lui. Ses poumons et son système digestif arrivent doucement à maturité et son cerveau continue de se développer.

29 SEMAINES

Les coups de pied de votre bébé sont parfois très forts.

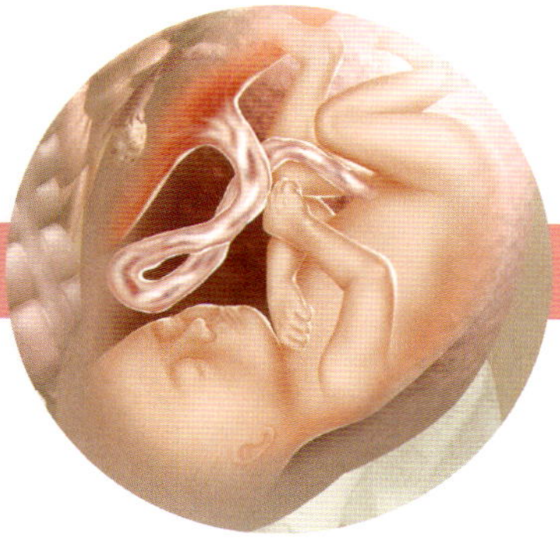

Côté Bébé

39,9 cm 1,3 kg

Votre bébé fait des mouvements de respiration lorsqu'il avale le liquide amniotique. Son système nerveux étant plus complexe, ses mouvements sont plus précis. Son réflexe de succion se développe. Au fur et à mesure qu'il prend des muscles et de la graisse, il se fortifie. D'ici la fin de votre grossesse, son poids aura doublé.

Côté Maman

Votre capacité pulmonaire a augmenté, vos côtes se sont écartées pour que vos poumons travaillent mieux. Vos autres organes étant comprimés, certains symptômes peuvent s'aggraver (brûlures d'estomac, constipation, palpitations cardiaques). Des tiraillements et des douleurs ne sont pas à exclure.

Cette semaine…

» Si vous peinez à trouver une position confortable la nuit, soutenez votre ventre avec un coussin d'allaitement en U.

30 SEMAINES

Il est encore temps de modifier votre plan de naissance.

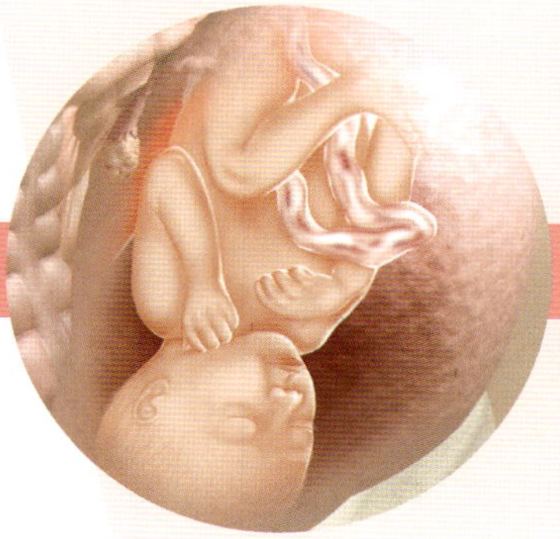

Côté Bébé

41,1 cm 1,5 kg

Votre bébé est maintenant capable de réguler sa température corporelle. Au fur et à mesure que la graisse s'installe, sa peau devient plus rose. Même s'il commence sérieusement à manquer de place, il est très souple et peut porter son pied jusqu'à sa tête, voire sucer son orteil.

Côté Maman

Même s'il reste encore plus de 2 mois avant le début du travail, votre utérus se prépare et déclenche des contractions de Braxton Hicks. Désormais, jusqu'au jour J, vous ressentirez parfois des tiraillements dans le ventre. Leur intensité varie de légère à forte, mais leur irrégularité et l'absence de réelle douleur confirment que ce n'est pas encore le moment.

Cette semaine…

» À partir de la 30e semaine, vous rencontrerez votre médecin ou votre sage-femme à toute les 2 semaines, jusqu'à la 37e semaine.

31 SEMAINES

Votre bébé change régulièrement de position.

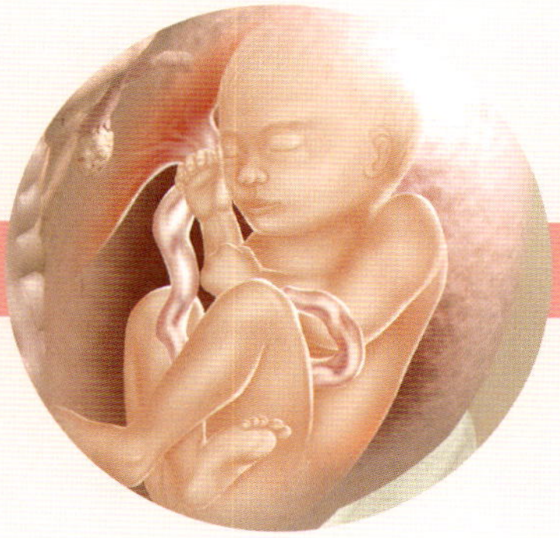

Côté Bébé

42,4 cm 1,7 kg

Pendant que votre bébé fait travailler ses membres, sa masse musculaire augmente et son tonus musculaire progresse. Ses mouvements deviennent plus puissants et plus intentionnels. Les mouvements respiratoires qu'il s'entraîne à faire sont réguliers et rythmés. Ils font bouger son diaphragme et sa paroi thoracique.

Côté Maman

En raison d'une augmentation du plasma et des fluides qui composent le sang, votre volume sanguin est à son maximum. Le nombre de globules rouges restant le même, ils sont moins concentrés, ce qui peut entraîner une anémie en fin de grossesse. Le cas échéant, ne vous inquiétez pas pour votre bébé : il recevra bien tous les nutriments et tout l'oxygène dont il a besoin.

Cette semaine…

» Selon la date que vous avez choisie, n'oubliez pas de déclarer votre congé de maternité à la RQAP pour recevoir vos prestations à temps.

32 SEMAINES

Il est temps de commencer à penser aux aspects pratiques.

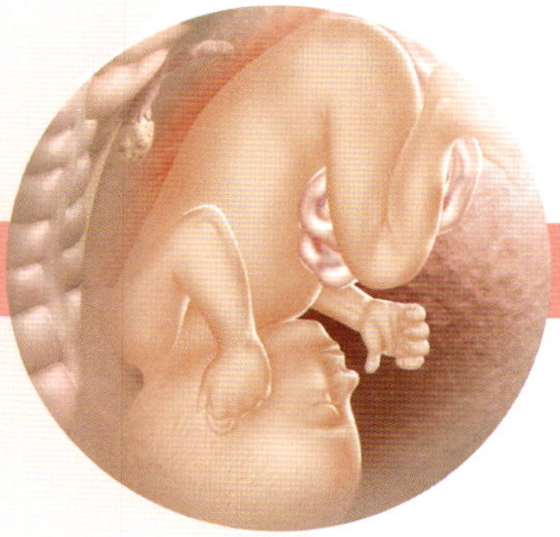

Côté Bébé

43,7 cm 1,9 kg

Le système nerveux de votre bébé s'affine. Les cellules cérébrales sont progressivement codées dans différentes régions du cerveau en charge de fonctions bien définies. Votre bébé a l'air plus grand et plus potelé, beaucoup moins fripé.

Côté Maman

Le volume de votre ventre entraîne une pression sur vos veines qui peut provoquer des varices. Faites un peu d'exercice, reposez-vous et portez des bas de contention. Soyez patiente, ces symptômes devraient disparaître après l'accouchement. À ce stade, votre nombril est peut-être saillant mais devrait reprendre sa place après la naissance de votre bébé.

Cette semaine…

» Passez du temps à quatre pattes, assise sur un ballon de grossesse ou sur un pouf poire pour positionner votre bébé au mieux.

» Repérez l'itinéraire jusqu'à l'hôpital. Chronométrez le temps de trajet en fonction du moment de la journée.

» Parler de vos craintes avec votre partenaire ou votre obstétricien.

Au cours de ces dernières semaines, les dépôts de graisse sous-cutanée continuent de s'accumuler pour protéger votre bébé hors de l'utérus. Les poumons quant à eux sont prêts pour leur première respiration. Votre bébé prendra bientôt sa position définitive, dans l'attente de l'accouchement.

33 SEMAINES

Votre bébé se prépare jour après jour à survivre dans le monde extérieur.

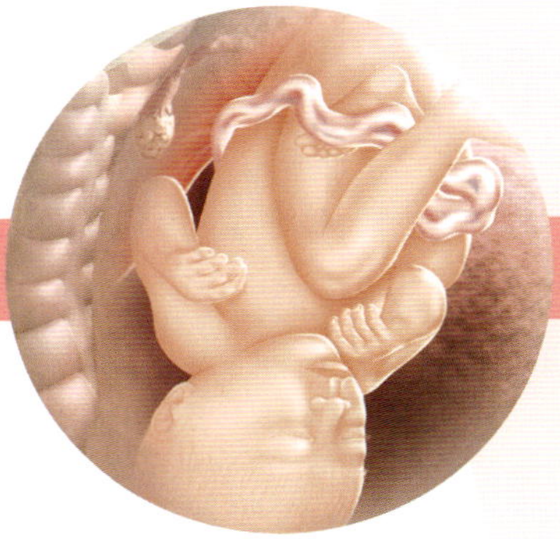

Côté Bébé

45 cm 2,1 kg

De plus en plus éveillé et actif, conscient de son environnement, votre bébé touche son visage et tire sur son cordon ombilical. Son réflexe de succion est maintenant assez puissant pour qu'il puisse téter s'il vient à naître prématurément. Ses ongles atteignent l'extrémité du lit unguéal. Prévoyez une petite paire de mitaines en tissu fin pour éviter qu'il ne se griffe les premiers temps, car il est préférable d'attendre un mois avant de les couper.

Côté Maman

Votre rythme cardiaque accélère de 10 à 15 battements par minute, et votre cœur travaille 50 % de plus qu'à l'habitude. Vous ressentirez peut-être des palpitations irrégulières, souvent bénignes. Si elles s'accompagnent d'un essoufflement ou de douleurs thoraciques, parlez-en à votre obstétricien.

Cette semaine...

» Masser régulièrement votre périnée l'assouplit et réduit les risques de déchirure lors de l'accouchement.

» Aurez-vous besoin d'aide après la naissance de votre bébé ? Si oui, sur qui pourrez-vous compter ?

34 SEMAINES

Les techniques de relaxation vous aideront à vous préparer au travail.

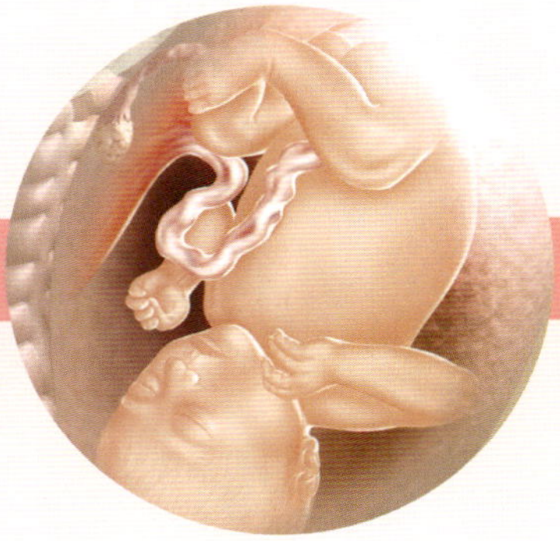

Côté Bébé

46,2 cm 2,4 kg

Votre bébé est beaucoup mieux proportionné, et joliment potelé. Dans les membres, les os continuent de se solidifier. Les déchets de liquide amniotique s'accumulent dans l'intestin, formant le méconium, substance collante brun verdâtre qui constituera les premières selles de votre bébé.

Côté Maman

À ce stade de la grossesse, votre bébé sera sans doute en position verticale, même si certains fœtus sont en transverse ou à l'oblique. Alors qu'il grossit, ses mouvements sont plus forts, plus fréquents et leur schéma est identifiable. Il ne s'agit plus seulement de quelques coups de pied isolés.

Cette semaine...

» Si vous êtes de Rhésus négatif, vous recevrez une deuxième injection d'anticorps anti-Rhésus.

» Préparez votre valise d'hôpital et gardez votre dossier à portée de main. Assurez-vous que votre partenaire sait où trouver ce dont vous aurez besoin.

35 SEMAINES

Votre corps continue de bien se préparer pour le grand jour.

Côté Bébé

47,4 cm 2,6 kg

Votre bébé est peut-être tête en bas, prêt pour sortir d'ici quelques semaines. Son organisme fabrique encore des réserves de graisse qui le protégeront une fois né. Son *lanugo* disparaît peu à peu. Il ne restera à la naissance que quelques taches (dos, épaules), voire rien du tout.

Côté Maman

La tête de votre bébé commence à descendre dans le bassin. Votre ventre est soudain plus bas. L'atténuation de la pression sur votre diaphragme facilite votre respiration et vous vous sentez allégée. La tête de votre bébé appuie sur votre vessie, par conséquent, vos envies d'uriner sont plus fréquentes, même la nuit. Les douleurs au niveau du bassin peuvent s'intensifier.

Cette semaine...

» Procurez-vous tout le nécessaire pour l'allaitement, notamment des soutiens-gorge spéciaux.

» Vérifiez avec votre employeur que tout est prêt pour accueillir votre remplaçant.

» Continuez les exercices de renforcement du plancher pelvien pour éviter toute incontinence urinaire d'effort plus tard.

36 SEMAINES

Assurez-vous que votre plan de grossesse est prêt.

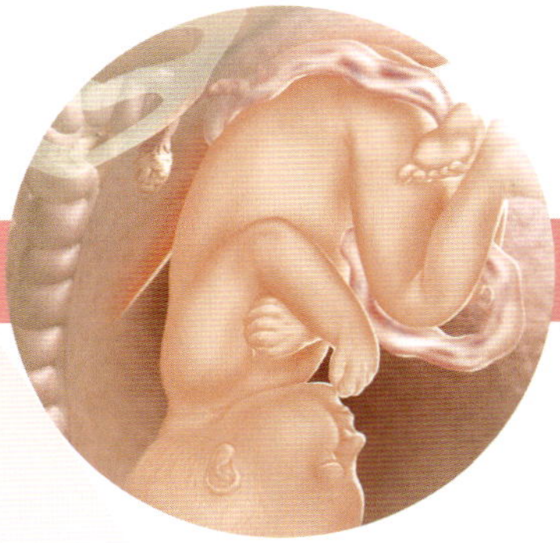

Côté Bébé

48,6 cm 2,9 kg

Votre bébé est quasiment à terme, et ses poumons sont complètement développés. Il peut désormais respirer seul hors de l'utérus. Le *vernix* s'estompe, même si des traces peuvent subsister à la naissance.

Côté Maman

Les contractions de Braxton Hicks se font plus régulières, et la production de relaxine, qui détend les ligaments pelviens et assouplit le col de l'utérus, augmente. Les poussées hormonales, l'angoisse du travail, le manque de sommeil et les douleurs, vous rendent plus sensible. Pendant les dernières semaines, les sautes d'humeurs sont fréquentes.

Cette semaine...

» Vous aurez sans doute une consultation prénatale, au cours de laquelle votre obstétricien vérifiera votre tension artérielle, la croissance du bébé et sa position. Il vous parlera également des différentes options possibles si vous passez le terme, notamment en matière de déclenchement du travail.

» Finalisez votre plan de naissance.

37 SEMAINES

À ce stade, vous ne devez plus grossir beaucoup.

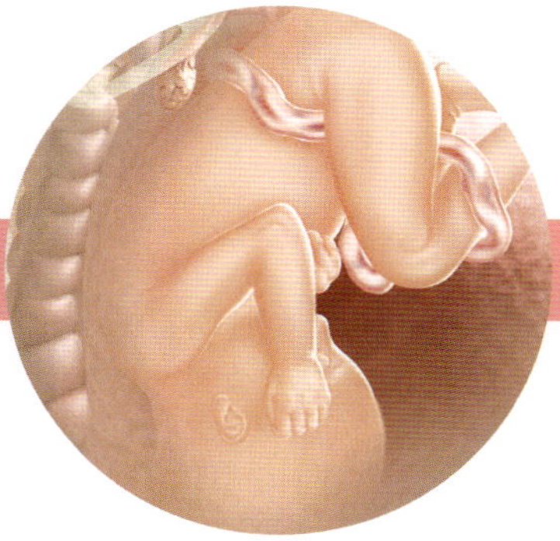

Côté Bébé

49,8 cm 3,1 kg

L'espace se fait rare pour votre bébé, qui peut replier ses membres contre lui et se mettre en position fœtale classique. Les fontanelles (os du crâne) ne sont pas soudées, ce qui donnera une certaine flexibilité à la boîte crânienne lors du passage dans le canal pelvien.

Côté Maman

Vos mouvements sont plus lents, votre nouvelle morphologie vous empêchant de vous déplacer rapidement tout en gardant l'équilibre. Vos seins sont prêts à allaiter dès la naissance. Les canaux galactophores se sont ramifiés pour transporter le lait destiné à votre bébé.

Cette semaine…

» À compter de la 37e semaine, vous rencontrerez votre médecin à chaque semaine.

» Apprenez à reconnaître les signes du travail afin de savoir à quoi vous attendre et appeler votre sage-femme ou votre obstétricien en toute confiance le moment venu.

» Préparez et congelez quelques plats maison pour votre retour à domicile.

» Si vous avez prévu d'accoucher chez vous, vérifiez que tout est prêt.

38 SEMAINES

Il est encore temps de modifier votre plan de naissance.

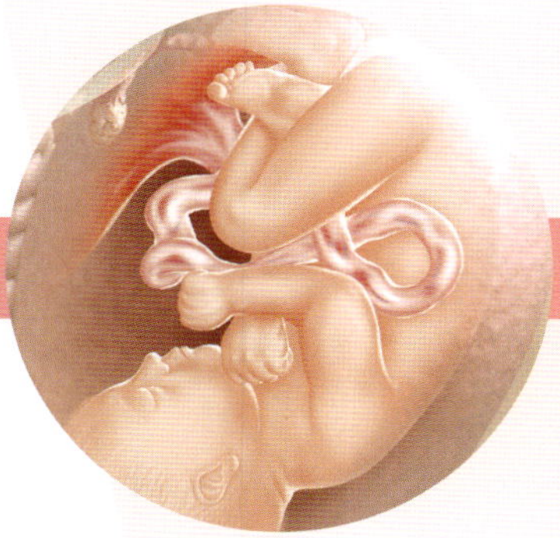

Côté Bébé

50,7 cm 3,3 kg

Le cortex, matière grise du cerveau se développe en couches de cellules. Lorsque toutes les couches sont terminées, de nouvelles connexions cellulaires sont établies et les mouvements de votre bébé s'affinent. Grâce aux anticorps présents dans votre sang, votre bébé est protégé contre les infections. Après sa naissance, il recevra vos anticorps à travers le lait maternel.

Côté Maman

Au cours des dernières semaines vous risquez de vous sentir très fatiguée à cause du poids du fœtus, du placenta et des liquides supplémentaires présents dans votre organisme. Votre cœur travaille à plein régime. Allongez-vous un moment, le flux sanguin dirigé vers votre bébé sera ainsi plus important. Profitez de l'occasion pour vous reposer.

Cette semaine…

» Vous aurez peut-être un regain d'énergie et une envie impérieuse de tout nettoyer du sol au plafond. Si votre instinct de nidification se réveille, suivez-le, mais n'en faites pas trop.

» Pour réduire votre anxiété, faites de la relaxation et utilisez des techniques de respiration.

39 SEMAINES

Assurez-vous de pouvoir identifier les signes de début du travail.

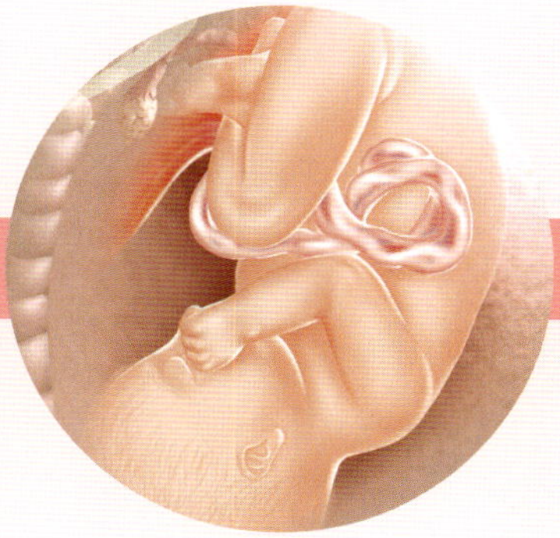

Côté Bébé

51,2 cm 3,5 kg

L'arrivée de votre bébé est imminente. Mais rassurez-vous, il est désormais bien préparé pour la vie hors de l'utérus. Ses cils, sourcils et ongles sont en place, les différents organes et systèmes de l'organisme fonctionnent, même si la plupart d'entre eux continueront de se développer après la naissance.

Côté Maman

Reposez-vous, et gardez votre énergie pour le travail. Alternez les périodes de détente avec une activité modérée. Si votre bébé est partiellement ou totalement engagé dans le bassin, vous sentirez une pression de plus en plus forte au niveau du pubis. Cependant, à partir de la deuxième grossesse, ce phénomène apparaît un peu plus tard.

Cette semaine…

» Vous aurez probablement une consultation prénatale au cours de laquelle votre obstétricien s'assurera de la bonne santé de votre bébé et vérifiera si sa tête est engagée.

» Si vous avez mal au dos, prenez des bains chauds et profitez d'un massage relaxant.

40 SEMAINES

Vous tiendrez très bientôt votre bébé dans vos bras.

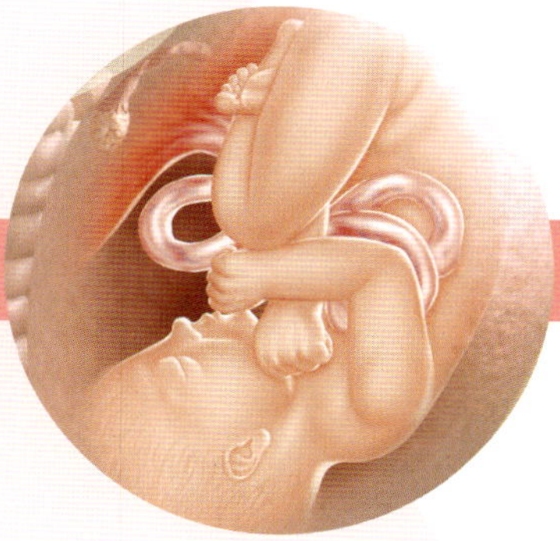

Côté Bébé

51,2 cm 3,5 kg

À 40 semaines, votre bébé n'a pratiquement plus de place pour bouger. Vous sentez parfaitement quand il a le hoquet et voyez parfois l'empreinte de ses membres sur votre ventre. S'il naît après 40 semaines, entouré de moins de liquide amniotique, il aura un peu de *vernix* dans les plis.

Côté Maman

À 40 semaines, environ 45 % des femmes n'ont pas accouché. Mais la majorité d'entre elles le font au cours de la semaine suivante. Seules 15 % vont au-delà de 41 semaines. Pour induire la libération des hormones qui provoquent les contractions et ainsi déclencher le travail, votre obstétricien procédera peut-être au décollement des membranes placentaires.

Cette semaine…

» Ayez en tête votre plan de naissance, et gardez toujours sur vous votre dossier de maternité. Assurez-vous que votre valise est prête et à portée de main.

» Faites le plein de votre voiture, prévoyez un peu de monnaie, chargez votre téléphone portable et n'oubliez pas votre appareil photo.

» Dans ce chapitre...

Conception

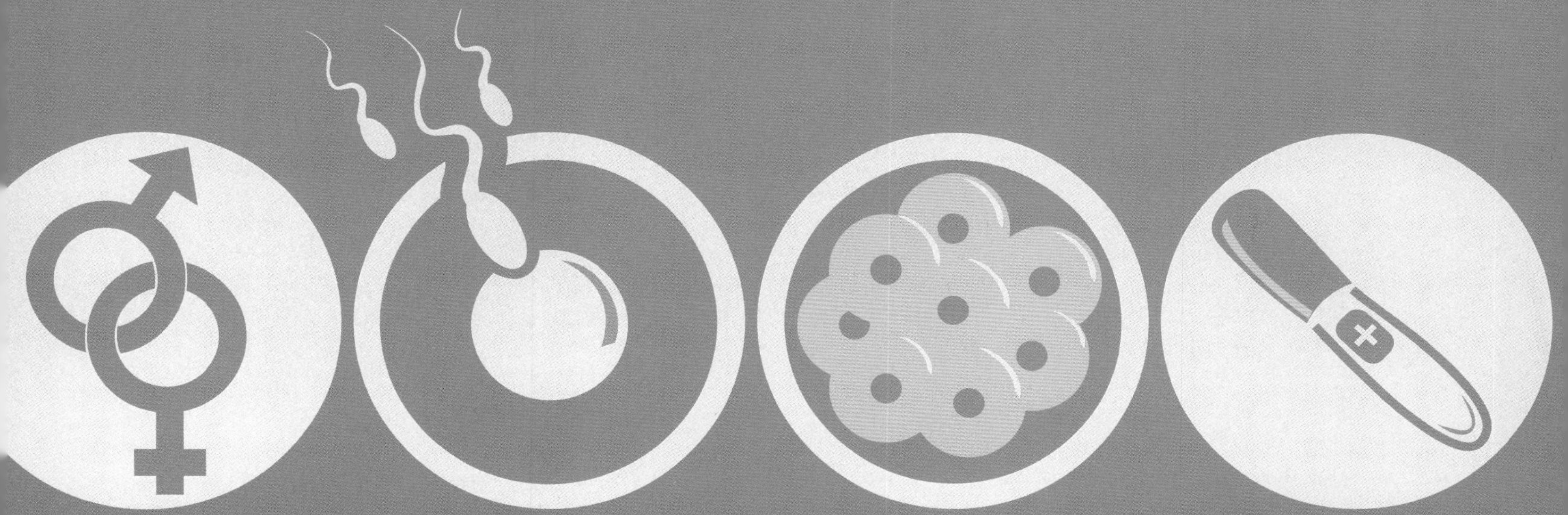

Le moment où vous concevez un bébé est **particulier**.
Même si vous n'avez pas conscience que la conception a eu lieu,
la vie s'éveille en vous. Si vous venez de décider de faire un bébé,
alors certaines astuces peuvent vous aider à améliorer votre fertilité
et ainsi augmenter vos chances d'être enceinte. Dans ce chapitre,
vous trouverez des explications détaillées sur le fonctionnement
du **système reproducteur** de l'homme et de la femme,
ainsi que les réponses à de nombreuses questions sur la fertilité,
la procréation médicalement assistée
et les grossesses inattendues.

Vous êtes **excitée** à l'idée d'avoir un bébé, mais avez aussi des doutes. S'il existe différentes façons d'**optimiser votre fertilité**, une fois enceinte **laissez faire la nature**. Parfois les choses tardent à venir, mais ne vous découragez pas. Il est normal que cela prenne un peu de temps.

Faire un bébé

Vous préparer pour la grossesse

Après avoir décidé d'avoir un bébé, respectez certaines étapes, de l'arrêt de la contraception aux changements à prévoir dans votre mode de vie, sans oublier un bilan immunitaire afin de rechercher d'éventuelles infections (rubéole, hépatite, etc.). En entreprenant ces démarches avant d'être enceinte, vous serez en pleine forme le moment venu.

Pendant la grossesse, le centre d'attention est naturellement la femme. Cependant, au stade qui précède la conception, son partenaire est lui aussi concerné. En effet, hommes et femmes peuvent améliorer leur fertilité en changeant d'alimentation et de mode de vie, et seront ainsi en parfaite santé lorsque leur bébé viendra au monde.

Vous pouvez augmenter vos chances d'être enceinte en surveillant votre cycle menstruel afin de repérer le moment optimal pour concevoir, en utilisant un test d'ovulation ou en apprenant à reconnaître les signes naturels indiquant que vous êtes en train d'ovuler. Soyez détendus et appréciez ce moment où vous essayez d'avoir un enfant. Si vous êtes stressés et obnubilés par l'idée de concevoir, vous risquez de gâcher cette période si particulière. De plus, cela peut nuire à votre fertilité. Enfin, ce stress peut également engendrer des tensions dans votre couple, si vous en arrivez à faire l'amour uniquement dans le but de procréer.

Les couples qui essayent de faire un bébé depuis un certain temps peuvent vouloir rechercher la cause de leurs difficultés. C'est notamment le cas des couples plus âgés, qui consulteront plus rapidement que les autres. Il existe de nombreux tests et examens pour écarter tout problème physiologique, comme des tests de fertilité courants tels un bilan sanguin ou une échographie. Parfois, le fait de savoir que vos organes reproducteurs sont en parfait état de fonctionnement peut vous aider à vous détendre et ainsi améliorer vos chances d'avoir un bébé.

Les couples qui envisagent un traitement contre la stérilité, trouveront dans ce chapitre les différentes solutions possibles comme la fécondation *in vitro* (FIV). Une large gamme de traitements, dont le taux de réussite ne cesse de progresser, est désormais disponible.

Être à nouveau enceinte

Si vous essayez d'avoir un autre enfant, la préparation est la même. S'il est plus difficile d'être centrée sur soi lorsque l'on est déjà maman, être en forme augmentera vos chances d'être enceinte et vous donnera l'énergie de vous occuper de plusieurs enfants. Si vous avez rencontré des problèmes pour concevoir auparavant, ou si vos grossesses antérieures ont été difficiles, parlez-en avec votre médecin traitant afin d'aborder cette nouvelle étape avec confiance et sérénité.

Question / réponse : Je veux avoir un bébé. Dois-je arrêter la contraception ?

Tout dépend du type de contraceptif que vous utilisez. Vous pouvez arrêter immédiatement les préservatifs et les spermicides. En revanche, si vous prenez la pilule, même microdosée, finissez la plaquette pour avoir vos règles. Le retour à la normale de l'ovulation pouvant prendre quelques mois, vous pouvez être enceinte juste après l'arrêt de la pilule, sans risque pour votre bébé.

Si vous portez un dispositif stérilet ou un implant, faites-le vous retirer. Si vous recevez régulièrement une injection contraceptive, ne faites pas la suivante. Le taux d'hormones diminuera peu à peu. Cependant, vous devrez peut-être attendre un an avant que votre cycle redevienne normal.

Quel que soit le contraceptif que vous utilisez, n'hésitez pas à changer votre alimentation et votre mode de vie, et faites un bilan de santé avant votre grossesse. Il vaut mieux entamer ces démarches avant l'arrêt de la contraception, au cas où vous réussiriez à être enceinte rapidement.

Question / réponse : Pourquoi est-il conseillé de faire un bilan immunitaire ?

Parce que certaines infections sont dangereuses pendant la grossesse. Votre médecin vous prescrira des examens sanguins. Si vous n'êtes pas immunisée contre certaines maladies infectieuses, faites-vous vacciner avant d'être enceinte. La rubéole est dangereuse pour le fœtus, surtout les 16 premières semaines. Elle peut entraîner une fausse couche, des lésions cérébrales, des malformations, la surdité ou l'accouchement d'un enfant mort-né. La varicelle peut provoquer une fausse couche ou des anomalies congénitales. La vaccination prévient tout risque de rubéole et limite celui de varicelle.

L'hépatite est transmissible au fœtus. En cas de risque élevé d'infection, vous devez être vaccinée. Votre médecin peut également vous prescrire une recherche de streptocoques du groupe B et de *Chlamydia*.

La toxoplasmose est une infection parasitaire transmise par la consommation de viande peu cuite ou au contact d'excréments de chat. Savonnez vos mains avec soin après avoir jardiné, changé la litière de votre matou ou manipulé de la viande crue, et lavez fruits et légumes avant de les manger. Si vous craignez de l'avoir contractée (voir p. 108), demandez un test de dépistage.

Question / réponse : Est-il possible d'augmenter mes chances d'être enceinte ?

Améliorez votre alimentation et votre mode de vie pour être dans des conditions optimales. Spermatozoïdes et ovocytes ont besoin de trois mois pour être à maturation complète. Plus vous commencerez tôt, plus ces cellules seront saines.

Veillez à éviter les petits plaisirs pas très sains comme le fast-food, les sucres raffinés, l'alcool, la caféine et le tabac. Optez pour des aliments nourrissants (voir p. 48 à 55) et mangez si possible, des produits frais, locaux et bio. Faites de l'exercice pour maintenir votre poids de forme et gérer votre stress.

FERTILITÉ MASCULINE : ASTUCES

Pour améliorer la santé de vos spermatozoïdes et être en pleine forme pour la parentalité :

» **Prenez des vitamines :** choisissez un complément qui contient du sélénium, du zinc et de l'acide folique.

» **Ayez une alimentation saine :** à base de fruits et de légumes, riches en fer et en antioxydants.

» **Maintenez un poids de forme :** le surpoids et l'insuffisance pondérale influent sur la production des hormones reproductrices et du sperme.

» **Arrêtez de fumer :** tabac et cannabis sont néfastes pour la fertilité. Si besoin, faites-vous aider.

» **Limitez votre consommation d'alcool :** elle peut affecter la qualité du sperme.

» **Appréciez un petit café :** faites-vous plaisir de temps à autre avec une dose de caféine.

» **Faites un peu d'exercice, mais pas trop :** le cyclisme à haute dose peut comprimer les testicules.

» **Réduisez le stress :** être stressé peut affecter la production d'hormones nécessaires à la fabrication du sperme.

FERTILITÉ FÉMININE : ASTUCES

Pour éviter les déséquilibres hormonaux et favoriser la régulation de votre cycle menstruel :

» **Prenez de l'acide folique :** 400 µg par jour, seul ou associé à d'autres vitamines recommandées en période de préconception.

» **Mangez bien :** ayez une alimentation équilibrée afin de consommer un maximum de nutriments essentiels.

» **Maintenez un poids de forme :** le surpoids et l'insuffisance pondérale peuvent altérer la fertilité. Mangez équilibré et faites un peu d'exercice.

» **Faites attention à l'alcool et à la caféine :** si vous ne les arrêtez pas complètement, buvez de l'alcool occasionnellement et limitez votre apport en caféine à 200 mg par jour. Attention, les boissons gazeuses et énergisantes et le thé contiennent de la caféine. Optez pour les variétés déthéinées ou des tisanes.

» **Arrêtez de fumer :** les toxines contenues dans les cigarettes ont des effets néfastes sur la fécondation et l'implantation. Si besoin, faites-vous aider.

» **Gérez votre stress :** trouvez des moyens pour vous détendre. Ne vous focalisez pas uniquement sur votre future grossesse.

Être **détendue** peut doubler vos chances d'être enceinte en moins d'un an, alors **profitez de ce moment unique** où vous essayez d'avoir un bébé !

À quel moment de mon cycle menstruel dois-je avoir des relations sexuelles pour être enceinte ?

Pour optimiser vos chances, l'idéal est de faire l'amour régulièrement, tous les deux ou trois jours, pendant tout le mois. Mais vous pouvez également surveiller votre ovulation.

Les chances de conception augmentent au moment de l'ovulation (libération d'un ovule), et dans les cinq ou six jours qui précèdent. C'est la *fenêtre de fertilité*. En plus de tenir le calendrier de votre cycle menstruel, voici quelques astuces pour savoir si vous êtes en train d'ovuler.

Surveillez vos glaires cervicales

Juste avant la fenêtre de fertilité, un mucus blanc, trouble, visqueux et collant se forme. Au moment de l'ovulation, il devient plus liquide, plus clair, et filant. Après l'ovulation, il disparaît progressivement et s'assèche. Pour vérifier la consistance de vos glaires cervicales, lavez-vous les mains et insérez vos doigts dans votre vagin ou essuyez-vous avec du papier toilette. Puis étirez les glaires entre vos doigts et notez la couleur et la consistance.

Utilisez un test d'ovulation

Le test d'ovulation vous aide à prévoir la fenêtre de fertilité en mesurant le taux d'hormone lutéinisante (LH), qui déclenche la libération de l'ovule. Il s'agit simplement d'un test urinaire pour détecter le pic de LH deux jours avant l'ovulation, ce qui est utile si vos règles sont irrégulières.

Prenez votre température basale

Au cours du mois, la température basale (TBC) varie. Avant l'ovulation, elle est généralement inférieure à 37 °C. Juste après, la progestérone libérée dans l'organisme la fait légèrement monter (de 0,2 à 0,5 °C), et ceci jusqu'aux prochaines règles. La TBC indique donc quand l'ovulation a lieu, mais ne la prédit pas.

En analysant votre courbe de température sur quelques mois, vous observerez l'apparition de la même variation au moment de l'ovulation. Achetez un thermomètre pour la température basale en pharmacie et notez votre température tous les matins au réveil, à jeun.

CHANGEMENTS AU COURS DU CYCLE MENSTRUEL

Le tableau ci-dessous montre un cycle menstruel de 28 jours et les changements qui aident à prévoir la fenêtre de fertilité d'une durée de cinq ou six jours en milieu de cycle. Même si votre cycle menstruel n'est pas de 28 jours (il peut varier de 21 à 35 jours), la fenêtre de fertilité se situera toujours à peu près au milieu.

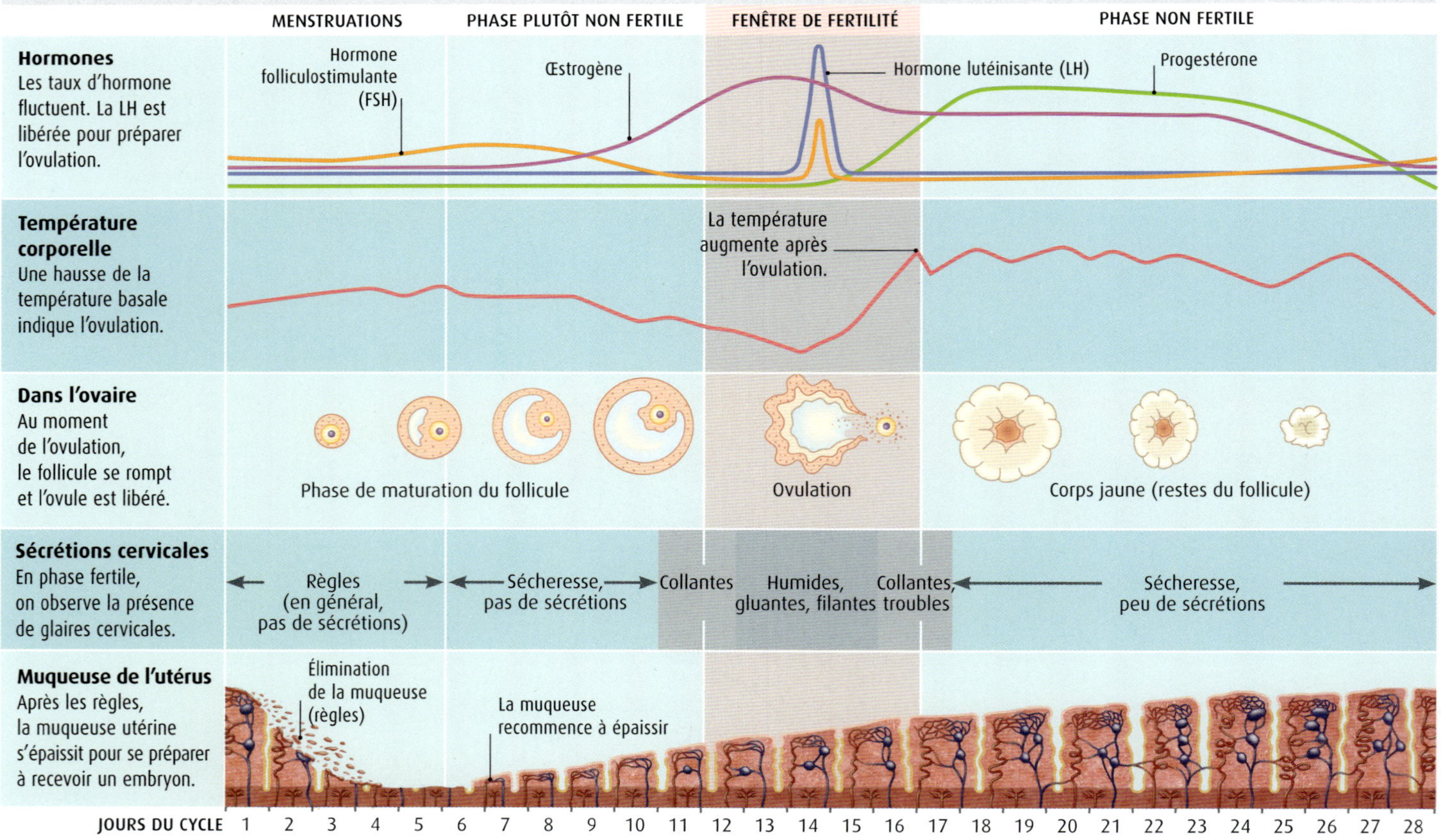

question ? réponse

Certaines positions sexuelles peuvent-elles nous aider à concevoir un bébé ?

Non, il n'y a aucune preuve scientifique que faire l'amour dans une position particulière augmente les chances de concevoir. Des thèses non étayées affirment que la position du missionnaire, l'homme au-dessus, ou des positions favorisant une pénétration profonde peuvent aider, ou que l'orgasme de la femme contribue à propulser le sperme plus loin dans le col de l'utérus. Mais vous n'avez pas besoin de rester sur le dos les jambes en l'air après un rapport pour augmenter les chances des spermatozoïdes d'atteindre leur but ! Cependant, essayer chacune de ces méthodes ne peut pas faire de mal et en faisant l'amour dans toutes les positions que vous aimez, vous aurez plus de chances d'être enceinte.

question ? réponse

J'ai déjà deux filles. Comment augmenter mes chances d'avoir un garçon ?

Il serait agréable de croire que vous pouvez avoir une influence sur le sexe de votre futur bébé, mais malheureusement, rien ne le prouve. Le résultat, fille ou garçon, dépend du chromosome du spermatozoïde qui féconde l'ovule : X pour une fille, Y pour un garçon. Et tout n'est qu'une question de chance.

Mais vous n'êtes pas la première à vous poser la question, et les croyances à ce sujet pullulent. Dans les années 1960, la méthode Shettles affirmait que les spermatozoïdes porteurs de chromosomes X survivaient plus longtemps dans le col de l'utérus mais étaient plus lents que les porteurs de chromosomes Y, qui, tout en étant plus rapides, étaient aussi plus fragiles et plus petits. Partant de ce principe, cette théorie recommandait d'avoir des relations sexuelles le plus près possible de la période d'ovulation pour faire un garçon, et deux ou trois jours avant pour avoir une fille.

La méthode Whelan, qui n'est pas prouvée scientifiquement, est une autre théorie de sélection naturelle du sexe du bébé. Elle recommande de faire l'amour deux ou trois jours avant l'ovulation pour une fille et quatre ou cinq jours avant l'augmentation de la température basale pour concevoir un garçon, ce qui est donc l'inverse de la méthode Shettles. Elle conseille également une alimentation riche en calcium et en magnésium pour avoir un garçon, et la consommation d'aliments salés et riches en potassium pour une fille.

question ? réponse

Combien de temps faut-il pour concevoir un bébé ?

Cela dépend de nombreux facteurs, mais sachez qu'il n'est pas rare que cela demande un an, voire deux, même pour un couple qui n'a aucun problème de fertilité.

Les statistiques montrent qu'en moyenne plus de 80 % des couples de moins de 40 ans conçoivent un bébé en moins d'un an s'ils ont des relations sexuelles régulières non protégées et plus de 90 % y parviennent dans les deux ans. Naturellement, vous pouvez ressentir une certaine frustration si cela prend du temps, mais les chiffres confirment qu'il ne faut pas abandonner.

Quel que soit votre âge, vous pouvez tous deux opter pour des changements d'alimentation et de mode de vie afin d'augmenter vos chances de concevoir (voir p. 50-51). Vous pouvez également surveiller votre ovulation pour repérer le moment idéal (voir ci-contre). Cependant, des experts affirment que rester détendue et ne pas trop se focaliser sur son ovulation favorise la conception.

Si vous avez eu des relations sexuelles non protégées pendant un an sans succès, parlez-en avec votre médecin. Il s'agit peut-être d'un problème de stérilité. Si vous êtes une femme de plus de 35 ans et n'êtes pas enceinte après six mois de rapports non protégés, demandez un avis médical (les taux de fertilité chutent à partir de 35 ans). Consultez également en cas de règles irrégulières ou si des antécédents médicaux vous laissent penser qu'il peut y avoir un problème avec vos trompes de Fallope.

Faites l'amour régulièrement. Certains couples n'ont simplement pas assez de relations sexuelles pour concevoir un enfant !

TAUX DE CONCEPTION MOYEN DES COUPLES FERTILES

Une étude américaine montre qu'au bout d'un an, 93 % des couples qui essayaient de concevoir un enfant y sont parvenus. Le tableau ci-dessous récapitule les taux de réussite par mois.

MOIS	1	2	3	4	5	6	7	8	9	10	11	12
% DE COUPLES ATTENDANT UN ENFANT	20	36	49	59	67	74	79	83	86	89	91	93

question ? réponse

Nous avons déjà un enfant. Combien de temps devons-nous attendre avant une deuxième grossesse ?

Cela dépend en partie de ce que vous avez vécu lors de la première. Si vous avez vécu une grossesse normale, sans complications, rien ne vous empêche de recommencer dès que vous êtes prêts. Cependant, demandez-vous si vous aurez assez d'énergie pour vous occuper d'un bébé tout en étant enceinte, et si vous voulez profiter de l'aîné avant l'arrivée du cadet.

Si la conception de votre premier enfant a pris du temps, vous aurez peut-être envie de ne pas trop tarder à faire le deuxième. Mais, dites-vous bien que vous risquez d'être enceinte plus rapidement cette fois. À l'inverse, si vous avez conçu rapidement votre premier bébé, sachez qu'il n'est pas inhabituel que la conception du deuxième prenne plus de temps.

Si vous avez eu une césarienne, attendez au moins un an avant une nouvelle grossesse, afin de permettre à votre corps de récupérer. Être enceinte trop vite doublerait les risques de complications. De plus, attendre un an laisse le temps à votre utérus de bien cicatriser. En effet, en cas d'accouchement par voie vaginale après une césarienne (AVAC), il y a des risques de rupture utérine si la cicatrisation est incomplète.

Toute complication médicale survenue au cours de votre première grossesse (par exemple, nausées très fortes [hyperémèse gravidique], prééclampsie, diabète gestationnel ou encore accouchement prématuré) est susceptible de se reproduire. N'hésitez pas à parler de cette éventualité avec un professionnel de la santé avant d'avoir un autre enfant.

Que se passe-t-il dans mon corps lorsque je suis enceinte ?

question ? réponse

Être enceinte est un processus biologique complexe, qui nécessite d'abord la libération d'un ovule qui sera ensuite fécondé par un spermatozoïde dans la trompe de Fallope. Après la fécondation, l'ovule devient un amas de cellules (blastocyste) qui parcourt la trompe et vient s'implanter dans la muqueuse de l'utérus. Voilà, vous êtes enceinte.

Créer une nouvelle vie

Vous aurez plus de chances de concevoir un enfant si vos organes reproducteurs sont sains et en bon état. Les spermatozoïdes sont produits dans les testicules. Arrivés à maturation dans l'épididyme, ils voyagent dans le canal déférent, jusqu'à une structure qui ressemble à un sac. Lors de l'éjaculation, le liquide séminal, qui contient le sperme, s'écoule par l'urètre, conduit situé à l'intérieur du pénis. Chez la femme, les ovaires se trouvent de part et d'autre de l'utérus. Ils contiennent les ovocytes, ovules immatures, qui sont libérés chaque mois (ovulation).

ORGANES DE L'APPAREIL REPRODUCTEUR MASCULIN

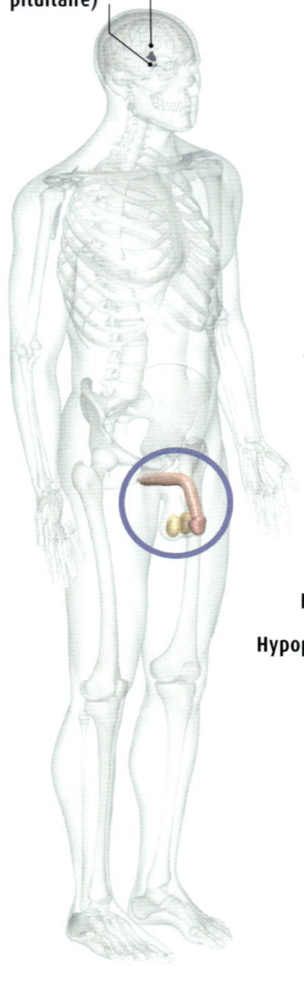

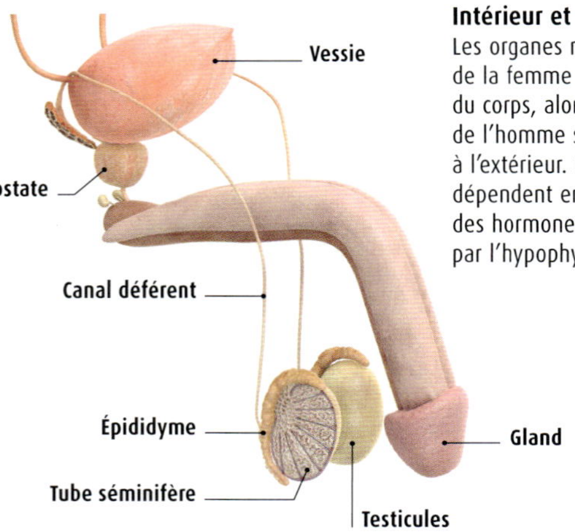

Intérieur et extérieur
Les organes reproducteurs de la femme sont à l'intérieur du corps, alors que ceux de l'homme sont essentiellement à l'extérieur. Les deux systèmes dépendent entièrement des hormones sécrétées par l'hypophyse et l'hypothalamus.

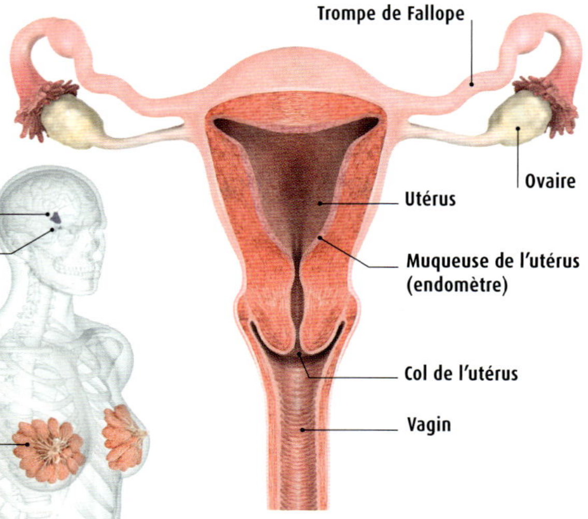

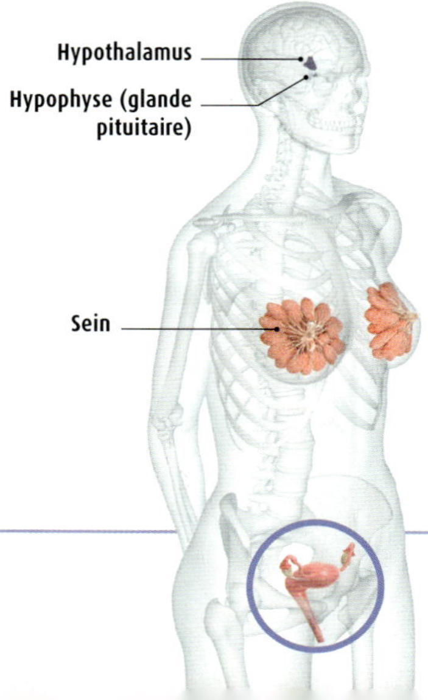

ORGANES DE L'APPAREIL REPRODUCTEUR FÉMININ

Le parcours d'un ovule

À l'intérieur de l'ovaire, les ovocytes sont exposés chaque mois à l'hormone folliculostimulante humaine (FSH) qui entraîne leur maturation, mais seuls 20 d'entre eux se développent. Ils mûrissent dans les follicules, structures pleines de liquide, qui grossissent sous l'effet de la FSH. En général, un seul follicule arrive à maturité et libère un ovule, les autres se flétrissent et les ovocytes qu'ils contiennent sont perdus. Mais, en cas de grossesse de faux jumeaux, deux follicules mûrs libèrent un ovule le même mois.

Éléments déclencheurs de l'ovulation

L'ovule à maturité est entouré de cellules qui produisent une hormone (*œstrogène*), laquelle stimule la croissance des tissus mammaires, fait épaissir la muqueuse utérine et nourrit l'ovule. Alors que les taux d'œstrogène augmentent, l'hypothalamus déclenche une sécrétion massive d'hormone lutéinisante (LH) qui contribue à la libération de l'ovule par le follicule : c'est l'ovulation.

Les trompes de Fallope

Lors de l'ovulation, l'ovule ainsi libéré est capté par les franges du pavillon et acheminé dans la trompe par les *cils*, petites projections qui ressemblent à des poils et tapissent la muqueuse. Ceci peut prendre cinq jours, voire plus. Si une femme a des rapports sexuels à cette période, l'ovule peut alors être fécondé par un spermatozoïde lorsqu'il se trouve dans la trompe de Fallope.

2 FÉCONDATION

Un seul spermatozoïde franchit les couches externes de l'ovule pour le féconder quand il est dans la trompe de Fallope. Les 23 chromosomes (qui contiennent l'ADN, information génétique nécessaire au développement d'une cellule) du spermatozoïde s'unissent aux 23 chromosomes de l'ovule. Ensemble, ces 46 chromosomes créent un modèle qui rend votre bébé unique. L'ovule fécondé, appelé *zygote*, se divise en deux cellules identiques. En quelques heures, il se subdivise en un amas de cellules microscopiques (morula) alors qu'il progresse vers l'utérus.

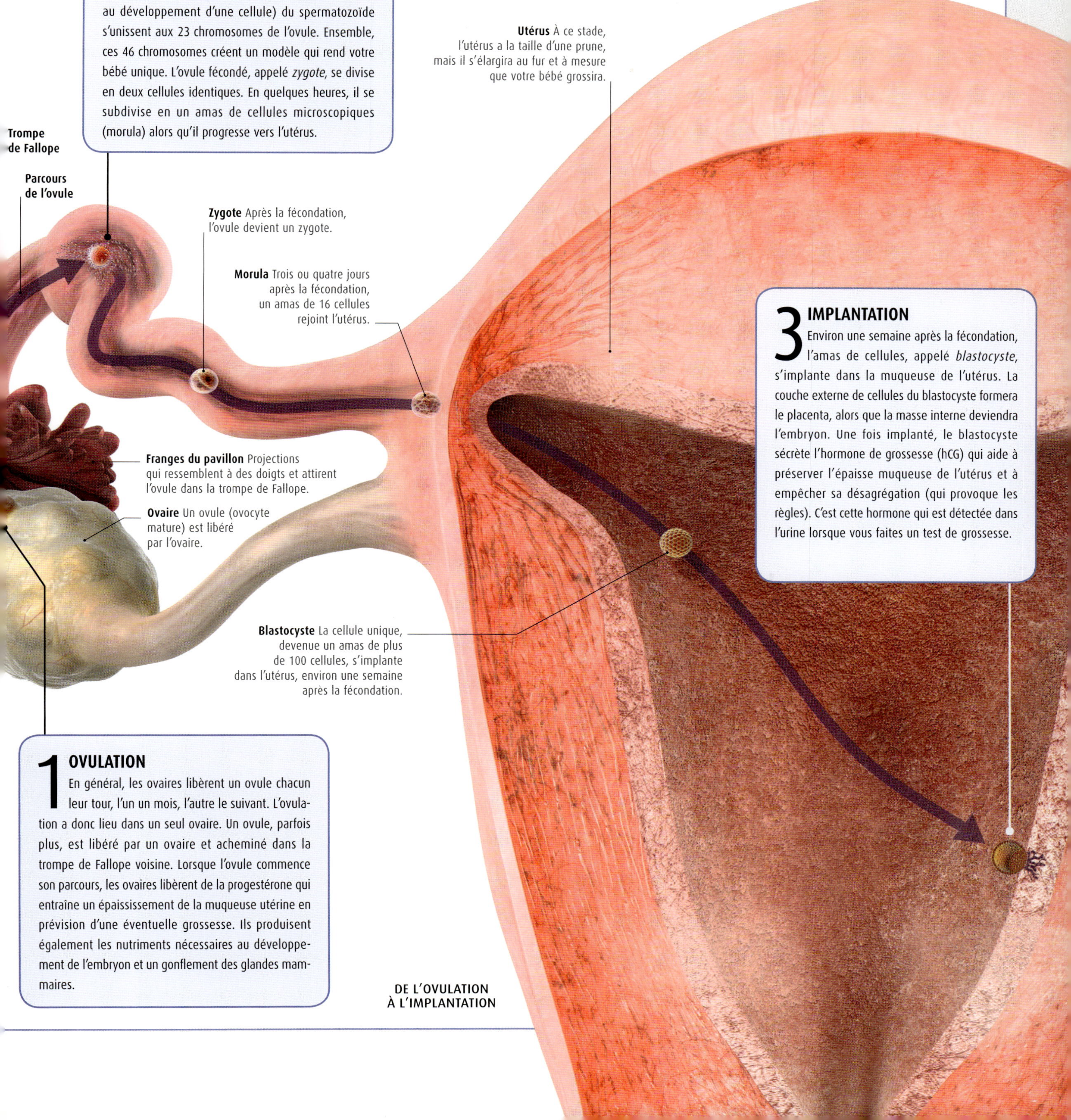

3 IMPLANTATION

Environ une semaine après la fécondation, l'amas de cellules, appelé *blastocyste*, s'implante dans la muqueuse de l'utérus. La couche externe de cellules du blastocyste formera le placenta, alors que la masse interne deviendra l'embryon. Une fois implanté, le blastocyste sécrète l'hormone de grossesse (hCG) qui aide à préserver l'épaisse muqueuse de l'utérus et à empêcher sa désagrégation (qui provoque les règles). C'est cette hormone qui est détectée dans l'urine lorsque vous faites un test de grossesse.

1 OVULATION

En général, les ovaires libèrent un ovule chacun leur tour, l'un un mois, l'autre le suivant. L'ovulation a donc lieu dans un seul ovaire. Un ovule, parfois plus, est libéré par un ovaire et acheminé dans la trompe de Fallope voisine. Lorsque l'ovule commence son parcours, les ovaires libèrent de la progestérone qui entraîne un épaississement de la muqueuse utérine en prévision d'une éventuelle grossesse. Ils produisent également les nutriments nécessaires au développement de l'embryon et un gonflement des glandes mammaires.

DE L'OVULATION À L'IMPLANTATION

question ? réponse

J'ai subi une IVG quand j'étais plus jeune. Puis-je encore être enceinte ?

Si l'IVG a eu lieu avant 14 semaines de grossesse, et à partir du moment où vos trompes ne sont pas abîmées, quelle qu'en soit la raison, vous devez pouvoir être à nouveau enceinte. Si elle a eu lieu entre 14 et 24 semaines, en cas de nouvelle grossesse, il existe un léger risque d'accouchement prématuré. Si vous essayez d'avoir un enfant depuis un an au moins, ou depuis plus de six mois si vous êtes âgée de plus de 35 ans, consultez votre médecin pour des tests de fertilité.

question ? réponse

Je suis sous traitement pour une maladie chronique. Cela peut-il affecter ma fertilité ?

Certains traitements prescrits pour des maladies chroniques peuvent affecter votre capacité à concevoir. Si vous souffrez d'une maladie chronique (asthme, diabète, maladie cardiaque, maladie inflammatoire chronique intestinale, lupus, épilepsie, migraine, troubles mentaux, acné, hypertension artérielle, anémie, obésité, insuffisance pondérale…), parlez-en à votre médecin avant d'être enceinte.

Les médicaments, vitamines, plantes médicinales ou autres compléments que vous prenez, ou les quantités prescrites auront peut-être besoin d'être ajustés avant et pendant votre grossesse. N'arrêtez aucun traitement prescrit par votre médecin sans l'avoir consulté au préalable. Pensez également à lui signaler les allergies dont vous souffrez et les médicaments sans ordonnance que vous prenez.

Vous aurez peut-être besoin de doses d'acide folique plus importantes si vous risquez d'avoir un enfant atteint d'une anomalie du tube neural (voir p. 49). C'est notamment le cas si vous êtes sous traitement anti-épileptique, si vous êtes diabétique, si le cas s'est déjà présenté lors d'une précédente grossesse, ou s'il y a des antécédents dans votre famille.

question ? réponse

Qu'est-ce que le dépistage génétique ? Dois-je m'y soumettre

Le dépistage génétique consiste à rechercher la présence d'un gène altéré susceptible d'entraîner une anomalie chez les couples qui prévoient de procréer. Il aide les futurs parents à se préparer à l'éventualité que leur enfant hérite d'un problème médical.

Certaines maladies génétiques touchent plus souvent une ethnie qu'une autre : l'anémie falciforme, les personnes d'origine africaine ; la maladie de Tay-Sachs, les juifs ashkénazes, la fibrose kystique, les populations blanches d'Europe et d'Amérique du Nord. Contactez votre médecin pour qu'il vous adresse à un centre de dépistage.

L'examen consiste en une prise de sang ou un prélèvement de tissu pour procéder à une analyse ADN. L'obtention du résultat peut être longue. Attention, le dépistage n'est ni infaillible, ni probant. Dans le cadre de ce protocole, les parents bénéficient souvent du conseil génétique.

Anémie falciforme
Dans l'exemple ci-dessous, les deux parents sont porteurs d'un gène de l'anémie falciforme. Si le bébé hérite d'un gène défectueux de chacun de ses parents, il sera atteint d'anémie falciforme. S'il n'en reçoit qu'un, il sera porteur sain. Il peut aussi n'avoir aucun gène défectueux.

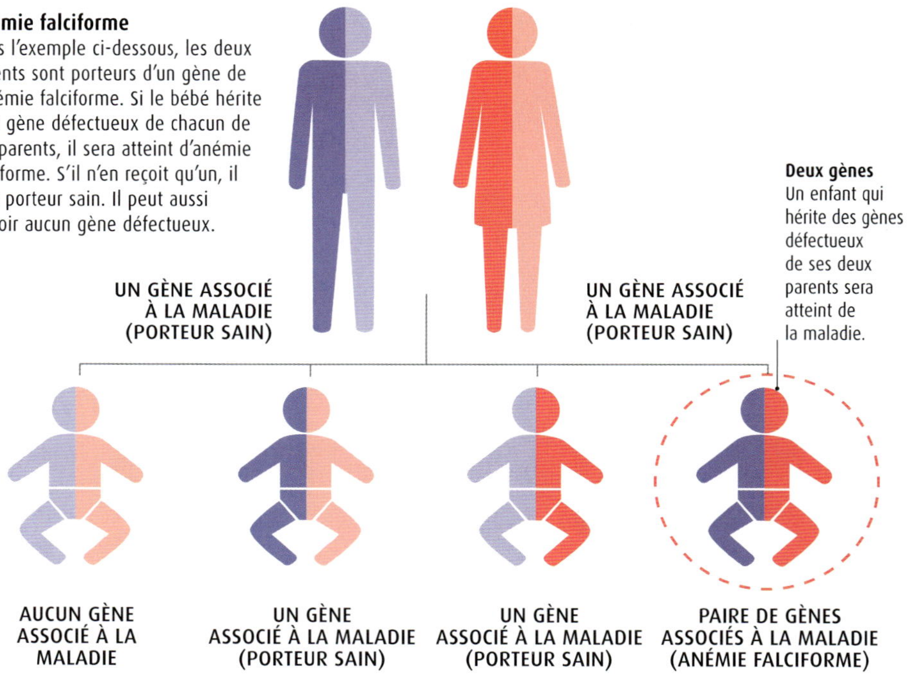

question ? réponse

Je pense que mon partenaire et moi avons un problème de fertilité. Que faire ?

Consultez votre médecin traitant, en particulier si vous avez des règles irrégulières ou douloureuses, des douleurs lors des relations sexuelles, des antécédents d'opération ou d'infection pelvienne, ou si vous avez une raison de suspecter une anomalie du liquide séminal de votre compagnon.

Votre médecin vous interrogera sur votre état de santé, vos antécédents médicaux et vous demandera depuis combien de temps vous essayez de concevoir. Le cas échéant, il vous prescrira une série d'examens pour déterminer la cause du problème.

Chez la femme, les causes possibles sont surtout des trompes de Fallope bouchées, une incapacité à ovuler, une endométriose, un fibrome, des kystes ovariens ou une maladie inflammatoire pelvienne. Les examens les plus courants sont un bilan sanguin, des tests pour vérifier les taux d'hormones associées à l'ovulation, une échographie pour examiner les organes reproducteurs, et une radiographie de l'utérus et des trompes. Pour les hommes, les causes les plus fréquentes sont une faible quantité de sperme, un blocage des canaux déférents et des infections. Les examens consistent à étudier la qualité du sperme, les hormones, les organes reproducteurs et les chromosomes.

Plusieurs possibilités de traitement existent : médicaments favorisant la fertilité, procédures chirurgicales ou procréation médicalement assistée. Si les examens peuvent révéler l'origine du problème, dans certains cas la stérilité reste inexpliquée. Ces examens peuvent être stressants et frustrants. Il est essentiel de connaître le maximum de choses sur votre situation médicale. N'hésitez pas à poser des questions à votre médecin et à communiquer avec votre partenaire sur votre ressenti.

Est-il possible d'avoir un bébé après 40 ans, ou est-ce trop tard ?

question ? réponse

De plus en plus de femmes ont un enfant après 40 ans, souvent grâce à la procréation médicalement assistée (PMA). Statistiquement, toutes les chances ne sont pas de votre côté, mais cela dépend des circonstances et de la santé de chacun.

Consultez votre médecin traitant si vous n'êtes pas enceinte après six mois de rapports sexuels non protégés. Il vous prescrira les examens nécessaires (voir ci-contre) afin de rechercher d'éventuels problèmes de fertilité.

Essayez d'améliorer votre fertilité en changeant d'alimentation et de mode de vie (voir p. 29). En plus d'augmenter vos chances de concevoir naturellement, vous serez ainsi en pleine forme pour votre grossesse et la parentalité.

Il se peut que la meilleure solution soit d'entamer un traitement contre la stérilité. Le recours aux ovules d'une donneuse est souvent le plus efficace pour les femmes de plus de 40 ans. En effet, passé cet âge, les chances de réussite d'une fécondation in vitro (FIV) avec les ovules de la mère ne dépassent pas 15 %, car elle ne règle pas le problème de qualité des ovocytes.

Le nombre de bébés nés de mères de plus de 40 ans **a plus que quadruplé** au cours des trois dernières décennies.

ÂGE MOYEN DES FEMMES STÉRILES

Les femmes sont extrêmement fertiles à 20 ans, avec seulement 3 % de risque d'être stériles. Le taux de stérilité passe à 15 % à 35 ans, et à 32 % chez les femmes de 40 ans. Entre 45 et 49 ans, la probabilité qu'une femme soit stérile est de 69 %.

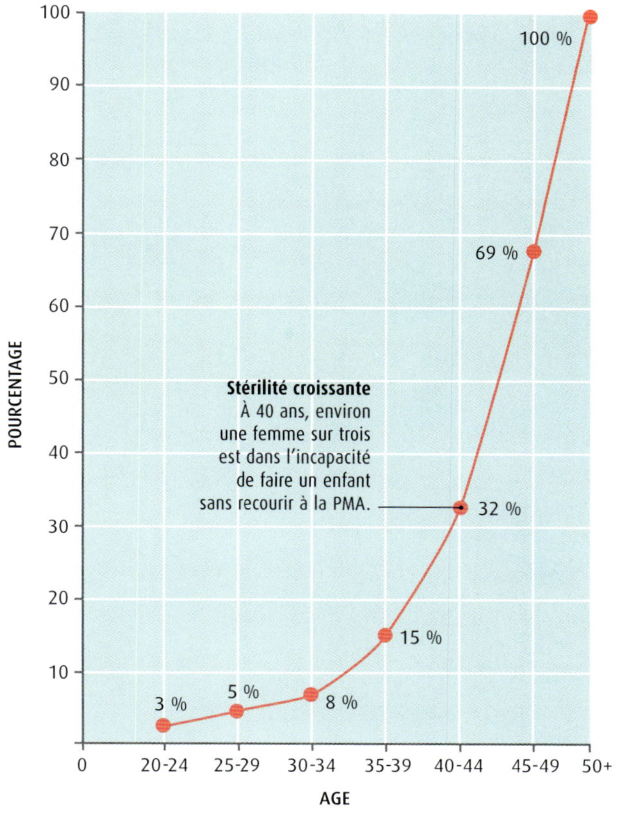

Horloge biologique Comme le montre ce graphique, une femme a deux fois plus de risques de stérilité à 35 ans qu'à 30 ans. Cette probabilité double encore à 40 ans.

LÉGENDE

● Risque de stérilité

Est-il vrai qu'il est plus fréquent d'avoir des jumeaux à partir d'un certain âge ?

question ? réponse

Les femmes de plus de 35 ans libèrent plus souvent plusieurs ovules par cycle, ce qui accroît les chances de grossesse multiple. En outre, de plus en plus de femmes d'âge mûr ont recours à la PMA, ce qui augmente le risque de grossesse multiple, les traitements impliquant l'utilisation simultanée de plusieurs embryons. En raison du risque d'accouchement prématuré, une grossesse multiple est le principal facteur de risque pour le fœtus.

Mon partenaire est un peu plus âgé que moi. Mettrons-nous plus de temps à avoir un enfant ?

question ? réponse

Après 40 ans, la qualité du sperme baisse, ce qui, outre une incidence sur la fertilité qui commence à décliner, peut aussi avoir des conséquences sur la santé de l'enfant à naître. Statistiquement, le délai moyen de conception pour un homme de moins de 25 ans est de quatre mois et demi. Si sa partenaire est âgée de moins de 25 ans mais lui de plus de 40, il passe à deux ans ou presque, soit cinq fois plus.

Cela fait six mois que j'essaye d'être enceinte. Dois-je consulter un médecin ?

question ? réponse

Si vous avez moins de 35 ans, il est conseillé d'attendre un an avant de consulter votre médecin. Dans l'intervalle, ne vous inquiétez pas, et ayez un mode de vie sain et des relations sexuelles régulières. Si vous avez plus de 35 ans et des antécédents de problèmes gynécologiques, vous êtes plus susceptible d'avoir des difficultés à concevoir. Consultez votre médecin pour faire les examens qui s'imposent, si vous n'êtes pas enceinte après six mois de rapports sexuels non protégés.

question ? réponse

Nous envisageons une FIV. Quelles sont nos chances de réussite et qu'est-ce que cela implique?

Le nombre de naissances par FIV ne cesse d'augmenter. En 2011 au Canada, le taux de réussite (naissances vivantes) était de 33% pour les femmes de moins de 35 ans, 24% pour celles âgées de 35 à 39 ans et 10% pour celles âgées de plus de 40 ans.

Au Canada, **12 à 16% des couples en âge de procréer** n'arrivent pas à concevoir d'enfant.

Une FIV consiste à féconder un ovule avec un spermatozoïde dans une boîte de Pétri, hors de l'organisme. Suite à la fécondation, un embryon (voire plus d'un) est implanté dans l'utérus. Le protocole est extrêmement long et nécessite de nombreux rendez-vous. Vous devrez subir des injections de médicaments et une petite intervention chirurgicale. Avant de vous lancer, il est indispensable de vous préparer au fait qu'une FIV peut être aussi stressante qu'épuisante. Elle peut être source d'une énorme pression sur le couple, et il est essentiel que les deux partenaires soient parfaitement d'accord sur le déroulement des opérations.

Avant de commencer le traitement, parlez avec votre médecin, et renseignez-vous de votre côté sur les hôpitaux, les cliniques et le protocole. La FIV n'est cependant pas adaptée à toutes les situations. Pour certains couples elle sera d'ailleurs de peu d'utilité, c'est pourquoi il est essentiel de bien comprendre tout ce qu'elle implique.

DÉROULEMENT DES OPÉRATIONS

Plusieurs ovules sont généralement nécessaires pour augmenter les chances de concevoir un embryon viable. Le traitement préalable à la FIV consiste en des injections d'hormones pour stimuler les ovaires et favoriser la libération de plusieurs ovules. L'évolution est surveillée par échographie, et le spécialiste choisit le meilleur moment pour prélever les ovules afin de les féconder.

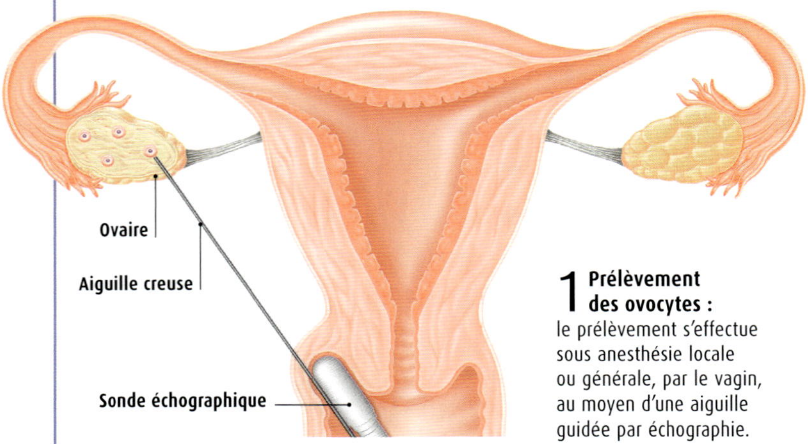

1 Prélèvement des ovocytes : le prélèvement s'effectue sous anesthésie locale ou générale, par le vagin, au moyen d'une aiguille guidée par échographie.

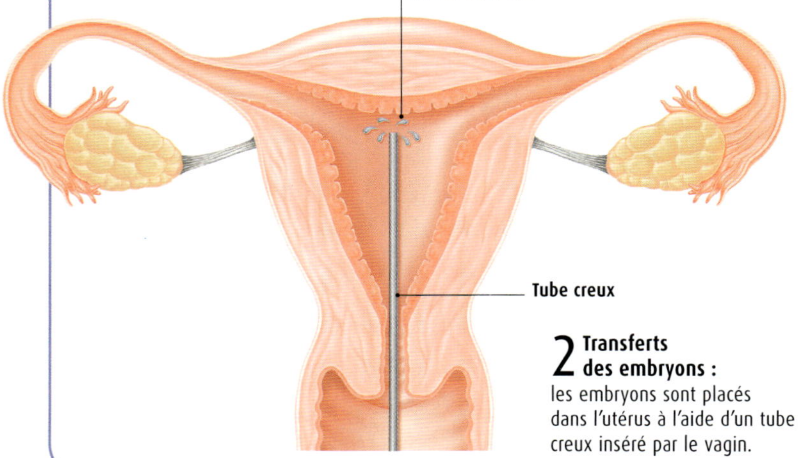

2 Transferts des embryons : les embryons sont placés dans l'utérus à l'aide d'un tube creux inséré par le vagin.

LES ÉTAPES DE LA FIV

Étape 1 – Mise au repos
Dans certains traitements, les ovaires sont d'abord mis au repos avant d'être stimulés afin qu'ils libèrent plusieurs ovules. Cette étape intervient une semaine avant les règles ou au deuxième jour des règles. L'administration d'un médicament en spray nasal ou par injection pendant une ou deux semaines bloque votre cycle afin d'empêcher l'hypophyse de produire la FSH. D'autres traitements commencent directement par la stimulation et bloquent ensuite la libération d'ovules.

Étape 2 – Stimulation
Une échographie confirme que les ovaires sont inactifs. Puis, vous recevez une injection quotidienne de FSH pendant 10 à 12 jours afin d'augmenter le nombre d'ovules produits. Dans l'intervalle, des dosages hormonaux sont effectués régulièrement afin d'observer la réponse des follicules au traitement. La dernière injection, qui intervient environ 36 heures avant le prélèvement des ovocytes, favorise leur maturation.

Étape 3 – Prélèvement des ovocytes
Le prélèvement s'effectue à l'aide d'une échographie endovaginale qui donne une image de chaque ovaire. Les ovocytes sont aspirés dans un tube à essai et remis à l'embryologiste pour examen.

Étape 4 – Sélection des embryons
Le sperme est alors mis au contact des ovules et placé en incubateur. Au bout de 48 heures, on vérifie que les embryons sont normaux. Pour optimiser les chances de grossesse, ils sont transférés au bout de cinq jours, lorsque l'amas de cellules est devenu un blastocyste.

Étape 5 – Transferts des embryons
Les embryons sont implantés à l'aide d'un tube fin et flexible inséré dans le col de l'utérus, puis dans l'utérus.

Notre médecin nous suggère d'envisager une ICSI plutôt qu'une FIV normale. De quoi s'agit-il ?

La différence avec une FIV normale réside dans la fécondation. Au lieu de laisser l'ovule et le spermatozoïde se rencontrer naturellement dans une boîte de Pétri, on sélectionne un spermatozoïde en bonne santé pour l'injecter directement dans un ovule mature.

L'ICSI (injection intracytoplasmique d'un spermatozoïde) est conseillée aux couples dont l'homme a une très faible quantité de spermatozoïdes, ou d'autres problèmes liés à la qualité du sperme, rendant une fécondation naturelle de l'ovule improbable. Cette solution est recommandée notamment si vous avez obtenu un taux de fécondation nulle ou presque dans une première série de FIV (les ovules prélevés ne sont pas devenus des embryons dans les premières 24 heures).

La stimulation ovarienne produit plus d'ovules, et le prélèvement s'effectue dans les mêmes conditions que pour une FIV. Après la fécondation par ICSI, l'embryon est placé dans l'utérus comme pour une FIV normale (voir ci-contre).

ICSI

Lors d'une ICSI, le spermatozoïde est injecté dans l'ovule, et non laissé au contact de l'ovule dans une boîte de Pétri.

Pipette de contention Empêche l'ovule de bouger.

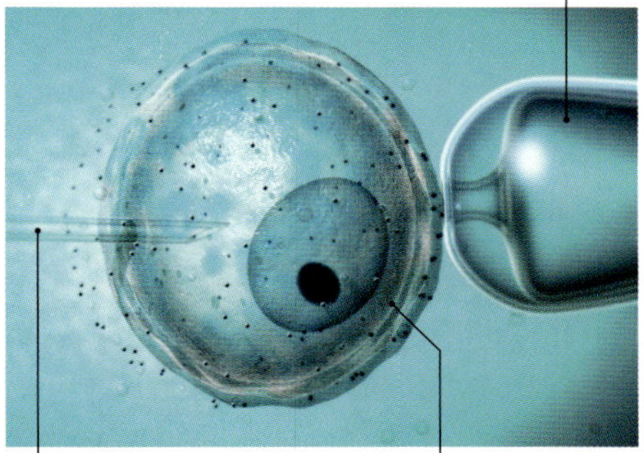

Aiguille fine Injection directe d'un seul spermatozoïde.

Ovule

Une de mes connaissances a été enceinte suite à une IAC. De quoi s'agit-il ?

C'est une *insémination artificielle intra-utérine avec sperme du conjoint* qui consiste à injecter directement le sperme dans l'utérus. Avant de procéder à une IAC, un examen de vos trompes de Fallope est nécessaire afin de vérifier qu'elles ne sont pas bouchées. Vous devez ensuite faire un bilan sanguin ou un test urinaire pour détecter l'ovulation. Dès que l'ovocyte est mature, vous recevez une injection d'hormone pour le libérer. Puis, 36 à 40 heures après, votre partenaire fournit un échantillon de sperme. Les spermatozoïdes les plus rapides et mobiles sont sélectionnés et insérés directement dans l'utérus. Cette technique est rapide et indolore. Il ne reste qu'à espérer qu'un des spermatozoïdes féconde l'ovule. Vous pouvez avoir jusqu'à quatre tentatives d'IAC. Cette solution est conseillée en cas de problèmes d'ovulation, d'impuissance ou si vous essayez de faire un bébé avec un don de sperme.

Nous avons recours à un don d'ovocytes. Mon corps va-t-il les accepter naturellement ?

L'incapacité à ovuler n'est pas rare. Si vous n'avez pas d'ovulation et avez recours à un don d'ovocytes, la muqueuse de votre utérus ne sera probablement pas assez épaisse pour qu'un embryon s'y implante. Afin d'être sûr que la muqueuse utérine puisse le nourrir, vous aurez donc besoin d'un cycle de substitution hormonale avant le transfert. C'est là la clé d'une grossesse réussie à partir d'un don d'ovocytes. Le plus gros risque pour vous est une grossesse multiple, si plusieurs ovules fécondés sont implantés dans votre utérus.

J'ai entendu dire que certaines femmes congelaient leurs ovocytes. Devrais-je le faire ?

La congélation des ovocytes est une technique de conservation des ovules dans l'attente d'un projet de grossesse. Nombre de femmes reportent le moment de devenir maman, et cette technique, fréquente dans certains pays, connaît un essor important au Québec depuis quelques années. Outre préserver la fertilité, elle est préconisée aux femmes de moins de 40 ans qui doivent suivre un traitement anticancéreux pouvant les rendre stériles, ou à celles qui ne peuvent pas attendre une nouvelle FIV pour des questions d'âge ou de maladie, en cas d'échec de la première. Le protocole de prélèvement des ovocytes est le même que celui des premières étapes de la FIV : les hormones sont utilisées pour stimuler les ovaires. Lorsque les follicules sont à maturation, les ovules sont prélevés et stockés dans de l'azote liquide. Il y a peu, l'utilisation d'ovocytes congelés comportait des risques, et le taux de réussite était plutôt faible. Grâce à l'amélioration des techniques de congélation (vitrification), les choses évoluent. Lors d'une FIV ou d'une ICSI, plusieurs embryons restent inutilisés. Des couples font le choix de les congeler pour un autre cycle de traitement en cas d'échec du premier, tenter une nouvelle grossesse, ou en faire don. Le temps de congélation et de stockage n'influe pas sur les chances de réussite avec un embryon décongelé. Cependant, tous les embryons ne survivront pas.

Vous devrez donner votre consentement pour la congélation des ovocytes et des embryons. Si la FIV a été un échec, les embryons congelés sont transférés lors des tentatives suivantes. Après une naissance, ils sont conservés cinq ans et le couple est consulté chaque année sur leur devenir. Le transfert d'embryons congelés n'est possible qu'en présence des deux partenaires. En cas de divorce, ou de décès de l'un d'eux, les embryons ne pourront être transférés. Quand le couple ne veut plus d'enfants, le sort des embryons est régi par la loi bioéthique en vigueur, qui actuellement propose l'arrêt de la conservation ou le don à un autre couple ou à la recherche médicale.

Le saviez-vous ?

Les huîtres sont excellentes pour la fertilité masculine. En effet, elles sont riches en zinc, qui favorise la production de spermatozoïdes, mais aussi leur mobilité, et augmentent le taux de testostérone. Si vous êtes fâchée avec les huîtres, les légumes, les noix, les épinards, ainsi que l'agneau et le bœuf maigre sont aussi intéressants. Vous pouvez aussi prendre chaque jour une supplémentation en zinc.

Découvrir que vous êtes enceinte sera une des expériences les plus **mémorables** de votre vie. Même si votre grossesse est planifiée, vous ressentirez diverses émotions, de la joie à l'inquiétude. Prenez le temps de vous habituer à la nouvelle, avant de découvrir les innombrables changements qui surviennent **dans votre organisme**.

Enceinte !

Découvrir que vous êtes enceinte

Félicitations ! Vous voilà partie pour une aventure aussi étonnante que bouleversante. Peut-être n'avez-vous pas eu vos règles, ou avez-vous constaté des symptômes comme des seins douloureux, des nausées, ou une extrême fatigue. Peut-être savez-vous exactement depuis quand vous êtes enceinte à moins que vous n'ayez mis des semaines à le réaliser. Que vous ayez essayé activement de faire un enfant, suivi un traitement contre les problèmes de fertilité, ou que votre grossesse soit inattendue, appréciez ce moment, aucune nouvelle n'est plus excitante ni plus importante.

La plupart des femmes découvriront qu'elles sont enceintes en faisant un test de grossesse, fiable et précis, chez elles. Dans certains cas, un bilan sanguin ou une échographie peut être nécessaire pour confirmer une grossesse.

Vous pouvez vous sentir dépassés à l'idée d'être parents. Mais il est normal d'avoir un certain nombre de questions et de préoccupations à propos de votre grossesse, de son terme, et de la santé de votre bébé. En pensant à l'avenir, vous vous demandez sûrement à quel point votre vie va changer, mais détendez-vous, il vous reste encore du temps avant la naissance de votre petit bout.

Si vous êtes mère célibataire, que votre grossesse soit désirée ou inattendue, vous pouvez ressentir une certaine anxiété, être sous le choc ou au contraire être sur un petit nuage.

Il n'y a pas de bons ou de mauvais moments pour annoncer votre grossesse. Vous pouvez décider de ne confier la nouvelle qu'à votre famille proche jusqu'au deuxième trimestre, où les risques de fausse couche sont moindres. Sinon, faites confiance à votre instinct et parlez-en à vos amis et aux membres de votre famille qui vous soutiendront dès les premières semaines.

Si vous travaillez, vous pouvez attendre jusqu'à la première échographie pour en parler à votre employeur. Cependant, en cas de nausées et de vomissements, vous aurez peut-être plus de mal à cacher votre grossesse. De plus, si votre travail implique d'être en contact avec des produits chimiques ou de soulever de lourdes charges, vous devez impérativement l'annoncer à votre supérieur.

À quoi s'attendre ?

Il est important de connaître les symptômes souvent observés en début de grossesse, comme la fatigue ou les nausées, pour apprendre à les gérer. Ne vous inquiétez pas si vous n'avez aucun symptôme, certaines femmes ont cette chance. Les nausées et la fatigue disparaissent au début du deuxième trimestre, moment à partir duquel vous commencerez à vraiment vous détendre et à profiter pleinement de votre grossesse.

question ? réponse

Je pense que je suis enceinte. Comment m'en assurer ?

Un test urinaire est le moyen le plus simple et le plus rapide de vérifier, si votre taux d'hormone gonadotrophine chorionique humaine (hCG), qui augmente quelques jours après la conception, est élevé.

Vous pouvez vous procurer un test de grossesse dans toutes les pharmacies du Québec. La plupart de ces tests peuvent être utilisés dès le premier jour de retard des règles. Une utilisation trop précoce entraînerait des résultats moins fiables (voir graphique ci-dessous). Cependant certaines marques affirment que leur test peut être effectué jusqu'à quatre jours avant la date prévue des règles.

Si vous avez des règles irrégulières et n'êtes pas sûre de la date à laquelle elles auraient dû survenir, faites le test trois semaines après votre dernier rapport sexuel non protégé.

Comment procéder ?

Il est préférable, mais pas obligatoire, de faire le test le matin au réveil, moment où votre urine est la plus concentrée en hormones. Urinez simplement sur le test (en forme de carte ou de bâtonnet) pendant quelques secondes, et attendez qu'apparaisse le résultat positif ou négatif, sous la forme d'un symbole ou des expressions « enceinte » ou « pas enceinte ». Cela ne prendra que quelques minutes. Si vous suivez les instructions correctement, un résultat positif confirme presque sans aucun doute que vous êtes enceinte. En revanche, si le résultat est négatif et que vous n'avez toujours pas vos règles, vous avez peut-être fait le test trop tôt. Même si cela est extrêmement frustrant, attendez quelques jours avant de recommencer.

D'une manière générale, ces tests de grossesse sont fiables. Cependant, pour confirmer que vous êtes enceinte, votre médecin vous prescrira une prise de sang afin de connaître votre taux d'hCG, même s'il est encore faible. Il pourra ainsi dater plus précisément le début de la grossesse et en prévoir le terme.

Test à la maison Les tests de grossesse sont généralement des bâtonnets simples d'utilisation qui détectent le taux d'hormones dans vos urines.

TAUX D'HCG PENDANT LA GROSSESSE

L'hormone qui indique que vous êtes enceinte est la gonadotrophine chorionique humaine (hCG). Comme le montre le graphique, son taux commence à augmenter une semaine après la conception, d'abord légèrement, puis sans discontinuer jusqu'à ce que votre bébé soit bien implanté dans l'utérus. Les œstrogènes et la progestérone, autres hormones de grossesse, apparaissent plus tard.

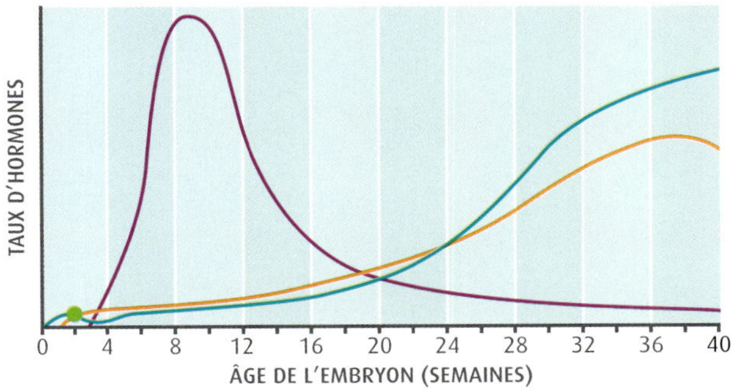

Hormones en hausse La ligne violette indique le pic de hCG après la conception.

question ? réponse

Le résultat de mon test de grossesse est positif. Mais est-ce vraiment fiable ? Que va-t-il se passer maintenant ?

Un test de grossesse positif signifie une hausse du taux d'hormones de grossesse hCG dans l'organisme. Même si le symbole ou le mot indiquant le résultat est très pâle, il est très vraisemblable que vous soyez enceinte. De nombreuses femmes refont un test pour confirmer le premier, alors que cela n'est pas nécessaire.

Prenez rapidement rendez-vous avec votre médecin traitant ou contactez-le pour lui annoncer la nouvelle. Lors du rendez-vous, vous aurez des informations sur les précautions à prendre pendant votre grossesse et pourrez ainsi poser des questions. Votre médecin abordera aussi la question de l'alimentation et du mode de vie, et s'assurera que vous prenez bien de l'acide folique (voir p. 49). Il vous interrogera également sur vos antécédents médicaux afin de définir si vous avez besoin de dépistage anténatal ou s'il est nécessaire d'adapter un traitement.

Lors de ce rendez-vous vous découvrirez la date prévue d'accouchement (DPA). Pour la calculer vous-même, vous pouvez également utiliser un calendrier de grossesse (voir p. 42), très utile si vous avez un cycle menstruel régulier : en effet, il suffit de regarder la date de vos dernières règles pour trouver la DPA. Cependant, ce n'est qu'une estimation, et seules 4 % des femmes accouchent le jour prévu. En général, la première échographie est programmée entre la 10e et la 13e semaine, mais en cas d'antécédents de fausse couche, de suspicion de grossesse extra-utérine (voir p. 308) ou de saignements, votre médecin peut vous en prescrire une plus tôt.

La précision des tests de grossesse **vendus dans le commerce est de plus de 99 %.** Donc si ce petit écran indique « enceinte » il est plus que probable que vous le soyez.

GROS PLAN

Quand un spermatozoïde rencontre un ovule

C'est là que se produit le miracle : un seul spermatozoïde sur les 200 à 500 millions présents dans un éjaculat pénètre dans un ovule mature dont la durée de vie n'est que de 24 heures. Pour ce petit aventurier, le voyage a duré entre 5 et 20 minutes et la plupart de ses compagnons de route ont abandonné la course pour la vie.

1 **Ce spermatozoïde a gagné la course.** C'est le seul sur 200 à 300 millions à avoir atteint l'ovule dans les trompes de Fallope. D'autres ont bien rejoint la surface de l'ovule, mais le vainqueur est le seul à réussir à y pénétrer.

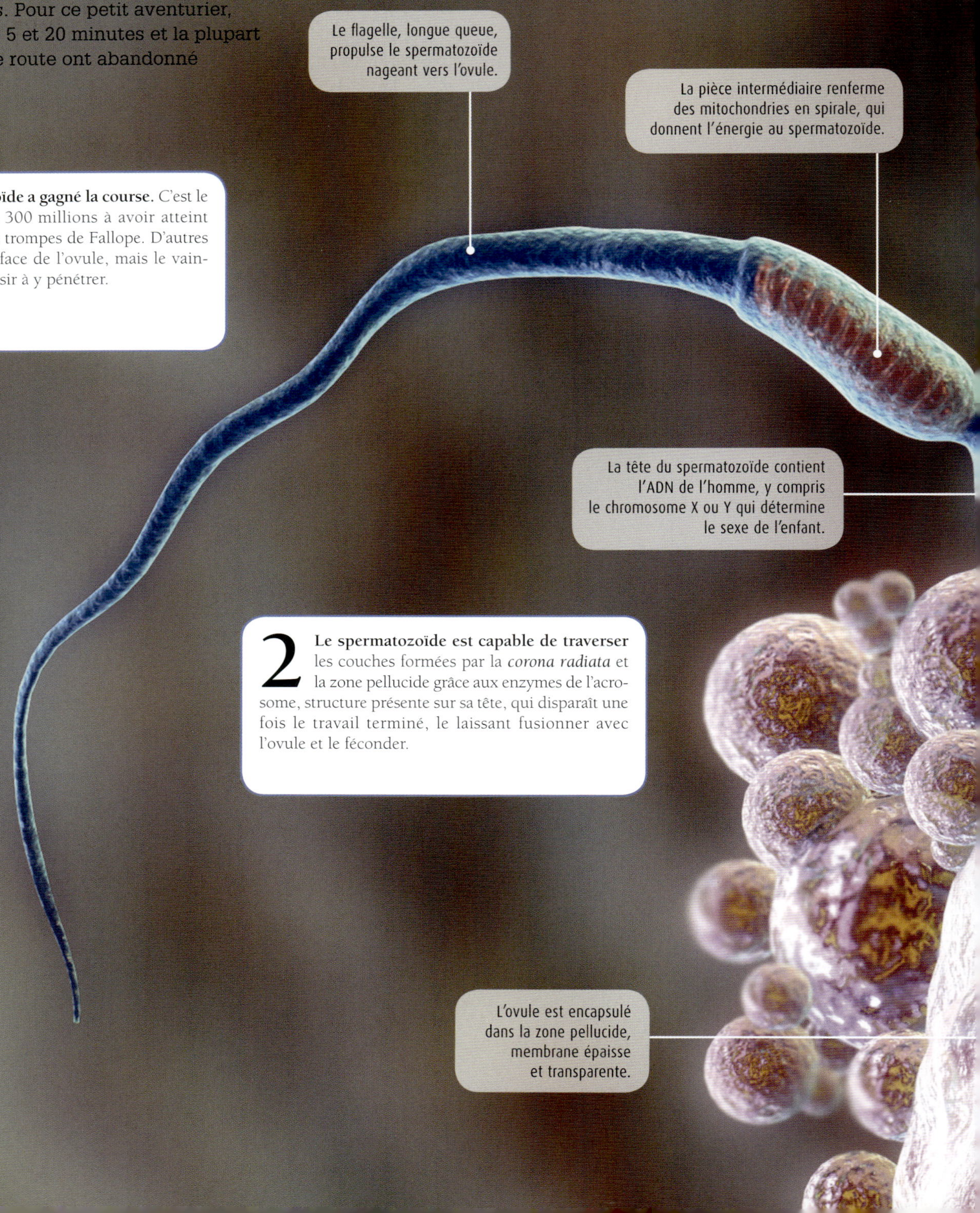

2 **Le spermatozoïde est capable de traverser** les couches formées par la *corona radiata* et la zone pellucide grâce aux enzymes de l'acrosome, structure présente sur sa tête, qui disparaît une fois le travail terminé, le laissant fusionner avec l'ovule et le féconder.

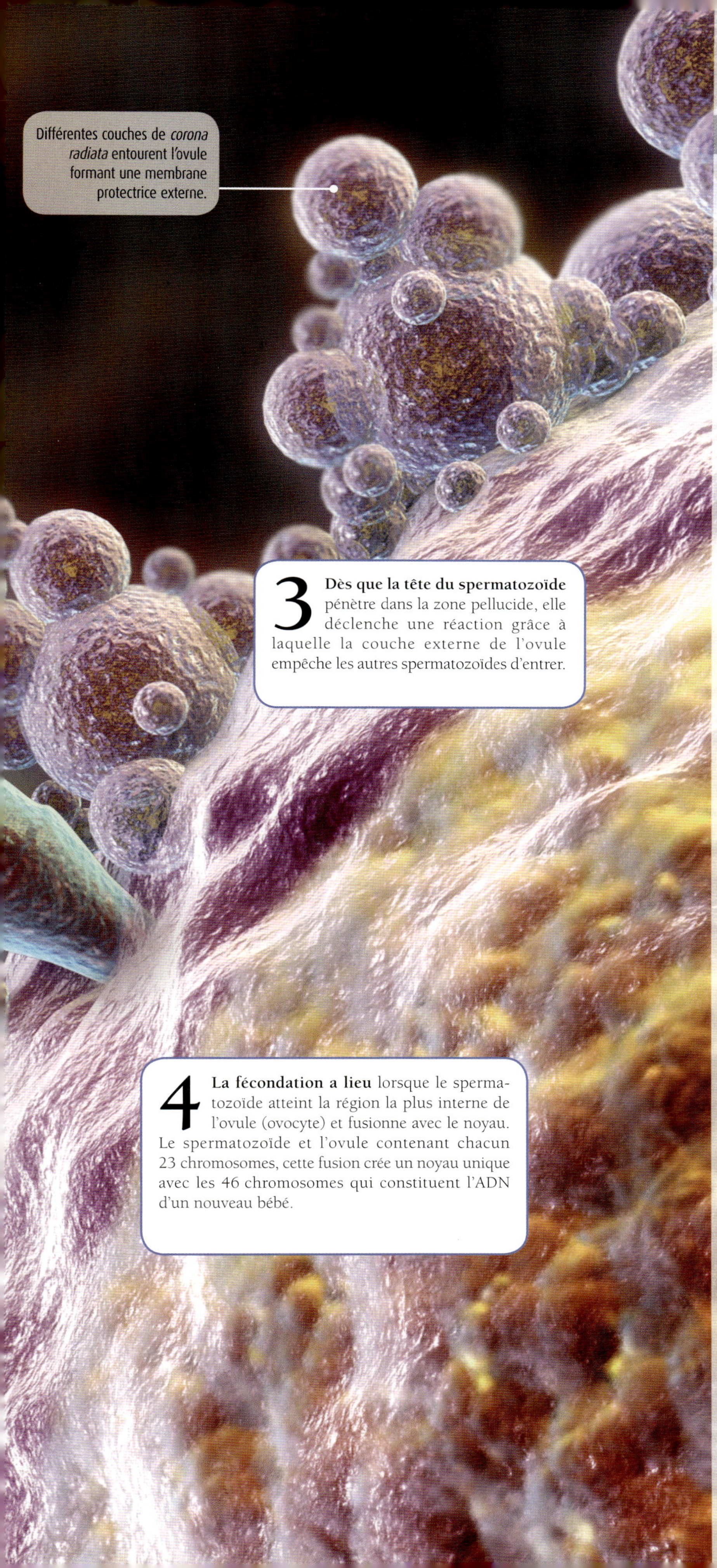

3 **Dès que la tête du spermatozoïde** pénètre dans la zone pellucide, elle déclenche une réaction grâce à laquelle la couche externe de l'ovule empêche les autres spermatozoïdes d'entrer.

4 **La fécondation a lieu** lorsque le spermatozoïde atteint la région la plus interne de l'ovule (ovocyte) et fusionne avec le noyau. Le spermatozoïde et l'ovule contenant chacun 23 chromosomes, cette fusion crée un noyau unique avec les 46 chromosomes qui constituent l'ADN d'un nouveau bébé.

QUELQUES FAITS

L'ovule, à peu près de la taille d'un grain de sable, est l'une des plus grosses cellules du corps humain. Le spermatozoïde est l'une des plus petites.

500 millions

Un éjaculat contient entre 200 et 500 millions de spermatozoïdes, mais seuls 200 à 300 survivront au voyage qui les conduira à l'ovule.

7 millions

C'est le nombre d'ovules immatures qu'un bébé fille a dans l'utérus. Ils seront présents à partir de la 20e semaine.

400 000

À la puberté, les ovaires d'une jeune fille contiennent environ 400 000 ovocytes. À chaque cycle menstruel, 1 000 d'entre eux sont perdus.

100 jours

Les testicules produisent de nouvelles cellules spermatiques tous les 100 jours.

36 heures

La durée de vie moyenne d'un spermatozoïde varie entre un et deux jours.

question ? réponse

Quand mon bébé naîtra-t-il ? Puis-je le savoir avant de consulter mon médecin traitant ?

4 %
des bébés naissent à la **date prévue.**

Il est facile de calculer la date probable de votre accouchement si vous connaissez le premier jour de vos dernières règles.

Avant la première échographie, le médecin prendra le premier jour de vos dernières règles comme repère de début de votre grossesse. Vous pouvez donc estimer la DPA en utilisant un calendrier de grossesse comme celui proposé ci-dessous.

Attention, le terme n'est qu'une estimation. Près de 50 % des enfants naissent avant la DPA, et autant ou presque après. On considère qu'un bébé est à terme à 37 semaines. Si vous n'avez pas accouché à la fin de la 41e, l'accouchement sera déclenché.

QUAND VOTRE BÉBÉ NAÎTRA-T-IL ?

Pour calculer votre date prévue d'accouchement (DPA) ou *terme*, sélectionnez la date du premier jour de vos dernières règles sur les lignes supérieures du tableau et regardez les dates indiquées en gras en dessous. Par exemple, si vos dernières règles remontent au 16 août, la naissance de votre bébé est prévue pour le 23 mai.

JANVIER	1	2	3	4	5	6	7	8	9	10	11	12	13	14	15	16	17	18	19	20	21	22	23	24	25	26	27	28	29	30	31
OCT/NOV	**8**	**9**	**10**	**11**	**12**	**13**	**14**	**15**	**16**	**17**	**18**	**19**	**20**	**21**	**22**	**23**	**24**	**25**	**26**	**27**	**28**	**29**	**30**	**31**	**1**	**2**	**3**	**4**	**5**	**6**	**7**
FÉVRIER	1	2	3	4	5	6	7	8	9	10	11	12	13	14	15	16	17	18	19	20	21	22	23	24	25	26	27	28			
NOV/DEC	**8**	**9**	**10**	**11**	**12**	**13**	**14**	**15**	**16**	**17**	**18**	**19**	**20**	**21**	**22**	**23**	**24**	**25**	**26**	**27**	**28**	**29**	**30**	**1**	**2**	**3**	**4**	**5**			
MARS	1	2	3	4	5	6	7	8	9	10	11	12	13	14	15	16	17	18	19	20	21	22	23	24	25	26	27	28	29	30	31
DÉC/JAN	**6**	**7**	**8**	**9**	**10**	**11**	**12**	**13**	**14**	**15**	**16**	**17**	**18**	**19**	**20**	**21**	**22**	**23**	**24**	**25**	**26**	**27**	**28**	**29**	**30**	**31**	**1**	**2**	**3**	**4**	**5**
AVRIL	1	2	3	4	5	6	7	8	9	10	11	12	13	14	15	16	17	18	19	20	21	22	23	24	25	26	27	28	29	30	
JAN/FÉV	**6**	**7**	**8**	**9**	**10**	**11**	**12**	**13**	**14**	**15**	**16**	**17**	**18**	**19**	**20**	**21**	**22**	**23**	**24**	**25**	**26**	**27**	**28**	**29**	**30**	**31**	**1**	**2**	**3**	**4**	
MAI	1	2	3	4	5	6	7	8	9	10	11	12	13	14	15	16	17	18	19	20	21	22	23	24	25	26	27	28	29	30	31
FEB/MAR	**5**	**6**	**7**	**8**	**9**	**10**	**11**	**12**	**13**	**14**	**15**	**16**	**17**	**18**	**19**	**20**	**21**	**22**	**23**	**24**	**25**	**26**	**27**	**28**	**1**	**2**	**3**	**4**	**5**	**6**	**7**
JUIN	1	2	3	4	5	6	7	8	9	10	11	12	13	14	15	16	17	18	19	20	21	22	23	24	25	26	27	28	29	30	
MAR/AVR	**8**	**9**	**10**	**11**	**12**	**13**	**14**	**15**	**16**	**17**	**18**	**19**	**20**	**21**	**22**	**23**	**24**	**25**	**26**	**27**	**28**	**29**	**30**	**31**	**1**	**2**	**3**	**4**	**5**	**6**	
JUILLET	1	2	3	4	5	6	7	8	9	10	11	12	13	14	15	16	17	18	19	20	21	22	23	24	25	26	27	28	29	30	31
AVR/MAI	**7**	**8**	**9**	**10**	**11**	**12**	**13**	**14**	**15**	**16**	**17**	**18**	**19**	**20**	**21**	**22**	**23**	**24**	**25**	**26**	**27**	**28**	**29**	**30**	**1**	**2**	**3**	**4**	**5**	**6**	**7**
AOÛT	1	2	3	4	5	6	7	8	9	10	11	12	13	14	15	16	17	18	19	20	21	22	23	24	25	26	27	28	29	30	31
MAI/JUIN	**8**	**9**	**10**	**11**	**12**	**13**	**14**	**15**	**16**	**17**	**18**	**19**	**20**	**21**	**22**	**23**	**24**	**25**	**26**	**27**	**28**	**29**	**30**	**31**	**1**	**2**	**3**	**4**	**5**	**6**	**7**
SEPTEMBRE	1	2	3	4	5	6	7	8	9	10	11	12	13	14	15	16	17	18	19	20	21	22	23	24	25	26	27	28	29	30	
JUIN/JUIL	**8**	**9**	**10**	**11**	**12**	**13**	**14**	**15**	**16**	**17**	**18**	**19**	**20**	**21**	**22**	**23**	**24**	**25**	**26**	**27**	**28**	**29**	**30**	**1**	**2**	**3**	**4**	**5**	**6**	**7**	
OCTOBRE	1	2	3	4	5	6	7	8	9	10	11	12	13	14	15	16	17	18	19	20	21	22	23	24	25	26	27	28	29	30	31
JUIL/AOÛT	**8**	**9**	**10**	**11**	**12**	**13**	**14**	**15**	**16**	**17**	**18**	**19**	**20**	**21**	**22**	**23**	**24**	**25**	**26**	**27**	**28**	**29**	**30**	**31**	**1**	**2**	**3**	**4**	**5**	**6**	**7**
NOVEMBRE	1	2	3	4	5	6	7	8	9	10	11	12	13	14	15	16	17	18	19	20	21	22	23	24	25	26	27	28	29	30	
AOÛT/SEPT	**8**	**9**	**10**	**11**	**12**	**13**	**14**	**15**	**16**	**17**	**18**	**19**	**20**	**21**	**22**	**23**	**24**	**25**	**26**	**27**	**28**	**29**	**30**	**31**	**1**	**2**	**3**	**4**	**5**	**6**	
DÉCEMBRE	1	2	3	4	5	6	7	8	9	10	11	12	13	14	15	16	17	18	19	20	21	22	23	24	25	26	27	28	29	30	31
SEPT/OCT	**7**	**8**	**9**	**10**	**11**	**12**	**13**	**14**	**15**	**16**	**17**	**18**	**19**	**20**	**21**	**22**	**23**	**24**	**25**	**26**	**27**	**28**	**29**	**30**	**1**	**2**	**3**	**4**	**5**	**6**	**7**

question ? réponse

Où puis-je trouver les différentes étapes de ma grossesse?

La première échographie, dite *de datation*, est prévue entre la 10e et la 13e semaine. Le terme est calculé d'après vos dernières règles, mais ne dit pas quand a eu lieu la conception. Les échographies de datation précisent le stade de la grossesse et la date prévue d'accouchement.

question ? réponse

Est-ce important de savoir à quel trimestre j'en suis ?

Si vous connaissez le déroulement de chaque trimestre, vous anticiperez chaque étape. Le premier trimestre commence le premier jour de vos dernières règles et va jusqu'à 12 semaines d'aménorrhée. Vous pourrez ressentir de nombreux symptômes. C'est également une période incertaine, parce que le risque de fausse couche est plus élevé. Le deuxième trimestre s'étend de 13 à 25 semaines d'aménorrhée. Les symptômes s'atténuent, mais vous vous sentirez sans doute plus enceinte car votre ventre s'arrondit. Le dernier trimestre, jusqu'à 42 semaines, est souvent fatigant à cause du poids du bébé, du sommeil fragmenté et de symptômes comme le mal de dos. Même si cette dernière étape est plus difficile, elle est aussi très excitante avec tous les préparatifs pour l'arrivée de votre bébé.

Le saviez-vous ?

Lors d'une grossesse gémellaire ou autre grossesse multiple, les nausées et vomissements peuvent s'intensifier à cause d'un taux plus élevé d'hCG (voir p. 39). En outre, le taux de progestérone est lui aussi plus important quand on attend des jumeaux, ce qui peut entraîner un manque de souffle. En fin de grossesse, à force de porter plusieurs enfants, la future maman peut être très fatiguée, avoir mal au dos et souffrir de constipation et de brûlures d'estomac.

Je suis enceinte mais je n'ai aucun symptôme. Dois-je m'inquiéter ?

Il est tout à fait normal qu'en début de grossesse certaines femmes aient peu de symptômes, voire aucun, même si leur taux d'hormones implose et que l'organisme subit de nombreux changements. Rien d'inquiétant à cela, vous êtes bien enceinte, mais vous êtes moins sensibles aux fluctuations hormonales qu'une femme qui en souffre. Même si vous ne ressentez pas la fatigue associée au début de grossesse, reposez-vous et prenez soin de vous.

Dois-je m'inquiéter de certains symptômes liés à la grossesse ?

Même si les symptômes préoccupants ne sont pas fréquents en début de grossesse, demandez un avis médical dans les cas suivants.

» **Saignements vaginaux** : de légers saignements intermittents sont fréquents, mais il est préférable d'en parler à votre médecin. Une hémorragie importante peut annoncer une fausse couche, surtout si elle est associée à des crampes d'estomac. Des saignements accompagnés de douleurs dans le bas-ventre peuvent être signe de grossesse extra-utérine (voir p. 308).

» **Vomissements incoercibles** : consultez votre médecin si vous ne conservez aucun liquide et vomissez plus de 12 heures au point de vous déshydrater.

» **Fièvre** : vous avez peut-être une infection.

» **Pertes blanches et démangeaisons** : vous avez peut-être une infection, comme du muguet vaginal, qu'il convient de traiter.

Je suis enceinte de cinq semaines. Quels symptômes peuvent survenir ?

En début de grossesse, les changements hormonaux induisent parfois certains symptômes. Heureusement, la plupart d'entre eux, comme les nausées et les vomissements, disparaissent à la fin du premier trimestre ou au début du deuxième.

LES SYMPTÔMES DE DÉBUT DE GROSSESSE

Toutes les femmes sont différentes, mais voici quelques symptômes que vous ressentirez peut-être.

Le signe de grossesse le plus fiable est l'**absence de règles**. Si vous avez du retard, faites un test.

» **Sensation de brûlure à la miction** : elle peut être le signe d'une infection urinaire qui nécessite un traitement par antibiotiques.

» **Douleur unilatérale au mollet ou à la jambe, et/ou sévère mal de tête** : ces symptômes indiquent un caillot sanguin, susceptible de se former, même si cela reste rare.

» **Aggravation d'un problème de santé existant** : signalez tous les symptômes ressentis depuis le début de votre grossesse à votre médecin.

7
femmes sur 10 souffrent de **vomissements, de nausées** ou des deux lors d'une grossesse.

question ? réponse

Je suis enceinte alors que je prenais la pilule. Y a-t-il des risques pour mon bébé ?

Les risques pour votre bébé sont faibles. Si votre test de grossesse est positif, arrêtez de la prendre. Qu'elle soit ou non microdosée, ne terminez pas la plaquette.

Il est compréhensible que vous ne vous soyez pas rendu compte que vous étiez enceinte. Certains effets indésirables de ce type de contraceptifs, comme des nausées ou des seins tendus font également partie des premiers symptômes d'une grossesse. Le résultat du test urinaire ne sera pas affecté par la pilule car il ne réagit qu'au contact de l'hCG.

Ne vous inquiétez pas, mais arrêtez immédiatement toute contraception, comme indiqué dans le tableau ci-contre. Les hormones contenues dans la pilule ne restent pas longtemps dans l'organisme et les études ne montrent pas d'augmentation du risque d'anomalies congénitales. Cependant, la probabilité de grossesse extra-utérine (voir p. 308) est légèrement supérieure. La pilule microdosée peut altérer la motilité des trompes de Fallope et la capacité de l'ovule à y progresser.

Prenez rendez-vous avec votre médecin traitant dès que possible, ou contactez-le pour lui annoncer votre grossesse et l'informer que la conception a eu lieu lorsque vous preniez encore la pilule. Il pourra vous prescrire une échographie afin d'exclure tout risque de grossesse extra-utérine.

Le saviez-vous ?

Certains couples utilisent le retrait (l'homme sort son pénis du vagin avant d'éjaculer) comme méthode de contraception. Si elle peut être efficace pour certains, elle n'est cependant pas assez fiable pour empêcher une grossesse. En effet, de nombreux experts affirment que le liquide préséminal peut contenir du sperme resté dans l'urètre lors d'une précédente éjaculation, ce qui peut provoquer une grossesse.

CONTRACEPTION ÉCHECS ET CONSÉQUENCES

Certains moyens de contraception sont plus efficaces que d'autres, mais aucun ne protège à 100 % d'une grossesse. Le tableau ci-dessous explique ce qu'il faut faire en cas d'échec du contraceptif que vous utilisez.

TYPE DE CONTRACEPTION	MOYENS D'ACTION	COMMENT L'ARRÊTER
Pilule combinée 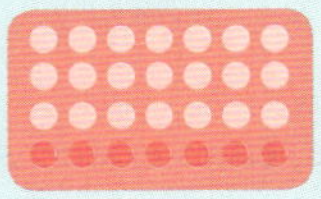	Elle contient des œstrogènes et de la progestérone. Les œstrogènes bloquent l'ovulation. Sous l'effet de la progestérone, les glaires cervicales s'épaississent pour empêcher les spermatozoïdes d'atteindre l'ovule et l'ovule de s'implanter dans l'utérus.	Arrêtez immédiatement de prendre votre pilule, inutile de finir le cycle.
Minipilule (microdosée) 	Elle ne contient pas d'œstrogènes, juste de la progestérone, sous l'effet de laquelle les glaires cervicales s'épaississent pour empêcher les spermatozoïdes d'atteindre l'ovule et l'ovule de s'implanter dans l'utérus.	Arrêtez immédiatement de prendre votre pilule, inutile de finir le cycle.
Contraception d'urgence (pilule du lendemain) 	Elle bloque ou retarde l'ovulation.	Ne prenez pas plus d'un comprimé.
Injections 	Elles contiennent de la progestérone, sous l'effet de laquelle les glaires cervicales s'épaississent pour empêcher les spermatozoïdes d'atteindre l'ovule et l'ovule de s'implanter dans l'utérus.	Ne faites pas l'injection suivante.
Implant 	Inséré sous la peau de l'avant-bras, ce bâtonnet cylindrique libère lentement la progestérone afin d'empêcher les spermatozoïdes d'atteindre l'ovule et l'ovule de s'implanter dans l'utérus.	Un médecin formé à l'exercice retirera l'implant. Une échographie peut être nécessaire pour le localiser.
Dispositif intra-utérin 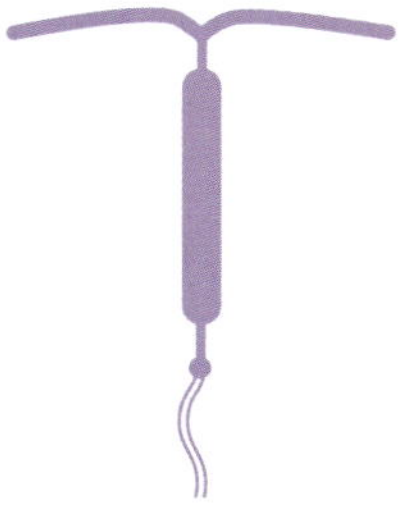	Placé dans l'utérus, il empêche les spermatozoïdes d'atteindre l'ovule et l'ovule fécondé de s'implanter dans l'utérus ou dans les trompes de Fallope.	Les risques de fausse couche et de grossesse extra-utérine sont réels en raison de la présence d'un corps étranger dans l'utérus, de même qu'un risque d'inflammation et d'infection plus élevé. Si le stérilet est visible, il est préférable que le spécialiste l'enlève. Dans le cas contraire, laissez-le en place.
Spermicide 	Disponibles sous différentes formes (notamment gel et mousse), les spermicides contiennent des substances chimiques qui empêchent les spermatozoïdes de se déplacer.	N'utilisez pas de spermicides lorsque vous êtes enceinte.
Stérilisation	Les trompes de Fallope sont ligaturées pour éviter qu'un ovule puisse atteindre l'utérus.	N/A

QUE FAUT-IL SAVOIR ?

Il n'existe pas de preuves scientifiques que les œstrogènes et la progestérone contenus dans une pilule combinée affectent le développement de l'embryon et du fœtus.

Il n'existe pas de preuves scientifiques que la progestérone contenue dans cette pilule affecte le développement de l'embryon et du fœtus.

Elle contient les mêmes composants qu'une pilule combinée ou une pilule microdosée, et ne présente pas de risque pour le développement de l'embryon et du fœtus. Elle ne provoque pas d'avortement.

Il n'existe pas de preuves scientifiques que la progestérone contenue dans le produit affecte le développement de l'embryon et du fœtus.

Il n'existe pas de preuves scientifiques que la progestérone contenue dans le produit affecte le développement de l'embryon et du fœtus. N'ayez aucune inquiétude s'il est impossible de localiser et de retirer l'implant.

Passez une échographie pour exclure tout risque de grossesse extra-utérine. Si le stérilet est en place pendant votre grossesse, il est généralement évacué avec le placenta après l'accouchement.

Il n'existe pas de preuves scientifiques que ces produits affectent le développement de l'embryon et du fœtus.

Consultez rapidement votre médecin traitant : vos trompes de Fallope ont pu être endommagées par le protocole de stérilisation, et vous risquez peut-être une grossesse extra-utérine (voir p. 308).

Je suis enceinte, que dois-je faire ?

Voici les premières choses à faire dans l'aventure de la grossesse.

» Prenez rendez-vous avec votre médecin.
» Prenez 400 µg d'acide folique par jour (disponible en pharmacie) si vous n'avez pas commencé la cure.
» Limitez la caféine, évitez l'alcool, le tabac et les drogues récréatives (voir p. 53).
» Mangez sainement.
» Faites un peu d'exercice, mais pas trop.
» Trouvez des moyens pour vous détendre.
» Informez-vous sur les stades de la grossesse, le développement de votre bébé, et les examens et échographies que vous passerez dans les prochains mois.

Je suis enceinte, mais ce n'était pas prévu. Que dois-je faire ?

Vous êtes probablement sous le choc de la nouvelle, mais la plupart des femmes ressentent des émotions contrastées lorsqu'elles découvrent qu'elles sont enceintes, même lorsque c'était prévu. Avec votre partenaire, si vous en avez un, prenez le temps de décompresser et d'évaluer la situation. Vous ressentirez peut-être le besoin d'en parler à des personnes dont vous êtes très proches, mais si vous vous sentez angoissés, parlez-en à votre médecin. Quand vous serez prêts, vous aurez peut-être envie de consulter un professionnel pour aménager votre maison ou prendre des dispositions financières. L'ampleur du changement peut vous sembler énorme, mais respirez un grand coup, lancez-vous et mettez tout en œuvre pour être en pleine forme pendant votre grossesse.

J'ai bu et fumé avant de découvrir que j'étais enceinte. Y a-t-il des risques pour mon bébé ?

Il n'y a probablement pas grand risque si vous avez bu quelques verres et fumé une cigarette de temps en temps. Mais vous devez arrêter immédiatement pour éviter tout problème. L'effet de l'alcool et des drogues est particulièrement néfaste lors du développement des organes, qui commence à la 5e semaine. Cependant, dès que vous savez que vous êtes enceinte, limitez l'alcool au maximum et arrêtez de fumer. Si vous fumez et buvez beaucoup pendant toute votre grossesse, vous prenez des risques pour votre santé et celle de votre enfant. Le tabac a une incidence sur la croissance du placenta et à un stade plus avancé de la grossesse peut réduire l'apport en oxygène et nutriments au bébé, ce qui peut provoquer prématurité et petit poids de naissance. En outre, le tabac double les risques d'accouchement d'un enfant mort-né. Une consommation d'alcool régulière ou importante peut entraîner un syndrome d'alcoolisation fœtale (voir p. 325) à l'origine de lésions du système nerveux et d'un retard de croissance du bébé.

Je ne suis pas aussi heureuse d'être enceinte que je le pensais.

Attendue ou pas, une grossesse peut soulever des problèmes émotionnels dont vous n'avez jamais eu conscience. Vous pouvez être confrontée à un large éventail d'émotions, comme l'incrédulité ou le sentiment d'être dépassée ou de ne pas savoir quoi faire. Acceptez ce que vous ressentez au cours des semaines suivantes, jusqu'à vous adapter à l'idée de ce nouveau rôle, et surtout ne culpabilisez pas. Si vos sentiments restent négatifs, cherchez du réconfort auprès de vos proches ou parlez-en à votre médecin ou votre sage-femme.

Que faire si mon partenaire n'est pas content que je sois enceinte ?

Si tel est le cas, acceptez son ressenti et laissez-lui le temps de s'habituer à cette nouvelle qui va bouleverser sa vie. En apprenant la nouvelle, il peut être contrarié, en colère, voire paniqué, surtout si cette grossesse est inattendue. Ne prenez pas cette réaction personnellement. Avec un peu de chance, elle deviendra un élément constructif pour appréhender la nouvelle et l'accepter. Essayez de définir des objectifs à moyen terme, afin que vous en profitiez tous les deux et que vous preniez du temps pour construire votre relation comme un couple.

Prise correctement, la pilule combinée est **efficace à plus de 99 %.**

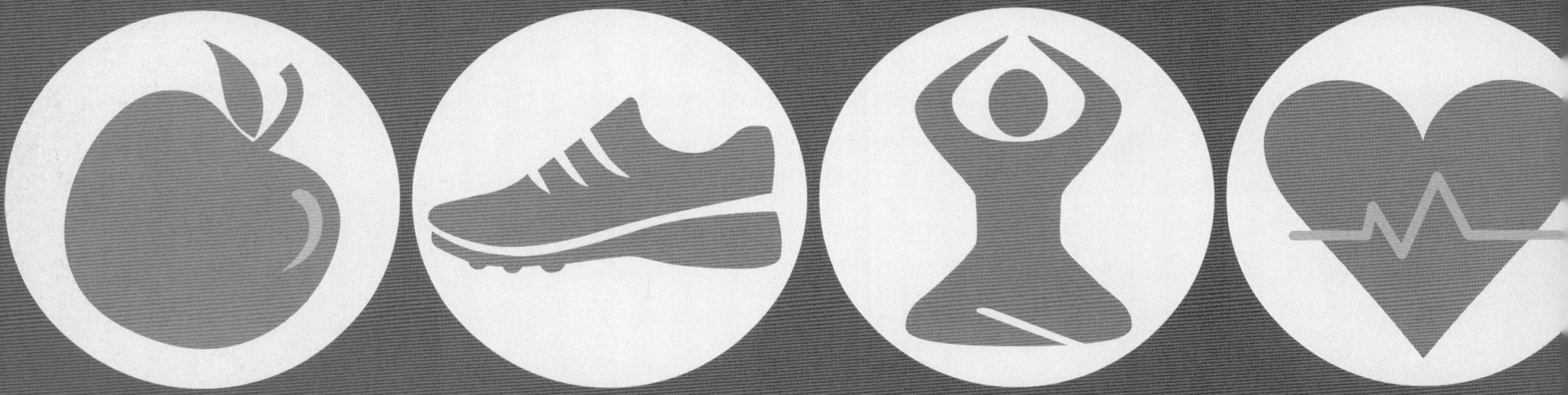

» Dans ce chapitre...

Alimentation, activité physique et bien-être

Découvrez ce qu'il faut manger, ainsi que les exercices **bénéfiques pour votre santé et celle de votre bébé**. La grossesse et l'accouchement sont pour votre corps un défi comme il n'en a jamais relevé auparavant. C'est pourquoi, être **prête mentalement** et physiquement est également important pour votre bien-être. Dans ce chapitre, vous trouverez des **conseils pour avoir une alimentation équilibrée**, des informations sur les compléments à prendre, les aliments et les boissons à éviter, et les **exercices à faire sans risque,** pendant et après la grossesse.

De la période de préconception à la naissance, ce que vous mangez et buvez a **une influence directe sur votre grossesse** : la rapidité à concevoir, votre état de forme une fois enceinte, votre expérience de la grossesse et du travail, ainsi que la santé de votre bébé non seulement *in utero*, mais aussi après, en dépendent.

Alimentation

Manger pour rester en bonne santé

Au cours de votre existence, vous vivrez peu d'expériences aussi exigeantes pour votre corps que la grossesse et l'accouchement. Un organisme en bonne santé vous permettra de vivre une meilleure expérience de la conception, de la grossesse et du travail. C'est pourquoi il est essentiel de vous préparer en mangeant le mieux possible.

Au cours des cinquante dernières années, notre alimentation a considérablement évolué. Consommer des plats préparés ou des aliments transformés et raffinés plutôt que préparer nous-mêmes le repas fait désormais partie du quotidien. Mais manger suffisamment de bons nutriments, avant et pendant la grossesse, est indispensable et ne dépend que de vous. Bien se nourrir signifie respecter les principes généraux d'une alimentation saine et équilibrée, mais aussi avoir conscience que ce qui se trouve dans vos placards et votre frigo est plus important que d'habitude, tant pour la fécondité et l'énergie que pour la santé de votre futur bébé. Inutile de suivre un régime strict ou de consommer des aliments écœurants. Il suffit simplement de manger deux fois mieux (et non deux fois plus) pour que chaque bouchée vous apporte les meilleurs nutriments possible.

Bien manger à chaque stade

Dès la conception, vous devenez la ligne de vie de votre bébé. En effet, tout ce que vous mangez, buvez et respirez est dégradé en molécules contenant de l'oxygène et de précieux nutriments avant d'être transporté jusqu'au fœtus grâce à votre circulation sanguine et au placenta. Il est donc important de prendre de bonnes habitudes dès le départ. Cette partie de l'ouvrage vous dit comment vous préparer pour favoriser la conception et vous indique les compléments à prendre. Après la conception, reportez-vous aux pages qui abordent l'alimentation pour l'énergie et la santé, les besoins de votre bébé, les meilleures approches en cas d'intolérance ou de régime particulier pour raisons personnelles ou médicales, les aliments à éviter et les conseils sur le tabac et les médicaments. Après la naissance, découvrez comment accélérer la récupération grâce à une bonne alimentation.

Qu'est-ce que l'acide folique ? Pourquoi faut-il en prendre ?

C'est une vitamine du groupe B essentielle pour la formation de la colonne vertébrale, du cerveau et du système nerveux. Ces organes étant parmi les premiers à se former, il est conseillé d'en prendre avant la conception.

Le tube neural est la partie de l'embryon à l'origine du cerveau et du système nerveux. Avoir un taux d'acide folique suffisant dans l'organisme au stade de la préconception, lors de la conception et pendant les 3 premiers mois de grossesse réduit de 72 % les risques d'anomalies du tube neural. Chez les futurs papas, un taux d'acide folique suffisant diminue la fréquence des anomalies spermatiques.

Un complément essentiel

L'acide folique est la forme synthétisée de la vitamine B9, qui, naturellement présente dans certains aliments comme les légumes verts feuillus (chou, épinards), porte alors le nom de *folate*. Des études montrent que notre organisme exploite mieux la forme synthétisée. Optez donc pour des compléments qui contiennent de l'acide 5-méthyltétrahydrofolique, déjà « biologiquement actif ». Dans l'idéal, si vous espérez avoir un enfant, prenez un complément de 400 µm d'acide folique par jour avant d'arrêter toute contraception. Une fois enceinte, continuez tout au long de la grossesse. Si vous faites partie des personnes à haut risque (antécédents médicaux ou familiaux d'anomalies du tube neural, plus de 35 ans, diabète ou épilepsie, ou si vous avez un premier enfant atteint de cette anomalie), votre médecin vous prescrira peut-être une posologie de 5 mg par jour.

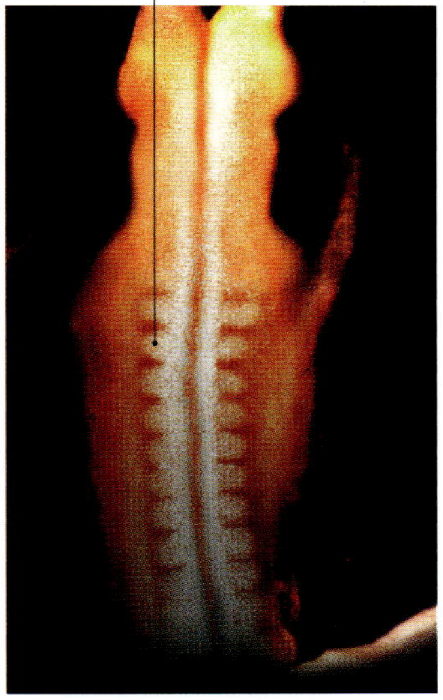

Tube neural À cinq semaines, le tube neural parcourt le milieu de l'embryon, complété par les somites qui deviendront les vertèbres.

Que vous soyez déjà enceinte, ou encore dans l'espoir de l'être, **prenez de l'acide folique** dès que possible.

FORMATION DU TUBE NEURAL

Dans les tout premiers stades, votre bébé se forme à partir de trois couches de cellules primitives qui se plient pour créer les structures de base de l'organisme, y compris le tube neural, élément essentiel.

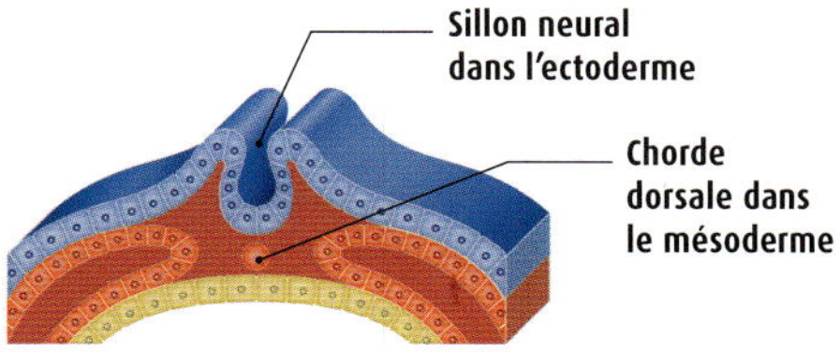

1 **Le sillon neural se forme** par l'invagination (plissement) de la couche supérieure (ectoderme) en direction de la chorde dorsale, couche de cellules située dans la couche intermédiaire (mésoderme).

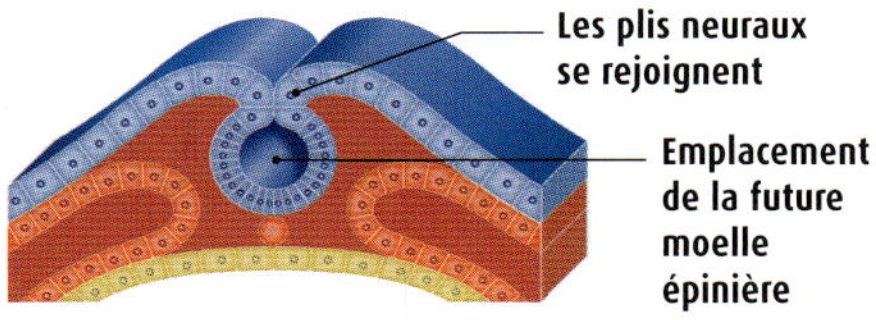

2 **Alors que le sillon devient plus profond,** ses bords se rejoignent pour créer un tube qui longe le dos de l'embryon pour former la colonne vertébrale et le cerveau.

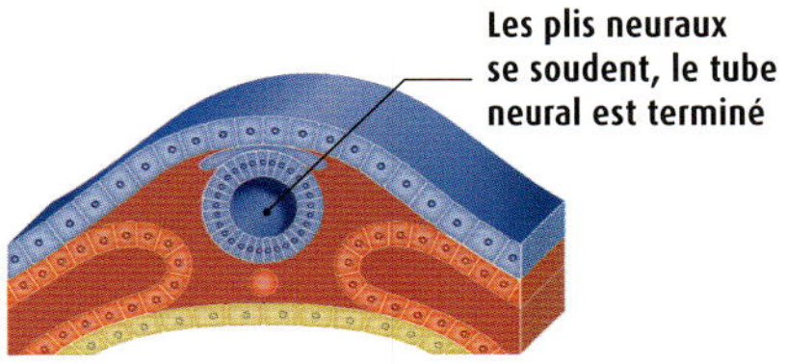

3 **L'acide folique favorise la fusion des plis du tube neural.** Une fermeture incomplète risque d'entraîner une anomalie congénitale comme un *spina bifida*.

Nous essayons d'avoir un bébé. Devons-nous faire attention à notre régime alimentaire ?

Si vous avez un mode de vie sain et une alimentation équilibrée, vous êtes bien partis. Sinon, modifiez vos habitudes pour une meilleure santé de vos spermatozoïdes et de vos ovocytes (qui mettent 3 mois à se développer) et faites des réserves de nutriments. L'alcool et la caféine ont un effet néfaste sur la conception. Réduisez leur consommation au minimum. Pour équilibrer vos hormones, nous vous conseillons de manger plus de phytœstrogènes, présents dans les graines de lin, le blé complet et les lentilles, ainsi que des aliments riches en antioxydants qui améliorent la qualité et la mobilité des spermatozoïdes.

Nous avons des problèmes de fertilité. L'alimentation a-t-elle une influence sur la conception d'un bébé ?

Tout ce qui agit sur les hormones et la santé des ovocytes et des spermatozoïdes, les trompes de Fallope ou l'utérus peut avoir des conséquences sur le temps que vous mettrez à être enceinte. Alors oui, votre alimentation peut être néfaste pour votre chimie interne. Le surpoids et l'insuffisance pondérale sont également des facteurs importants de problème de fertilité, puisqu'ils peuvent être à l'origine d'un taux d'œstrogène trop faible ou trop important pour induire l'ovulation. Chez l'homme, l'insuffisance pondérale peut affecter la qualité du sperme. Optez pour un bon équilibre entre les aliments sains, nutritifs et non raffinés des principaux groupes alimentaires, évitez la malbouffe et faites trois repas par jour pour réguler vos hormones et augmenter vos chances de conception dans les mois à venir.

Certaines femmes devront prendre des **compléments multivitaminés** en plus de l'acide folique, mais en général, l'alimentation apporte tous les **nutriments** nécessaires.

question / réponse

Que signifie une alimentation saine et équilibrée ? Comment assimiler assez de nutriments ?

Une alimentation saine est un bon équilibre entre les aliments nutritifs de plusieurs groupes alimentaires parmi les principaux : protéines, fruits, légumes, sucres non raffinés et bonnes graisses. Mangez les aliments de ces groupes à l'état le plus naturel possible, non transformés, pour bénéficier d'un maximum de nutriments.

Que vous soyez au stade de la préconception ou déjà enceinte, il convient de respecter un équilibre entre les principaux groupes alimentaires. Grâce à une alimentation équilibrée, votre organisme fait des réserves suffisantes de bons nutriments pour que vous soyez en pleine forme et en bonne santé pendant votre grossesse. Manger correctement et en quantités raisonnables vous aide aussi à maintenir un poids de forme, facteur essentiel pour réussir à avoir un bébé. Lorsque vous êtes enceinte, une alimentation équilibrée apporte au fœtus les meilleurs nutriments possibles pour sa croissance et son développement, et vous donne suffisamment d'énergie pour bien vivre votre grossesse.

AVOIR UNE ALIMENTATION SAINE

Consommez des aliments de chaque groupe en bonnes proportions pour un apport nutritionnel optimal à chaque repas. Pour une répartition correcte, mangez chaque jour cinq ou six portions de légumes frais, deux portions de fruits frais, ainsi que trois portions de protéines et trois de sucres non raffinés.

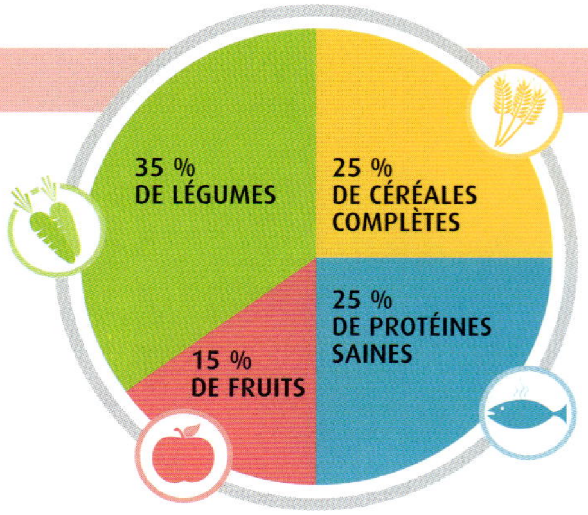

LIQUIDES ET GRAISSES

» **Hydratez-vous :** la sensation de faim est souvent un symptôme de la soif. Buvez surtout de l'eau.

» **Mangez de bonnes graisses :** produits laitiers (source de calcium) et huiles (comme l'huile d'olive) sont bons en quantités modérées.

LÉGUMES

Plus vous consommez de légumes (et de variétés), mieux c'est. La cuisson vapeur est le meilleur moyen de les préparer si vous ne les mangez pas crus.

FRUITS

Mangez des fruits de toutes les couleurs. Ils contiennent du fructose (un sucre). Ainsi, deux portions par jour vous apporteront les fibres et les vitamines nécessaires sans vous surcharger en sucre.

PROTÉINES SAINES

Optez pour le poisson, la volaille, les haricots secs et les noix. Limitez la viande rouge, évitez le lard et les viandes transformées. Cuisinez à la vapeur, au gril ou au four.

CÉRÉALES COMPLÈTES

Mangez différentes sortes de céréales complètes (pain, pâtes et riz complets). Limitez, voire évitez, les céréales raffinées (riz et pain blancs).

Fruits et légumes frais
Plus les fruits et légumes sont colorés, mieux c'est. Une belle couleur indique des aliments riches en vitamines, minéraux, et surtout antioxydants, éléments protecteurs qui luttent contre les radicaux libres dans l'organisme. Pour un apport optimal, mangez un large éventail de couleurs de fruits et légumes.

Dois-je prendre des compléments en fer pour éviter d'être anémiée ?

Il est généralement préférable d'obtenir votre apport en fer de votre alimentation. En effet, les comprimés de fer peuvent entraîner une constipation, à laquelle les femmes enceintes sont déjà plus sensibles. Manger des aliments riches en fer et en fibres limite à la fois les risques de constipation et de carence. Veillez à consommer plus de légumes à feuilles vert foncé, de viande rouge maigre, de noix et de fruits secs. Il est fréquent d'être plus fatiguée que d'habitude pendant la grossesse, en particulier au 1er et au 3e trimestres. Cependant, si vous êtes léthargique, extrêmement pâle et souffrez de palpitations cardiaques ou d'essoufflement, vous êtes peut-être anémiée. Le cas échéant, votre médecin envisagera peut-être une supplémentation en fer. Pensez à supprimer la caféine qui bloque son assimilation.

Aliments riches en fer : les abricots secs, les petits pois et les légumes à feuilles comme le chou frisé sont de bonnes sources de fer. La vitamine C favorise son assimilation, alors buvez du jus d'orange pendant les repas.

Je suis enceinte. Dois-je prendre une supplémentation en multivitamines ?

Le complément essentiel à prendre est l'acide folique. Votre médecin vous conseillera peut-être de prendre de la vitamine D (10 µm par jour) pour faciliter l'assimilation du calcium qui contribue à la solidité de vos os et de ceux de votre bébé. Si vous avez une alimentation équilibrée, une supplémentation en multivitamines n'est pas indispensable. Si vous choisissez quand même d'en prendre, assurez-vous que ses composants sont autorisés pendant la grossesse. Ainsi, ne prenez jamais de vitamine A, dont l'excès peut nuire à votre bébé.

Mon poids influence-t-il ma forme pendant ma grossesse ?

L'obésité et l'insuffisance pondérale peuvent être néfastes à la fois sur votre capacité à concevoir un bébé et sur votre santé pendant la grossesse. Si possible, atteignez un poids de santé avant d'être enceinte.

Un certain taux de graisse corporelle est nécessaire pour avoir les bons taux d'hormones et produire des spermatozoïdes et des ovocytes en bonne santé. Chez les personnes obèses, l'excès d'œstrogène peut diminuer la quantité de sperme et altérer, voire bloquer l'ovulation, alors que chez les personnes en insuffisance pondérale le taux de graisse est trop faible pour que la conception soit possible. De plus, si vous souffrez d'insuffisance pondérale, le risque que votre bébé ait un faible poids de naissance ou soit prématuré augmente. Mangez 200 à 300 calories supplémentaires par jour jusqu'à retrouver et conserver un poids de santé. Lorsque vous êtes enceinte, votre obésité peut avoir un effet néfaste sur votre bébé. En outre, elle augmente le risque de diabète gestationnel et de prééclampsie (voir p. 144-145), facteurs susceptibles d'induire des complications pendant la grossesse et lors de l'accouchement.

TABLEAU D'INDICE DE MASSE CORPORELLE (IMC)

Ce tableau est valable pour les femmes de plus de 18 ans. L'indice de masse corporelle (IMC) indique si vous avez un poids de santé par rapport à votre taille. Si votre IMC est supérieur à 30 ou plus, vous êtes obèse, tandis qu'un IMC inférieur à 18,5 est indicateur d'une insuffisance pondérale.

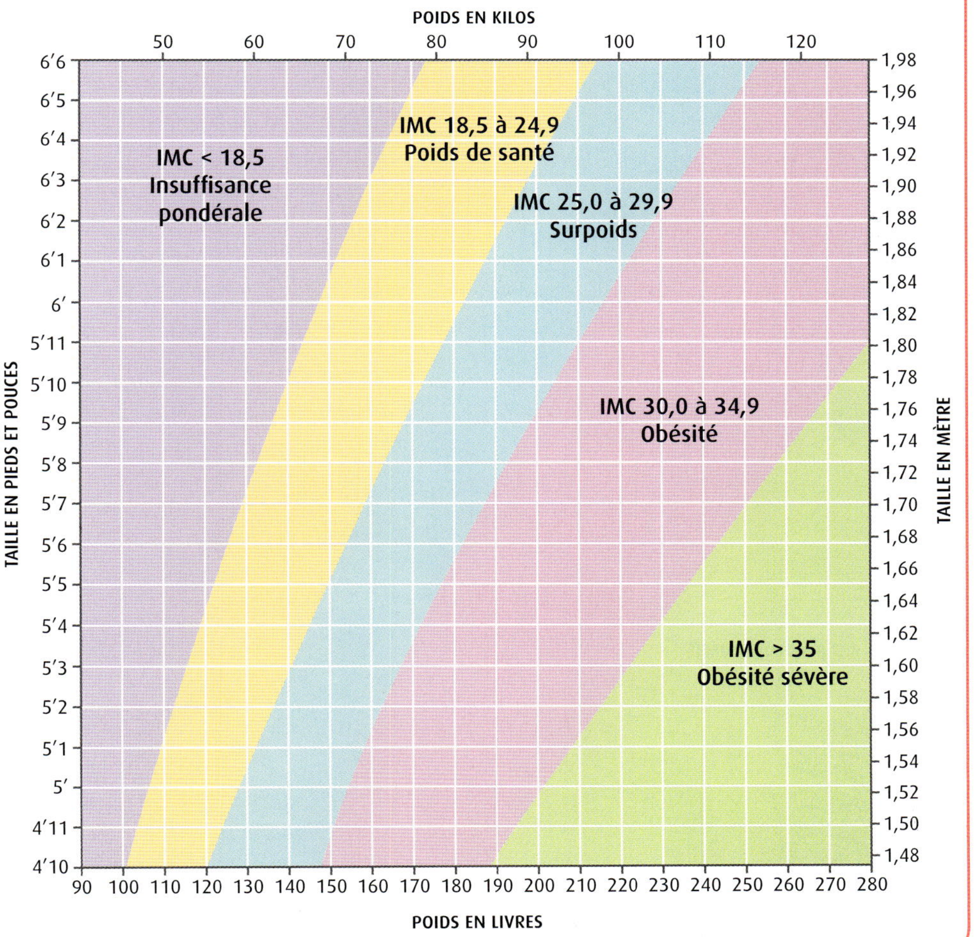

Je suis enceinte. Dois-je éviter certains aliments ou certaines boissons ?

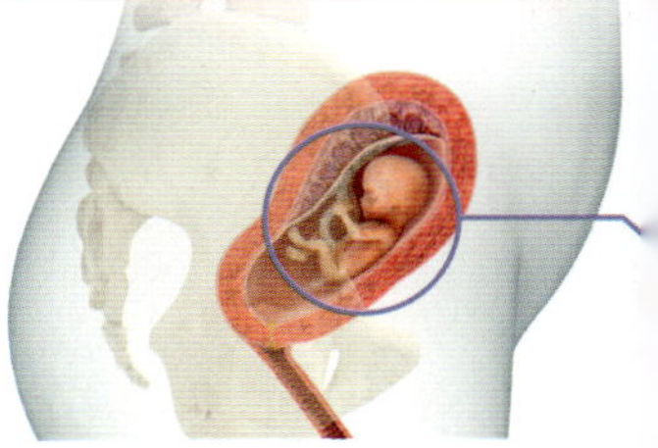

Connaître les aliments et boissons à limiter ou supprimer vous aide à rester en forme et favorise le bon développement de votre bébé. Certains aliments peuvent contenir des bactéries ou d'autres substances susceptibles de vous rendre malade ou d'être dangereuses pour le fœtus. Même si cela peut sembler effrayant, les risques restent faibles malgré tout.

Santé et hygiène

Enceinte, vous êtes plus sensible aux infections. Faites attention à ce que vous mangez et buvez, et respectez soigneusement les principes de base de l'hygiène alimentaire.

Si vous êtes vigilante, l'hygiène alimentaire est simple. Vérifiez la date limite de consommation des produits et jetez tout aliment dont l'odeur ou l'aspect vous semble suspect. Lavez-vous les mains avant et après avoir touché de la nourriture, rincez les fruits, la salade et les légumes pour enlever toute trace de terre et de pesticides. Soyez particulièrement prudente avec la volaille : nettoyez soigneusement la planche à découper et le couteau que vous avez utilisés pour l'émincer avec du détergent et de l'eau très chaude. Respectez les consignes qui figurent sur le paquet pour décongeler de la nourriture. Si vous réchauffez des aliments au four micro-ondes, assurez-vous que l'ensemble du plat est bien chaud.

Évitez les aliments pouvant contenir des parasites dangereux ou entraîner une intoxication (voir liste ci-dessous), mais aussi certaines infusions, certains succédanés du sucre, le tabac, les drogues et l'alcool. Limitez la caféine. Si vous avez fumé et bu de l'alcool avant de découvrir que vous étiez enceinte, ne vous inquiétez pas mais arrêtez immédiatement. À partir de 12 semaines, le placenta protège votre bébé, même s'il n'est pas efficace contre toutes les bactéries et infections.

ALIMENTS À LIMITER OU À ÉVITER

Même si le risque que ces aliments se révèlent dangereux pour votre bébé est généralement faible, il est préférable de les éviter ou de limiter votre consommation.

Aliments interdits Évitez la charcuterie et les fromages non pasteurisés.

ALIMENTS	VOUS DEVEZ ÉVITER	PROBLÈMES ÉVENTUELS	VOUS POUVEZ MANGER
Fromage	» Tous les fromages non pasteurisés. » Les fromages affinés à pâte molle (à croûte fleurie/blanche), comme le camembert et le brie. Les fromages à pâte persillée non cuits, comme le roquefort et le gorgonzola.	Dans certains cas, le fromage peut être contaminé par une bactérie, la *listeria*, à l'origine d'une infection, la listériose, dont les symptômes peuvent se limiter à ceux d'une légère grippe pour vous, mais être dangereux pour votre bébé, causant parfois des lésions cérébrales.	» Les fromages à pâte pressée cuite et à pâte persillée dure (parmesan, gouda, cheddar et stilton). » Les fromages à pâte molle faits avec du lait pasteurisé (fromage cottage, fromage à la crème, mozzarella, feta, ricotta).
Viande	» La viande rouge crue ou peu cuite. » La charcuterie (saucisson, jambon cru...). » Les pâtés et viandes à tartiner réfrigérés (pâté de campagne, cretons...)	La viande peu cuite peut être contaminée par le parasite de la toxoplasmose et la charcuterie par la *listeria*, organismes dangereux pour le fœtus. Un excès de vitamine A peut provoquer des anomalies congénitales et des lésions au foie.	» Les viandes préemballées (comme le jambon blanc), ainsi que toutes les viandes, y compris la charcuterie, qui ont été congelées puis décongelées, ou qui ont été cuites.
Produits de la mer	» Les poissons ou fruits de mer insufisamment cuits (tartares, sushis...) » Le thon frais ou surgelé, le marlin et l'espadon, qui contiennent des taux élevés de mercure.	Les intoxications alimentaires provoquées par les produits de la mer sont désagréables mais sans risque pour votre bébé. En revanche, les taux élevés de mercure de certains poissons peuvent induire léser son système nerveux.	» Les poissons gras, mais pas plus de deux fois par semaine. Ils peuvent contenir des toxines comme des PCB et des dioxines. » Les fruits de mer cuits.
Œufs	» Les œufs crus et les produits qui en contiennent (mayonnaise maison, mousses). » Les œufs peu cuits – mangez-en uniquement si le jaune et le blanc sont solides.	Il y a un risque que les œufs crus contiennent une bactérie appelée *salmonelle*, à l'origine d'une infection, la *salmonellose*, qui provoque des vomissements et des diarrhées, mais ne semble pas dangereuse pour votre bébé.	» Mangez des œufs bien cuits, durs ou en omelette non baveuse par exemple. » Les vinaigrettes, mayonnaises et sauces à salade du commerce.

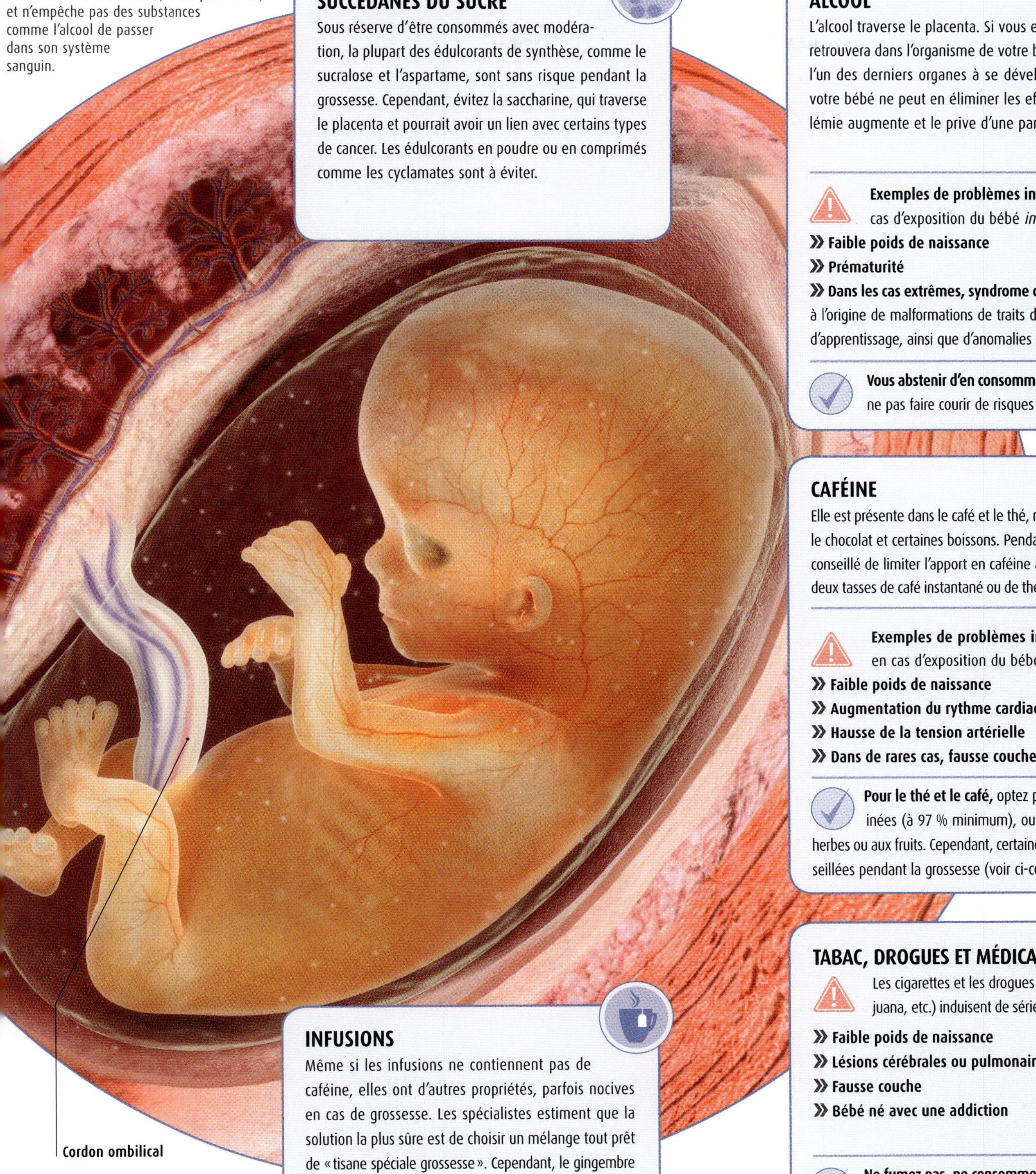

Le placenta protège le fœtus contre la plupart des infections et bactéries, mais pas toutes, et n'empêche pas des substances comme l'alcool de passer dans son système sanguin.

Cordon ombilical

Votre bébé reçoit l'oxygène et les nutriments du placenta par le cordon ombilical.

SUCCÉDANÉS DU SUCRE

Sous réserve d'être consommés avec modération, la plupart des édulcorants de synthèse, comme le sucralose et l'aspartame, sont sans risque pendant la grossesse. Cependant, évitez la saccharine, qui traverse le placenta et pourrait avoir un lien avec certains types de cancer. Les édulcorants en poudre ou en comprimés comme les cyclamates sont à éviter.

INFUSIONS

Même si les infusions ne contiennent pas de caféine, elles ont d'autres propriétés, parfois nocives en cas de grossesse. Les spécialistes estiment que la solution la plus sûre est de choisir un mélange tout prêt de « tisane spéciale grossesse ». Cependant, le gingembre et la mélisse sont jugés sans risque. Tous deux ont un effet positif sur les nausées et vous aideront à vous détendre si vous êtes anxieuse.

ALCOOL

L'alcool traverse le placenta. Si vous en buvez, il se retrouvera dans l'organisme de votre bébé. Le foie étant l'un des derniers organes à se développer chez le fœtus, votre bébé ne peut en éliminer les effets. Ainsi, son alcoolémie augmente et le prive d'une partie de son oxygène.

Exemples de problèmes induits par l'alcool en cas d'exposition du bébé *in utero* :

» **Faible poids de naissance**
» **Prématurité**
» **Dans les cas extrêmes, syndrome d'alcoolisation fœtale,** à l'origine de malformations de traits du visage, de difficultés d'apprentissage, ainsi que d'anomalies rénales et cardiaques.

Vous abstenir d'en consommer est le seul moyen de ne pas faire courir de risques à votre bébé.

CAFÉINE

Elle est présente dans le café et le thé, mais aussi dans le chocolat et certaines boissons. Pendant la grossesse, il est conseillé de limiter l'apport en caféine à 200 mg par jour (soit deux tasses de café instantané ou de thé, ou une de café filtre).

Exemples de problèmes induits par la caféine en cas d'exposition du bébé *in utero* :

» **Faible poids de naissance**
» **Augmentation du rythme cardiaque**
» **Hausse de la tension artérielle**
» **Dans de rares cas, fausse couche**

Pour le thé et le café, optez pour les formes décaféinées (à 97 % minimum), ou buvez des tisanes aux herbes ou aux fruits. Cependant, certaines infusions sont déconseillées pendant la grossesse (voir ci-contre).

TABAC, DROGUES ET MÉDICAMENTS

Les cigarettes et les drogues (cocaïne, marijuana, etc.) induisent de sérieux risques pour le bébé :

» **Faible poids de naissance**
» **Lésions cérébrales ou pulmonaires**
» **Fausse couche**
» **Bébé né avec une addiction**

Ne fumez pas, ne consommez pas de drogue. N'utilisez pas de cigarette électronique ou de patchs, et n'achetez aucun médicament en vente libre sans avis médical. Parlez également à votre médecin de vos traitements en cours.

question ? réponse Je suis intolérante au gluten. Quels sont les risques pour mon bébé ?

Un régime sans gluten peut être pauvre en calcium, fer, fibres, zinc, vitamines B, vitamine D et magnésium. Si vous souffrez de la maladie cœliaque, continuer votre régime sans gluten est essentiel. En effet, des études ont montré que les femmes enceintes qui réintroduisaient le gluten avaient plus de risques de faire une fausse couche et d'avoir un bébé de faible poids. Le seul conseil alimentaire à donner est d'avoir une alimentation équilibrée. Cependant, ne pas consommer de gluten peut induire une carence en certains nutriments, en particulier en fer, vitamine B12 et calcium. Outre ce qui se trouve dans votre alimentation, vous aurez peut-être besoin d'une supplémentation afin d'en respecter les apports journaliers recommandés. Parlez-en à votre médecin, qui vous conseillera en fonction de votre régime. En parallèle, consommez plus de pommes de terre, de riz, de maïs, de noix, de haricots secs et lentilles, ainsi que de viande rouge, de poulet, de poisson, d'œufs et de produits laitiers pour augmenter les apports en nutriments généralement présents dans les aliments qui contiennent du gluten.

question ? réponse Dois-je acheter des produits bio maintenant que je suis enceinte ?

Nous sommes exposés aux produits chimiques et aux engrais de bien des manières, notamment dans l'air, dans les produits nettoyants et dans la nourriture. Les pesticides attaquent le système nerveux des insectes. Ils peuvent avoir des effets néfastes sur le développement neural des bébés *in utero*, des études ayant montré la présence en quantité minuscule d'étiquettes de séquences exprimées ou clones d'ADN dans le liquide amniotique.

Même si les risques issus de la nourriture sont plus faibles que ceux des polluants présents dans l'air, tout ce que vous faites pour limiter votre exposition est bon. Si vous ne pouvez pas avoir une alimentation entièrement bio, faites les bons choix. Par exemple, il vaut mieux dépenser un peu plus pour de la viande bio (qui ne contient ni hormones, ni antibiotiques résistants à la cuisson), plutôt que dans des fruits ou des légumes que vous pouvez laver soigneusement et peler, les résidus de pesticides étant présents essentiellement dans la peau et les feuilles. Cependant, préférez les petits fruits bio moins susceptible d'avoir des résidus sous la peau.

Si vous ne pouvez pas avoir une alimentation entièrement biologique, faites les bons choix, et achetez de la viande et des petits fruits bio.

question ? réponse Je suis végétarienne. Dois-je changer mon alimentation ?

Vous pouvez tout à fait rester végétarienne ou végane lorsque vous êtes enceinte et avoir un bébé en bonne santé, mais vous devrez prendre une supplémentation pour tous les nutriments dont vous risquez de manquer.

Renseignez-vous sur les nutriments qui ne sont pas au menu du régime végétarien ou végan et parlez-en avec votre médecin. Si vous en avez besoin de supplémentaires, il vous indiquera les compléments à prendre pendant votre grossesse, élément essentiel. Pour votre tranquillité d'esprit, vérifiez que ces compléments ne sont pas d'origine animale. Vous devrez aussi prévoir vos repas avec soin. En respectant ces principes, vous serez en bonne santé pendant toute votre grossesse.

LES EXIGENCES DE LA GROSSESSE

Combiner les produits frais et les compléments alimentaires est une bonne idée si vous êtes végétarienne ou végane.

Alimentation équilibrée si vous êtes végétarienne ou végane, assurez-vous que votre alimentation comporte les principaux groupes alimentaires : graines, protéines, fruits et légumes, produits laitiers et graisses.

» Iode : favorise la conduite à terme de la grossesse et le bon développement du cerveau de votre bébé.

» Vitamine B12, acides gras essentiels, fer et vitamine D : tous ces nutriments sont indispensables. Ils sont présents dans la nourriture et existent sous la forme de compléments.

» Acides aminés essentiels : des portions quotidiennes de haricots secs, de petits pois ou autres légumineuses, de produits à base de maïs ou de blé, de graines, de noix, de levure de bière et soja, d'œufs, de fromage, de lait ou autres produits laitiers, ainsi qu'un large éventail de légumes devraient vous apporter tous les acides aminés dont vous avez besoin.

» Fer : les aliments riches en fer sont les légumes à feuilles vert foncé, les céréales pour déjeuner enrichies, les fruits secs et le pain complet. Buvez du jus d'orange lors des repas pour faciliter l'assimilation du fer.

» Acides gras oméga : les graines de lin, l'huile de noix et les graines de soja sont de bonnes sources d'oméga 3. Les noix, les graines, l'huile de carthame, de sésame et de tournesol, sont riches en oméga 6.

» Calcium : Les légumes verts feuillus, les graines de sésame (et le tahin) et les légumineuses en sont de bonnes sources. Cherchez des produits végans enrichis en calcium (tofu, soja, riz, avoine, pain).

question ? réponse

Je suis intolérante au lactose. Que faire pour mes apports en calcium ?

Il est possible que votre capacité à digérer le lactose s'améliore lorsque vous êtes enceinte. Dans le cas contraire, vous devrez prendre une supplémentation en calcium.

Le calcium est essentiel. Il stimule le développement des os et des dents de votre bébé, et empêche vos os de se fragiliser. Certaines études montrent que l'intolérance au lactose diminue de 30 à 50 % pendant la grossesse. Dans un premier temps, consultez votre médecin pour introduire de petites quantités de lait de vache dans votre alimentation et en mesurer les effets, et suivez ses conseils avant de commencer toute supplémentation. Si votre intolérance perdure, vous devrez prendre un complément en calcium ainsi que de la vitamine B12 et de la vitamine D, également présentes dans les produits laitiers. En attendant, augmentez votre consommation d'autres aliments riches en calcium.

ALIMENTS RICHES EN CALCIUM À CONSOMMER EN CAS D'INTOLÉRANCE AU LACTOSE

Ajoutez chaque jour quelques aliments riches en calcium à votre alimentation. L'apport journalier recommandé est de 1 000 mg de calcium.

ALIMENT	PORTION	TENEUR EN CALCIUM
Sardines à l'huile	60 g	240 mg
Cresson	120 g crus	188 mg
Wakamé	100 g crus	150 mg
Haricots blancs	200 g cuits	132 mg
Tofu	120 g crus	126 mg
Brocoli	120 g crus	112 mg
Rhubarbe	120 g crus	103 mg
Pois chiches	200 g cuits	99 mg

BROCOLI

CRESSON

question ? réponse

Je suis musulmane et je fais le ramadan. Le jeûne est-il dangereux pour mon bébé ?

Le jeûne est déconseillé pendant la grossesse. Votre organisme et votre bébé ont besoin d'un apport constant d'aliments et d'eau pour rester en bonne santé. Des études ont montré qu'il pouvait entraîner un accouchement prématuré, un faible poids de naissance et des problèmes neurologiques chez le bébé. Cependant, de nombreuses femmes musulmanes choisissent quand même de le faire ramadan. Consultez votre médecin et n'entamez le jeûne qu'en l'absence de toute maladie, si vous avez un poids de santé et suffisamment d'énergie. La loi islamique autorise les femmes enceintes à ne pas jeûner. Vous pourrez vous rattraper après la naissance ou compenser en faisant un don à une œuvre de charité. Si vous avez des étourdissements, faites un malaise, êtes déshydratée ou ne sentez plus votre bébé bouger, arrêtez immédiatement de jeûner et consultez votre médecin.

question ? réponse

Je suis pescétarienne. Dois-je prendre des précautions ?

Ce régime semi-végétarien, sans viande ni volaille mais avec des laitages et des œufs en plus du poisson et des coquillages, ne devrait exclure aucun nutriment. Le poisson est une protéine idéale, riche en vitamines du complexe B, calcium, potassium, fer, zinc, phosphore et sélénium. Les acides gras oméga 3 contenus dans les poissons gras (flétan, saumon, thon en conserve, maquereau, sardines) sont essentiels pour la santé du cœur et du cerveau. Mais, il vaut mieux limiter la consommation de poissons gras à deux portions (et quatre boîtes de conserve moyennes de thon) par semaine, en raison de la présence de mercure, qui en grande quantité peut nuire au développement de votre futur bébé. Évitez l'espadon, le thon frais ou surgelé, le marlin et les fruits de mer crus. Mais, vous pouvez manger autant de poisson blanc et de fruits de mer cuits que vous voulez.

question ? réponse

Je suis un régime pauvre en glucides. Puis-je le continuer sans risque ?

En dehors d'une sérieuse raison médicale (allergies, intolérances ou autre maladie auto-immune liée à l'alimentation), rien ne justifie le fait de limiter ou d'éliminer un ou plusieurs des principaux nutriments pendant votre grossesse. Les glucides sont une source importante d'énergie, de fibres, de fer et de vitamines B. Ils sont donc essentiels pour votre santé et celle de votre bébé. Si vous êtes préoccupée à l'idée de prendre du poids, sachez que, grammes pour gramme, les glucides contiennent moins de calories (1 g de glucides = 4 calories d'énergie) que les aliments riches en graisse (9 calories par gramme). En outre, ils vous donnent la sensation d'être rassasiée plus longtemps, ce qui vous évitera d'avoir envie de grignoter.

question ? réponse

Je suis en surpoids. Dois-je encore compter mes calories alors que je suis enceinte ?

En général, les régimes destinés à perdre du poids sont déconseillés en cas de grossesse car ils privent le fœtus de nutriments essentiels. Cependant, si votre IMC est supérieur à 30 (voir p. 51), surveillez votre poids. Si vous étiez déjà obèse, votre grossesse présente certains risques : diabète gestationnel, prééclampsie, accouchement d'un enfant mort-né, bébé avec un gros poids de naissance ou encore augmentation du risque de césarienne. Avec votre médecin, définissez un programme pour limiter votre prise de poids. Une réduction trop importante des calories n'est pas idéale, surtout si vous étiez en insuffisance pondérale avant d'être enceinte, car cela augmente le risque d'avoir un bébé de faible poids de naissance, avec des troubles du développement.

Les **glucides** sont essentiels : si votre **organisme** en manque, il métabolise votre stock de graisses et libère des toxines appelées PCB, susceptibles de nuire au **développement** de votre bébé.

question ? réponse

Je me sens épuisée en permanence. Que puis-je manger pour avoir plus d'énergie ?

Si vous êtes au 1er ou au 3e trimestre, votre organisme travaille très dur pour aider votre bébé à se développer et le préparer à affronter l'épreuve du travail et de l'accouchement. Choisissez des aliments riches en fibres ou en protéines pour donner à votre organisme le carburant dont il a besoin.

Les premiers nutriments dont vous avez besoin sont le fer, les glucides complexes et les protéines. Essayez de définir vos besoins énergétiques sur une journée et de manger correctement pour éviter les petits coups de mou. Au déjeuner et au dîner, misez sur les protéines et les glucides complexes qui assureront un plein d'énergie pour 3 à 4 heures. Le soir, prenez un souper léger mais nutritif, une salade fraîche par exemple. Ajoutez une collation saine en milieu de matinée et d'après-midi. Ne vous laissez pas tenter par la caféine et les sucreries. Outre le fait qu'ils ne sont pas bons pour vous, ils seront absorbés rapidement et vous vous sentirez vite encore plus fatiguée qu'avant !

NUTRIMENTS DONT VOTRE ORGANISME A BESOIN POUR UN APPORT

Ajoutez des aliments qui contiennent ces nutriments énergétiques à vos repas et dans vos collations afin de tenir toute la journée. Mangez peu et souvent pour éviter les fringales tout en préservant votre niveau d'énergie.

NUTRIMENT	EFFET ÉNERGÉTIQUE	SOURCES ALIMENTAIRES
Fer	Améliore la santé des cellules pour que l'oxygène atteigne efficacement tous les systèmes de l'organisme.	Légumes à feuilles vert foncé, fruits de mer, viande maigre, fruits secs, noix et graines, légumineuses, légumes secs et céréales complètes.
Glucides complexes	Ils libèrent lentement l'énergie dans votre organisme à court et moyen terme, évitant ainsi les pics de consommation d'énergie que provoquent les sucres raffinés (glucides simples) et les sucreries.	Céréales complètes (pâtes et riz complets), avoine, fruits et légumes frais (en particulier légumes féculents : pommes de terre, maïs, pois cassés et panais), légumineuses (haricots blancs, petits pois et lentilles).
Protéines	La dégradation des protéines en énergie est un long processus. L'organisme commence par séparer les protéines en acides aminés (ses constituants), qu'il convertit ensuite en glucose (votre carburant). Les protéines libèrent lentement de l'énergie pendant plusieurs heures.	Viande maigre, poisson, légumineuses et légumes secs (haricots blancs, pois cassés, lentilles), noix et graines, œufs, lait et yogourts.

question ? réponse

J'ai souvent soif. Est-ce normal ? Puis-je boire ce que je veux ?

Il est tout à fait normal d'avoir soif davantage lorsqu'on est enceinte. L'organisme a besoin de fluides supplémentaires pour assurer le développement de votre bébé, et éliminer toxines et déchets (qu'il s'agisse des vôtres ou de ceux produits par le fœtus). L'eau est également indispensable pour fabriquer les cellules sanguines supplémentaires nécessaires pendant la grossesse, qui transportent les nutriments jusqu'à votre bébé à travers le placenta.

En étant bien hydratée lorsque vous êtes enceinte, vous éviterez certains désagréments comme la rétention d'eau (œdème), le dessèchement et l'irritation de la peau, la fatigue, la constipation, les infections urinaires et les complications de la grossesse liées à la déshydratation.

La quantité d'eau recommandée pour un adulte en bonne santé est d'environ 2,2 litres. Cependant, elle peut varier si votre organisme en réclame plus, s'il fait très chaud, ou si vous vivez sous les tropiques. Si vous avez soif, ou même

Restez hydratée Buvez au moins huit verres de liquide par jour. L'eau et le lait offrent la meilleure hydratation.

Utilisez **une application** pour vous assurer que vous consommez suffisamment de calories tout en surveillant votre **apport calorique** si vous voulez stabiliser votre poids. Vous trouverez de nombreuses applications de journal alimentaire pour récapituler ce que vous mangez et buvez. Consommez **2 200 calories par jour** au 1er trimestre, et **2 300 ensuite.**

Sensation d'épuisement
Vous vous sentirez parfois trop fatiguée pour bouger. Essayez de manger afin d'avoir de l'énergie et de boire pour rester hydratée.

ÉNERGÉTIQUE DURABLE

ASTUCES

La vitamine C favorise son assimilation. Buvez du jus d'orange pressée ou mangez un aliment riche en vitamine C avec d'autres riches en fer.

Pour tenir toute la matinée, commencez la journée par un grand bol de flocons d'avoine (gruau) avec des petits fruits comme des bleuets ou des framboises, ou par deux tranches de pain complet avec un œuf brouillé bien cuit, pour tenir toute la matinée.

Mangez des protéines au déjeuner et au dîner afin de bénéficier de leur énergie toute la journée quand vous en avez le plus besoin.

faim, vous êtes sans doute légèrement déshydratée. Buvez un verre d'eau. La couleur de votre urine indique elle aussi si vous l'êtes ou non : plus elle est claire (jaune pâle ou couleur paille) plus vous êtes hydratée. Si votre urine est foncée, buvez plus. Prenez l'habitude d'être hydratée : gardez toujours une bouteille d'eau avec vous, et buvez-en régulièrement une gorgée. Ayez un verre d'eau à portée de main quand vous vous reposez, et prenez le réflexe de boire dès que vous allez dans la cuisine. Attention, les jus de fruits et les tisanes (voir p. 53) entrent dans votre apport journalier, mais pas la caféine, ni les boissons gazeuses.

question ? réponse

J'ai constamment faim. Puis-je manger plus que je le faisais avant ?

Les futures mamans en bonne santé n'ont besoin que d'une petite quantité de calories supplémentaires par jour. Pour que votre bébé et vous soyez en pleine forme, augmentez votre apport calorique d'environ 200 calories par jour au 1er trimestre et 300 calories ensuite. Cependant, si vous brûlez beaucoup d'énergie pendant que vous « fabriquez » votre bébé, il est normal que vous ayez faim. Suivez les conseils du tableau ci-contre pour essayer de stabiliser votre niveau d'énergie et d'éviter toute fringale, afin d'avoir la sensation d'être rassasiée plus longtemps. Votre niveau d'énergie sera constant si vous pensez à manger peu et souvent, c'est-à-dire à faire trois repas entrecoupés par deux collations (saines). Pour les collations, pensez aux fruits secs avec quelques noix, aux mélanges du randonneur, aux galettes de riz, aux biscuits à l'avoine ou aux bâtonnets de légumes crus (carottes, brocolis) trempés dans du houmous, par exemple. Si vous avez constamment faim, passez à six repas par jour (voir p. 58), en essayant de ne pas manger plus qu'il ne faut. Vérifiez votre prise de poids lors de votre prochaine consultation et augmentez votre apport calorique en conséquence si vous n'avez pas un poids de santé.

question ? réponse

Comment changer mes habitudes alimentaires pour perdre le poids que j'ai pris pendant la grossesse après l'accouchement ?

La grossesse, prélude à une nouvelle vie, est un excellent moment pour perdre les mauvaises habitudes, en particulier en matière d'alimentation. Imaginez que votre assiette se divise en trois parties différentes à remplir. Réservez la plus grande, environ la moitié, aux légumes, qui contiennent des fibres (nourrissantes) et des nutriments, mais sont pauvres en calories. Divisez le reste de votre assiette en parts égales entre les protéines (viande maigre, poisson et légumineuses) et les glucides complexes non raffinés (pommes de terre, pâtes ou riz au blé complet). Proposez à votre partenaire de modifier lui aussi ses habitudes alimentaires. C'est en effet la période idéale pour avoir le sentiment d'être à deux dans le même bateau.

Faites du tri dans les placards de votre cuisine. Enlevez les aliments à forte teneur en graisse ou sucre raffiné, profitez-en pour nettoyer avant de stocker des produits sains, notamment pour les collations (voir p. 60). Faites de même avec votre réfrigérateur et votre congélateur, afin de ne pas être tentée par des aliments à éviter. Si vous avez envie d'une collation sucrée, remplacez-la plutôt par une boisson : servez-vous un verre de jus de fruits, une boisson sans sucre, de l'eau ou une infusion aux herbes ou aux fruits (sans risque en cas de grossesse voir p. 53). Vous pouvez également faire des sucettes glacées de jus de fruits que vous aurez plaisir à déguster plus longuement.

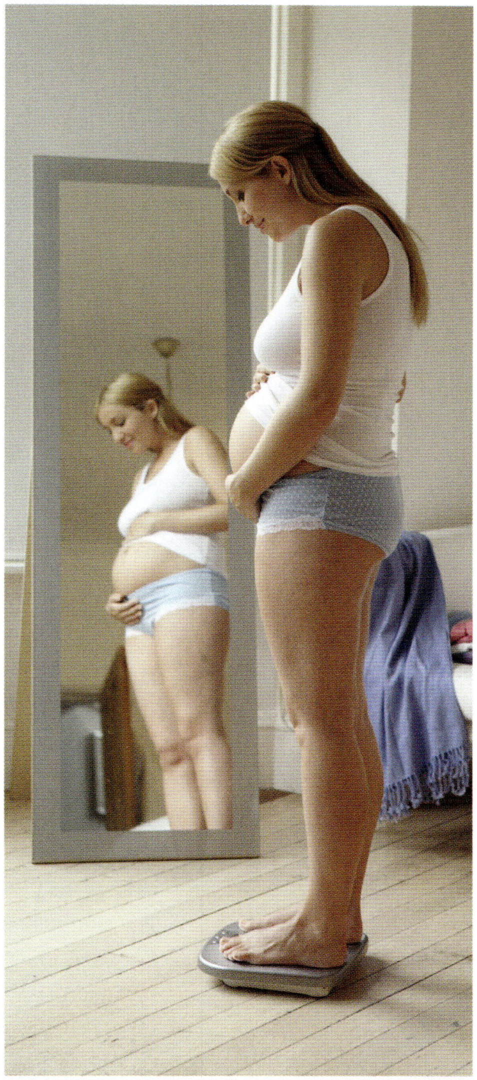

Prise de poids Vous commencerez à vraiment prendre du poids à partir de 20 semaines de grossesse, non seulement parce que votre bébé grossit, mais également parce que vous stockez des graisses prêtes à produire le lait maternel.

Le saviez-vous ?

Rien ne prouve que manger des arachides pendant la grossesse augmente les risques du bébé d'être allergique à l'arachide, de faire de l'asthme ou d'avoir de l'eczéma. Plus rassasiantes que de nombreuses autres collations, elles sont aussi très caloriques. Faites-vous plaisir mais consommez-les avec modération.

question ? réponse

Je suis si malade que je ne tolère que les biscuits salés. Mon bébé reçoit-il tout ce dont il a besoin ?

Si vous êtes nauséeuse et avez du mal à garder quelque chose dans l'estomac, changez d'alimentation et essayez de manger à des moments différents. Votre bébé n'en souffrira pas.

Pendant la grossesse, les hormones ralentissent votre système digestif pour que votre organisme puisse assimiler un maximum de nutriments, quoi que vous mangiez. En outre, votre corps donne la priorité à votre bébé, et puise, si nécessaire, dans vos propres réserves pour lui apporter les principaux nutriments (calcium et protéines). Tant que vous mangez, même peu, votre bébé devrait aller bien. Si vous êtes inquiète malgré tout, ou si vous vomissez souvent, parlez-en à votre médecin.

RÉPARTIR LES REPAS SUR LA JOURNÉE

Si vous souffrez de nausées, inspirez-vous de ces suggestions pour choisir les produits les mieux adaptés à votre état, à consommer au moment le plus opportun.

» **Mangez souvent et peu** Passez à six petits repas par jour (voir ci-contre) au lieu de trois repas principaux et deux collations.

» **Ayez une alimentation riche en amidon** En plus d'avoir un goût assez neutre, les pommes de terre, le riz, les pâtes et la semoule contiennent de bonnes quantités de nutriments (vitamines B, fer, protéines et fibres…).

» **Mangez des aliments crus** Les nausées sont plus souvent provoquées par l'odeur que par le goût. Les aliments crus (ou froids) dégagent moins d'arômes, ce qui peut vous les rendre plus supportables.

» **Prenez des collations** Les amandes mondées, non grillées, riches en nutriments, au goût assez neutre, sont idéales.

» **Sirotez de l'eau** Mettez une rondelle de citron dans de l'eau, ou buvez de l'eau tiède avec quelques feuilles de menthe (contenant du potassium, du fer et des folates…). Boire du thé au gingembre peut atténuer les nausées.

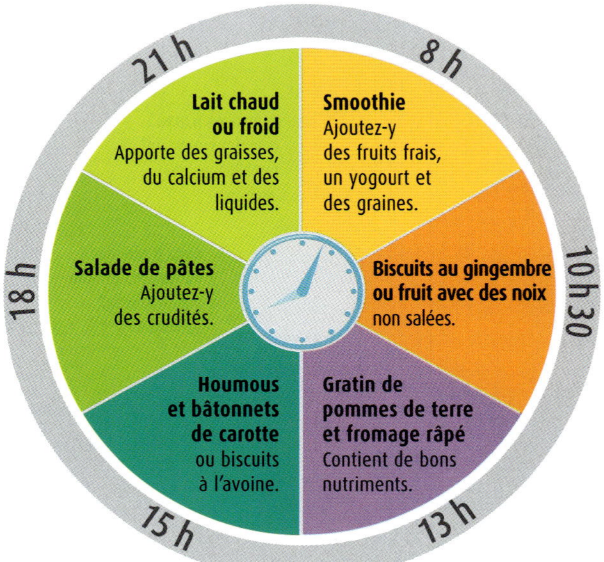

Six petits repas Répartissez votre apport alimentaire en un plus grand nombre de petits repas comme ceux décrits ci-dessus, grâce auxquels vous consommerez suffisamment de nutriments par jour.

Sirotez de l'eau avec une rondelle de citron (plein d'antioxydants et de vitamine C).

question ? réponse

J'adore le chocolat et ne peux m'empêcher d'en manger. Mon bébé aura-t-il un goût marqué pour le sucré ?

Si vous aimez le chocolat, votre bébé préférera peut-être son odeur et son goût. Cependant, tant que votre alimentation est saine, et que le chocolat (choisissez le bio et surtout noir, plus riche en flavanols) reste un petit plaisir occasionnel, vous aurez une bonne influence sur votre bébé. Une étude française conduite au Centre des sciences du goût et de l'alimentation en 2012 montre que l'alimentation d'une future maman aux derniers stades de la grossesse aura une incidence sur les préférences alimentaires de son bébé. Les saveurs de ce que mange la mère passeraient dans le liquide amniotique et arriveraient jusqu'aux nerfs olfactifs du bébé ; une fois né, il serait ainsi attiré par l'odeur des aliments qui lui sont familiers et plus réfractaire aux autres. Le plus important est de vous rappeler que tous les aliments riches en graisses saturées et en sucres ont une faible valeur nutritionnelle. Des études montrent qu'une alimentation riche en sucres et graisses saturées pendant la grossesse favorise le développement de gros bébés et a des effets à long terme sur les propres choix alimentaires de l'enfant.

question ? réponse

Je suis petite et mince. Mon bébé aura-t-il un faible poids de naissance ?

Non, pas obligatoirement. Si vous mangez sainement, votre bébé à terme sera parfaitement proportionné compte tenu de son patrimoine génétique. Le terme *faible poids de naissance* signifie que votre bébé pèse moins de 2,5 kg (5,5 lb) lorsqu'il vient au monde. Dans une grossesse normale, sans complication, le poids de naissance du bébé dépend de deux éléments. Tout d'abord, ce que vous mangez pendant que le fœtus se développe (ainsi que ce que vous avez mangé avant d'être enceinte, votre poids initial entrant aussi en ligne de compte). Une étude conduite à Oxford, Royaume-Uni, en 2014, a comparé le poids de naissance de 60 000 bébés dans le monde, et a conclu que l'alimentation avait des conséquences bien plus importantes sur les mensurations du bébé à la naissance que la taille ou l'ethnie de la mère. Ensuite, le caractère génétique. Si vous êtes petite et étiez-vous même un petit bébé, il est possible (et même normal) que votre bébé hérite de votre petit gabarit. Naturellement, les gènes du père jouent aussi un rôle. Si c'est

question ? réponse

Que signifie exactement « manger pour deux » ? Si j'ai des jumeaux, dois-je manger pour trois ?

L'expression « mangez pour deux » ne signifie pas que vous devez manger deux fois plus qu'avant d'être enceinte, mais que vous devez augmenter légèrement la quantité de calories, plus encore si vous attendez des jumeaux ou des triplés.

Pour une grossesse unique, augmentez votre apport calorique de 200 calories au cours du 1er trimestre et 300 pendant le 2e et le 3e. La liste ci-contre vous propose des collations de 200 calories. En cas de grossesse multiple, augmentez votre apport calorique de 200 puis 300 calories par bébé. Pour des jumeaux, ajoutez 400 calories en début de grossesse, et 600 calories au cours des 2 derniers trimestres. Autre élément essentiel, pensez à optimiser la valeur nutritionnelle des aliments que vous partagez avec votre bébé. Assurez-vous que ces calories supplémentaires sont riches en nutriments et faites rimer quantité avec qualité.

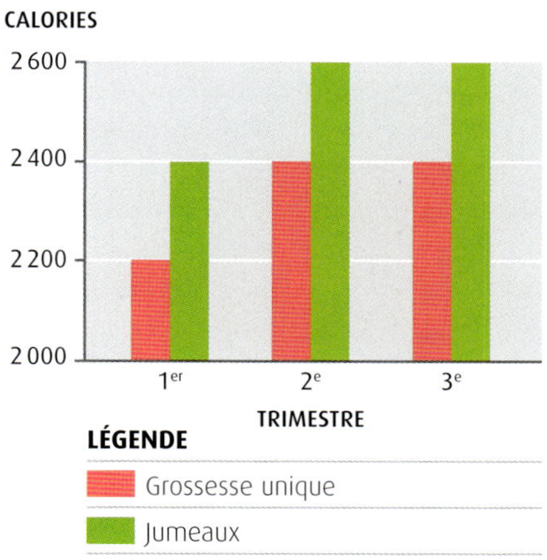

Apport calorique optimal Les recommandations qui figurent dans ce tableau vous assureront suffisamment d'énergie et de nutriments, ainsi qu'à votre bébé.

Assurez-vous que les **calories supplémentaires** que vous consommez pendant votre grossesse sont **riches en nutriments et de qualité.**

ÉQUIVALENTS CALORIQUES

Pour consommer de 200 à 600 calories de plus, voyez ci-dessous, ou cherchez des alternatives saines.

200 calories = Une tranche de pain aux céréales et 3 cuillers à soupe de miel.

ENVIRON 200 CALORIES :

- **4 cuillers à soupe de mélange du randonneur**
- **4 cuillers à soupe de houmous et 4 minicarottes**
- **Œuf dur et pain grillé sans beurre.**

ENVIRON 400 CALORIES :

- **200 g de fromage cottage et 1 grosse pomme**
- **200 g d'avocat sur une tranche de pain grillé**
- **Sandwich au fromage**

un homme costaud, il se peut que votre bébé soit grand et gros à la naissance, à moins qu'il tienne un peu de vous deux. Si vous et votre partenaire étiez particulièrement petits à la naissance parlez-en avec votre médecin. Réfléchissez aussi aux antécédents familiaux susceptibles d'être préoccupants pour le poids de votre bébé.

question ? réponse

Ai-je trop de fringales ? J'ai l'impression d'avoir envie de manger et de boire comme jamais.

Si vous avez soudain envie de manger en permanence alors qu'auparavant votre intérêt pour la nourriture était limité, vous êtes dans le schéma classique de la grossesse. Ainsi, au début, vos sens sont exacerbés à cause des taux d'hormones élevés : vous pouvez avoir une envie irrésistible de nouveaux aliments et être dégoûtée par d'autres, comme le thé ou le café. Ceci vient peut-être de votre odorat, plus sensible, ou d'un goût bizarre dans la bouche, parfois un peu métallique. Les spécialistes émettent l'hypothèse que les bourgeons gustatifs jouent un rôle sur la façon d'interpréter les besoins de l'organisme. Personne ne sait vraiment ce qui cause ces fringales pendant la grossesse, car les études scientifiques ne peuvent pas facilement les quantifier ni les évaluer. Des études ont établi un lien éventuel entre certaines envies (d'aliments salés comme les olives, de fruits acides comme les citrons, de viande chez les végétariens) et des carences alimentaires de la mère. Cependant, les chercheurs ne savent pas si une carence survient à cause de nouvelles habitudes alimentaires propres à la grossesse ou si à l'inverse les fringales sont provoquées par une carence dans l'alimentation de la future mère. La plupart des fringales ne présentent pas de danger pour vous ni pour votre bébé, sauf si vous souffrez de pica, et mangez des substances non comestibles, comme de l'argile.

Si les **nausées** persistent, si vous avez envie de **certains aliments uniquement** ou si, en fin de grossesse, vous n'avez **plus d'appétit,** ne vous inquiétez pas : votre bébé reçoit tous les **nutriments** qu'il faut. Le **stress** peut être plus nocif pour vous et votre bébé que manger **légèrement** pendant quelque temps.

question ? réponse

Que faut-il manger pour récupérer après l'accouchement ?

Alors que vous récupérez, votre nouvelle maternité demande énormément d'énergie. Vous avez sans doute le sentiment de manquer de sommeil et d'être débordée. Si vous n'avez pas le temps de cuisiner, mangez correctement.

Avoir une bonne alimentation est essentiel. Votre organisme récupère de l'effort incroyable de l'accouchement, et il ne fait aucun doute que vous êtes épuisée. Si vous avez eu une hémorragie ou des jumeaux, vous êtes peut-être même anémiée.

Même si l'alimentation ne peut pas compenser le manque de sommeil, des collations et des repas suffisamment nutritifs faciliteront la récupération physique, vous aideront à lutter contre les problèmes comme la constipation et donneront à votre organisme le carburant nécessaire pour que vous vous sentiez mieux et ayez la force de vous occuper de votre bébé.

De bonnes habitudes

Si enceinte vous aviez déjà de bonnes habitudes en matière d'achats et d'alimentation, vous devriez avoir le réflexe de manger équilibré. Dans le cas contraire, c'est le moment idéal pour éviter les calories vides comme les sucreries, dont la valeur nutritionnelle est très faible, mais qui apportent temporairement un regain d'énergie qui vous laissera encore plus fatiguée que vous ne l'étiez. Incluez une grande variété de fruits et légumes colorés, de céréales complètes, de protéines maigres et de produits laitiers dans votre alimentation (voir p. 50). Si vous manquez de fer, votre médecin vous conseillera sans doute de reconstituer vos réserves grâce à une supplémentation et à votre alimentation. La viande rouge maigre, les épinards et les pois chiches en sont de bonnes sources. Si vous êtes constipée, buvez plus d'eau et mangez beaucoup de fruits et légumes, ainsi que des fibres : avoine, pain et riz complets, son, et autres céréales riches en fibres. Si vous avez subi une césarienne ou une intervention chirurgicale après l'accouchement, augmentez votre apport en vitamine C pour accélérer la cicatrisation et en protéines pour favoriser la réparation des tissus.

Tout cela semble très simple en théorie, mais en pratique vous aurez sans doute peu de temps pour cuisiner et vous vous rabattrez sur les collations. Cela n'est pas gênant, tant que vous mangez sainement (voir encadré ci-contre). Votre apport en nutriments sera suffisant si vous prenez un solide déjeuner – un grand bol de flocons d'avoine avec des petits fruits, ou des œufs pochés avec des toasts de pain complet – des collations nutritionnelles à différents moments et un vrai repas à table, par exemple une assiette de pâtes (avec une sauce crème fraîche, jus de citron et saumon fumé) et des légumes vapeur. Vous retrouverez le temps et l'énergie de cuisiner quand vous aurez pris votre rythme.

Incluez une grande variété de fruits et légumes colorés, de céréales complètes, de protéines maigres et de produits laitiers dans votre alimentation.

Collations et superaliments

Prenez des collations saines, à base de superaliments comme les bleuets, les brocolis, les tomates, les poissons gras et l'avoine, qui apportent vitamines, minéraux et antioxydants, nutriments essentiels. Faites provision de fruits frais, surtout de bananes, qui contiennent des sucres lents, et de petits fruits. Les fruits secs, les légumes crus (carottes, brocolis, céleri), les tomates cerises, les galettes de riz sans sel, les gressins, les biscuits à l'avoine, le houmous et le guacamole sont excellents. Préparez une sauce goûteuse en mixant des haricots blancs et des fèves avec un peu d'huile d'olive et d'ail. Mettez au frais avant de déguster avec des bâtonnets de légumes ou des biscuits à l'avoine.

Aliments à manger avec les doigts Ces collations riches en nutriments sont idéales à savourer les premiers jours tout en portant votre bébé.

Prenez vos repas assise. Manger debout est **fatigant** et peut conduire à l'hyperphagie. Si votre bébé doit être porté, glissez-le dans une **écharpe de portage** afin d'avoir les mains libres.

question ? réponse

Je veux perdre le poids que j'ai pris pendant ma grossesse. Puis-je commencer un régime ?

Faire un régime trop tôt après l'accouchement peut vous empêcher de bien récupérer et nuire à votre niveau d'énergie. Si vous mangez sainement et raisonnablement vous perdrez progressivement le poids pris lorsque vous étiez enceinte. Après l'accouchement, vous perdrez rapidement vos premiers kilos car vous éliminerez le liquide amniotique et ne ferez plus de rétention d'eau. Maintenant que vous portez votre bébé, vous êtes plus active qu'aux derniers stades de la grossesse et vous dépensez plus d'énergie. Attendez la consultation à six semaines *post-partum* avant de surveiller votre apport calorique si vous n'allaitez pas. Ensuite, évitez de faire un régime draconien. Si vous mangez raisonnablement des aliments riches en nutriments et faites un minimum d'exercice quotidien, vous perdrez progressivement et durablement du poids. L'allaitement maternel exige des calories supplémentaires. Il est donc essentiel que vous ne limitiez pas votre apport calorique tant que votre bébé n'est pas sevré.

question ? réponse

J'allaite mon bébé. Faut-il que je modifie mon alimentation ?

Vous n'avez pas besoin de consommer d'aliments particuliers. En revanche, comme tout ce que vous mangez passe dans le lait, il est préférable d'éviter certains produits.

Ce qu'il y a de merveilleux avec l'allaitement c'est que vous n'avez rien à faire de particulier pour réussir. Quand votre bébé aura appris à téter, votre lait lui apportera naturellement les meilleurs nutriments qui soient. Cependant, lorsque vous allaitez, vous êtes sa première source d'approvisionnement. Il est donc important de boire beaucoup d'eau et d'avoir une alimentation saine.

Passage direct

Tout ce que vous mangez et buvez passe en petites quantités dans le lait maternel que boit votre bébé. C'est pourquoi, les spécialistes conseillent de prendre quelques précautions avec certains produits. En ce qui concerne les poissons gras, la règle est la même que lorsque vous étiez enceinte : afin de limiter la quantité de mercure ingérée, ne dépassez pas deux portions par semaine. Comme la caféine, qui peut empêcher votre bébé de dormir, l'alcool passe dans le lait. Une consommation occasionnelle ne fera pas de mal à votre bébé, mais d'une manière générale il est préférable d'éviter la caféine et l'alcool, ainsi que la nicotine et les médicaments (sauf prescription médicale).

L'allaitement demande énormément d'énergie. Vous avez donc besoin de beaucoup de carburant pour réussir à vous occuper de votre bébé et produire suffisamment de lait. Augmentez votre apport calorique de 500 calories par jour tant que vous allaitez. N'hésitez pas à prendre une collation supplémentaire dans la journée ou à vous servir une portion un peu plus importante lors des repas pour être sûre d'avoir assez de calories.

Une certaine sensibilité

Vous remarquerez peut-être que votre bébé réagit fortement à votre lait. Certes, il peut s'agir simplement d'une réaction au goût d'un aliment que vous avez mangé dans la journée, mais cela peut aussi indiquer une intolérance alimentaire. Une certaine irritabilité après la tétée, des symptômes de rhume ou de congestion, une éruption cutanée, de l'urticaire, une peau irritée voire eczémateuse, des problèmes digestifs comme la constipation ou des diarrhées, de l'eczéma, une gêne abdominale, un gonflement des lèvres ou des yeux, et des coliques (voir p. 285) sont autant de symptômes possibles d'intolérance alimentaire, même s'ils ne sont pas forcément provoqués par l'alimentation. Si vous pensez que votre bébé est sensible à certains aliments, parlez-en à votre médecin, en particulier en cas d'antécédents familiaux d'allergies.

Soyez attentive aux éléments déclencheurs les plus courants afin de surveiller votre alimentation et la réaction de votre bébé. Semble-t-il gêné par ce que vous avez mangé ? L'ail, le piment, les aliments épicés, le jus d'orange, le lait de vache, les produits à base de soja, le blé, le maïs, les œufs, les arachides, les tomates et les fruits de mer sont souvent en cause. Si vous pensez qu'un produit particulier est à l'origine de la gêne de votre bébé, ne le consommez pas pendant quelques jours pour voir s'il s'agit bien de l'élément déclencheur. Sachez cependant que certains aliments, comme le lait de vache, restent dans votre organisme jusqu'à 2 semaines. Quoi qu'il en soit, il est important de toujours manger équilibré. Consultez systématiquement votre médecin avant d'opérer un changement radical dans votre alimentation.

Allaitement Mangez et buvez sainement pour que cela profite à votre bébé et assurez-vous que votre apport calorique est suffisant pour produire la quantité de lait nécessaire.

ALIMENTS À ÉVITER

Évitez certaines substances potentiellement néfastes pour votre bébé. Remplacez-les par des infusions, du thé et du café décaféinés, de l'eau minérale, et de temps en temps par un jus de fruits.

À ÉVITER	EXEMPLES
Alcool	La consommation d'alcool doit rester occasionnelle et modérée (un verre de temps en temps n'aura pas de conséquences sur la santé de votre bébé). Si vous avez prévu de boire un peu plus pour une occasion spéciale, tirez votre lait avant.
Nicotine	Il est déconseillé de fumer à proximité d'un bébé : le tabagisme passif est nocif à long terme et augmente le risque de mort subite du nourrisson. Si vous fumez alors que vous allaitez, votre bébé grossira moins vite, car la nicotine réduit la quantité de lait produite.
Médicaments	Les médicaments vendus sur ordonnance ou en vente libre, les pilules contraceptives, ainsi que les compléments vitaminés, alimentaires et à base de plantes passent dans le lait maternel en petite quantité. Même si certains n'ont aucun effet sur votre bébé, consultez votre médecin avant de prendre quoi que ce soit.
Caféine	La caféine se trouve dans le café, le chocolat, le thé, certains sodas et certaines boissons énergétiques, ainsi que dans des médicaments contre le rhume. L'excès de caféine peut s'avérer néfaste pour l'organisme de votre bébé car il a du mal à l'éliminer.

Se **sentir bien physiquement et mentalement** est essentiel pour vivre une grossesse épanouie. Parler de ce qui vous préoccupe sur le plan des **changements de vie** et profiter sans risque d'une **grossesse active** est bénéfique aussi bien pour vous que pour votre bébé.

Activité physique et bien-être

Soyez positive

Il est normal de ressentir autant d'impatience que d'appréhension à l'idée de votre future parentalité et de tout ce qui s'y rapporte : naissance, aspects financiers, changements dans votre couple. Acceptez vos inquiétudes, cela vous aidera à avancer, à apprécier votre grossesse et à trouver des solutions (voir p. 69-73). Rester active vous aidera à vous sentir bien, à être de bonne humeur, à bien dormir et avoir une bonne image de votre corps.

Un corps de femme enceinte

Pendant la grossesse, votre système musculosquelettique change, ce qui a des conséquences sur le type et le volume de vos activités. Afin de vous préparer pour l'accouchement, deux hormones, la relaxine et la progestérone, commencent, dès le début de votre grossesse, à assouplir vos articulations et vos ligaments, notamment ceux du bassin, ce qui permettra au bébé de sortir, mais pour le moment vous rend parfois instable lorsque vous marchez. Au fur et à mesure que votre ventre grossit, les principaux muscles abdominaux, qui stabilisent le tronc, s'étirent et s'affinent pour faire de la place à votre bébé, ce qui les affaiblit. Tout en vous adaptant à votre centre de gravité mouvant, alors que votre bébé grossit et que vous prenez du poids, vous risquez de vous sentir en déséquilibre. En outre, un bébé qui grossit exerce plus de pression sur votre vessie et sur le plancher pelvien, rendant ainsi certaines activités inconfortables, et sur vos poumons, ce qui a pour effet de vous essouffler, même si vous êtes normalement en excellente forme.

Niveau d'activité physique

L'activité physique soulage nombre des maux de la grossesse (nausées, douleurs, manque d'énergie) et réduit le risque d'hémorroïdes, de varices et de diabète gestationnel. Vous seule pouvez juger le niveau d'exercice qui vous convient le mieux, mais par principe, n'en faites pas plus qu'avant d'être enceinte. Si vous ne faisiez pas d'exercice physique avant, vous pouvez commencer une ou deux activités au 1er ou au 2e trimestre. Mais il est normal que vous vous sentiez plus fatiguée en début de grossesse, alors reposez-vous aussi. Demandez un avis médical avant de démarrer toute activité, surtout si vous souffrez d'hyper ou d'hypotension ou d'anémie, êtes une grosse fumeuse, avez un IMC supérieur à 40 ou inférieur à 12, ou êtes dans le contexte d'une grossesse multiple.

question ? réponse

Quelles sont les meilleures activités physiques pendant la grossesse ?

Préférez des sports à faible ou sans impact articulaire. Choisissez des activités n'exigeant pas de garder l'équilibre sur un sol irrégulier ou glissant.

Lorsque vous êtes enceinte, l'activité physique vise surtout à renforcer vos muscles, améliorer votre circulation, soulager le mal de dos et vous aider à vous sentir bien. Évitez toute activité qui nécessite de sauter, d'opérer de brusques changements de direction ou qui est intense au point de faire monter votre température corporelle et d'imposer de fortes contraintes à votre système cardiovasculaire ou à vos articulations. En outre, les sports présentant un risque de chute, comme le squash, l'équitation, le ski alpin ou les sports de contact, sont déconseillés. Vous trouverez ci-dessous quelques suggestions d'activités.

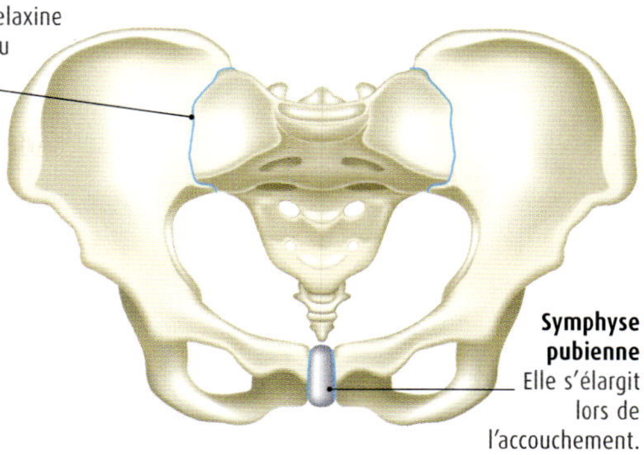

Articulations plus souples La relaxine a une action sur les tissus mous qui relient les os du bassin. Elle prépare le corps au travail mais peut entraîner des douleurs dans l'intervalle. Ménagez vos articulations lorsque vous faites de l'exercice.

LES ACTIVITÉS CONSEILLÉES

Grâce à ces activités, restez souple et entretenez votre capacité cardiaque sans stresser votre organisme. Faites un échauffement léger et étirez-vous après.

» Course, marche sportive et randonnée : si vous avez l'habitude de courir régulièrement, vous pouvez continuer. Cependant, ne vous entraînez pas pour un événement particulier. Courez juste en deçà de votre niveau habituel et écoutez votre corps s'il vous fait sentir qu'il faut arrêter. Si vous n'avez jamais couru, optez pour la marche sportive ou la randonnée.

» Cyclisme : activité à faible impact articulaire, le vélo est bon pour la respiration et la circulation. Mais, après le 1er trimestre, alors que votre sens de l'équilibre commence à être perturbé, vous pouvez vous sentir instable. Ne continuez que si vous vous sentez vraiment à l'aise. Dans le cas contraire, optez pour le vélo d'appartement. Un vélo couché, sur lequel vous n'êtes pas assise droite mais légèrement en arrière, impose moins de pression sur votre périnée et sera plus confortable au fur et à mesure que votre bébé grossit et pousse vers le bas.

» Natation : Tant que la piscine est à un maximum de 32 °C, nager est excellent, votre corps étant en apesanteur dans l'eau. Si vous vous sentez bien, vous pouvez nager jusqu'au début du travail. Des séances d'aquaforme prénatale sont très adaptées à votre corps de femme enceinte.

» Étirements et renforcement musculaire : des activités douces comme le Pilates et le yoga renforcent et assouplissent vos muscles et ligaments, en plus d'améliorer votre respiration, ce qui vous aidera lors du travail. Elles soulagent également les douleurs au dos et aux hanches, conséquence de ligaments plus souples, et préparent votre corps à la naissance. Un professeur qualifié vous indiquera les exercices déconseillés aux femmes enceintes.

question ? réponse

Comment l'activité physique peut-elle m'aider à mieux vivre ma grossesse ?

Si vous faites partie des 70 % de femmes qui souffrent de mal de dos et d'autres désagréments physiques lorsqu'elles sont enceintes, vous pensez sans doute qu'il est préférable de vous reposer. Au contraire ! Pratiquer une activité à faible impact articulaire atténue les spasmes musculaires.

Le poids de votre bébé qui grossit n'est pas le seul à exercer une contrainte sur certaines régions comme le dos. La douleur augmente à cause de la relaxine, dont la concentration est élevée, qui détend non seulement les ligaments du bassin en prévision de l'accouchement, mais aussi tous les autres. Au fur et à mesure qu'il se développe, votre bébé étire les muscles transverses de l'abdomen, qui, tel un corset, soutiennent et stabilisent la région lombaire sur les côtés et devant. Alors que votre centre de gravité avance sous l'action du poids du fœtus, vous changez de posture pour compenser, ce qui entraîne une contrainte supplémentaire sur les muscles du bas du dos. Il peut être tentant de vous allonger lorsque vous avez mal, mais en fait tout exercice susceptible de renforcer les muscles transverses de l'abdomen atténuera la gêne ou la douleur. Suivez des cours de Pilates adaptés aux femmes enceintes, qui renforcent plus particulièrement les principaux muscles stabilisateurs, afin que votre dos reste solide et soutenu, ou essayez les exercices présentés en page suivante. Axés sur le renforcement et les étirements, ces mouvements atténueront les spasmes musculaires ainsi que la tension dans la région lombaire, et assoupliront votre colonne vertébrale.

Tout exercice qui favorise le **renforcement des muscles transverses de l'abdomen** atténue la gêne et la douleur.

MUSCLES TRANSVERSES DE L'ABDOMEN

Les muscles abdominaux profonds se situent sous les muscles superficiels (comme les muscles grands droits de l'abdomen). Ils entourent la colonne vertébrale et stabilisent le tronc et la région lombaire. Plus les muscles transverses de l'abdomen sont puissants, plus leur soutien est efficace.

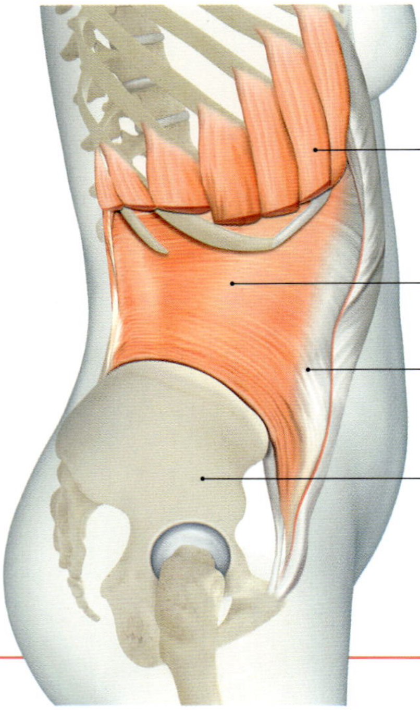

question ? réponse

Comment atténuer les symptômes de rétention d'eau ?

Voici quelques suggestions à essayer si vous souffrez de rétention d'eau (œdème) au niveau des chevilles, des pieds et des mains, ou si vous sentez une raideur articulaire. Pour une meilleure circulation, marchez à intervalles réguliers dans la journée, faites une promenade ou allez nager. Évitez de rester assise ou immobile pendant trop longtemps. Lorsqu'il fait trop chaud, la natation présente l'avantage de faire baisser votre température corporelle, évitant ainsi la rétention d'eau. Autre solution : surélevez vos pieds. Posez-les sur un tabouret, si vous travaillez assise à un bureau. Sinon, calez-vous dans un fauteuil, levez les jambes et faites des rotations des chevilles dans un sens puis dans l'autre, pour activer la circulation sanguine.

Approches complémentaires

Les massages sont très efficaces pour éliminer l'eau et réduire les tensions. Chez vous, massez doucement vos pieds, vos chevilles et vos jambes avec une lotion ou un gel rafraîchissant. Exercez des mouvements en direction des genoux. Si votre grossesse est très avancée, il sera plus facile de demander un massage à votre partenaire. Lorsque vous massez vos mains, appuyez fermement du bout des ongles à la base des doigts. La réflexologie et l'acupuncture peuvent aussi être utiles. Votre praticien vous montrera les points d'acupuncture à utiliser entre deux consultations.

La rétention d'eau survient souvent les trois derniers mois, en raison du volume sanguin supplémentaire fabriqué par l'organisme (supérieur de plus de 50 % à la quantité produite habituellement). Dans certains cas, vous pouvez également être déshydratée car votre organisme fait tout pour retenir le plus de liquide possible. Il faut donc boire beaucoup d'eau.

Vérifiez que vos vêtements vous donnent une **totale liberté de mouvement** et que vos chaussures maintiennent bien vos chevilles et vos pieds. **Buvez beaucoup d'eau** et **faites des pauses régulières.**

question ? réponse

Quels sont les exercices que je peux faire à la maison ?

Voici quelques exercices recommandés par les spécialistes, que vous pourrez faire chez vous. Assurez-vous cependant qu'il n'y a aucune contre-indication vous concernant. En cas d'étourdissement ou de malaise, cessez immédiatement.

LES MAINS

Essayez ces étirements en cas de douleur, de fourmillements, ou d'engourdissement aux mains.

» **Secouez vos mains pendant une minute,** comme pour les sécher après les avoir lavées.

» **Pour un étirement en profondeur** tendez un bras à l'horizontale et cassez le poignet pour que vos doigts pointent vers le sol. De l'autre main, exercez-y une légère pression jusqu'à sentir son étirement et celui de vos doigts pendant 20 secondes. Alternez avec l'autre main.

» **Joignez vos mains, en position de prière.** Écartez les doigts, puis éloignez les paumes l'une de l'autre tout en gardant le bout des doigts joints. Répéter plusieurs fois l'exercice.

LES PIEDS

Grâce à cet exercice, atténuez les crampes, les fasciites et toute contrainte sur la voûte plantaire.

» **Massage plantaire** Debout, pieds nus sur une surface non glissante, faites rouler une balle de tennis ou de golf avec la plante de votre pied pendant une à deux minutes. Alternez avec l'autre pied.

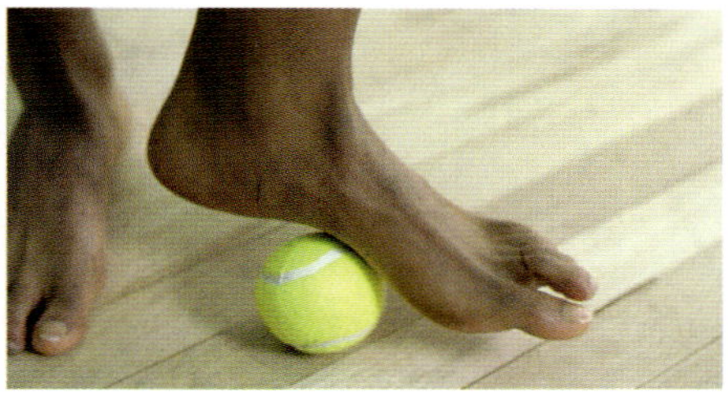

LE DOS

Gardez votre colonne vertébrale souple en échauffant et renforçant les muscles qui l'entourent. La position à quatre pattes atténue également les tensions de la colonne.

1 **D'abord à genoux,** penchez-vous en avant, posez les mains au sol et faites porter le poids du corps sur vos bras tendus sans verrouiller les coudes. Les mains, les genoux et les pieds doivent être alignés. Gardez le dos à l'horizontale. Relâchez votre nuque et respirez.

2 **Expirez en contractant doucement vos muscles abdominaux,** basculez le bassin vers le bas et allongez la colonne vertébrale pour que votre dos s'arrondisse comme celui d'un chat. Gardez les bras tendus sans verrouiller les coudes. Inspirez et relâchez afin d'avoir le dos plat, en faisant attention de ne pas le creuser.

3 **Répétez 10 fois le mouvement précédent.** Ensuite, asseyez-vous sur vos talons et respirez profondément plusieurs fois pour vous détendre. Levez-vous lentement afin d'éviter tout risque de malaise.

LA COLONNE VERTÉBRALE

Alors que votre bébé grossit, il est important d'étirer et d'aligner votre colonne vertébrale tous les jours. Faites ces deux exercices pour vous détendre et vous sentir mieux.

1 **Debout, les pieds écartés** de la largeur des hanches, dos au mur. Pliez légèrement les genoux, et appuyez votre colonne vertébrale sur toute sa longueur contre le mur. Respirez profondément.

2 **Ensuite** expirez en rentrant le ventre, comme pour rapprocher votre nombril de votre colonne vertébrale. Votre bassin bascule alors vers le haut et s'éloigne, de sorte que les lombaires restent collées au mur. Tenez la position quelques secondes, puis inspirez avant de relâcher. Répétez 10 fois l'exercice.

Atténuez l'inconfort et stabilisez votre dos grâce à ces **étirements** et à ces **techniques de renforcement musculaire.**

question ? réponse

Qu'est-ce que le plancher pelvien ? Quel rôle joue-t-il pendant la grossesse ? Pourquoi faut-il le remplacer ?

C'est un groupe de muscles puissants disposés en couches, qui forment un « hamac » qui s'étend du pubis au coccyx. Il soutient l'abdomen et maintient en place les organes reproducteurs et le bassin. Ces muscles supportent le poids croissant de l'utérus et du fœtus. Lors du travail, ils aident le bébé à sortir.

Certains muscles, comme le cœur, sont des muscles autonomes, ou *involontaires*, mais la plupart sont des muscles volontaires, que vous contractez et relâchez consciemment. C'est le cas du plancher pelvien, que vous sollicitez par exemple lorsque vous vous retenez quand vous avez envie d'uriner (ce double hamac de muscles contient des orifices qui correspondent à l'urètre, au rectum et au vagin).

Les muscles du plancher pelvien

Lors de la grossesse, ils se détendent sous l'action de la relaxine, avant d'être étirés et affaiblis sous le poids de votre bébé. Avoir des muscles puissants au niveau du plancher pelvien est essentiel : en cas de faiblesse, vous risquez en effet de souffrir d'incontinence urinaire pendant votre grossesse mais aussi après, lorsque vous toussez, éternuez, riez, sautez ou courez. On parle alors d'*incontinence urinaire d'effort*. De plus, pendant le travail, ces muscles contraignent le bébé à rester dans la cavité du bassin. Il est ainsi en mesure de rentrer dans la filière pelvi-génitale afin que vous le poussiez lors de la deuxième phase du travail. En cas de faiblesse, ce processus est moins efficace. Un afflux de relaxine détend les muscles du plancher pelvien afin que le bébé puisse traverser la filière pelvi-génitale : ceux situés à l'avant du corps (antérieurs) subissent une poussée vers le bas, tandis que ceux à l'arrière (postérieurs) sont écartés vers le haut, créant ainsi un passage pour le bébé.

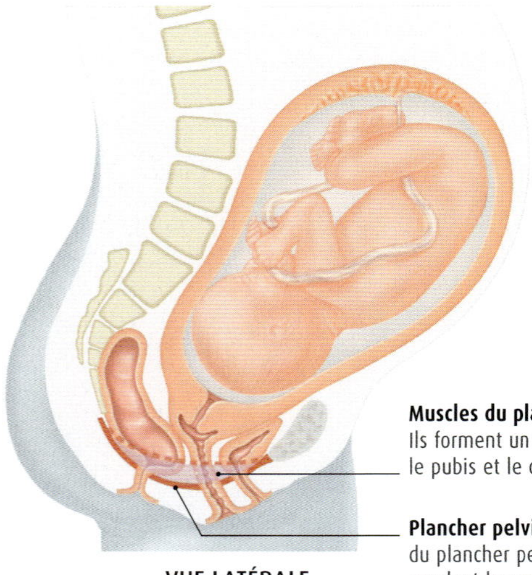

VUE LATÉRALE

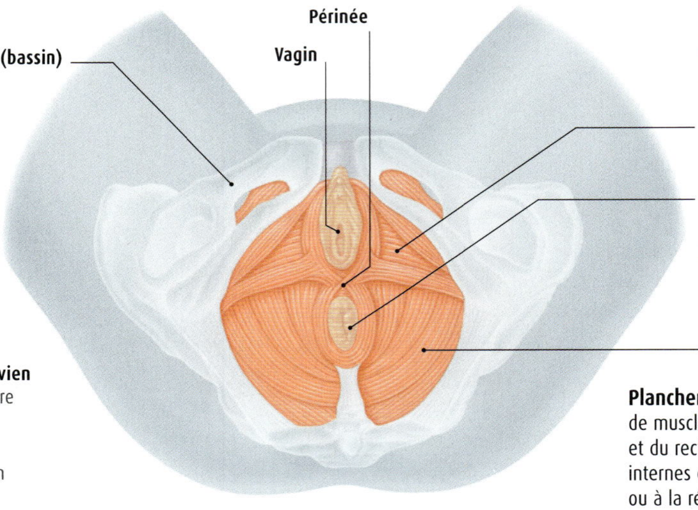

PLANCHER PELVIEN

Plancher pelvien Couche de muscles qui, autour du vagin et du rectum, soutiennent les organes internes et participent à l'émission ou à la rétention d'urine et à l'ouverture des intestins.

question ? réponse

Les muscles du plancher pelvien restent-ils étirés après le travail ? Qu'est-ce qu'un prolapsus ?

Après le travail, les muscles du plancher pelvien devraient revenir en place relativement rapidement et maintenir vos organes comme avant. Cependant, s'ils ont été lésés, vous pouvez souffrir d'un prolapsus, ou *descente d'organes*, lors duquel les organes situés dans la cavité abdominale descendent dans le vagin. En général, ce genre de problème arrive à un âge plus avancé. C'est pourquoi il est important de faire des exercices de renforcement du plancher pelvien pendant la grossesse et après, afin de rendre les muscles aussi puissants que possible et ainsi d'éviter tout problème.

question ? réponse

J'ai un jeune enfant qui me réclame encore de le porter. Cela comporte-t-il un risque pour moi ou pour mon bébé ?

Tant que votre médecin ne vous a pas dit le contraire, vous pouvez le porter avec précaution sans risque pour votre santé ou celle de votre bébé. Attention cependant, il n'en est pas de même pour votre dos et votre plancher pelvien. Il est essentiel que vous ménagiez votre dos lorsque vous soulevez votre enfant ou que vous portez des sacs de courses ou des objets lourds.

Posez les pieds bien à plat, écartés de la largeur des épaules. Baissez-vous en pliant les genoux, et non la taille, sans remonter les fesses, le dos droit. Prenez votre enfant dans vos bras, en lui demandant de se cramponner avec les jambes, ou saisissez fermement votre sac de courses. Poussez avec vos cuisses (si besoin, servez-vous d'une main pour prendre appui sur quelque chose) plutôt qu'imposer la contrainte à votre dos. Une fois relevée, ajustez la position de votre enfant pour être à l'aise, ses jambes de part et d'autre de votre ventre, ou assis sur l'une de vos hanches, auquel cas pensez à changer de côté à chaque fois pour équilibrer les tensions. Si vous portez plusieurs sacs de courses, répartissez équitablement le poids entre chaque bras. Le fait de soulever exerce également des contraintes sur votre plancher pelvien, pensez donc à le contracter avant de soulever quoi que ce soit et à faire régulièrement les exercices préconisés pour le renforcer (voir ci-contre).

question ? réponse

En quoi consistent les exercices de renforcement du plancher pelvien ? Comment m'assurer de les faire bien ?

Les exercices de renforcement du plancher pelvien, ou *exercices de Kegel*, du nom du gynécologue américain qui les a conçus, renforcent la tonicité des muscles de cette région afin qu'ils soient assez puissants pour faciliter la deuxième phase du travail (voir ci-contre).

Il est important de faire les exercices de renforcement du plancher pelvien quotidiennement lorsque vous êtes enceinte, car ces muscles travaillent en synergie avec les muscles abdominaux transverses et ceux du dos pour stabiliser votre colonne vertébrale, soutenir votre bébé et éviter toute incontinence urinaire d'effort. Mais, n'en faites pas trop non plus. Si vous réalisez ce mouvement plus de 100 fois par jour, ils risquent d'avoir du mal à se détendre lors de l'accouchement, rendant plus difficile le passage du bébé dans la filière pelvi-génitale.

Pour comprendre l'action de ces muscles, imaginez que vous aspirez de l'eau par le vagin. Autre manière de les solliciter, arrêtez la miction un peu avant la fin (ne faites pas ça en plein milieu, vous risqueriez de contracter une infection urinaire). Dans un cas comme dans l'autre, les muscles que vous contractez sont ceux du plancher pelvien. Le mouvement, complètement interne, est invisible au regard des autres.

Bénéfice des exercices de renforcement du plancher pelvien
Vous pouvez les faire à tout moment, n'importe où, dans toutes les positions. Même si vous n'en faites que quelques-uns à chaque fois, l'effet cumulé sera bénéfique et améliorera même votre vie sexuelle. Si vous souffrez d'incontinence urinaire d'effort, vous devriez sentir une différence en 6 semaines.

QUELQUES EXERCICES DE RENFORCEMENT DU PLANCHER PELVIEN

Voici un exemple de séquence simple. Essayez de la faire complètement au moins trois fois par jour. Vous trouverez peut-être plus facile de commencer à contracter les muscles arrière d'abord avant de tenir la position et de relâcher.

1 CONTRACTEZ LES MUSCLES
Assise confortablement sur une chaise, les pieds bien à plat sur le sol, le dos droit. Gardez votre corps et votre visage détendus. Contractez les muscles du plancher pelvien vers le haut aussi fort que possible. Essayez de tenir pendant 10 secondes. Relâchez les muscles.

2 CONTRACTEZ ET RELÂCHEZ DOUCEMENT
Faites 9 à 20 répétitions, en tenant à chaque fois 10 secondes. Ne sollicitez pas les abdominaux ni les muscles fessiers. Faites une pause de 10 secondes entre chaque contraction.

3 CONTRACTEZ ET RELÂCHEZ VITE
Enfin, faites une série de contractions rapides. En suivant le rythme naturel de votre respiration, contractez les muscles lorsque vous inspirez. Expirez en relâchant et observez une courte pause. Faites 10 répétitions.

Si vous avez du mal à sentir si vous sollicitez les bons muscles, faites ces exercices dans différentes positions. Les suggestions ci-dessous vous aideront à concentrer votre attention sur la bonne région et à relâcher le reste de votre corps.

Ballon ou fauteuil poire bien ferme Placez le ballon contre un mur et asseyez-vous le dos droit, les genoux largement écartés. Mettez les mains sur le bas de votre ventre. Relâchez les muscles de votre visage et du reste du corps.

À genoux par terre, tête en bas
Mettez-vous d'abord à genou puis à quatre pattes. Ensuite posez les coudes au sol et la tête sur vos mains. Essayez de visualiser l'espace autour de votre plancher pelvien.

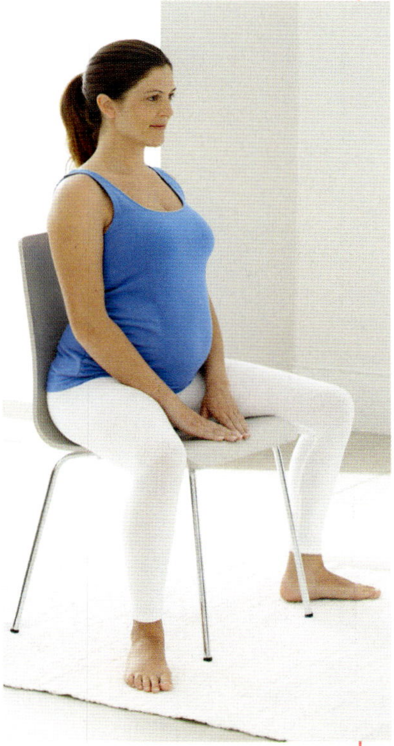

À califourchon sur une chaise Assise sur une chaise le dos droit, jambes écartées, les genoux de part et d'autre, pieds à angle droit pour un maximum de stabilité. Posez les mains sur la chaise, entre vos cuisses. Relâchez les muscles de votre visage et du reste du corps, et concentrez-vous sur la région pelvienne.

question ? réponse

Faut-il que j'arrête de courir ? Je voudrais être en forme et me sentir bien pendant ma grossesse.

S'il n'y a pas de contre-indication, vous pouvez continuer certains sports, notamment la course à pied. Par la suite, choisissez des sports qui ne sollicitent pas les articulations ou très peu.

Activités à faible impact
Elles exercent une contrainte moindre sur les articulations qui supportent votre poids.

Si vous pratiquez régulièrement la course à pied, vous pouvez continuer au cours du 1er et du 2e trimestres. Vous constaterez sans doute que le poids sans cesse croissant de votre bébé et le déplacement de votre centre de gravité vous empêchent de courir aussi loin et aussi vite qu'avant. En outre, vous serez peut-être fatiguée plus vite. Évitez les terrains accidentés ou glissants pour limiter les risques de chute. À la 12e semaine, faites le point avec votre médecin afin de savoir si vous pouvez continuer en toute sécurité.

Les sports qui ont un fort impact sur les articulations imposent de respecter certaines règles lorsque vous êtes enceinte. Échauffez-vous et récupérez tranquillement, ne forcez pas lors des étirements. En effet, si les muscles retrouvent leur forme initiale après la naissance, ce n'est pas le cas des ligaments qui ont été trop étirés. Restez en dessous de votre niveau habituel, ne forcez pas trop. Vous devez être en mesure de parler facilement pendant l'effort. Si vous avez trop chaud, le fœtus peut en souffrir, notamment au cours du 1er trimestre lorsqu'il est incapable de réguler sa température. De plus, si vous manquez de souffle, la quantité d'oxygène qu'il reçoit peut s'en trouver réduite. Enfin, hydratez-vous, la déshydratation pouvant entraîner des complications, notamment des contractions précoces. Ne pratiquez pas d'activités à fort impact ou à hauts risques, ni de sport de contact si vous n'en faisiez pas, ou occasionnellement seulement, avant d'être enceinte.

Le saviez-vous ?

Lorsque vous faites de l'exercice, le cerveau libère des endorphines dans le système nerveux. Entre autres fonctions physiologiques, ces hormones provoquent une sensation de bien-être et réduisent le stress, vous mettant ainsi de bonne humeur.

QUELS SPORTS PRATIQUER ET JUSQU'À QUEL STADE DE LA GROSSESSE ?

L'activité physique est un excellent moyen de garder votre niveau d'énergie et de vous sentir bien, mais vous devrez tenir compte de certains paramètres au fil des mois.

SPORT	ÉLÉMENTS POUR ET CONTRE	1er ET 2e TRIMESTRES
Natation	Elle renforce votre capacité cardiaque et pulmonaire, ainsi que votre tonus musculaire tout en soutenant votre poids et en maintenant votre température corporelle stable.	Idéale quelle que soit votre condition physique. Si la piscine en propose, suivez des cours d'aquaforme.
Badminton	Sport à faible impact, excellent pour la santé cardiovasculaire.	À moins d'être une joueuse expérimentée, évitez les sports de raquette lorsque vous êtes enceinte. Optez pour d'autres activités à faible impact.
Cyclisme	Il offre un entraînement cardiaque, tout en soutenant votre poids. Votre corps subit donc moins de contraintes.	Commencez lentement et ne forcez pas trop. Récupérez tranquillement grâce à des étirements légers.
Golf	Sport à faible impact, le golf fait travailler les muscles profonds, améliore la stabilité et entretient votre santé cardiovasculaire si vous marchez le long du parcours.	Si vous pratiquez régulièrement ce sport, continuez. Étirez-vous bien avant de commencer, jouez tranquillement et faites attention de ne pas perdre l'équilibre.
Musculation (renforcement musculaire)	Elle offre une grande variété d'équipements et d'exercices qui font travailler le cœur et renforcent les muscles (utilisez des poids légers).	Sur les appareils, ne dépassez pas une intensité moyenne. Suivez des cours réservés aux femmes enceintes.
Randonnée et escalade	La randonnée est excellente pour votre santé cardiovasculaire. L'escalade est déconseillée.	Consultez votre médecin avant de partir en randonnée, choisissez un terrain régulier et assurez-vous d'avoir les bonnes chaussures et prenez des bâtons.
Pilates	Il renforce les principaux muscles stabilisateurs (abdominaux, du bassin et du dos), favorisant ainsi une posture et une stabilité correctes sans exercer de contrainte sur les autres articulations.	Idéal quelle que soit votre condition physique. Parlez avec votre entraîneur si vous êtes débutante. Suivez des cours réservés aux femmes enceintes.
Marche et marche sportive	Elles renforcent votre capacité cardiaque et pulmonaire ainsi que votre tonus musculaire, en toute sécurité.	Marchez 30 minutes trois fois par semaine si vous débutez. Si vous êtes entraînée, optez pour la marche sportive (d'un pas vif) pour stimuler votre rythme cardiaque.
Yoga	Il vous apprend à mieux respirer, bouger, vous étirer et vous relaxer lorsque vous êtes enceinte, tout en renforçant vos muscles. Évitez le yoga Bikram ou *hot yoga*.	Idéal quelle que soit votre condition physique. Parlez avec votre professeur si vous êtes débutante.
Danse	Excellente pour le rythme cardiaque, elle sollicite beaucoup les articulations. Gardez toujours un pied au sol et évitez de tournoyer, sauter, etc.	Si vous dansez régulièrement, continuez mais en dessous de votre niveau habituel.
Course à pied	Excellente pour le cœur et les muscles, elle sollicite beaucoup les articulations.	Si vous courez régulièrement, continuez mais écoutez votre corps, en particulier au 2e trimestre.
Tennis	S'il est excellent pour le cœur, des changements de direction brutaux sollicitent fortement les articulations et entraînent des risques de chute.	À éviter lorsque vous êtes enceinte, à moins d'être une joueuse expérimentée.

LÉGENDE

Pas d'impact

Faible impact

Fort impact

3e TRIMESTRE	QUAND ARRÊTER ?
Écoutez votre corps et ralentissez si nécessaire.	Vous pouvez continuer à nager jusqu'à l'accouchement.
Si vous vous sentez instable, optez pour le vélo couché.	Arrêtez si vous vous sentez trop fatiguée ou avez des vertiges.
Cherchez d'autres activités, sauf si votre obstétricien vous dit que vous pouvez continuer sans risque.	Arrêtez lorsque vous vous sentez trop fatiguée ou trop lourde.
Renseignez-vous sur les appareils adaptés. Continuez les séances réservées aux femmes enceintes.	Arrêtez si vous vous sentez fatiguée ou avez des vertiges ou des étourdissements.
Demandez à votre obstétricien si vous pouvez continuer sans risque.	Arrêtez si vous vous sentez fatiguée ou avez des vertiges ou des étourdissements.
Concentrez-vous uniquement sur les techniques de relaxation et de respiration.	Vous pouvez continuer le Pilates jusqu'à l'accouchement.
Écoutez votre corps et ralentissez si vous vous sentez fatiguée.	Vous pouvez continuer la marche jusqu'à l'accouchement.
Ne vous mettez pas à plat ventre après 16 semaines au risque de vous sentir mal.	Vous pouvez continuer le yoga doux jusqu'à l'accouchement.
Cherchez des activités à faible impact, sauf si votre obstétricien vous dit que vous pouvez continuer sans risque.	Arrêtez si vous êtes épuisée ou si vous avez des vertiges ou des étourdissements.
Cherchez des activités à faible impact, sauf si votre obstétricien vous autorise à continuer.	Arrêtez si vous vous sentez trop fatiguée ou avez des vertiges.

Les relations sexuelles affectent-elles mon bébé ?

Il n'existe aucune preuve médicale qu'avoir des relations sexuelles enceinte est dangereux pour le bébé. Vous pouvez donc faire l'amour à tous les stades de votre grossesse. Par ailleurs, la pénétration n'entraîne pas de risque de fausse couche ni de naissance prématurée. Lorsque vous êtes enceinte, votre bébé est bien protégé : votre col est scellé par un épais bouchon muqueux et le fœtus grandit entouré de liquide amniotique qui atténue la moindre pression. Cependant, si vous avez des complications comme des saignements vaginaux ou une rupture de la poche des eaux, évitez d'avoir des relations sexuelles et consultez immédiatement votre médecin.

Augmentation de la libido

Vous ne devriez pas ressentir de différences physiques lorsque vous faites l'amour au cours du 1er trimestre, mais les nausées et la fatigue peuvent induire une baisse de libido. En outre, si vous avez fait une fausse couche ou avez eu recours à la PMA, votre partenaire et vous pouvez être anxieux à l'idée d'avoir des rapports sexuels. Réconfortez-vous l'un l'autre et faites-vous des câlins pour préserver votre intimité jusqu'à ce que vous soyez prêts à faire l'amour à nouveau.

Au cours du 2e trimestre, le corps change, et certaines femmes se sentent beaucoup moins attirantes à cause de leurs formes. Cependant, vous devriez avoir plus d'énergie, être moins angoissée par rapport à la santé de votre bébé et retrouver votre libido : en effet, grâce à l'augmentation du volume sanguin, les sensations s'intensifient et vous atteignez plus facilement l'orgasme. Si vous sentez votre bébé bouger après un rapport sexuel, cela peut être dû à la libération d'adrénaline qui se produit lors de la jouissance.

Au 3e trimestre, après l'orgasme, vous aurez peut-être des contractions de Braxton Hicks qui peuvent durer jusqu'à une demi-heure. Ceci est parfaitement normal. Toutefois, si elles durent plus longtemps et que cela vous inquiète, contactez votre obstétricien.

Je n'arrête pas de penser à l'accouchement. Comment gérer le travail et la maternité ?

Il est difficile de ne pas vous projeter et penser à l'avenir, mais votre état émotionnel évolue au fur et à mesure que votre corps change et que votre bébé grandit. Vos hormones répondent déjà à cette nouvelle vie que vous portez en vous et préparent peu à peu votre corps à l'accouchement, mais sur le plan psychologique, vous avez peut-être du mal à être en phase avec vos instincts naturels. Il est essentiel que vous soyez dans la meilleure forme physique et mentale possible pour accoucher et vous occuper de votre bébé. Pour l'instant, concentrez-vous sur le présent et sur la meilleure façon de vous prendre soin de vous et du fœtus. Restez en forme, mangez sainement, évitez d'avoir peur, de stresser, d'être anxieuse. Détendez-vous le plus possible, parlez à votre médecin de vos préoccupations, et concentrez-vous au maximum sur le miracle de la grossesse et le développement de votre bébé.

> Bonne pour la forme, une **activité physique réservée aux femmes enceintes** est aussi un excellent moyen de rencontrer d'autres futures mamans, de partager vos **expériences** et de vous faire de nouvelles amies.

Être enceinte me sidère encore : réussirai-je un jour à me réjouir et profiter de ma grossesse ?

Si vous avez l'impression que vous ne vous débarrasserez jamais de ce sentiment, rassurez-vous. Les premières semaines sont un peu étranges, car vous devez lutter contre les symptômes de début de grossesse, tout en vous interrogeant sur l'avenir, sans vraiment croire que vous êtes enceinte. Vous aurez parfois des émotions négatives, notamment parce que vous avez gardé le secret pendant quelque temps. Lorsque vous accepterez la nouvelle et commencerez à vous sentir mieux physiquement, cet « état de choc » disparaîtra. Accordez-vous de petits plaisirs pour faire de votre grossesse une expérience aussi heureuse que possible : prenez des bains relaxants, faites-vous masser, dormez, organisez des événements que vous attendrez avec impatience… Si ce sentiment de choc ou de peur ne disparaît pas, parlez-en à votre médecin pour vous assurer que vous ne souffrez pas de tokophobie, peur panique de la grossesse et de l'accouchement.

Si vous ne vous sentez pas assez **soutenue**, inscrivez-vous sur des **forums de femmes enceintes**. Vous y trouverez une communauté dynamique et rassurante, prête à vous aider, que vous pourrez continuer à fréquenter après la naissance de votre bébé.

Je vais être mère célibataire. Comment me préparer correctement et m'en sortir ?

Toutes les jeunes mamans s'inquiètent de ce qu'il faut faire, et ces préoccupations sont plus importantes encore si vous n'avez personne avec qui les partager. Mais vous n'êtes pas seule. Parlez-en avec des amis en qui vous avez toute confiance, votre famille, votre médecin ou une infirmière, qui sauront vous réconforter. Ensuite, avant la naissance de votre bébé, organisez votre réseau de soutien. Choisissez votre partenaire de naissance, expliquez-lui ce que vous envisagez pour l'accouchement. Parlez aux personnes dont vous êtes vraiment proche, qui pourront vous aider concrètement les premières semaines, en vous faisant des courses ou un peu de ménage, mais également en gardant parfois votre bébé afin que vous ayez du temps pour vous (votre bien-être est important aussi pour votre enfant). Faites une liste des corvées auxquelles vous vous attelez habituellement afin que votre « équipe de choc » sache comment vous aider et se répartisse les tâches.

Demandez à une infirmière si elle connaît une autre future mère célibataire, ou regardez sur Internet s'il n'y a pas des groupes de parents solos dans votre région. Renseignez-vous auprès de votre CLSC sur les aides locales auxquelles vous pouvez prétendre. Ne craignez jamais de demander un peu de soutien ou d'accepter celui qu'on vous propose.

Enfin, organisez-vous bien avant la date prévue d'accouchement : lavez et préparez les vêtements et le linge de lit de votre bébé, cuisinez de bons petits plats que vous congèlerez, faciles à manger d'une seule main. Faites-en le plus possible avant d'accoucher, afin de pouvoir profiter au maximum du temps avec votre bébé.

Est-ce qu'avoir un bébé coûte cher ? Je ne suis pas sûre d'avoir les moyens.

Vous risquez de ne jamais vous sentir prête à assumer financièrement l'arrivée d'un bébé, mais avec une approche raisonnable, élever un enfant n'est pas nécessairement un puits sans fond.

Même si tous les parents veulent le meilleur pour leur enfant, il est important de ne pas surestimer ses besoins, ni de toujours rechercher les produits dernier cri. Vous avez peut-être une idée claire de la vie que vous voulez offrir à votre enfant, et êtes anxieuse à l'idée de ne pas y arriver, mais sachez que tout ce dont votre bébé a besoin est d'être avec vous, nourri, bien au chaud et au sec. Tous ses vêtements n'ont pas à être flambant neufs. Les bébés grandissent vite et leurs habits deviennent rapidement trop petits. Il est facile d'en acheter d'occasion et de bonne qualité lors de bourse aux vêtements voire sur des sites ou forums Internet. En outre, vous serez sans doute agréablement surprise par la quantité de cadeaux que vous recevrez et par l'argent ainsi économisé.

Cependant il est vrai qu'avoir un enfant n'est pas sans conséquence sur votre budget, notamment si vous continuez à travailler et avez besoin de le faire garder. De plus, des différents stades de l'enfance jusqu'à l'adolescence, l'élever vous coûtera de plus en plus cher. Si cela vous inquiète, profitez du temps dont vous disposez maintenant pour faire un budget prévisionnel. Discutez des finances de votre ménage avec votre partenaire, afin de vous assurer que vous êtes tous deux conscients des problèmes et des responsabilités qui s'annoncent et de vérifier qu'il n'y a pas de malentendu.

Pourquoi ne pas ouvrir un **compte épargne** pour votre bébé et commencer à mettre de l'**argent de côté** pour son avenir ?

LE POINT SUR VOTRE BUDGET

Mettez vos finances en ordre dès que possible, afin que tout soit prêt pour bien gérer votre argent lorsque votre bébé arrivera.

MAISON

Analysez vos dépenses mensuelles Voyez où économiser, par exemple sur l'inscription au gym où vous allez moins, ou sur des achats futiles. Si avec votre partenaire vous avez des comptes séparés, définissez qui payera quoi, et la meilleure façon de régler efficacement vos factures. N'oubliez pas d'évoquer l'idée d'ouvrir un compte pour votre bébé.

AIDES ET EXONÉRATIONS

Renseignez-vous sur les aides et exonérations auxquelles vous avez droit selon votre situation : prestations du Régime québécois d'assurance parentale (RQAP), Soutien aux enfants, Programme Allocation-logement, etc.

MATÉRIEL NÉCESSAIRE

Faites une liste du matériel nécessaire pour votre bébé Prenez le strict minimum et réfléchissez avant d'acheter. Cette poussette volumineuse et encombrante est-elle vraiment pratique ? Demandez à vos proches s'ils peuvent vous prêter du matériel ou essayez de vous en procurer d'occasion. Vous n'aurez ainsi qu'à acheter quelques couches et pyjamas, des biberons et un matelas pour la bassinette. Si vous achetez du neuf, faites d'abord le tour des magasins.

Ma relation avec mon partenaire va-t-elle définitivement changer avec l'arrivée du bébé ? Comment nous adapter ?

Il ne fait aucun doute qu'avoir un bébé changera la dynamique actuelle de votre relation, mais cela peut être positif.

Il est tout à fait normal de vous inquiéter des changements à venir et de craindre de perdre un peu cette précieuse intimité qui vous unit. Que vous ayez ou non prévu ce bébé, même si vous vous sentez heureux à l'idée de créer une famille, votre relation avec votre partenaire évoluera nécessairement à compter du moment où vous serez parents.

Il est important d'exprimer ce que vous ressentez à l'idée de la parentalité et de cette évolution. Si votre relation est solide, raccrochez-vous à l'idée que vous vous connaissez déjà bien et que les qualités et le caractère de chacun n'ont plus de secret pour l'autre : vous pourrez ainsi vous soutenir mutuellement et enrichir vos vies.

Parlez-vous

Il est important de trouver le temps de parler des soucis qui vous préoccupent : l'idée de passer moins de temps ensemble après la naissance, mais peut-être plus avec les belles-familles, le rôle de chacun dans le couple, la gestion des tâches ménagères, la baisse de revenus si vous faites le choix d'un congé parental et l'éventuelle dépendance ou pression que cela peut entraîner, et enfin vos attentes personnelles en tant que parents.

Si votre future parentalité vous inquiète, dites-vous bien que ce n'est pas aussi difficile que vous le pensez. Tout en vous adaptant à vos rôles, donnez-vous du temps. Des études ont montré qu'il fallait environ quatre mois aux jeunes parents pour trouver leur rythme et se sentir en confiance avec leur bébé.

Communiquez ouvertement, **respectez-vous** alors que vous vous préparez à être parents, puis lorsque vous le serez.

ÉLÉMENTS DE DISCUSSION

Parlez de vos attentes à propos de la vie de famille, afin de comprendre les espoirs et le ressenti de l'autre, et pensez à faire de votre relation une priorité même lorsque vous serez parents.

Approches de la parentalité Vous avez peut-être une vision différente de la « vie de famille normale ». Parlez-en dès maintenant.

La pression du travail Réfléchissez à la manière de trouver le bon équilibre entre vie professionnelle et familiale.

Fatigue Prévoyez la possibilité pour chacun d'entre vous d'avoir des pauses réservées afin de vous détendre ou vous reposez.

Du temps pour vous Votre intimité et une bonne communication sont des éléments importants.

Responsabilités Répartissez-vous dès maintenant l'essentiel des corvées, afin de savoir qui fera quoi, et quand.

Soutien Discutez de ce que vous pouvez vous permettre et des aides que vous aimeriez avoir à la maison après la naissance.

Je me sens stressée. Est-ce que cela peut affecter mon bébé ?

Il est parfaitement naturel de vous sentir anxieuse à l'idée d'affronter votre nouvelle vie avec un bébé. Il n'y a sans doute pas une seule femme qui ne se soit sentie inquiète, anxieuse, incompétente voire terrorisée lors de sa grossesse, aussi bien lors de la première que des suivantes. Si donner la vie est un moment magique, il comporte une grande part d'imprévu et de changement. En outre, si vous travaillez ou avez une vie bien remplie, la perspective de faire tout ce que vous avez prévu avant la naissance peut vous sembler insurmontable.

Si vous êtes stressée, votre corps produit des taux plus élevés d'une hormone appelée *cortisol*. Des études sont en cours sur l'effet des poussées de cortisol sur le fœtus : si certaines ont montré qu'un stress chronique avait peu de conséquences, d'autres sous-entendent qu'il pourrait y avoir des risques pour le bébé. Certes, nous sommes tous stressés à un moment ou à un autre, mais il est important de ne pas vous laisser submerger. Essayez de vivre l'instant présent, apprenez à déléguer, n'essayez pas de tout faire seule, reposez-vous dès que possible et ayez une activité physique modérée, excellent moyen d'évacuer les tensions.

Si cela tourne à l'anxiété, que vous avez le sentiment que vous n'y arriverez pas, n'avez plus d'appétit, ou si vous êtes inquiète à l'idée de sortir, si vous pleurez souvent, si vous trouvez que la vie n'a aucun intérêt et vous sentez léthargique, vous faites peut-être une dépression prénatale. Moins connue que la dépression *post-partum*, ou *baby blues* (voir p. 263), elle touche sans doute plus de femmes que nous pourrions le croire, car les futures mamans ont souvent honte et peur d'exprimer leurs sentiments négatifs. Si c'est votre cas, parlez-en à votre médecin et à votre entourage.

Je suis très excitée à l'idée d'avoir un bébé, mais pas mon partenaire. Comment lui donner un peu plus d'enthousiasme ?

Cela peut sembler évident, mais faites un effort pour impliquer le plus possible votre partenaire. Encouragez-le à vous toucher le ventre, à parler au bébé : vers 24 semaines, le fœtus entend ce qui se passe en dehors de l'utérus. Dites-vous que ce manque d'enthousiasme peut cacher une véritable anxiété quant à ses responsabilités, alors n'oubliez pas de demander à votre partenaire ce qu'il ressent. Enfin, alors que la grossesse fait partie intégrante de votre corps, pour lui, il y a sans doute quelque chose d'un peu irréel. Soyez patiente. Il est fréquent que les partenaires se sentent pleinement impliqués et réellement heureux quand ils tiennent enfin leur bébé dans les bras.

Comment me préparer au travail et à l'accouchement ?

L'approche de l'accouchement a considérablement évolué au cours des dernières décennies : il est désormais tout à fait normal d'essayer différentes techniques et positions lors du travail pour vous aider à gérer la douleur et à rester concentrée tout en étant détendue, pour un accouchement calme et serein. Découvrez ces différentes techniques et entraînez-vous lorsque vous êtes encore enceinte, pour être prête le moment venu.

Préparation physique

Grâce aux efforts de certains experts, pionniers en la matière (voir page suivante), rester allongée sur un lit pendant le travail n'est plus la règle. Être debout et bouger pourraient en effet raccourcir sa durée. C'est pourquoi, pendant votre grossesse, n'hésitez pas à faire des séries de ***squats*** (sans risque) pour renforcer vos jambes et vos cuisses en préparation d'un accouchement debout. Les techniques de respiration pendant le travail sont un autre moyen de réduire la douleur des contractions et de rester positive et détendue. Entraînez-vous régulièrement pendant la grossesse afin de les maîtriser le jour J.

Préparation mentale

Lorsque le travail commence, votre cerveau déclenche la libération d'ocytocine, qui augmente la puissance des contractions de l'utérus pour faciliter le travail, et d'endorphines qui, outre vous aident à vous sentir plus calme, atténuent la douleur. Plus vous serez détendue pendant le travail, et plus ces hormones agiront efficacement. Si au contraire vous êtes inquiète, voire anxieuse, votre organisme libérera de l'adrénaline, hormone du stress, qui en atténuera les effets. Chez certaines femmes, des techniques comme l'hypnonaissance, l'analgésie auditive, la visualisation positive (voir p. 228-229), la méditation et la relaxation faciliteront l'accouchement et la naissance, tout en offrant un sentiment de bien-être spirituel.

RESPIRATION CONSCIENTE

Changer consciemment de rythme respiratoire au fur et à mesure que le travail progresse force l'oxygène à passer dans la circulation sanguine. Vous restez ainsi suffisamment calme et détendue pour gérer la douleur. Mais n'oubliez pas qu'expirer correctement est tout aussi important.

1 **Fin de la 1re phase de travail** Respirez lentement et profondément au début et à la fin de chaque contraction, mais plus légèrement lorsqu'elle atteint son pic.

2 **Transition** Lorsque les contractions deviennent plus intenses, respirez 2 ou 3 fois rapidement et expirez à chaque fois, pour éviter de pousser trop tôt (voir à droite). Expirez doucement.

3 **2e phase de travail** Prenez une grande inspiration et bloquez-la tout en poussant en douceur. Après chaque poussée, respirez profondément et régulièrement.

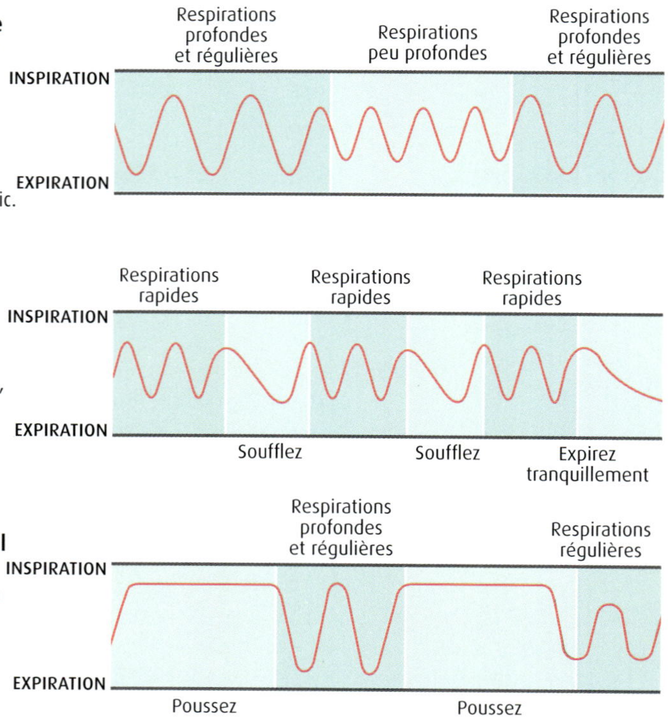

Pour bien respirer

» Pour maîtriser les trois phases de la respiration le jour du travail, entraînez-vous très tôt pendant votre grossesse.

» Respirez calmement par le nez et visualisez mentalement le relâchement de vos muscles. Concentrez-vous sur l'expiration : soufflez lentement par la bouche en imaginant que vous expulsez la douleur d'une contraction. Des moyens existent pour soulager la douleur, dont le seuil varie selon les personnes : n'hésitez pas à solliciter l'équipe médicale.

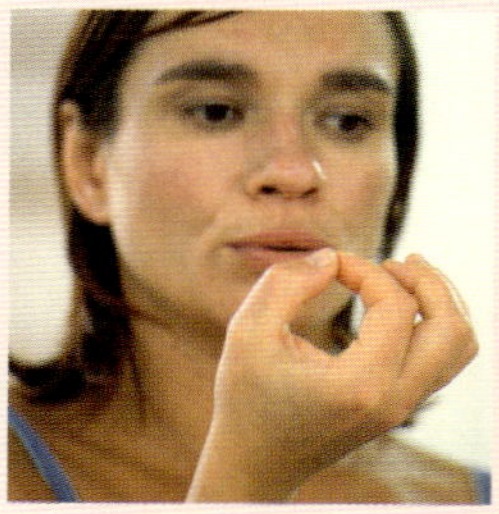

Une bonne expiration Mettez une main devant votre visage à environ 30 cm de votre bouche et joignez le pouce et l'index. Si vous expirez correctement, vous sentirez votre souffle refroidir vos doigts. Une bonne expiration vous aidera lors des contractions les plus intenses.

TYPES DE PRÉPARATION

Si les approches présentées ci-après vous intéressent, recherchez des cours prénataux qui les abordent dans votre région.

Votre pensée

» L'hypnonaissance est une forme d'autohypnose lors de laquelle vous prenez pleinement conscience de votre expérience de la naissance grâce à des techniques de relaxation et de respiration, tout en étant totalement consciente et concentrée.

» L'audio-analgésie est un mélange de musique et de bruit blanc qui vous aide à gérer et atténuer la sensation de douleur.

Votre esprit

» La relaxation, la méditation et la pleine conscience peuvent libérer votre esprit et bloquer tout ce qui vous entoure, vous laissant ainsi calme, consciente et autocentrée (voir ci-dessous). Allongez-vous dans un endroit tranquille. Relâchez vos membres vos épaules, vos poignets et votre cou. Mettez-vous à l'aise, fermez les yeux, respirez régulièrement et concentrez-vous sur un objet ou une image que vous aimez.

Votre corps

» Faites des *squats* légers pour travailler la position accroupie jambes écartées, qui ouvre votre bassin pour faciliter la sortie du bébé. Debout, face au dossier d'une chaise. Écartez les pieds de la largeur du bassin, pointes légèrement tournées vers l'extérieur, mains sur le dossier, pliez les genoux jusqu'à être en position assise. Laissez tomber votre poids dans vos talons. Remontez en poussant sur les cuisses. Répétez 5 fois

Videz votre esprit et calmez vos émotions Concentrez-vous sur le moment présent et le mouvement de vos mains posées sur votre poitrine.

Respirez régulièrement Inspirez par le nez et soufflez par la bouche.

Calmez votre corps Respirez profondément pour augmenter la quantité d'oxygène que vous inhalez. Relâchez vos muscles après chaque inhalation.

Croisez vos mains sur votre poitrine. Concentrez-vous sur le rythme de votre respiration.

Assise en tailleur Asseyez-vous sur un tapis de sol, le dos droit. Relâchez l'intérieur des cuisses pour faciliter l'ouverture de la ceinture pelvienne.

Apprenez à vous détendre Essayez de vous focaliser sur le rythme naturel de votre respiration afin de lier pensées et émotions à vos sensations physiques. Plus vous serez détendue, moins vous ressentirez de tension et donc de douleur.

LES PIONNIERS

En réfléchissant au type de naissance que vous voulez, peut-être aurez-vous l'occasion de lire les écrits de quelques philosophes de l'accouchement et praticiens innovants.

» **Le Dr Ferdinand Lamaze** a mis au point des techniques de relaxation et de respiration pour un accouchement sans douleur.

» Pour réduire le traumatisme de la naissance, le **Dr Frédérick Leboyer** préconise que les bébés naissent dans un environnement calme et soient mis au contact de la peau de la mère avant la coupe du cordon. C'est aussi un défenseur de l'accouchement dans l'eau.

» **Sheila Kitzinger** a milité pour l'accouchement naturel sans recours aux interventions autres que nécessaires. Grâce à elle, les femmes ont un droit de regard sur la façon dont elles veulent accoucher.

» **Le Dr Michel Odent** a mis au point différentes techniques pour réduire le besoin en analgésiques, le nombre d'accouchements assistés et les césariennes.

question ? réponse

Quelle activité physique puis-je reprendre immédiatement après la naissance de mon bébé ?

Vous avez peut-être désespérément envie de perdre les quelques kilos qui vous restent et de tonifier votre corps, mais allez-y doucement jusqu'à la consultation postnatale prévue à 6 semaines.

L'accouchement n'est pas sans conséquences sur votre organisme, et il vous faudra un certain temps pour retrouver votre force et votre résistance d'avant la grossesse. Même s'il est appréciable d'être de nouveau active, il est vivement recommandé de ne pas essayer de retrouver votre forme physique d'avant la grossesse sans attendre la consultation postnatale des 6 semaines. Vos muscles transverses de l'abdomen (voir page suivante) sont toujours étirés et le taux de relaxine dans votre organisme demeure élevé. En conséquence, vos articulations seront laxes quelque temps encore et vous risquez de graves lésions ligamentaires à long terme si vous pratiquez une activité à fort impact articulaire. Les lochies (saignements vaginaux) peuvent s'intensifier ou devenir rouge vif si vous forcez trop vite après la naissance, signe qu'il faut alors réduire le rythme. Si vous voulez nager, attendez 7 jours après la fin des saignements afin d'éviter d'attraper une infection. Si vous avez eu une césarienne ou des points lors d'une épisiotomie, il vous faudra attendre plus longtemps. Jusqu'à la consultation postnatale des 6 semaines, tout effort au-delà des exercices de renforcement du plancher pelvien est à proscrire. Pour stimuler la circulation sanguine, marchez un peu tous les jours et augmentez progressivement votre endurance. Pensez à garder le dos droit lorsque vous poussez le landau.

Plancher pelvien et renforcement musculaire

Après l'accouchement, il est essentiel de faire des exercices de renforcement du plancher pelvien dès que possible, afin de tonifier les muscles. Pensez-y à tout moment de la journée, que vous soyez assise, debout, à genoux ou allongée (voir p. 66-67). Si vous ne sentez pas vos muscles, faites-les sur un ballon. Maintenant que vous n'avez plus à limiter le nombre de répétitions afin de pouvoir relâcher consciemment vos muscles pendant le travail, vous pouvez faire ces exercices aussi souvent que vous voulez, et plus vous les ferez, mieux ce sera. Commencez doucement les exercices et étirements destinés à tonifier les principaux muscles (voir ci-dessous), accélérer votre récupération, et vous débarrasser des douleurs et des raideurs.

EXERCICE DOUX POUR LES 6 PREMIÈRES SEMAINES

Après la naissance, vous pouvez faire les exercices indiqués ci-dessous pour tonifier les muscles du ventre et vous étirer, même si vous avez eu une césarienne. Les premiers temps, faites simplement quelques répétitions et augmentez progressivement leur nombre à partir de 6 semaines.

Bascule du bassin Allongée sur le sol, la tête et les épaules sur un coussin, les bras relâchés sur les côtés. Gardez les genoux fléchis, pieds posés bien à plat. Lors de l'expiration, plaquez les lombaires (creux des reins) au sol et tenez la position pendant 10 secondes avant de relâcher. Pour commencer, faites 3 ou 4 répétitions, puis allez jusqu'à 12 et enfin 24.

Glissements de jambe Allongée par terre, la tête et les épaules sur un coussin, genoux pliés, pieds bien à plat, bras posés sur les côtés. Lors de l'expiration, faites glisser une jambe jusqu'à ce qu'elle soit tendue et posée au sol, puis faites de même avec l'autre. Inspirez et ramenez doucement une jambe dans la position initiale, puis l'autre. Répétez 3 ou 4 fois l'exercice, puis allez progressivement au moins à 12 de chaque côté.

Alignement de la colonne vertébrale Allongée par terre sur un tapis, la tête et les épaules sur un coussin, genoux pliés, pieds bien à plat, lombaires plaquées au sol. Lors de l'expiration, faites glisser la jambe droite jusqu'à ce qu'elle soit tendue et posée au sol. Inspirez, puis sur l'expiration posez le bras droit tendu au sol derrière votre tête. Sur l'expiration suivante, étirez-vous de la pointe du pied au bout des doigts. Faites de même de l'autre côté.

Posture de l'enfant Mettez-vous à quatre pattes, puis asseyez-vous sur vos talons en écartant légèrement les genoux, bras tendus devant, avant-bras et mains posés au sol. Votre ventre repose entre vos cuisses. Tenez la position pendant deux respirations complètes ou aussi longtemps que vous vous sentez à l'aise. Cet exercice étire complètement votre dos et libère les tensions dans les hanches.

Je pensais retrouver un ventre plat rapidement, mais le mien est si flasque ! Sera-t-il jamais comme avant ?

Les muscles transverses de l'abdomen et de l'utérus, étirés pendant la grossesse, ont besoin de temps pour reprendre leur place. Mais ne vous en faites pas, vos muscles seront bientôt pleinement opérationnels, même si le temps nécessaire pour y parvenir dépend des personnes. L'allaitement maternel accélère les contractions de l'utérus, car l'ocytocine, hormone libérée lorsque votre bébé tète, agit à la fois sur les muscles lisses des glandes mammaires et les cellules des muscles lisses des parois utérines.

Commencez par des exercices simples, pour retrouver votre tour de taille, mais vérifiez d'abord l'état de vos muscles abdominaux. Lorsque l'écart entre les muscles transverses de l'abdomen n'est plus que d'un doigt (encadré à droite), commencez par soulever légèrement la tête et les épaules. Après la consultation des 6 semaines, vous pourrez alors faire des enroulements de buste (*crunchs*) et des relevés de buste (*sit-ups*).

Quand puis-je avoir des relations sexuelles après l'accouchement ?

Il est souvent préconisé de ne pas en avoir avant la consultation des 6 semaines, même s'il n'y a aucun risque pour votre santé. La reprise de l'activité sexuelle est une question personnelle entre votre partenaire et vous. Si vous vous sentez prête deux ou trois semaines après l'accouchement, il n'y a aucune contre-indication. Cependant, pour éviter toute douleur à la pénétration due à une sécheresse vaginale, utilisez un lubrifiant. Mais ne vous sentez pas obligée de reprendre une vie sexuelle si vous n'êtes pas prête. L'épuisement, la douleur et la récupération physique peuvent avoir un effet néfaste sur votre libido les jours, les semaines, et même les mois qui suivent l'accouchement. Allez-y progressivement, parlez à votre partenaire, embrassez-vous et câlinez-vous jusqu'à ce que le moment de faire l'amour soit venu. Ne vous inquiétez pas si vous avez l'impression que le sexe ne fera pas partie de votre avenir proche : une étude conduite par le *British Journal of Obstetrics and Gynaecology* en 2013 a montré que seulement 41 % des femmes primipares avaient eu des relations sexuelles avec pénétration au bout de 6 semaines. Dans tous les cas, vous êtes de nouveau fertile même si vous allaitez. Utilisez un moyen de contraception.

Comment retrouver la forme après la consultation des 6 semaines ?

Pour retrouver votre condition physique d'avant la grossesse, ou l'améliorer si vous étiez assez sédentaire, allez-y progressivement et ne commencez pas d'activité à fort impact articulaire trop vite. Laissez-vous guider par votre corps.

À partir de 6 semaines, vous pouvez reprendre une activité physique. Cependant, avant de refaire du sport à haute dose, faites un test simple. Allongez-vous sur le dos, mettez votre main sous votre nuque pour la soutenir et soulevez lentement la tête. Tout en tenant la position, mettez un doigt au-dessus de votre nombril, et appuyez doucement afin de sentir l'écart entre les muscles. S'il est juste d'un doigt, vous pouvez reprendre une activité normale, d'abord modérée 30 minutes par jour, voire un peu plus, pendant 3 à 6 mois. Ensuite, reprenez progressivement les sports à fort impact articulaire. S'il est plus large, deux doigts ou plus, attendez encore avant d'avoir une activité physique régulière.

ÉVOLUTION DES MUSCLES TRANSVERSES DE L'ABDOMEN

Pendant la grossesse, les muscles subissent des changements naturels qui mettront du temps à revenir à la normale avant que vous puissiez reprendre une activité physique.

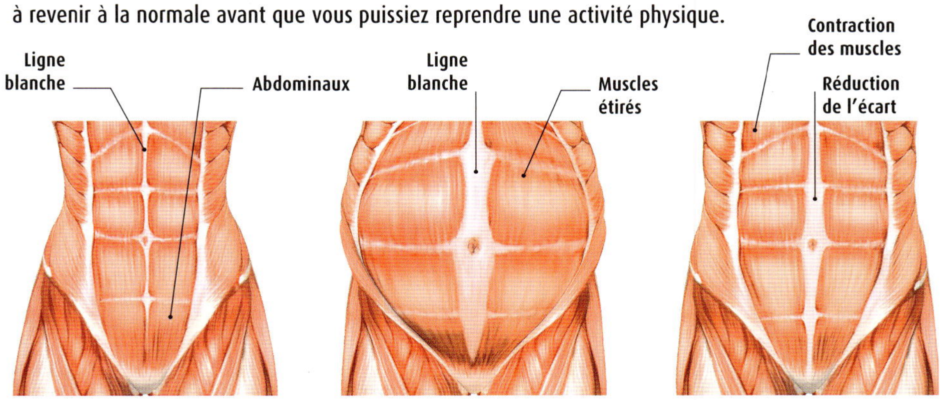

Avant la grossesse Les muscles sont alignés à l'avant, de part et d'autre de la ligne blanche.

Pendant la grossesse Les muscles sont étirés et s'écartent pour laisser le bébé grossir.

Après l'accouchement Les muscles étirés se rapprochent. Attendez que l'écart ait complètement disparu ou presque pour reprendre une activité normale.

J'ai toujours mal au dos. Pourquoi la douleur n'a-t-elle pas disparu après l'accouchement ?

Lorsque vous soulevez ou portez quelque chose, il est important de préserver votre dos afin d'éviter de vous blesser ou d'avoir des douleurs dues à une mauvaise position. Vos ligaments sont toujours un peu laxes, ce qui n'est pas étranger à la douleur. Mais le fait de vous pencher constamment pour porter votre bébé induit une contrainte supplémentaire sur les muscles de votre dos. Lorsque vous le soulevez, gardez le dos droit, les épaules en arrière, tenez-le près de vous et relevez-vous en poussant sur les jambes. Dans l'idéal, vous ne devez rien porter de plus lourd que votre bébé au cours des 6 premières semaines.

Dans les semaines qui suivent l'accouchement, **reposez-vous** dès que vous pouvez et ralentissez le rythme sans vous **sentir coupable**. Concentrez-vous sur votre récupération, sur votre bébé, faites quelques exercices, mangez sainement, et vous retrouverez progressivement votre **énergie**.

» Dans ce chapitre...

Le suivi prénatal

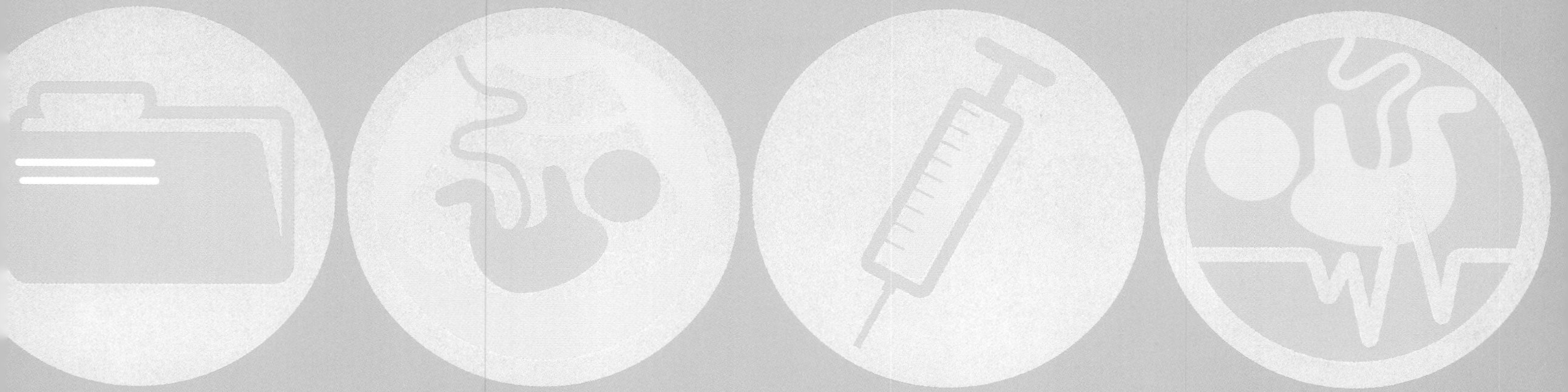

Les rendez-vous de suivi prénatal rythment l'aventure de la grossesse jusqu'à l'accouchement. Dans ce chapitre vous découvrirez ce qui vous attend, les **professionnels de la santé** que vous rencontrerez et le déroulement des **consultations prénatales**, depuis la première prise de rendez-vous jusqu'à la dernière visite avant l'accouchement. Vous saurez tout sur les **échographies et autres examens**. Commencez à réfléchir à l'accouchement que vous aimeriez, ainsi qu'à votre partenaire de naissance.

Les soins que vous recevrez tout au long de votre grossesse sont un mélange d'**examens de routine** et de soins personnalisés visant à surveiller votre santé et celle de votre bébé. Ces rendez-vous sont également l'occasion de poser toutes les questions dont les réponses vous aideront à faire vos choix et à vous préparer pour l'arrivée de votre enfant.

Le suivi prénatal

Qu'implique le suivi prénatal ?

Passée la surprise de la nouvelle de votre grossesse, vous commencerez sans doute à vous intéresser à ce qui va se passer dans les prochains mois. Devez-vous aller voir le médecin ? Comment se déroule le suivi prénatal ? Qui va surveiller votre santé et celle de votre futur bébé ?

En général, le suivi de grossesse consiste en un certain nombre de consultations prénatales, complétées par différents examens (prises de sang, échographies, analyses d'urines, etc.) mais la surveillance peut être renforcée si le médecin le juge nécessaire, par exemple en cas de complications liées à la santé de la mère (diabète, hypertension) ou de grossesse à risques (antécédents de fausse couche, jumeaux, etc.). En outre, votre médecin pourra vous donner des conseils en matière de mode de vie et de bien-être. Le dépistage de certaines maladies, anomalies ou complications, susceptibles d'avoir des conséquences pour vous, mais aussi pour votre bébé, est également prévu (voir p. 92-103).

Les consultations prénatales sont une excellente occasion d'évoquer les changements que vous ressentez, de prendre pleinement conscience de votre grossesse et de connaître votre bébé (suivre sa croissance, entendre son cœur, etc.). En parallèle, vous pouvez décider de vous inscrire aux cours prénataux, offerts par les CLSC. Ces cours facultatifs sont destinés à vous informer sur le travail et l'accouchement, ainsi que sur la façon de vous occuper de votre nouveau-né.

Votre accouchement, vos choix

Les professionnels de la santé qui s'occupent de vous s'assureront que votre grossesse se passe aussi bien que possible, en tenant compte de vos besoins, mais aussi de vos préférences, autant que faire se peut. Vous aurez un droit de regard sur les examens que vous passerez ou pas, l'endroit où vous accoucherez et la personne qui vous accompagnera le jour J.

Réfléchissez dès lors à quelques éléments : où voulez-vous accoucher ? À domicile, en maison de naissance ou à l'hôpital ? Plusieurs options sont disponibles au Québec, renseignez-vous. Comment décririez-vous votre seuil de douleur ? Que pensez-vous de l'idée d'accoucher dans l'eau ? Préférez-vous accoucher debout ou allongée ? Même si vous avez des idées très tranchées au départ, vous pourrez bien entendu changer d'avis sans problème jusqu'au jour J ou presque. Faire la liste de ce que vous souhaitez est un excellent moyen de vous pencher sur les différents aspects de votre grossesse, mais ne vous sentez pas frustrée si tout ne se passe pas comme prévu. Il arrive que la nature décide qu'il en soit autrement, et cela fait également partie de l'aventure.

Que dois-je faire lorsque je découvre que je suis enceinte ?

Prenez rendez-vous avec votre médecin traitant ou votre gynécologue qui, après vous avoir examinée, vous prescrira une prise de sang pour confirmer votre grossesse et vérifier, dans un premier temps, si vous êtes immunisée contre la rubéole. Il vous expliquera ensuite les modalités du suivi prénatal. Si vous n'avez pas de médecin ou de gynécologue, il est impératif d'en trouver un rapidement.

Pour calculer la date prévue d'accouchement, il vous demandera à quand remontent vos dernières règles. Si vous ne le savez pas avec certitude, donnez une date approximative. Le terme de votre grossesse sera évalué plus précisément lors de l'échographie prévue à 12 semaines (voir p. 94).

Votre médecin vous interrogera sur les maladies dont vous souffrez, vos antécédents médicaux et familiaux, ainsi que ceux du père et, le cas échéant, sur vos grossesses précédentes, y compris celles que vous n'avez pas menées à terme. Si vous êtes sous traitement, amenez vos médicaments avec vous afin qu'il puisse vous indiquer la conduite à tenir. Ne soyez pas étonnée s'il vous demande combien de temps il vous a fallu pour être enceinte et si vous avez suivi un traitement contre la stérilité, auquel cas, il vous prescrira certainement une échographie précoce pour confirmer la grossesse et s'assurer que tout va bien (voir p. 93).

Votre médecin vous questionnera sans doute sur votre alimentation, ainsi que votre consommation d'alcool, de cigarettes et de drogue. Soyez honnête, cette consultation est l'occasion de mettre en place le meilleur suivi possible pour vous et votre bébé. Tout ce que vous direz à votre médecin est confidentiel, même si vous êtes mineure.

Enfin, vous serez informée sur les compléments nutritionnels à prendre, (notamment acide folique et vitamine D), les règles à respecter en matière d'alimentation, et les différents examens que vous serez amenés à passer pendant votre grossesse.

Parlez à votre médecin de **ce qui vous préoccupe** au cours des premières semaines, que cela concerne votre santé ou celle de votre bébé.

Qui surveillera ma santé et celle de mon bébé pendant ma grossesse ?

Vous bénéficierez jusqu'à l'accouchement de consultations régulières chez votre médecin ou votre gynécologue.

La première consultation intervient avant la fin de la 12e semaine ou dès que vous découvrez votre grossesse, et a généralement lieu chez votre médecin traitant. Il vous prescrira un bilan sanguin, des analyses d'urines, prendra votre tension et s'assurera que tout va bien. Il vous remettra également une ordonnance pour le test de la clarté nucale, si vous souhaitez le passer.

En cas de grossesse multiple, si vous souffrez d'une maladie chronique ou présentez certains facteurs de risque, ou encore si d'autres facteurs cliniques apparaissent pendant votre grossesse, votre médecin vous adressera directement à un gynécologue-obstétricien.

Si vous faites le choix d'accoucher à domicile, assurez-vous dans un premier temps que la sage-femme qui vous suit au fil des mois accepte de vous assister. Pour un accouchement en maison de naissance, il vous faut vous inscrire sur une liste. Si vous accouchez à l'hôpital, ne vous souciez de rien : votre bébé sera mis au monde par le personnel de l'établissement.

Au cours de votre grossesse, vous serez sans doute amenée à rencontrer les professionnels de la santé suivants :

N'hésitez pas à poser des questions.
Vous allez recevoir de très nombreuses informations. Si vous avez besoin de précisions, demandez-les !

» **Votre médecin traitant** sera votre premier interlocuteur et vous suivra tout au long de votre grossesse. Il pourra vous adresser à un obstétricien pour tout besoin particulier.

» **L'infirmière praticienne** spécialisée en soins de première ligne est présente pendant la grossesse, pendant l'accouchement et après la naissance.

» **Le technologue en échographie** est formé à la lecture des images produites par l'échographe, en particulier lors du suivi *in utero* de la santé de votre bébé.

» **L'obstétricien-gynécologue** est un médecin spécialiste de la grossesse et de l'accouchement. Il se concentre sur le dépistage, le diagnostic, les traitements et la prévention des maladies de l'appareil reproducteur de la femme. Il prodigue également les soins liés à la grossesse, à l'accouchement et au post-partum. C'est pour cela qu'il est en mesure de prescrire les médicaments ou les traitements appropriés et pratique les interventions obstétricales ou chirurgicales au besoin. Les obstétriciens-gynécologues suivent près de 50% des grossesses au Québec et sont spécialisés dans le suivi des grossesses à risques élevés.

» **L'anesthésiste** est un médecin spécialiste de l'analgésie et de l'anesthésie. Vous aurez un entretien avec lui entre la 32e et la 38e semaine d'aménorrhée afin de déterminer d'éventuelles contre-indications à la pose d'une épidurale.

» **La sage-femme** pratique en maison de naissance, à domicile et parfois à l'hôpital. Elle est formée pour les soins et services durant la grossesse, l'accouchement et la période postnatale.

Comment se déroule la première consultation prénatale ?

Votre premier rendez-vous aura lieu avant 12 semaines d'aménorrhée, en général avec votre médecin. Ce premier contact avec lui permet de répondre à vos interrogations et d'évaluer les difficultés psychologiques ou sociales que vous pourriez rencontrer. Les points abordés seront :

» **Vos antécédents médicaux** : indiquez toute maladie dont vous avez souffert et opération que vous avez subie, ainsi que les médicaments que vous prenez.

» **Vos antécédents familiaux** et votre situation personnelle, afin de mieux vous connaître.

» **Vos antécédents gynécologiques**, notamment votre cycle menstruel, le contraceptif que vous utilisiez ou des informations sur vos grossesses précédentes (y compris sur le travail, la santé de vos bébés et leur poids de naissance).

» **Les symptômes** : fatigue, nausées ou les saignements que vous avez constatés.

» **Votre état émotionnel** : il est normal que vous vous sentiez anxieuse, désorientée, voire terrifiée. N'ayez pas peur d'en parler.

» **Votre état de santé** : votre médecin pourra procéder à un rapide examen et vérifier votre poids et votre tension artérielle. Il pourra également vous prescrire les prises de sang nécessaires.

» **Les tests de dépistage** : le médecin s'assurera que vous êtes informée sur les tests de dépistage, notamment pour la trisomie 21.

» **Des informations** sur la nutrition, les activités possibles, le développement de votre bébé, etc.

Le médecin s'assurera que le **dossier de maternité** à apporter à chaque consultation vous a bien été remis.

Quelle est la fréquence des consultations prénatales ?

La fréquence des consultations varie légèrement d'une région à une autre. Le premier rendez-vous a normalement lieu avant votre 12e semaine d'aménorrhée. Par la suite, les femmes ayant une grossesse normale voient leur professionnel de la santé à toutes les 4 à 6 semaines en début de grossesse, puis aux 2 semaines après la 30e semaine et, enfin, à toutes les 1 à 2 semaines après la 36e semaine, et ce, jusqu'à l'accouchement.

Une première échographie non systématique, appelée échographie de datation, peut être passée entre la 10e et la 13e semaine. Outre connaître la date de votre début de grossesse et votre date prévue d'accouchement, vous pouvez passer un test de dépistage d'anomalies chromosomiques anténatal. Par la suite, une échographie morphologique a lieu entre la 18e et la 20e semaine, afin de vérifier si votre bébé se développe normalement. Enfin, une échographie de croissance fœtale, passée entre la 28e et la 40e semaine, peut être recommandée si vous êtes sujette à donner naissance à des bébés plus petits, si vous attendez des jumeaux ou si vous avez des complications de grossesse.

J'ai rendez-vous chez le médecin pour lui annoncer ma grossesse. Que va-t-il se passer ?

Il commence par estimer la date de conception et celle du terme prévu avant de vous interroger sur vos antécédents médicaux et familiaux, ceux de votre conjoint, vos grossesses précédentes, vos conditions de travail ou votre consommation d'alcool ou de tabac. Puis, il procédera à un examen gynécologique et à quelques examens de base. Il vous remettra votre dossier de maternité et vous prescrira une prise de sang pour déterminer le taux d'hCG, et votre immunisation contre la rubéole.

J'ai un bébé de 9 mois et je suis enceinte. Quels sont les risques ?

Consultez votre médecin. En effet, votre corps a besoin d'au moins un an pour récupérer avant une nouvelle grossesse. Les problèmes sont rares, mais il est important d'être bien suivie dès le début et conseillée sur la meilleure façon de répondre aux besoins de votre organisme et de vous occuper de votre nourrisson tout en gérant les symptômes ressentis au premier stade de cette nouvelle aventure. Les grossesses enchaînées augmentent le risque de décollement placentaire (voir p. 147), de faible poids de naissance et de carences nutritionnelles pour vous.

Ma sage-femme m'assure de sa confidentialité. Puis-je lui faire confiance ?

Il est essentiel que vous ayez une relation de confiance avec votre sage-femme, qui vous produira les meilleurs soins et conseils. Tout médecin est tenu au secret médical. C'est également le cas de votre sage-femme. Cependant, dans le cadre de votre suivi, elle peut être amenée à partager certaines informations avec votre médecin, votre gynécologue ou votre obstétricien, surtout si vous avez une maladie sexuellement transmissible, une addiction (drogue, alcool), ou si vous êtes très anxieuse ou déprimée.

Les cours prénataux sont-ils gratuits ?

Pas nécessairement. Ils peuvent l'être à certains CLSC, tandis que d'autres réclament des frais d'environ 50$. Dans une maison de naissance, les mères qui y reçoivent leur suivi peuvent participer à des cours prénataux sans frais. Des cours peuvent également se donner en privé avec une accompagnante à la naissance (150$ à 350$, remboursables en partie par un régime d'assurance privé), ou encore en ligne par des professionnels, pour un prix variant entre 50$ et 150$.

À quoi servent les examens sanguins prescrits lors des différentes consultations ?

À déterminer votre groupe sanguin et à rechercher d'éventuelles infections, maladies génétiques et anémies.

» **Groupe sanguin et Rhésus** Ils sont déterminés définitivement en début de grossesse. Votre groupe sanguin (A, B, AB, ou O) sera consigné dans votre dossier de maternité au cas où vous auriez besoin d'une transfusion sanguine lors de l'accouchement. Si vous êtes de Rhésus négatif vous recevrez des injections d'anticorps anti-Rhésus (voir p. 82).

» **Hépatite B** Dépistage unique en début de grossesse. Cette infection virale peut provoquer des lésions sur le foie du bébé qui devra alors être mis sous traitement dès la naissance.

» **Anémie ferriprive** Dépistée en début de grossesse et à 28 semaines. Les analyses réalisées comportent une numération formule sanguine (NFS) : taux d'hémoglobine pour vérifier que vous n'êtes pas anémiée, dosage des folates, de la vitamine B12, des plaquettes et des globules blancs (pour écarter toute infection). En cas de carence en fer, une supplémentation sera mise en place.

» **Rubéole** Recherche d'anticorps en début de grossesse pour vérifier votre immunité. Le virus de la rubéole peut provoquer d'importantes anomalies congénitales si la future maman l'attrape (voir p. 139). Vous ne pouvez pas être vaccinée lorsque vous êtes enceinte. Votre médecin ou votre sage-femme vous expliqueront comment réduire les risques d'y être exposée.

» **VIH et syphilis** Dépistage unique en début de grossesse. Ces maladies présentent des risques importants pour le bébé, mais des dispositions peuvent être prises pour le protéger si la contamination de la mère est connue. Ces deux tests restent facultatifs.

» **Anémie falciforme et thalassémie** Dépistage unique en début de grossesse chez les personnes à risque en raison de leurs origines. Ces maladies génétiques du sang peuvent en effet être transmises au bébé.

» **Autres tests** Chez les personnes à risque, un dépistage de l'hépatite C est proposé. Enfin, votre médecin peut demander un dosage de la vitamine D à tout moment.

Vais-je subir un dépistage du streptocoque du groupe B (SGB) ?

Ces bactéries peuvent provoquer de graves infections chez le nouveau-né. Au Québec, un dépistage est réalisé vers 36 semaines d'aménorrhée. Si le test est positif, un traitement antibiotique est administré à la mère pendant la grossesse puis le travail.

Pourquoi dois-je subir une analyse d'urines mensuelle ?

Cet examen se fait à chaque rendez-vous pendant la grossesse. Il consiste à rechercher la présence de sucre (glycosurie) ou de protéines (protéinurie) dans les urines, signes de diabète gestationnel, d'hypertension ou d'infection urinaire.

Pourquoi me faire vacciner contre la coqueluche ?

Votre médecin peut vous proposer le vaccin contre la coqueluche avant votre grossesse (mais **pas pendant**), ce qui n'est pas inutile, une recrudescence de la maladie ayant été observée. Si vous êtes vaccinée, vos anticorps traverseront le placenta et protégeront votre bébé dans les semaines qui suivront sa naissance. Il sera vacciné à 2 et 4 mois.

Pourquoi me prend-on ma tension artérielle à chaque consultation ?

L'hypertension induite par la grossesse (voir p. 144) peut réduire le flux sanguin en direction de votre bébé et ainsi limiter sa croissance. D'où cette vérification systématique, dont l'objectif est simplement de s'assurer que tout va bien.

En outre, une tension artérielle trop élevée présente pour vous les mêmes inconvénients que si vous n'étiez pas enceinte, à commencer par des risques cardiovasculaires. Enfin, pendant la grossesse, l'hypertension peut également être un signe de prééclampsie (voir p. 144) si elle est associée à une protéinurie. Chez la femme enceinte, la tension artérielle moyenne est un peu inférieure à celle observée en dehors de la grossesse, car les hormones dilatent les artères afin d'absorber le volume sanguin supplémentaire fabriqué pour alimenter le fœtus. Au terme de votre grossesse, votre volume sanguin aura augmenté d'un peu plus d'un litre.

Lecture de la tension artérielle Elle se divise en deux nombres, le plus élevé indiquant la pression systolique dans les artères (lorsque le cœur se contracte), et le plus faible la pression diastolique (lorsque le cœur se relâche entre deux battements).

Pourquoi faut-il connaître mon Rhésus ? De quoi s'agit-il ?

Le groupe sanguin est symbolisé par une lettre (A, B, AB, et O) et par un Rhésus, positif (Rh+) ou négatif (Rh-).

Déterminer le Rhésus des femmes enceintes par un simple examen sanguin est essentiel. Ainsi, si vous êtes Rh- et votre bébé Rh+, vous risquez de fabriquer des anticorps anti-Rhésus si votre sang entre en contact avec le sien.

Si cela ne pose pas de problème pour le bébé lors de la 1re grossesse, c'est différent pour les suivantes. En effet, vos globules blancs vont fabriquer des anticorps dirigés contre ses globules rouges et il risque d'être anémié. Aussi, si vous êtes Rh-, lors de votre première grossesse, vous recevrez des injections de sérum anti-Rhésus (ou anti-D) afin d'éviter la fabrication de ces anticorps. Si votre sang en contient déjà, la mise en place d'un traitement sera parfois nécessaire.

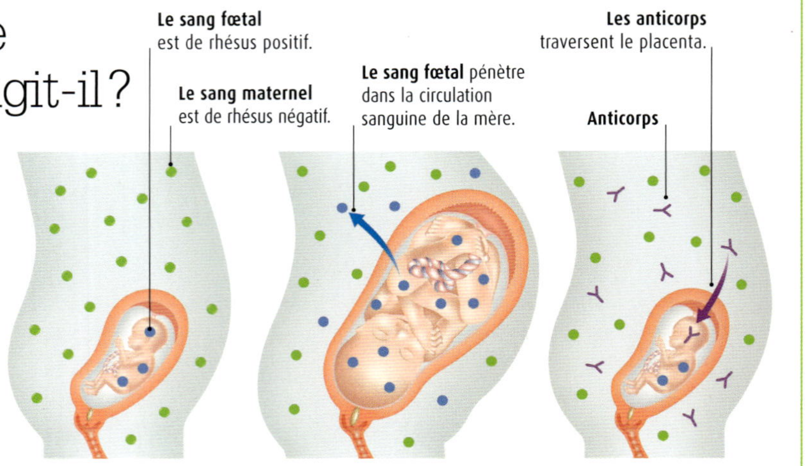

1 Lors d'une première grossesse, le Rh+ du bébé ne pose pas de problème sauf en cas d'interaction avec le sang Rh- de la mère.

2 Lors de l'accouchement, le sang Rh- de la mère crée des anticorps en réaction au sang « étranger » du bébé.

3 Lors de la grossesse suivante, les anticorps peuvent détruire les cellules Rh+ du bébé, provoquant ainsi une anémie *in utero* et une jaunisse après la naissance.

Comment mon médecin peut-il être sûr que mon bébé grandit correctement ?

La croissance de votre bébé est confirmée par le développement de l'utérus de son point le plus haut (fond) jusqu'au sommet du pubis (symphyse pubienne). On parle alors de mesure de la hauteur de l'utérus depuis la symphyse pubienne, qui, étonnamment, correspond à l'âge gestationnel de votre bébé en semaines. De 24 semaines à la naissance, à chaque consultation, l'obstétricien (ou la sage-femme) vérifie la hauteur utérine (HU) à l'aide d'un mètre ruban placé sur votre ventre tandis que vous êtes allongée sur le dos. La HU est alors notée sur une courbe percentile en fonction de l'âge gestationnel de votre bébé. Au rendez-vous suivant, la nouvelle mesure sera aussi reportée sur le tableau et indiquera si oui ou non il grandit correctement. Avant 24 semaines, votre médecin suit sa croissance grâce aux échographies de datation et morphologique (voir p. 95 et p. 100-101). Il peut aussi écouter son cœur. En fin de grossesse votre obstétricien vous palpe régulièrement le ventre pour s'assurer que votre bébé est correctement positionné et qu'il grandit bien (voir à la page opposée).

Les cours prénataux sont-ils absolument nécessaires ? Comment les choisir ?

La décision d'assister ou non aux cours prénataux vous appartient. Vous y apprendrez énormément de choses sur la grossesse, le travail ou l'accouchement, et obtiendrez de nombreux conseils sur la façon de vous occuper d'un nouveau-né. En outre, vous rencontrerez d'autres futurs parents de votre région avec lesquels vous pourrez garder le contact une fois votre bébé né.

Informez-vous auprès de votre CLSC des cours prénataux proposés. Il est conseillé de commencer les séances entre la 20e et la 25e semaine. Si vous attendez des jumeaux, essayez de les terminer avant la 35e semaine, une naissance prématurée n'étant pas à exclure.

Outre la préparation « classique » qui repose surtout sur des exercices de relaxation et de respiration, certaines préparations proposent également du yoga, de la sophrologie ou du chant prénatal.

Les cours de prénataux sont très demandés. Inscrivez-vous vers le 4e mois pour réserver votre place.

Cours prénataux Votre partenaire de naissance est vivement invité à participer à ces séances. Il y découvrira certaines techniques pour vous aider à vous détendre pendant le travail.

Peut-on recourir sans risque à des approches complémentaires lorsque l'on est enceinte ?

Certaines d'entre elles ne sont pas sans risque pour vous ou votre bébé pendant la grossesse. Votre sage-femme ou votre médecin vous guideront en s'appuyant sur des faits médicaux afin de vous aider à faire les bons choix. Évitez les médicaments sans ordonnance et demandez l'avis d'un praticien spécialisé dans la prise en charge des femmes enceintes avant d'utiliser des plantes médicinales ou des huiles essentielles.

» **Chiropraxie :** utile pour le mal de dos et les douleurs articulaires. Assurez-vous que votre praticien est formé à la prise en charge des femmes enceintes.

» **Acupression, acupuncture et shiatsu :** peuvent atténuer les nausées et vomissements en début de grossesse. Choisissez un praticien formé à la prise en charge des femmes enceintes.

» **Fleurs de Bach :** peuvent atténuer le stress et l'anxiété. Des études cliniques affirment qu'elles n'ont qu'un effet psychophysiologique.

» **Ostéopathie :** utile pour le mal de dos et les douleurs articulaires. Choisissez un ostéopathe formé à la prise en charge des femmes enceintes.

» **Homéopathie :** peut atténuer les nausées et vomissements, ainsi que la fatigue. Si elle fait toujours débat dans le milieu médical, elle semble efficace. À utiliser sous étroite surveillance.

» **Hypnothérapie :** peut vous aider à gérer la douleur. Consultez un praticien qui vous enseignera des techniques pour vous détendre et vous « autocentrer » lors du travail et de l'accouchement.

» **Moxibustion :** issue de la médecine traditionnelle chinoise, parfois utilisée pour retourner un bébé en siège. Choisissez un praticien formé à la prise en charge des femmes enceintes.

» **Massages :** contre le stress, l'anxiété, le mal de dos et les douleurs articulaires. Choisissez un massothérapeute formé à la prise en charge des femmes enceintes. Ne vous allongez pas sur le dos au 3e trimestre, mais plutôt sur le côté. Sinon, optez pour un massage des pieds, du visage ou des mains.

Que ressent le médecin quand il palpe mon ventre ?

Lors de la palpation, il appuie sur votre ventre, le frappe doucement, le pousse, sur le côté, vers le haut, vers le bas. Il pourra ainsi déterminer la position de votre bébé à partir de la 36e semaine environ.

En palpant votre ventre, votre médecin sera en mesure de vous dire si votre bébé a la tête en bas, s'il est engagé ou non dans votre bassin, s'il est recroquevillé, tête contre la poitrine (position idéale pour la naissance), ou bien plus allongé. Il pourra aussi repérer la position de sa colonne vertébrale par rapport à la vôtre.

Alors que vous êtes sur le dos, il applique ses deux mains sur votre ventre délicatement mais fermement, et le palpe avec le bout des doigts. Essayez de vous détendre, la palpation n'en sera que plus précise. N'hésitez pas à signaler à votre médecin toute gêne que vous pourriez ressentir.

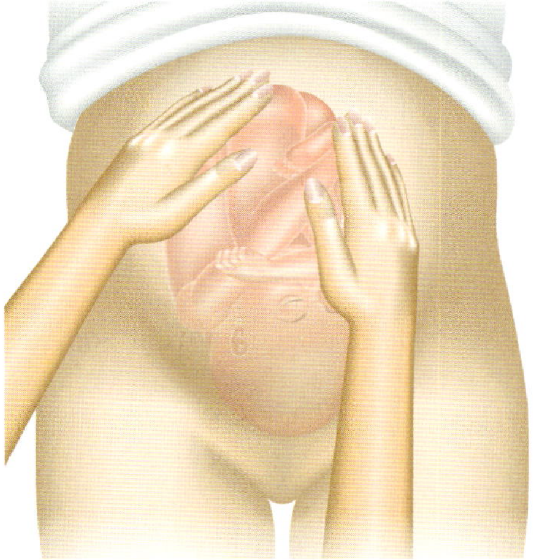

Palpation du pôle supérieur Elle définit la partie du corps de votre bébé qui se trouve en haut de votre utérus. Idéalement, ce sont ses fesses.

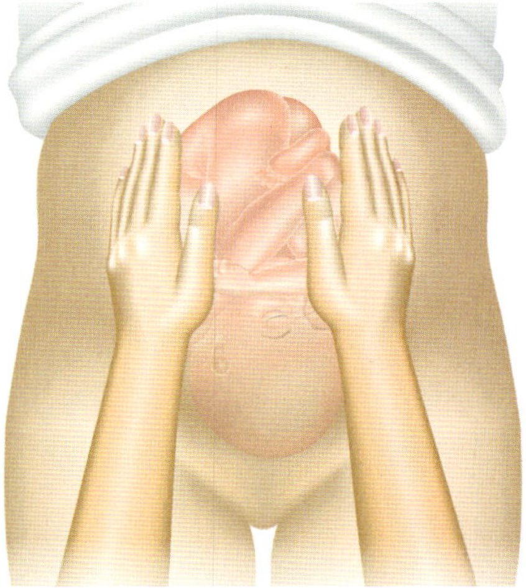

Palpation des faces latérales Elle bouge ses mains de part et d'autre de votre ventre afin de définir la position du dos du bébé.

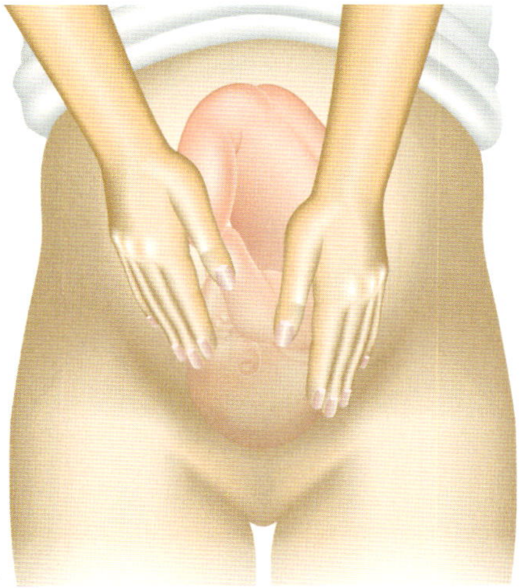

Palpation sus-pelvienne Elle détermine la partie de votre bébé engagée dans le bassin. C'est la plus importante des manœuvres de palpation.

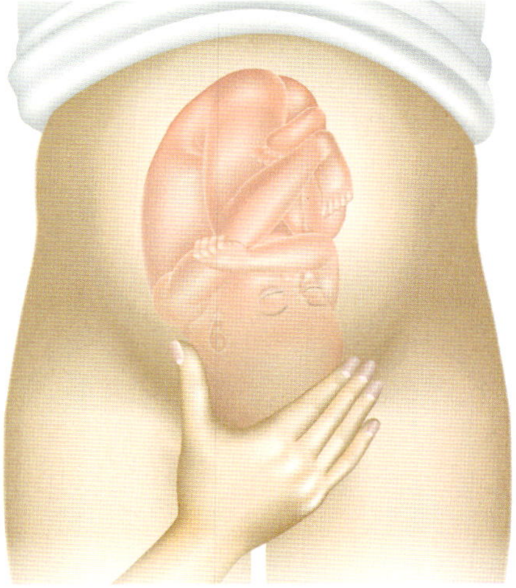

Palpation du pôle inférieur Forme de palpation sus-pubienne qui lui indique si votre bébé est tête en bas et engagé dans votre bassin.

Ma mère est jumelle. Dois-je en parler à l'équipe médicale ?

Bien sûr, surtout si votre mère a des antécédents familiaux de faux jumeaux. Votre médecin vous prescrira sans doute une échographie précoce vers 5 semaines pour savoir si votre grossesse est multiple. Cependant, entre 20 et 30 % des embryons jumeaux visibles lors de cette échographie auront disparu avant la suivante : il s'agit du *syndrome du jumeau perdu*. Inexplicable, cette disparition n'a aucune conséquence sur l'embryon survivant.

Les symptômes ressentis seront-ils deux fois pires si j'attends des jumeaux ?

Si certains symptômes de début de grossesse peuvent être plus sévères que pour une grossesse unique (mais pas deux fois plus), ce n'est heureusement pas systématique. Les nausées peuvent s'intensifier car votre taux d'hCG est supérieur à celui d'une grossesse unique. Vous risquez de prendre davantage de poids et plus rapidement. En fin de grossesse, la contrainte exercée sur votre dos sera sans doute plus importante. En outre, vous serez probablement plus essoufflée au fur et à mesure que vos bébés grandiront et comprimeront votre diaphragme. Enfin, les œdèmes, les brûlures d'estomac, la constipation et les troubles digestifs sont plus fréquents.

Au moment du travail et de l'accouchement proprement dit, une grossesse multiple ne demande pas tellement plus de temps que la mise au monde d'un seul bébé dans les mêmes conditions.

Mes jumeaux sont-ils monozygotes ou dizygotes ?

Vous n'êtes pas la seule à vous poser la question. L'équipe médicale qui vous suit a elle aussi besoin de savoir si vous attendez de vrais jumeaux, mais surtout si vos bébés partagent le même placenta, voire le même sac amniotique.

La ressemblance devient souvent plus frappante lorsque des bébés jumeaux grandissent.

En général, la découverte d'une grossesse multiple intervient lors de l'échographie de datation, entre la 10e et la 13e semaine. Le technologue vérifie alors la chorionicité (nombre de placentas) et l'amnionicité (nombre de sacs amniotiques), éléments essentiels pour le suivi de la grossesse.

Chorionicité et amnionicité

Tous les faux jumeaux sont issus de deux ovules différents qui s'implantent dans l'utérus (voir p. 33) indépendamment l'un de l'autre, et ont des placentas et des sacs amniotiques distincts (grossesse bichoriale, biamniotique). Même en cas de fusion des placentas, la grossesse reste considérée comme bichoriale. En revanche, les vrais jumeaux peuvent avoir des placentas et des sacs amniotiques séparés ou non. Tout dépend du jour où l'ovule initialement fécondé (zygote) se divise. Au 3e ou 4e jour suivant la fécondation, chaque fœtus a un placenta et un sac amniotique (30 % des cas).

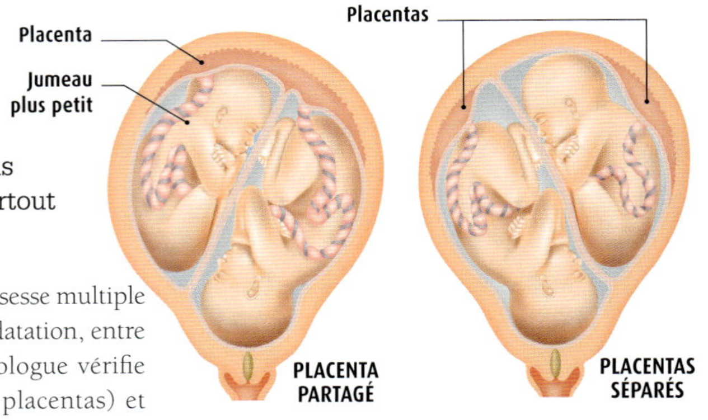

Vrais jumeaux, monochoriaux et bichoriaux
Le partage du placenta peut limiter la croissance d'un des jumeaux. Les bébés qui ont chacun un placenta, et une circulation sanguine indépendante, ont plus de chances de se développer au même rythme.

Entre 4 et 8 jours après, la grossesse est alors monochoriale (un seul placenta) mais biamniotique (deux sacs amniotiques), cas le plus fréquent pour les jumeaux monozygotes. Enfin, après le 8e jour, les bébés partagent le même placenta et le même sac amniotique (grossesse monochoriale, monoamniotique).

Syndrome transfuseur-transfusé

Le partage du placenta peut entraîner un *syndrome transfuseur-transfusé* (STT), lors duquel un des fœtus reçoit moins de sang que l'autre et est donc anémié. Le volume supplémentaire ainsi reçu par le « transfusé » est à l'origine de différents problèmes, notamment d'une hypertension. Ce phénomène survient dans environ 15 % des grossesses gémellaires monochoriales. Si vous attendez des vrais jumeaux qui partagent le même placenta, vous passerez une échographie tous les 15 jours à compter de la 17e semaine. Grâce aux récentes avancées en obstétrique et à l'utilisation du laser pour rétablir l'équilibre du flux sanguin entre les bébés, le taux de survie de jumeaux présentant un STT s'est amélioré.

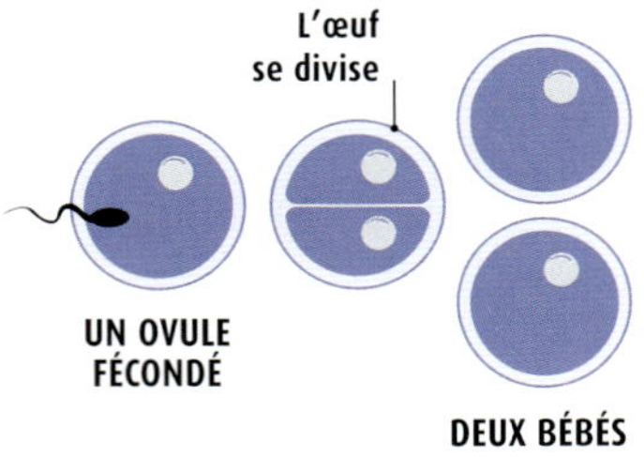

Vrais jumeaux (monozygotes) Lorsqu'un seul ovule fécondé par un seul spermatozoïde se divise en deux, cela donne de vrais jumeaux qui partagent le même ADN, et sont toujours du même sexe.

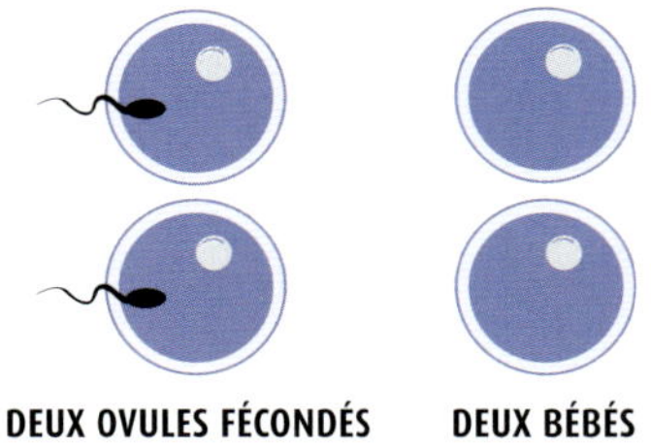

Faux jumeaux (dizygotes) Si deux ovules sont fécondés par deux spermatozoïdes, les jumeaux n'ont pas le même ADN et peuvent être de sexe différent.

J'attends des jumeaux. Le suivi prénatal est-il différent de celui d'une grossesse unique?

Vous serez surveillée plus étroitement qu'une future maman qui n'attend qu'un seul bébé, et par un médecin spécialiste. En effet, une grossesse gémellaire nécessite un suivi plus rapproché en raison du risque plus élevé de complications, qui bien que n'étant pas systématiques sont plus fréquentes. Vous aurez donc un nombre plus important de consultations et d'échographies, et votre médecin traitant passera normalement le relais à l'obstétricien dès qu'il saura que vous attendez des jumeaux.

J'aimerais accoucher à domicile. Est-ce possible si je suis enceinte de jumeaux?

En général, les naissances multiples au Québec ont lieu à l'hôpital en raison du risque élevé de complications pendant le travail et de la nécessité d'une équipe médicale plus importante. Par exemple, il est possible que vos bébés soient dans une position qui rend l'accouchement difficile ou présentent une procidence du cordon ombilical (il sort de l'utérus avant le bébé). En outre, il est probable que vous accouchiez de bébés de faible poids de naissance qui nécessitent une prise en charge immédiate par le pédiatre en milieu médicalisé.

Je suis un peu effrayée à l'idée d'avoir des jumeaux. À qui puis-je en parler?

Votre obstétricien pourra vous orienter vers l'Association de parents de jumeaux et plus de votre région, ou d'autres jeunes mamans de jumeaux. Documentez-vous, notez des astuces pour vous occuper au mieux de vous et de vos bébés pendant votre grossesse et après la naissance. Outre l'accès à de nombreuses informations et à un formidable réseau, cette association vous donnera la possibilité de louer du matériel de puériculture et d'acheter des couches ou du lait à des prix très intéressants (voir p. 338-339). Commencez vos cours prénataux plus tôt, et incitez votre partenaire à y participer. En effet, le soutien affectif et pratique qu'il peut vous apporter est encore plus important en cas de grossesse multiple.

Les accouchements par voie vaginale sont-ils possibles en cas de grossesses multiples?

Si vous êtes enceinte de trois enfants ou plus, la césarienne est plus sûre. Mais, pour des jumeaux, en l'absence de toute complication, l'accouchement par voie vaginale est tout à fait possible si les bébés sont bien placés lors du travail.

En fin de grossesse, les bébés sont plus à l'étroit dans l'utérus et le placenta peut devenir moins efficace. C'est pourquoi, à moins d'un accouchement prématuré spontané, pour des triplés (ou plus) une césarienne sera programmée entre 32 et 36 semaines. Pour des jumeaux, le déclenchement est proposé à partir de 37 semaines s'ils partagent le même placenta, et 38 semaines en cas de grossesse bichoriale (voir page de gauche, et p. 224-225.) En cas de complications (un seul placenta ou sac amniotique, bébés particulièrement petits, placenta prævia, antécédents de césarienne ou de prééclampsie), une césarienne sera programmée même pour des jumeaux. Si votre grossesse s'est déroulée sans aucune complication, vous pourrez accoucher par voie vaginale. La décision finale dépendra surtout de la position dans l'utérus du jumeau le plus proche de la filière pelvi-génitale.

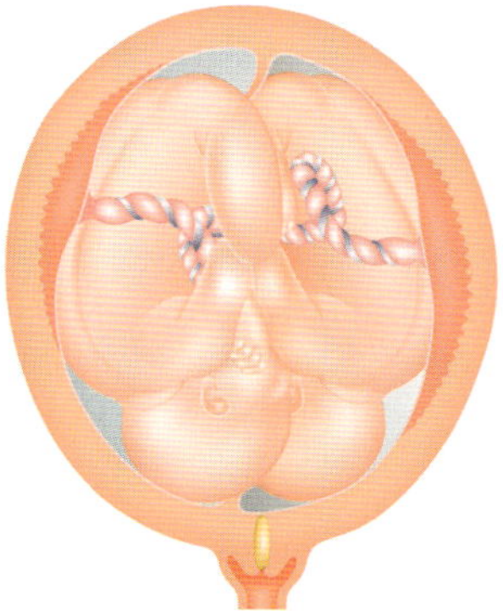

JUMEAUX EN POSITION CÉPHALIQUE

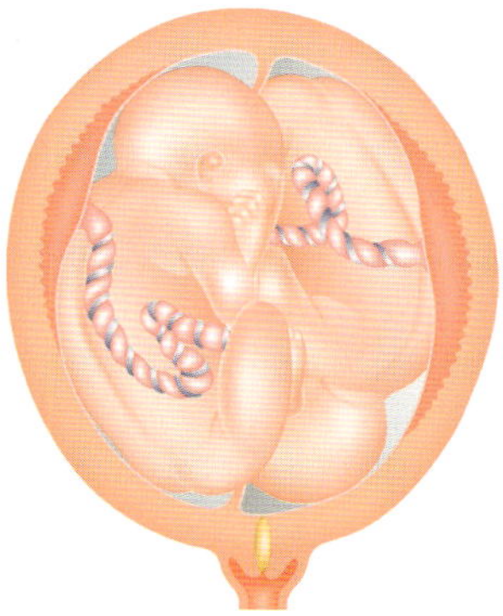

UN DES BÉBÉS EN SIÈGE

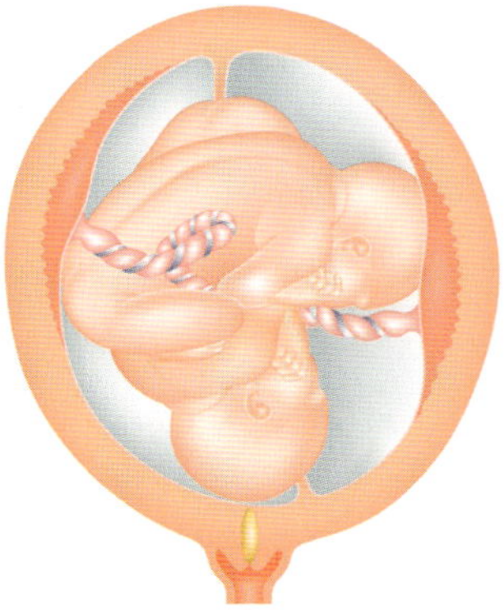

UN DES BÉBÉS EN POSITION TRANSVERSE

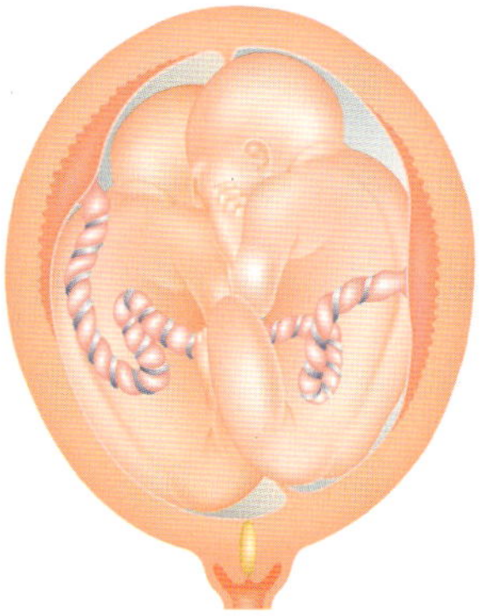

JUMEAUX EN SIÈGE

Jumeaux en position céphalique (tête en bas) Lorsque les deux bébés ont la tête en bas, il y a de bonnes chances que l'accouchement par voie vaginale se passe bien. Environ 45 % des jumeaux se présentent en position céphalique.

Un des bébés en siège (fesses en bas) Dans 25 % des cas environ, le jumeau engagé se présente en position céphalique et l'autre en siège. La naissance par voie vaginale du premier est alors possible. En revanche, si le bébé engagé est en siège, une césarienne est conseillée.

Un des bébés en position transverse (à l'horizontale) Un bébé qui se présente à l'horizontale peut se tourner. Si le jumeau engagé est en position céphalique, l'accouchement par voie vaginale reste possible. En revanche, s'il est en siège, une césarienne est plus vraisemblable.

Jumeaux en siège Lorsque les deux bébés sont en siège, la probabilité qu'ils se tournent est moindre et l'équipe médicale opte généralement pour la césarienne.

Une grossesse multiple induit un risque plus élevé de prééclampsie, d'hémorragie et d'**anémie** de la future maman, et de placenta prævia. C'est pourquoi, les professionnels de la santé chargés du suivi prénatal seront **extrêmement vigilants** et vous suggéreront peut-être l'accouchement par césarienne.

Ai-je le droit de choisir où je veux accoucher ?

question réponse

C'est possible avec l'accord de votre obstétricien et si les infrastructures existent dans votre région. Parmi différents choix, citons l'hôpital, la maison de naissance (unités spéciales indépendantes toujours rattachées à un hôpital) et même votre maison. Des études ont montré que pour les grossesses à faible risque, l'accouchement à domicile est aussi sûr qu'à l'hôpital.

Visitez chaque endroit

Pour choisir en toute connaissance de cause, n'hésitez pas à vous rendre dans tous les endroits où vous pourriez accoucher. Pensez à noter les réponses à vos questions lors des visites. Fiez-vous à votre instinct. Si vous envisagez d'accoucher chez vous, parlez-en avec les professionnels de la santé qui suivent votre grossesse. Votre médecin ou votre sage-femme vous remettra la liste du matériel nécessaire pour un accouchement à domicile.

Questions à poser à chaque endroit

- À qui dois-je communiquer mon plan de naissance ? Est-ce facile de se garer ? À quelle distance se trouve le stationnement ?
- Si je n'étais pas en mesure de me déplacer lorsque le travail aura commencé, est-ce qu'une sage-femme pourrait venir à mon domicile ou devrais-je me rendre à l'hôpital ou dans l'unité que j'aurais choisie ?
- Avez-vous des tapis, des chaises et des ballons dans toutes les salles d'accouchement ?
- Puis-je accoucher dans l'eau ?
- Combien de partenaires de naissance peuvent m'accompagner ?
- Mes autres enfants peuvent-ils venir ?
- Mon partenaire peut-il rester avec moi la nuit après l'accouchement ?
- Au bout de combien de temps pourrai-je rentrer chez moi ?
- Quels antidouleurs seront à ma disposition pendant le travail ?
- À part mon partenaire de naissance, qui sera dans la pièce avec moi ?
- Mon bébé restera-t-il avec moi en permanence ?

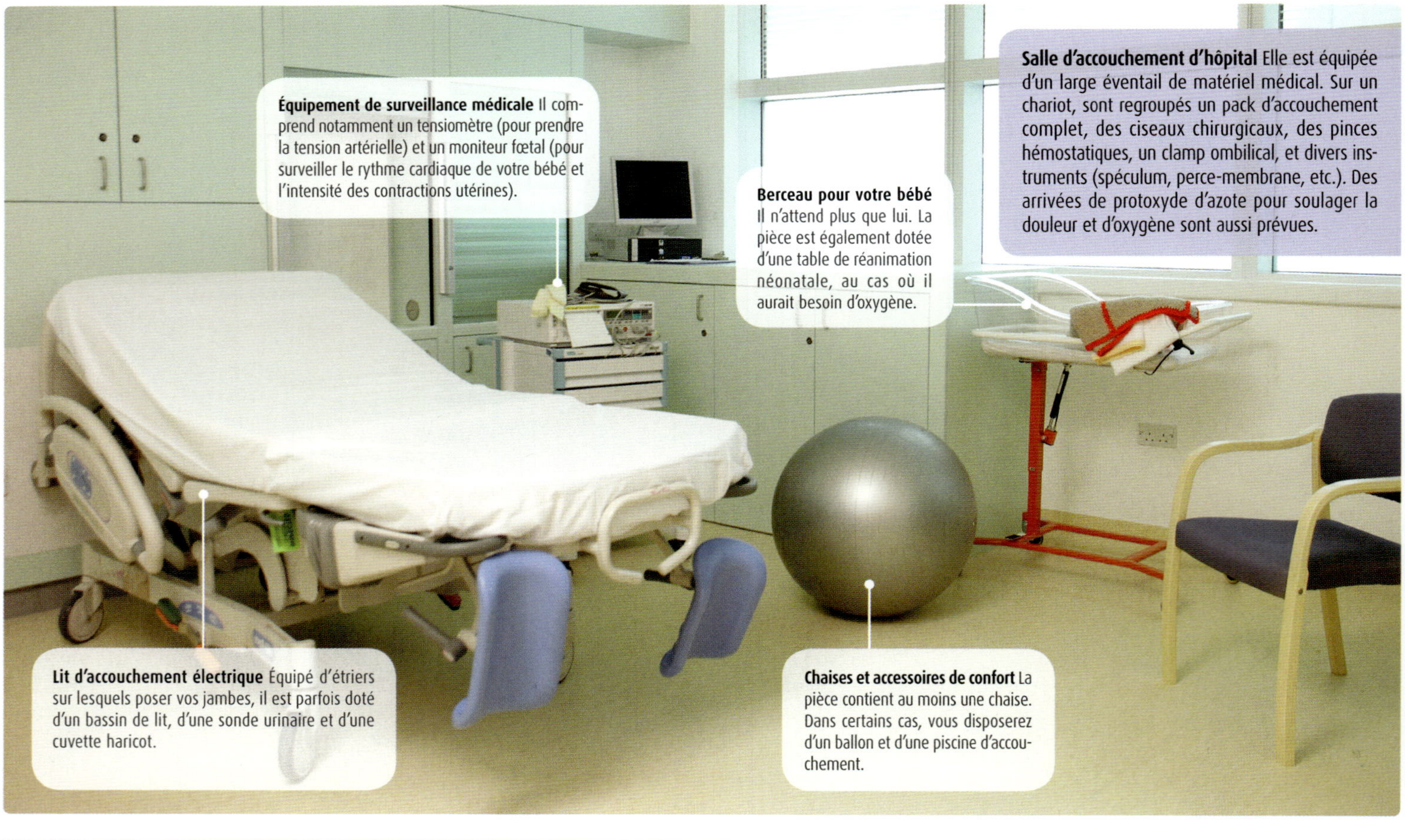

Équipement de surveillance médicale Il comprend notamment un tensiomètre (pour prendre la tension artérielle) et un moniteur fœtal (pour surveiller le rythme cardiaque de votre bébé et l'intensité des contractions utérines).

Berceau pour votre bébé Il n'attend plus que lui. La pièce est également dotée d'une table de réanimation néonatale, au cas où il aurait besoin d'oxygène.

Salle d'accouchement d'hôpital Elle est équipée d'un large éventail de matériel médical. Sur un chariot, sont regroupés un pack d'accouchement complet, des ciseaux chirurgicaux, des pinces hémostatiques, un clamp ombilical, et divers instruments (spéculum, perce-membrane, etc.). Des arrivées de protoxyde d'azote pour soulager la douleur et d'oxygène sont aussi prévues.

Lit d'accouchement électrique Équipé d'étriers sur lesquels poser vos jambes, il est parfois doté d'un bassin de lit, d'une sonde urinaire et d'une cuvette haricot.

Chaises et accessoires de confort La pièce contient au moins une chaise. Dans certains cas, vous disposerez d'un ballon et d'une piscine d'accouchement.

POINTS FORTS ET POINTS FAIBLES DES DIFFÉRENTS LIEUX D'ACCOUCHEMENT

Même si vous avez fait votre choix, il n'est jamais trop tard pour changer d'avis. Les circonstances peuvent d'ailleurs vous amener à revoir votre décision. Le tableau ci-dessous récapitule les principaux éléments à prendre en compte quand vous choisissez où accoucher.

L'hôpital

✓ **Si nécessaire, des soins médicaux immédiats peuvent être dispensés par un spécialiste.**

» Toutes les formes de soulagement de la douleur sont disponibles.
» Matériel et instruments pour réagir rapidement en cas de changement pendant le travail.
» Service de néonatologie généralement disponible si votre bébé a besoin de soins médicaux immédiatement après la naissance.

✗ **Absence de suivi continu**

» Le médecin qui vous a suivi pendant votre grossesse est rarement présent pendant le travail.
» En raison des rotations d'équipe, vous risquez d'avoir affaire à plusieurs médecins et infirmières entre le début du travail et la naissance de votre bébé.
» Vous devrez passer au moins une nuit à l'hôpital après avoir accouché.

Maison de naissance

✓ **Assistée par une sage-femme ou une accompagnante à la naissance dans un environnement sans équipement de pointe, mais relié à un hôpital.**

» Même si cette unité est complètement indépendante, elle reste à proximité d'un dispositif médical complet.
» Environnement plus détendu pour l'accouchement.
» Plus de chances de laisser le travail suivre son cours sans intervention.
» Taux d'accouchements assistés (utilisation des forceps ou de la ventouse) inférieur.
» Peut conduire à un travail plus court.
» Moins de césariennes.

✗ **Plusieurs femmes qui accouchent de leur premier bébé** (ou du deuxième enfant) finissent par devoir aller à l'hôpital, malgré un accès immédiat aux soins médicaux dans la structure.

Accouchement à domicile

✓ **Suivi continu.**

» Votre sage-femme ou votre accompagnante à la naissance peut être présente pour vous soutenir pendant le travail.
» Vous n'avez pas à vous déplacer alors que le travail a commencé.
» Le risque d'accouchement assisté est réduit.
» Vous êtes à la maison avec votre bébé dès le début.

✗ **Plusieurs femmes qui accouchent de leur premier bébé** (ou du deuxième enfant) doivent de toute façon aller à l'hôpital.

» Pas d'accès aux antidouleurs (vous pouvez cependant louer un TENS, dispositif d'électrostimulation transcutanée anti-douleurs. Parlez-en à votre sage-femme).
» Votre partenaire de naissance ne sera peut-être pas autorisé à monter avec vous dans l'ambulance si vous êtes transportée à l'hôpital.

- Qui m'aidera à commencer l'allaitement?
- Qui m'apprendra à changer mon bébé, à le baigner et à l'habiller?
- Si je décide de nourrir mon bébé au biberon, dois-je apporter le nécessaire?
- Pourrons-nous acheter des collations et boissons pendant le travail ou devons-nous en apporter?
- La salle d'accouchement dispose-t-elle du matériel nécessaire pour écouter de la musique?

Questions à poser à l'hôpital

- Un anesthésiste sera-t-il présent si je veux une épidurale?
- Quelles sont les heures de visite? Mon partenaire doit-il les respecter? Sont-elles valables aussi pour les frères et sœurs?
- Avez-vous des chambres individuelles? Si oui, comment sont-elles attribuées? Y a-t-il un supplément à payer?

Questions à poser à une maison de naissance

- Combien de temps faut-il pour aller à l'hôpital, si nécessaire? Le cas échéant, une ambulance est-elle prévue?
- Si besoin, dans quel hôpital devrais-je aller? Pour quelles raisons?
- Est-ce qu'un médecin peut intervenir en cas d'urgence?

Le saviez-vous?

Même si de plus en plus de femmes souhaitent revenir à un accouchement plus naturel, à l'heure actuelle, l'accouchement à domicile ne concerne que 1 à 2 % des naissances au Québec alors qu'il ne pose pas de problème pour une grossesse sans complication. Les maisons de naissance, présentes dans certaines régions, offrent une expérience semblable à celle d'un accouchement à domicile, grâce à un environnement calme et serein. Cependant, que vous accouchiez en maison de naissance ou à domicile, en cas de complications lors du travail, vous serez transférée à l'hôpital.

question ? réponse

Qu'est-ce qu'un plan de naissance ? Est-il nécessaire, et comment le rédiger ?

Le plan de naissance consiste à mettre sur papier vos préférences pour le travail et l'accouchement. Même si ce n'est pas une nécessité absolue, prendre le temps de réfléchir à ce que vous voulez est une bonne idée. Vous pouvez le créer à tout moment.

C'est une réflexion personnelle grâce à laquelle vous définissez les points importants dans le processus d'avoir un enfant, tout en récapitulant toutes les questions destinées aux professionnels de la santé. Faites-y figurer tout ce qui vous passe par la tête, de la musique que vous aimeriez écouter le jour J jusqu'à la position dans laquelle vous souhaiteriez accoucher. Vous pouvez commencer à le rédiger à tout moment et le modifier au fil de votre grossesse sans oublier d'y inscrire les conseils de votre sage-femme, du personnel médical ou de votre entourage. Cependant, gardez à l'esprit que le travail ne se passe pas toujours comme prévu. Soyez prête à voir vos plans bouleversés, notamment si vous ou votre bébé avez besoin d'une assistance médicale.

Vos préférences
Parlez de vos souhaits avec votre partenaire.

STRUCTUREZ VOTRE PLAN DE NAISSANCE

Inspirez-vous des titres et des idées ci-dessous pour rédiger votre plan de naissance. À vous de choisir si vous voulez entrer dans les détails ou au contraire vous limiter aux grandes lignes.

» **Environnement de mon accouchement :** notez l'endroit où vous voulez accoucher, le cas échéant la musique que vous aimeriez écouter, et toute chose qui vous fera vous sentir bien.

» **Soutien affectif et suivi personnalisé :** indiquez si vous désirez que votre compagnon assiste à l'accouchement et s'il souhaite couper le cordon ombilical (après en avoir parlé avec lui, bien sûr).

» **Positions et accessoires de confort :** notez votre position pour accoucher, si vous voulez bouger pendant le travail, les accessoires dont vous aurez besoin (ballon, etc.).

» **Soulagement de la douleur et soins physiques :** souhaitez-vous une prise en charge de la douleur, si oui sous quelle forme ? Allez-vous opter pour des approches complémentaires (autohypnose, sophrologie) ?

» **Surveillance de mon bébé pendant le travail :** est-il possible de rester debout et de vous déplacer même quand une infirmière surveille le rythme cardiaque de votre bébé (monitorage) ?

» **Épisiotomie :** indiquez par exemple que vous préféreriez l'éviter. L'équipe médicale fera le maximum pour respecter votre demande à partir du moment où il n'y a pas de risque pour vous ni votre bébé.

» **Le moment de la naissance :** voulez-vous avoir votre bébé sur le ventre ? Qui d'entre vous le tiendra le premier ? Qui de vous deux annoncera le sexe ? Qui coupera le cordon ? Autant de questions auxquelles vous pouvez réfléchir ensemble.

» **Le placenta :** après la délivrance, voulez-vous voir le placenta ou préférez-vous éviter ?

» **Mon bébé :** souhaitez-vous un contact peau à peau ? Avez-vous fait le choix de l'allaitement ? Qui tiendra votre bébé pendant vos soins ?

» **Annoncer la nouvelle :** à quelle personne voulez-vous annoncer la nouvelle en premier ? Souhaitez-vous avertir votre entourage vous-même ou votre partenaire peut-il partager la nouvelle avec tout le monde ?

» **Urgences :** si vous avez choisi un accouchement à domicile, dans quel hôpital voulez-vous aller en cas d'urgence (si vous avez le choix) ? Même question en cas d'accouchement dans une maison de naissance.

» **Besoins particuliers :** parlez-vous français ? Avez-vous besoin d'un interprète en langue des signes ? Suivez-vous un régime alimentaire spécial ? Avez-vous des exigences particulières ? Voulez-vous respecter certaines traditions religieuses ?

Rédigez votre **plan de naissance** en utilisant des titres (voir ci-dessous). Vous pouvez être très précise ou vous cantonner aux **grandes idées.** Afin de mûrir votre plan, renseignez-vous sur les **différentes possibilités** pour l'accouchement. Il est essentiel que vous soyez en **confiance** et **parfaitement informée** sur vos choix.

» **Césarienne :** qui vous accompagnera au bloc opératoire ? Quelle musique aimeriez-vous écouter, le cas échéant ? Voulez-vous que le champ opératoire soit baissé une fois votre bébé sorti pour que l'obstétricien vous le présente ? Souhaitez-vous le silence complet au moment de la naissance de votre enfant afin que votre voix soit la première qu'il entende ? Qui prendra soin de votre bébé si vous avez une anesthésie générale ? Êtes-vous d'accord pour que votre partenaire annonce la nouvelle à vos proches avant que vous soyez réveillée ? En cas d'anesthésie générale, si votre bébé doit être nourri avant votre réveil, voulez-vous qu'il reçoive un biberon de lait maternel venant du lactarium (banque du lait) ou du lait maternisé ? Préférez-vous une vidéo ou des photos de votre bébé lorsque l'obstétricien le sort de l'utérus ? Voulez-vous un contact peau à peau et essayer d'allaiter pendant que l'on vous recoud ou souhaitez-vous que votre partenaire s'occupe de votre nouveau-né jusqu'à ce que vous soyez jugée apte à tenir votre enfant ?

Mon partenaire a certaines idées pour le plan de naissance, mais je ne les partage pas. Suis-je obligée de m'y plier ?

Le plan de naissance concerne avant tout vos soins pendant le travail et doit donc refléter vos souhaits personnels. Cependant, la parentalité vous implique tous les deux, et si votre partenaire est attaché à certains aspects qui vous importent peu, essayez de tenir compte de son opinion, dans l'esprit de cette nouvelle aventure commune. En revanche, pour tout ce qui touche à votre corps, vos souhaits et les conseils des professionnels de la santé passent en premier.

Dois-je avoir mon plan de naissance avec moi pendant le travail ? Que se passe-t-il si je ne me souviens pas du contenu ?

L'infirmière mettra une copie de votre plan de naissance dans votre dossier de maternité, afin qu'il soit accessible à toutes les personnes présentes autour de vous pendant le travail. Pensez également à le donner à votre partenaire de naissance qui pourra ainsi exprimer vos souhaits à votre place si vous n'êtes pas en mesure de le faire.

Que signifie AVAC ? Est-ce quelque chose que je dois envisager ?

AVAC signifie *accouchement vaginal après une césarienne*. Comme son nom l'indique, même si vous avez eu une césarienne lors d'une précédente grossesse, vous pouvez très bien accoucher par voie vaginale cette fois-ci. Dans la mesure où cela est possible, la décision est une question de choix personnel et d'aspects pratiques. Vous récupérerez plus vite d'un accouchement vaginal que d'une césarienne, ce qui facilitera les choses pour vous occuper de votre nouveau-né et de vos autres enfants. En général, un AVAC entraîne moins de complications qu'une deuxième césarienne, même s'il y a des exceptions.

Y a-t-il des raisons pour lesquelles un AVAC est impossible ?

Vous pourrez accoucher par voie vaginale après une césarienne si l'intervention s'est déroulée sans complications et n'a pas eu lieu pour des raisons anatomiques. Ainsi, si la césarienne a été provoquée en raison de complications pendant le travail, pour être sûr que tout ira bien pour votre bébé, un AVAC est tout à fait envisageable. En revanche, si l'accouchement vaginal n'a pas été possible parce que votre bassin est trop étroit pour que votre bébé puisse passer, vous aurez vraisemblablement une deuxième césarienne. Si l'incision pratiquée sur l'utérus était horizontale, l'AVAC ne devrait pas poser de problème. En revanche tout autre type de cicatrice doit être considéré au cas par cas.

Quelle est la probabilité d'avoir une autre césarienne même si un AVAC est initialement prévu ?

Si votre césarienne n'a pas été réalisée pour des raisons anatomiques et s'est déroulée sans encombre, vous avez entre 70 et 85 % de chances d'accoucher par voie vaginale. Par rapport à la césarienne que vous avez subie, la principale complication susceptible de compromettre le bon déroulement d'un accouchement naturel est une déchirure le long de la ligne cicatricielle pendant les contractions (0,5 % des cas). Ce risque de déchirure lors d'un AVAC augmente de 1 % si vous avez eu deux césariennes. Nous disposons de peu de données sur les risques après trois césariennes ou plus. Dans la plupart des cas, l'équipe médicale attend de voir ce qui se passe.

70-85 % La plupart des hôpitaux enregistrent un taux d'AVAC compris entre 70 et 85 %

question ? réponse

Quelles sont les qualités essentielles d'un partenaire de naissance ?

Idéalement, la personne qui vous accompagnera pendant le travail et l'accouchement doit avoir une patience à toute épreuve, savoir gérer la pression et être attentionnée. Les autres qualités indispensables d'un partenaire de naissance sont :

» **Le sens du calme :** savoir naturellement atténuer votre inquiétude ou votre stress.

» **La confiance :** savoir appuyer vos choix mais soutenir l'équipe médicale si elle propose d'accélérer l'accouchement dans l'intérêt de votre santé et de celle de votre bébé, même si cela va un peu à l'encontre de votre plan de naissance.

» **La capacité de vous répondre** et d'entendre de votre part des remarques et des souhaits sans vous juger ou sans en prendre ombrage.

» **Le sang-froid :** ne pas surréagir à la vue du sang ou si vous vomissez.

» **L'empathie :** quelqu'un qui partage vos émotions, vous comprend.

» **Le respect des soins :** savoir quand s'écarter pour laisser l'équipe médicale intervenir, sans entrave, ni contestation.

» **Le temps :** une personne qui peut vous accorder toute son attention, sans limite et sans équivoque, pendant toute la durée du travail, quelle qu'elle soit.

» **L'aide à la décision :** pendant le travail, votre partenaire de naissance peut vous donner des conseils avisés dans votre intérêt ou celui de votre bébé.

Massage du dos Votre partenaire de naissance pourra vous faire un doux massage au cours des premiers stades du travail. Entraînez-vous tous les deux avant le jour J.

question ? réponse

Qu'est-ce qu'une doula, et comment peut-elle m'aider ?

Issu du grec, le terme *doula* désigne une accompagnante à la naissance que vous choisissez pour vous aider à vous préparer pour le travail et l'accouchement, qui reste avec vous jusqu'à la naissance, et parfois après. Son intervention peut se limiter à des conseils sur les soins à donner à votre bébé et l'allaitement. Certaines offrent uniquement un suivi prénatal et un soutien lors de l'accouchement, d'autres sont spécialisées dans les soins post-partum. Quelques-unes proposent les deux. Des recherches britanniques montrent que la baisse du nombre de césariennes peut atteindre 50 % et que le travail peut être réduit de 2 heures chez les femmes accompagnées d'une doula lors de l'accouchement. Elle peut aussi soutenir votre partenaire et le guider sur la meilleure façon de vous aider.

question ? réponse

La présence d'une sage-femme est-elle nécessaire si une doula m'accompagne ?

Oui. Les doulas travaillent aux côtés des sages-femmes sans les remplacer. Elles apportent un soutien supplémentaire et favorisent la continuité du suivi. Même si leurs compétences sont reconnues, médicalement parlant, elles n'ont pas nécessairement de formation médicale. Le recours à une doula se fait à titre privé. La profession n'est pas réglementée, toute personne qui le souhaite peut s'improviser doula. C'est pourquoi il faut vous renseigner sur les compétences et la formation de celle que vous choisirez.

De plus en plus de **pères** assistent à la naissance de **leurs enfants.** Mais un proche, une amie, une **sage-femme** ou **une doula** peuvent aussi être d'un **grand soutien** pendant **l'accouchement,** pour vous, mais aussi pour votre partenaire.

question ? réponse

Puis-je choisir plusieurs partenaires de naissance ?

La plupart des hôpitaux admettent aujourd'hui la présence d'une tierce personne en salle d'accouchement (parfois plus, à partir du moment où cela ne gêne pas l'équipe médicale). Il peut s'agir de votre mari ou compagnon, mais aussi de votre mère, d'une sœur ou d'une amie. Si le futur père assiste à l'accouchement, il pourra rester à vos côtés. Si lui ou vous êtes indécis, optez pour un compromis : il peut par exemple rester avec vous durant le travail et sortir au moment de l'expulsion. Dans tous les cas, l'essentiel est de tenir compte de votre désir à tous les deux. Vous pouvez aussi choisir d'être assistée du seul personnel médical, simplement par pudeur, pour des raisons très intimes. N'oubliez pas qu'être accompagnée est un plus, pas une obligation !

question ? réponse

Mes autres enfants peuvent-ils être présents si j'accouche à domicile ?

Parlez à votre sage-femme du déroulement du travail, et définissez les règles relatives à vos autres enfants. S'ils sont présents, selon leur âge, désignez une personne pour s'occuper d'eux, par exemple pour préparer des collations ou les distraire (rappel : le travail peut être très long !). Il peut s'agir de votre partenaire ou de tout autre adulte désireux de vous aider. Le jour J, vos enfants ne doivent en aucun cas être source de distraction ou d'inquiétude pour vous. Ils ne doivent pas non plus vous gêner, ni interférer avec le déroulement. Tenez compte de leur âge et de leur personnalité, et demandez-vous s'ils sont en mesure de supporter la vue de leur maman lors du travail et de l'expulsion. Pour un jeune enfant, même un accouchement qui se passe bien peut être traumatisant. Parlez avec eux, expliquez-leur ce qui va se passer, que la douleur avant et pendant l'accouchement est normale mais qu'elle disparaît une fois que le bébé est né. Utilisez un vocabulaire adapté à leur niveau de compréhension et incitez-les à poser des questions. Si après réflexion vous craignez que ce soit un peu trop pour eux, demandez aux grands-parents ou à tout autre proche de leur tenir compagnie à proximité, soit dans le jardin si le temps le permet, soit dans une autre pièce de la maison, et faites-les venir auprès de vous dès que le bébé est né. Cette expérience sera inoubliable pour toutes les personnes présentes.

question ? réponse

Le papa aura-t-il plus de difficultés à tisser des liens avec son enfant à long terme s'il n'assiste pas à l'accouchement ?

Des études montrent que la présence ou non du papa à l'accouchement n'influe pas sur sa capacité à s'attacher à son nouveau-né.

À partir du moment où il s'investit pleinement dans les soins de son bébé, il tissera sans problème avec lui des liens sur le long terme. La mise en place de liens affectifs se définit par un intense attachement entre les parents et leur enfant. Ce processus demande du temps. Il évolue au fur et à mesure que les parents s'occupent de leur nouveau-né et le découvrent, et leur donne envie de l'élever et d'en prendre soin. La seule différence notable réside dans le fait que les pères présents le jour J sont plus confiants dans leurs gestes avec leur bébé. Ceux qui ont vraiment envie d'assister à l'accouchement sont plus désireux de s'occuper de leur enfant en dehors de la présence de la maman (vous profiterez ainsi de quelques heures de libres rien que pour vous de temps en temps).

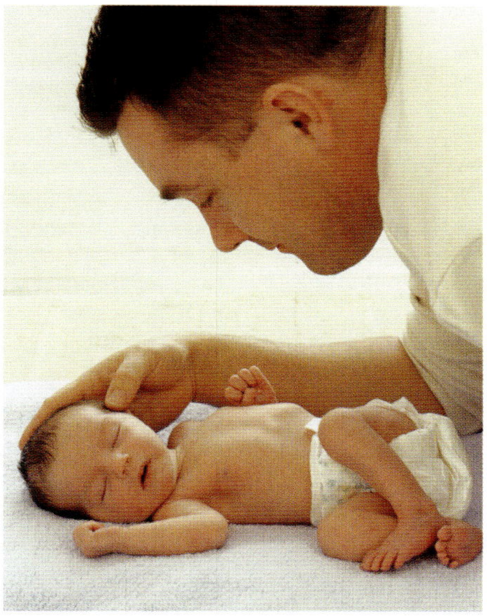

Papa poule en devenir Dès le départ, le papa doit s'impliquer autant que vous, en changeant votre bébé ou en lui donnant son bain. Proposez-lui de prendre votre petite merveille dans ses bras, ou même en peau à peau.

question ? réponse

Mon partenaire n'est pas sûr d'être capable de supporter de me voir souffrir pendant le travail. Comment faire pour l'aider ?

De nombreux hommes racontent que le plus difficile au moment de l'accouchement est de voir leur partenaire souffrir et de ne rien pouvoir faire pour les soulager. La personne qui sera avec vous pendant le travail et l'accouchement doit être calme et posée, tout en étant autoritaire pour intervenir si besoin et être capable de prendre des décisions pour vous sur la base de votre plan de naissance. Si votre partenaire craint de paniquer et de se sentir mal, il est sans doute préférable qu'il attende hors de la salle d'accouchement jusqu'à la naissance. Vous avez alors plusieurs possibilités :

» **Un autre partenaire de naissance** Choisissez quelqu'un en qui vous avez totalement confiance, en mesure de vous soutenir du début à la fin en salle d'accouchement, qui appellera votre mari ou compagnon quand votre bébé sera né.

» **Le premier stade** Certains hôpitaux acceptent que l'accompagnant change au cours du travail. Ainsi, votre partenaire pourra être présent au début avant de céder la place à une personne de votre choix.

» **Histoire de temps** Demandez à votre partenaire de rester avec vous aussi longtemps qu'il le pourra, puis laissez les infirmières de l'hôpital prendre le relais jusqu'à la naissance de votre bébé.

» **Du début à la fin** Demandez à votre partenaire de rester jusqu'à la fin, en lui expliquant qu'il peut se mettre au niveau de votre tête pour éviter de voir trop de sang et se détourner si certains moments deviennent trop stressants pour lui. Entraînez-vous ensemble à respirer afin de pouvoir vous détendre tous les deux pendant le travail : vous pour gérer la douleur, lui pour gérer le stress que votre douleur lui provoque.

Enceinte, vous passerez de nombreux **examens** pour surveiller la **croissance** et le **développement** de votre bébé et vérifier que votre organisme supporte bien la grossesse.

Échographies et autres examens

Ce qui vous attend

Les bilans sanguins, tests urinaires et prises de tension artérielle réalisés en routine tout au long de votre grossesse font partie du suivi attentif de votre santé et de celle de votre bébé. Ils servent à identifier les signes d'alerte avant la survenue d'un problème. Par exemple, un examen sanguin qui révèle un faible taux d'hémoglobine peut être indicateur d'une carence en fer, signe d'anémie. Une tension artérielle élevée et la présence de protéines dans les urines peuvent être des symptômes de prééclampsie.

Vous serez également amenée à passer des échographies, qui utilisent des ondes sonores, grâce auxquelles vous pourrez voir votre bébé dans l'utérus. Indolores, elles ne présentent aucun risque ni pour vous ni pour le fœtus, et permettent d'évaluer sa croissance et son développement, et même de vérifier la structure de son cœur. Elles servent aussi à dépister les fibromes ou une incompétence cervicale. Vous passerez au minimum une échographie, entre les 18e et 20e semaines, pour s'assurer du développement du bébé.

En fonction de votre âge et de vos antécédents familiaux, votre médecin vous proposera d'autres échographies et éventuellement une amniocentèse pour établir un caryotype. Cette carte des chromosomes permet de dépister la trisomie 21, mais aussi d'autres maladies génétiques comme la fibrose kystique ou l'amyotrophie spinale. Le dosage des marqueurs sériques réalisé dans le cadre d'un bilan sanguin, associé à la mesure de la clarté nucale lors de l'échographie de datation (qui est optionnelle), fait également partie des tests de dépistage de la trisomie 21. En cas de suspicion de maladie génétique chez votre bébé, outre l'amniocentèse qui peut être réalisée à partir de la 15e semaine, une biopsie du trophoblaste peut-être pratiquée. Grâce aux échographies et aux différents examens ainsi réalisés, les professionnels de la santé qui vous suivent auront une vision aussi claire que possible de votre bébé avant sa naissance.

Parmi tous ces examens, certains sont obligatoires, d'autres non. Vous êtes alors en droit de les refuser. Cependant, ils n'ont d'autre objectif que vous garantir les meilleurs soins. N'hésitez pas à faire part de vos préoccupations à vos différents interlocuteurs avant chaque examen. Ils vous expliqueront en détail son déroulement et les risques encourus afin que vous puissiez prendre votre décision en toute connaissance de cause. Si vous refusez un examen, vous aurez à signer un formulaire dans lequel vous déclarez avoir été informée des risques induits par votre refus et les accepter. De la même façon, dans certains cas, vous devrez signer un formulaire de consentement éclairé (amniocentèse notamment).

Calendrier des examens

Sur la page ci-contre, vous trouverez un calendrier des différents examens prévus au cours de votre grossesse, en dehors des prises de sang qui débuteront immédiatement après votre premier rendez-vous, pour confirmer que vous êtes enceinte. Sauf cas particulier justifiant une échographie précoce, comme des antécédents de jumeaux dans la famille, vous pouvez commencer par l'échographie de datation, aux environs de 10-13 semaines. Certains de ces examens sont pratiqués systématiquement en routine, d'autres seulement dans des cas particuliers, selon les circonstances.

Quand devrais-je passer les différents examens prévus ?

Le tableau ci-dessous récapitule le calendrier des échographies et des examens prévus au cours de votre grossesse. Certains sont pratiqués systématiquement pour toutes les femmes enceintes, d'autres seulement dans certains cas.

CALENDRIER DES ÉCHOGRAPHIES ET DES AUTRES EXAMENS

SEMAINES D'AMÉNORRHÉE	EXAMENS/ÉCHOGRAPHIES	OBJECTIFS
4-5	Échographie en cas d'antécédents familiaux de jumeaux	Vérification de la croissance et du rythme cardiaque.
11-17	Dosage des marqueurs sériques lors d'un examen sanguin	Évaluation des risques d'anomalies génétiques.
11-13	Biopsie du trophoblaste (choriocentèse)	Mesure de la croissance, suivi du développement du bébé et du placenta, et dépistage d'éventuelles malformations.
10-13	Échographie de datation	Mesure de la taille du bébé pour déterminer son âge, estimation de la date prévue d'accouchement et évaluation des risques d'anomalies génétiques, notamment par la mesure de la clarté nucale.
À partir de 14	Amniocentèse	Dépistage d'éventuelles malformations.
À partir de 17	Cordocentèse (prélèvement de sang de cordon)	Dépistage d'éventuelles malformations. La mesure de la clarté nucale intervient lors de l'échographie de datation, vers 12 semaines.
± 20	Échographie morphologique	Dépistage d'éventuelles malformations.
28-40	Échographie morphologique	Mesure de la croissance et dépistage d'éventuelles malformations, seulement si nécessaire.

Ce tableau concerne les grossesses uniques. En cas de grossesse multiple, vous passerez un plus grand nombre d'échographies.

Je n'ai jamais passé d'échographie. En quoi cela consiste-t-il ?

Pour une échographie abdominale, vous serez allongée sur le dos, sur une table d'examen, dans une pièce plutôt sombre pour une meilleure analyse des images qui apparaissent à l'écran. Le technologue en échographie applique un gel conducteur sur votre ventre avant de poser et déplacer une sonde manuelle. Ne vous inquiétez pas si de temps en temps il appuie un peu plus fort afin d'obtenir la bonne position. Ce professionnel de la santé, parfois radiologue, a une bonne connaissance de l'anatomie. Il évaluera la santé de votre bébé en s'appuyant sur un certain nombre de données (longueur de la colonne vertébrale et du fémur, périmètre crânien, périmètre abdominal, etc.) à partir des images visibles à l'écran. Si lors de l'échographie un éventuel problème apparaît, il demandera un deuxième avis. Le cas échéant, si les deux avis concordent, alors il vous fera part de ses préoccupations et de la suite à donner. Le plus souvent, les informations seront transmises à un médecin qui vous fixera rapidement un rendez-vous pour vous expliquer le diagnostic possible et évoquer différentes possibilités, notamment les examens complémentaires à prévoir. Mais ne vous inquiétez pas, la plupart des échographies se déroulent parfaitement bien et ne révèlent aucun problème (voir p. 101).

L'échographie présente-t-elle des risques pour mon bébé ?

Pour autant que l'on puisse dire, l'échographie est parfaitement sûre pour vous et votre bébé. Elle est pratiquée grâce à une sonde manuelle qui utilise les ultrasons pour fabriquer une image du fœtus. Contrairement aux ondes électromagnétiques, utilisées en radiographie, les ondes sonores n'ont jamais été mises en cause dans l'augmentation du risque d'anomalies congénitales ou de cancer chez l'enfant. Elles pénètrent dans le liquide amniotique et rebondissent sur le corps du bébé pour créer une image en mouvement. D'aucuns s'inquiètent que ces ondes entraînent une augmentation de la température corporelle de la mère, mais celle-ci n'excède pas 1 °C, ce qui reste bien en deçà du seuil de préoccupation.

J'ai rendez-vous pour une échographie précoce en raison de saignements. Dois-je me reposer avant l'examen ?

Environ 10 % des femmes ont des pertes de sang plus ou moins importantes aux tout premiers stades de la grossesse, mais la plupart mettent au monde un bébé en pleine santé né à terme.

Dans l'attente de votre rendez-vous, évitez d'avoir des rapports sexuels et de porter des objets lourds, et dans la mesure du possible, reposez-vous. Essayez de ne pas vous inquiéter : tant que votre journée n'est pas physiquement épuisante, il n'y a aucune raison pour que les saignements empirent. Continuez à vivre normalement. Hydratez-vous, et essayez de manger comme d'habitude, même si vous n'avez pas faim. Si les saignements s'intensifient, appelez votre médecin. S'il ne peut vous recevoir rapidement, il vous renverra vers les urgences de l'hôpital le plus proche, pour une consultation immédiate. Si les examens, et notamment l'échographie, montrent que tout va bien, vous pourrez rentrer chez vous. S'il constate une anomalie, le technologue vous indiquera la marche à suivre. En général, les saignements cessent dans les 10 jours. Dans le cas contraire, retournez à l'hôpital ou consultez votre médecin.

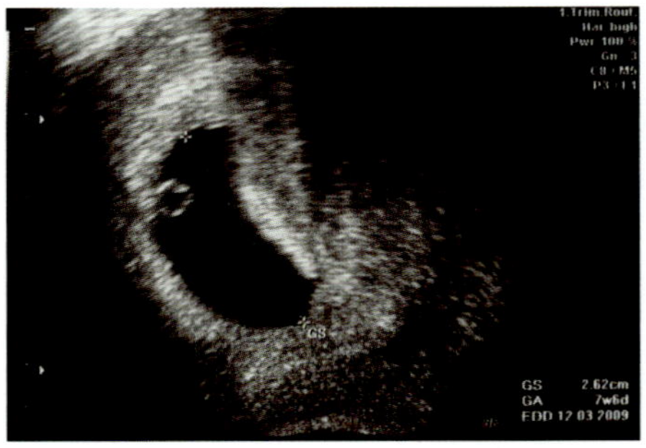

Échographie à 6 semaines À ce stade de la grossesse, l'embryon mesure entre 5 et 9 mm.

Puis-je être accompagnée lorsque je passe une échographie ? Puis-je avoir un cliché de mon bébé ?

Il est même préférable que vous ne soyez pas seule. Vous pourrez ainsi partager le bonheur de voir votre bébé, mais également être soutenue si quelque chose ne se passait pas comme prévu. En outre, la personne qui vous accompagne pourra poser des questions auxquelles vous n'auriez pas pensé. L'idéal est votre partenaire, un membre de votre proche famille ou une amie. En général, le technologue vous remet un compte rendu d'examen avec les clichés. Attention aux échographies commerciales qui proposent de faire de belles photos, voire des vidéos, de votre bébé *in utero*. Payantes et non remboursées, non recommandées par le corps médical, elles exposent inutilement le fœtus aux ultrasons.

Pratiquées entre **6 et 7 semaines**, les **échographies précoces** sont généralement **endovaginales.** À ce stade, les images ainsi obtenues sont plus claires que celles des échographies abdominales.

J'ai suivi un traitement de fertilité. Quand aura lieu ma première échographie ?

Tout dépend. Dans certains cas, vous aurez une échographie dès 3 semaines afin de repérer le sac embryonnaire dans l'utérus. Dans d'autres cas, le médecin attendra la confirmation de votre grossesse par un bilan sanguin et pratiquera une échographie vers 6 semaines, le rythme cardiaque de votre bébé étant alors perceptible. Si le traitement a été un succès, vous passerez une nouvelle échographie aux environs de 8 semaines, afin de vérifier que l'embryon se développe bien. Ensuite, l'équipe médicale de la PMA passera le relais à votre obstétricien qui assurera le suivi de votre grossesse jusqu'à son terme.

J'ai entendu parler d'échographie endovaginale. De quoi s'agit-il ?

Il arrive que votre médecin vous prescrive une échographie très précoce, avant 7 semaines. C'est notamment le cas si vous avez suivi un protocole de PMA, ou si vous avez des antécédents de grossesse extra-utérine ou de fausse couche. À ce stade, l'embryon étant vraiment minuscule, il est possible que le technologue opte pour une échographie endovaginale, qui offre une visualisation plus précise de l'embryon. La sonde est alors insérée dans votre vagin, au plus près de l'utérus. Comme pour une échographie transabdominale, les résultats sont meilleurs si vous avez la vessie pleine. Cet examen permet de vérifier la présence de l'embryon, son lieu d'implantation, son rythme cardiaque et le col de l'utérus.

Dans quels cas une échographie précoce est-elle prescrite ?

Au Québec, votre médecin vous prescrira une échographie vers 7 semaines dans les cas suivants : difficultés à être enceinte, antécédents de fausse couche ou de grossesse multiple, risque de grossesse extra-utérine, incompétence cervicale, saignements vaginaux ou douleurs utérines sans lien avec vos dernières règles. De même, il voudra s'assurer que tout va bien si vous présentez des fibromes ou s'il suspecte une grossesse multiple.

Comment se déroule l'échographie morphologique ?

La seule échographie obligatoire est prévue entre la 18e et la 20e semaine. Elle confirme la date prévue d'accouchement, garantissant ainsi que vous passerez les examens prévus en temps et heure.

Dans certains cas, vous devrez boire une grande quantité d'eau avant, une vessie pleine améliorant la visibilité. Au cours de l'examen, le technologue détermine avec précision l'âge gestationnel de votre bébé et vous indique la date prévue d'accouchement. À ce stade, tous les bébés se développent au même rythme, indépendamment de leur taille. Les mesures prises lors de cette échographie servent à vérifier que le fœtus grandit normalement. Deux sont essentielles : la longueur entre la couronne crânienne et le coccyx (ou entre le haut de la tête et la base de la colonne vertébrale), et le diamètre d'un os du crâne à l'autre, de part et d'autre de la tête. Le rythme cardiaque et la position du placenta sont également vérifiés.

Cet examen sera peut-être pour vous la première occasion de voir votre bébé, moment particulièrement excitant, plus encore s'il bouge. Vous pourrez demander un cliché de votre bébé pour le montrer à votre entourage.

Zones blanches Les tissus durs, comme les os, apparaissent en blanc à l'image.

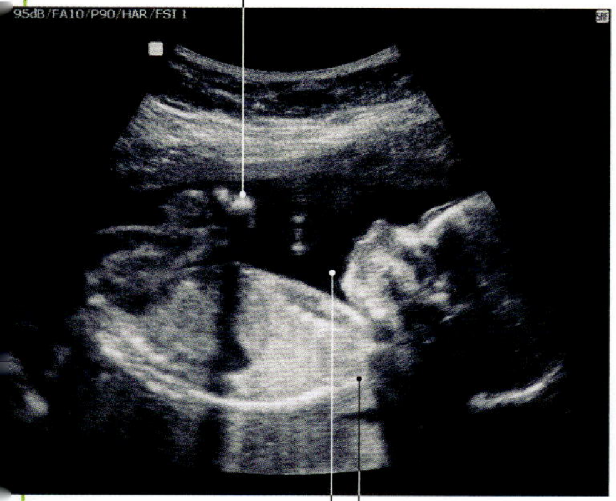

Zones noires Elles représentent les liquides, comme le liquide amniotique dans lequel se trouve le bébé.

Zones grises Les tissus mous apparaissent à l'image en grisé et moucheté.

Échographie morphologique C'est la seule échographie réalisée en routine. Elle montre comment votre bébé grandit et se développe.

Déroulement Le technologue déplace une sonde manuelle sur votre ventre afin de voir votre bébé (ci-dessous).

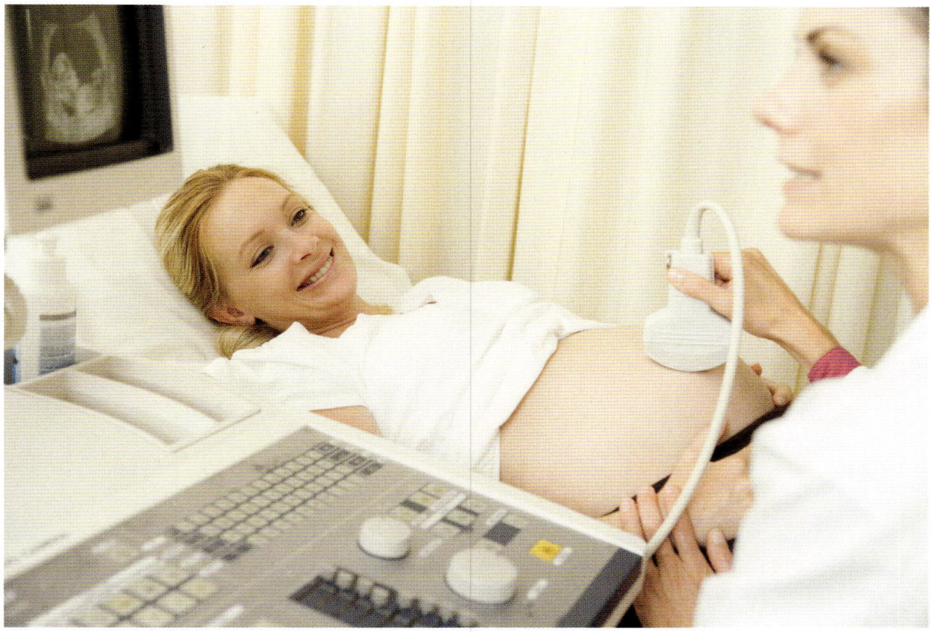

Quels sont les examens pratiqués pour dépister d'éventuelles anomalies ou malformations ?

Plusieurs examens sont pratiqués à cet effet aux différents stades de la grossesse. Certains, comme l'échographie et les analyses sanguines, fournissent des informations sur les risques que votre bébé présente une anomalie génétique. Si ces examens font apparaître un risque élevé, d'autres tests de diagnostic pourront alors être pratiqués afin de confirmer ou d'écarter certaines maladies. Il est normal que les parents aient besoin de savoir à quoi s'en tenir pour prendre une décision, mais il faut savoir que ces examens sont invasifs et entraînent un risque de fausse couche de 1 %.

Qu'est-ce que le dépistage combiné ? Quand est-il pratiqué ?

Pour estimer le plus précisément possible le risque d'anomalies génétiques, surtout de trisomie 21, votre médecin vous proposera un dépistage combiné qui comporte un examen sanguin et différentes mesures échographiques dont celle de la clarté nucale. Les échantillons de sang servent à doser la bêta-gonadotrophine chorionique humaine β-hCG dont le taux est généralement plus élevé dans le sang des mères qui portent un bébé atteint de trisomie 21, et la protéine A plasmatique associée à la grossesse (PAPP-A), dont le taux est fréquemment inférieur. Les prélèvements sont envoyés à un laboratoire d'analyses agréé. Votre médecin recevra les résultats dans un délai variant d'une semaine à 15 jours. La prise de sang s'effectue entre 11 et 17 semaines.

Que sont le quadruple test et le triple test ? Quand sont-ils pratiqués ?

Le quadruple test vous sera proposé entre 15 et 20 semaines, alors que le dépistage combiné ne fournirait plus de résultats fiables. Il consiste à mesurer les taux de β-hCG, d'alphafœtoprotéine (AFP, protéine produite par le fœtus), d'œstriol non conjugué (u-E3, œstrogène d'origine fœtale dont le taux est inférieur chez les bébés trisomiques) et d'inhibine A. Les résultats obtenus sont analysés en tenant compte de l'âge de la patiente et du fœtus afin d'obtenir un risque calculé. Le principe du triple test est exactement le même, sauf qu'il ne tient pas compte du taux d'inhibine A.

question ? réponse

Qu'est-ce que la mesure de la clarté nucale ?

Il s'agit d'une mesure utilisée pour évaluer le risque de trisomie 21. Même si elle ne confirme pas avec certitude qu'un bébé est trisomique, elle indique s'il présente ou non un risque élevé de l'être. Elle est effectuée sur demande lors d'une échographie de datation vers 10 à 13 semaines.

La clarté nucale est une accumulation de liquide sous la peau de la nuque du fœtus, visible uniquement entre 11 et 14 semaines. Le technologue en mesure l'épaisseur lors de l'échographie réalisée vers 12 semaines d'aménorrhée. Le résultat obtenu est rapporté à l'âge de la mère, à la taille du bébé de la couronne crânienne au coccyx et au résultat du dosage des marqueurs sériques (voir p. 95). L'analyse de ces données fournit une estimation du risque de trisomie 21. Le rapprochement de tous les paramètres (mesure de la clarté nucale, âge de la mère et résultats des examens sanguins) donne un résultat fiable à plus de 90 % chez les femmes de plus de 38 ans. Même si la mesure de la clarté nucale, associée à la taille de votre bébé et à votre âge, est un bon indicateur de risque, il est maintenant devenu courant de proposer un dépistage combiné. Si le résultat montre un risque élevé, ne paniquez pas et gardez en tête que cet examen est un indicateur, et non un diagnostic. Pour une confirmation définitive, votre médecin vous proposera une biopsie du trophoblaste ou une amniocentèse (voir ci-contre).

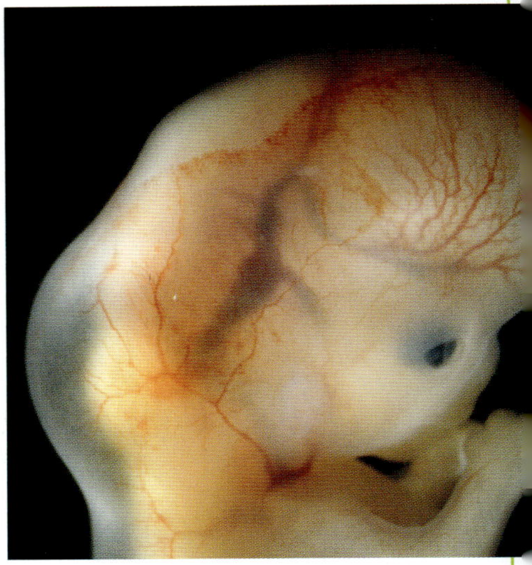

Accumulation de liquide Tous les bébés ont du liquide derrière la nuque, mais ceux atteints de trisomie 21 ou d'autres maladies génétiques en ont plus. Cette mesure s'effectue lors de la première échographie si vous le désirez.

COMPRENDRE LES RÉSULTATS DE LA MESURE DE LA CLARTÉ NUCALE

Plus la clarté nucale est épaisse, plus le risque que votre bébé soit atteint de trisomie 21 est élevé. Il est important de noter que cette mesure n'est qu'un élément parmi d'autres, et doit être analysé en tenant compte de votre âge et du résultat du dosage des marqueurs sériques.

Le résultat exprimé est un ratio. Par exemple, vous pouvez obtenir un résultat de 1/1 500, ce qui signifie que votre bébé a 1 risque sur 1 500 d'être atteint de trisomie 21. Exprimé en pourcentage, cela donne 0,07 %. Un ratio de 1/150 est considéré comme un risque élevé, même si vous avez plus de chances d'avoir un bébé qui n'est pas atteint de trisomie 21.

En effet, exprimé en pourcentage 1 risque sur 150 donne seulement 0,67 %. La mesure de la clarté nucale sera ensuite rapprochée des résultats du dosage des marqueurs sériques pour déterminer le risque de trisomie 21. S'il est élevé, vous disposerez de quelques jours pour envisager la possibilité de faire d'autres examens, comme une amniocentèse. Ces tests supplémentaires n'ont absolument rien d'obligatoire, et vous seuls déciderez ou non de les faire.

Lorsque vous prendrez votre décision, n'oubliez pas que certains indicateurs physiques de la trisomie 21 peuvent apparaître lors des échographies suivantes. Le cas échéant, le technologue vous informera de ce qu'il a vu et de ce que cela implique pour la santé de votre bébé. Enfin, il convient de rappeler que même lorsque les résultats des tests vous placent dans la catégorie à faible risque, la probabilité que vous accouchiez d'un enfant trisomique, bien que moindre, demeure.

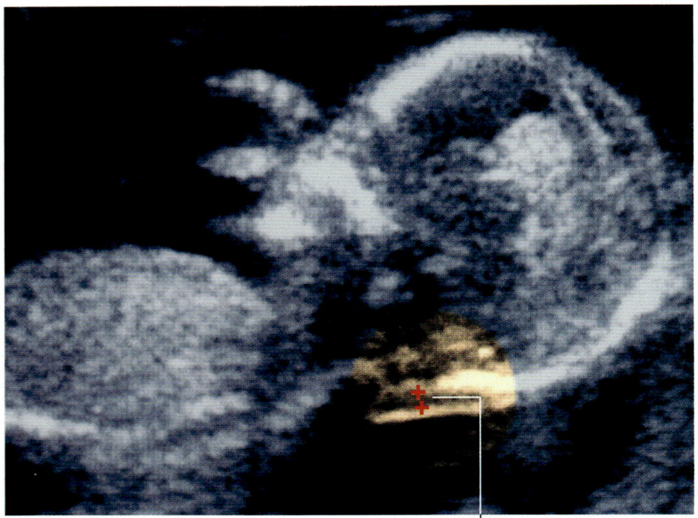

Faible risque Si la clarté nucale mesure moins de 2 mm à 11 semaines ou de 3 mm à 14 semaines, il est peu vraisemblable que votre bébé soit atteint de trisomie 21.

Clarté nucale normale

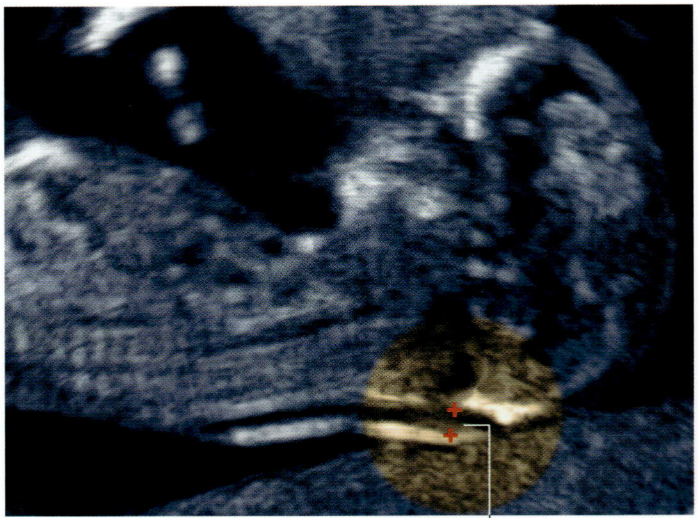

Risque élevé Si la clarté nucale mesure plus de 3 mm, votre bébé présente un risque élevé d'être atteint de trisomie 21.

Clarté nucale normale

Mon médecin m'a parlé de la biopsie du trophoblaste (choriocentèse). Que sont les villosités choriales ?

L'adjectif chorial fait référence au placenta, qui est recouvert de minuscules « doigts » appelés villosités. Celles-ci augmentent la surface du placenta, optimisant ainsi le transfert des nutriments dans l'organisme du fœtus, et l'évacuation de ses déchets. La choriocentèse consiste à prélever des villosités (qui contiennent le même matériel génétique que celui de votre bébé), afin d'analyser le patrimoine génétique.

Quels sont les risques associés à ce type d'examens invasifs ?

Un examen invasif comporte des risques d'infection. Il convient donc de surveiller l'éventuelle apparition d'un gonflement, d'une inflammation ou d'une rougeur sur le site de ponction, mais aussi de fièvre. La biopsie du trophoblaste et l'amniocentèse accroissent légèrement le risque de fausse couche à ce stade de la grossesse (environ 1 %). Celui-ci augmente encore si la biopsie du trophoblaste est réalisée avant 10 semaines et l'amniocentèse avant 15 semaines. D'une manière générale, les chiffres montrent que les fausses couches sont légèrement plus nombreuses en cas de biopsie du trophoblaste que lors d'une amniocentèse, en particulier si le fœtus est petit à cet âge gestationnel. Notez que la plupart surviennent dans les 72 heures qui suivent l'examen, même si le risque demeure jusqu'à 2 semaines après. Certaines personnes s'inquiètent de voir les bébés dont les mamans ont subi une biopsie du trophoblaste naître sans une partie de leurs doigts ou de leurs orteils. Il semble que ce risque n'existe que lorsque l'examen est réalisé avant 9 semaines. Votre médecin vous donnera toutes les informations nécessaires afin que vous puissiez décider en toute connaissance de cause de pratiquer ou non ces examens invasifs.

Quels sont les tests diagnostiques disponibles ? Peuvent-ils détecter toutes les anomalies fœtales ?

La biopsie du trophoblaste, l'amniocentèse et la cordocentèse permettent de confirmer des anomalies particulières. Ces procédures sont invasives, il est donc essentiel de savoir ce qu'elles impliquent et laquelle vous convient le mieux.

Réalisée entre 11 et 13 semaines, la biopsie du trophoblaste permet de dépister un certain nombre d'anomalies chromosomiques : anomalies génétiques (ex : fibrose kystique), troubles musculosquelettiques (ex : dystrophie musculaire), maladies sanguines (ex : anémie falciforme, hémophilie ou thalassémie) et troubles du système nerveux (ex : maladie de Tay-Sachs). En revanche, elle ne détecte pas les anomalies du tube neural comme le spina-bifida, qui sont généralement diagnostiquées lors de l'échographie morphologique (voir p. 100) ou grâce à l'amniocentèse.

TESTS DIAGNOSTIQUES

Le tableau ci-dessous récapitule les procédures diagnostiques, la période à laquelle elles sont réalisées pendant la grossesse et le type d'anomalies recherchées. Avant d'accepter de pratiquer un de ces examens, parlez-en avec les différents professionnels de la santé qui vous suivent afin de bien peser le pour et le contre.

PROCÉDURE	PÉRIODE	ANOMALIES RECHERCHÉES
Biopsie du trophoblaste (invasive)	11-13 semaines	Anomalies chromosomiques et génétiques, maladies sanguines, troubles musculosquelettiques et du système nerveux.
Amniocentèse (invasive)	Environ à 15 semaines	Anomalies chromosomiques et génétiques, maladies sanguines, troubles musculosquelettiques et anomalies du tube neural.
Cordocentèse (invasive)	À partir de 17 semaines	Anomalies chromosomiques et génétiques, maladies sanguines, troubles musculosquelettiques et anomalies du tube neural.
DPNI (non invasif)	À partir de 10 semaines	Anomalies chromosomiques et génétiques. En fonction des résultats de ce test, une biopsie du trophoblaste ou une amniocentèse peuvent être proposées.

Le cas échéant, prenez le temps de **réfléchir** aux examens que vous voulez passer. La **décision** est importante, et vous devrez être **prête** à en accepter les résultats.

Existe-t-il une alternative non invasive à la biopsie du trophoblaste ou à l'amniocentèse ?

Le dépistage prénatal non invasif (DPNI) consiste à analyser de l'ADN de sang fœtal présent dans le sang maternel. L'échantillon de sang ainsi prélevé est envoyé à un laboratoire agréé pour analyse. Il semble que cet examen soit fiable à 99 % pour identifier les bébés atteints de trisomie. Le DPNI peut être pratiqué dès 10 semaines d'aménorrhée. Cependant, il n'est prescrit que dans certains cas bien particuliers, notamment chez les patientes présentant un risque accru de trisomie 21. Les résultats sont obtenus sous 15 jours. D'après les statistiques, environ 5 % des échantillons sanguins envoyés au laboratoire ne contiennent pas suffisamment d'ADN fœtal pour réaliser une analyse fiable.

Le saviez-vous ?

Les médecins disposent de statistiques générales pour évaluer les risques de trisomie 21 en fonction de l'âge de la mère. Les risques sont les suivants :

À 20 ans : **1/1 500**
À 30 ans : **1/800**
À 35 ans : **1/270**
À 40 ans : **1/100**
À **45** ans : supérieur à **1/50**

question ? réponse

Comment se passe une choriocentèse et combien de temps dure l'examen ?

La choriocentèse, ou biopsie du trophoblaste, peut être pratiquée à un stade précoce de la grossesse (entre 11 et 13 semaines) pour rechercher certaines maladies génétiques et malformations chez le fœtus. Elle est proposée aux futures mamans pour lesquelles un test de dépistage fait apparaître un risque élevé d'anomalie.

Dans des conditions d'asepsie stricte, le médecin prélève des villosités par aspiration en insérant une aiguille montée sur une seringue dans le placenta à travers l'abdomen (voie transabdominale) ou une pince dans votre vagin pour atteindre l'utérus en passant par le col (voie transcervicale). La technique utilisée dépendra notamment de la position du placenta et de votre bébé.

Vous devrez venir au rendez-vous avec la vessie pleine, le prélèvement s'effectuant sous contrôle échographique, d'abord pour déterminer la position du fœtus, puis pour guider le médecin. Cependant, dans certains cas, la position du placenta peut nécessiter une vessie vide. Le cas échéant, vous devrez donc aller aux toilettes. En général, préparation incluse, la procédure ne dure pas plus de 30 minutes, dont 5 à 10 pour le prélèvement en lui-même. Les villosités sont ensuite envoyées au laboratoire pour analyse. Au terme de l'examen, votre médecin vérifiera les mouvements et le rythme cardiaque de votre bébé afin de s'assurer que tout va bien.

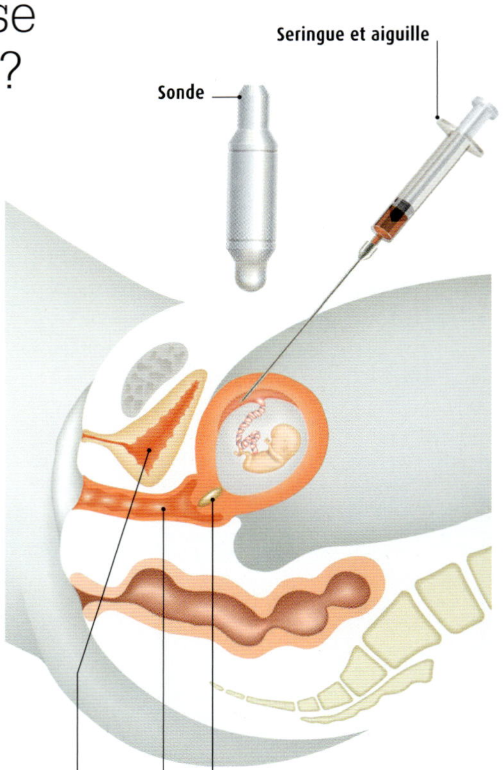

Déroulement de l'examen Un échantillon de villosités est prélevé sur le placenta à l'aide d'une aiguille montée sur une seringue.

Avant de décider ou non de pratiquer cet examen, vous et votre partenaire discuterez des risques lors d'un rendez-vous avec votre médecin.

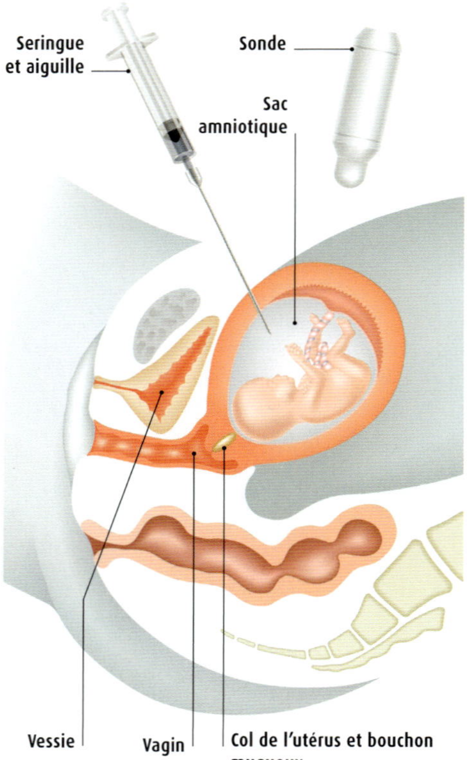

Déroulement de l'examen Une aiguille est insérée sous contrôle échographique pour prélever une petite quantité de liquide amniotique.

question ? réponse

Comment se passe une amniocentèse et combien de temps dure l'examen ?

Proposé vers 15 semaines, cet examen est lui aussi invasif. Comme pour tout test de diagnostic, une réflexion approfondie est donc indispensable avant de décider s'il est réellement nécessaire. En outre, il est important de vous préparer au résultat.

L'examen commence par une échographie pour définir la position du bébé, du placenta et du cordon ombilical. Ensuite, le médecin insère une aiguille montée sur une seringue dans votre abdomen à travers la paroi de l'utérus, dans le sac amniotique. Il prélève environ 20 ml de liquide amniotique, qui contient des cellules cutanées du fœtus, lesquelles renferment de l'ADN dont l'analyse donnera le patrimoine génétique de votre bébé. Le liquide amniotique est ensuite envoyé au laboratoire.

Comme pour la biopsie du trophoblaste, votre vessie devra être pleine afin d'améliorer la visibilité lors de l'échographie. Cependant, si vous êtes enceinte de plus de 20 semaines, votre médecin préférera peut-être qu'elle soit vide. Au terme de l'examen, il vérifiera là encore les mouvements de votre bébé.

L'ensemble de la procédure dure entre 20 et 30 minutes. Si votre médecin n'a pas prélevé suffisamment de liquide amniotique (ce qui arrive dans 8 % des cas) il réintroduira l'aiguille pour en aspirer un peu plus.

question ? réponse J'ai entendu parler de la cordocentèse. Dois-je en passer une ?

Comme la biopsie du trophoblaste et l'amniocentèse, la cordocentèse est utilisée pour dépister les anomalies chromosomiques et est généralement prescrite si les autres examens n'ont pas permis de poser un diagnostic fiable. Elle se déroule de la même façon qu'une amniocentèse, en dehors du fait que le prélèvement consiste en un échantillon de cordon ombilical et non de liquide amniotique. Les résultats sont habituellement disponibles sous 3 jours. Comme pour tout test de diagnostic, la décision d'y recourir doit faire l'objet d'une réflexion approfondie.

question ? réponse Serai-je en état de conduire après un examen invasif ? Pourrai-je retourner travailler aussitôt ?

Que vous ayez eu une biopsie du trophoblaste ou une amniocentèse, il est préférable de vous faire ramener à la maison. Même si le fait de conduire ne comporte pas de risque en lui-même, vous risquez de vous sentir patraque et d'avoir des crampes d'estomac pendant quelques heures, ce qui rend la conduite inconfortable. Il est indispensable de vous reposer pendant 24 heures, ce qui signifie que vous devrez certainement prendre un jour de congé. En outre, il est fortement conseillé de lever le pied les jours suivants. Selon votre travail, il vous faudra peut-être poser plusieurs jours : vous devrez en effet éviter toute activité pénible ou impliquant de soulever des objets lourds.

question ? réponse Combien de temps devrais-je attendre les résultats ? Qui me les transmettra ?

Les processus diffèrent d'un hôpital à l'autre, mais dans la plupart des cas vous pourrez obtenir les résultats du dépistage des trois principales anomalies chromosomiques (trisomie 13, 18 et 21) dans un délai de 5 jours ouvrables. Les résultats de l'analyse chromosomique (caryotype) et génétique, ainsi que des bilans sanguins demandent généralement entre 2 et 3 semaines. Vous pourrez choisir d'avoir les résultats par téléphone ou lors d'un rendez-vous. Dans les deux cas, votre obstétricien vous confirmera ce qu'il vous a dit par écrit. N'oubliez pas que vous avez passé ces examens parce que votre bébé présente un risque élevé de naître avec une anomalie génétique, ce qui sous-entend que le résultat peut être annonciateur de mauvaises nouvelles pour sa santé. C'est pourquoi, le jour des résultats, il est préférable de vous faire accompagner par une personne qui pourra vous soutenir et vous réconforter si nécessaire.

question ? réponse Que se passe-t-il si mon bébé est porteur d'une anomalie génétique ou chromosomique ?

Passé le choc du diagnostic initial, votre médecin vous proposera un nouveau rendez-vous pour discuter des différentes options possibles. Assurez-vous que vous comprenez bien tous les résultats. Les principales questions à poser sont les suivantes : l'anomalie dont souffre votre bébé peut-elle être traitée *in utero* ou après la naissance ? Votre bébé aura-t-il des besoins particuliers ? La maladie est-elle invalidante ? Limite-t-elle l'espérance de vie ? Si oui, quelle est celle de votre enfant ? Bien évidemment, aucun futur parent n'a envie d'être amené à s'interroger ainsi ! Faites une liste de questions et allez au rendez-vous avec quelqu'un qui pourra vous soutenir, mais aussi écouter et comprendre ce que le médecin vous dira. Selon le diagnostic, le médecin vous proposera peut-être un avortement thérapeutique, tout en sachant que mettre un terme à une grossesse est une décision extrêmement difficile. Prenez votre temps. Vous n'avez pas à décider immédiatement. Vous pourrez bénéficier d'une aide psychologique pour accepter la situation avant de prendre une décision. Parler à une personne extérieure peut vous être d'un soutien précieux. Mais au final, vous seule pourrez trancher et choisir ce qui vous semble le mieux pour votre famille. Entourez-vous de personnes qui vous aiment et sauront vous soutenir quelle que soit votre décision.

question ? réponse Je connais la trisomie 21, mais que sont la trisomie 13 et la trisomie 18 ?

Une anomalie chromosomique survient lorsqu'un chromosome est absent ou au contraire en surnombre. Plusieurs centaines d'entre elles sont incompatibles avec la vie, et entraînent, de fait, soit une fausse couche spontanée, soit une espérance de vie très courte après la naissance.

Les trois maladies évoquées ici sont des anomalies chromosomiques. Une personne en bonne santé a 23 paires de chromosomes numérotés de 1 à 23. Il arrive qu'un bébé se développe avec un chromosome surnuméraire sur une des paires, créant ainsi un groupe de trois (trisomie). *Trisomie 21* signifie qu'il y a un chromosome 21 en trop. *Trisomie 18* indique la présence d'un chromosome 18 supplémentaire, à l'origine du syndrome d'Edwards. Même principe pour la trisomie 13 qui entraîne le syndrome de Patau. Les syndromes d'Edwards et de Patau sont rarissimes mais très invalidants. Les bébés qui en sont atteints naissent avec des anomalies neurologiques et physiques sévères et vivent rarement plus de quelques jours. La présence de ces chromosomes supplémentaires peut être détectée aussi bien par la biopsie du trophoblaste que l'amniocentèse.

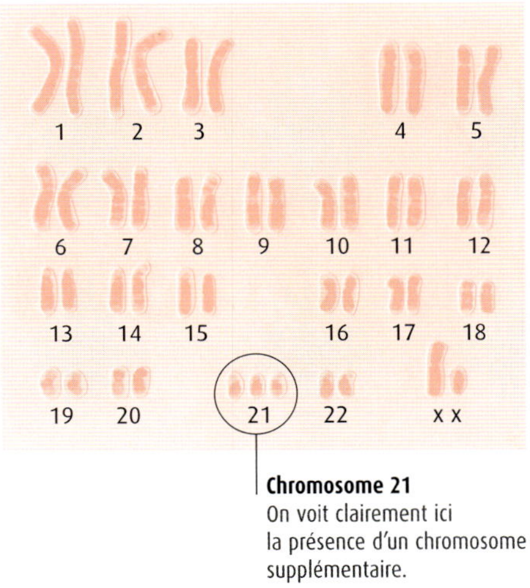

Les anomalies chromosomiques détectées peuvent se présenter sous différentes formes : problème de nombre ou de structure des chromosomes, ou anomalie au niveau d'un gène, dont l'origine peut varier.

En quoi consiste l'échographie morphologique ?

Vers 18-20 semaines, vous passerez une ***échographie morphologique***. Ce sera l'occasion de faire une évaluation approfondie de la santé de votre bébé. Outre un certain nombre de mesures, les caractéristiques physiques sont soigneusement vérifiées afin de s'assurer que le fœtus ne présente aucune malformation.

Voir votre bébé

Ce moment est à la fois excitant, mais aussi un peu angoissant pour des futurs parents, qui vont, pour la première fois sans doute, voir à l'écran une image de leur bébé, qui ressemble vraiment... à un bébé ! Même sans être médecin, vous reconnaîtrez ses yeux, ses oreilles, son nez, ses mains, sa colonne vertébrale, et peut-être même ses doigts et ses orteils. Cet examen est l'occasion de savoir si votre bébé est en bonne santé. Si vous êtes inquiets, dites-vous bien que la majorité des échographies morphologiques se passent bien et sont l'occasion d'être rassurés. Cependant, dans de rares cas, les parents sont confrontés à des nouvelles difficiles dont les conséquences sont lourdes quant aux soins dont le bébé aura besoin après sa naissance, ou qui les entraînent à devoir décider s'ils veulent ou non poursuivre la grossesse.

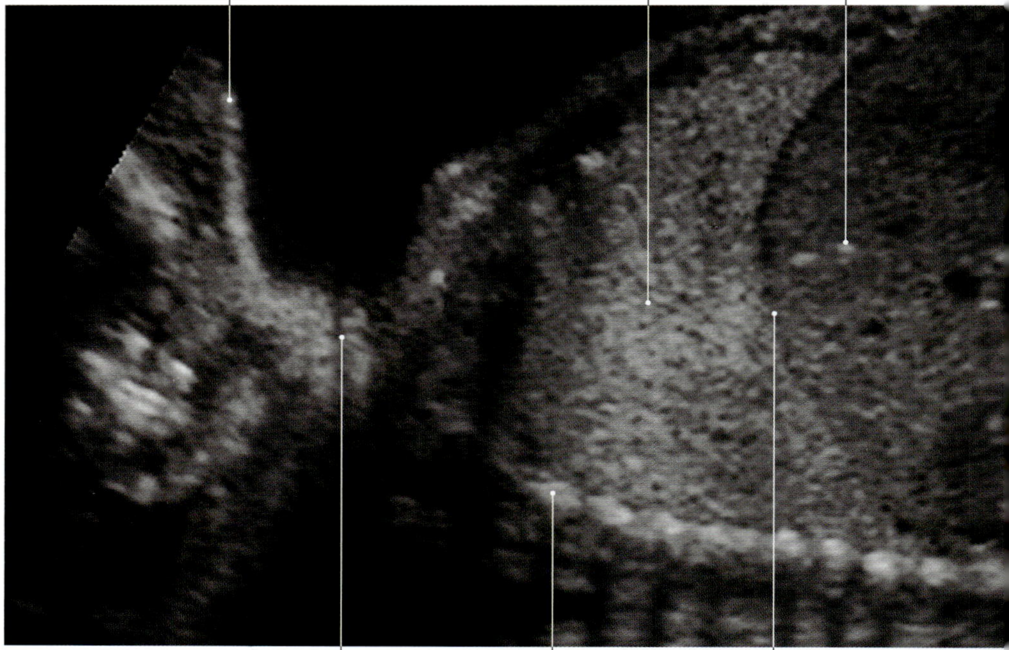

Le saviez-vous ?

Au repos, le rythme cardiaque d'un adulte en bonne santé est de 60 à 90 battements par minute (bpm). Vous trouverez ci-dessous, à 20 près, le nombre de battements par minute du cœur de votre bébé en fonction du stade de la grossesse :

- » 155 bpm à 20 semaines.
- » 144 bpm à 30 semaines.
- » 140 bpm à terme (vers 40 semaines).

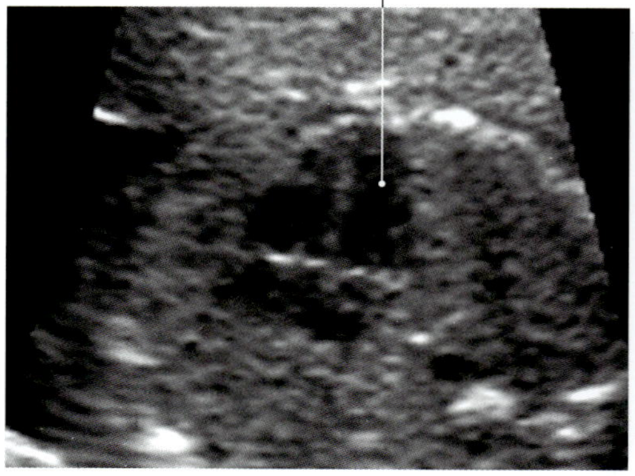

Le cœur Le technologue vérifie que les quatre cavités cardiaques sont à peu près de la même taille et s'assure que les valves qui les relient fonctionnent. En cas de problème, vous aurez un entretien avec un cardiologue qui procédera à des vérifications plus en détail.

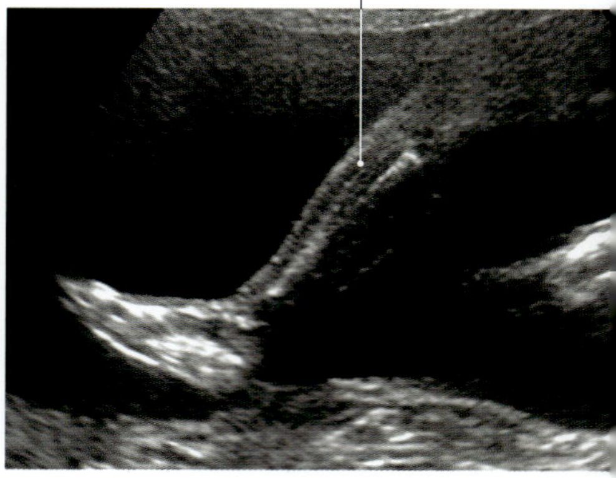

La jambe La mesure du fémur (os de la cuisse) donne une bonne indication de la façon dont votre bébé grandit. Le technologue examinera également ses pieds et ses mains, et s'assurera que ses doigts et ses orteils sont bien en place.

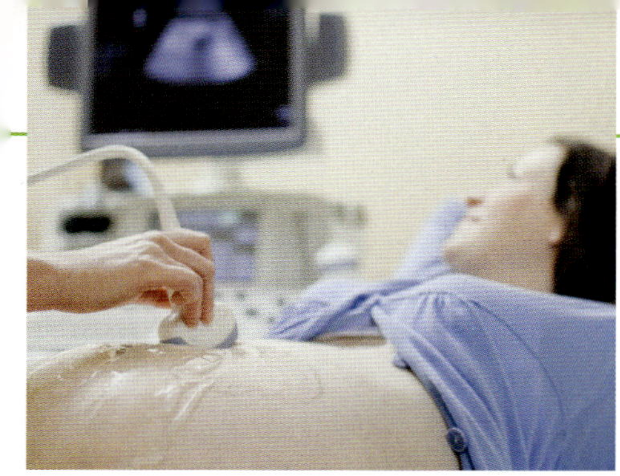

Jetez un œil Au cours de l'examen, le technologue devra déplacer la sonde à de nombreuses reprises pour regarder votre bébé sous tous les angles.

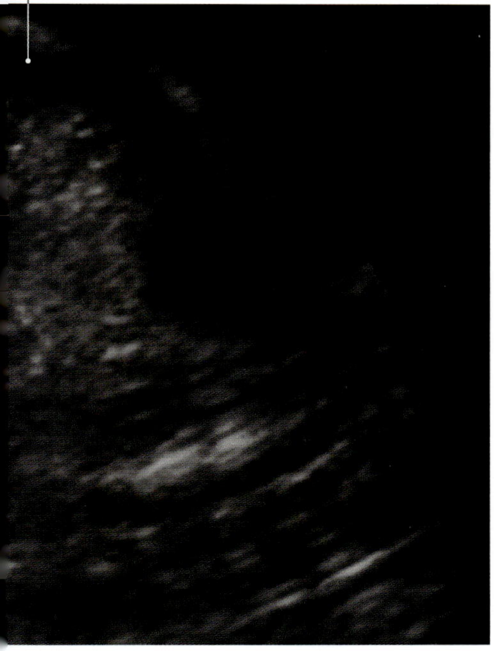

L'échographie de votre bébé Le technologue examine soigneusement la structure des organes de votre bébé, ainsi que les caractéristiques physiques externes, comme les traits du visage.

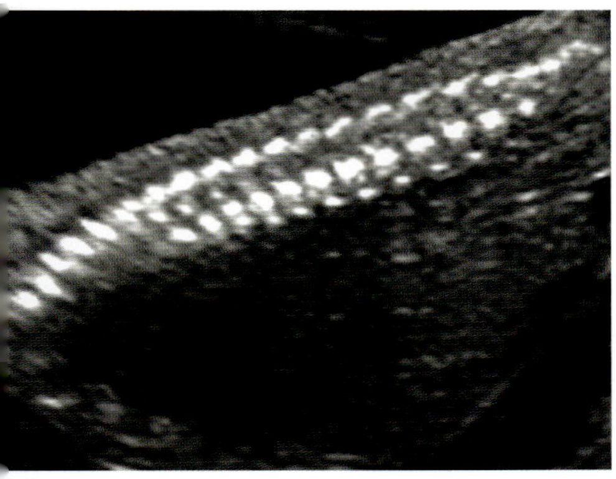

La colonne vertébrale et la moelle épinière Le technologue vérifie que les vertèbres sont bien alignées et que la moelle épinière est à l'intérieur du corps, afin d'éliminer le risque d'anomalies du tube neural, et notamment de spina-bifida.

MALFORMATIONS POSSIBLES

Le tableau ci-dessous récapitule les éléments qui feront l'objet d'une vérification particulière. Toutes ces malformations restent rares. L'obésité, le tissu cicatriciel d'une précédente césarienne ou opération, ainsi que la position du bébé, peuvent altérer le taux de dépistage (chances de détecter un problème).

MALFORMATION	DESCRIPTION	PRONOSTIC	TAUX DE DÉPISTAGE
Anomalie du tube neural (6 cas sur 10 000 naissances)	L'anencéphalie et le spina-bifida sont des anomalies du tube neural, dans lesquelles le crâne, la colonne vertébrale et/ou le cerveau ne se développent pas complètement.	Il n'existe aucun traitement pour l'anencéphalie et en général le bébé meurt avant la naissance ou peu après. Le spina-bifida peut être une maladie invalidante, mais s'ils sont vraiment bien entourés les enfants peuvent malgré tout avoir une vie active.	Anencéphalie 98 %; spina-bifida 90 %
Trou dans la paroi abdominale (4 ou 5 cas sur 10 000 naissances)	Il peut être à l'origine d'une hernie ombilicale ou d'un laparoschisis dans lequel une partie de l'intestin (et même parfois le foie) se développe à l'extérieur du corps du bébé.	Ces deux malformations peuvent être opérées dès la naissance. La hernie ombilicale est parfois associée à des problèmes cardiaques.	Laparoschisis 98 %; hernie ombilicale 80 %
Hernie diaphragmatique congénitale (4 cas sur 10 000 naissances)	En cas de trou dans le diaphragme, les poumons ne se développent pas correctement.	Environ 50 % des bébés atteints de cette malformation ne survivent pas, une chirurgie d'urgence à la naissance n'étant pas envisageable, les poumons trop sous-développés rendant toute intervention impossible.	60 %
Fente labiale, fente palatine ou fente labiopalatine (1 cas sur 1 000 naissances)	Cette malformation est caractérisée par une fente de la lèvre supérieure due à un défaut de soudure au cours du développement de l'embryon, qui peut toucher aussi le palais.	Aucune de ces malformations ne met en péril la vie de votre enfant, qui sera opéré au maximum dans les six mois qui suivent sa naissance, pour refermer le palais osseux et/ou la lèvre.	75 %
Malformations cardiaques graves (3 ou 4 cas sur 1 000 naissances)	Cavités trop larges, valves laissant circuler le sang dans les deux sens et orifices anormaux, font partie des malformations cardiaques congénitales les plus graves.	Il faudra attendre qu'un spécialiste ait diagnostiqué la nature exacte du problème cardiaque pour avoir une idée fiable du pronostic.	50 %
Absence de reins (1 cas sur 10 000 naissances)	Médicalement appelée *agénésie rénale bilatérale*. Il arrive en effet que le fœtus se développe sans reins, voire sans vessie.	Malheureusement, les reins sont indispensables à la vie, et les bébés atteints de cette malformation meurent *in utero*, ou dès la naissance.	84 %
Dysplasie platyspondylique létale type Torrance (1 cas sur 10 000 naissances)	Elle est observée lorsque les os du bébé ne se développent pas normalement. Ainsi, le tronc et les membres sont très courts.	Un tronc très court ne laissant pas la place aux poumons de se développer normalement, la survie après la naissance est extrêmement difficile.	90 %

Je suis enceinte de 26 semaines et la taille de mon bébé est préoccupante. Que va-t-il se passer ?

Lorsque la croissance *in utero* du fœtus ralentit ou s'arrête, on parle de retard de croissance intra-utérin (RCIU). Ce retard peut être la conséquence de différents facteurs. Si votre obstétricien est préoccupé par la croissance de votre bébé, il fera des échographies supplémentaires pour déterminer d'où vient le problème et comment il peut être traité.

La taille d'un bébé qui se développe est mesurée à l'aide d'une courbe percentile, comme celle utilisée pour suivre l'évolution de la taille et du poids après la naissance. À partir de 24 semaines, ces courbes représentent la croissance moyenne d'un bébé en fonction de la hauteur de l'utérus, mesure que l'infirmière ou l'obstétricien effectue lors de chaque rendez-vous, à l'aide d'un mètre ruban, pris à partir du point le plus haut de votre gros ventre, sous le sternum, jusqu'au point le plus bas, sur le pubis.

Si cette mesure tombe en dessous du 10e centile alors que vous êtes entre 26 et 28 semaines, votre obstétricien procédera sans doute à de nouvelles échographies afin de vérifier le périmètre crânien et la circonférence abdominale de votre bébé à intervalles réguliers sur une période donnée. Les résultats seront reportés sur une courbe percentile qui figurera dans votre dossier de maternité. La hauteur de l'utérus est influencée non seulement par la taille du bébé, mais également par la quantité de liquide amniotique, dont l'excès ou l'insuffisance peut parfois être problématique. Ces échographies de suivi de la croissance sont des précautions destinées à rassurer aussi bien l'équipe médicale que les futurs parents.

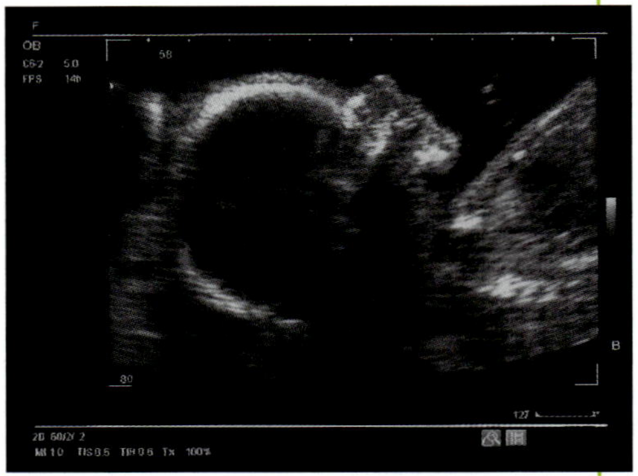

Échographie Si la croissance de votre bébé semble lente, votre obstétricien vous proposera des échographies supplémentaires pour la surveiller de près.

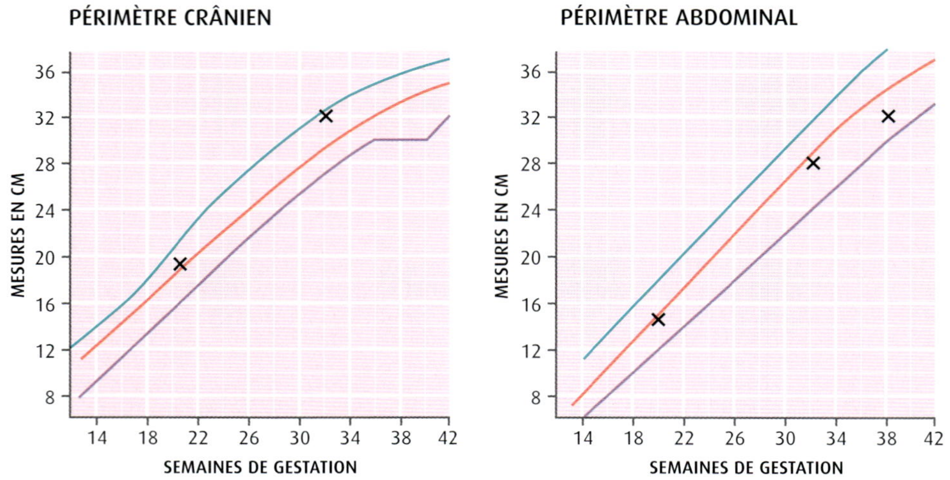

Graphiques de croissance La courbe de gauche montre que la tête du bébé grossit régulièrement. Celle de droite indique que la croissance de l'abdomen ralentit, probablement parce que le cœur et le cerveau pompent le sang et les nutriments.

LÉGENDE

- 90e percentile
- 50e percentile
- × Résultats
- 10e percentile

Dans quels cas devrais-je passer des échographies et des examens supplémentaires ?

Certaines grossesses nécessitent un suivi plus poussé afin de vérifier que le bébé grandit bien. Cela peut être dû à des facteurs identifiés dès le début, auquel cas les examens complémentaires seront programmés, mais d'autres problèmes peuvent survenir en cours de grossesse. Les facteurs suivants imposent des examens supplémentaires lors de vos rendez-vous mensuels :

» Complications lors d'une grossesse précédente, comme un bébé de faible poids de naissance ou l'accouchement d'un enfant mort-né.

» Maladie chronique présente avant la grossesse, comme du diabète ou des problèmes cardiaques.

Situations survenant en cours de grossesse, susceptibles de nécessiter une surveillance supplémentaire :

» Grossesse multiple découverte lors de la première échographie.

» Apparition de diabète gestationnel.

» Mère de rhésus négatif qui développe des anticorps anti-rhésus.

Situation nécessitant des échographies supplémentaires en fin de grossesse afin de s'assurer que le bébé va bien.

» Rupture de la poche des eaux avant le terme.

» Insuffisance ou excès de liquide amniotique.

» Bébé qui ne bouge pas comme d'habitude.

Mon médecin m'a parlé d'une échodoppler. Dans quels cas est-elle nécessaire ?

En cas de complications au cours de votre grossesse, ou si une échographie confirme un problème de croissance de votre bébé, vous passerez peut-être une échodoppler. Cette échographie mesure le flux sanguin dans l'artère ombilicale et l'utérus et détermine la santé du placenta. Vous pourrez en avoir plusieurs lors de votre grossesse, notamment pour suivre la croissance de votre bébé sur une période donnée. En cas de doute sur les mouvements du fœtus, une cardiotocographie (type d'échodoppler), qui enregistre le rythme cardiaque du bébé, peut être réalisée. Selon le résultat, un déclenchement précoce du travail pourra être envisagé. Bien qu'elle puisse être effectuée avant, la cardiotocographie est généralement pratiquée au 3e trimestre.

question ? réponse

À quel moment pourrai-je passer une échographie en 3D ?

Les échographies en 3D peuvent être pratiquées à tous les stades de la grossesse. Elles montrent des images fixes du bébé en trois dimensions, alors que celles en 4D transmettent des images en 3D du bébé en mouvement. Ce type d'échographie ne laisse pas voir son organisme, mais son apparence externe.

Au Québec, dans le cadre du suivi prénatal, les échographies sont généralement réalisées en 2D. Cependant, de nombreux établissements privés vous proposeront des échographies en 3D, voire en 4D avec du son. Attention, ces examens non prescrits par le corps médical ne sont pas couverts par la RAMQ et resteront à votre charge. Dans tous les cas, renseignez-vous sur la réputation des centres qui offrent ces prestations. Une échographie en 3D (ou 4D) n'est pas plus dangereuse qu'en 2D ; les ondes sonores rassemblées pour constituer l'image 3D sont simplement issues d'un plus grand nombre d'angles. En cas de grossesse multiple, ce type d'échographie est parfois utilisé pour vérifier si les fœtus partagent le même placenta ou sac amniotique, et peut fournir des informations fiables sur le stade d'une grossesse.

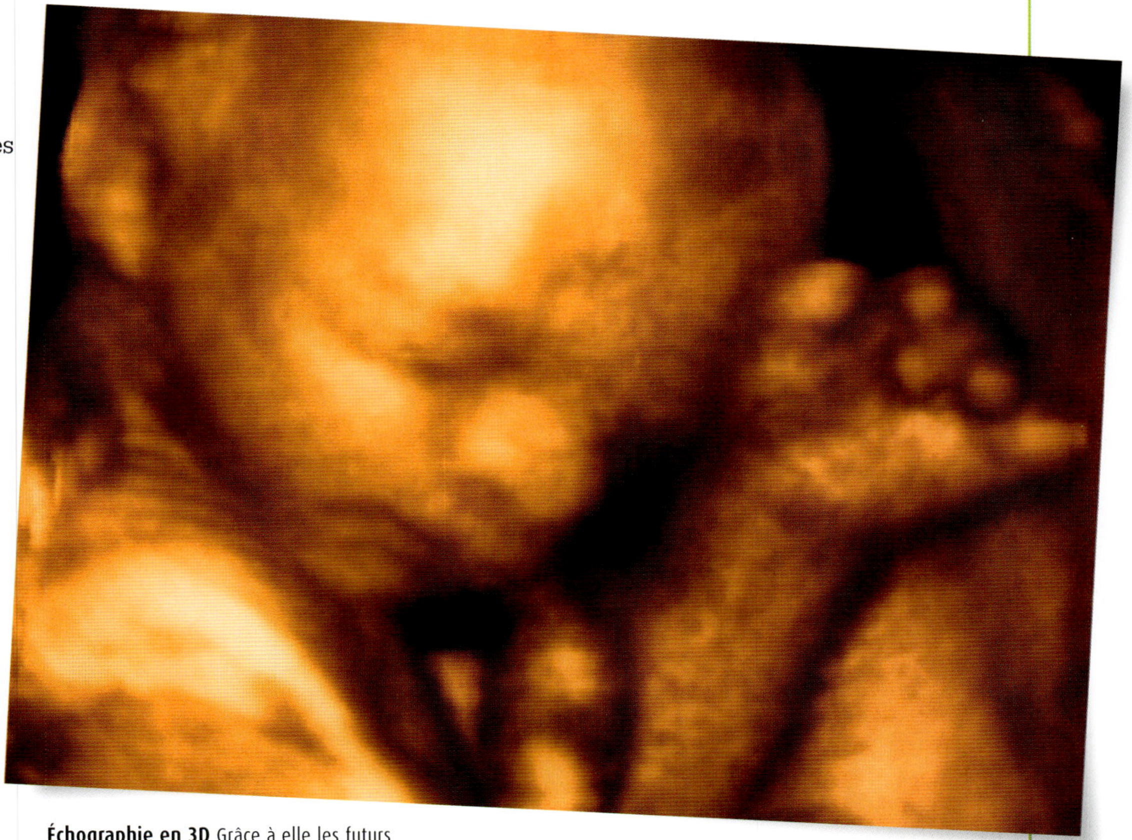

Échographie en 3D Grâce à elle les futurs parents voient à quoi ressemble leur bébé.

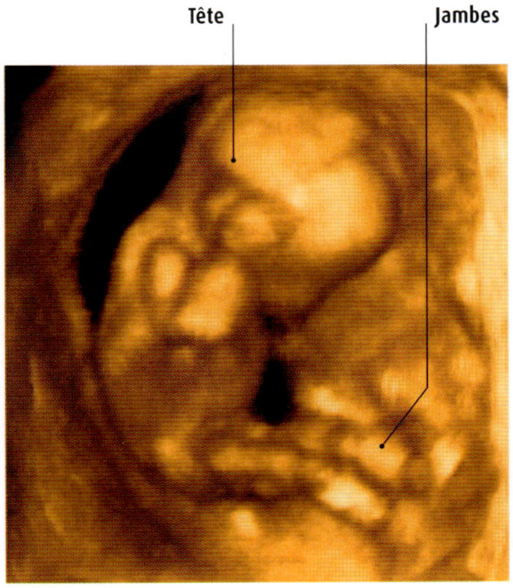

14 semaines À 12 semaines, un fœtus est totalement formé, et il est parfois possible de déterminer le sexe dès 14 semaines. Si vous voulez voir votre bébé en entier sur une photo d'échographie 3D, assurez-vous d'en passer une plus tôt. Plus le temps passe, plus l'espace se restreint.

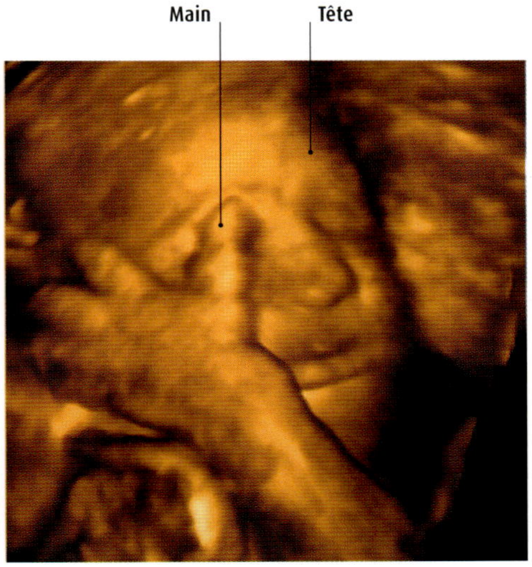

Gros plan Les échographies en 3D montrent un large éventail d'expressions sur le visage du fœtus, comme un sourire ou un froncement de sourcils. On le voit même parfois ouvrir la bouche. Ce bébé de 38 semaines se frotte les yeux.

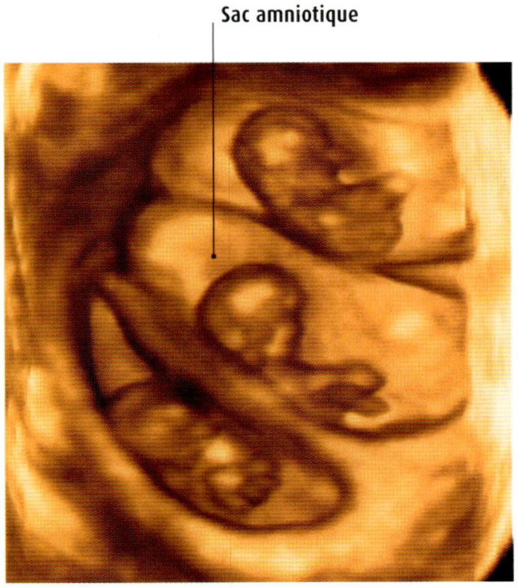

Triplés Cette étonnante image de triplés montre que chaque fœtus a son propre sac amniotique. Entre chaque sac, on voit un petit bout de placenta en forme de V, ce qui confirme que chaque fœtus a non seulement son propre sac amniotique, mais aussi son propre placenta.

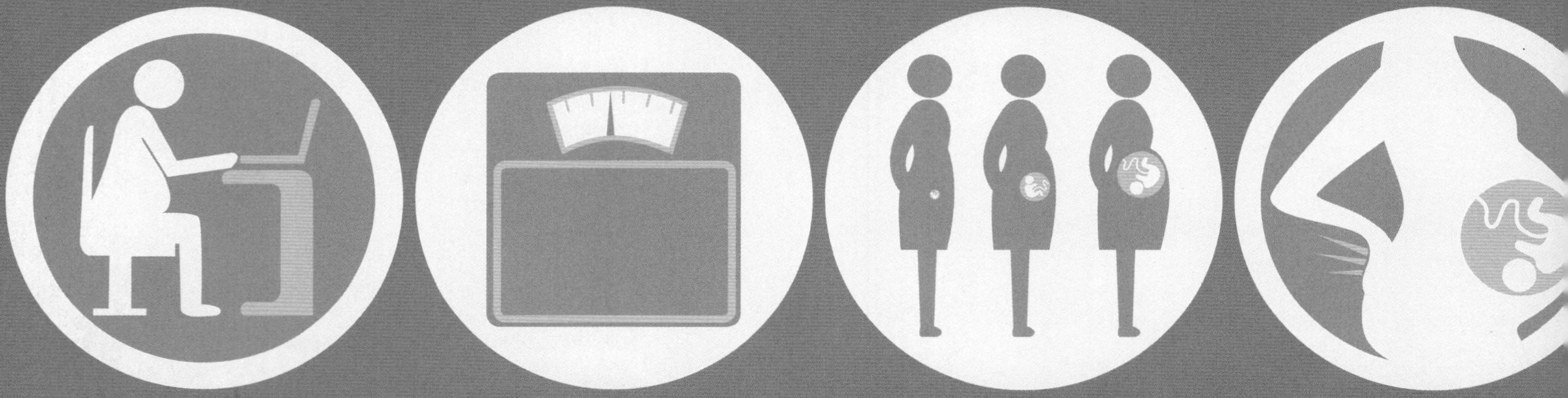

» Dans ce chapitre...

Votre grossesse et vous

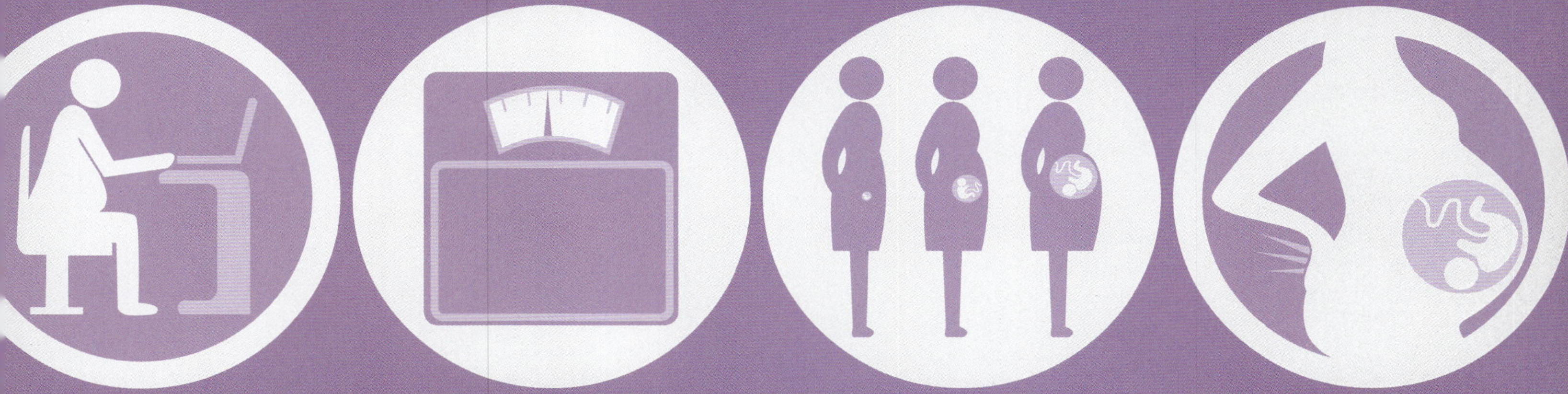

Au cours des 9 prochains mois, votre corps va subir d'**incroyables changements**. Certains auront des conséquences sur votre vie au quotidien au fur et à mesure que votre ventre grossira, ce qui peut être aussi excitant que perturbant. Découvrez les **petits ajustements** qui seront nécessaires, ainsi que les **changements** physiques et **émotionnels** que vous risquez d'expérimenter. Apprenez à gérer les **symptômes les plus courants**, et les complications susceptibles de survenir.

Enceinte, vous entendrez souvent dire que **votre vie** va prendre un tout autre sens. Mais vous vous demandez peut-être comment elle va changer **au quotidien**, et comment vous donner, ainsi qu'à votre bébé, les **meilleures chances** de vivre sereinement une grossesse sans risque et en bonne santé.

Les changements du quotidien

Le monde qui vous entoure

Maintenant que vous êtes enceinte, vous vous rendez peut-être mieux compte de la façon dont l'environnement dans lequel nous vivons et travaillons a des conséquences directes sur notre santé et notre bien-être, et vous vous demandez peut-être dans quelle mesure il agit également sur la santé et le bien-être de votre bébé. Dans ce chapitre, nous aborderons un certain nombre de questions qui se rapportent à l'environnement dans lequel vous vivez et aux produits chimiques avec lesquels vous êtes en contact. Nous verrons comment réduire leurs effets sur votre santé et celle de votre bébé. Nous traiterons du problème de la pollution de l'air si vous vivez en ville, et de l'exposition aux métaux lourds, ainsi que de la conduite à tenir si vous avez des tuyaux en plomb dans votre maison.

Le monde du travail

Selon votre métier, votre grossesse aura des conséquences plus ou moins importantes sur vos journées de travail. Au Québec, les femmes enceintes disposent de certains avantages qui les protègent. Dans cette partie, nous verrons les aspects de votre profession qui peuvent s'avérer dangereux pour le fœtus ou particulièrement épuisants pour vous : vous pourrez ainsi vous assurer que votre employeur fait le nécessaire pour vous protéger sur votre lieu de travail. Nous parlerons également des délais dont vous disposez pour l'informer que vous êtes enceinte. Enfin, nous ferons le point sur les droits auxquels vous pouvez prétendre pendant la grossesse et une fois que votre bébé sera là (autorisations d'absence pour vous rendre aux différents rendez-vous, congés maternité, paternité, parental d'éducation, etc.).

En matière de mode de vie

Les animaux domestiques, les cosmétiques et les loisirs comme le jardinage auront aussi leur place. Nous répondrons également aux questions les plus fréquentes pour vous guider sur les changements qui interviendront dans votre mode de vie, et essayerons de vous faire oublier vos craintes. Tout le monde a besoin de repos, une femme enceinte plus que quiconque. Peut-être prévoyez-vous des vacances à l'étranger avant la naissance ? Mais jusqu'à quand pouvez-vous prendre l'avion ? Que se passe-t-il si vous devez vous faire vacciner ? Comment bien voyager en voiture ? Quelle assurance voyage contracter ? Enfin, nous nous pencherons sur le sommeil, plus précieux maintenant qu'il ne l'a sans doute jamais été. Comment savoir si vous vous reposez assez ? Nous vous indiquerons les meilleurs moments pour dormir et verrons comment limiter les siestes aux cycles de sommeil naturel de votre organisme.

question ? réponse

Puis-je continuer à avoir des relations sexuelles ? Cela peut-il blesser le bébé ou rompre la poche des eaux ?

Vous pouvez faire l'amour sans problème tant que votre grossesse ne présente pas de complications. Votre bébé ne risque rien, il est bien protégé dans son sac amniotique, et des études ont montré qu'il est plus qu'improbable que la pénétration provoque la rupture de la poche des eaux.

Le plus gros défi lors d'une relation sexuelle alors que vous êtes enceinte est de vous accommoder de votre ventre toujours plus gros, mais du point de vue de la santé, vous n'avez aucune raison d'arrêter. En fin de grossesse, les contractions utérines provoquées par un orgasme peuvent même vous aider à vous préparer à l'accouchement. Souvent, les couples apprécient de faire l'amour sans utiliser de contraceptif ou sans avoir à penser aux conséquences. Mais n'oubliez pas que vous pouvez quand même contracter des ITS, donc en cas de doute, utilisez un préservatif.

Si les relations sexuelles ne présentent pas de risques pour votre bébé, elles peuvent ne pas vous être toujours agréables, en raison de tensions mammaires, de crampes, de nausées, ou d'une fatigue croissante. Vous préférerez sans doute des rapports plus calmes et aurez besoin de vous adapter ou d'adopter différentes positions à chaque stade de la grossesse. Certains couples affirment qu'être sur le côté, de face ou en cuillère (votre partenaire derrière vous), améliore considérablement les choses.

De nombreuses femmes connaissent des fluctuations de leurs pulsions sexuelles quand elles sont enceintes. En effet, l'augmentation du taux d'œstrogènes et de progestérone dans l'organisme peut accroître la libido, et l'augmentation du débit sanguin intensifie les sensations au niveau des seins et du vagin. Votre corps qui change peut être incroyablement excitant pour votre partenaire, mais il peut aussi craindre de faire du mal au bébé et avoir du mal à se détendre. Si vous ne voulez pas avoir de rapports sexuels, trouvez d'autres moyens d'avoir des moments intimes. La communication et le toucher sont essentiels pour rester proches et renforcer votre relation. Très souvent, avoir engendré une vie contribue à améliorer les ébats du couple.

Prenez du temps pour vous reposer ensemble En vous câlinant, vous renforcerez votre relation. Prenez le temps d'une petite sieste ou d'un après-midi cocooning ensemble.

QUAND FAUT-IL LES ÉVITER ?

Dans quelques rares cas, il est préférable d'éviter les relations sexuelles avec pénétration. Si vous avez des pertes blanches, une irritation ou des douleurs lors des rapports, consultez votre médecin.

» **Saignements :** la pénétration peut intensifier un saignement important qui survient pendant la grossesse.

» **Antécédents de fausse couche** ou d'accouchement prématuré.

» **Suspicion de rupture de la poche des eaux :** dans ce cas, une relation sexuelle peut provoquer une infection.

» **Incompétence cervicale** (voir p. 147).

» **Placenta praevia** (voir p. 147).

Le saviez-vous ?

En fin de grossesse, l'orgasme déclenche fréquemment des contractions de Braxton Hicks (voir p. 201). Si vous trouvez ça désagréable, essayez de respirer lentement et profondément, ou appliquez des techniques de relaxation jusqu'à ce qu'elles cessent.

question ? réponse

Les radiations sont-elles dangereuses pour mon bébé ? Puis-je utiliser mon téléphone portable ou mon micro-ondes sans risque ?

Rien ne prouve qu'il est préférable de ne pas les utiliser lorsque vous êtes enceinte. Des études conduites sur les effets à long terme du téléphone portable sur la santé (pendant la grossesse ou non) n'en sont qu'aux prémices, et en l'état actuel des choses il est impossible d'être catégorique quant à un éventuel danger. Les ondes radio émises par un téléphone portable ne sont pas plus dangereuses que celles produites par un ordinateur ou un téléviseur. Le téléphone suscite plus d'interrogations parce qu'il est contre la tête lorsqu'on s'en sert. Les connaissances actuelles ne permettent pas d'affirmer qu'il y a un risque pour votre bébé si vous gardez votre portable dans une poche près de votre ventre. Si cela vous inquiète, rangez-le dans votre sac à main et optez pour la fonction mains libres quand vous téléphonez. Vous pourrez ainsi le poser loin de vous.

Les micro-ondes modernes sont fabriqués suivant des normes très strictes qui garantissent que les « fuites » de radiations sont bien en dessous des niveaux nocifs pour l'homme. Si vous en utilisez, assurez-vous simplement qu'il respecte les normes de sécurité en vigueur et éloignez-vous quand il est en marche.

question ? réponse

Puis-je passer une radio des dents en étant enceinte ?

La plupart des rayons utilisés en dentisterie sont très courts, de faible puissance et suffisamment éloignés de votre abdomen pour qu'il n'y ait pas de risque. Cependant, si cela vous préoccupe, n'hésitez pas à en parler à votre dentiste, il saura vous conseiller. De même, pendant la grossesse, la plupart des radiographies du thorax et des membres ne posent pas de problème. D'une manière générale, si votre médecin vous prescrit une radiographie alors que vous êtes enceinte, c'est qu'il estime que son bénéfice est supérieur aux risques encourus.

question ? réponse — J'habite en ville. La pollution est-elle un danger pour mon bébé ?

Si vous limitez les activités en plein air pendant les pics, alors les risques d'effets néfastes de la pollution sont réduits. Il faudrait que vous soyez exposée à des quantités très importantes pour que cela représente un véritable danger.

Une étude conduite en 2014 à l'université de Floride a montré que les femmes enceintes qui vivaient dans des zones urbaines très polluées étaient plus susceptibles d'avoir de l'hypertension artérielle et de faire une prééclampsie. Une autre, réalisée en Pologne, a suivi des enfants de la naissance jusqu'à l'âge de 5 ans, et a conclu que les enfants soumis à des taux de pollution élevés *in utero* et au cours des premières années de leur vie avaient un quotient intellectuel légèrement inférieur. Aux États-Unis, l'École de santé publique de Harvard a établi un lien entre pollution aux particules fines (émises par les incendies, les véhicules, et les cheminées industrielles), et autisme, en particulier en cas d'exposition au cours du 3e trimestre.

Ces conclusions semblent alarmantes, mais nous savons depuis longtemps que la pollution atmosphérique est nocive pour la santé. C'est pourquoi, même si nous manquons d'éléments pour confirmer ses effets sur la femme enceinte et le fœtus, un minimum de prudence s'impose.

Évitez par exemple de vous promener dans la rue et d'ouvrir vos fenêtres aux heures de pointe. Si vous pouvez, installez un purificateur d'air à votre domicile. Dans la mesure du possible, marchez dans des parcs ou au bord de routes peu fréquentées, plutôt qu'en longeant une file de véhicules arrêtés au feu rouge. Dans tous les cas, buvez beaucoup pour nettoyer votre organisme.

Vivre dans une ville polluée En cas de pic de pollution, gardez vos fenêtres fermées et respectez les consignes des autorités sanitaires.

INDICE DE QUALITÉ DE L'AIR

De nombreuses agences gouvernementales dans le monde utilisent un indice de qualité de l'air pour informer la population au quotidien des prévisions en matière de pollution. Même s'il varie légèrement d'un pays à l'autre, il tient généralement compte de l'ozone troposphérique, des particules fines, du monoxyde de carbone, du dioxyde de soufre et du dioxyde d'azote. Renseignez-vous et programmez vos activités les jours où les taux de particules et d'ozone sont bas. Vous devez toujours suivre les conseils destinés aux personnes à risques.

BANNIÈRE DE QUALITÉ DE L'AIR	CONSEILS POUR LES PERSONNES À RISQUES
Faible	Profitez de vos activités habituelles en plein air.
Modéré	Pensez à réduire les activités prolongées ou épuisantes.
Élevé	Réduisez ou reportez vos activités en plein air.
Très élevé	Évitez tout effort en plein air.

question ? réponse — J'ai des chats. Est-ce que je peux changer leur litière sans risque ?

Pas vraiment. Leurs excréments contiennent un parasite appelé *Toxoplasma gondii* à l'origine de la toxoplasmose, maladie qui comporte de nombreux risques pour les femmes enceintes : lésions cérébrales, cécité, surdité, splénomégalie ou hépatomégalie chez le fœtus, mais aussi fausse couche ou accouchement d'un enfant mort-né. Plus la contamination intervient tôt dans la grossesse, plus le risque de transmission du parasite au fœtus est faible, mais le cas échéant, plus les risques sont importants. À l'inverse, plus elle intervient tard, plus le risque de transmission est élevé, mais moins les éventuelles complications sont graves. Les signes qu'un bébé est infecté par la toxoplasmose ne sont pas toujours évidents à la naissance, même si l'enfant peut présenter des symptômes de jaunisse ou d'anémie et être de faible poids. La plupart des femmes qui ont un chat ont déjà eu la maladie. Si l'infection est intervenue plus de 3 mois avant la conception, l'immunité est acquise. Leur bébé ne court donc aucun risque. Sur demande, votre médecin vous prescrira un test de dépistage en début de grossesse. Vous saurez ainsi si vous êtes immunisée. Sinon, le principe de précaution s'impose : désignez un volontaire pour changer la litière à votre place. Si personne ne peut le faire pour vous, portez des gants en caoutchouc et lavez-vous les mains immédiatement après. Le parasite est aussi présent dans le sol et la viande crue. Il est donc indispensable de vous laver soigneusement les mains après avoir jardiné ou après avoir manipulé de la viande crue, et de bien rincer les fruits et légumes.

question ? réponse — La tuyauterie de ma maison est en plomb. Puis-je boire l'eau du robinet ?

Vous devez éviter au maximum les contacts avec des métaux « lourds » toxiques même lorsque vous n'êtes pas enceinte. Le plomb présent dans l'eau peut être stocké dans le sang et les os de la mère et contaminer le fœtus. Or il a été démontré que le plomb pouvait ralentir le développement du cerveau aussi bien avant la naissance qu'après. Au Canada, dans certaines villes, les autorités locales subventionnent le remplacement des tuyaux en plomb. Ce n'est pas le cas au Québec pour l'instant. Si vous le pouvez, faites remplacer vos canalisations. Dans l'intervalle, filtrez l'eau du robinet. Un simple filtre fixé directement sur les robinets suffit à éliminer nombre d'impuretés, notamment le mercure, l'aluminium et le plomb. Utilisez de l'eau filtrée pour cuisiner. Si vous préférez l'eau minérale en bouteilles, choisissez celle avec le taux de sodium le plus faible.

Limitez votre exposition aux métaux lourds toxiques en utilisant des plats et des casseroles en verre, en acier inoxydable ou en porcelaine plutôt qu'en aluminium.

Je me teins les cheveux. Y a-t-il des colorations à éviter ?

Si vous voulez vraiment jouer la sécurité, utilisez des colorations à base de plantes, comme le henné. Cependant, le taux de produits chimiques nocifs contenus dans ces colorations est très faible, et vous teindre les cheveux environ tous les 3 mois alors que vous êtes enceinte ne présente pas de risque particulier pour votre bébé. En revanche, votre peau, extrêmement sensible pendant la grossesse, peut faire une réaction au contact du produit, vos cheveux peuvent réagir bizarrement, se mettre à friser ou devenir cassants, et la couleur peut ne pas prendre comme d'habitude. Si vous utilisez une teinture chimique, faites d'abord un test sur une petite partie de vos cheveux, même si vous l'avez déjà utilisée. Autre possibilité, contentez-vous d'un balayage, qui limitera la quantité de produit en contact avec votre peau, réduisant ainsi les risques d'effets indésirables ainsi que la quantité d'agents chimiques qui pénétrera dans votre circulation sanguine.

Les autobronzants en spray sont-ils déconseillés ?

D'une manière générale, il est préférable d'éviter d'inhaler des substances chimiques quand vous êtes enceinte, y compris celles contenues dans votre autobronzant. Utilisez plutôt une mousse ou une crème autobronzante qui contient les mêmes ingrédients mais s'applique directement sur votre corps. Vous éviterez ainsi de respirer des produits chimiques. En outre, sous cette forme, les autobronzants pénètrent uniquement dans la couche supérieure de l'épiderme, ce qui limite les risques pour votre bébé.

Au Canada, près de **45 %** des **adultes** sont contaminés par la toxoplasmose durant l'enfance ou l'adolescence. Dans **80 %** des cas, les personnes touchées ne ressentent **aucun symptôme** car le système immunitaire fournit une protection suffisante.

J'adore jardiner. Y a-t-il des risques pour mon bébé ?

Oui. Le jardinage comporte différents risques, comme le contact avec des produits chimiques, une exposition à la toxoplasmose dans le sol ainsi que sur les fruits et légumes non lavés, le fait de porter de lourdes charges, et à un certain stade, la difficulté de se relever de la position à genoux.

Un petit jardin est un excellent moyen de profiter d'une activité de plein air et de la nature, mais lorsque vous êtes enceinte, certains dangers vous guettent. Protégez-vous des produits toxiques comme les engrais et les fertilisants, et prenez de bonnes habitudes pour éviter de vous blesser. Voici quelques conseils afin de limiter les risques.

» **Agenouillez-vous et levez-vous** correctement. Mettez-vous accroupie puis à genoux. Pour vous lever, poussez avec les cuisses et ne forcez pas sur le dos.

» **Portez toujours des gants** de jardinage et évitez de toucher la terre avec les mains. Des chats et d'autres animaux ont peut-être fait leurs besoins dans votre jardin.

» **Soulevez les déchets et les pots** un peu lourds avec précaution. Baissez-vous en fléchissant les genoux, et non la taille. Demandez de l'aide si quelque chose est trop lourd pour vous.

» **S'il fait chaud, portez un chapeau** et buvez beaucoup d'eau. Le jardinage, ça donne soif ! Essayez de jardiner aux heures les plus fraîches.

» **Ne pulvérisez pas d'insecticide** sur vos cultures. Laissez faire les autres ! Si personne ne peut s'en charger, portez un masque qui couvre la bouche et le nez.

» **Laissez votre entourage se charger** des travaux les plus durs comme tondre une immense pelouse ou tailler la haie. Et quoi que vous fassiez, si vous vous sentez fatiguée ou prise de vertiges, arrêtez-vous.

» **Lavez-vous systématiquement les mains** avec du savon antibactérien dès que vous avez terminé, même si vous portiez des gants.

» **Lavez soigneusement les fruits et les légumes** avant de les manger, même s'ils proviennent de votre jardin. Le sol peut en effet contenir des excréments d'animaux.

Je suis réellement sous pression au travail. Le stress est-il mauvais pour mon bébé?

Faire en sorte de gérer le stress et l'anxiété est toujours une bonne chose. Il semble que le cortisol et l'adrénaline, hormones du stress, sont transmis au fœtus. Certaines études ont en effet mis leur présence en évidence dans le liquide amniotique de futures mamans stressées. D'autres ont montré que le stress augmentait non seulement le risque d'accouchement prématuré, mais également celui d'avoir un bébé de faible poids de naissance ou présentant des anomalies congénitales. Enfin, un lien a été établi entre des mamans stressées pendant la grossesse et l'introversion ou l'hyperactivité de leurs enfants. Pour limiter le stress, prenez une vraie pause dîner, faites le tour du bloc pour vous changer les idées et quittez à l'heure au moins une partie de la semaine. Si besoin, demandez un peu d'aide et déléguez certaines tâches afin de bien gérer et de rationaliser votre charge de travail.

En quoi consiste le Programme pour une maternité sans danger?

Il s'agit d'un programme de nature préventive, qui vous permet avant tout de demeurer au travail en sécurité, et non d'un congé de maternité. La travailleuse enceinte ou qui allaite bénéficie d'une protection particulière en vertu de la Loi sur la santé et la sécurité du travail. Pour exercer votre droit à ce programme, vous devez demander à un médecin de remplir le formulaire *Certificat visant le retrait préventif et l'affectation de la travailleuse enceinte ou qui allaite*.

Le saviez-vous?

Si vous avez décidé d'allaiter votre enfant au sein, sachez qu'il n'est pas prévu de congé spécifique postnatal sauf dans les cas particuliers prévus par une convention collective. Adressez-vous alors à votre employeur. Mais si vous décidez de tirer votre lait, sachez que le Code du travail prévoit différentes dispositions pour faciliter l'allaitement.

Quels sont les devoirs de mon employeur si je suis enceinte?

Au Québec, voici les principaux points que les employeurs doivent respecter pour garantir une grossesse sereine aux femmes enceintes membres de leur personnel.

» **Fournir un lieu** de repos.

» **Autoriser vos absences,** sans salaire, pour vos examens de suivi prénatal.

» **Vous changer de poste** à salaire maintenu, notamment s'il impose :

- De soulever des objets lourds ou de faire des efforts physiques.
- D'être en équilibre, de vous pencher, vous étirer, vous contorsionner, ou d'être dans une position pénible.
- Une exposition à des températures extrêmes ou à de la pression, des vibrations, des secousses ou des mouvements saccadés prolongés.
- Un niveau de bruit supérieur à 85 décibels.
- Une exposition prolongée à des produits chimiques, des radiations ou tout autre polluant.
- De travailler en équipe si votre médecin pense que cela peut nuire à votre grossesse.

Vous recevrez un guide de suivi de la grossesse qui détaillera toutes les consultations et tous les examens obligatoires et ceux pris en charge à 100 % à partir du 6e mois. Le carnet de maternité, délivré à chaque femme enceinte, sera rempli par tous les praticiens qui vous suivent. On peut aussi y noter les antécédents, les complications.

Dans quel cas peut-on demander à changer de poste à son employeur?

Certaines conditions de travail sont considérées comme des facteurs de risque d'accouchement prématuré et sont à éviter absolument :

- Faire des trajets quotidiens de plus d'une heure.
- Rester debout pendant plus de trois heures.
- Travailler dans une atmosphère froide, ou trop sèche, ou trop humide.
- Porter des charges de plus de 10 kg.
- Être exposée à un niveau de bruit élevé, aux vibrations de machines.

Si telles sont vos conditions de travail, il vous faut demander un changement de poste et, au besoin, si votre employeur ne veut pas tenir compte de votre grossesse, en parler à votre médecin.

En effet, chez les femmes enceintes qui travaillent dans des conditions difficiles (environ 20 % de la population féminine active), on a observé jusqu'à 40 % de naissances avant terme, contre 6 % en moyenne dans des conditions de travail correctes. Quatre catégories professionnelles sont plus particulièrement touchées : les employées de commerce, le personnel médico-social, les ouvrières spécialisées et le personnel des industries de service.

À quel moment faut-il avertir son employeur de sa grossesse?

La loi prévoit uniquement l'obligation d'informer l'employeur avant de partir en congé maternité. Mais il est assez courant que l'annonce se fasse au terme du 3e mois, une fois les risques

Au Québec, **plus d'une mère sur deux** d'enfants de moins de 8 ans s'est arrêtée de travailler ou a réduit son temps de travail, pendant au moins un mois au-delà de son congé maternité.

de fausse couche écartés. La loi ne réglemente pas non plus la forme que doit prendre la déclaration de grossesse à l'employeur. Vous pouvez l'annoncer de vive voix à votre supérieur hiérarchique et en parallèle envoyer une lettre recommandée avec accusé de réception à l'employeur précisant la date présumée de l'accouchement. Mais ne tardez pas trop car ce n'est qu'à partir de l'annonce de sa grossesse à son employeur que la salariée enceinte pourra bénéficier des avantages spécifiques que lui procurent la loi et la convention collective.

question ? réponse Est-ce que je peux faire certains examens durant les heures de travail ?

Si vous avez annoncé officiellement votre grossesse à votre employeur, vous avez le droit de vous absenter pour vous rendre à vos examens médicaux obligatoires (visites prénatales, échographies de grossesse…), sans diminution de salaire. Veillez simplement à prévenir votre supérieur hiérarchique par correction et gardez un justificatif de ces absences, au cas où on vous le demanderait. Sachez également que le futur papa peut lui aussi bénéficier d'une autorisation d'absence pour se rendre à trois de ces examens médicaux.

question ? réponse Je passe tout mon temps sur l'ordinateur, est-ce nocif pour mon bébé ?

Aucune étude n'a prouvé à ce jour que le travail devant un ordinateur était nocif pour le fœtus. En revanche, le fait d'être assise toute la journée peut être préjudiciable à votre confort. Mettez un petit tabouret sous vos pieds pour garder les jambes surélevées. Changez souvent de position, marquez des pauses en marchant un peu ou en faisant des exercices d'étirement pour votre dos et vos jambes. Ayez toujours à côté de vous une bouteille d'eau. Évitez les pièces surchauffées et ne vous couvrez pas trop.

question ? réponse Comment rester en forme lors d'une longue journée au bureau ?

Enceinte, vous ressentirez différemment les effets de vos 7 heures de travail quotidiennes, notamment au 1er et au 3e trimestre, plus fatigants. Ces quelques petits ajustements devraient pouvoir vous aider.

» **Profitez de votre pause dîner** pour manger et vous reposer, et non pour faire les courses. Prenez le temps de vous asseoir dans un café ou sur un banc dans un parc pour déconnecter du stress ressenti au travail.

» **Aménagez correctement votre poste de travail** et adoptez une bonne posture. Vous devrez sans doute ajuster la position de votre chaise et de votre ordinateur.

» **Faites des pauses courtes, mais plus fréquentes,** en quittant votre poste. Marcher un peu toutes les 45 minutes peut contribuer à éviter les aigreurs et les brûlures d'estomac. Les étirements atténuent les douleurs.

» **Buvez de l'eau** et prenez des collations saines, comme des fruits frais ou des noix tout au long de la journée. Ils maintiendront vos réserves d'énergie à flot tout en luttant contre les nausées.

» **Choisissez des vêtements** et des chaussures confortables. Portez des matières naturelles, respirantes, qui le cas échéant vous aideront à réguler votre température corporelle.

» **Demandez à votre employeur** si vous pouvez modifier légèrement vos horaires, afin d'éviter les trajets aux heures de pointe, qui relèvent souvent du parcours du combattant, que vous soyez en voiture ou dans les transports en commun.

» **Le soir, limitez au maximum le ménage** et la cuisine et détendez-vous. Demandez à votre partenaire ou à un autre membre de la famille de vous aider.

» **Dans la mesure du possible,** couchez-vous tôt.

Je voudrais prendre des vacances. Quel est le meilleur moment pour partir ?

La plupart du temps, l'idéal est au 2e trimestre, moment auquel vous profiterez au mieux de votre grossesse. Vous aurez en effet un regain d'énergie lorsque les nausées s'atténueront, vous serez ainsi plus motivée pour voyager et rechignerez moins à abandonner votre petit confort habituel. Au cours du 1er trimestre, vous risquez de vous sentir nauséeuse et épuisée. En outre, le risque de fausse couche est plus élevé. Au 3e trimestre, votre ventre rendra le voyage plus inconfortable et vous serez sans doute plus fatiguée. En outre, si quelqu'un pense que vous risquez d'accoucher, vous aurez du mal à organiser votre voyage, car certaines lignes aériennes vous refuseront à bord.

Jusqu'à quel stade de ma grossesse puis-je prendre l'avion ?

Tant que vous êtes dans une cabine pressurisée, ce qui est le cas de tous les gros porteurs, mais pas des petits « coucous » qui vous déposeront d'île en île par exemple, voler ne présente pas vraiment de risque. Cependant, si vous souffrez d'hypertension artérielle, et êtes vraiment anémiée, ou si vous avez des antécédents de fausse couche, votre médecin vous déconseillera peut-être de voler. Parlez-en avec lui.

Il faut également tenir compte des règles des compagnies aériennes, qui varient d'une entreprise à l'autre. En général, elles refuseront de vous embarquer après 32 semaines, (un petit peu plus tard pour certaines) ou 28 semaines en cas de grossesse multiple. Souvenez-vous qu'il s'agit là des dates de retour. Certaines compagnies feront des exceptions. Si vous partez au cours du 3e trimestre, toutes ou presque vous demanderont un certificat médical attestant que vous pouvez voyager. Assurez-vous de l'avoir sur vous, sinon elles sont en droit de refuser de vous laisser monter à bord en cas de doute sur votre santé ou sur le terme. Elles préfèrent en effet éviter d'avoir une femme enceinte en plein travail pendant le vol !

Faut-il éviter certains types de vacances lorsqu'on est enceinte ?

Évitez tout séjour impliquant de fortes contraintes physiques sur votre organisme, des activités susceptibles d'entraîner des chocs, de limiter votre apport en oxygène ou d'augmenter votre température corporelle. Autant dire que les séjours de plongée à Cuba sont provisoirement exclus, tout comme les vacances au ski, non

Y a-t-il un risque plus élevé de thrombose sur les vols long-courriers ?

Tout vol qui dure plus de 5 heures est considéré comme long-courrier pour les personnes à risque de thrombose (caillots sanguins), dont les femmes enceintes.

Au cours d'un vol long-courrier, le sang peut s'accumuler dans une veine, généralement au niveau des jambes, et former des caillots. Avant de réserver votre voyage, demandez à votre médecin si vous présentez des risques particuliers de thrombose en vol, ce qui peut être le cas si vous avez un taux de cholestérol élevé, ou si vous souffrez de diabète ou d'hypertension artérielle. Pendant le vol, appelez immédiatement un membre de l'équipage si vous avez des vertiges.

L'oxygène qui circule dans la cabine est parfois un peu léger et vous pouvez avoir besoin d'un complément avec le masque à oxygène. Pour réduire le risque de thrombose quand vous prenez l'avion, suivez les conseils ci-contre.

Formation de caillots sanguins Elle commence par l'apparition de dépôts graisseux appelés athéromes. Au fur et à mesure qu'ils grossissent, les athéromes obstruent la circulation sanguine et limitent l'apport d'oxygène dans les tissus. Le jour où ils se rompent, un caillot se forme.

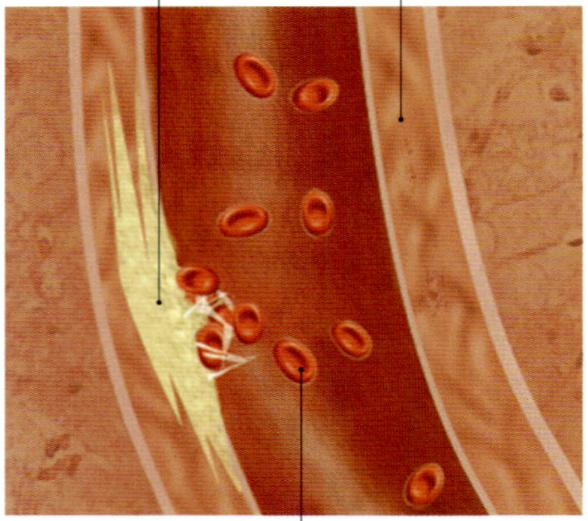

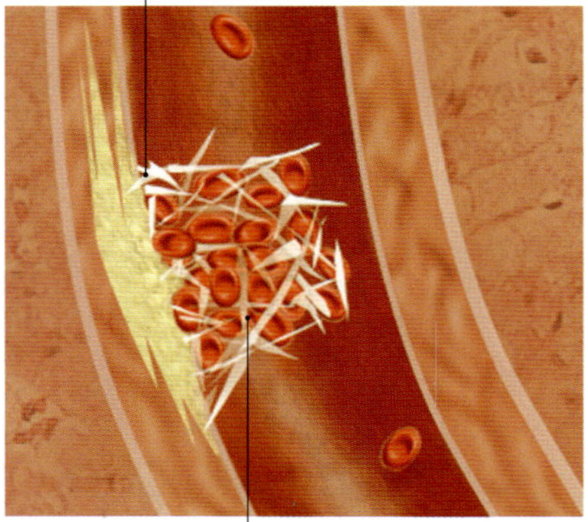

» **Portez des bas de contention** qui favorisent la circulation sanguine pendant le vol. Vous en trouverez facilement en pharmacie.

» **Marchez un peu dans l'allée** toutes les demi-heures si le signal « attachez vos ceintures » est éteint. Si vous avez suffisamment de place pour le faire, étirez-vous.

» **Buvez beaucoup d'eau** pendant tout le vol. Ainsi, vous resterez hydratée et serez obligée de vous lever pour aller aux toilettes.

» **Demandez un siège** en bordure de l'allée, pour pouvoir étendre vos jambes. Si vous pouvez vous l'offrir, voyagez en classe affaires, vous aurez plus de place.

» **Faites régulièrement des mouvements** de flexion et d'extension des chevilles tout en étant assise. Effectuez des rotations dans un sens puis dans l'autre avec chaque pied pour stimuler la circulation sanguine.

» **Portez des vêtements larges** et des chaussures qui conviennent à des pieds gonflés. Lorsque vous êtes assise, enlevez vos chaussures pour que vos pieds soient moins comprimés.

question ? réponse

Je prévois de voyager en voiture plutôt qu'en avion. Avez-vous quelques conseils pour les longs trajets ?

Tout d'abord, mettez toujours votre ceinture. Faites-la passer sous votre ventre, sur vos cuisses et au sommet de votre abdomen. Si vous avez la sensation qu'elle vous cisaille le cou, ajustez votre siège ou placez un petit coussin dessous.

Si vous conduisez et ressentez une certaine pression, reculez le volant si vous pouvez, sinon changez l'inclinaison de votre siège pour avoir plus d'espace. Ne le reculez pas trop quand même, vous devez pouvoir atteindre les pédales sans problème, et voir correctement la route. Si vous ajustez votre siège, pensez à régler aussi les rétroviseurs. Faites régulièrement des pauses. Enceinte, rester assise longtemps dans la même position peut être désagréable. Quand vous sortez de la voiture, essayez de ne pas trop vous contorsionner et secouez un peu vos jambes pour les dégourdir. Lorsque vous vous levez, servez-vous de vos cuisses, ne faites pas porter la contrainte sur votre dos.

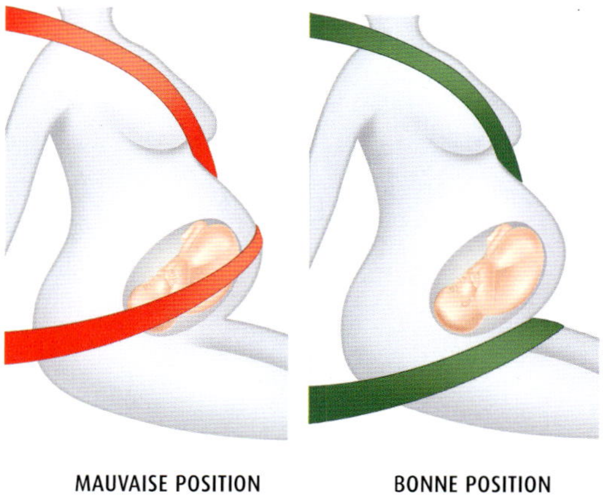

Le confort en voiture Avec une ceinture à trois points, qui passe sur et sous votre ventre rebondi, vous serez à l'aise tout en étant en sécurité.

seulement à cause de l'altitude (dans la mesure du possible, n'allez pas à plus de 2 000 m) mais surtout en raison du risque de chute. Des vacances comprenant de petites randonnées en forêt ou au bord de la mer seraient idéales, en particulier au cours du 2e trimestre. Mais n'allez pas au-delà de ce que votre corps de femme enceinte peut supporter. Faites régulièrement des pauses. Si vous partez sous des cieux ensoleillés, ou si vous pensez être souvent dehors, n'oubliez pas de mettre de la crème solaire avec un indice de protection élevé en vérifiant qu'elle ne contient pas d'oxybenzone (cet agent chimique a été associé à un faible poids de naissance).

question ? réponse

Les vaccins obligatoires pour certaines destinations sont-ils sans danger pour les femmes enceintes ?

La plupart des vaccins contiennent de petites quantités de l'agent responsable de la maladie ciblée. C'est pourquoi il est préférable de ne pas choisir un pays imposant d'être vacciné. Évitez notamment les pays à risques pour le paludisme, même si certains traitements antipaludéens peuvent être pris sans danger pendant la grossesse. En effet, le paludisme en lui-même présente un risque élevé de décès pour vous et votre bébé.

Si vous ne pouvez pas éviter de voyager dans un pays à risques, parlez à votre médecin le plus tôt possible des vaccins dont vous aurez besoin, et le cas échéant du traitement antipaludéen. En général, la vaccination vaut mieux que la maladie, mais demandez toujours un avis médical adapté à votre situation.

question ? réponse

Dois-je souscrire une assurance spéciale qui couvre le traitement pour ma grossesse ?

Vous n'avez pas nécessairement besoin d'une assurance spéciale, mais vérifiez auprès de votre assureur dans quelle mesure vous êtes couverte. Demandez-lui ce qui se passe si le travail commence, si vous devez annuler vos vacances en raison d'un problème dû à la grossesse, ou si vous devez être rapatriée. Vérifiez qu'il sait que vous êtes enceinte avant de partir en voyage et que vous respectez toutes les dispositions pour bénéficier de la couverture (avoir sur vous un certificat médical attestant que vous êtes en mesure de voyager, par exemple). Vous ne serez sans doute pas couverte au-delà d'un certain nombre de semaines de grossesse, qui peut être différent de ce qui est accepté par les compagnies aériennes, et souvent, la période néonatale ne sera pas prise en charge, surtout si votre bébé naît en avance et a besoin de soins médicaux.

En cas de doute, **n'hésitez pas à informer votre médecin** ou votre sage-femme de vos déplacements.

Je suis toujours fatiguée. Comment bien me reposer pour me sentir fraîche ?

question ? réponse

Lors d'une grossesse, la fatigue est inévitable. Au cours du 1er trimestre, elle est essentiellement due aux efforts de votre organisme pour nourrir l'embryon qui se développe et à une poussée de progestérone. Au dernier trimestre, elle est le résultat de l'inconfort provoqué par le fait de porter un bébé qui ne cesse de grossir. Malgré tout, ces quelques astuces devraient vous permettre de vous sentir moins fatiguée.

Levez le pied

Avoir une vie sociale riche est fantastique quand vous n'êtes pas enceinte, mais au cours de votre grossesse vous devrez choisir ce que vous voulez vraiment faire. Essayez de limiter les événements qui vous conduisent à vous coucher très tard ou à rester debout longtemps. N'hésitez pas à annuler une sortie si vous vous sentez trop fatiguée. Vos amis comprendront. Fixez-vous des limites, et faites en sorte de vous y tenir. Levez le pied également sur les corvées. N'oubliez pas que les courses de la semaine peuvent être livrées.

Ne ruminez pas

Si vous vous réveillez la nuit et ne parvenez pas à vous rendormir, faites quelque chose de calme, mais de positif, et surtout évitez de ruminer. Gardez un papier et un crayon à côté de votre lit et rédigez une liste de choses à faire le lendemain, lisez quelques pages ou marchez un peu dans la maison avant de revenir vous coucher. Vous pouvez aussi écouter un peu de musique douce avec un casque (en mettant le volume au plus bas) et laissez votre esprit se concentrer dessus.

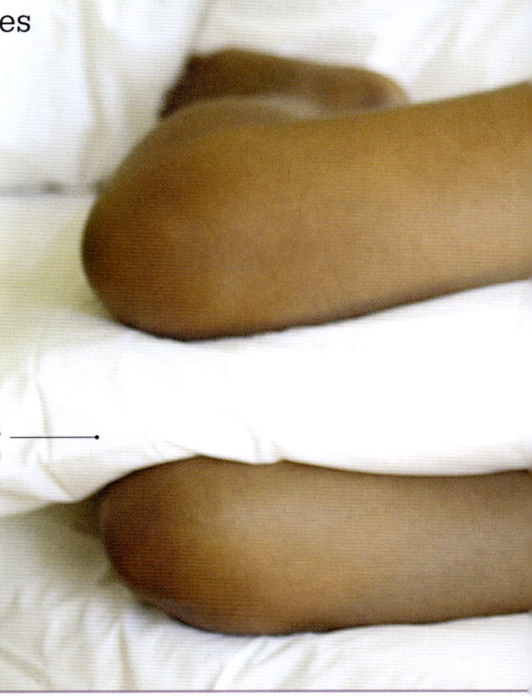

Soutenez vos jambes Placez un coussin entre elles.

ASTUCES POUR BIEN DORMIR

Sieste

Donnez à votre organisme et à votre cerveau une chance de récupérer. Si vous travaillez, n'ayez pas honte de faire un petit somme à la pause-dîner (n'oubliez pas que votre employeur doit vous fournir un endroit où vous reposer). Le week-end, programmez une alarme pour une sieste de 50 minutes. Vous aurez ainsi 5 minutes pour vous endormir, mais essayez de vous réveiller lors du cycle de sommeil léger (p. 115, en haut), afin de ne pas être complètement groggy.

Repos

Même si vous ne pouvez pas faire une véritable sieste pendant la journée, prenez le temps de vous reposer. Asseyez-vous confortablement sur une chaise et fermez les yeux. D'après certaines études, se reposer les yeux fermés en étant complètement détendu est presque aussi reposant que dormir. Si vous êtes au travail, mettez des écouteurs et de la musique relaxante, ou des bouchons d'oreilles pour vous couper du bruit environnant.

Hydratation

La déshydratation aggrave les effets de la fatigue et vous donne l'impression d'être épuisée et léthargique. Il est important de boire beaucoup tous les jours, pas plus que quand vous n'étiez pas enceinte, mais suffisamment, c'est-à-dire environ 2,2 litres de liquide (idéalement d'eau) au quotidien.

Alimentation

Votre organisme est mieux disposé à dormir lorsqu'il est détendu. Si vous faites un souper léger vers 20 heures, d'ici à ce que vous alliez vous coucher 2 heures après, la plus grosse partie du travail de digestion sera terminée. Votre organisme pourra alors se concentrer sur le sommeil plutôt que sur la digestion. Lisez la p. 57 pour des conseils sur la répartition des repas et des collations sur la journée.

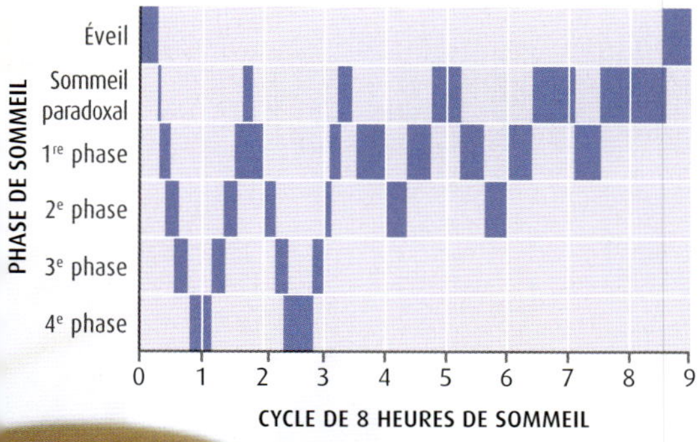

CYCLES DE SOMMEIL

Quand vous dormez, votre organisme traverse différents cycles de sommeil, tous composés de cinq phases, du sommeil léger au sommeil profond en passant par le rêve. Chaque cycle complet dure environ 90 minutes, même si le temps de chaque phase varie en fonction de l'état général de fatigue. Pour que la sieste soit efficace, tablez sur 50 minutes environ. Si vous êtes fatiguée, la phase de sommeil profond sera plus longue que les autres, mais en faisant un cycle complet et en revenant à la phase de sommeil léger qui caractérise la fin d'un cycle, vous serez fraîche quand vous vous réveillerez.

Le saviez-vous ?

Lors de chaque cycle, nous vivons une phase de sommeil paradoxal ou *sommeil des rêves*. Les phases de sommeil paradoxal sont plus longues chez les femmes enceintes à partir de 25 semaines, avec un pic entre 33 et 36 semaines. Vos rêves ne sont pas forcément plus pénétrants, mais vous en avez plus conscience.

Dormez confortablement Plus votre bébé grossira, plus cela sera difficile. Utilisez des oreillers et des coussins pour soutenir votre corps lorsque vous vous reposez.

Bons usages

Les experts du sommeil appellent *hygiène de sommeil* les rituels et aspects pratiques du coucher. Elle est essentielle pour bien dormir. Gardez votre chambre sombre et fraîche. Instaurez un rituel du coucher afin que votre cerveau identifie ce moment de la journée et se prépare au sommeil. Limitez le bruit et privilégiez les activités calmes dans l'heure qui précède, éteignez télévision, ordinateur, téléphone portable et tablette.

UNE MEILLEURE POSITION POUR DORMIR

Dormir avec des hanches douloureuses, un mal de dos constant, des brûlures d'estomac et un bébé qui ne cesse de grossir (pour ne citer que quelques inconvénients de la grossesse) est un véritable défi. Essayez ces positions pour optimiser vos chances de passer une nuit reposante :

» Si vous avez des brûlures d'estomac ou des congestions, dormez sur votre côté gauche. Surélevez légèrement votre tête et votre thorax.

» Évitez de rouler sur le dos. Au 2e trimestre, cela peut réduire la circulation sanguine destinée à votre bébé. Si nécessaire, mettez un oreiller derrière votre dos, il vous empêchera de basculer.

Un oreiller derrière vous vous évitera de rouler sur le dos.

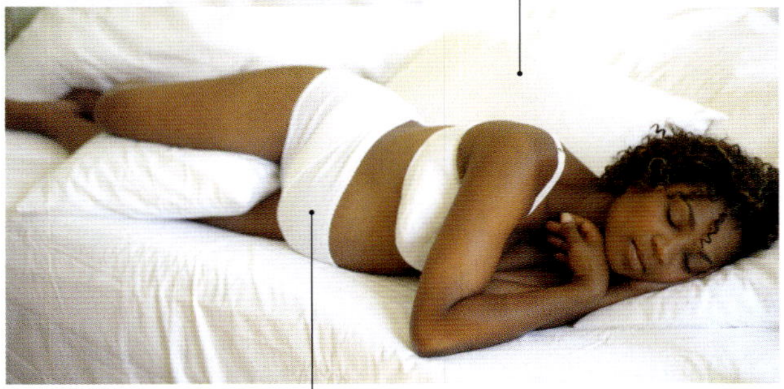

Dormez sur votre côté gauche. Vous éviterez ainsi les brûlures d'estomac et les congestions.

QUELQUES FAITS

Au fur et à mesure que votre ventre grossit, votre organisme subit de nombreux changements, dont certains sont absolument incroyables.

23 %

Quantité de sang supplémentaire pompée dans l'utérus lorsque vous êtes enceinte.

30-50 %

À 28 semaines, votre débit cardiaque a augmenté de 30 à 50 %.

50 cm

Longueur moyenne du cordon ombilical au terme de la grossesse.

45 %

Vers 16 semaines, votre volume sanguin est supérieur de 45 % à ce qu'il est quand vous n'êtes pas enceinte.

37,5 °C

Température du liquide amniotique dans lequel baigne votre bébé.

50 %

Vous respirez à 50 % plus profondément lorsque vous êtes enceinte.

GROS PLAN

VOTRE VENTRE GROSSIT

Être enceinte est étonnant. Non seulement votre corps change pour répondre aux besoins du bébé qui se développe, mais en plus le processus ne dure que 40 semaines. Lorsque vous êtes enceinte, votre corps crée un nouvel organe, le placenta. Votre cœur et votre foie peuvent prendre du volume pour satisfaire les exigences de la grossesse, et l'utérus s'étire pour que le bébé soit à l'aise au fur et à mesure qu'il grandit.

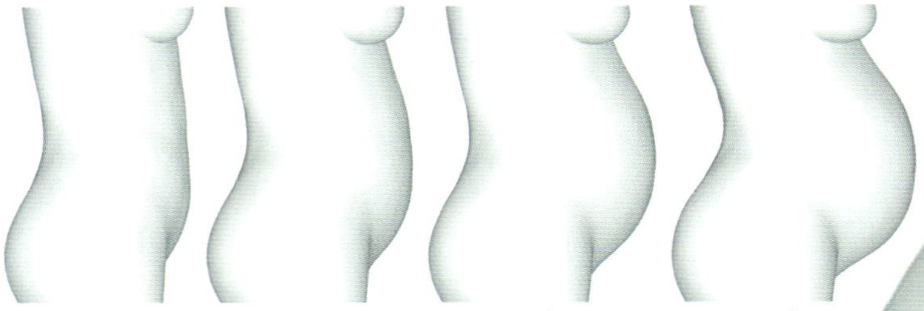

Ventre qui pousse Votre ventre prend du volume au fur et à mesure que votre utérus s'étire. La distance qui sépare le pubis du haut (fond) de l'utérus, ou *hauteur utérine*, est mesurée régulièrement à partir du 2e trimestre de grossesse. C'est un des marqueurs de croissance fœtale. En général, le résultat en centimètres correspond à la semaine où la mesure est effectuée.

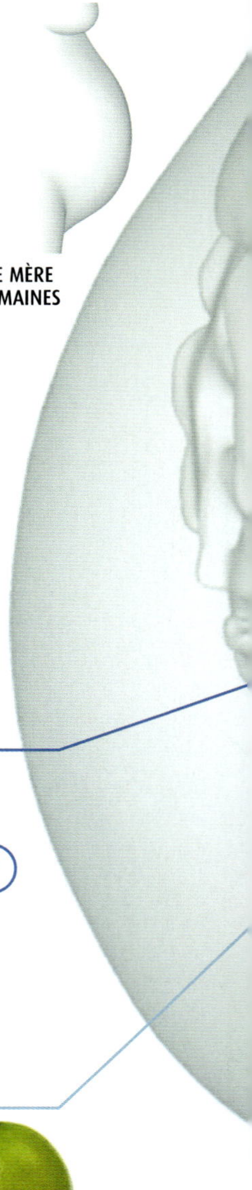

1 à 4 semaines Au cours des premières semaines, votre bébé n'est pas plus gros que la taille d'un grain de riz. L'utérus commence à peine sa poussée de croissance qui accompagne celle de votre bébé. À 4 semaines, il fait à peu près sa taille habituelle hors grossesse (celle d'une prune) et mesure entre 6 et 10 centimètres de long (à l'horizontale, et non de haut).

GRAIN DE RIZ

6 à 12 semaines À ce stade, il fait la taille d'une lime. Votre utérus s'étire et exerce une pression sur votre vessie. Vous urinerez sans doute plus souvent. Mais cela peut aussi être un signe d'infection urinaire. En cas de brûlure, consultez votre médecin. La circulation sanguine augmentant au niveau de la peau, vous aurez peut-être la sensation que vos mains et vos pieds sont plus chauds.

LIME

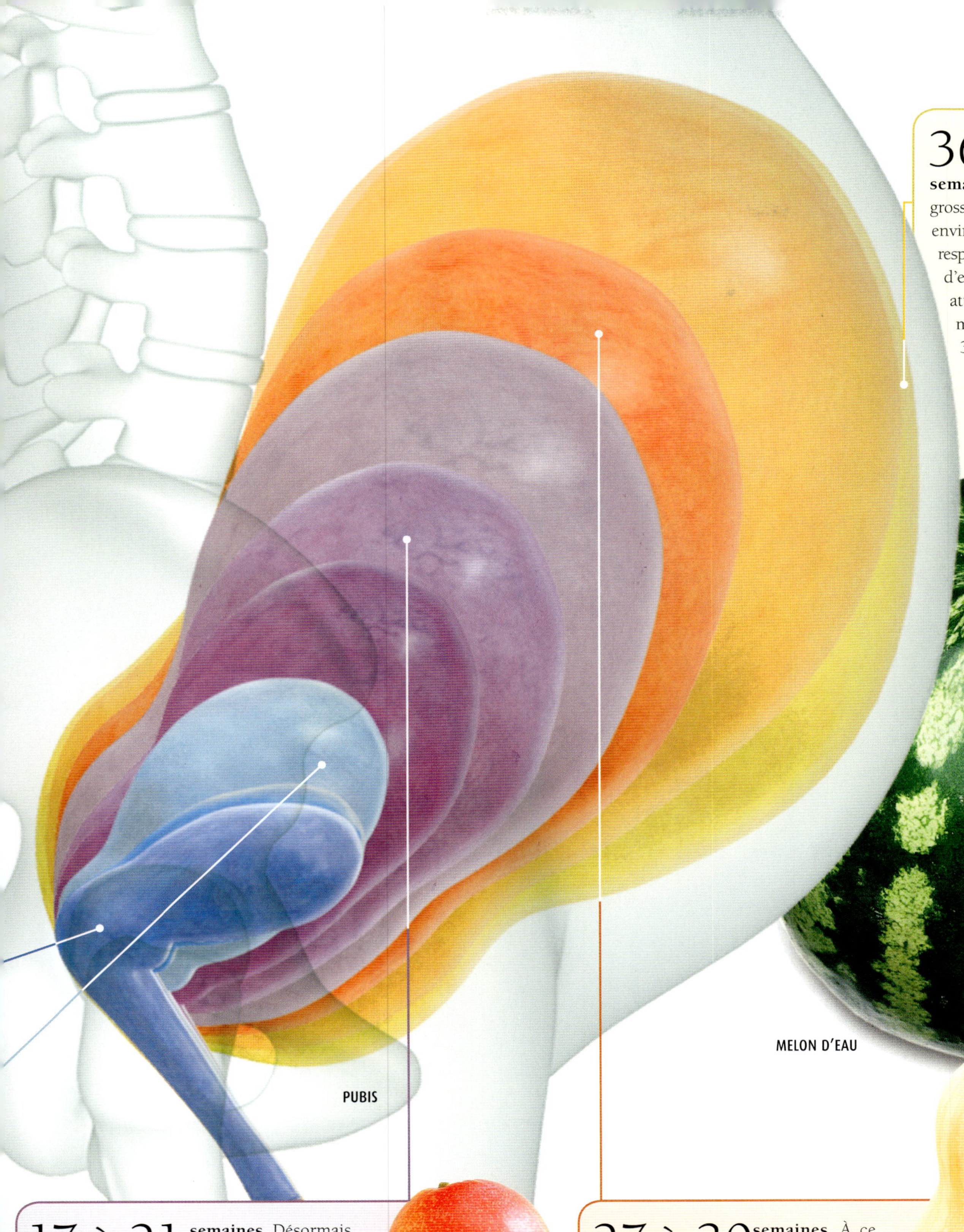

36 à 40

semaines En toute fin de grossesse, votre bébé mesure environ 51,2 cm, ce qui correspond à la taille d'un melon d'eau. La hauteur utérine atteint son pic vers 36 semaines et mesure donc 36 cm. À ce stade, votre ventre est un peu un fardeau qui rend délicates même les tâches les plus simples.

MELON D'EAU

17 à 21

semaines Désormais, votre bébé est à peu près de la taille d'une mangue. Votre utérus s'est étiré vers le haut et se trouve désormais à la hauteur de votre nombril. Votre ventre devenant plus visible, les gens commencent à remarquer que vous êtes enceinte. Certaines personnes voudront sans doute le toucher.

MANGUE

27 à 30

semaines À ce stade, votre bébé fait la taille d'une courge butternut. À 30 semaines, la hauteur utérine est de 30 cm. La paroi utérine est une structure musculaire. Pendant la grossesse, elle s'étire et à 30 semaines, elle a triplé de volume.

COURGE BUTTERNUT

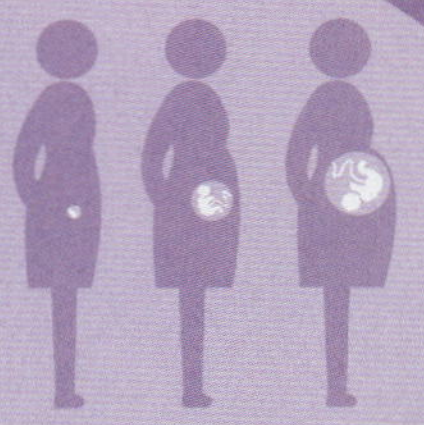

Au cours de votre grossesse, votre organisme subit de nombreux **changements** qui influent sur votre **bien-être** physique et émotionnel. Cela va bien au-delà de votre ventre qui **grossit**.

Changements physiques et émotionnels

Les changements physiques

Vous en aimerez peut-être certains, comme une poitrine plus généreuse, des hanches plus rondes, des cheveux plus épais et une peau presque translucide. En revanche, les vergetures, sorte d'effet indésirable, seront sans doute moins appréciées. Vous aurez parfois la sensation que vos voûtes plantaires s'affaissent et que vous avez pris une pointure supplémentaire, ce qui peut être définitif. Toutes les futures mamans ne perçoivent pas l'intégralité de ces changements. Si vous les ressentez, gardez à l'esprit qu'il s'agit là de signes positifs de l'évolution de votre grossesse. En général, les changements constatés sur votre peau, vos cheveux et vos ongles, disparaîtront après la naissance de votre bébé.

Comprendre les hormones

Tous les changements qui surviennent dans votre organisme pendant la grossesse sont le résultat de messages que les hormones transmettent à votre cerveau. Les hormones de grossesse influent non seulement sur le plan physique (changements dans votre organisme, développement du bébé), mais également sur le plan émotionnel. Les sautes d'humeur fréquentes chez les femmes enceintes sont le résultat de l'action de ces hormones combinées à la fatigue et sans doute à une certaine anxiété. Votre partenaire peut faire les frais de votre humeur changeante. Aussi, assurez-vous de préserver votre relation et faites en sorte de profiter tous les deux de votre grossesse. Il est intéressant d'en savoir un peu plus sur les hormones et sur la façon dont elles perturbent vos émotions, et de connaître quelques stratégies pour éviter les disputes et exprimer vos sentiments de manière constructive afin de vous aider à sortir sans dommages de ce terrain miné.

Les changements cachés

Comme si les signes extérieurs et les poussées hormonales ne suffisaient pas, de nombreux changements surviennent dans votre organisme. Vous ne vous en rendrez peut-être pas compte, mais ils sont essentiels pour nourrir votre bébé et mener à bien votre grossesse. Comme vous pourrez le constater, être enceinte agit sur tous vos organes internes : le cœur et le foie doivent travailler plus dur, et les poumons s'adaptent pour augmenter leur efficacité dans un espace beaucoup plus petit. Bien avant la naissance de votre bébé, vos seins se transforment et deviennent la meilleure des sources d'alimentation.

question ? réponse

J'ai vaguement entendu parler des hormones de grossesse. Quelles sont-elles et quel est leur rôle ?

Au début de la grossesse, l'organisme déclenche une poussée d'œstrogènes et de progestérone, essentiels à son bon déroulement. L'augmentation du taux de ces hormones est la conséquence d'un signal transmis par la gonadotrophine chorionique humaine (hCG) au corps jaune (follicule rompu) pour lui indiquer qu'une grossesse est en cours.

Entre 6 et 9 semaines, le placenta prend le relais et se charge de produire les œstrogènes et la progestérone jusqu'au terme. La relaxine, l'ocytocine, la prolactine et les endorphines sont d'autres hormones essentielles. Avec les androgènes, hormones sexuelles masculines, elles sont connues sous le nom d'*hormones sexuelles thyroïdiennes*. Un bon équilibre hormonal est fondamental pour mener à bien une grossesse.

Le système qui régule toutes les hormones est le *système endocrinien*. Il se compose de plusieurs glandes et organes, comme les glandes thyroïde et surrénales, l'hypophyse, l'hypothalamus, le pancréas et des ovaires. Les différents systèmes de l'organisme sont tous affectés par l'action du système endocrinien.

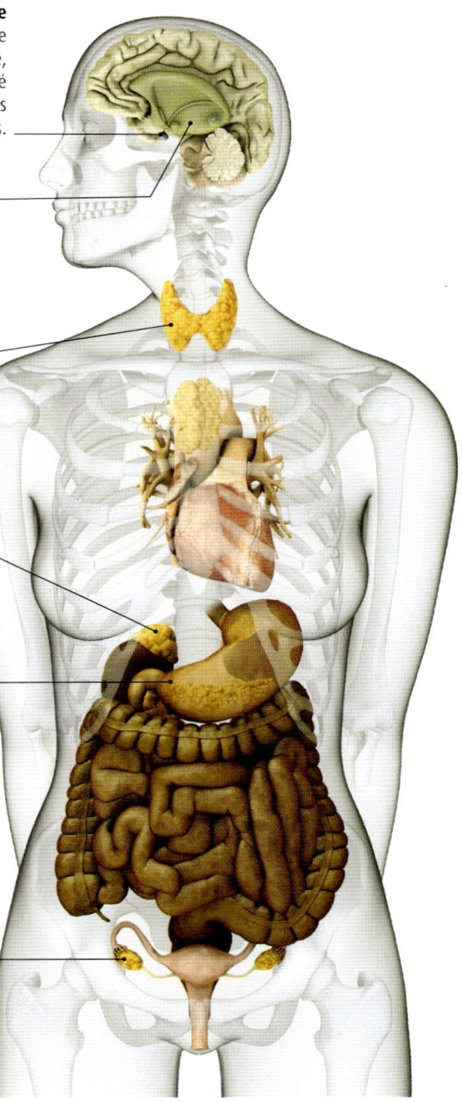

Les hormones pendant la grossesse
Leurs fonctions sont puissantes et variées. Elles régulent les nombreux changements pour que le fœtus puisse se développer et naître en bonne santé.

Au début de la grossesse, le **taux d'hCG** double presque toutes les **48 heures.**

ŒSTROGÈNES

Secrétés par les ovaires, les œstrogènes préparent la muqueuse de l'utérus à une éventuelle grossesse. Ils jouent également plusieurs rôles essentiels chez la femme enceinte. En effet, ils :

» **Contribuent à ce que l'embryon qui se développe** reste bien dans l'utérus.

» **Dilatent les vaisseaux sanguins** de sorte que le sang circule plus facilement et en plus grande quantité.

» **Stimulent les glandes mammaires** en préparation de l'allaitement maternel.

» **Améliorent la santé des os** alors que le corps subit une pression plus grande.

PROGESTÉRONE

Elle joue un rôle primordial au cours des premiers stades de la grossesse, en préparant l'organisme pour la fécondation puis la mise en place du placenta. Elle :

» **Prépare la muqueuse de l'utérus** à l'implantation de l'embryon et l'incite à épaissir.

» **Favorise la régulation** des changements au niveau du métabolisme.

» **Contribue à épaissir le « bouchon »** qui se forme dans le col pour éviter que des bactéries ne pénètrent dans l'utérus et provoquent des infections.

» **Renforce les muscles** de la paroi pelvienne en préparation du travail.

AUTRES HORMONES

La grossesse est également tributaire de l'action des hormones suivantes :

» **Ocytocine,** hormone de l'amour, qui déclenche le travail et vous aide à tisser des liens avec votre bébé.

» **Endorphines,** hormones du bien-être, qui aident à relativiser la douleur pendant le travail.

» **Prolactine,** hormone qui stimule la production de lait pour votre bébé par l'organisme.

» **Relaxine,** hormone qui assouplit vos muscles et ligaments pour faire de la place pour le bébé.

Ma mère a eu des varices terribles quand elle était enceinte. Vais-je subir la même chose ?

Les varices sont un des effets indésirables de la grossesse les plus courants, et surviennent généralement au 3e trimestre. Le cas échéant, votre médecin vous indiquera comment les traiter après la naissance de votre bébé.

Un peu moins de 50 % des femmes enceintes ont des varices ou des hémorroïdes, (varices au niveau de l'anus) (voir p. 132). Leur incidence est plus probable en cas d'antécédents familiaux. Elles surviennent lorsque, sous l'action de la progestérone pendant la grossesse, les parois des vaisseaux sanguins s'assouplissent, perdant ainsi une partie de leur tonicité. En parallèle, la circulation sanguine subit une forte pression en raison de l'augmentation du volume sanguin. Bien que moins toniques, les veines ont plus de travail. Des douleurs dans les jambes et des démangeaisons à proximité des veines concernées sont souvent le premier indicateur de varices.

Si vous pensez avoir des risques de varices, votre médecin vous prescrira des bas de contention pour dynamiser la circulation sanguine. Faites régulièrement de l'exercice et évitez de trop grossir, l'excès de poids pouvant favoriser leur apparition.

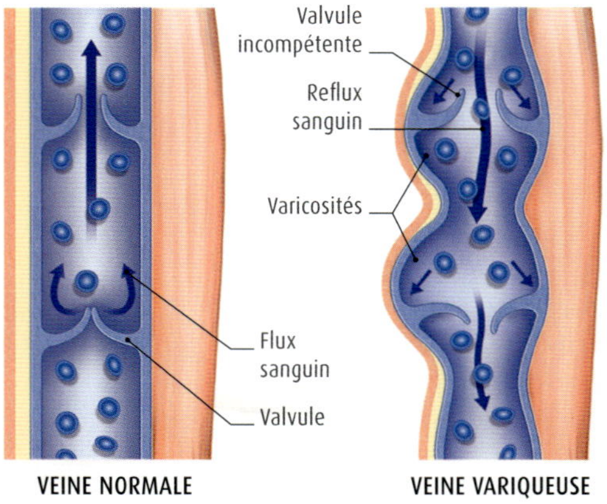

Formation des varices Dans les veines, des valvules empêchent le sang de refluer. Pendant la grossesse, les veines sont moins toniques. Moins soutenues par la paroi veineuse, les valvules sont parfois inefficaces. Le sang stagne, les veines sont alors distendues et gonflées.

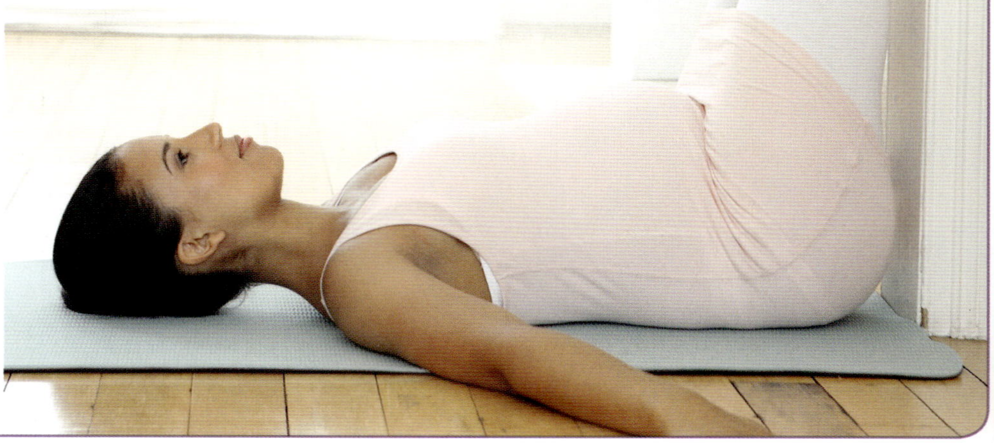

Soulager les symptômes Allongez-vous et levez les jambes pour qu'elles soient plus hautes que vos hanches. Évitez de rester debout trop longtemps.

Adolescente, j'avais de l'acné. Et voilà que ça recommence ! Mais pourquoi ?

À l'adolescence, période de la puberté, sous l'action de la poussée d'hormones, votre organisme a produit un excès de sébum, lubrifiant naturel de la peau. Maintenant que vous êtes enceinte, le même phénomène se reproduit. Nettoyez-vous soigneusement le visage matin et soir à l'aide d'un lait ou d'une lotion hypoallergénique. Évitez d'utiliser un savon parfumé qui peut dessécher ou irriter la peau. Si cela vous a aidé par le passé, appliquez une lotion astringente, mais parlez-en d'abord à votre médecin car certains astringents médicamenteux sont proscrits pendant la grossesse.

À quels changements dois-je m'attendre au niveau de ma peau et de mes ongles ?

Vers la moitié du 2e trimestre votre peau se modifie et devient éclatante. Ceci est en partie dû à l'augmentation du volume sanguin grâce auquel les nutriments sont transportés de façon plus efficace vers tous les organes, y compris la peau. La quantité de liquides dans le sang ayant augmenté, votre peau est repulpée, vos rides et vos imperfections sont lissées. Sous l'action de la progestérone, votre teint devient légèrement rosé. Les changements hormonaux, entraînant une augmentation de la production de sébum, votre peau est lumineuse. Mais si elles vous rendent rayonnante, les hormones peuvent aussi dessécher et irriter votre peau. Certaines femmes transpirent plus, ce qui peut provoquer des éruptions cutanées. Buvez suffisamment d'eau pour rester hydratée et utilisez une crème hydratante sans parfum. Les ongles peuvent devenir plus durs, plus cassants ou plus mous.

25 %

Environ un quart des femmes ont une **peau sensible** ou **irritée** pendant la grossesse. Ayez toujours de la crème hydratante à portée de main pour l'apaiser.

Les vergetures sont-elles inévitables ? À quoi sont-elles dues ? Que peut-on faire pour y remédier ?

Les vergetures peuvent apparaître sur le ventre, les cuisses, les hanches, les seins et les fesses. Elles ont tendance à être héréditaires, donc si votre mère, votre grand-mère ou vos sœurs en ont eu, il est vraisemblable que vous n'y échapperez pas. Vous ne pouvez pas faire grand-chose pour les éviter, mais vous n'êtes pas la seule puisque 90 % des femmes en ont. Elles sont provoquées par une rupture des fibres de collagène (tissu conjonctif) sous l'action de votre ventre qui grossit, et les changements hormonaux peuvent aggraver le problème.

Un régime alimentaire qui comporte des nutriments essentiels pour la peau (noix, graines, fruits et légumes frais, riches en antioxydants), et le fait de ne pas « manger pour deux » (voir p. 59), peuvent en réduire les effets. Pendant la grossesse, l'idéal est de prendre du poids avec une certaine régularité (voir tableau p. 126) afin que la peau ait le temps de s'étirer. L'application régulière de crèmes hydratantes peut aider la peau à reprendre sa place après l'accouchement. Cependant des études ont montré que les effets sur les vergetures étaient limités, le collagène étant situé dans les couches profondes de la peau, l'action des crèmes appliquées en surface est insuffisante.

Après l'accouchement, les vergetures se résorberont progressivement. Dans la plupart des cas, elles disparaîtront complètement dans les 6 mois, ou resteront visibles sous la forme de lignes blanches très fines.

La modification de la pigmentation est-elle fréquente ? Qu'est-ce que le masque de grossesse ?

Appelé aussi *mélasma* ou *chloasma*, c'est une hyperpigmentation de la peau, qui devient foncée ou rosâtre au niveau des joues, du nez, du front et des yeux. Il a parfois la forme d'un papillon.

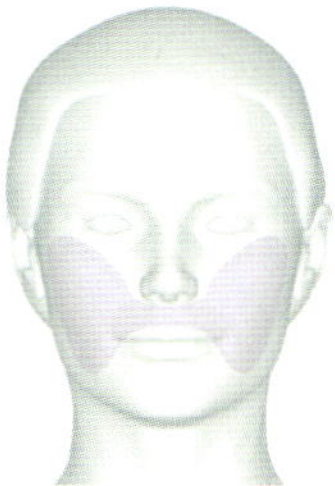

L'effet papillon Le masque de grossesse est plus fréquent chez les femmes à la peau mate ou noire que chez celles à la peau claire.

Les femmes enceintes y sont sujettes car les œstrogènes augmentent la synthèse de la mélanine, pigment à l'origine de la couleur des poils, des cheveux et de la membrane de l'œil et de la peau, et qui protège cette dernière des UV. Le masque de grossesse, plus fréquemment observé sur les peaux mates ou noires, dont le taux de mélanine est déjà élevé, touche environ 50 % des futures mamans, rarement ravies de le voir apparaître. Il est cependant sans danger pour la santé du fœtus.

Attention, une exposition au soleil accentue le masque de grossesse. Restez à l'ombre ou utilisez une crème solaire sans oxybenzone, avec un indice de protection élevé. Vous devez normalement déjà prendre de l'acide folique (voir p. 49), mais si ce n'est pas le cas, ou si vous avez arrêté après avoir franchi le cap des 12 semaines, demandez une supplémentation à votre médecin. En effet des études ont montré qu'un faible taux de folates rendait plus sensible à l'apparition du masque de grossesse. Enfin, souvenez-vous que tout cela est généralement provisoire. Après l'accouchement, votre peau devrait rapidement retrouver son aspect normal.

Sortez couverte L'exposition au soleil accentue les effets du masque de grossesse. Portez un chapeau pour protéger votre visage.

UNE PEAU PLUS FONCÉE

Un taux élevé de mélanine est responsable des changements que vous pouvez observer sur votre peau lorsque vous êtes enceinte, notamment :

- » **Un plus grand nombre de taches de rousseur** sur le visage.
- » **Des taches de naissance,** cicatrices et **grains de beauté** plus foncés.
- » **Apparition d'une ligne brune** entre le nombril et le pubis.
- » **Peau qui bronze** plus facilement.
- » **Aréoles plus sombres** autour des mamelons.

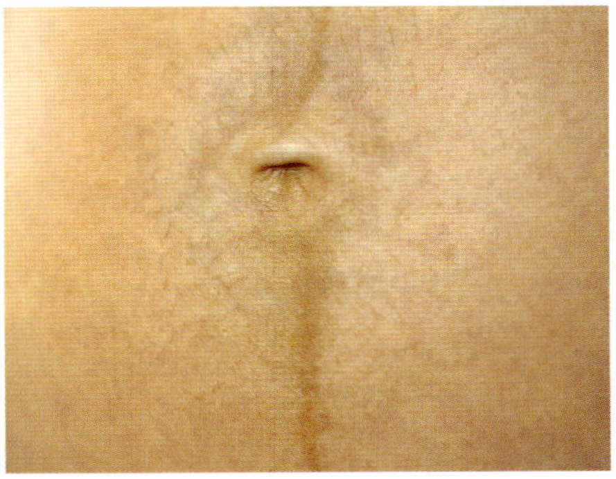

Ligne brune Elle se situe à la jonction des muscles grands droits abdominaux. Sous la poussée du ventre, ils se séparent, et une ligne brune apparaît.

question ? réponse Mes paumes de main sont rouges et chaudes. Est-ce une des conséquences de la grossesse ?

Environ 30 % des femmes enceintes souffrent d'érythème palmoplantaire, qui entraîne une rougeur des paumes de main ainsi que de l'extrémité du pouce et de l'auriculaire. Elle apparaît parfois également sur la plante des pieds. Cette coloration est la conséquence d'un taux d'œstrogènes élevé qui fait augmenter la quantité de sang dans le système cardiovasculaire. Résultat, la température corporelle, qui monte, réchauffe et colore les extrémités. Cette affection est totalement bénigne et disparaîtra sitôt après l'accouchement. Si les rougeurs vous gênent, essayez de rafraîchir vos mains.

question ? réponse Mes cheveux sont beaucoup plus épais qu'avant ma grossesse. Est-ce définitif ?

Absolument pas. En effet, ces cheveux épais et brillants ne sont pas seulement le résultat d'une augmentation du taux de sébum (huile naturelle du corps). En effet, grâce au taux élevé de progestérone aux 2e et 3e trimestres de la grossesse, vous ne perdez plus autant vos cheveux qu'avant d'être enceinte. Mais, lorsque ce taux d'hormones chutera brutalement après l'accouchement, vous perdrez chaque jour des poignées de cheveux, jusqu'à retrouver votre volume habituel. Cette tignasse qui vous plaît tant n'est donc pas définitive, mais pas d'inquiétude, après la naissance, vos cheveux redeviendront simplement comme avant.

question ? réponse J'ai constaté de petites lignes rouges et bleues sur mon visage et mon cou. Vont-elles disparaître ?

Vous souffrez peut-être temporairement de télangiectasie en araignée, qui peut apparaître sur le visage, le cou, les épaules et le torse. Elle est provoquée par la rupture des parois des capillaires situés près de la surface de la peau sous la pression induite par l'augmentation du volume sanguin en circulation. En général, ces petites lignes disgracieuses disparaissent d'elles-mêmes après l'accouchement. Sur la poitrine, vous constaterez peut-être l'apparition de veines bleues provoquées elles aussi par l'augmentation du flux sanguin dans le tissu mammaire.

question ? réponse Les femmes enceintes seraient sujettes aux caries. Pourquoi ? Peut-on prévenir ce phénomène ?

On raconte que la grossesse fait pourrir les dents. Ce n'est qu'une légende, même s'il est vrai que vous serez plus sujette aux affections gingivales surtout si vous étiez sensible avant d'être enceinte.

L'affaiblissement du tissu conjonctif qui peut provoquer des vergetures peut également rendre vos gencives plus molles et plus sensibles aux déchirures. De plus, pendant la grossesse, votre salive est plus acide, ce qui peut exacerber le phénomène, et entraîner des infections et des caries.

Pour protéger vos dents et vos gencives, outre la réduction de votre consommation de sucre, une bonne hygiène est essentielle. Au Québec, l'examen bucco-dentaire n'est pas couvert par la RAMQ pour les femmes enceintes. Si vous avez besoin de vous faire soigner, une anesthésie locale au cours du 2e trimestre, ne présente aucun risque pour votre bébé. Certains dentistes affirment même qu'il y a un lien entre maladies des gencives et prématurité, et qu'il est donc préférable que les futures mamans se fassent soigner quand cela est nécessaire plutôt qu'attendre après l'accouchement.

LES SOINS DENTAIRES PENDANT LA GROSSESSE

La liste ci-dessous récapitule les choses à faire, ce qu'il faut dire à votre dentiste et les traitements à éviter dans la mesure du possible.

» **Ayez une bonne hygiène,** utilisez une brosse à dents souple et du fil dentaire régulièrement. Lavez-vous systématiquement (mais doucement) les dents après un repas. Faites un bain de bouche sans alcool pour enlever les bactéries résiduelles.

» **Dites à votre dentiste** que vous êtes enceinte. Informez-le des médicaments que vous prenez, certains étant susceptibles d'affecter le développement des dents de votre bébé.

» **Contactez votre dentiste en cas de douleurs,** de saignements ou de gonflements gingivaux pendant la grossesse.

» **Évitez tout traitement dentaire** au cours du 1er trimestre et de la deuxième moitié du 3e trimestre (les 6 à 8 dernières semaines), périodes cruciales pour la croissance et le développement du fœtus.

» **Évitez les radiographies dentaires** dans la mesure du possible. Si vous ne pouvez pas faire autrement, sachez que la plupart des rayons utilisés lors de ces radiographies n'atteignent pas l'abdomen et que dans tous les cas votre dentiste mettra tout en œuvre pour protéger votre bébé.

» **Reportez tous les traitements non urgents,** qui ne sont pas absolument nécessaires après l'accouchement.

» **Par mesure de précaution,** évitez la pose ou la dépose d'amalgames dentaires en argent lorsque vous êtes enceinte.

Depuis que je suis enceinte, je peux passer de l'euphorie à la déprime en quelques minutes. Est-ce normal ?

Au cours du 1er trimestre, les changements hormonaux font rage dans votre corps. Cette réaction physiologique primitive contribue à mener votre grossesse à terme. Ces poussées d'hormones, notamment d'œstrogènes et de progestérone, perturbent l'équilibre chimique de votre cerveau et agissent de façon aléatoire sur le niveau des neurotransmetteurs (messagers chimiques du cerveau), entraînant des sautes d'humeur.

Dans de nombreux cas, ce phénomène se calme vers 12 semaines. Cependant, certaines femmes connaissent encore des hauts et des bas importants, au point que le médecin pose parfois un diagnostic de dépression prénatale, aussi fréquente et grave que la dépression post-partum ou *baby blues*. Outre les fluctuations hormonales, d'autres facteurs entrent en jeu, comme l'anxiété, les nausées, la fatigue, un sentiment de déprime, des antécédents de dépression, la peur que quelque chose se passe mal, ou encore, le fait d'être seule. Si vos sautes d'humeurs sont vraiment fortes, ou si vous pensez souffrir de dépression (phénomène qui touche environ 10 % des femmes enceintes), parlez-en à votre médecin.

Comment gérer mes émotions ?

Différentes techniques peuvent vous aider. Lorsque vous vous sentez d'humeur négative, triste ou irritée, essayez les solutions suivantes :

» Allez marcher, faites le tour du bloc ou allez au parc à côté de chez vous, même seulement 10 minutes. De l'air frais et un bref changement de décor sont peut-être tout ce dont vous avez besoin pour vous sentir mieux.

» Prenez une collation santé. Le sucre atténue les sentiments négatifs et l'irritation. Essayez de garder vos niveaux d'énergie constants.

» Écrivez ce que vous ressentez. Même si personne ne vous lira, cela peut vous aider à replacer les choses dans leur contexte.

» Pétrissez une pâte à pain, faites un gâteau ou préparez quelque chose qui nécessite de l'huile de coude. L'exercice physique vous aidera à évacuer votre trop-plein d'adrénaline et ce qui ne va pas.

J'oublie tout ou presque ! Les pannes de cerveau pendant la grossesse sont donc bien une réalité ?

Des indices confirment que l'étourderie et le manque de concentration sont fréquents chez les femmes enceintes. Des chercheurs essaient de savoir si ces étourderies ont une cause physiologique. Ainsi une étude récente suggère que pour développer au maximum l'instinct qui conduit la mère à faire preuve d'empathie envers son bébé et à répondre à ses besoins dès la naissance, le cerveau émotionnel prend le dessus pendant la grossesse, au détriment des aspects logiques et fonctionnels.

Mais des questions sur la raison d'éventuels changements physiologiques du cerveau demeurent, et des études affirment que les hormones en sont la cause. Malgré tout, les experts s'accordent à dire qu'une future maman étant plus fatiguée, stressée et distraite, elle concentre son attention sur les choses essentielles comme sa santé et celle de son bébé plutôt que sur l'endroit où elle a rangé les clefs de la voiture. Reposez-vous le plus possible, et rassurez-vous, rien ne prouve que vous serez toujours aussi étourdie après l'accouchement.

Mes sautes d'humeur provoquent des disputes avec mon partenaire. Que faire pour mieux les gérer ?

Tout d'abord, ralliez votre partenaire à votre cause. Documentez-vous ensemble sur les changements hormonaux qui surviennent pendant la grossesse, et essayez de rationaliser votre irrationalité.

Votre partenaire prendra moins ombrage de ce que vous dites s'il comprend ce qui se passe dans votre organisme. Apprendre à gérer vos sautes d'humeur, plutôt que les fuir ou les aggraver, est essentiel pour lui et ne doit pas être pris à la légère. N'oubliez pas que même si les hormones perturbent votre organisme, l'anxiété, la nervosité et l'excitation induites par l'idée de parentalité vous concerne tous les deux. En effet, votre partenaire peut se sentir dépassé par cette future responsabilité supplémentaire.

10

Essayez de compter jusqu'à 10 lorsque l'un d'entre vous est irritable voire agressif. Cela ne marche pas toujours, mais si quelques secondes s'écoulent avant que vous parliez, les mots prononcés ont plus de chances d'être constructifs, conciliants ou apaisants.

Ayez des contacts physiques, comme vous tenir la main dans la rue. Vous faire un gros câlin à la fin d'une journée épuisante libérera des endorphines et de l'ocytocine, hormones du bien-être qui contribuent à stabiliser l'humeur.

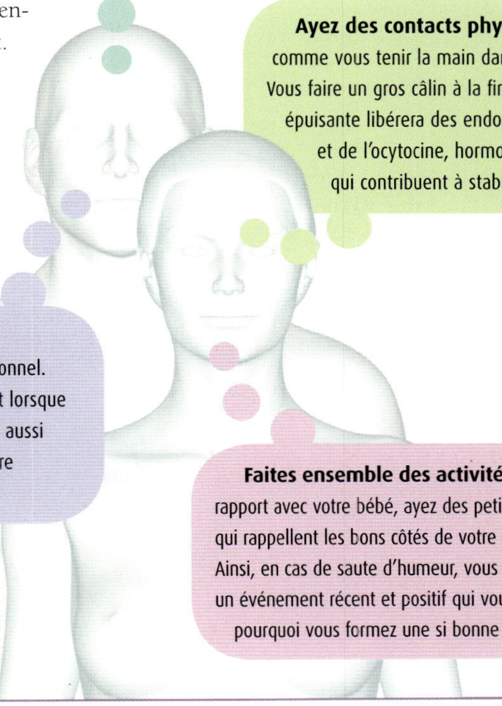

Prenez le temps de vous échapper dans votre espace personnel. Cela peut bien sûr se faire naturellement lorsque vous partez au travail. Mais vous pouvez aussi aller lire sur la terrasse pendant que votre partenaire prend un bain.

Faites ensemble des activités sans rapport avec votre bébé, ayez des petits gestes qui rappellent les bons côtés de votre relation. Ainsi, en cas de saute d'humeur, vous aurez à l'esprit un événement récent et positif qui vous rappelle pourquoi vous formez une si bonne équipe.

Que se passe-t-il d'extraordinaire dans mon corps pendant la grossesse ?

Pendant les 9 mois que dure votre grossesse, votre corps s'adapte pour faire de la place à votre bébé qui grossit, assurer sa croissance et sa protection, et se préparer à l'accouchement. Si certains changements, comme le ventre qui s'arrondit et une poitrine plus généreuse, sont clairement visibles, d'autres sont à peine perceptibles, et vous les découvrirez le jour où leurs répercussions vous amèneront à vous demander ce qui se passe. Voici un aperçu des choses extraordinaires que fait votre corps pour s'adapter à la grossesse et nourrir votre bébé.

LE NEZ

Dès le début de votre grossesse, vous constaterez que votre sens de l'odorat est exacerbé. Cela vient peut-être du volume sanguin plus important dans votre organisme. Cependant, d'aucuns affirment qu'il s'agit d'un mécanisme de protection pour garder la future maman éloignée de substances potentiellement dangereuses.

LES POUMONS

Plus votre grossesse progresse, plus les poumons remontent et reculent. Ils finissent par être tellement comprimés que vous pouvez vous sentir essoufflée. La quantité d'air que vous inspirez augmente afin que vous ayez suffisamment d'oxygène pour vous et votre bébé.

LE DIAPHRAGME

En raison de la taille sans cesse croissante de l'utérus pendant la grossesse, le diaphragme, cloison musculaire plate qui sépare les cavités thoracique et abdominale, est poussé vers le haut, ce qui comprime vos poumons mais augmente votre capacité à respirer profondément.

L'ESTOMAC

Votre estomac peut envoyer des signaux à votre cerveau pour lui dire que vous avez absolument envie de certains aliments (fringales) ou que d'autres vous dégoûtent (aversions). Certains chercheurs affirment que les fringales comblent un manque nutritionnel, tandis que les aversions empêchent de consommer des substances qui pourraient nuire au bon déroulement de la grossesse.

LES INTESTINS

Pendant la grossesse, l'augmentation de la progestérone ralentit la progression de la nourriture dans le tube digestif. Vous bénéficiez ainsi au maximum de l'apport nutritionnel des aliments. Mais ce ralentissement peut entraîner des brûlures d'estomac et de la constipation.

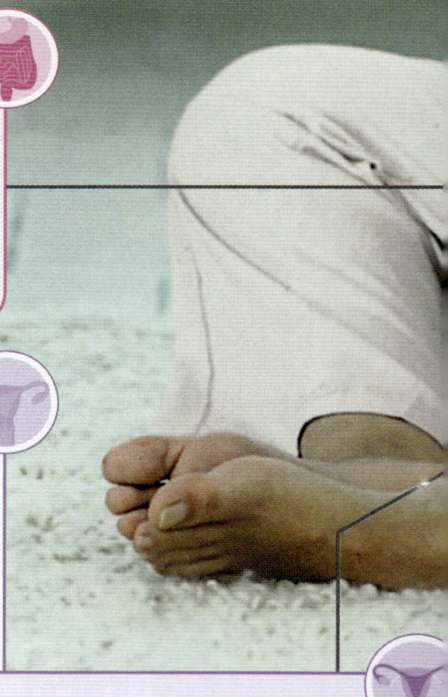

Le saviez-vous ?

Avant la grossesse, l'utérus fait à peu près la taille d'une prune. À 6 semaines, alors que vous ne ressentez peut-être aucun symptôme, il a atteint la taille d'une pomme. Au fil des mois, il s'étire jusqu'à devenir 500 à 1 000 fois plus gros que sa taille habituelle.

AVANT LA GROSSESSE — À 6 SEMAINES

LE COL DE L'UTÉRUS

Pendant toute la grossesse, il reste tonique et fermé. Au cours du travail, sous l'action des hormones déclenchées par la pression de la tête du bébé il s'affine et se dilate. Le bébé est prêt à naître après la perte du bouchon muqueux, lorsque le col est à dilatation complète.

L'UTÉRUS

L'endomètre, muqueuse de l'utérus, s'épaissit pour recevoir l'embryon. Sa paroi musculaire se développe pour accueillir le bébé et vous donner la force de l'expulser le moment venu. Au 3e trimestre, l'utérus déclenche des contractions de Braxton Hicks, ou *fausses contractions*. Nul ne sait vraiment pourquoi ce phénomène survient, mais il semble que ce soit pour préparer l'utérus à l'accouchement.

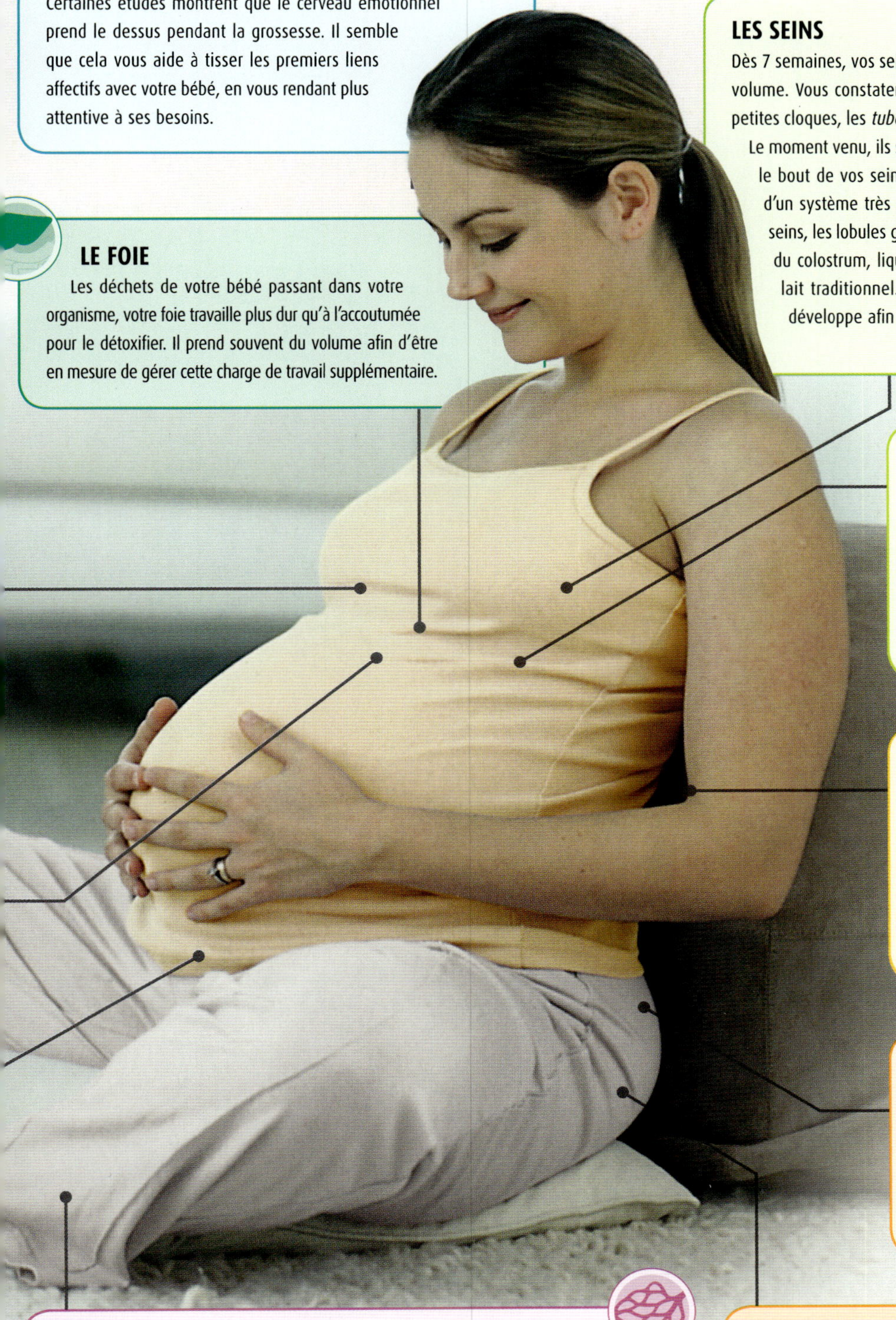

LE CERVEAU

Certaines études montrent que le cerveau émotionnel prend le dessus pendant la grossesse. Il semble que cela vous aide à tisser les premiers liens affectifs avec votre bébé, en vous rendant plus attentive à ses besoins.

LE FOIE

Les déchets de votre bébé passant dans votre organisme, votre foie travaille plus dur qu'à l'accoutumée pour le détoxifier. Il prend souvent du volume afin d'être en mesure de gérer cette charge de travail supplémentaire.

LES SEINS

Dès 7 semaines, vos seins préparent la production de lait et prennent rapidement du volume. Vous constaterez sans doute que les aréoles sont plus foncées et que de petites cloques, les *tubercules de Montgomery*, sont apparues autour des mamelons. Le moment venu, ils sécréteront un concentré d'odeurs pour guider votre bébé vers le bout de vos seins. Vers la fin de la grossesse, votre organisme se sera doté d'un système très sophistiqué de production et d'écoulement du lait. Dans les seins, les lobules grossissent, et bien avant la naissance, commencent à produire du colostrum, liquide très nutritif que votre bébé tétera avant l'apparition du lait traditionnel. Le mécanisme d'acheminement du lait dans vos seins se développe afin que de nombreux canaux approvisionnent vos mamelons.

LE CŒUR

Votre cœur pompe plus activement pendant la grossesse, passant d'environ 65 battements par minute au début à 75 à l'approche du terme. Ainsi, votre organisme peut répondre aux besoins sans cesse croissants de votre bébé en nutriments et oxygène.

LA COLONNE VERTÉBRALE

Au fil de la grossesse, votre centre de gravité se déplace. Plus votre ventre devient proéminent, plus votre centre de gravité avance, vous obligeant ainsi à vous pencher en arrière pour rester droite et garder l'équilibre. Votre colonne vertébrale rend cet effort possible, mais cette posture peu naturelle peut induire un mal de dos.

LE BASSIN

C'est l'élément essentiel pour la sécurité de votre bébé pendant la grossesse et lors de l'accouchement. Au départ, les os du bassin protègent l'utérus qui se développe. Lors de l'accouchement, ils poussent le bébé dans la filière pelvi-génitale, le forçant même à se retourner pendant la descente.

LES VEINES ET LES ARTÈRES

Au cours de la grossesse, le volume sanguin augmente de 45 %. La coagulation s'améliore en préparation de l'accouchement, et plus particulièrement de l'expulsion du placenta, afin d'éviter tout épisode hémorragique le moment venu. Les hormones de grossesse entraînent une dilatation des vaisseaux qui facilite la circulation d'un volume sanguin plus important.

LES HANCHES

Pendant la grossesse, l'organisme produit des taux toujours plus élevés de relaxine, qui assouplit les ligaments, ce qui peut entraîner des douleurs. Grâce à l'action de cette hormone, le bassin s'écartera suffisamment pour laisser passer le bébé lors de l'accouchement. Vos hanches risquent de s'arrondir, car l'organisme stocke des graisses indispensables à la production du lait.

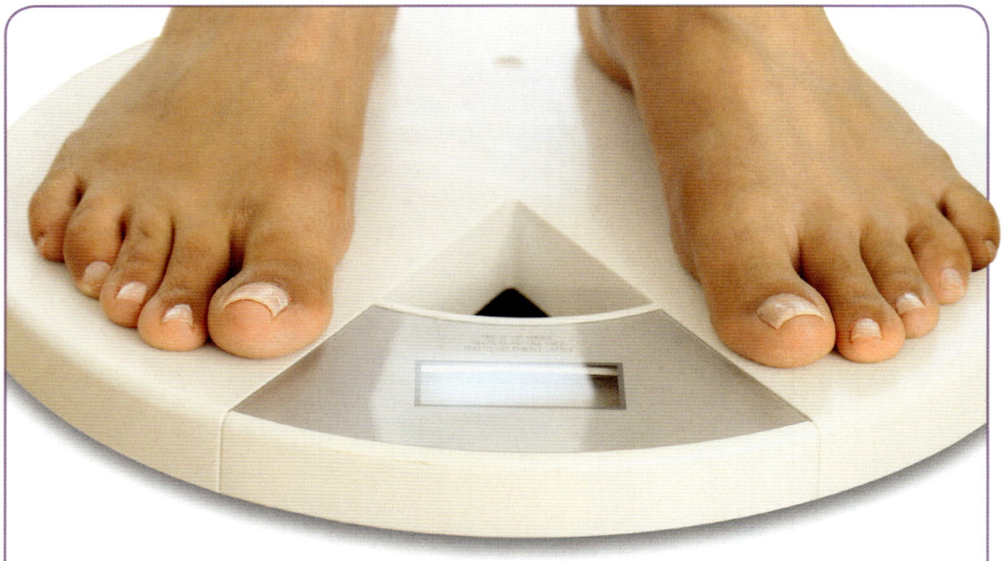

J'étais en surpoids avant d'être enceinte. Dois-je essayer de limiter ma prise de poids ?

Ne limitez jamais votre apport calorique pendant la grossesse : votre bébé et vous avez des besoins nutritionnels minimums pour rester en bonne santé.

Et ceci est valable indépendamment du poids que vous faisiez avant d'être enceinte. Cependant, ces besoins nutritionnels peuvent varier légèrement en fonction de votre poids en début de grossesse.

Pour savoir si votre poids avant d'être enceinte était normal, calculez votre indice de masse corporelle (IMC). La prise de poids étant limitée les 2 premiers mois, vous pouvez le faire sans problème jusqu'à 8 semaines de grossesse. Pour cela, appliquez la formule : poids (en kg)/taille (en m)^2. Inutile de consommer plus de 2 000 calories par jour aux 1er et 2e trimestres. En revanche, au 3e trimestre, vous aurez peut-être besoin de 200 à 300 calories supplémentaires. Parlez toujours de votre apport calorique et de votre poids avec votre médecin avant de changer quoi que ce soit à votre alimentation. Il est indispensable que vous receviez suffisamment de calories et de nutriments pour que votre bébé se développe correctement. Dans le cas contraire, vous pourriez être confrontée à des anomalies congénitales ou à d'autres problèmes.

PRISE DE POIDS PENDANT LA GROSSESSE

Le tableau ci-dessous indique la prise de poids idéale pour les quatre catégories d'IMC : insuffisance pondérale, corpulence normale, surpoids ou obèse.

POIDS	IMC	PRISE DE POIDS	PRISE DE POIDS HEBDOMADAIRE IDÉALE
Insuffisance pondérale	Inférieur à 18,5	14 à 17 kg	1 à 1,2 kg tous les 15 jours aux 2e et 3e trimestres.
Corpulence normale	18,5 à 24,9	11 à 16 kg	800 g à 1 kg tous les 15 jours aux 2e et 3e trimestres.
Surpoids	25 à 29,9	7 à 11,5 kg	500 à 800 g tous les 15 jours aux 2e et 3e trimestres.
Obèse	30 ou au-dessus	4,5 à 9 kg	Entre 300 et 600 g tous les 15 jours aux 2e et 3e trimestres

Il y a quelques années j'étais boulimique. Est-ce important pour ma grossesse ?

Pendant votre grossesse, tous les nutriments que votre bébé reçoit viennent de vous. Si vos réserves sont épuisées, vous risquez d'être sous-alimentée et de devoir faire face à différents problèmes, notamment d'accoucher d'un bébé de faible poids de naissance. Si vous souffrez de troubles du comportement alimentaire, comme l'anorexie ou la boulimie, ou que vous êtes inquiète à l'idée que cette maladie ressurgisse, parlez-en à votre médecin. Il vous aidera à trouver un soutien psychologique, et le cas échéant, mettra en place un programme pour vous garantir une grossesse en bonne santé.

Combien de temps me faudra-t-il pour retrouver mon poids initial après l'accouchement ?

Tout dépend du poids que vous avez pris, des efforts que vous ferez et si vous allaitez ou non. Dans les mois qui suivront l'accouchement, vous

Apprenez à aimer votre **« ventre de maman »**. Même lorsqu'elles ont perdu le poids pris pendant la grossesse, **certaines femmes ne retrouvent jamais leur silhouette d'avant**. Si cela entraîne une morphologie différente qui peut être un inconvénient majeur pour la garde-robe (les **courbes** et les angles étant **différents**), le corps n'en est pas moins attirant. C'est l'occasion de vous créer une nouvelle image que vous aimerez encore plus que la précédente.

serez sans doute extrêmement fatiguée et limiterez l'exercice physique à une promenade avec votre bébé en poussette. C'est un bon début, une petite marche est toujours excellente et vous n'avez pas besoin d'en faire plus pour le moment. Dans tous les cas, il est essentiel de ne pas vouloir en faire trop, trop vite. De plus, si vous allaitez, la production de lait demande énormément d'énergie et vous devrez augmenter votre apport calorique afin de pouvoir continuer. D'une manière générale, si retrouver votre poids initial est une priorité pour vous, gardez en tête l'adage « neuf mois pour les prendre, neuf mois pour les perdre ». Donnez-vous le temps d'arriver ou vous voulez aller. Ne soyez pas frustrée si cela prend plus longtemps. Certaines femmes mettront des années avant de retrouver leur silhouette, attendant, souvent inconsciemment, de ne plus vouloir d'enfants pour se concentrer sur la perte de poids une bonne fois pour toutes. Bien entendu, l'inverse est vrai aussi, et certaines mamans rentreront dans leurs mini-shorts à peine sorties de l'hôpital. Si tel est votre cas, vous avez une chance aussi incroyable qu'inhabituelle.

question ? réponse

Quelle part de la prise de poids est due au bébé ?

Le bébé et le placenta représentent environ un tiers du poids pris pendant la grossesse. Mais cela ne signifie pas pour autant que le reste vient de vous ou est mauvais pour vous.

Les deux tiers restants sont composés d'un afflux supplémentaire de sang et de liquide dans les cellules, ainsi que de muscles qui entourent l'utérus (et participent à l'expulsion du bébé). En outre, l'augmentation des taux d'œstrogènes et de progestérone rend votre poitrine plus volumineuse et plus lourde, bien avant que la production de lait commence. Votre stock de graisses a également augmenté (autour des hanches surtout) afin de préparer votre organisme à produire du lait et à allaiter. Tous ces éléments sont positifs, naturels, et ne suscitent aucune inquiétude. Réjouissez-vous de vos hanches rebondies, de votre poitrine généreuse et de votre peau éclatante, signes que votre corps met tout en œuvre pour que votre bébé reçoive tous les nutriments dont il a besoin.

Votre ventre grossit À mesure qu'il grossit, vous constaterez d'autres changements sur votre corps. Profitez de ce moment.

RÉPARTITION DU POIDS PRIS LORS DE LA GROSSESSE

Chez une femme qui prend 12 kg pendant sa grossesse, le poids est à peu près réparti de la façon suivante :

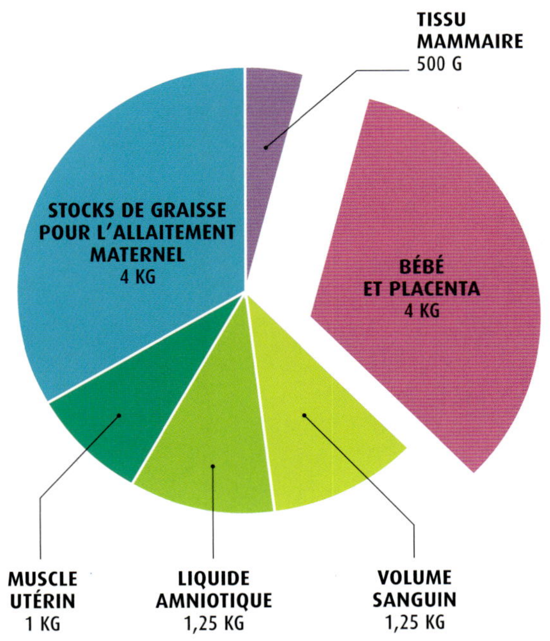

Élément clé L'augmentation de volume et de poids favorise la croissance de votre bébé et l'alimente.

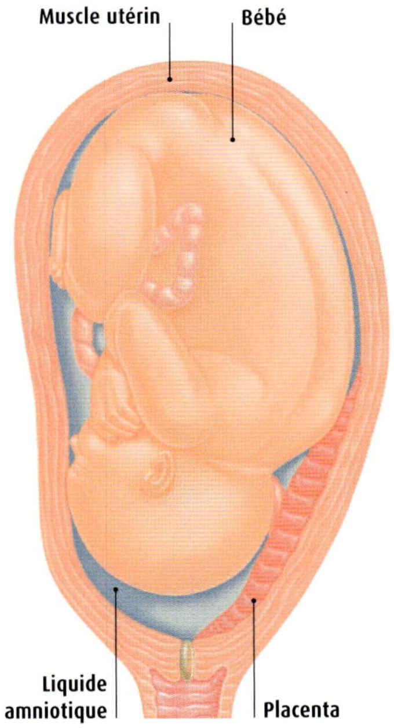

Au fil du temps Plus votre bébé et le placenta grossissent, plus la quantité de liquide amniotique diminue.

Pendant la grossesse, la femme est belle et **épanouie**, alors que son organisme est lancé dans l'incroyable processus de **création** d'un autre être humain. Le corps subit ainsi de nombreux changements pour faciliter la croissance **du fœtus**, dont les conséquences sont parfois moins agréables pour la future maman.

Les maux de la grossesse

Les maux de la grossesse

Les maux et affections présentés dans les pages suivantes décrivent les désagréments de la grossesse ressentis par certaines femmes, qui peuvent être regroupés en sept catégories principales.

1. **Symptômes généraux** Fatigue, difficultés à dormir, nombril saillant, problèmes de nez, vision trouble, chevilles et pieds gonflés, rétention d'eau (œdème), problèmes de pieds et maux de tête.
2. **Problèmes cutanés** Boutons de chaleur (ou *miliaire sudorale*) et démangeaisons, par exemple.
3. **Problèmes mammaires** Y compris écoulements de lait par le mamelon ou obstruction des canaux galactophore.
4. **Problèmes digestifs** Nausées, vomissements, hyperémèse gravidique, brûlures d'estomac, troubles digestifs, constipation, augmentation des flatulences.
5. **Problèmes cardiaques et circulatoires** Étourdissements, essoufflement, varices et hémorroïdes, entre autres.
6. **Douleurs continues** Engourdissement des mains, pression dans le bas-ventre, douleurs de la ceinture pelvienne, douleurs abdominales, syndrome du canal carpien, mal de dos, sciatique, syndrome des jambes sans repos.
7. **Problèmes urinaires et vaginaux** Notamment mycoses, pertes blanches, saignements, rétention et infections urinaires.

Gérer les maux de la grossesse

Dans les pages suivantes, vous trouverez des explications et des conseils pour gérer au mieux les maux fréquemment observés au cours de la grossesse. Si certains sont franchement désagréables, d'autres, comme un nombril saillant, confirment simplement que votre ventre et votre bébé grossissent. Essayez de voir en ces inconvénients un signe positif qui témoigne de l'évolution de votre grossesse.

Maladie et médicaments pendant la grossesse

Lorsque vous êtes enceinte, votre système immunitaire est légèrement affaibli afin que votre organisme ne rejette pas votre bébé. Vous êtes donc plus susceptible d'être malade. Le cas échéant, il est important de savoir comment réagir et quels médicaments vous pouvez prendre. Au 1er trimestre, seul l'acétaminophène est considéré sans risque. À partir du 2e, d'autres traitements sont possibles. Dans tous les cas, demander l'avis d'un professionnel de la santé est indispensable.

Quels maux et affections peuvent apparaître pendant ma grossesse ?

Avec un peu de chance, vous ne souffrirez d'aucun des maux propres à la grossesse, ou seulement des plus légers. Ces désagréments vont des petites affections bénignes, comme une mycose, à d'autres plus gênantes, comme des nausées matinales sévères. Quoi que vous ressentiez, n'oubliez pas que tout cela aura bientôt disparu. Quand vous tiendrez votre bébé dans vos bras, vous aurez tôt fait d'oublier les brûlures d'estomac et autres troubles digestifs que vous aurez endurés. Cependant, si vous souffrez d'une affection à laquelle vous avez du mal à faire face, consultez un professionnel de la santé.

Maux de tête

» Quoi, quand, à quelle fréquence ?
Les maux de tête sont fréquents lors de la grossesse, en particulier si vous y êtes sujette lorsque vous êtes indisposée. Le plus souvent, ils surviennent au début, ne suivent pas de schéma particulier, et peuvent être localisés partout dans le crâne. À un stade plus avancé, ils sont parfois provoqués par l'anxiété ressentie à l'idée de la naissance et de la parentalité.

» Quelle en est la cause ?
Ils sont vraisemblablement dus aux changements hormonaux même si le stress et la fatigue peuvent aggraver le problème.

» Quelles conséquences pour ma grossesse ?
Les maux de tête légers n'ont aucune conséquence sur votre santé à long terme, ni sur celle du fœtus. Ils ne sont qu'un désagrément induit par ce qui se passe dans votre corps, en perpétuel changement. Cependant, s'ils surviennent à un stade plus avancé ou sont sévères et persistants, ils peuvent être un signe de prééclampsie ou d'AVC. Le cas échéant, consultez votre médecin.

» Que faire ?
En cas de sérieux mal de tête, prenez de l'acétaminophène. Hydratez-vous, reposez-vous au maximum et limitez votre consommation de caféine. Si l'acétaminophène ne fait pas effet, consultez votre médecin.

Carence en fer/anémie

» Quoi, quand, à quelle fréquence ? Le fer transporte l'oxygène dans le sang et contribue à la fabrication des muscles et à leur entretien. Il arrive que son taux chute en début de grossesse. Lorsqu'il est suffisamment bas pour provoquer une carence (c'est-à-dire lorsque vous avez moins de 11 g de fer par litre de sang), vous êtes anémiée, ce qui est le cas de nombreuses femmes enceintes, surtout au 3e trimestre. Un faible taux de fer peut entraîner une certaine léthargie et des étourdissements.

» Quelle en est la cause ? Un régime végan ou végétarien peut être à l'origine d'une carence en fer, les oligo-éléments étant présents essentiellement dans les produits laitiers et la viande. En cas de grossesses rapprochées, vos réserves risquent d'être épuisées au début de la deuxième. Enfin, les grossesses multiples favorisent l'anémie ferriprive.

» Quelles conséquences pour ma grossesse ?
Votre organisme donnera priorité aux besoins en fer (oxygène) de votre bébé. Vous ressentirez donc les symptômes de l'anémie bien avant que votre bébé en subisse les conséquences. Le risque d'avoir un bébé de faible poids de naissance ou d'accoucher en avance est légèrement plus élevé.

» Que faire ?
Votre médecin vous prescrira sans doute une supplémentation en fer. Cependant, ne prenez pas de compléments sans avis médical, un excès de fer dans le sang pouvant être toxique. Reposez-vous le plus possible et consommez des aliments riches en fer, mais aussi en vitamine C, qui en favorise l'absorption.

VIANDE ROUGE

GRAINES DE CITROUILLE

Étourdissements et essoufflement

» Quoi, quand, à quelle fréquence ?
Étourdissements, vertiges et essoufflement sont fréquents chez les femmes enceintes. Si vous en avez souvent ou si ces symptômes s'accompagnent d'un gonflement des jambes, consultez immédiatement votre médecin.

» Quelle en est la cause ?
Au cours du 1er trimestre, les étourdissements sont parfois dus à une chute de tension. Au 2e, ils peuvent être provoqués par la pression qu'exerce l'utérus sur les vaisseaux sanguins. Une glycémie trop basse, la déshydratation ou le fait d'avoir trop chaud peuvent en être la cause. Enfin, si vous vous levez trop vite, la baisse brutale du débit sanguin en direction du cerveau peut entraîner un étourdissement. L'essoufflement est engendré par la pression de l'utérus qui repousse certains organes vers le haut. Ainsi, les poumons disposent d'un espace très réduit pour se gonfler lorsque vous respirez profondément. De plus, le taux élevé de progestérone entraîne une accélération du rythme respiratoire.

» Quelles conséquences pour ma grossesse ?
Des évanouissements ou des malaises fréquents peuvent être un signe d'anémie. En revanche, un étourdissement de temps en temps n'est pas inquiétant et n'aura aucune conséquence sur votre bébé. L'essoufflement est normal et ne présente aucun risque.

» Que faire ?
Hydratez-vous bien, levez-vous lentement après être restée assise ou allongée, évitez l'hypoglycémie ou d'avoir trop chaud. Si vous sentez que vous allez faire un malaise, allongez-vous sur le côté gauche et en surélevant vos jambes, pour faciliter le retour du sang vers le cœur. Parlez-en à votre médecin car les malaises, même s'ils sont courants durant la grossesse, peuvent avoir diverses causes.

Bouffées de chaleur

» Quoi, quand, à quelle fréquence ?
Les femmes enceintes ont souvent chaud aux mains et aux pieds, et présentent parfois des rougeurs du visage et du cou.

» Quelle en est la cause ?
Elles sont provoquées par l'augmentation de l'irrigation de la peau et des extrémités, les changements hormonaux et les efforts nécessaires pour porter le poids supplémentaire.

» Quelles conséquences pour ma grossesse ? Avoir chaud en fait partie intégrante et n'indique en rien un danger pour vous ou votre bébé.

» Que faire ?
Portez des vêtements amples en coton, trempez régulièrement vos mains et vos pieds dans de l'eau froide et essayez de garder les pièces fraîches.

Nausées et vomissements

» Quoi, quand, à quelle fréquence ?

Touchant 80 % des femmes enceintes, les nausées surviennent généralement vers 5 semaines. Si elles atteignent leur paroxysme vers la 12e semaine, elles disparaissent autour de la 20e. Elles peuvent apparaître à n'importe quel moment de la journée et provoquer des vomissements plus ou moins importants, mais ce n'est généralement pas le cas des formes plus légères. L'hyperémèse gravidique, qui en est la forme la plus sévère, reste rare.

» Quelle en est la cause ?

Une hausse brutale du taux d'hormones de grossesse contrarie le tube digestif tout en ralentissant la progression habituelle de la nourriture et des déchets, c'est-à-dire du transit intestinal.

» Quelles conséquences pour ma grossesse ?

En général, les nausées sont le signe que l'organisme travaille pour préserver la grossesse. Dans de rares cas, l'hyperémèse gravidique peut être à l'origine d'un bébé de faible poids de naissance en raison d'un manque de nutriments, mais le plus gênant est une augmentation du risque statistique de fausse couche ou de naissance prématurée.

» Que faire ?

Mangez régulièrement (voir p. 58), même si vous ne gardez rien d'autre que des biscuits salés. Évitez les collations qui contiennent des sucres raffinés, ainsi que les aliments riches en graisses ou dont l'odeur et le goût sont puissants. Buvez beaucoup d'eau et reposez-vous au maximum. Si vous vomissez plus de trois fois par jour ou si vous ne mangez rien, consultez votre médecin.

Hyperémèse gravidique

L'hyperémèse gravidique touche moins de 2 % des femmes enceintes. Cette forme sévère de nausées matinales se caractérise par de fréquents vomissements. Si vous en souffrez et ne gardez rien dans l'estomac pendant plus de 24 heures consultez votre médecin. Il vous prescrira sans doute un test urinaire afin de vérifier que vous n'avez pas d'infection, et une échographie pour exclure tout problème avec votre grossesse. Si vous avez perdu plus de 10 % de votre poids, des complications sont à craindre. En cas de déshydratation sévère, votre médecin vous hospitalisera. Vous serez alors mise sous perfusion contenant un soluté de réhydratation, un antiémétique, voire une supplémentation en vitamines. Vous pourrez rentrer chez vous lorsque vous aurez récupéré. Bonne nouvelle, l'hyperémèse disparaît aux environs de 13 semaines.

L'heure de la sieste Essayez de faire de petits sommes ou de vous reposer afin de limiter le sentiment d'épuisement provoqué par les nausées et les vomissements.

Brûlures d'estomac et troubles digestifs

» Quoi, quand, à quelle fréquence ?

Certains troubles digestifs donnent la sensation d'avoir quelque chose de coincé dans la trachée et peuvent induire des nausées ou une forte envie de roter. Les brûlures d'estomac peuvent entraîner des remontées acides dans la gorge. Elles sont souvent la conséquence de troubles digestifs et se produisent généralement après les repas. Les médecins parlent de reflux gastrique ou de *reflux gastro-œsophagien* (RGO). Environ 80 % des femmes enceintes souffrent de troubles digestifs, en particulier à partir de la deuxième grossesse.

» Quelle en est la cause ?

Au fur et à mesure que votre bébé grossit, tout est tassé dans votre abdomen. Ainsi, les intestins sont poussés vers le haut, ce qui rend le transit intestinal plus difficile. Ceci vient s'ajouter au travail plus lent des intestins (en raison de l'augmentation du taux de progestérone). Conséquence, l'acide gastrique reste en contact plus longtemps que d'habitude avec la muqueuse de l'estomac, provoquant une irritation et la survenue de différents symptômes inhérents aux troubles digestifs. En outre, l'assouplissement des muscles entraîne le relâchement d'une valve (le cardia) située au bas de l'œsophage, qui empêche le reflux gastrique de remonter dans la gorge.

» Quelles conséquences pour ma grossesse ?

La survenue de troubles digestifs pendant la grossesse n'a rien d'inquiétant et ne présente aucun risque ni pour vous, ni pour votre bébé.

» Que faire ?

Évitez les aliments très épicés ou forts en goût, mangez peu et souvent afin que votre estomac ait peu à digérer à la fois. Cependant, si votre vie s'en ressent, si vous vous sentez constamment nauséeuse ou rotez en permanence, votre médecin pourra vous prescrire des anti-acides. Pour dormir, placez un oreiller derrière vous pour relever légèrement le buste, aussi bien la nuit que lors d'une petite sieste, afin d'empêcher le reflux gastrique de remonter jusqu'à la gorge.

Flatulences

» Quoi, quand, à quelle fréquence ?

La grossesse augmente le risque de flatulences, émissions de gaz par l'anus. La plupart des femmes enceintes en souffrent.

» Quelle en est la cause ?

L'organisme a du mal à dégrader certains aliments, notamment ceux riches en graisses ou en sucres. Pendant la grossesse, ils séjournent plus longtemps que d'habitude dans l'intestin, entraînant la formation de gaz qui seront expulsés.

» Quelles conséquences pour ma grossesse ?

Elles ne présentent aucun risque mais peuvent être embarrassantes et entraîner des crampes d'estomac. En cas d'autres types de crampes, contactez votre médecin.

» Que faire ?
Évitez de consommer des aliments riches en sucre et en gras, ou connus pour provoquer des gaz (pruneaux, asperges, choux etc.). Ayez une alimentation équilibrée. Mangez peu et souvent pour ménager vos intestins. Assurez-vous d'être assise bien droite quand vous mangez et mâchez lentement chaque bouchée avant de l'avaler.

Pertes blanches

» Quoi, quand, à quelle fréquence ?
Appelées *leucorrhées* par les médecins, les pertes blanches nettoient et lubrifient le vagin. Une augmentation de ces sécrétions chez la femme enceinte est tout à fait normale.

» Quelle en est la cause ?
Pendant la grossesse, la hausse du taux d'œstrogènes épaissit les muscles à l'intérieur du vagin et augmente la quantité de cellules qui le tapissent. Ainsi, le vagin se prépare pour l'accouchement. Ces cellules supplémentaires entraînent des pertes blanches plus importantes.

» Quelles conséquences pour ma grossesse ?
En l'absence de tout autre signe, les pertes blanches n'indiquent en rien un problème avec votre grossesse.

» Que faire ?
Si les sécrétions sont vraiment importantes, utilisez des serviettes hygiéniques. Si elles sont odorantes ou mêlées de sang, prenez rendez-vous avec votre médecin. Il procédera sans doute à un prélèvement afin de vérifier que vous n'avez pas d'infection. De même, consultez-le si les pertes sont continues, ce qui pourrait indiquer une rupture prématurée de la poche des eaux. Ne soyez pas tentée par une toilette intime systématique au risque de perturber le nettoyage naturel et la flore bactérienne de votre organisme, et d'attraper une mycose.

Mycose vaginale

» Quoi, quand, à quelle fréquence ? La mycose, ou plus exactement la candidose vaginale, ou muguet, est une infection fongique provoquée par la prolifération d'un champignon appelé *Candida albicans* (levure naturelle) dans le vagin. Elle provoque des pertes blanches (qui peuvent sentir la levure) ainsi que des douleurs et une irritation au niveau du vagin, parfois aussi pendant les relations sexuelles.

» Quelle en est la cause ?
L'augmentation des hormones de grossesse entraîne une hausse des sucres naturels de l'organisme dans la région du vagin, ce qui « nourrit » le candida. Si elle peut être contractée par voie sexuelle, l'infection est le plus souvent due à un mauvais geste lorsque vous vous essuyez aux toilettes (toujours aller de l'avant vers l'arrière).

» Quelles conséquences pour ma grossesse ?
L'infection ne présente aucun risque pour le bébé pendant la grossesse, mais peut lui être transmise lors d'un accouchement par voie vaginale.

» Que faire ?
Évitez les savons parfumés et les bains moussants qui risquent de compromettre l'action de la flore naturelle du vagin contre l'infection à candida. Votre médecin confirmera l'infection par un prélèvement vaginal et vous prescrira un antifongique (crème topique ou ovule à insérer dans le vagin) pour éradiquer le champignon. Dans tous les cas, ne prenez pas de médicaments en vente sans ordonnance, ni aucun traitement par voie orale. Les mycoses peuvent être soignées par des traitements locaux. En général, la prescription d'un antifongique sous la forme d'ovule à insérer dans le vagin règle le problème. Les mycoses étant transmissibles par voie sexuelle, votre partenaire devra également être traité.

Le saviez-vous ?

Autre solution pour soulager les symptômes de la mycose, appliquer du yogourt sur la vulve et à l'entrée du vagin ou porter une serviette hygiénique imprégnée de yogourt (sur une courte période). Vous pouvez aussi prendre un bain chaud dans lequel vous aurez ajouté quelques gouttes de vinaigre. Choisissez toujours des sous-vêtements en coton pour laisser respirer votre vagin. Ne portez pas de jeans ni de pantalons qui empêchent l'air de circuler et provoquent un frottement au niveau de la région génitale, entraînant une sensation d'inconfort.

Environ 80 % des femmes enceintes ont des nausées ou des vomissements en début de grossesse.

Constipation

» Quoi, quand, à quelle fréquence ?
Avoir envie de déféquer et être incapable de le faire, avoir du mal ou ressentir des douleurs est signe de constipation. Lorsque les selles finissent par être évacuées, elles sont dures et sèches, et peuvent déchirer la muqueuse délicate de l'intestin sur leur passage, provoquant un léger saignement. La constipation peut survenir à tout moment pendant la grossesse, mais est surtout fréquente au 1er trimestre.

» Quelle en est la cause ?
Pendant la grossesse, le transit intestinal est ralenti en raison de l'augmentation du taux de progestérone dans l'organisme. Ainsi, les selles étant stockées plus longtemps dans le colon, l'eau qu'elles contiennent est réabsorbée par l'organisme, ce qui les rend plus dures. Ce phénomène s'accentue au fil de la grossesse, car comme tous les autres organes de la région abdominale, les intestins sont comprimés et ont donc moins d'espace pour faire leur travail. La prise de compléments en fer aggrave le phénomène. Le cas échéant votre médecin vous conseillera peut-être de les arrêter.

» Quelles conséquences pour ma grossesse ?
Si elle est à l'origine d'une certaine gêne et parfois de gaz embarrassants, la constipation ne présente aucun risque pour le fœtus.

» Que faire ?

BUVEZ BEAUCOUP D'EAU

Boire au moins 8 verres d'eau par jour contribue à garder les selles molles. Assurez-vous que votre alimentation contient de nombreuses fibres (voir p. 50) y compris des fruits secs comme les abricots ou les pruneaux, qui ont un effet laxatif. Mangez peu et souvent pour que vos intestins gèrent de petites quantités de nourriture à la fois. Bougez régulièrement : faire de l'exercice dans des limites adaptées à la grossesse donnera à vos intestins un petit coup de pouce.

ABRICOTS (SECS)
PRUNEAUX
DATTES
FIGUES (SÈCHES)

Infection urinaire

» Quoi, quand, à quelle fréquence ?
Une sensation de picotements à la miction est généralement le premier signe de cystite, infection bactérienne de la vessie. Vous pouvez également ressentir des douleurs dans le bas du dos (région des reins).

» Quelle en est la cause ?
L'augmentation des taux d'œstrogènes dans l'organisme peut provoquer une hausse des taux de bactérie d'*E. coli* dans le tube digestif, ce qui vous rend plus sensible aux infections urinaires. Ce phénomène, accentué par le ralentissement du transit de l'urine, conséquence de l'action des hormones de grossesse, augmente la pression de l'utérus sur les uretères, qui acheminent l'urine depuis les reins jusqu'à la vessie.

» Quelles conséquences pour ma grossesse ?
Les infections urinaires touchent environ 10 % des femmes enceintes et peuvent provoquer la naissance prématurée du bébé, d'où l'analyse d'urine mensuelle pour les détecter. Elles doivent être soignées avec des antibiotiques. En l'absence de traitement, une infection rénale plus grave, susceptible d'augmenter la quantité de liquide dans la circulation et d'induire une pression sur le cœur, peut survenir. Le bébé peut contracter l'infection à la naissance.

Canneberge Le jus de canneberge pourrait prévenir la survenue des infections urinaires et en atténuer les symptômes. Les résultats des différentes études conduites sont peu probants, mais vous ne risquez rien à essayer.

» Que faire ?
Dans tous les cas, buvez beaucoup pour nettoyer votre organisme. Consultez immédiatement votre médecin si vous pensez avoir une infection urinaire.

Rétention urinaire

» Quoi, quand, à quelle fréquence ?
C'est un peu l'inverse du problème dont les femmes enceintes se plaignent le plus. Vous avez envie d'uriner, mais rien ne sort.

» Quelle en est la cause ?
Au fur et à mesure que le bébé grossit, la vessie est décalée dans l'abdomen. Quand elle est hors de son chemin, il arrive que le fœtus appuie sur l'urètre, canal qui achemine l'urine à l'extérieur depuis la vessie. Si le canal est bloqué ou comprimé, uriner est alors impossible.

» Quelles conséquences pour ma grossesse ?
Vous devez pouvoir évacuer l'urine de votre organisme pour éviter que les toxines ne soient réabsorbées. Le risque d'infection rénale augmente.

» Que faire ?
Consultez immédiatement votre médecin. Dans la plupart des cas, le fœtus bouge et libère l'urètre de la pression exercée, mais dans le cas contraire, il pourra être nécessaire de sonder votre vessie afin de drainer l'urine.

Pression au niveau du bas-ventre et douleurs de la ceinture pelvienne

» Quoi, quand, à quelle fréquence ?
Une pression au niveau abdominal inférieur peut provoquer une douleur sourde ou lancinante dans la région pelvienne, en particulier en fin de grossesse. En outre, une femme enceinte sur 5 souffre de douleurs de la ceinture pelvienne, parfois appelées *relâchement* ou dysfonction de la symphyse pubienne, qui peuvent être particulièrement intenses.

» Quelle en est la cause ?
À mesure qu'il s'étire, l'utérus exerce une pression sur les différents os et ligaments du bassin. Le phénomène s'accentue avec la croissance du fœtus. Ces douleurs sont induites par les changements hormonaux qui influent sur les articulations du bassin.

» Quelles conséquences pour ma grossesse ?
Ce type de pression abdominale ne présente aucun risque. Cependant, si la douleur devient insoutenable, elle peut alors être signe d'un autre problème. Les douleurs de la ceinture pelvienne peuvent persister jusqu'à 6 mois après l'accouchement.

» Que faire ?
Dans un cas comme dans l'autre prenez des bains chauds. Si vous souffrez de douleurs de la ceinture pelvienne, gardez les jambes serrées pour sortir du lit ou d'une voiture. Dormez sur le côté gauche, un coussin entre les jambes (voir p. 114). Si besoin, essayez de vous procurer une ceinture de maintien.

Douleurs abdominales

» Quoi, quand, à quelle fréquence ?
Dès le début de la grossesse, il est fréquent de ressentir des crampes abdominales alors que l'utérus se prépare à abriter le développement du fœtus. Au 2e trimestre, les douleurs abdominales peuvent se déplacer sur le côté du ventre. Les douleurs ressenties plus tardivement ont plus de chances d'être la conséquence de troubles digestifs qu'autre chose.

» Quelle en est la cause ?
L'implantation de l'embryon et l'utérus qui s'étire sont les causes les plus fréquentes de crampes en début de grossesse. Ensuite, conséquence des taux élevés de progestérone et de relaxine, vous pouvez ressentir des douleurs sur le côté du ventre, signe que vos ligaments s'assouplissent pour laisser plus de place à votre bébé. De temps à autre, de petits saignements internes dans l'utérus peuvent aussi être à l'origine de douleurs abdominales.

» Quelles conséquences pour ma grossesse ?
Il est normal de ressentir des douleurs abdominales en début de grossesse, mais en cas de doute parlez-en à votre médecin. Contactez-le également à tout moment en cas de douleurs accompagnées de saignements. Dans les dernières semaines,

Hémorroïdes

» Quoi, quand, à quelle fréquence ?
Dilatation d'une veine à l'intérieur ou à l'extérieur de l'anus.

» Quelle en est la cause ?
Les femmes enceintes sont plus sujettes aux hémorroïdes en raison du ramollissement des tissus autour de l'anus provoqué par les hormones. La pression de la tête du bébé sur les vaisseaux sanguins peut être un autre facteur déclenchant. Enfin, elles peuvent être provoquées par la constipation.

» Quelles conséquences pour ma grossesse ?
Même si elles peuvent être à l'origine d'un certain inconfort, voire douloureuses dans les cas les plus sévères, les hémorroïdes ne présentent aucun risque, ni pour vous, ni pour le fœtus.

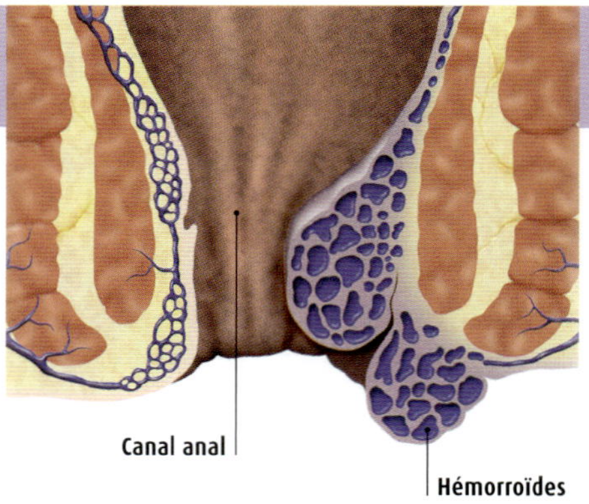

» Que faire ?
Évitez d'être constipée ou de forcer quand vous allez à la selle. L'application de glace ou de certaines crèmes peut atténuer l'inconfort. Dans certains cas, votre médecin pourra réduire une hémorroïde externe en la repoussant à l'intérieur.

les douleurs abdominales sans saignements sont généralement bénignes, mais là encore mieux vaut consulter.

» Que faire ?

La plupart du temps, les douleurs abdominales sont totalement bénignes. Cependant, elles sont parfois le signe d'un problème plus important, c'est pourquoi il est préférable de consulter systématiquement votre médecin. Reposez-vous le plus possible. En cas de douleur continue, provoquée notamment par des muscles et ligaments étirés et déplacés, prenez un bain chaud.

Syndrome des jambes sans repos

» Quoi, quand, à quelle fréquence ?

Provoquant une sensation de picotements ou de fourmillements dans les jambes, souvent lorsque vous êtes allongée ou essayez de dormir, le syndrome des jambes sans repos, ou impatiences, est plus fréquemment observé au 3e trimestre et touche environ 25 % des femmes enceintes. Il est assez gênant car il vous donne l'impression d'avoir toujours envie de bouger, même lorsque vous essayez de dormir.

» Quelle en est la cause ?

Personne ne sait exactement pourquoi les femmes enceintes sont plus sujettes à ce syndrome, même si l'augmentation du volume sanguin en circulation dans l'organisme, la prise de poids, un faible taux de fer ou simplement l'augmentation du taux d'hormones, pourraient en être la cause. Des études montrent une origine génétique.

» Quelles conséquences pour ma grossesse ?

Hormis une certaine fatigue s'il vous empêche de dormir, le syndrome des jambes sans repos ne présente aucun risque pour vous, ni pour le fœtus, à partir du moment où il n'est pas dû à une carence en fer.

» Que faire ?

Demandez à votre médecin de vérifier votre taux de fer. Prenez des mesures qui favorisent le sommeil, évitez de manger trop tard, faites un peu d'exercice ou prenez un bain tiède avant d'aller dormir. Faire un petit tour en marchant peut vous soulager temporairement, tout comme vous frictionner les jambes.

Varices

» Quoi, quand, à quelle fréquence ?

Les varices sont des veines hypertrophiées qui apparaissent notamment au niveau des jambes et de la vulve. Elles peuvent être disgracieuses.

» Quelle en est la cause ?

Pendant la grossesse, l'utérus qui s'étire comprime les veines de la région pelvienne, qui à leur tour exercent une pression sur les jambes et la région vulvaire, parfois à l'origine de l'apparition de varices (voir p. 120).

» Quelles conséquences pour ma grossesse ?

Vers la fin de la grossesse, les varices peuvent provoquer un certain inconfort et des démangeaisons, mais elles ne présentent aucun risque. Celles localisées au niveau du vagin et de la vulve ne se rompront pas pendant l'accouchement.

» Que faire ?

Si vous constatez l'apparition d'une varice, parlez-en à votre médecin. Procurez-vous des bas de contention, disponibles en vente libre ou sur ordonnance.

Mal de dos et sciatique

» Quoi, quand, à quelle fréquence ?

La plupart des femmes enceintes ressentent une douleur sourde et continue dans le bas du dos. Lorsqu'elle devient aiguë ou fulgurante, elle peut être due à une sciatique, en particulier si elle part des fesses et se propage à l'arrière d'une jambe. Le plus souvent, cette situation survient au cours du 3e trimestre, lorsque l'utérus s'étire et que le fœtus grossit rapidement.

» Quelle en est la cause ?

Les douleurs dans le bas du dos sont souvent provoquées par le déplacement du centre de gravité qui vous oblige à prendre une posture étrange afin de garder l'équilibre. L'assouplissement des ligaments provoqués par les changements hormonaux peut aussi exercer une certaine contrainte sur votre dos. La sciatique est provoquée par la compression du nerf du même nom, qui part de l'avant-dernière vertèbre lombaire et descend jusque dans le pied. Cette compression peut être la conséquence du déplacement du centre de gravité, à cause duquel les muscles du bas du dos se contractent pour vous maintenir droite, et ce faisant compriment le nerf. Elle peut également être provoquée par la position du bébé, lorsque sa tête descend dans votre bassin. Enfin, la prise de poids et l'utérus qui s'étire peuvent aussi être à l'origine de la sciatique.

» Quelles conséquences pour ma grossesse ?

Le mal de dos et la sciatique ne présentent aucun risque mais ont des conséquences sur votre bien-être et souvent sur votre humeur. Vivre en ayant mal en permanence peut être invalidant.

» Que faire ?

Les exercices de renforcement du plancher pelvien (voir p. 67) et la natation peuvent contribuer à renforcer votre dos tout en atténuant la douleur ressentie au niveau du nerf. Même s'il est bon de ne pas laisser votre dos se raidir, des périodes de repos, lors desquelles vos pieds ne portent plus votre poids, contribuent à atténuer la douleur due à la pression. Vous pouvez aussi appliquer un patch chauffant sur la région douloureuse, ou demandez à votre partenaire de vous masser doucement le bas du dos. N'hésitez pas à parler de vos douleurs à votre médecin, qui surveillera leur évolution. En cas de douleurs vives, il vous adressera peut-être à un kinésithérapeute spécialisé dans la manipulation des femmes enceintes. Consultez toujours un professionnel de la santé avant de prendre toute mesure pour soulager votre inconfort.

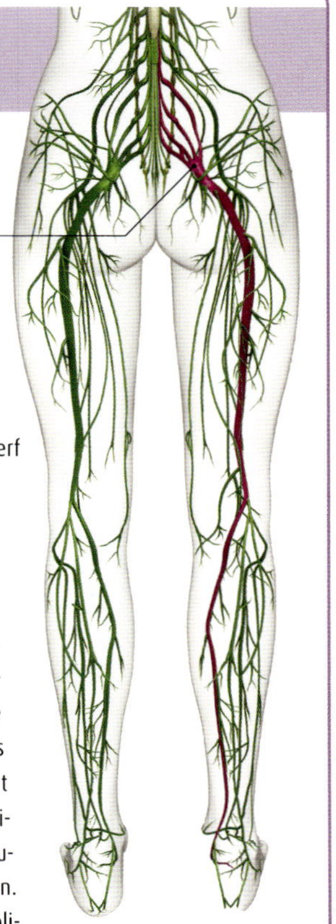

Nerf sciatique Nerf principal qui descend depuis le haut de la fesse jusqu'au pied.

Sciatique Cette illustration montre le parcours du nerf sciatique et celui de la douleur suite à la compression du nerf au niveau du bassin.

Problèmes de pieds

» Quoi, quand, à quelle fréquence ?

De nombreuses femmes enceintes ont des crampes dans les pieds et des douleurs au niveau de la voûte plantaire, qui viennent s'ajouter à des chevilles et des pieds gonflés.

» Quelle en est la cause ?

En plus de la prise de poids qui augmente la pression sur la voûte plantaire, les muscles des pieds forcent pour corriger votre position afin que vous gardiez l'équilibre, provoquant une douleur continue. En outre, les extrémités, pieds inclus, sont sujettes aux problèmes liés à la rétention d'eau, qui provoque des œdèmes (voir p. 134).

» Quelles conséquences pour ma grossesse ?

Aucun risque pour votre bébé, mais les douleurs aux pieds, ajoutés à des chevilles gonflées, peuvent rendre la marche délicate. Si vous trouvez vos chevilles très enflées, ou si elles enflent brutalement, consultez rapidement votre médecin.

» Que faire ?

Limitez le poids sur vos pieds, surélevez vos jambes au-dessus du niveau des hanches. Bougez les pieds même lorsque vous êtes assise. Faites des rotations des chevilles dans un sens, puis dans l'autre pour soulager la douleur et atténuer le gonflement. Même si cela semble contradictoire, boire beaucoup d'eau facilite l'élimination du liquide en excès dans l'organisme. Essayez de prendre du poids progressivement et portez des chaussures confortables avec un bon maintien.

Rétention d'eau

Surélevez vos pieds de sorte qu'ils soient au-dessus du niveau de vos hanches lorsque vous vous reposez en position allongée.

» Quoi, quand, à quelle fréquence ?
Également connue sous le nom d'*œdème*, elle est à l'origine d'un gonflement et d'une bouffissure des cellules. La rétention d'eau peut vous donner un teint rosé et un visage bouffi, mais également entraîner un gonflement au niveau des chevilles, des pieds, des poignets et des doigts. Environ la moitié des femmes enceintes souffrent de rétention d'eau, en particulier au 3e trimestre.

» Quelle en est la cause ?
Pour transporter efficacement les nutriments jusqu'au fœtus, le flux sanguin augmente d'environ un tiers pendant la grossesse. Cependant, la majeure partie de ce volume supplémentaire se compose non pas de globules rouges mais de liquide, qui en pénétrant dans les cellules de l'organisme les fait gonfler. Quand vous restez debout longtemps, quand il fait particulièrement chaud, ou simplement en fin de journée, tout ce liquide est stocké dans les cellules, ce qui entraîne la formation d'un œdème.

» Quelles conséquences pour ma grossesse ?
La plupart du temps, le gonflement observé pendant la grossesse est normal et se limite aux extrémités (doigts, mains, orteils, pieds et chevilles) En cas d'œdème important, consultez votre médecin.

» Que faire ?
Même si cela semble contradictoire, boire beaucoup d'eau facilite l'élimination du liquide en excès dans l'organisme. Mangez sainement et essayez de prendre du poids régulièrement. Faites de l'exercice à un niveau adapté à votre grossesse. Si vous trouvez que vos extrémités gonflent, faites des rotations avec les poignets et les chevilles, et étirez vos doigts et vos orteils. Ne restez pas immobile trop longtemps, levez-vous et marchez environ toutes les 30 minutes afin d'éviter que le liquide ne s'accumule dans vos jambes. Lorsque vous vous reposez en position allongée, surélevez vos pieds de sorte qu'ils soient au-dessus du niveau de vos hanches.

Engourdissement des mains

» Engourdissement des mains
La sensation étrange de sentir votre main s'engourdir, accompagnée de douleurs dans le pouce et les deux premiers doigts, peut être la conséquence du syndrome du canal carpien, qui survient au 2e ou au 3e trimestre et touche environ 50 % des femmes enceintes. Le syndrome du canal carpien a souvent une origine génétique. En outre, vous avez plus de risques d'en être atteinte si vous en avez souffert lors d'une précédente grossesse. Le plus souvent, il se manifeste au niveau de la main dominante (la droite si vous êtes droitière).

» Quelle en est la cause ?
Les hormones de grossesse provoquent une augmentation de la quantité de liquide qui circule dans l'organisme. L'accumulation de liquide dans les poignets (le plus souvent la nuit, lorsque vous êtes immobile), entraîne un gonflement qui exerce une pression sur le nerf médian, lequel descend depuis l'épaule jusqu'à la main, ce qui peut induire un engourdissement et une sensation de fourmillements et de picotements dans les doigts. Le surpoids et les grossesses multiples accentuent le risque de syndrome du canal carpien.

» Quelles conséquences pour ma grossesse ?
Si le syndrome du canal carpien est à l'origine de votre engourdissement, il n'y a aucun risque pour votre bébé, mais vous aurez sans doute du mal à vous servir correctement de votre main, notamment en raison de la faiblesse de sa pince.

» Que faire ?
En dehors de manger sainement et de bouger les poignets (un peu comme les chevilles en cas d'œdème) vous ne pouvez pas faire grand-chose. Dans la plupart des cas, le syndrome du canal carpien disparaîtra dans les mois qui suivront l'accouchement. Si l'engourdissement persiste, une intervention chirurgicale pourra être nécessaire pour atténuer la pression sur le nerf médian. Votre médecin vous prescrira peut-être une orthèse du poignet pour soutenir votre main.

Problèmes de nez

» Quoi, quand, à quelle fréquence ?
Environ un tiers des femmes enceintes ont des problèmes de nez, le plus souvent à partir du milieu du 2e trimestre, jusqu'à l'accouchement. Les plus courants sont les saignements de nez (épistaxis), la congestion nasale (plus fréquente) et les ronflements.

» Quelle en est la cause ?
La congestion nasale et les ronflements sont provoqués par l'augmentation du taux d'œstrogènes dans votre organisme, à l'origine d'une prolifération de mucus dans les voies nasales (des oreilles bouchées ne sont pas à exclure). Les épistaxis sont plus fréquentes car la paroi des capillaires nasaux s'affine et est plus susceptible de se rompre.

» Quelles conséquences pour ma grossesse ?
Une épistaxis qui ne s'arrête pas peut être signe de problèmes circulatoires et nécessite un avis médical. Un ronflement très fort et prolongé doit faire suspecter un diabète gestationnel. En dehors de ces deux cas particuliers, les problèmes de nez font simplement partie des petits désagréments de la grossesse.

» Que faire ?
Consultez votre médecin pour vous assurer que tout va bien. Si besoin, il vous prescrira des examens complémentaires.

Vision trouble

» Quoi, quand, à quelle fréquence ?
Les problèmes oculaires sont extrêmement fréquents pendant la grossesse, et de nombreuses femmes voient trouble. Vous pourrez également ressentir une sécheresse oculaire et subir une perte de la vision périphérique mais, heureusement, ces désagréments sont sans gravité.

» Quelle en est la cause ?
Les cellules des globes oculaires gonflent de la même manière que les cellules cutanées, en raison de l'excès de liquide, entraînant un épaississement du cristallin et une vision trouble, déformée. Votre taux de progestérone ayant le même effet assouplissant sur la cornée que sur les muscles, il est possible que cet effet soit exacerbé.

» Quelles conséquences pour ma grossesse ?
Même si la plupart du temps elle n'est qu'un désagrément de la grossesse, la vision trouble peut aussi être un signe de prééclampsie. Consultez votre médecin si vous constatez que votre vue change, mais rassurez-vous, dans la plupart des cas il ne trouvera rien d'anormal.

» Que faire ?
Buvez beaucoup pour limiter la rétention d'eau. Vous retrouverez une vue normale après l'accouchement, même si cela peut parfois prendre plusieurs semaines. Cependant, il arrive que certains changements soient définitifs, aussi, si vos problèmes de vue persistent encore 6 semaines après l'accouchement, il est nécessaire de consulter votre ophtalmologiste.

PUPPP

» Quoi, quand, à quelle fréquence ?
Également appelées *éruption polymorphe de la grossesse* ou dermatite polymorphe gravidique (DPG), les plaques et papules prurigineuses urticariennes de la grossesse (PUPPP) sont des éruptions cutanées qui apparaissent sur le ventre (ailleurs qu'au niveau du nombril) et s'étendent à d'autres parties du corps. Elles ressemblent un peu à de l'eczéma et se caractérisent par l'apparition de petites cloques. Cette dermatite, qui se manifeste généralement vers 35 semaines, touche moins de la moitié des femmes enceintes.

» Quelle en est la cause ?
La cause de la maladie reste inconnue, mais elle est plus souvent observée en cas de première grossesse, de grossesse multiple et chez les femmes qui attendent des garçons (une étude a montré la présence d'ADN masculin dans les biopsies de cloques de PUPPP). Elle est plus rare à partir de la deuxième grossesse. Une origine génétique est possible.

» Quelles conséquences pour ma grossesse ?
Les démangeaisons, généralement plus vives les premiers jours, sont le symptôme le plus évident. La maladie ne semble pas avoir de conséquences dangereuses pour le fœtus, même si par précaution de nombreux hôpitaux recommandent un déclenchement de l'accouchement à 39 semaines.

» Que faire ?
Évitez d'avoir chaud et portez des vêtements amples en coton. Votre médecin pourra vous prescrire un traitement topique. En général, l'éruption cutanée disparaît d'elle-même dans la semaine qui suit l'accouchement, même si dans de rares cas cela demande un peu plus de temps.

Boutons de chaleur

» Quoi, quand, à quelle fréquence ?
Également appelée *miliaire sudorale* ou *bourbouille*, cette éruption cutanée provoque de vives démangeaisons aux endroits où la sueur est mal évacuée (cou, aisselles, ventre, etc.).

» Quelle en est la cause ?
Pendant votre grossesse, vous constaterez que transpirez plus que d'habitude, ce qui peut provoquer une éruption cutanée là où l'air ne peut pas rapidement sécher la sueur.

» Quelles conséquences pour ma grossesse ?
Aucune conséquence, en dehors des démangeaisons très désagréables. L'éruption cutanée est totalement bénigne et ne présente absolument aucun risque pour vous ou votre bébé.

» Que faire ?
Évitez d'avoir chaud et portez des vêtements amples en coton. Rafraîchissez votre peau à l'aide d'un gant de toilette imprégné d'eau froide. N'utilisez pas de savon parfumé.

Obstruction des canaux galactophores

» Quoi, quand, à quelle fréquence ?
La production de lait commence pendant la grossesse. Ce processus implique que les canaux galactophores s'élargissent pour recevoir l'augmentation de liquide. Parfois, dans la deuxième moitié de la grossesse ils se bouchent, provoquant des douleurs et la formation de petites grosseurs parfois plus rouges que le reste du sein.

» Quelle en est la cause ?
Vos seins produisent du lait, mais ne l'évacuent pas encore. Sa stagnation peut ainsi obstruer les canaux galactophores.

» Quelles conséquences pour ma grossesse ?
Un canal bouché est signe que l'organisme produit du lait. Cela n'a rien d'inquiétant sinon des douleurs à la palpation et un certain inconfort. Si la grosseur n'est ni rouge ni douloureuse, parlez-en à votre médecin qui vérifiera qu'elle n'a pas une autre cause.

» Que faire ?
Mettez un gant froid sur les grosseurs et massez délicatement la région du canal bouché du bout des doigts afin de le désengorger. Un écoulement de lait peut alors se produire.

Écoulements de lait

» Quoi, quand, à quelle fréquence ?
À partir du 2e trimestre, mais le plus souvent en fin de grossesse, les seins sont pleins. En général, il s'agit d'un écoulement de colostrum, substance jaunâtre et épaisse, plus digeste et plus riche en nutriments que le lait maternel.

» Quelle en est la cause ?
Vos seins sont remplis de lait, mais ne l'évacuent pas encore. Des écoulements accidentels peuvent se produire de façon inattendue.

» Quelles conséquences pour ma grossesse ?
Il n'y a aucun lien entre les écoulements pendant la grossesse et la capacité (ou l'incapacité) à produire assez de lait pour allaiter.

» Que faire ?
Glissez des coussinets dans votre soutien-gorge et changez-les aussi souvent que nécessaire.

Saignements

» Quoi, quand, à quelle fréquence ?
Des saignement peuvent apparaître au cours du 1er trimestre sous la forme de petites tâches. Parfois, des quantités plus importantes de sang sont observées. Ils peuvent aussi survenir à un stade plus avancé de la grossesse.

» Quelle en est la cause ?
En début de grossesse, l'augmentation des taux d'hormones fragilise le col de l'utérus provoquant des saignements. Plus tard, le col est plus souple et le flux sanguin est plus important. Aussi, il peut être tuméfié et parfois même saigner.

» Quelles conséquences pour ma grossesse ?
Ils sont fréquents au 1er trimestre. Cela ne signifie pas que vous avez fait une fausse couche, mais une vérification s'impose. Après, ils peuvent être signe de décollement du placenta, de placenta prævia ou de risque d'accouchement prématuré.

» Que faire ?
Consultez aussitôt votre médecin. Il vous prescrira une échographie de contrôle. Signalez-lui tout saignement important, surtout s'il est douloureux.

Nombril saillant

» Quoi, quand, à quelle fréquence ?
Au cours du 3e trimestre, votre ventre s'étire à son maximum, ce qui peut entraîner une protrusion du nombril. Ce phénomène, qui touche la plupart des femmes enceintes, est généralement observé au-delà de 24 semaines de grossesse.

» Quelle en est la cause ?
Votre ventre qui grossit (à cause de l'utérus qui s'étire et du fœtus qui se développe) pousse votre nombril vers l'extérieur.

» Quelles conséquences pour ma grossesse ?
Un nombril qui ressort ne présage d'aucune catastrophe et peut simplement rappeler la forme d'un mamelon si vous portez des vêtements très près du corps.

» Que faire ?
Absolument rien. Votre nombril retrouvera sa position initiale dès que vous aurez accouché.

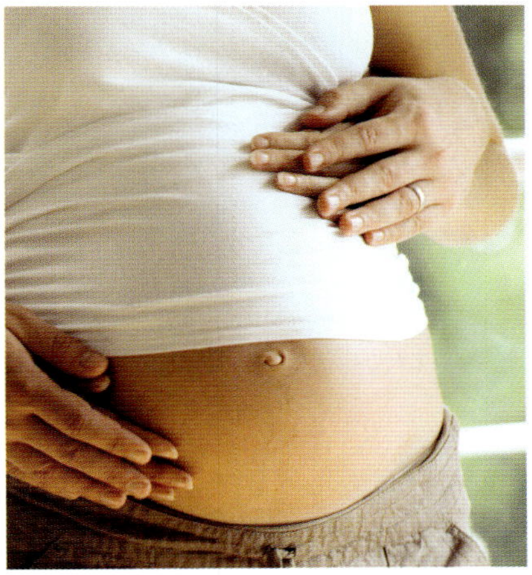

C'est mon ventre ! Si vous êtes heureuse de voir votre corps changer, n'hésitez pas à montrer votre ventre.

Je ne me sens pas très bien. Quels médicaments puis-je prendre sans risque ?

Le système immunitaire étant affaibli pendant la grossesse, il est normal d'être parfois malade. Or, les médicaments disponibles sans ordonnance que vous pourriez prendre en temps habituel sont parfois déconseillés. Soyez extrêmement prudente et demandez toujours l'avis d'un professionnel de la santé avant de prendre tout traitement.

Certaines affections bénignes, comme un rhume ou une diarrhée, disparaîtront d'elles-mêmes. Si vous pensez qu'un traitement est nécessaire, consultez votre médecin en lui rappelant que vous êtes enceinte. Ne recourez pas à l'automédication sans avis préalable de votre pharmacien. Le cas échéant, prenez la plus petite dose possible et limitez votre consommation de médicaments au strict minimum. Attention, de nombreux remèdes naturels, en particulier à base de plantes médicinales, peuvent présenter des risques pour votre bébé.

Dans la mesure du possible, évitez toute automédication, en particulier au 1er trimestre, au cours duquel le fœtus court plus de risques.

Prévenir plutôt que guérir

Lorsque vous êtes enceinte, votre organisme affaiblit votre système immunitaire pour préserver le bon déroulement de votre grossesse. Grâce à une alimentation saine, un peu d'exercice et une bonne hygiène, vous pouvez renforcer votre immunité et vous protéger contre les infections.

» **Lavez-vous les mains** avant de toucher la nourriture, et respectez les règles d'hygiène de base.

» **Buvez beaucoup d'eau** et de jus de fruit dilués, les liquides contribuant à éliminer toute affection de votre organisme.

» **Augmentez votre apport d'aliments antioxydants** comme les fruits et les légumes, qui renforcent le système immunitaire.

» **Reposez-vous**, vous avez plus de risques de tomber malade si vous êtes fatiguée.

» **Consultez toujours un professionnel de la santé** avant de prendre tout traitement naturel, même aussi anodin qu'une tisane.

LES AFFECTIONS LES PLUS COURANTES

Pendant la grossesse, aucun médicament ne présente une innocuité à 100 %. L'acétaminophène est le seul médicament vendu sans ordonnance que vous pouvez prendre sans avis médical, à condition de bien respecter les doses.

AFFECTION	QUELLES CONSÉQUENCES POUR MA GROSSESSE ?	QUE FAIRE ?
Gripppe et autres rhumes	Les virus responsables des rhumes les plus courants ne devraient pas avoir de conséquences sur votre bébé alors qu'une grippe sévère augmente le risque de faible poids de naissance et peut être à l'origine d'une bronchite plus grave, ou d'une pneumonie.	Buvez beaucoup, faites des inhalations de vapeur et préparez-vous des boissons apaisantes pour soulager les symptômes (voir à la page de gauche). En cas de fièvre, prenez une petite dose d'acétaminophène. Les traitements contenant de l'ibuprofène ou de la codéine sont interdits. Si vous avez les symptômes de la grippe, consultez votre médecin.
Fièvre	La fièvre, généralement signe d'infection virale ou bactérienne, peut avoir des conséquences sur la circulation sanguine. Il faut donc la faire baisser.	Si nécessaire, prenez de l'acétaminophène sans jamais dépasser les doses quotidiennes maximales recommandées. Si la fièvre ne baisse pas au bout de plusieurs heures malgré l'acétaminophène, consultez sans tarder.
Infection de l'oreille, de la gorge, de la poitrine ou urinaire	Certaines infections bactériennes sévères peuvent traverser le placenta et être contractées par le fœtus. Il est donc important de les traiter.	Buvez beaucoup et consultez votre médecin. Pendant la grossesse, de nombreux antibiotiques sont autorisés et un antibiogramme pourra être réalisé pour définir le mieux adapté. Prenez de l'acétaminophène pour faire baisser la fièvre.
Diarrhée	Elle ne présente pas de risque pour votre bébé, mais vous devez éviter d'être déshydratée. Si elle est associée à des vomissements ou à de la fièvre, consultez votre médecin.	Elle disparaît généralement lorsque votre organisme s'est débarrassé de l'infection. Ne prenez pas d'antidiarrhéique sans avis médical. Demandez conseil à votre pharmacien avant de prendre un soluté de réhydratation, même si la plupart sont sans risque.
Intoxication alimentaire	La bactérie à l'origine de l'intoxication est potentiellement dangereuse pour votre bébé. La plus dangereuse est la listeria, qui peut provoquer une septicémie, une méningite ou une pneumonie.	Si vous craignez d'avoir une intoxication alimentaire, consultez votre médecin dans les plus brefs délais. Buvez de l'eau pour éviter d'être déshydratée. En cas de suspicion de listériose, demandez immédiatement un avis médical.
Douleur	Le mal de dos est fréquent chez les femmes enceintes, en particulier au 3e trimestre, mais n'a aucune conséquence sur le fœtus, tout comme les maux de tête ou les douleurs musculaires.	Des compresses de froid et de chaud soulagent les douleurs musculaires et le mal de dos. Consultez votre médecin si votre migraine persiste. L'acétaminophène est autorisé, mais ne dépassez pas les doses quotidiennes maximales recommandées. L'ibuprofène et la codéine sont interdits.
Insomnies	Les insomnies sont fréquentes pendant la grossesse et peuvent avoir différentes causes. Elles ne présentent pas de risque pour votre bébé, mais peuvent vous épuiser.	Consultez votre médecin pour identifier les causes et voir les mesures à prendre. Ne prenez aucun somnifère, ni aucun traitement qui fasse appel à des plantes médicinales ou à l'aromathérapie, sans avis médical.
Rhume des foins	Le rhume des foins ne présente aucun risque pour votre bébé, à l'inverse de certains traitements. Demandez toujours un avis médical avant de prendre un antihistaminique.	Consultez votre médecin. Certains antihistaminiques peuvent être pris pendant la grossesse, mais un conditionnement sous la forme de spray nasal ou de collyre est généralement préférable à des cachets par voie orale.
Infections fongiques (exemple : pied d'athlète)	Les infections fongiques comme le pied d'athlète ou les mycoses ne présentent aucun risque pour le fœtus, à l'inverse de certains traitements pour les soigner.	Gardez la région touchée propre, sèche et à l'air. Demandez l'avis de votre médecin ou de votre pharmacien avant de prendre un traitement antifongique, certains étant déconseillés pendant la grossesse.
Démangeaisons	La peau peut être sèche, irritée pour de nombreuses raisons, y compris à cause d'eczéma ou de prurit induit par la grossesse, parfois sévères.	Vous pouvez utiliser des crèmes émollientes ou protectrices disponibles sans ordonnance à condition qu'elles ne contiennent pas de stéroïdes. N'hésitez pas à demander conseil à votre médecin ou votre pharmacien.
Éruptions cutanées	Les éruptions cutanées peuvent être localisées ou généralisées. Certaines ne présentent aucun risque, mais il est généralement préférable de les montrer à votre médecin pour en définir la cause.	Qu'elle soit localisée ou généralisée, si elle persiste plus de 48 heures, consultez votre médecin. Utilisez une lotion à la calamine pour atténuer les symptômes des éruptions localisées, mais pas pour celles généralisées. L'application d'eau froide ou de glace peut aussi être efficace.
Coupures et écorchures	Une coupure ou une écorchure ne présente aucun risque pour votre bébé, mais il convient de la désinfecter correctement.	Désinfectez à l'aide d'un antiseptique et laissez sécher. Même s'il semble que les antiseptiques soient sans danger pendant la grossesse, demandez conseil à votre pharmacien.
Poux de tête	Les poux de tête sont gênants pour vous, mais ne présentent aucun risque pour le fœtus.	Essayez d'abord de vous en débarrasser en passant un peigne à poux sur vos cheveux mouillés. Répétez l'opération tous les trois jours pour éliminer les poux qui viennent d'éclore. Demandez conseil à votre pharmacien avant d'utiliser une lotion contenant 4 % de diméthicone.
Oxyurose	L'oxyurose ne présente pas de risque pour le fœtus, à l'inverse des traitements pour la soigner.	Enceinte, évitez les médicaments vendus sans ordonnance. Des mesures d'hygiène stricte peuvent permettre l'élimination des oxyures. Demandez conseil à votre médecin.

Même si toutes les grossesses ne se déroulent pas aussi bien qu'elles le devraient, les complications **ne sont pas la norme** et toutes les femmes n'y sont pas confrontées. Si tel est votre cas, vous pourrez compter sur le **soutien de l'équipe médicale**. Avec une prise en charge appropriée, la majorité des complications connaissent une **issue favorable**.

Complications

Types de complications

Une *complication* est un état pathologique ou une maladie susceptible de compromettre votre santé ou celle du fœtus. La plupart des examens réalisés dans le cadre du suivi prénatal (voir dans le cadre du suivi préconception lorsque vous prévoyez une grossesse), visent à dépister le plus tôt possible les complications susceptibles de survenir. Dans la plupart des cas, votre équipe médicale pourra gérer le problème afin que tout aille au mieux pour vous et votre bébé.

Les véritables complications sont rares. Certaines femmes souffrent d'une maladie chronique ou d'une affection longue durée comme l'asthme ou une maladie cardiaque congénitale, qui demande une attention particulière. Parfois, des antécédents de problèmes gynécologiques ont des répercussions sur le déroulement de la grossesse. D'autres complications découlent directement de la grossesse, comme le diabète gestationnel ou la prééclampsie. Plus rarement, certaines infections passagères peuvent être problématiques.

Prévoir une grossesse

Dans la mesure du possible, assurez-vous que vous êtes immunisée contre certaines maladies infectieuses. En général, vous pouvez vous faire vacciner avant la conception, mais pas une fois enceinte, certains vaccins présentant des risques pour le fœtus.

Si vous souffrez d'une maladie qui nécessite un traitement et que vous envisagez d'avoir un enfant, il est vivement conseillé de mettre en place un programme de préconception. En effet, certains médicaments sont proscrits pendant la grossesse et votre maladie devra peut-être être stabilisée avant que vous soyez enceinte. Vous donner 3 à 6 mois pour organiser les choses avant de concevoir un enfant peut faire la différence entre une grossesse normale et une grossesse difficile.

Quand les complications surviennent

Des complications entraînent un suivi prénatal plus intensif, des examens et échographies plus nombreux, et d'autres traitements. L'équipe médicale qui vous suit vous expliquera ce qui se passe dans votre organisme et les conséquences potentielles sur votre grossesse, l'accouchement et votre bébé.

N'allez pas seule aux échographies et aux rendez-vous avec les spécialistes. Votre compagnon pourra écouter et poser des questions auxquelles vous n'auriez pas pensé. Vous pourrez être amenée à prendre des décisions difficiles, comme choisir ou non de prendre un médicament qui vous soulagera mais peut avoir des conséquences sur la santé de votre bébé. Dans certains cas, une complication imposera le moment et le lieu de l'accouchement, vous obligeant alors à prendre des décisions inattendues. Il est donc normal que vous ayez peur et que vous vous sentiez nerveuse. Le cas échéant, votre médecin pourra vous donner des informations sur les groupes de soutien destinés aux personnes dans la même situation que vous.

question ? réponse Que se passe-t-il si je contracte une maladie infectieuse ?

Les possibilités de traitement étant limitées lorsque vous êtes enceinte, certaines affections présentent des risques pour votre grossesse. Consultez immédiatement votre médecin si vous constatez des symptômes d'infection grave.

Varicelle

» De quoi s'agit-il ?
Infection virale à l'origine de fièvre, de démangeaisons et de vésicules qui évoluent en cloques.

» Quelles conséquences pour ma grossesse ?
Les complications sont rares mais peuvent être graves et entraîner sur le fœtus des lésions oculaires, cérébrales, cutanées, vésicales, intestinales et des membres. Vous risquez une pneumonie et une inflammation du cerveau et du foie.

» Que faire ?
Éviter tout contact avec les personnes infectées. Si vous en présentez les symptômes, consultez immédiatement votre médecin. Un traitement antiviral peut prévenir les complications, sans toutefois guérir l'infection.

Rougeole

» De quoi s'agit-il ?
Elle provoque des symptômes pseudo-grippaux, des boutons dans la bouche, et une éruption cutanée marron rouge qui dure à peine une semaine. Elle est en recrudescence au Québec.

» Quelles conséquences pour ma grossesse ?
La rougeole augmente le risque de fausse couche et d'accouchement d'un enfant mort-né ou prématuré, surtout au 1er trimestre. L'infection peut être transmise au bébé lors de l'accouchement.

» Que faire ?
Si vous n'êtes pas immunisée et êtes en contact avec le virus, consultez immédiatement votre médecin. Il vous prescrira peut-être des immunoglobulines humaines normales pour atténuer les symptômes et réduire les risques pour votre bébé.

Oreillons

» De quoi s'agit-il ?
Infection virale qui provoque fièvre, maux de tête, tuméfaction des joues et inflammation des glandes salivaires. Cette maladie est en nette diminution au Québec.

» Quelles conséquences pour ma grossesse ?
Ils ne devraient pas provoquer d'anomalies congénitales pour votre bébé. En revanche, la fièvre augmente le risque de fausse couche, surtout au 1er trimestre. Une évolution en méningite est également possible.

» Que faire ?
Si vous n'êtes pas immunisée et êtes en contact avec le virus, consultez votre médecin. Il n'existe aucun traitement de la maladie, mais les symptômes peuvent être atténués.

Rubéole

» De quoi s'agit-il ?
Infection à l'origine de maux de tête, de fièvre, de douleurs articulaires, de maux de gorge, d'une inflammation des ganglions et d'une éruption cutanée rose rouge. La maladie n'a pas totalement disparu au Québec.

» Quelles conséquences pour ma grossesse ?
Plus vous contractez la rubéole un stade avancé de votre grossesse, plus les risques pour le fœtus diminuent. Ils sont moindres au-delà de 18 semaines. Avant, la maladie peut entraîner une fausse couche ou des anomalies congénitales du fœtus.

» Que faire ?
Lors de la première consultation, le médecin prescrit toujours une analyse de sang pour vérifier si vous êtes immunisée. Si vous ne l'êtes pas, évitez tout contact avec la maladie. Si vous pensez l'avoir contractée, consultez d'urgence votre médecin. En l'absence de traitement, il pourra vous soutenir et vous informer des différentes possibilités pour votre bébé.

Cytomégalovirus

» De quoi s'agit-il ?
Connu également sous le nom de CMV, c'est un virus de la famille de l'herpès qui se transmet par la salive, l'urine, les sécrétions génitales ou les selles. Il est souvent latent et de nombreuses personnes ne savent pas qu'elles en sont porteuses.

» Quelles conséquences pour ma grossesse ?
Entre 0,3 et 2,4 % des femmes enceintes en sont infectées. Si vous êtes porteuse du CMV et qu'il s'exprime pour la première fois pendant votre grossesse, il peut provoquer des anomalies congénitales et des problèmes neurologiques chez le fœtus.

» Que faire ?
Il n'y a pas de traitement, mais il est possible de prévenir la primo-infection. Les enfants de moins de 6 ans et de nombreux adultes en sont souvent porteurs. Évitez tout contact avec leurs fluides corporels.

Maladie de Lyme

» De quoi s'agit-il ?
Cette infection bactérienne transmise par les piqûres de tique peut être latente pendant des années. Les principaux symptômes sont la fièvre, des frissons, des douleurs articulaires ou musculaires, une paralysie du visage et une éruption cutanée entourée d'un cercle rouge.

» Quelles conséquences pour ma grossesse ?
Non traitée, elle est dangereuse pour vous. Elle augmente le risque d'accouchement prématuré et de fausse couche.

» Que faire ?
Votre médecin vous prescrira un traitement antibiotique qui est généralement très efficace. Après le traitement, vous n'êtes pas immunisée et pouvez être de nouveau infectée.

Hépatite

» De quoi s'agit-il ?
Toutes les formes de ce virus transmissible par le sang touchent le foie. Les symptômes vont des vomissements et crampes d'estomac, à la sensation d'avoir un léger rhume. Certaines personnes n'ont aucun symptôme.

» Quelles conséquences pour ma grossesse ?
L'hépatite peut entraîner une insuffisance hépatique du fœtus. Le dépistage prénatal de l'hépatite B est systématique au Québec. L'hépatite C n'est dépistée que si vous présentez des facteurs de risque.

» Que faire ?
Si vous souffrez d'hépatite B, votre bébé pourra être vacciné contre ce virus à sa naissance. L'efficacité du vaccin est de 95 %. La transmission de l'hépatite C au fœtus est plus rare, mais s'il est infecté, il sera pris en charge par un spécialiste.

Que vous sachiez ou non si vous êtes **immunisée** contre la varicelle ou si vous avez été **vaccinée** contre la rougeole, les oreillons ou la rubéole, votre médecin vous prescrira un **test de dépistage** pour vérifier.

Quelles conséquences une maladie chronique peut-elle avoir sur ma grossesse ?

question ? réponse

Cette partie vous informe sur les maladies chroniques qui nécessitent un suivi particulier en cas de grossesse. Enceinte, vous serez suivie par un obstétricien ou une sage-femme en collaboration avec votre médecin traitant. La plupart des femmes qui souffrent de ces maladies vivent une grossesse sans problème et ont des bébés en bonne santé. Les accouchements à domicile ou en maison de naissance sont cependant déconseillés.

Asthme

» De quoi s'agit-il ?
Il entraîne une inflammation et un rétrécissement des voies pulmonaires, se traduisant par une respiration sifflante, une toux, une sensation d'oppression et un essoufflement.

» Quels risques pour la grossesse, le travail et le fœtus ?
L'asthme peut induire des problèmes placentaires, ce qui augmente légèrement le risque de fausse couche et de faible poids de naissance.

» Traitement et examens
Le traitement n'ayant pas d'effets indésirables sur le fœtus, vous pouvez continuer à le suivre. Si vous prenez des corticoïdes par voie orale, un bilan sanguin régulier est nécessaire pour vérifier votre taux de glycémie. Les solutions pour soulager la douleur pendant l'accouchement sont limitées car la diamorphine et autres opioïdes exacerbent l'asthme.

» Les effets de la grossesse sur cette maladie
Un asthme sévère en début de grossesse a tendance à s'aggraver, alors que dans les cas légers à modérés, en général, il se stabilise voire régresse jusqu'à la naissance, l'élévation naturelle des stéroïdes pouvant réduire les crises. Statistiquement, les fœtus filles aggravent plus les symptômes de l'asthme chez la future mère que les garçons.

MICI

» De quoi s'agit-il ?
Ce terme désigne des maladies inflammatoires chroniques intestinales comme la rectocolite hémorragique ou la maladie de Crohn, qui peuvent être à l'origine de douleurs, d'un gonflement et de crampes d'estomac, de diarrhées sanglantes, d'une extrême fatigue et d'une perte de poids. Le syndrome du côlon irritable n'en est pas une.

» Quels risques pour la grossesse, le travail et le fœtus ?
Une MICI augmente légèrement le risque d'accouchement prématuré et de « petit bébé ». Si votre médecin envisage une opération des intestins dans les années à venir, votre obstétricien optera plutôt pour une césarienne pour préserver les muscles du plancher pelvien. La probabilité que votre bébé hérite de la maladie de Crohn est faible (5 %) sauf si votre partenaire en est également atteint (36 %).

» Traitement et examens
Consultez votre gastro-entérologue dès que possible pour faire le point sur vos médicaments, car la gestion des MICI pendant la grossesse est une priorité. Certains traitements peuvent être poursuivis, mais d'autres posent problème : le méthotrexate, par exemple, peut engendrer des anomalies congénitales. Votre médecin pourra augmenter les doses d'acide folique, car certaines molécules prescrites en cas de MICI interfèrent avec son absorption. Vous aurez sans doute des rendez-vous supplémentaires avec votre gastro-entérologue, afin de vérifier que tout va bien. Les coloscopies ou sigmoïdoscopies réalisées sur la femme enceinte n'ont pas d'effets néfastes.

» Les effets de la grossesse sur cette maladie
Si elle est inactive lors de la conception et que vous continuez votre traitement, les risques de poussée ne sont pas plus importants que si vous n'étiez pas enceinte, mais une poussée peut survenir après l'accouchement. Les MICI actives sont plus difficiles à gérer. Si vous avez une poche de stomie, elle peut être comprimée au fur et à mesure que votre ventre s'arrondit, ce qui peut augmenter la fréquence des selles.

Hypertension

» De quoi s'agit-il ?
L'hypertension artérielle, tension supérieure à ce qui est recommandé, augmente le risque d'infarctus et d'accident vasculaire cérébral (AVC).

» Quels risques pour la grossesse, le travail et le fœtus ?
Le risque de prééclampsie, de décollement du placenta, d'AVC et de thrombose, mais aussi d'accouchement prématuré, d'avoir un bébé de faible poids de naissance, voire d'accoucher d'un enfant mort-né, augmente. En général, vous pourrez accoucher par voie vaginale, sauf cas particulier nécessitant une césarienne.

» Traitement et examens
Consultez votre médecin pour faire le point sur vos médicaments, certains antihypertenseurs pouvant nuire au développement du bébé. Si votre tension est élevée, elle devra être mesurée entre deux rendez-vous de suivi prénatal. Si vous n'en prenez pas déjà, votre médecin vous prescrira probablement une faible dose d'aspirine quotidienne pour fluidifier le sang. En outre, vous passerez sans doute plus d'échographies. Si votre tension artérielle reste élevée, le travail peut se déclencher plus tôt.

» Les effets de la grossesse sur cette maladie
Les hormones de grossesse dilatant les vaisseaux sanguins, la tension artérielle peut baisser naturellement pendant 9 mois, en remontant très légèrement à la fin du 3e trimestre toutefois. Dans certains cas, votre médecin vous autorisera à arrêter vos antihypertenseurs le temps de votre grossesse.

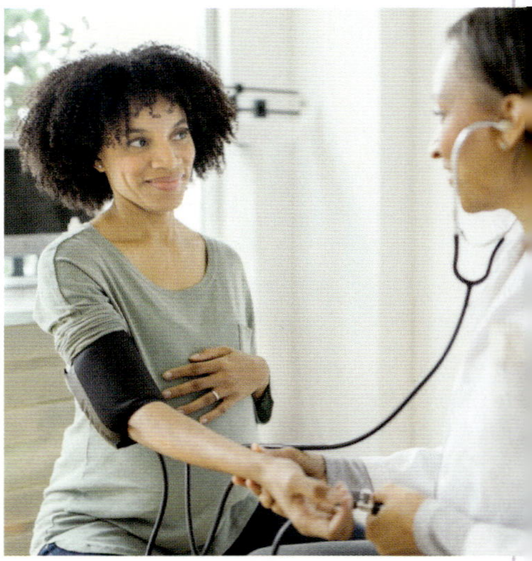

Un suivi régulier est essentiel, que vous gériez votre tension artérielle en changeant de mode de vie ou en prenant des médicaments.

Problèmes de thyroïde

» De quoi s'agit-il ?
Cette glande régule le métabolisme. Des troubles surviennent en cas de production insuffisante ou excessive d'hormones thyroïdiennes (TSH).

» Quels risques pour la grossesse, le travail et le fœtus ?
Non traitées, l'hyperthyroïdie et l'hypothyroïdie peuvent poser de graves problèmes pendant la grossesse. Les THS jouant un rôle essentiel dans le développement du bébé, votre médecin gérera au mieux la maladie et limitera les risques de complications. Planifier la période de préconception est indispensable. En effet, certaines études montrent qu'une thyroïde peu active au cours du 1er trimestre peut avoir des conséquences sur le développement intellectuel du bébé.

» Traitement et examens
Votre médecin peut revoir votre traitement. Pendant la grossesse, l'hypothyroïdie est parfois traitée avec de la thyroxine. La fonction thyroïdienne sera vérifiée souvent. Au cours du 3e trimestre, des échographies supplémentaires seront réalisées pour surveiller votre bébé.

» Les effets de la grossesse sur cette maladie
Les femmes dont l'hyperthyroïdie est stabilisée peuvent faire une rechute pendant la grossesse, les hormones pouvant augmenter le taux de TSH. La grossesse peut provoquer un goitre.

Polyarthrite rhumatoïde (PR)

» De quoi s'agit-il ?
Affection longue durée de type inflammatoire qui provoque des douleurs, des gonflements, une raideur ou une immobilité articulaire.

» Quels risques pour la grossesse, le travail et le fœtus ?
Hormis un déclenchement prématuré du travail, la PR n'a pas de conséquences directes sur la grossesse ou le fœtus. Parfois, une césarienne s'avère nécessaire.

» Traitement et examens
Certains médicaments prescrits sont nocifs pour le bébé. D'autres présentent des risques pour vous. Consultez votre médecin dès l'annonce de votre grossesse pour parler de votre traitement.

» Les effets de la grossesse sur cette maladie
Elle peut accentuer la fatigue, surtout au 1er trimestre. Au 2e trimestre, les symptômes s'atténuent. Cette amélioration peut persister les premières semaines qui suivent l'accouchement. Cette période passée, certaines femmes connaissent une poussée de la maladie.

Diabète

» De quoi s'agit-il ?
Le diabète est provoqué par l'incapacité de l'organisme à gérer le taux de glycémie, soit parce qu'il fabrique des quantités d'insuline insuffisantes, soit parce qu'il n'est pas capable d'utiliser celle qu'il produit (voir encadré à droite). Il peut survenir pendant la grossesse (diabète gestationnel, voir p. 145) ou lui être antérieur. Nous traitons ici du diabète préexistant.

» Quels risques pour la grossesse, le travail et le fœtus ?
Il augmente le risque d'hypertension artérielle, de prééclampsie (voir p. 144) et d'anomalies congénitales, mais aussi de fausse couche, de déclenchement prématuré du travail et d'accouchement d'un enfant mort-né. Un taux de glycémie élevé de la mère induit un taux de sucre important dans le sang du fœtus et augmente le risque d'avoir un gros bébé. Cependant, les bébés nés de mères diabétiques peuvent aussi être de faible poids.

» Traitement et examens
Il est essentiel de gérer au mieux votre diabète avant la grossesse pour réduire les risques d'anomalies congénitales. Il est aussi indispensable de maîtriser votre glycémie quand vous êtes enceinte. Consultez votre médecin dès l'annonce de votre grossesse pour qu'il vous adresse à un obstétricien ou un diabétologue, qui vous fixera des taux de glycémie à maintenir pendant 9 mois. Si vous êtes sous antidiabétiques oraux, il faudra les arrêter et passer aux injections d'insuline. Un diététicien vous aidera à mettre en place un régime adapté. Votre médecin vous incitera à tester votre glycémie au moins 4 fois par jour pour rester dans les limites définies. Au fil des semaines, vous devrez sans doute augmenter les doses d'insuline pour stabiliser votre taux de glycémie. Assurez-vous que vos proches savent utiliser les kits de test, au cas où vous feriez une crise d'hypo- ou d'hyperglycémie et ne seriez pas en mesure de vous tester toute seule. Vous passerez des échographies supplémentaires afin de vérifier que votre bébé se développe bien. N'oubliez pas qu'un gros bébé peut indiquer que votre taux de glycémie est trop élevé.

» Les effets de la grossesse sur cette maladie
Les hormones de grossesse augmentent l'insulinorésistance. Conséquences, le risque de complications liées au diabète augmente : hypo- et hyperglycémie, problèmes oculaires, maladie cardiaque et problèmes rénaux. C'est pourquoi vous serez étroitement surveillée. Si vous vomissez, la concentration dans le sang de *corps cétoniques* augmente. Ils sont produits lorsque l'organisme puise dans ses réserves de graisses et non de sucres. En cas d'accumulation excessive, de sérieuses complications peuvent survenir mettant votre vie en danger. Cette situation reste très rare, et dans la plupart des cas tout ce passe bien pour les femmes enceintes diabétiques, mais elle rappelle l'absolue nécessité de bien gérer la glycémie.

DES FAITS SUR LE DIABÈTE

Voici quelques aspects importants du diabète préexistant, et les principaux signes à rechercher si le diagnostic n'a pas encore été posé.

» Votre organisme tire le sucre (glucose) de votre alimentation, en particulier des glucides, des graisses et des protéines que vous ingérez.

» Les symptômes du diabète sont une bouche sèche, des envies d'uriner fréquentes, un état de fatigue, une vision trouble et des mycoses.

» Le diabète de type I survient lorsque votre organisme produit trop peu d'insuline, hormone nécessaire pour transformer le glucose présent dans la circulation sanguine en énergie.

» Le diabète de type II, souvent provoqué par l'obésité, survient lorsque votre organisme produit assez d'insuline, mais que ses cellules deviennent résistantes aux tentatives de l'hormone d'extraire le glucose qu'elles contiennent.

Injections d'insuline Vos besoins en insuline évolueront au fil de la grossesse. Il est essentiel de maîtriser votre glycémie.

Troubles mentaux

» De quoi s'agit-il ?
Ils regroupent de nombreuses maladies parmi lesquelles les troubles bipolaires, la dépression, les psychoses, les névroses, l'automutilation, les troubles obsessionnels compulsifs, les addictions et les troubles du comportement alimentaire (TCA).

» Quels risques pour la grossesse, le travail et le fœtus ?
Les traitements médicamenteux des troubles mentaux peuvent nuire à la santé du fœtus. En outre, ils augmentent le risque de dépression prénatale et post-partum. Vous pouvez ne pas être en mesure de prendre soin de vous et ne pas avoir envie, ou vous sentir incapable d'élever votre futur enfant. Si vous souffrez de TCA, vous risquez d'empêcher votre bébé de bénéficier d'importants nutriments *in utero*. Des études montrent que les enfants de femmes souffrant de troubles mentaux ont plus de risques de souffrir de maladies liées à la dépression.

» Traitement et examens
Ne changez rien à votre traitement avant d'avoir consulté votre médecin, qui aura besoin de faire le point sur votre maladie et mettra en place un programme pour que vous preniez vos médicaments pendant toute votre grossesse afin de réduire les risques pour votre bébé tout en préservant votre santé.

» Les effets de la grossesse sur cette maladie
Des études scientifiques montrent que l'anxiété, associée à la grossesse et au besoin de réduire les doses médicamenteuses, augmente le risque de psychose ou de dépression chez les femmes enceintes ayant des antécédents de maladie mentale. Cependant, si votre maladie est correctement prise en charge avant votre grossesse, avec un bon soutien et votre traitement, le risque de rechute est moindre.

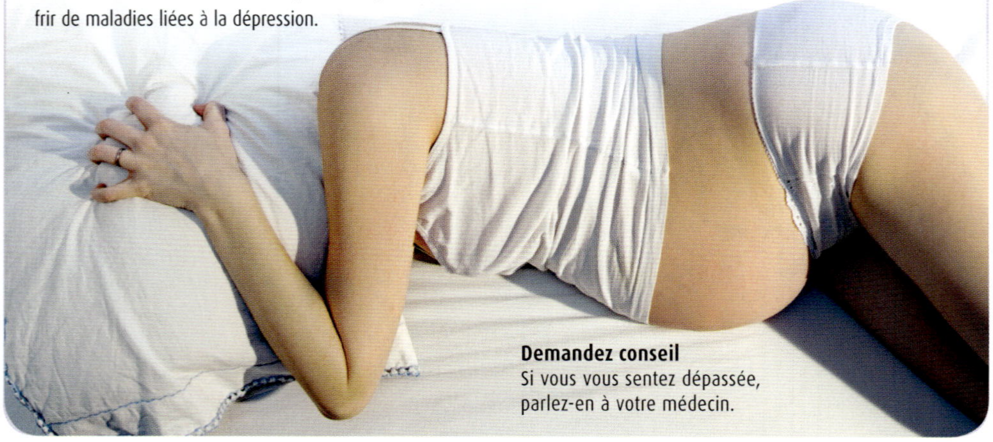

Demandez conseil
Si vous vous sentez dépassée, parlez-en à votre médecin.

Épilepsie

» De quoi s'agit-il ?
Trouble caractérisé par des décharges électriques anormales dans le cerveau, qui peut provoquer des crises répétées.

» Quels risques pour la grossesse, le travail et le fœtus ?
Vous pouvez souffrir de nausées et vomissements, d'anémie, d'hypertension induite par la grossesse ou de prééclampsie. À moins d'être tonicocloniques, à répétition, ou de durer plus de 30 minutes, les crises ne présentent pas de risques. Enceinte, ne prenez pas de douche, ni de bain en fermant la porte à clef ou quand vous êtes seule. Idem après la naissance quand vous donnerez le bain à votre nouveau-né. Cette affection augmente le risque de césarienne et de travail prématuré ou de longue durée. Après la naissance, votre bébé pourra avoir besoin d'un sevrage pour anticonvulsivants (AC) et d'une dose supplémentaire de vitamine K pour favoriser la coagulation.

» Traitement et examens
Sauf avis contraire de votre neurologue, prenez votre traitement. Certains anticonvulsivants augmentent le risque d'anomalies congénitales, mais 90 % des femmes souffrant d'épilepsie accouchent de bébés en bonne santé. Les risques pour votre bébé, si vous faites une crise, sont plus importants. Votre médecin vous prescrira peut-être un bilan sanguin. En effet, le volume sanguin étant plus conséquent, il se peut que le taux de médicaments dans le sang soit trop dilué. Ne changez pas de dosage sans avis médical. Votre médecin augmentera sans doute vos apports en acide folique, certains médicaments pouvant inhiber son absorption. Une supplémentation en vitamine K peut être nécessaire à partir de 36 semaines. Enfin, les analgésiques à base d'opioïdes sont parfois déconseillés lors de l'accouchement.

» Les effets de la grossesse sur cette maladie
La plupart des femmes souffrant d'épilepsie ne voient pas vraiment de changements quand elles sont enceintes. Si les crises sont plus fréquentes, parlez-en à votre neurologue.

MCC ou MCA

» De quoi s'agit-il ?
Une maladie cardiaque congénitale (MCC) est une maladie présente à la naissance. Une maladie cardiaque acquise (MCA) est provoquée par un rhumatisme articulaire aigu, une maladie de Kawasaki ou l'obésité.

» Quels risques pour la grossesse, le travail et le fœtus ?
Le risque d'avoir de l'eau dans les poumons est plus élevé. Consultez votre médecin en cas de douleurs thoraciques ou de toux anormale. Votre bébé a un peu plus de risques d'avoir une anomalie cardiaque congénitale. Il peut aussi manquer d'oxygène, ce qui peut entraîner un faible poids de naissance mais aussi un accouchement prématuré ou d'un enfant mort-né. La dernière phase de l'accouchement, celle où vous devez pousser, peut porter atteinte à la fonction cardiaque, c'est pourquoi vous bénéficierez peut-être d'un accouchement assisté. Votre obstétricien vous incitera à accoucher allongée sur le côté gauche pour réduire la pression sur les principaux vaisseaux sanguins. Lors de la dernière phase, vous serez guidée pour respirer afin de ne pas perdre votre souffle. Pendant toute la durée de l'accouchement, votre bébé sera relié à un moniteur fœtal tandis que vous serez sous ECG. Afin de réduire le risque d'infection cardiaque, vous recevrez sans doute des antibiotiques.

» Traitement et examens
Votre médecin prendra plus souvent votre tension artérielle pour vérifier la fonction circulatoire. Les anticoagulants peuvent traverser le placenta et liquéfier dangereusement le sang du fœtus.

» Les effets de la grossesse sur cette maladie
Vous serez surveillée tout au long de la grossesse afin de garantir une prise de poids régulière, un surpoids pouvant augmenter la contrainte exercée sur votre cœur. La dilatation des vaisseaux sanguins, conséquence normale de l'augmentation du taux de progestérone, améliore la circulation. Toutefois, le sang supplémentaire et le manque de souffle sollicitent davantage votre cœur.

Lupus érythémateux disséminé (LED)

» De quoi s'agit-il ?
Parfois appelée simplement *lupus* ou *LED*, cette maladie auto-immune est provoquée par un dérèglement du système immunitaire qui se retourne contre l'organisme.

» Quels risques pour la grossesse, le travail et le fœtus ?
Il entraîne une augmentation des risques de prééclampsie, de travail prématuré, de fausse couche, de retard de

croissance intra-utérine et d'accouchement d'un enfant mort-né. Si vos reins sont touchés, le risque d'hypertension artérielle s'accroît. Si les anticorps du LED traversent le placenta, le bébé peut naître avec une éruption cutanée sans gravité, mais aussi être atteint d'arythmie cardiaque. C'est pourquoi votre bébé sera surveillé pendant toute la grossesse. Certains enfants auront des signes de troubles hépatiques ou rénaux à la naissance. Dans la plupart des cas, ces problèmes disparaîtront dans les 6 mois.

» Traitement et examens

Des consultations supplémentaires de suivi seront prévues. Vous devrez consulter votre rhumatologue au moins 1 fois par trimestre. Sauf avis médical contraire, prenez votre traitement.

» Les effets de la grossesse sur cette maladie

Si votre lupus est maîtrisé lors de la conception, la grossesse ne devrait pas induire de complications supplémentaires.

Sclérose en plaques

» De quoi s'agit-il ?

La sclérose en plaques (SEP) touche les cellules nerveuses du cerveau et de la moelle épinière, et entraîne une altération des mouvements, de l'équilibre et de la vision.

» Quels risques pour la grossesse, le travail et le fœtus ?

La SEP ne semble pas avoir de répercussions sur la grossesse ni sur le fœtus. Si elle vous empêche de sentir les contractions dans les muscles du bassin, un accouchement assisté ou une césarienne peut être nécessaire. Le risque que votre bébé soit atteint de SEP augmente légèrement, tout comme les risques de poussée pendant la grossesse et après l'accouchement.

» Traitement et examens

Consultez votre médecin à propos de votre traitement. De nombreuses femmes atteintes de SEP peuvent continuer à prendre des stéroïdes, en particulier après le 1er trimestre. Des consultations prénatales supplémentaires peuvent être nécessaires.

» Les effets de la grossesse sur cette maladie

Le taux d'hormones peut contribuer à réduire la fréquence des poussées pendant la grossesse, en particulier au 3e trimestre. Les symptômes peuvent être exacerbés. Afin de limiter le risque de chute, vous aurez besoin de soutien pour vous déplacer.

Hémoglobinopathies

» De quoi s'agit-il ?

Ensemble de maladies sanguines, qui regroupe notamment l'anémie falciforme et la thalassémie. Les globules rouges sont incapables de transporter l'oxygène efficacement, ce qui entraîne un manque d'énergie, des douleurs soudaines ou continues lorsque les tissus manquent d'oxygène, et des lésions des organes internes au fil du temps.

» Quels risques pour la grossesse, le travail et le fœtus ?

Le risque d'accouchement prématuré et d'avoir un bébé de faible poids de naissance augmente. Dans tous les cas, votre enfant sera porteur du gène. Si en plus son père en est porteur, il a alors 50 % de risques d'être atteint de l'hémoglobinopathie concernée. Votre partenaire peut effectuer un test pour estimer la probabilité que votre bébé hérite de cette maladie. Les risques de prééclampsie, d'hypertension artérielle, d'AVC, de difficultés respiratoires et d'anémie augmentent. Votre bébé sera relié à un moniteur fœtal pendant toute la durée de l'accouchement.

» Traitement et examens

Vous aurez de nombreuses consultations prénatales, ainsi que des rendez-vous réguliers avec votre hématologue et votre obstétricien. Vous devrez peut-être prendre des suppléments d'acide folique ainsi que des antibiotiques pour vous protéger des infections. Enfin, de petites doses quotidiennes d'aspirine pourront être prescrites après le 1er trimestre afin de réduire les risques d'hypertension artérielle. Vous passerez une échographie précoce entre 7 et 9 semaines afin d'évaluer la viabilité de votre grossesse et des échographies mensuelles au 3e trimestre pour vérifier la croissance de votre bébé.

» Les effets de la grossesse sur cette maladie

Les symptômes peuvent s'aggraver pendant la grossesse, les nausées peuvent les exacerber.

Phénylcétonurie

» De quoi s'agit-il ?

Maladie génétique dans laquelle l'organisme est incapable de dégrader la phénylalanine, ce qui peut entraîner des lésions cérébrales et nerveuses.

» Quels risques pour la grossesse, le travail et le fœtus ?

Des taux élevés de phénylalanine peuvent traverser le placenta et provoquer de graves anomalies, voire la mort *in utero* du fœtus. Un régime strict devra être mis en place pour garder le taux de phénylalanine dans le sang compris entre 100 et 250 µmol/L. Le bébé peut être de faible poids de naissance. Il ne sera atteint de phénylcétonurie que si son père en souffre aussi.

» Traitement et examens

Vous ferez 3 bilans sanguins par semaine et consulterez un spécialiste de la phénylcétonurie 1 fois par mois.

» Les effets de la grossesse sur cette maladie

Respectez scrupuleusement votre régime pauvre en protéines. En grandissant, votre bébé en consommera et plus tard son foie fabriquera les enzymes que vous ne pouvez pas produire. Aussi, la quantité de protéines que vous ingérez doit rester dans les limites du régime prescrit par le diététicien en fonction des résultats des bilans sanguins.

Fibrose kystique

» De quoi s'agit-il ?

Maladie génétique qui épaissit le mucus dans le système respiratoire et digestif, et entraîne une insuffisance respiratoire et des difficultés à absorber les nutriments.

» Quels risques pour la grossesse, le travail et le fœtus ?

Vous devez avoir une fonction pulmonaire (VEMS) de 60 % avant de faire un bébé. Aussi, il est préférable de programmer votre grossesse. La probabilité que la grossesse se passe bien augmente en permanence. L'équipe chargée du suivi prénatal fera de son mieux pour que l'issue soit favorable. Vous transmettrez le gène de la fibrose kystique à votre enfant qui en deviendra porteur. Si son père est aussi porteur du gène, il a alors 50 % de risques de souffrir de la maladie. Les risques de diabète gestationnel, d'accouchement prématuré, de fausses couches et d'accouchement d'un enfant mort-né augmentent. En outre, votre bébé pourra être petit.

» Traitement et examens

La plupart des médicaments prescrits, y compris les antibiotiques, peuvent être pris pendant la grossesse. Continuez votre traitement sauf avis contraire du spécialiste qui vous suit. Comme votre obstétricien, il surveillera votre alimentation et votre prise de poids. Vous pourrez être amenée à faire des échographies supplémentaires. Demandez à votre médecin si vous pouvez prendre des antalgiques. Consultez votre spécialiste avant même de concevoir.

» Les effets de la grossesse sur cette maladie

Les symptômes peuvent s'aggraver et vous aurez sans doute des difficultés à respirer à mesure que l'utérus s'étire. Vous pouvez souffrir de malnutrition car l'organisme lutte pour absorber assez de nutriments. Une alimentation par sonde gastrique peut être nécessaire.

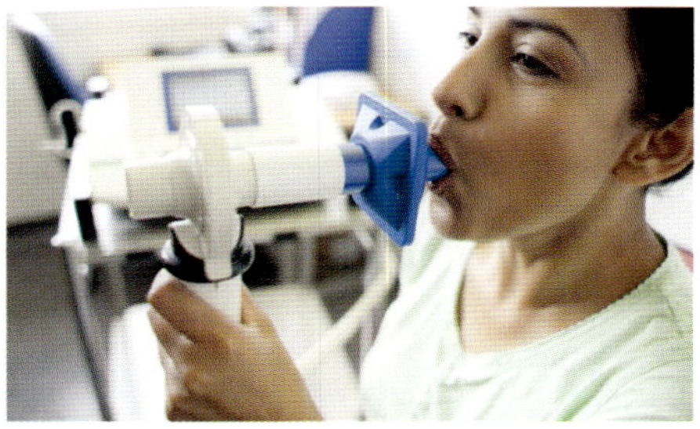

Une fonction pulmonaire efficace est indispensable pour que votre grossesse se passe bien et que le bébé soit en bonne santé.

Quelles complications importantes peuvent survenir pendant ma grossesse ?

Les complications induites par la grossesse sont des problèmes de santé que vous n'aviez pas avant d'être enceinte et qui disparaîtront généralement après l'accouchement. Votre médecin recherchera en permanence des signes de ces éventuelles complications. Certains problèmes gynécologiques préexistants peuvent avoir une incidence sur la grossesse, de même que le placenta. Parfois, les problèmes viennent du placenta qui nourrit le fœtus.

Hypertension

» De quoi s'agit-il ?

Apparition d'une tension artérielle anormalement élevée pendant la grossesse.

» Quel est la différence entre l'hypertension induite par la grossesse et l'hypertension gravidique ?

Aucune. Les deux termes signifient que votre hypertension est due à la grossesse. Elle est liée à une anomalie du placenta qui se traduit par un apport sanguin insuffisant au fœtus. Le niveau de tension artérielle relevé au cours de la première consultation servira de référence, permettant ainsi à votre médecin d'identifier toute anomalie. En général, votre tension artérielle doit baisser un peu au cours de la grossesse, avant de revenir à son niveau normal à l'approche du terme. Si à un moment donné, en particulier après 20 semaines, elle est supérieure à 140/90 mmHg, le diagnostic d'hypertension artérielle induite par la grossesse sera alors posé. L'hypertension peut être légère, modérée ou sévère. Une hypertension sévère entraînant un risque d'AVC, votre tension pourra être vérifiée jusqu'à 4 fois par jour.

Le saviez-vous ?

» 5 % des femmes enceintes souffrent d'une forme de prééclampsie.

» 2 % des femmes enceintes souffrent d'une prééclampsie sévère.

» 85 % des femmes souffrant de prééclampsie font aussi des œdèmes (rétention d'eau).

» 0,5 % des femmes souffrant de prééclampsie feront une éclampsie.

Prééclampsie

» De quoi s'agit-il ?

Problème caractérisé par une hypertension artérielle et une protéinurie (protéines dans les urines), également appelé *toxémie gravidique*. Le risque de prééclampsie est plus important à partir de 40 ans ou chez les mères adolescentes, en cas de surcharge pondérale, et en présence de certaines maladies préexistantes comme le diabète.

» Mon médecin me dit que je souffre d'hypertension induite par la grossesse. Cela signifie-t-il que je vais faire une prééclampsie ?

Non, pas obligatoirement. Même si l'hypertension peut en être un symptôme, elle n'est pas à elle seule le signe de son existence. En revanche, associée à une protéinurie, elle est indicatrice d'une prééclampsie légère. Si vous avez un ou plusieurs autres symptômes, vous avez une prééclampsie modérée à sévère. Quelle que soit la forme dont vous souffrez, votre médecin surveillera son évolution de près pendant les semaines restant avant l'accouchement.

» Si je souffre de prééclampsie, devrais-je passer le reste de ma grossesse à l'hôpital ?

Tout dépend de sa sévérité. Si elle est légère, vous serez hospitalisée 1 jour ou 2, afin de vérifier votre tension artérielle (généralement jusqu'à 4 fois par jour). Le plus souvent, un repos complet suffit à la faire redescendre et vous pourrez rentrer chez vous sans autre traitement. En cas de prééclampsie modérée, votre séjour sera probablement un peu plus long et un traitement pour faire baisser la tension artérielle sera prescrit. En outre, vous passerez sans doute une échographie pour vérifier que votre bébé va bien. Si le terme est encore loin, votre médecin pourra vous conseiller de rester hospitalisée, ou vous placera sous étroite surveillance en ambulatoire le temps que votre tension redevienne normale et que tout aille bien pour votre bébé. En cas de prééclampsie sévère, vous devrez rester à l'hôpital pour le reste de votre grossesse afin de bénéficier d'un suivi rapproché. Votre obstétricien pourra décider de déclencher l'accouchement en avance, même s'il mettra tout en œuvre pour que cela n'arrive pas avant 37 semaines. Quelle que soit sa sévérité, si la prééclampsie survient au-delà cette échéance, un déclenchement précoce du travail sera conseillé.

» Symptômes

- Mal de tête fréquent, voire permanent, généralement localisé au-dessus des yeux et dans le front.
- Vision trouble, diplopie.
- Douleurs abdominales ou sous les côtes.
- Vomissements ou sensation générale de mal-être.
- Mictions peu fréquentes (*oligurie*).
- Gonflement brutal des extrémités ou du visage.

Éclampsie

» De quoi s'agit-il ?

Crise convulsive généralisée associée aux symptômes de prééclampsie. Dans les cas sévères, elle peut être suivie d'un coma.

» La prééclampsie est-elle toujours suivie d'une éclampsie ?

Non. Elle peut évoluer en éclampsie ou en hématome rétroplacentaire, deux complications majeures dangereuses pour la mère et le fœtus. C'est pourquoi une femme enceinte qui en souffre est toujours étroitement surveillée.

» Quelles sont les conséquences de l'éclampsie sur ma grossesse ?

En cas d'éclampsie, l'équipe médicale vous conseillera d'accoucher immédiatement. Les risques de décollement placentaire (détachement du placenta de la paroi utérine), de mort fœtale *in utero* et d'HELLP syndrome (voir ci-dessous) augmentent.

HELLP syndrome

» De quoi s'agit-il ?

Forme sévère de prééclampsie. HELLP (acronyme anglais) signifie hémolyse (destruction des globules rouges), élévation des enzymes hépatiques et diminution du nombre de plaquettes.

» Quelles conséquences pour ma grossesse ?

L'HELLP syndrome présente un danger important pour vous et votre bébé. C'est pourquoi vous pourrez être incitée à accoucher dès que possible, quel que soit le stade de votre grossesse. Avec ce syndrome, la santé de la mère est plus en danger que celle du fœtus, ce qui explique que les probabilités que l'enfant survive sont généralement bonnes, sauf s'il est vraiment petit. Les bébés de faible poids de naissance devront séjourner en service de néonatologie afin d'améliorer leurs chances de survie.

Diabète gestationnel (DG)

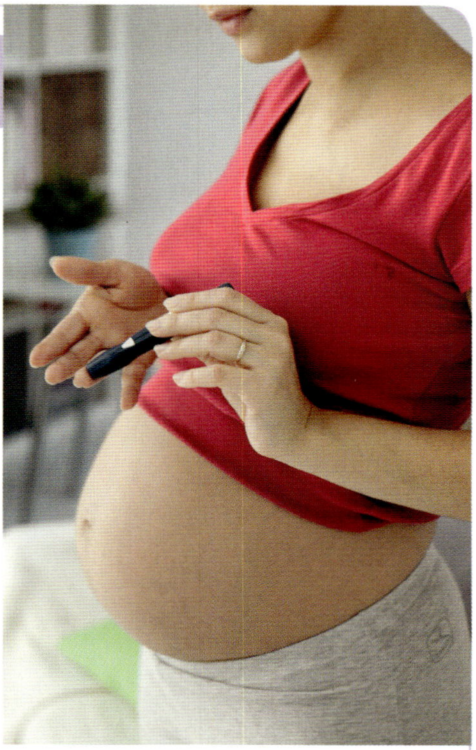

Automesure de la glycémie Vous disposerez d'un lecteur de glycémie, pour vérifier votre taux de sucre en prélevant une simple goutte de sang.

» Qu'est-ce que le diabète gestationnel ? Est-ce que cela veut dire que je suis diabétique ou que mon bébé l'est ?

Il y a deux principaux types de diabète, le diabète de type I et le diabète de type II (voir p. 141). Si vous n'êtes pas diabétique et qu'une insulinorésistance survient pendant la grossesse, alors vous souffrez de *diabète gestationnel* (DG) ou *diabète sucré de la grossesse*, qui a une incidence sur votre santé et la croissance du fœtus. Le DG survient généralement au cours du 3e trimestre, après 25 semaines, et disparaît après l'accouchement. Cependant, si vous avez un diabète gestationnel, vous avez plus de risques de souffrir de diabète de type II dans les années à venir. Le DG touche entre 2 et 5 % des femmes enceintes dans le monde.

» Ma mère souffrait d'un diabète de type I, mais pas moi. Vais-je subir un dépistage pour le diabète gestationnel ?

Au Québec, le dépistage du diabète gestationnel se fait par glycémie à jeun au 1er trimestre. En cas de facteur de risque (surpoids, âge supérieur à 35 ans, antécédents personnels ou familiaux de diabète gestationnel ou de macrosomie), on réalise une hyperglycémie provoquée par voie orale.

» Serai-je obligée d'accoucher par césarienne ?

Non, pas nécessairement. Le diabète gestationnel à lui seul ne suffit pas à conseiller une césarienne. Cependant, les bébés dont les mères souffrent de DG sont généralement gros. Si tel est le cas, votre obstétricien préconisera une césarienne s'il estime que la taille du bébé peut rendre le travail difficile, présenter des risques pour l'un d'entre vous, ou les deux (voir ci-dessous). Des échographies supplémentaires pour contrôler la croissance de votre bébé seront réalisées. Vous pourrez ainsi prendre une décision éclairée en accord avec l'équipe médicale quant aux modalités de l'accouchement.

» Pourrais-je opter pour un accouchement à domicile si je souffre de diabète gestationnel ?

C'est peu probable. En cas de diabète gestationnel sévère, vous devrez accoucher dans un service d'obstétrique en raison de l'augmentation des risques pour vous et votre bébé pendant l'accouchement. En outre, vous serez sous perfusion d'insuline et de glucose, ce qui rendra les déplacements difficiles. Vous aurez un rendez-vous avec votre obstétricien vers 36 semaines afin de discuter des options les plus sûres pour l'accouchement.

» Quelles sont les conséquences du diabète gestationnel sur mon bébé ? Qu'en sera-t-il après la naissance ?

Les bébés dont les mères souffrent de DG sont souvent gros, mais c'est là le seul effet direct de la maladie sur le fœtus dans l'utérus. Les risques de complications lors du travail augmentent car le bébé peut être trop gros pour passer dans le bassin. Le risque de dystocie des épaules (lorsque la tête est passée mais que les épaules ne s'engagent pas) est plus élevé, c'est pourquoi une césarienne peut être conseillée. En outre, le bien-être du bébé est soumis à d'autres aléas. Ainsi, le diabète gestationnel peut engendrer une production excessive de liquide amniotique, susceptible de déclencher un travail prématuré et d'induire des problèmes de stabilisation de la glycémie du bébé après la naissance. De plus, il augmente les risques de prééclampsie, dangereuse aussi bien pour vous que pour le fœtus. Enfin, des études montrent que les bébés nés de mères souffrant de diabète gestationnel seront plus sujets à l'obésité au cours de leur vie en raison de l'augmentation du risque de diabète de type II.

Si vous avez souffert de diabète gestationnel lors d'une précédente grossesse, vous avez 67 % de risques d'en avoir à nouveau lors des grossesses suivantes.

Traitement contre le diabète

Alimentation Le diététicien vous conseillera des aliments qui vous aideront à maintenir votre taux de glycémie aussi stable que possible. Le pain et le riz complets libèrent progressivement de l'énergie.

Dans le cadre de votre traitement, vous aurez rendez-vous avec un diététicien qui vous expliquera comment gérer votre glycémie à travers votre alimentation. L'injection d'insuline n'interviendra qu'en dernier ressort.

» Alimentation et boissons

Vous recevrez des conseils pour modifier votre régime alimentaire, en particulier sur les aliments et les boissons à consommer.

» Activité physique

Votre médecin vous indiquera des exercices qui sont bons pour vous.

» Insuline

Si vous ne parvenez pas à gérer votre glycémie par le biais de l'alimentation et de l'exercice, des injections d'insuline seront prescrites. Si des injections sont nécessaires, vous serez guidée par un médecin ou une sage-femme formée à cet effet.

Utérus rétroversé

» De quoi s'agit-il ?

Un utérus rétroversé bascule vers l'arrière, en direction de la colonne vertébrale. Les symptômes sont notamment des règles douloureuses et des douleurs lors des relations sexuelles.

» Quelles conséquences pour ma grossesse ? Mon utérus restera-t-il en rétroversion ?

Le fœtus est plus difficile à examiner lors d'une échographie abdominale. L'échographie endovaginale est le seul moyen de l'observer sous tous les angles, puisque le bébé est plus loin de la partie antérieure de l'abdomen. En dehors de ce problème, les complications qui découlent directement de l'anatomie de l'utérus sont extrêmement rares. Après 12 semaines, l'utérus s'étire à l'extérieur du bassin et rempli votre ventre au fur et à mesure qu'il grossit. Après l'accouchement, il reprendra ou non sa position initiale. Il est peu probable que la position de l'utérus compromette vos chances d'avoir un autre enfant.

Endométriose

» De quoi s'agit-il ?

L'endomètre (ou muqueuse utérine) est la partie de l'utérus qui se désagrège pendant les règles. Chez les femmes atteintes d'endométriose, des morceaux de cette muqueuse migrent hors de l'utérus et se développent sur les ovaires, les intestins et la vessie. En conséquence, les menstruations peuvent être douloureuses et très abondantes, et des problèmes d'infertilité peuvent survenir. La cause n'est pas très bien définie.

» On m'a diagnostiqué une endométriose il y a quelques années. Quelles vont être ses conséquences sur ma grossesse ?

Il est peu probable qu'elle ait des conséquences sur la grossesse ou le fœtus, ou aggrave un facteur de risque quelconque. En fait, le principal problème est surtout de réussir à être enceinte. Pendant votre grossesse, vous constaterez que les symptômes de l'endométriose s'améliorent, voire disparaissent, mais il est vraisemblable qu'ils reviendront dès le retour des règles, après l'accouchement, et le cas échéant, la fin de l'allaitement.

Fibromes utérins

» De quoi s'agit-il ?

Tumeurs bénignes (non cancéreuses) situées dans l'utérus. Environ un quart des femmes en souffriront à un moment ou à un autre de leur vie. Le plus souvent, les fibromes apparaissent dans la paroi musculaire de l'utérus (*fibromes interstitiels*), même s'ils peuvent également survenir à l'extérieur et grossir dans le bassin (*fibromes sous-séreux*), être rattachés à la muqueuse utérine (*fibromes pédiculés*) ou se développer dessous (*fibromes sous-muqueux*), ou encore se former sur le col de l'utérus (*fibromes cervicaux*). Gros ou petits, leur cause reste mystérieuse, même si un excès d'œstrogènes les fait grossir, ce qui explique que les femmes en surpoids présentent plus de risques d'avoir des fibromes, les cellules graisseuses produisant des œstrogènes.

» Comment savoir si j'ai des fibromes ? Quelles conséquences ont-ils sur mon organisme et sur mon bébé ?

Ils peuvent être à l'origine de règles douloureuses et très abondantes, de douleurs pendant les relations sexuelles, de ballonnements et de mictions fréquentes (si un fibrome appuie sur la vessie). S'ils sont gros ou nombreux, ils peuvent avoir une incidence sur la fertilité car ils rendent difficile l'implantation de l'embryon dans la muqueuse utérine. En outre, ils augmentent le risque de fausse couche. Si vous avez reçu un traitement contre les fibromes avant votre grossesse, parlez-en à votre obstétricien. En effet, les possibilités d'accouchement peuvent être réduites. Cependant, la plupart des fibromes sont asymptomatiques, ce qui revient à dire que nombre de femmes apprennent qu'elles en ont lors d'une échographie pendant la grossesse, sauf s'ils sont à l'origine de saignements ou que l'obstétricien les découvre lors d'une palpation pour définir la position du bébé. Même si cela reste très rare, certains fibromes réduisent l'espace disponible dans l'utérus, ce qui peut altérer la croissance du fœtus. En outre, comme ils grossissent sous l'influence des hormones de grossesse, ils peuvent dégénérer, généralement au cours du 2e trimestre, entraînant des douleurs et occasionnellement un travail prématuré.

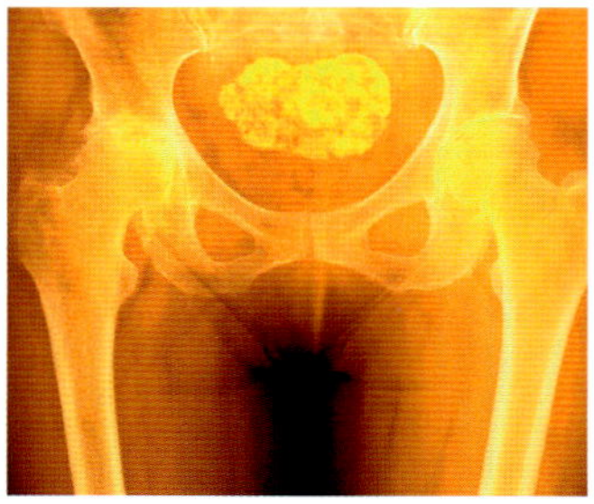

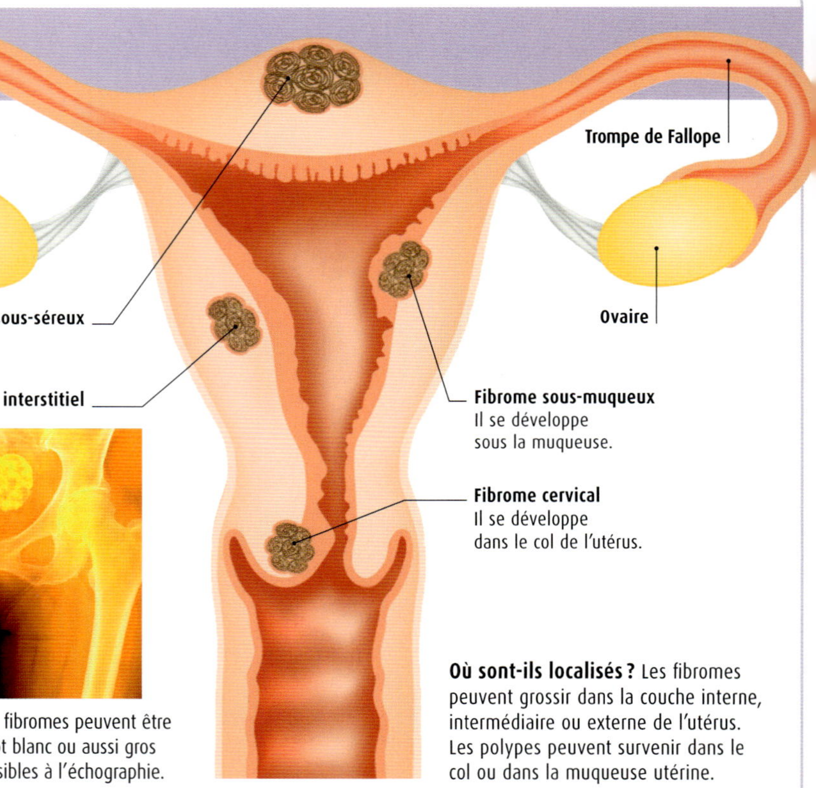

Différentes tailles Les fibromes peuvent être aussi petits qu'un haricot blanc ou aussi gros qu'un melon. Ils sont visibles à l'échographie.

Où sont-ils localisés ? Les fibromes peuvent grossir dans la couche interne, intermédiaire ou externe de l'utérus. Les polypes peuvent survenir dans le col ou dans la muqueuse utérine.

» Mes fibromes sont gros, mon médecin m'a dit que je risquais une césarienne. Pourquoi ?

Plusieurs raisons expliquent que la césarienne est la solution la plus sûre. À cause d'un fibrome, le fœtus peut se trouver dans une position qui induit une mauvaise présentation, y compris en siège, voire, dans quelques rares cas, une présentation de l'épaule en premier. Les fibromes cervicaux peuvent bloquer l'entrée du col, rendant difficile le passage dans la filière pelvi-génitale. Si les fibromes entraînent un décollement placentaire partiel, le fœtus continue à être nourri correctement, mais une césarienne avant terme, dès que le bébé est suffisamment développé pour survivre hors de l'utérus, supprimera tout risque de décollement complet du placenta et ses conséquences pour l'enfant. Enfin, les fibromes induisent une légère hausse du risque d'hémorragie post-partum (saignement important après l'accouchement) et d'accouchement prématuré. Votre obstétricien s'assurera que toute complication éventuelle est écartée. Rappelez-vous que les fibromes provoquent rarement des problèmes, et que toutes les situations décrites ici restent exceptionnelles. L'ablation des fibromes peut être réalisée après l'accouchement. Si vous ne voulez plus d'enfants, une hystérectomie, supprimant tout risque de récidive, est possible.

Infection utérine

» De quoi s'agit-il ?

La chorioamniotite est une infection des membranes qui entourent le fœtus. Associée à une rupture prolongée des membranes, elle touche aussi bien le bébé que la mère et nécessite de déclencher l'accouchement. Elle provoque une affection de l'utérus après l'accouchement, connue sous le nom d'endométrite, plus fréquente en cas de césarienne ou de rétention placentaire. L'infection provoque des douleurs dans le bas-ventre et de la fièvre. En général, un traitement antibiotique suffit à la faire disparaître.

» J'ai déjà eu une infection de l'utérus et j'ai peut-être des cicatrices. Aurais-je plus de difficultés pour mener ma grossesse à terme ?

Une infection utérine peut entraîner la formation de tissu cicatriciel dans la muqueuse utérine, qui va gêner l'implantation de l'ovule fécondé dans l'utérus. Si l'implantation réussit elle peut toutefois être plus aléatoire, augmentant ainsi le risque de fausse couche. De plus, les risques de placenta prævia et de décollement du placenta augmentent. Faites part de vos antécédents médicaux à votre médecin. Il procédera à des examens de contrôle réguliers.

Incompétence cervicale

» De quoi s'agit-il ?

Elle fait référence à un col de l'utérus qui n'est pas suffisamment rigide pour soutenir les membranes qui entourent le fœtus, et pourrait s'ouvrir trop tôt, dès le 2e trimestre.

» Comment est-elle diagnostiquée et quelles sont les conséquences pour ma grossesse ?

Elle peut être la conséquence d'une grossesse antérieure lors de laquelle le col de l'utérus s'est dilaté trop tôt ou d'une chirurgie du col. Si elle n'est pas diagnostiquée, le risque de fausse couche tardive augmente. Lorsque le bébé devient lourd, les membranes sont poussées à l'extérieur du col et se rompent. La plupart des cas sont dépistés lors des consultations de suivi prénatal, avant d'être vraiment problématiques. Votre gynécologue procédera à une échographie et posera un cerclage temporaire entre 12 et 16 semaines. Il sera retiré avant le travail. Si le col commence à s'ouvrir et à rétrécir, un traitement pourra vous être prescrit.

Placenta prævia

» Qu'est-ce qu'un placenta prævia ?

Parfois appelé *insertion basse du placenta*, le placenta prævia survient lorsque le placenta recouvre totalement ou partiellement le col de l'utérus, empêchant ainsi la sortie du bébé par la filière pelvi-génitale. Il est difficile de poser un diagnostic de placenta prævia avant un stade avancé de la grossesse, le placenta pouvant s'éloigner de l'ouverture interne du col au fur et à mesure que l'utérus grossit et s'étire. Sa position est systématiquement vérifiée lors de l'échographie morphologique (vers 18-20 semaines). S'il est trop bas, sa position sera de nouveau contrôlée lors d'une 3e échographie vers 32 semaines, afin de voir si les choses ont évolué. Environ 90 % des placentas trop bas avant 28 semaines sont dans une position plus favorable lors de l'échographie suivante. Ce pourcentage tombe à 50 % en cas d'antécédents de césarienne. Le placenta prævia peut être la conséquence de fibromes ou de tissu cicatriciel qui empêchent le placenta de se fixer correctement, ou simplement le fait du hasard.

» Quelles conséquences a un diagnostic de placenta prævia sur ma grossesse ?

Dans la plupart des cas, une césarienne est nécessaire, un accouchement par voie vaginale étant impossible si le placenta est situé à moins de 2 cm du bord du col de l'utérus. Votre obstétricien vous proposera de programmer une césarienne pour que la naissance de votre bébé se passe au mieux. Des monitorages fœtaux supplémentaires pourront être réalisés.

En plus de bloquer le col de l'utérus, le placenta prævia peut entraîner des saignements douloureux de couleur rouge vif. Si vous constatez ce type de taches de sang, contactez immédiatement votre médecin. Une hémorragie importante présente des risques aussi bien pour vous que pour votre bébé, mais la plupart du temps, des mesures peuvent être prises avant que le danger survienne. Les circonstances extrêmes peuvent nécessiter une transfusion sanguine. Dans certains cas, votre obstétricien vous conseillera d'éviter les relations sexuelles pour limiter le risque de saignement, et vous prescrira un repos total au lit, voire une hospitalisation. En cas d'hémorragie importante ou de risque de naissance prématurée, une césarienne d'urgence pourra être pratiquée.

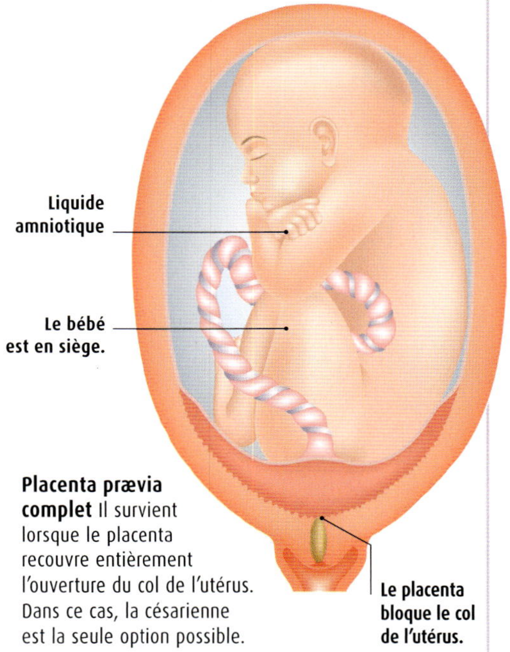

Placenta prævia complet Il survient lorsque le placenta recouvre entièrement l'ouverture du col de l'utérus. Dans ce cas, la césarienne est la seule option possible.

Même si le placenta prævia induit très souvent une césarienne, la grande majorité des femmes accouchent de bébés en bonne santé et récupèrent parfaitement de l'intervention.

Décollement du placenta

» De quoi s'agit-il ?

Il survient lorsque tout ou une partie du placenta se décolle de la paroi utérine, ce qui peut avoir des conséquences gravissimes sur la capacité du fœtus à recevoir les nutriments et l'oxygène. Même s'il est possible, un décollement complet reste rare. Les premiers symptômes sont des douleurs abdominales et des saignements. C'est pourquoi il est important de contacter votre médecin à tout moment de votre grossesse si vous saignez. Cette situation peut entraîner la mort du fœtus et nécessite donc une intervention immédiate.

» Mon amie a accouché d'un enfant mort-né après un décollement du placenta. Comment éviter que cela m'arrive ?

Même si vous ne pouvez pas faire grand-chose pour arrêter un décollement placentaire, il est possible de mener une grossesse à terme tant qu'il reste léger et que l'essentiel du placenta est suffisamment attaché à l'utérus pour que le fœtus soit alimenté. Un décollement sévère ou complet ne peut faire l'objet d'un traitement, et entraînera soit une naissance prématurée, soit l'accouchement d'un enfant mort-né. Il est aussi dangereux pour vous, puisqu'il peut entraîner un épisode hémorragique important. Si vous fumez ou prenez des drogues, arrêtez. Une relation de cause à effet a été établie entre ces addictions et l'augmentation du risque de décollement placentaire, ainsi qu'avec la prééclampsie et un bébé de petite taille.

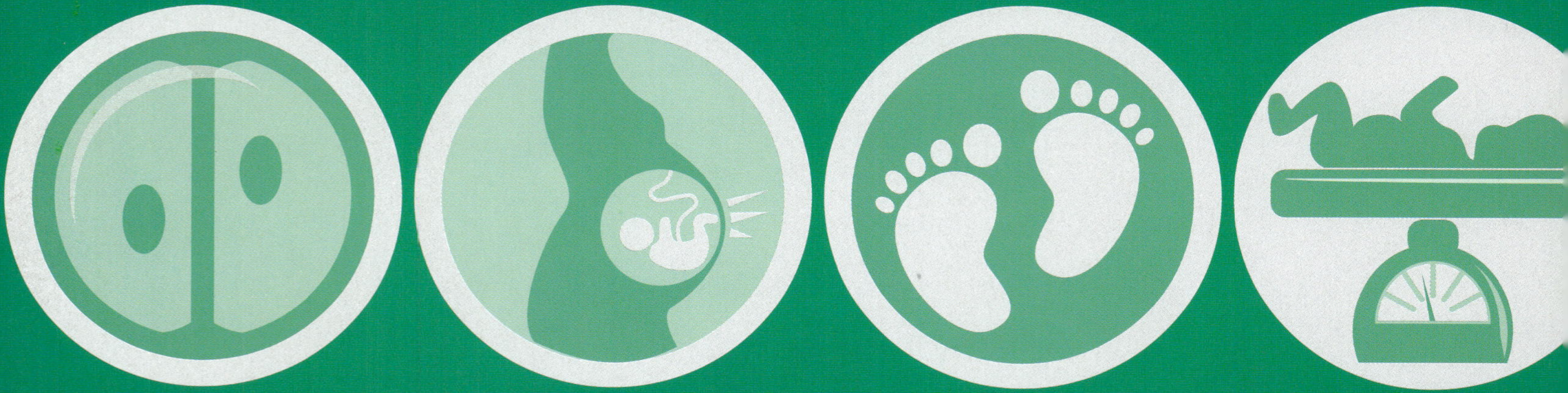

» Dans ce chapitre...

Le développement de votre bébé

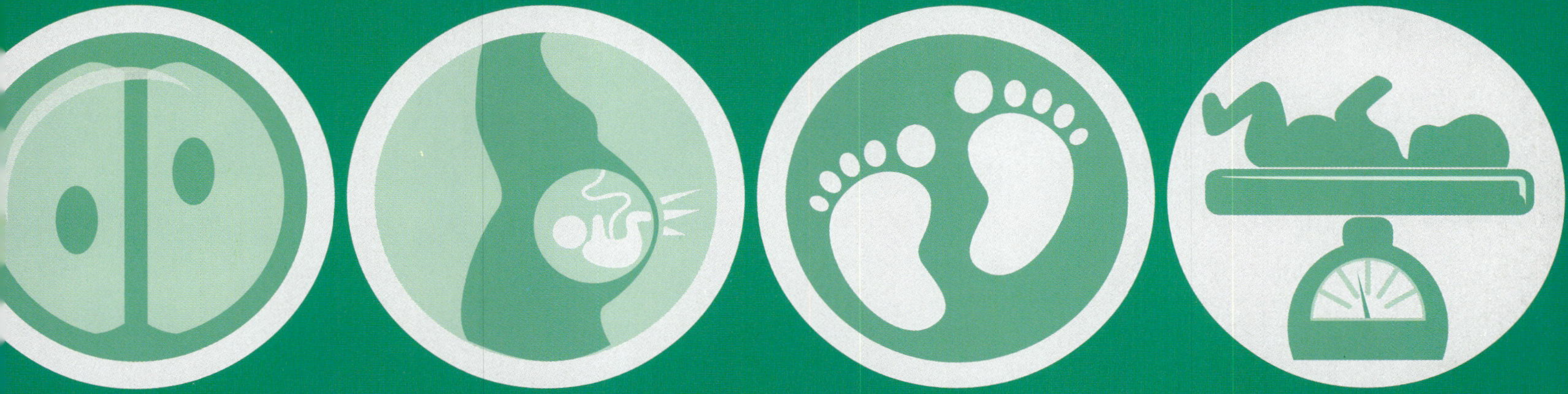

Des premiers mouvements que vous percevrez à peine, aux franches galipettes, en passant par les **coups de pied et les hoquets**, vous vous émerveillerez des **changements extraordinaires** qui s'opèrent en vous. À mesure que ce petit faisceau de cellules se développe, vous vous rendrez compte que votre bébé devient chaque jour **plus grand et plus fort**. Ce chapitre explique le rôle du placenta et décrit le développement des organes et du squelette du fœtus. Vous y découvrirez également ce qui fait de votre bébé un être **unique**.

Les processus biologiques et chimiques qui transforment une cellule initiale en bébé sont **absolument incroyables.** Dès le début de la grossesse, votre **corps** a la propriété étonnante de se modifier afin de protéger cette **nouvelle vie** qui, **cellule après cellule** et à une vitesse extraordinaire, devient un être humain.

De l'œuf au bébé

Le zygote de la vie

La vie d'un bébé commence sous la forme d'une cellule unique appelée « œuf », née de la fusion d'un spermatozoïde et d'un ovocyte. Il contient tout le potentiel d'une nouvelle existence : un jeu complet de chromosomes (23 paires, dont chaque élément provient de chacun des parents), qui encodent la structure unique du bébé dans ses gènes. Appelée *stade embryonnaire*, cette toute première étape de la vie est en fait antérieure à la formation de l'embryon proprement dit. Pour le moment, il s'agit d'un zygote. Il descend dans la trompe de Fallope et, lors de sa progression, se subdivise et se multiplie pour arriver très vite à 16 cellules. Il est recouvert d'une membrane protectrice, la *zone pellucide*, dont le rôle très particulier consiste à l'empêcher de s'implanter dans la trompe de Fallope, ou ailleurs que dans l'utérus.

De la morula au blastocyste

Lorsqu'il descend de la trompe de Fallope dans l'utérus, le zygote déjà divisé en 64 cellules, prend le nom de « morula » (du latin *morus*, « mûre », en raison de la forme que prennent les cellules en se regroupant). La morula est une véritable ruche : ses cellules se subdivisent rapidement pour créer une sorte de bulle formée par une membrane extérieure (le trophoblaste) contenant un amas de cellules (l'endoderme) à l'intérieur d'une cavité. Étonnamment, c'est grâce à cet amas de cellules adossé à la membrane que le bébé pourra, entre autres, respirer et digérer. À ce stade, il est appelé « blastocyste » et flotte un temps dans l'utérus avant d'envoyer des messages chimiques qui percent la zone pellucide. Une fois exposé, le trophoblaste « collant » vient se fixer contre la paroi utérine et s'y implante : c'est la nidation ; elle se déroule dans les 7 à 9 jours qui suivent la fécondation. Le blastocyste, constitué à présent de plus d'une centaine de cellules, a doublé de volume. Une fois implanté, il est enveloppé par la muqueuse utérine (l'endomètre) dans laquelle il s'enfonce profondément, et peut désormais recevoir les nutriments directement de l'utérus.

De l'embryon au fœtus

À 4 semaines, le blastocyste devient un *embryon*. Le trophoblaste a commencé à se développer dans le placenta (voir p. 154), et les sécrétions utérines alimentent les cellules afin qu'elles se divisent et se subdivisent pour débuter la formation du squelette et des organes, et mettre en route les fonctions vitales. L'embryon, constitué de trois couches, chacune à l'origine de parties spécifiques du corps, est maintenant nourri par l'organisme de la mère, et peut ressembler davantage à un bébé. À environ 10 semaines, lorsque les traits de son visage sont en place et la plupart de ses organes formés, il devient *fœtus*, nom médical qu'il garde jusqu'à sa naissance.

question ? réponse

Comment l'embryon est-il nourri avant la formation du placenta ?

L'embryon est d'abord alimenté par le sac vitellin, qui se développe à partir de cellules du blastocyste.

Le contenu de ce sac fournit suffisamment d'énergie et de nutriments pour permettre à l'embryon de se développer jusqu'à ce que le placenta prenne le relais, à environ 12 semaines. La formation du placenta ne débute pas avant 4 semaines d'aménorrhée (soit environ 2 semaines après la conception, puisque la grossesse est datée du premier jour des dernières règles).

L'embryon n'est alors qu'un disque de cellules, doté du sac amniotique d'un côté et du sac vitellin de l'autre. Un appareil circulatoire rudimentaire achemine les nutriments du sac vitellin aux cellules embryonnaires en développement. À mesure que l'embryon grossit, il est enveloppé par le sac amniotique, tandis que le sac vitellin reste à l'extérieur, toujours relié à l'embryon, et stimule des cellules du blastocyste afin de déclencher la formation du placenta. Le sac vitellin se rétracte doucement, pour disparaître dans le cordon ombilical une fois le placenta complètement formé. C'est lorsque l'embryon dépend du sac vitellin qu'il est le plus vulnérable : ceci explique en partie pourquoi le risque de fausse couche est plus élevé au cours du premier trimestre, puis s'affaiblit à mesure que le placenta prend le relais de l'alimentation du bébé.

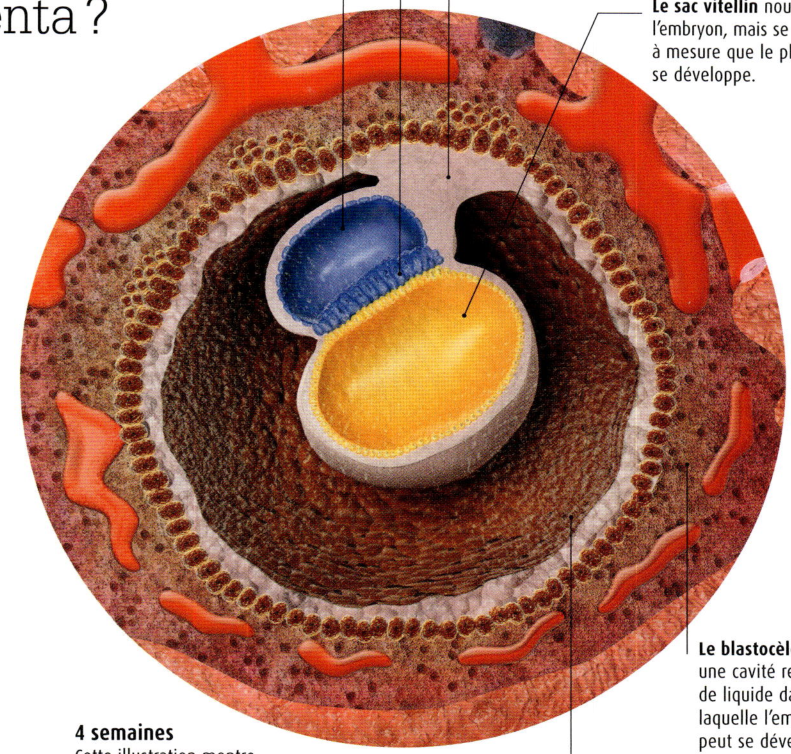

4 semaines
Cette illustration montre l'embryon implanté dans la paroi utérine.

question ? réponse

L'endroit où s'implantent les cellules dans l'utérus a-t-il une importance ?

Oui. Il est très important que l'embryon s'implante dans la muqueuse utérine plutôt qu'ailleurs (par exemple, dans les trompes de Fallope. Le cas échéant, il s'agit d'une grossesse extra-utérine [voir p. 308], qui peut s'avérer très dangereuse pour la maman). En général, le blastocyste s'implante vers le haut (paroi supérieure) et le fond (paroi postérieure) de l'utérus. C'est le site idéal pour l'implantation car lorsque le placenta se développe, il est très peu probable qu'il bloque la sortie du bébé par le col de l'utérus. Néanmoins, le blastocyste s'implante parfois plus bas dans l'utérus ; le placenta se forme alors trop près du col (on parle alors de placenta prævia, voir p. 147). Ce peut être le cas, par exemple, si des fibromes utérins (voir p. 146) ou une cicatrice laissée par une précédente intervention (comme une césarienne) rendent difficile l'implantation du blastocyste. Même si le bébé peut très bien se développer où que se niche le blastocyste dans l'utérus, l'endroit où il s'implante peut avoir des conséquences sur le travail et la façon dont vous vivez votre accouchement.

question ? réponse

Comment le bébé se développe-t-il à partir d'une superposition de cellules ?

À 5 semaines, l'embryon est constitué de trois couches de cellules (ou feuillets), qui se développent chacune en différentes parties du corps du bébé. Par le biais d'un pliage complexe en trois dimensions, elles donnent naissance aux structures rudimentaires de l'organisme. L'ectoderme correspond au feuillet externe de l'embryon, qui forme, notamment, le système nerveux, le visage (y compris les yeux, le nez, la bouche et les oreilles), la peau, les ongles, et les cheveux du bébé. Il est également à l'origine du canal anal. Le feuillet intermédiaire (le mésoderme) engendre, entre autres, le système cardiovasculaire, le système musculosquelettique (os, cartilages, muscles et ligaments), les cellules sanguines, la moelle épinière, les reins ainsi que les organes reproducteurs. Enfin, l'endoderme, feuillet interne de l'embryon, est à l'origine du système respiratoire, du système digestif et de la vessie, ainsi que de plusieurs glandes essentielles du système endocrinien (hormonal), notamment la thyroïde, la parathyroïde et le thymus.

100 à 150
cellules se trouvent dans le **blastocyste** (suite à la division cellulaire) au moment où il pénètre dans la cavité utérine, prêt à s'implanter.

question ? réponse

À quel point l'embryon est-il développé ? Quelles parties du corps du bébé apparaissent en premier ?

Dès les tout premiers jours, le bébé présente une version rudimentaire des organes vitaux dont il disposera à sa naissance. Amas de cellules, l'embryon ne ressemble pas encore à un bébé, mais en a déjà tout le potentiel.

L'*organogenèse*, création des organes vitaux, intervient pendant les 10 premières semaines. Le développement des organes à ce stade est bien plus important que la croissance de l'embryon, dont la taille varie donc très peu au cours des 12 premières semaines par rapport aux 2ᵉ et 3ᵉ trimestres.

Les cellules emploient toute leur énergie à la formation des organes. Ce processus implique une division cellulaire rapide et la subdivision de groupes de cellules selon leurs différentes fonctions : c'est la *différenciation*.

Dès 5 semaines d'aménorrhée, la thyroïde, les surrénales et les gonades (organes du système endocrinien, ou hormonal) sont présentes à l'état d'ébauche. Les cellules qui formeront le cerveau, les reins, le cœur et les nerfs sont également apparues, de même qu'un petit tuyau, qui deviendra le tube digestif et dont sont issues les cellules qui donneront naissance aux poumons et à l'estomac.

Au cours des 5 semaines suivantes, toutes les cellules en charge de ces fonctions vitales ne cesseront de se diviser, se replier, se retourner et se former. D'ici la 10ᵉ semaine d'aménorrhée, alors que vous serez impatiente de passer votre première échographie, votre bébé disposera d'un système d'organes fonctionnel rudimentaire : un cœur qui bat, des reins à l'état d'ébauche qui filtrent l'urine, et un cerveau qui commence à transmettre des messages à d'autres parties du corps.

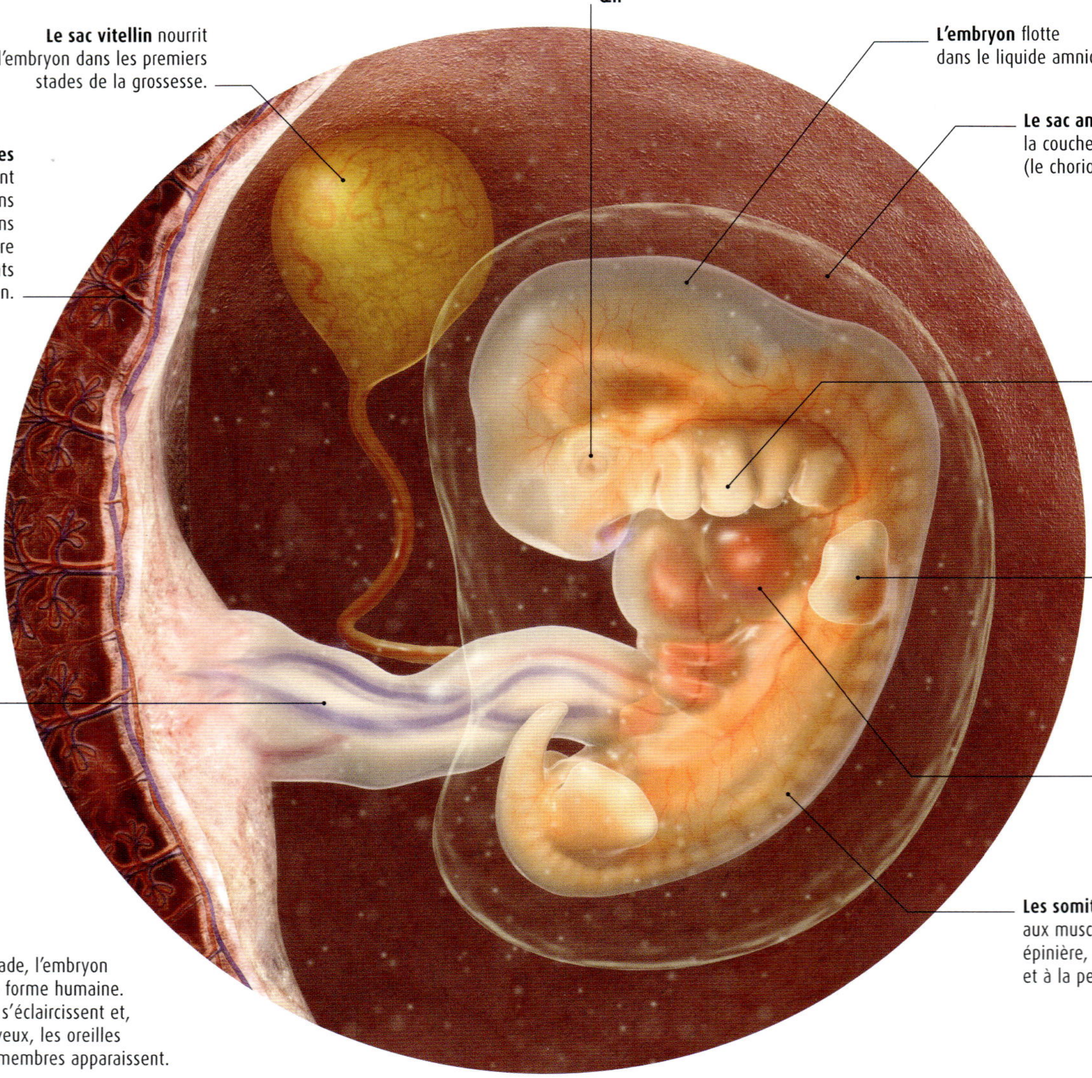

6 semaines À ce stade, l'embryon commence à prendre forme humaine. Les organes internes s'éclaircissent et, extérieurement, les yeux, les oreilles et les bourgeons de membres apparaissent.

Lors d'une échographie précoce, j'ai entendu le cœur de mon bébé battre ! Est-il déjà formé ?

À 6 semaines d'aménorrhée, votre bébé a un cœur très simple qui enregistre jusqu'à 160 battements par minute.

Le bébé a besoin d'un appareil circulatoire afin que toutes les cellules en développement reçoivent les nutriments. Au début, le sac vitellin et le placenta diffusent les nutriments et l'oxygène dans les cellules, mais très vite, l'embryon devient trop grand et a besoin d'un système cardiovasculaire à part entière pour prendre le relais. C'est pourquoi le cœur est l'un des premiers organes à se développer, dès 18 jours après la fécondation.

Il est tout d'abord formé de deux tubes endocardiques qui fusionnent pour devenir le *tube cardiaque primitif*. Une fois formé, à environ 6 semaines d'aménorrhée, celui-ci commence à pomper des cellules sanguines. À peine 3 semaines plus tard, cette toute petite ébauche de cœur dispose de ses cavités et de ses valves.

Dans le ventre de sa mère, le bébé ne respire pas mais capte l'oxygène à travers le placenta. Normalement, le sang va dans les poumons pour se charger en oxygène, mais le cœur du fœtus présente deux connexions supplémentaires qui permettent au sang désoxygéné d'éviter les poumons. Des vaisseaux sanguins passant par le cordon ombilical vont chercher l'oxygène dans le placenta, et renvoient vite le sang oxygéné vers les cellules cérébrales. Après la naissance, ces deux connexions cardiaques se referment.

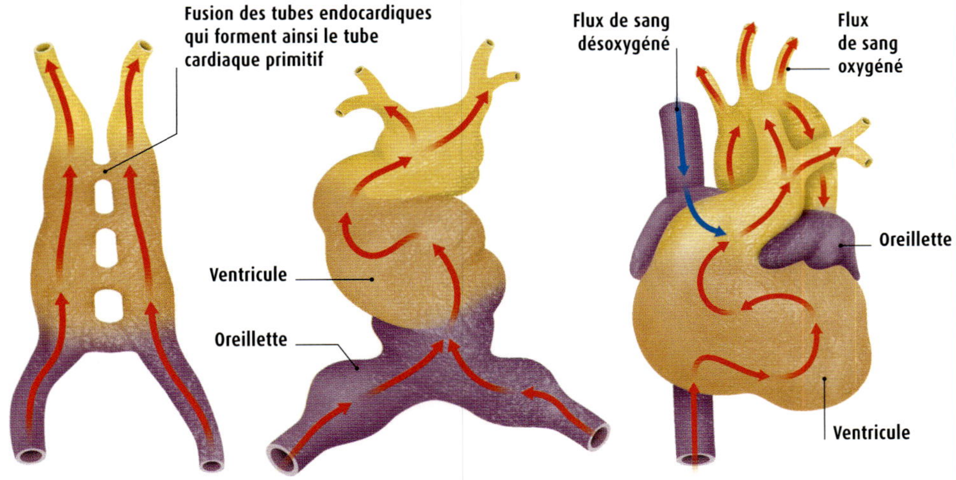

1 Tube cardiaque primitif Les deux cordons fusionnent de bas en haut, formant le tube cardiaque primitif, environ 21 jours après la fécondation.

2 Courbure du tube cardiaque Une fois formé, le tube cardiaque commence à battre. Il s'allonge et s'enroule vers la droite, créant une circulation rudimentaire.

3 Position finale des cavités Le tube s'enroule encore pour créer quatre cavités. Vers 9 semaines, celles-ci sont bien séparées et il y a de petites valves à l'intérieur.

Comment favoriser le bon développement des organes de mon bébé ?

En prenant de bonnes habitudes. Les 10 premières semaines sont celles où votre bébé est le plus vulnérable, et où ses organes sont les plus sensibles aux facteurs environnementaux. Si votre grossesse était prévue, il est possible que vous preniez déjà de l'acide folique (vitamine B9 indispensable au bon développement des nerfs et du cerveau) et que vous évitiez les toxines. Si ce n'est pas le cas, ne vous inquiétez pas. Prenez tous les jours de l'acide folique (400 µg) et de la vitamine D (10 µg) ; arrêtez l'alcool, la nicotine et, le cas échéant, toute drogue (faites-vous aider si nécessaire), et évitez le tabagisme passif. Vous pouvez également vous abstenir de consommer certains aliments afin de réduire le risque d'intoxication alimentaire (voir p. 52-53).

Qu'est-ce que le tube neural et quel est son lien avec le cerveau et le système nerveux du bébé ?

Le tube neural est la structure à l'origine du cerveau et du système nerveux. Il se développe vers 4 semaines d'aménorrhée et se sépare aux alentours de la 5e semaine pour former les cellules qui modèleront la couche externe du cerveau du bébé (le cervelet), et d'autres qui migreront à travers son corps pour devenir des nerfs. Vous avez peut-être entendu parler des *anomalies du tube neural*, affections très rares dues, entre autres raisons, à une carence maternelle en acide folique. Pour détecter ces anomalies, des examens très spécifiques peuvent vous être proposés dans le cadre de votre suivi prénatal (voir p. 97).

Quel est le rôle du liquide amniotique dans lequel baigne le bébé ?

Le liquide amniotique protège le bébé des coups, lui offre un espace dans lequel grandir, contribue au développement de ses poumons, et aide à maintenir une température constante (légèrement supérieure à la vôtre). En début de grossesse, le liquide amniotique est principalement composé d'eau et d'électrolytes. Autour de 12 à 14 semaines, il contient des glucides, des protéines, des lipides, des phospholipides et de l'urée. Lorsque les reins commencent à fonctionner, ils produisent de l'urine qui passe dans le liquide amniotique. À la fin de la grossesse, votre bébé avalera de 0,5 à 1 litre de liquide amniotique par jour qu'il rejettera sous forme d'urine. Le volume de liquide amniotique diminue vers la fin de la grossesse car les reins du fœtus produisent moins d'urine, mais elle est plus concentrée.

Le saviez-vous ?

À 12 semaines, le volume de liquide amniotique est d'environ 30 ml, ce qui représente moins d'un coquetier. Vers 32 semaines, le liquide amniotique atteint son volume maximal, soit en général 1 l, voire parfois jusqu'à 2 l.

Qu'est-ce que le placenta et comment fonctionne-t-il ?

question ? réponse

Le placenta assure le maintien des fonctions vitales du bébé. Il lui permet de recevoir l'oxygène et les nutriments, le protège des maladies, et élimine les déchets produits. Le placenta fait à la fois partie de vous et de votre bébé : c'est le lien qui vous permet de nourrir le fœtus pendant qu'il grandit en vous.

Le placenta est formé

Le placenta commence à se former à partir des cellules embryonnaires peu après l'implantation de l'œuf dans la muqueuse utérine. La membrane chorionique qui enveloppe l'embryon envoie des « tentacules » qui le fixent dans la paroi utérine. Ces projections, appelées *villosités*, se divisent et se ramifient, et finissent par accueillir des vaisseaux sanguins de l'appareil circulatoire du bébé. L'espace qui sépare chaque villosité est rempli de votre sang. L'ensemble de cette structure (masse de villosités remplies de vaisseaux et baignant dans le sang maternel) est le placenta.

À 12 semaines Le placenta, côté mère, contient 15 à 20 lobes, dont la formation cesse à ce stade de la grossesse.

Les villosités choriales donnent au chorion une texture velue et créent une vaste surface où les échanges gazeux ont lieu.

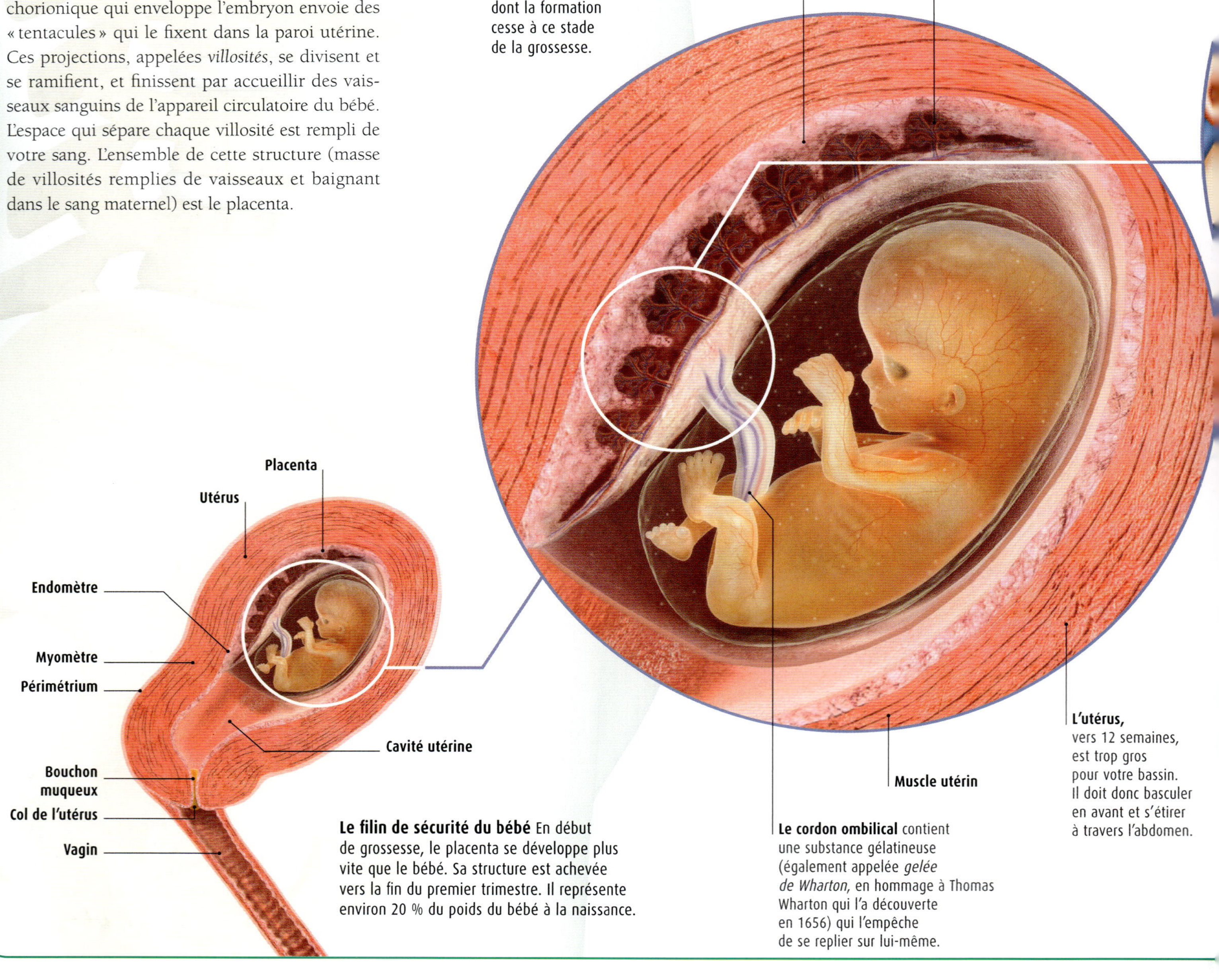

L'utérus, vers 12 semaines, est trop gros pour votre bassin. Il doit donc basculer en avant et s'étirer à travers l'abdomen.

Le filin de sécurité du bébé En début de grossesse, le placenta se développe plus vite que le bébé. Sa structure est achevée vers la fin du premier trimestre. Il représente environ 20 % du poids du bébé à la naissance.

Le cordon ombilical contient une substance gélatineuse (également appelée *gelée de Wharton*, en hommage à Thomas Wharton qui l'a découverte en 1656) qui l'empêche de se replier sur lui-même.

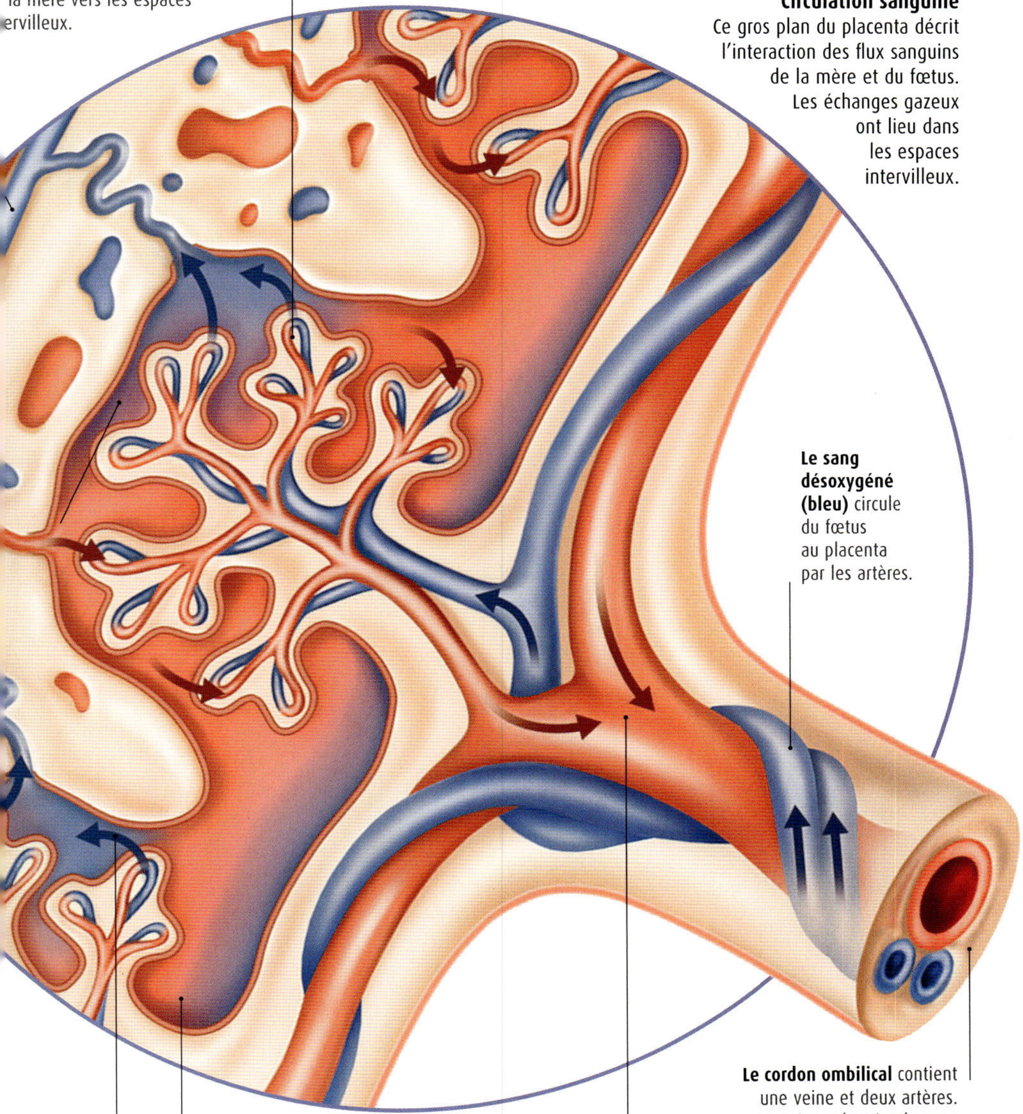

Le placenta, initialement constitué de quelques cellules à peine, se développe et pèsera entre **350 g** et **700 g**.

LE RÔLE DU PLACENTA

Essentiel à la survie du bébé, le placenta a quatre fonctions principales :

» Éliminer les déchets produits par le bébé : les déchets et le dioxyde de carbone sont évacués par le sang qui circule dans les deux artères du cordon ombilical et les vaisseaux artériels présents dans les villosités choriales. Ils traversent les parois des villosités pour passer dans le sang maternel et être traités par le foie et les reins de la mère.

» Protéger le bébé des maladies : les cellules des villosités sont si comprimées que les organismes à grandes cellules, comme les bactéries et les virus éventuellement présents dans le sang maternel, ne peuvent pas franchir les parois des villosités et passer dans le sang du bébé. Or, certains organismes sont suffisamment petits pour traverser : il est donc important d'être vaccinée ou immunisée contre certaines maladies (comme la rubéole ou la varicelle). Vers la fin de la grossesse, des anticorps passent du sang de la mère à celui du bébé, lui donnant ainsi une première immunité qui durera plusieurs semaines après la naissance.

» Protéger le bébé des produits chimiques : de nombreuses substances chimiques (notamment des toxines) sont également constituées de cellules trop grosses pour traverser le placenta. C'est pourquoi vous pouvez continuer à prendre certains médicaments même si vous êtes enceinte. Cependant, d'autres toxines, comme la nicotine ou l'alcool, peuvent franchir les parois des villosités.

» Produire des hormones : le placenta est son propre système endocrinien. Il produit de la progestérone, qui contribue au bon déroulement de la grossesse et évite un travail prématuré, et des œstrogènes qui aident l'utérus à se développer au fur et à mesure que le bébé grandit, et préparent le corps au travail et à l'allaitement. Le placenta sécrète également l'hCG, premier signal de grossesse que reçoit l'organisme. Les hormones de croissance et la relaxine (qui assouplit les ligaments du bassin pour faire de la place au bébé et préparer le corps à l'accouchement) sont également produites par le placenta, de même qu'un certain nombre d'autres hormones qui améliorent le transfert des nutriments et de l'oxygène au sein même du placenta.

question ? réponse

Quelle est la différence entre un embryon et un fœtus ? Quelles sont les étapes avant de devenir un bébé ?

Tant que la formation des structures corporelles rudimentaires et des principaux organes est en cours, votre bébé est un embryon. Au terme de cette phase, à 10 semaines d'aménorrhée, il sera appelé fœtus jusqu'à sa naissance.

Durant la phase embryonnaire se forment le visage, les membres, les doigts et les orteils, de même que des organes et des systèmes rudimentaires comme le cerveau, le cœur, le tractus urinaire, le tube digestif, la peau, les os et les muscles. À 10 semaines d'aménorrhée, les structures élémentaires de tous les principaux organes sont en place, mais doivent encore grandir et se développer pour acquérir toute la complexité des systèmes dont le bébé aura besoin à sa naissance. Le passage au statut de fœtus marque la prochaine étape de son développement. La croissance rapide du corps et des organes contraste alors avec celle de la tête qui ralentit par rapport au reste. La forme de la tête prend un aspect plus humain, et les liaisons entre le cerveau et le système nerveux se mettent en place. À la fin du 2e trimestre, le poids de votre bébé aura doublé, les ongles de ses pieds et de ses mains auront poussé, ses organes génitaux seront visibles à l'échographie, et vous le sentirez bouger. Au cours du 3e trimestre, le cerveau et les systèmes de l'organisme continueront leur évolution. Votre bébé sera alors capable de voir et d'entendre *in utero* et de sentir le goût du liquide amniotique. Son corps crée des réserves de graisse afin de maintenir sa température à la naissance. Enfin, les poumons seront complètement formés, constitués de millions de sacs alvéolaires qui permettront à votre bébé de prendre sa première respiration à l'air libre.

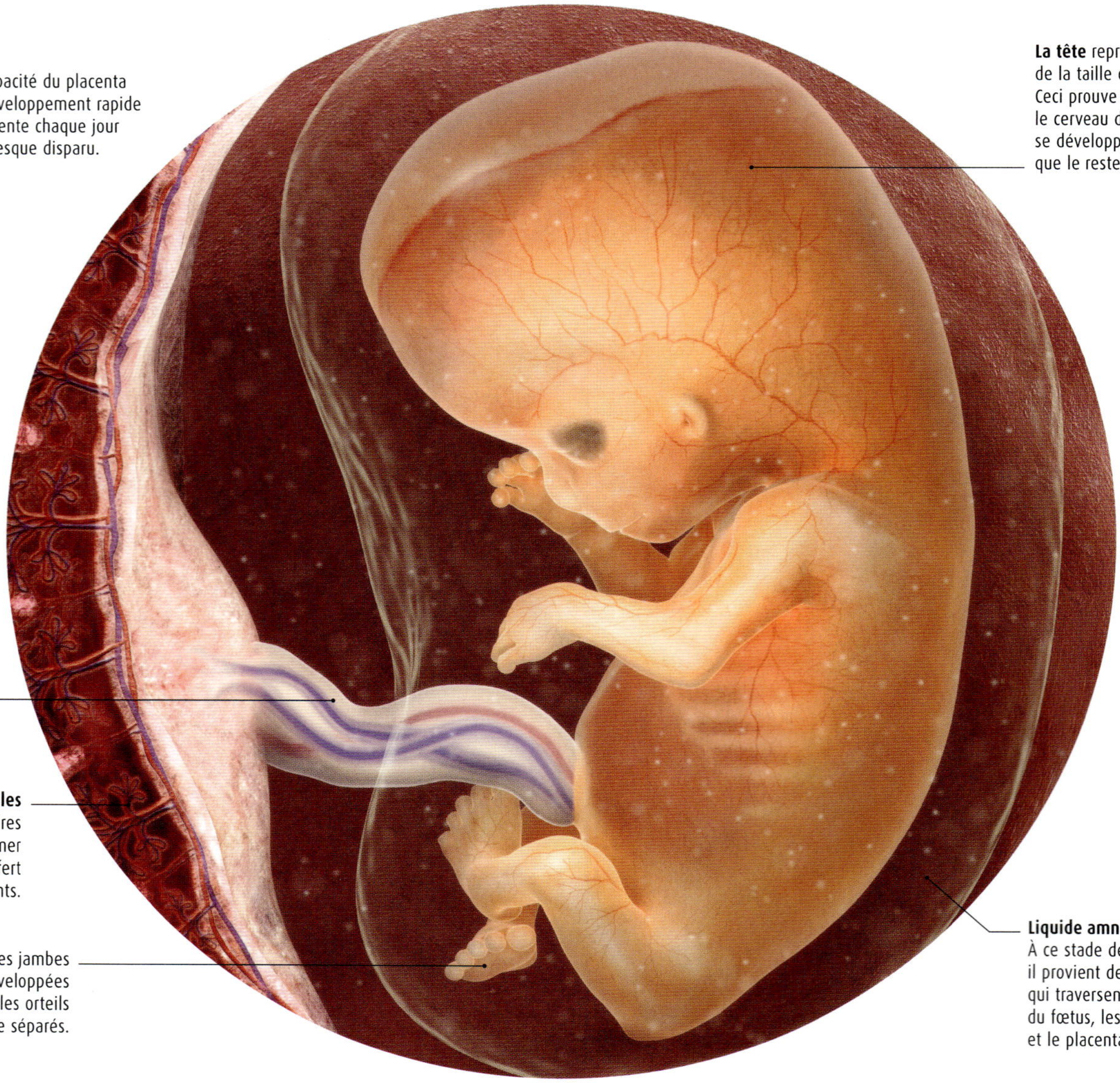

10 semaines La capacité du placenta à accompagner le développement rapide de votre fœtus augmente chaque jour et le sac vitellin a presque disparu.

La tête représente la moitié de la taille du fœtus. Ceci prouve à quel point le cerveau doit se développer avant que le reste en fasse autant.

Cordon ombilical

Villosités choriales Ces villosités tertiaires commencent à se former pour faciliter le transfert des nutriments.

Jambes et pieds Les jambes sont moins développées que les bras, et les orteils ne sont pas encore séparés.

Liquide amniotique À ce stade de la grossesse, il provient de liquides qui traversent la peau du fœtus, les membranes et le placenta.

question ? réponse

Est-il vrai que l'appareil digestif du bébé naît sous la forme d'un simple tube ?

La structure de l'appareil digestif se forme vers 12 semaines d'aménorrhée. À la naissance, l'abdomen d'un bébé abrite 2,5 m d'intestins !

L'appareil digestif du bébé naît sous la forme d'un *tube digestif* issu de la couche cellulaire de l'endoderme (feuillet inférieur), qui relie un orifice situé à son extrémité supérieure (et qui sera rattaché à la bouche) à un autre se trouvant à son extrémité inférieure (qui deviendra l'anus). Le tube digestif se développe en trois parties (l'intestin antérieur, l'intestin moyen et l'intestin postérieur), d'où éclosent les bourgeons d'organes spécifiques. Entre 6 et 8 semaines, un renflement apparaît au niveau de l'intestin antérieur : il deviendra l'estomac. Vers 9 semaines, les trois parties du tube digestif gagnant en longueur, la quantité de tissu intestinal ne peut pas être contenue dans le petit embryon. Elle franchit alors un orifice situé sur l'abdomen pour occuper une partie du cordon ombilical. Vers 10 semaines, son estomac commence à produire des sucs digestifs, étape essentielle dans sa transition d'embryon à fœtus. À 12 semaines environ, son corps a suffisamment grandi pour que ses intestins rentrent et quittent le cordon ombilical, qui ne contient plus que des vaisseaux.

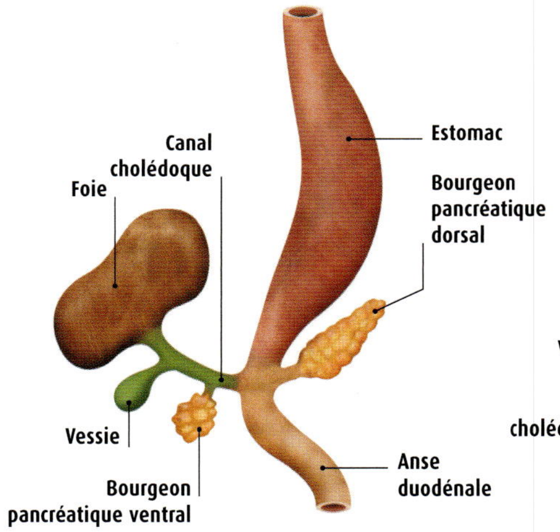

1 À 9 semaines Le tube digestif principal développe des structures spécifiques qui forment des ramifications. Le pancréas est alors constitué de deux bourgeons.

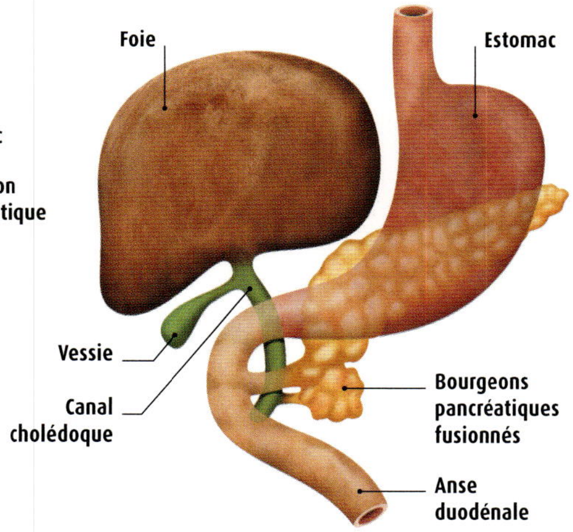

2 À 10 semaines Les bourgeons pancréatiques ont fusionné. Le foie et l'estomac sont plus gros, et le duodénum (partie de l'intestin grêle) s'allonge.

question ? réponse

Les reins de mon bébé fonctionnent-ils ? Si oui, où va l'urine ?

À 13 semaines d'aménorrhée, l'urine de votre bébé passe par ses reins tout neufs, ses uretères en développement et sa petite vessie. L'urine est éliminée dans le liquide amniotique. C'est également à ce stade que le bébé apprend à avaler. Il boit donc le liquide amniotique, avale son urine, remplit à nouveau sa vessie, etc. Cela peut sembler bizarre, mais l'urine fœtale est extrêmement diluée et la plupart des déchets sont déjà filtrés par le placenta, et éliminés par votre propre organisme. Les reins se développent à partir de 10 semaines, multipliant des milliers de cellules filtrantes. Les uretères qui recueillent l'urine se ramifient à l'intérieur des reins, ce qui peut prendre jusqu'à 32 semaines, et atteindre près de 2 millions de ramifications.

question ? réponse

Les intestins du bébé fonctionnent-ils *in utero* ?

Les intestins du bébé complètement formés, il commence à produire du méconium (ses premières selles). Cette substance est composée de déchets (cellules de la muqueuse intestinale, liquide amniotique, mucus et bile). Elle s'accumule et, dès 20 semaines, des mouvements péristaltiques intestinaux la poussent lentement à l'intérieur du côlon. À peu près à la même période, le *sphincter anal* se contracte, empêchant le bébé de déféquer dans l'utérus.

0

Les bébés n'ont pas de **rotules** à la naissance. Elles se forment durant la prime enfance.

3

Les **osselets**, situés dans l'oreille, sont les seuls organes dont la taille est définitive à la naissance.

33 %

La taille des **reins** d'un nouveau-né représente à peine un tiers de celle qu'ils auront à l'âge adulte.

270

Un bébé a plus d'**os** qu'un adulte, qui en compte 206. De nombreux os fusionnent au cours de la croissance.

30 000

C'est le nombre de **bourgeons gustatifs** qu'un bébé possède à la naissance. Il passe à 10 000 à l'âge adulte.

Comment le squelette du fœtus se développe-t-il ?

question ? réponse

Au départ simple structure de cartilage ayant pour fonction de protéger le corps du bébé, les os se solidifient progressivement grâce à l'ossification, processus qui se poursuit même après la naissance.

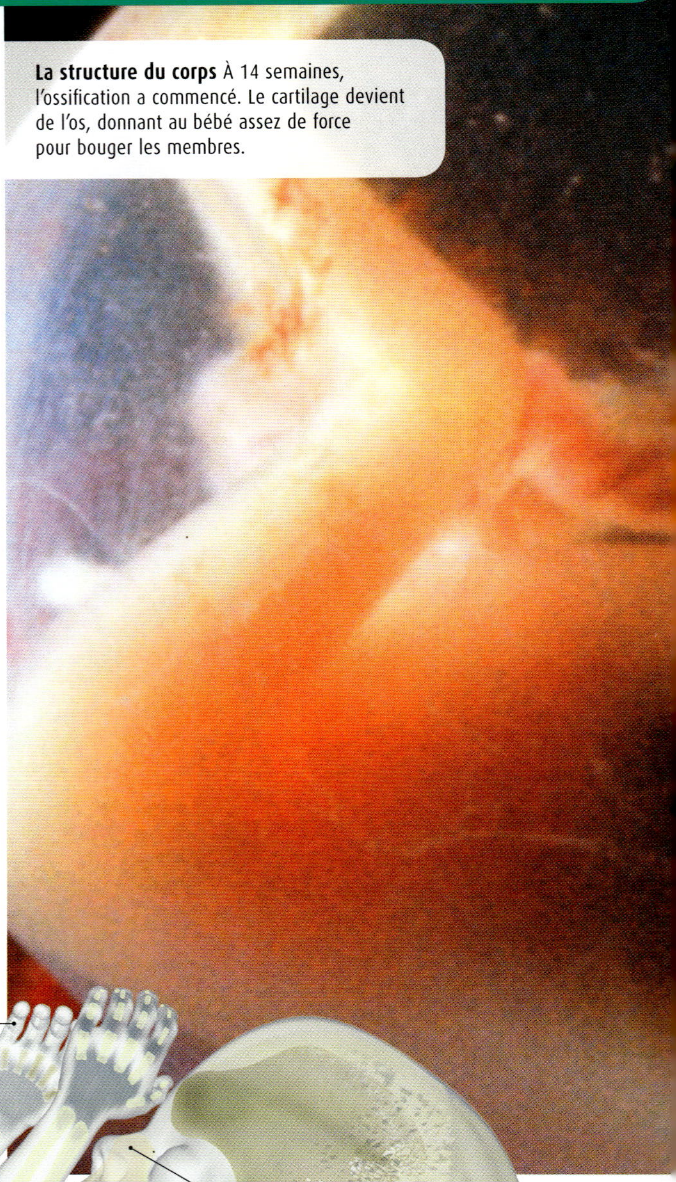

La structure du corps À 14 semaines, l'ossification a commencé. Le cartilage devient de l'os, donnant au bébé assez de force pour bouger les membres.

Développement du squelette

Les os et les muscles se forment dès le début de la grossesse. À 5 semaines, l'embryon est doté d'une sorte de maillage de tissu conjonctif (collagène) qui protège ses organes en développement. Dans les semaines qui suivent, cette structure commence à être irriguée et les cellules osseuses, ou *ostéoblastes*, la solidifient pour former le cartilage. À 10 semaines, la mâchoire, les clavicules, les omoplates, les côtes, les vertèbres ainsi que les os des bras et des jambes du bébé sont clairement identifiables. Progressivement, les ostéoblastes déposent des sels de calcium sur le cartilage afin de solidifier, modeler et favoriser la croissance des os. C'est ce que l'on appelle l'*ossification*, processus qui se poursuit tout au long de la vie intra-utérine, et même jusqu'à l'âge adulte lorsque les os atteignent leur taille définitive.

Le tissu musculaire se développe aussi très tôt : vers 10 semaines, le bébé peut effectuer des mouvements simples. Entre 20 et 24 semaines, les connexions de son système nerveux commencent à être établies et son appareil locomoteur est suffisamment mature pour lui permettre de tendre et fléchir les membres. Au 3e trimestre, un bébé consomme 250 à 350 mg de calcium par jour pour continuer à développer ses os. Sa masse musculaire augmente rapidement, et son poids peut doubler au cours des 10 dernières semaines de grossesse.

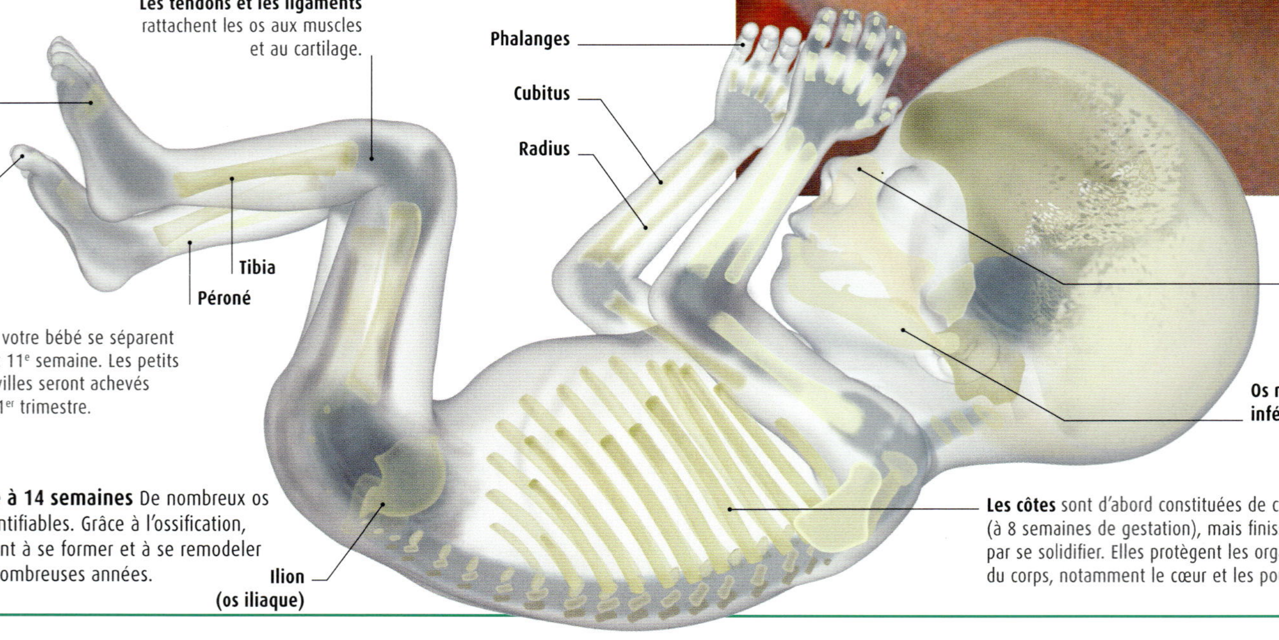

Le squelette à 14 semaines De nombreux os sont déjà identifiables. Grâce à l'ossification, ils continueront à se former et à se remodeler pendant de nombreuses années.

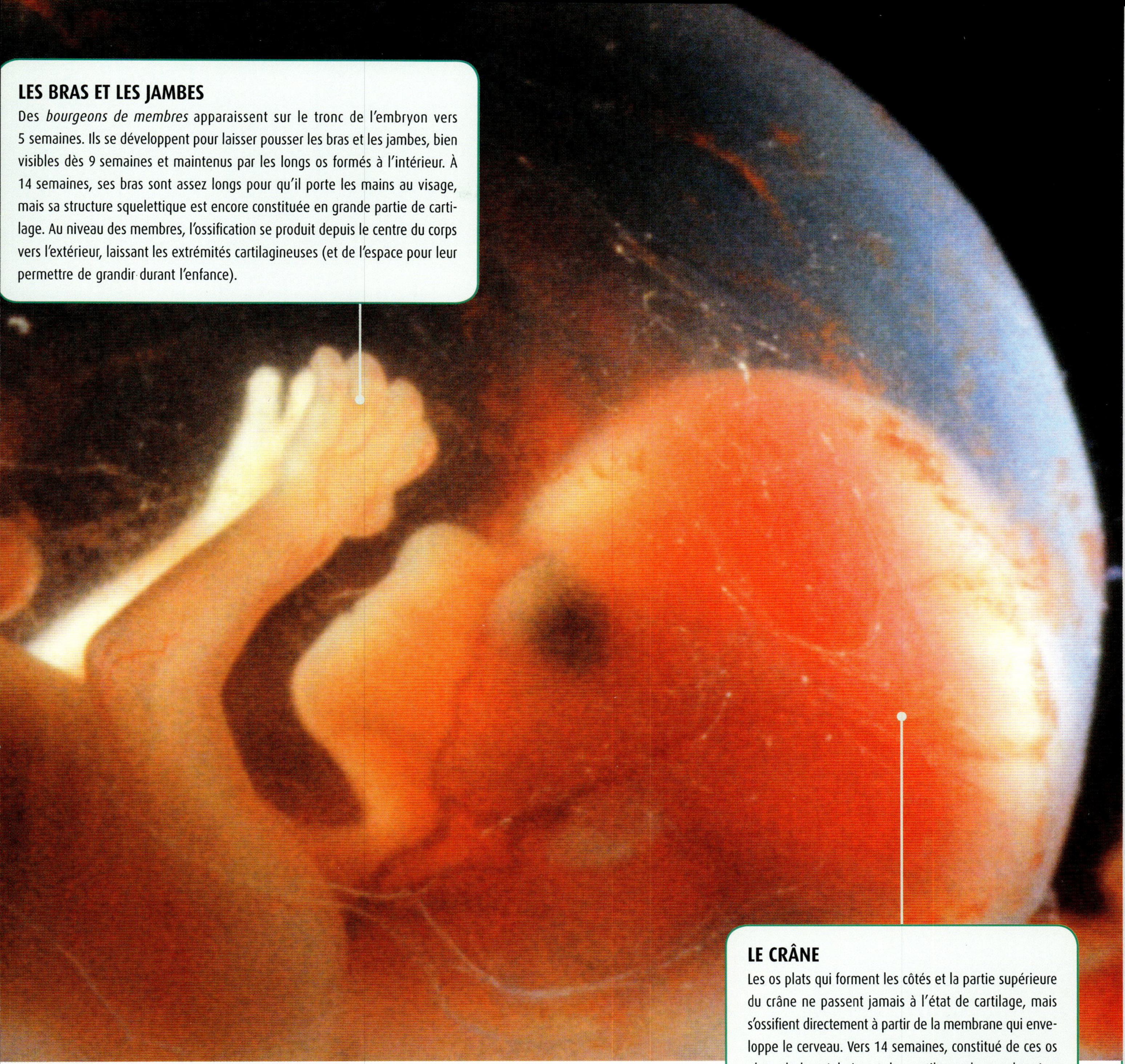

LES BRAS ET LES JAMBES

Des *bourgeons de membres* apparaissent sur le tronc de l'embryon vers 5 semaines. Ils se développent pour laisser pousser les bras et les jambes, bien visibles dès 9 semaines et maintenus par les longs os formés à l'intérieur. À 14 semaines, ses bras sont assez longs pour qu'il porte les mains au visage, mais sa structure squelettique est encore constituée en grande partie de cartilage. Au niveau des membres, l'ossification se produit depuis le centre du corps vers l'extérieur, laissant les extrémités cartilagineuses (et de l'espace pour leur permettre de grandir durant l'enfance).

LE CRÂNE

Les os plats qui forment les côtés et la partie supérieure du crâne ne passent jamais à l'état de cartilage, mais s'ossifient directement à partir de la membrane qui enveloppe le cerveau. Vers 14 semaines, constitué de ces os plats, de la mâchoire et des cartilages du nez, le crâne est presque complet. Les os plats ne fusionnent pas totalement afin de laisser le crâne du bébé s'adapter à la forme du bassin de la mère lors de l'accouchement.

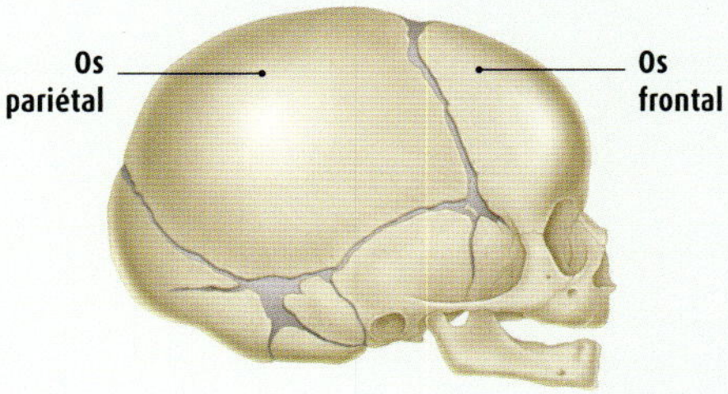

LA COLONNE VERTÉBRALE

C'est la première partie du squelette qui se développe. À 5 semaines, une moelle épinière rudimentaire et des structures (somites) apparaissent en bas de son dos (voir p. 49). Les vertèbres se forment lorsqu'une partie des somites (sclérotome) se divise en deux pour laisser les nerfs de la moelle épinière atteindre les muscles en développement. Vers 7 semaines, une autre partie (myotome) donne naissance aux muscles squelettiques, en formation au niveau de la colonne vertébrale, pour s'étendre au tronc puis aux membres.

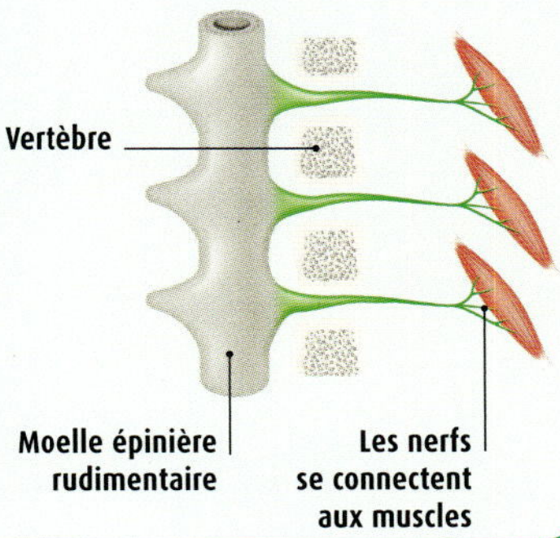

question ? réponse

À quel moment les poumons du bébé sont-ils formés ? Comment son appareil respiratoire fonctionne-t-il sans air ?

Vers 36 semaines, les poumons sont assez développés pour permettre une respiration indépendante (les bébés nés à partir de 37 semaines sont considérés à terme). Mais, sans contact avec l'air, les poumons ne peuvent pas se gonfler. La respiration débute après la naissance.

L'appareil respiratoire comprend les poumons, le nez, le pharynx, le larynx et la trachée. Les voies respiratoires prennent naissance sous la forme d'un long tube, le même dont est issue une grande partie de l'appareil digestif (voir p. 157). Vers 36 semaines, les poumons sont en général complètement formés, et le bébé est prêt à naître. Ils sont remplis de surfactant, substance qui leur permettra de se déployer et de se vider de leur air sans s'affaisser sur eux-mêmes, permettant ainsi une respiration indépendante. Les bébés prématurés sont maintenus sous assistance respiratoire, et leur taux d'oxygène est contrôlé en couveuse.

Les schémas suivants décrivent comment les poumons, nés sous forme de bourgeons, se ramifient et terminent leur développement à environ 36 semaines d'aménorrhée.

FORMATION DES POUMONS

Poumons à 5 semaines Le bourgeon pulmonaire se ramifie pour former les bronches souches gauche et droite. Chacun des bourgeons bronchiques donne naissance à un poumon.

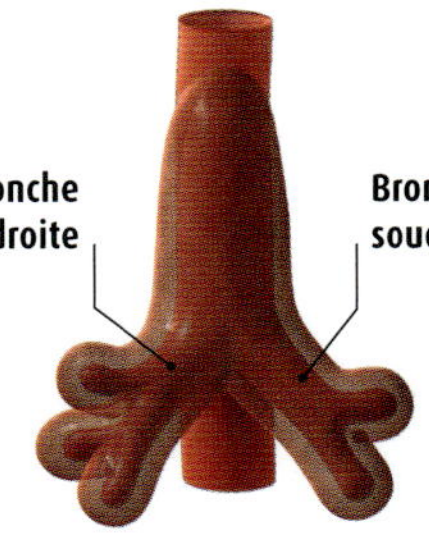

Poumon à 6 semaines Les deux bronches se développent différemment : celle de gauche génère deux bourgeons, et celle de droite trois.

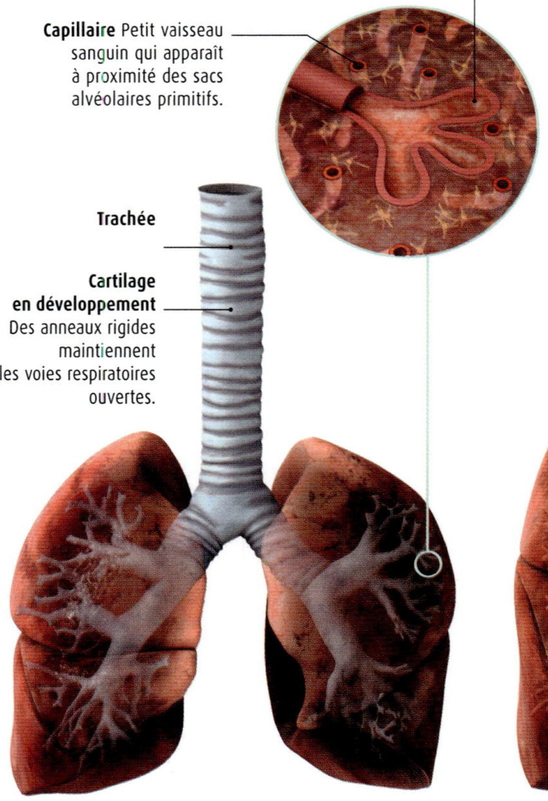

Poumons à 16 semaines À ce stade, 20 subdivisions ont permis la formation des bronches segmentaires. On en compte 8 à gauche et 10 à droite, une différence qui s'explique par le fait que le corps du bébé « sait » déjà que le poumon gauche doit être plus petit afin de laisser de la place au cœur.

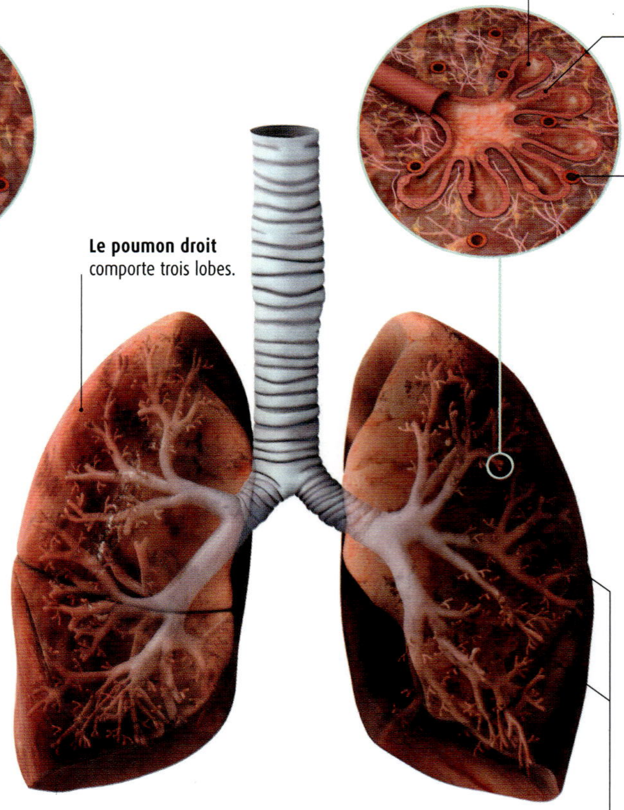

Poumons à 28 semaines Leurs sacs terminaux deviendront des alvéoles où seront échangés l'oxygène et le dioxyde de carbone. Jusqu'à la première respiration du bébé, les alvéoles sont remplies de liquide amniotique. Les sacs alvéolaires produisent du surfactant, liquide qui les aide à se contracter et à se gonfler, et évite un collapsus pulmonaire.

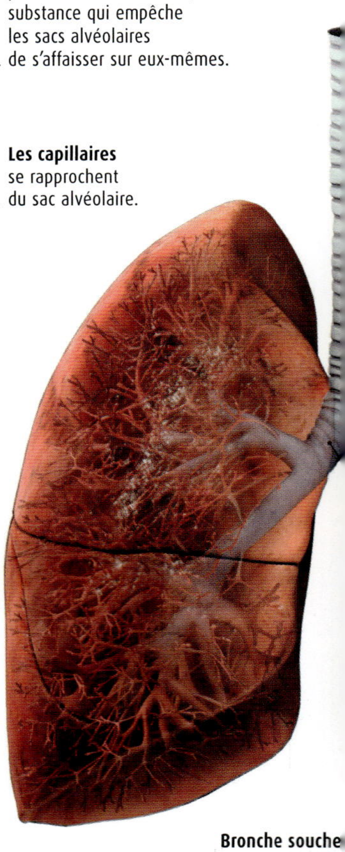

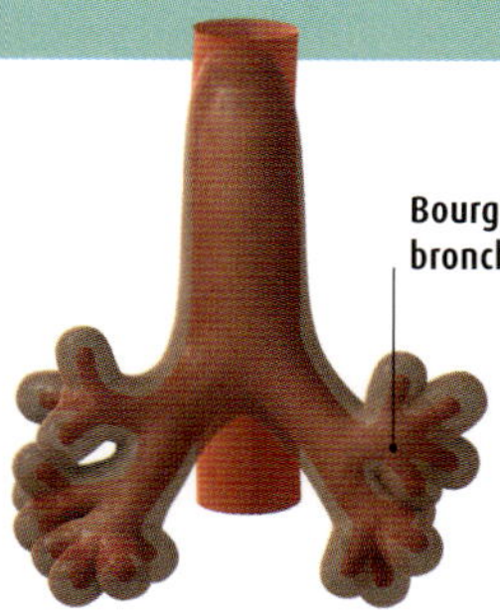

Poumons à 7 semaines Les bourgeons bronchiques se divisent en de nombreux autres bourgeons. Les bourgeons bronchiques secondaires se séparent pour former les bourgeons tertiaires.

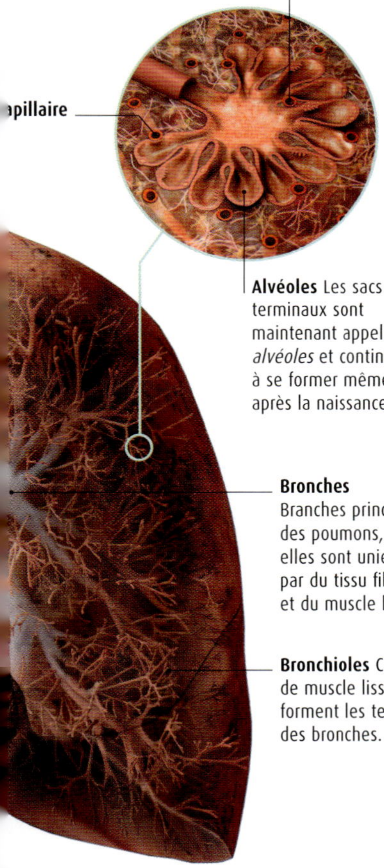

Poumons à 36 semaines En général, le développement des poumons est terminé. Les sacs terminaux sont à présent des alvéoles dont les fines parois autorisent les échanges gazeux avec les capillaires, processus qui consiste à laisser circuler l'oxygène et le dioxyde de carbone entre les poumons et la circulation sanguine.

question / réponse : Lors de l'échographie du 2e trimestre, mon bébé semblait respirer. Comment cela est-il possible?

Votre bébé peut réaliser des pseudo-mouvements respiratoires dès 10 semaines d'aménorrhée. Il s'agit en fait de contractions involontaires des muscles qui se forment autour de ses poumons. Ces contractions stimulent la croissance des muscles et du tissu pulmonaire. Le bébé commence par de petites séances d'entraînement qui durent à peine 10 secondes. Vers 38 semaines, ces « respirations » interviennent à un rythme régulier de 40 par minute, ce qui correspond au rythme respiratoire qu'il aura à la naissance. Vers 24 semaines d'aménorrhée, le bébé est capable de synchroniser des pseudo-mouvements respiratoires avec les battements de son cœur, comme il le fera une fois né.

question / réponse : Pourquoi le bébé ne se noie-t-il pas dans son liquide amniotique?

La réponse est simple : il ne se noie pas car il n'a pas besoin de respirer *in utero*. Tout être vivant doit absorber de l'oxygène et expulser du dioxyde de carbone, mais cet échange gazeux ne se fait pas nécessairement par la respiration : chez le fœtus, cette fonction est entièrement assurée par le placenta. Jusqu'à la naissance, la circulation sanguine qui irrigue son corps en développement évite les poumons, et va chercher l'oxygène dans le placenta. Lorsqu'il est exposé à l'air libre, les récepteurs thermiques qui se trouvent sur la peau déclenchent l'absorption du liquide amniotique contenu dans les sacs alvéolaires, la circulation vers le placenta est interrompue, et le sang commence à circuler vers les poumons. C'est alors que le bébé prend sa première respiration (qui ressemble un peu à un hoquet), et les poumons commencent à assurer leur fonction.

Le bébé ne peut donc en aucun cas se noyer car le système qui lui permet d'obtenir l'oxygène via ses poumons n'est pas opérationnel.

Le saviez-vous ?

Les poumons continuent de se développer jusqu'à l'âge de 8 ans environ, formant de nouvelles bronches et de nouvelles alvéoles qui vont augmenter la capacité pulmonaire, afin de l'adapter aux besoins d'un adolescent puis d'un adulte.

question / réponse : À quel moment peut-on dire s'il s'agit d'un garçon ou d'une fille?

Le sexe du bébé est déterminé au moment de la conception, mais il faut compter au moins 14 semaines avant d'en voir les signes. En effet, de l'extérieur, les fœtus féminin et masculin sont identiques les premières semaines (c'est ce que l'on appelle le *stade indifférencié*), car les organes génitaux sont formés à partir de la même structure : le tubercule génital, constitué de deux plis et d'une saillie arrondie. Chez les garçons, les plis fusionnent pour former le scrotum et la saillie s'allonge pour devenir le pénis ; chez les filles, les plis restent séparés et évoluent en grandes lèvres, et la saillie se rétracte pour donner le clitoris. Entre 14 et 17 semaines, les organes génitaux sont clairement différenciés, et sont suffisamment développés pour être bien visibles.

D'un point de vue interne, les organes sexuels commencent à se former vers 9 semaines. Selon que votre bébé est porteur ou non d'un chromosome Y (qui fait de lui un garçon), ses cellules sexuelles génèrent des testicules, des tubes séminifères et un canal déférent, ou bien des ovaires, un utérus et des trompes de Fallope. Avec des millions d'ovocytes, les ovaires du fœtus contiennent la totalité des futurs ovules que votre fille produira au cours de sa vie, et qui deviendront peut-être vos futurs petits-enfants. Qu'il s'agisse d'une fille ou d'un garçon, les organes sexuels descendent de l'abdomen pour se mettre en place vers 25 semaines. La progression des testicules dans le scrotum étant relativement longue, environ 1 % des bébés nés à terme et 10 % des prématurés ont les testicules non descendus à la naissance.

À la naissance, les poumons d'un bébé comptent de **50 à 70 millions d'alvéoles**, chacune ayant des **centaines** de **capillaires** sanguins prêts à échanger l'**oxygène** et le **dioxyde de carbone**.

question ? réponse

Dans combien de semaines le visage de mon bébé sera-t-il formé ?

D'ici l'échographie du 1er trimestre, tous les traits du visage de votre bébé seront clairement reconnaissables car ils se développent dès les premières semaines qui suivent la conception.

DÉVELOPPEMENT DU VISAGE JUSQU'À 12 SEMAINES

Le tableau suivant décrit quelques grandes étapes du développement du visage au cours du 1er trimestre :

SEMAINES	ÉLÉMENTS DU VISAGE
6	» Deux pois noirs, ébauches des yeux, se développent de part et d'autre de la tête de l'embryon. Ils forment dans un premier temps des *cupules optiques* reliées au cerveau par le pédicule optique. Ces cupules finissent par donner les rétines (sortes d'« écrans » à l'arrière de chaque œil) et les iris (partie colorée de l'œil). » De chaque côté de la tête, de minuscules fentes constituent les prémices des oreilles. Les tubes internes qui transmettront les sons commencent à se former.
7	» Les yeux développent des lentilles, formées par le repli de certaines cellules de l'ectoderme. Les paupières naissent d'un repli de peau de part et d'autre de chaque œil. » De chaque côté de la tête, la peau commence également à se replier, dessinant ainsi les oreilles. » Les narines apparaissent, et le nez prend forme.
8	» Vers 8 semaines, grâce aux modifications de l'ectoderme, l'union des deux côtés du visage forme la bouche. » La pigmentation (qui donne leur couleur aux yeux) commence à s'accumuler dans l'iris (voir p. 168). » D'abord intégralement fixée au plancher de la bouche, la langue se façonne.
9	» Les yeux sont désormais mobiles à l'intérieur des orbites. » Des bourgeons gustatifs se sont développés sur la langue.
10	» Le nez commence à pointer, donnant au visage une apparence plus humaine. » Les paupières se ferment sur les globes oculaires, les protégeant de la lumière qui filtre à travers votre paroi abdominale. Cette lumière peut léser la rétine en développement. » La bouche et les lèvres sont désormais totalement formées. » À l'extérieur, les oreilles ont exactement l'aspect qu'elles auront à la naissance mais, à l'intérieur, il reste encore beaucoup à faire avant que votre bébé puisse entendre.
11	» Le palais est terminé. » Des bourgeons dentaires font leur apparition dans la bouche, ébauches des dents de lait et des dents définitives lorsque les deux rangées se sépareront.
12	» La tête ayant grossi, les yeux et les oreilles se trouvent à présent plus haut, et les yeux se sont déplacés à l'avant du visage pour gagner leur position définitive. Votre bébé se sert de sa bouche, de sa mâchoire et de sa langue pour avaler et bâiller.

question ? réponse

Je chante à mon bébé, mais peut-il vraiment m'entendre ? Peut-il aussi entendre son papa ?

La plupart des médecins admettent que, dès 14 semaines, un bébé réagit aux sons familiers par une accélération du rythme cardiaque. Vers 16 semaines, les trois os chargés de transmettre les sons dans l'oreille interne et les voies auditives qui les relaient au cerveau sont assez développés pour suggérer que le bébé peut entendre ce qu'il se passe dans votre corps. Il perçoit donc le flux de votre sang, les battements de votre cœur et les gargouillis de votre estomac. À 24 semaines, des études montrent que le bébé tourne la tête en réaction à certains sons familiers, en particulier la voix de sa mère. Les sons produits hors de votre corps sont moins forts et plus étouffés, et donc plus difficilement perceptibles. Mais le fait d'entendre une autre voix que la vôtre, même si elle semble être transmise sous l'eau, suffit à ce que votre bébé s'y habitue. Votre partenaire peut donc continuer à chanter.

question ? réponse

Si les bourgeons gustatifs du bébé se développent, cela signifie-t-il qu'il sent le goût du liquide amniotique ?

Exactement ! Alors qu'il apprend à avaler (vers 16 semaines d'aménorrhée), des récepteurs se développent sur sa langue, et les bourgeons gustatifs commencent à interpréter la saveur du liquide amniotique. Contrairement à ce que l'on pense, le liquide amniotique n'a pas un goût neutre : il est salé et imprégné de tout ce que vous mangez, notamment des aliments à la saveur prononcée comme les épices, l'oignon et l'ail. Une bonne occasion d'habituer votre bébé à certains de vos plats préférés, et à des aliments sains que vous voudrez lui faire manger lorsqu'il sera plus grand !

question ? réponse

À quel moment la peau du bébé est-elle formée et à quoi ressemble-t-elle ?

La peau commence à se former dès que le blastocyste devient embryon (voir p. 152), mais elle reste fine et translucide jusqu'au 2e trimestre bien avancé, pour laisser passer à travers ses

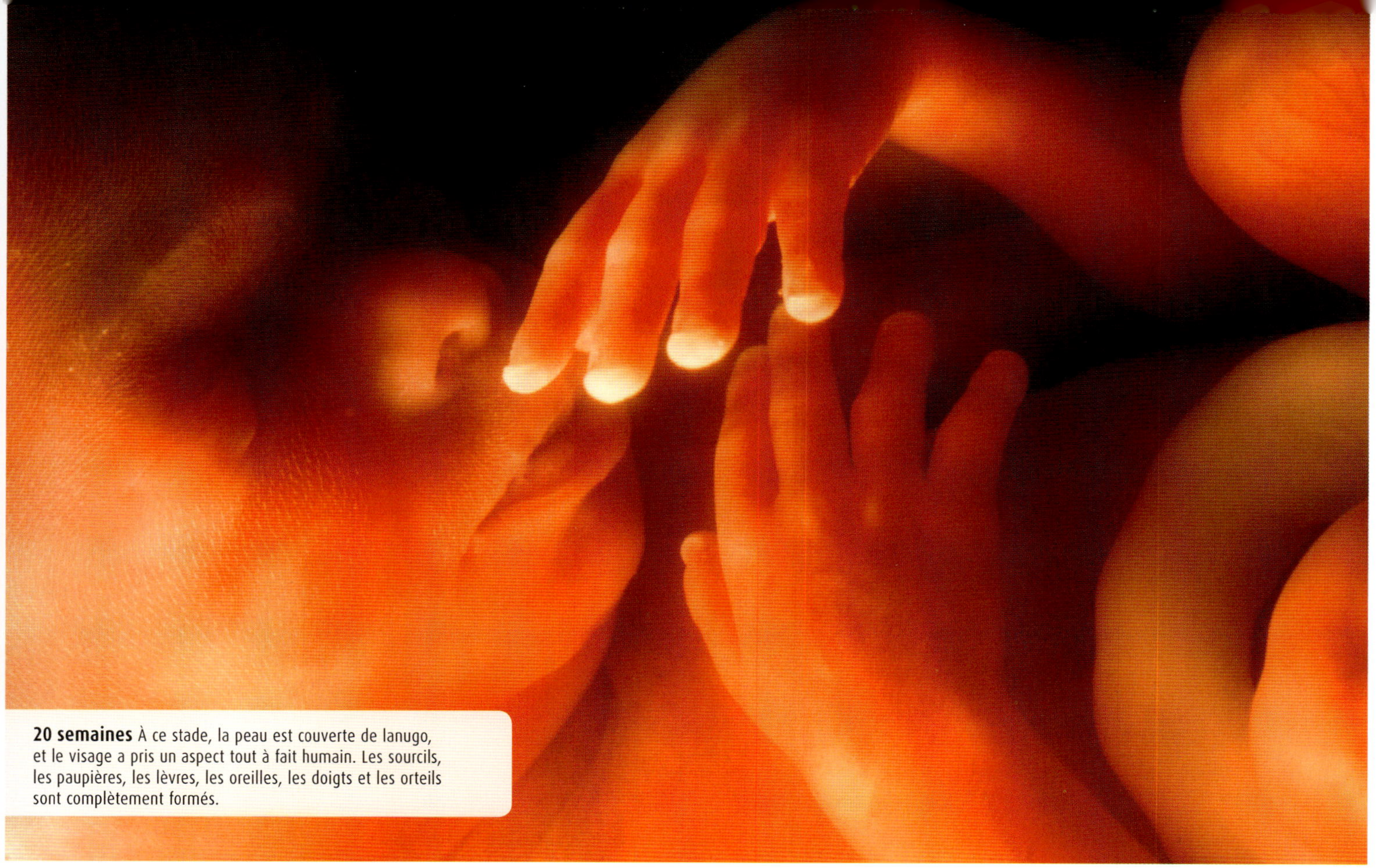

20 semaines À ce stade, la peau est couverte de lanugo, et le visage a pris un aspect tout à fait humain. Les sourcils, les paupières, les lèvres, les oreilles, les doigts et les orteils sont complètement formés.

cellules les nutriments du liquide amniotique. Vers 15 semaines d'aménorrhée, ce revêtement translucide est constitué des trois couches de peau que nous présentons tous : l'épiderme (couche supérieure), le derme (au milieu), et l'hypoderme (couche la plus profonde). La peau ne prend pas d'aspect plus « solide » et ne perd rien de sa perméabilité jusqu'à 32 semaines. C'est également à ce moment-là qu'elle se pigmente.

Premiers poils produits par les follicules pileux, le lanugo est un duvet fin et doux qui apparaît généralement vers 20 semaines. S'il tombe généralement entre 28 et 32 semaines d'aménorrhée, il persiste parfois jusqu'à la naissance, puis disparaît en quelques jours ou semaines. Le lanugo maintient le vernix caseosa (substance blanche et graisseuse) sur la peau du bébé. Constitué de cellules cutanées, de sécrétions sébacées fœtales et de lanugo, le vernix apparaît vers 20 semaines et recouvre la quasi-totalité du bébé vers 32 semaines. En latin, *vernix* signifie « vernis ». Cette substance maintient la peau du bébé hydratée et la protège du liquide amniotique, à forte teneur en urine fœtale (en particulier vers la fin de la grossesse). Parfois encore présent à la naissance, cet épais lubrifiant facilite le passage du bébé dans la filière pelvi-génitale pendant le travail.

question ? réponse

Mon bébé peut-il sentir les odeurs dans mon ventre ?

Personne ne peut l'affirmer avec certitude. Vers 15 semaines, le fœtus dispose de tout ce dont il a besoin pour que son odorat fonctionne. Toutefois, les odeurs étant transmises dans l'air et non dans le liquide, il a toujours été admis que son odorat ne devient fonctionnel qu'à la naissance, lorsqu'il commence à respirer. Or, un certain nombre d'études mettent à mal cette hypothèse, et on tend aujourd'hui à penser que si le bébé est immédiatement attiré par l'odeur du lait maternel, c'est qu'il a été exposé à l'odeur de quelque chose de similaire, qui lui est donc familier, *in utero*.

question ? réponse

Mon bébé garde-t-il les yeux fermés tout le temps où je le porte ?

Non. Entre 26 et 28 semaines, il plisse les yeux en réaction à la lumière vive et commence à les cligner. À ce stade, les rétines sont complètement formées, et ne risquent plus d'être endommagées par la lumière vive. En outre, les sourcils et les cils ont poussé, offrant une protection supplémentaire.

question ? réponse

Mon bébé pleure-t-il dans mon ventre ?

Les canaux lacrymaux et les glandes lacrymales sont présents dès la fin du 1er trimestre. Ils garantissent l'hydratation des globes oculaires tout au long de la grossesse, mais on ignore s'ils peuvent produire des larmes à ce stade. Des scientifiques pensent que le fœtus décrit les mouvements liés aux pleurs (il semble agité, fronce les sourcils, etc.) en réponse à de forts bruits, mais c'est tout ce que l'on sait.

Le saviez-vous ?

» À 7,5 semaines d'aménorrhée, le bébé a déjà développé son premier sens : le toucher.

» À 18 semaines, ses doigts présentent les rainures qui deviendront ses empreintes digitales.

» À 23 semaines, il est couvert d'un duvet doux et fin, le lanugo, qui aura presque disparu à la naissance.

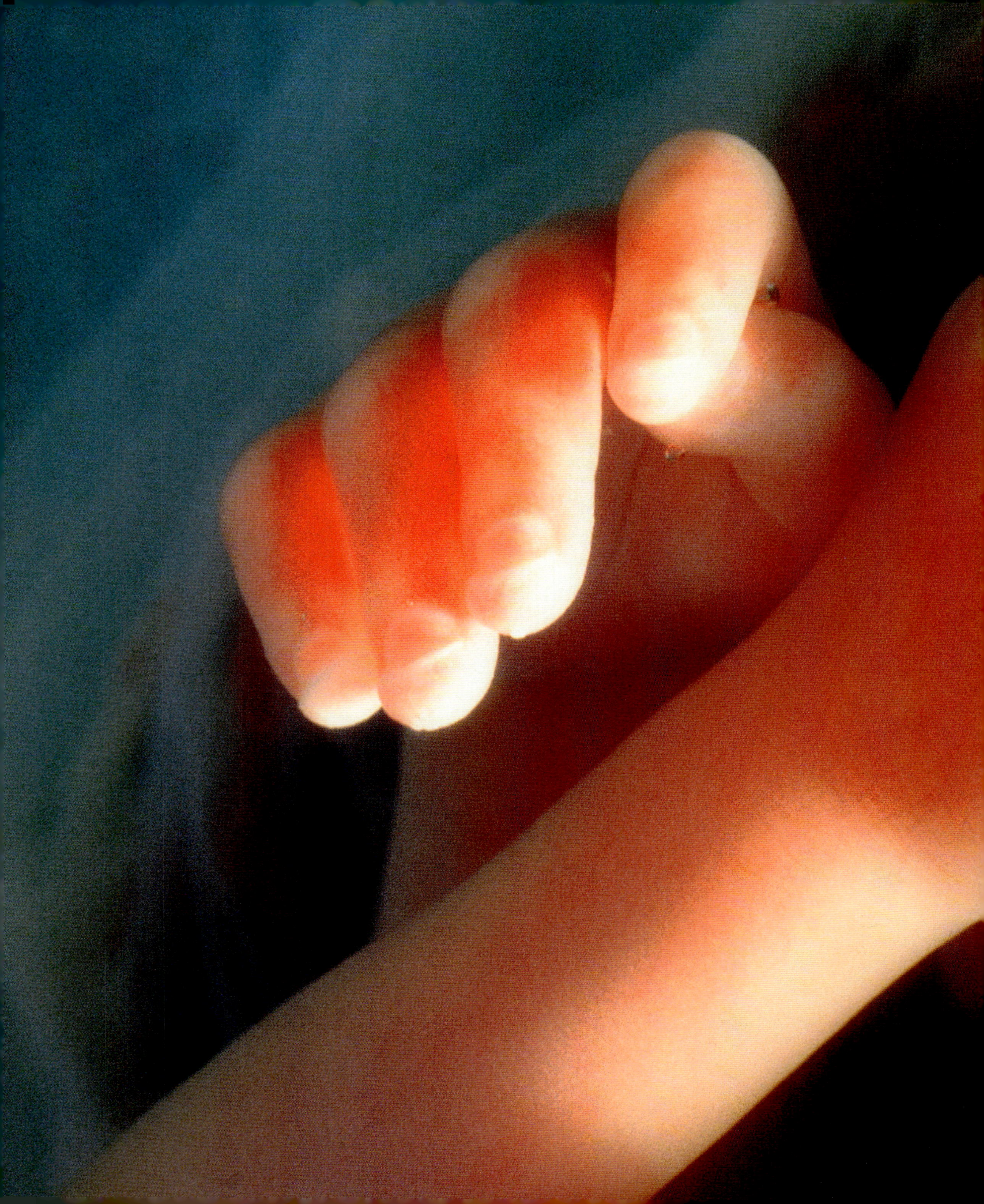

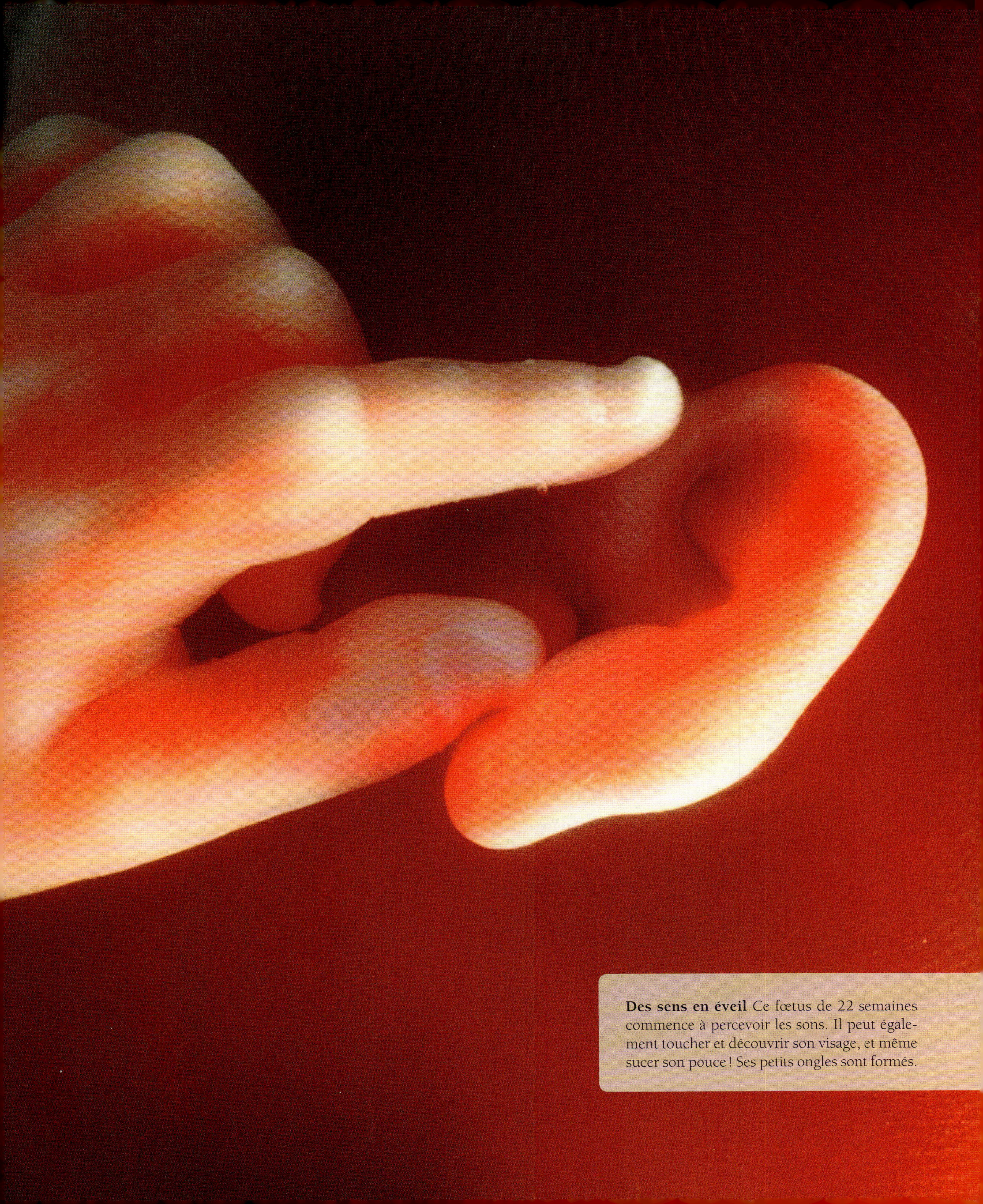

Des sens en éveil Ce fœtus de 22 semaines commence à percevoir les sons. Il peut également toucher et découvrir son visage, et même sucer son pouce ! Ses petits ongles sont formés.

On peut parler de façon générale du **développement d'un bébé**, de la croissance de ses organes jusqu'à sa naissance, mais la seule certitude à avoir est que **le vôtre sera unique**. De l'ondulation de ses cheveux à ses empreintes digitales, aucune de ses **caractéristiques** ne sera identique à celle d'un autre être vivant.

Mon bébé est unique

Qu'est-ce qui fait de mon bébé un être unique ?

Sa singularité a deux origines. D'une part, le « cocktail » de chromosomes dont le bébé hérite de chacun de ses parents le dote d'un ensemble de gènes qui peuvent s'activer et se désactiver, à la fois *in utero* et après sa naissance. D'autre part, l'environnement où évoluera votre bébé (du lieu où vous vivez à vos valeurs morales) modèle sa vision et son expérience du monde. Il réagit ainsi de manière consciente à ce qui l'entoure (c'est ce que l'on appelle le *comportement acquis*), mais y répond aussi physiquement, car son corps opère des mutations génétiques afin de s'adapter à ses conditions de vie. Chez les premiers hommes, ce mécanisme était essentiel à la survie.

Les gènes sont les éléments fondateurs de l'ADN, la structure héréditaire qui se trouve dans chaque cellule. Ils donnent au bébé la couleur de ses yeux et de ses cheveux, ses empreintes digitales, des traits de caractère, mais aussi des affections héréditaires, tous ancrés dans les chromosomes qu'il reçoit de ses parents.

La communauté scientifique pense qu'un bébé (comme tout être humain) est doté de 24 000 gènes inclus dans 23 paires de chromosomes. En dehors de ceux qui déterminent le sexe, chaque chromosome présente deux exemplaires de chaque gène, lui-même constitué de plusieurs variantes : les allèles. Ces derniers peuvent être récessifs ou dominants. Les allèles dominants « évincent » les récessifs, produisant un cocktail physique, psychologique et émotionnel unique chez chaque être humain.

Interaction avec l'environnement

Les gènes fournissent les ingrédients de base, mais d'autres aspects de la singularité de votre bébé (sa personnalité, ou la façon dont il apprend à faire les choses, réagit aux stimulations, fait preuve d'intelligence ou encore tisse des liens) dépendent de son expérience du monde qui l'entoure.

Dès la naissance, les informations que votre bébé reçoit de son environnement créent des connexions dans son cerveau. Des examens d'imagerie cérébrale réalisés sur des nouveau-nés montrent de vastes régions du cerveau dépourvues de connexions neuronales. Celles-ci se multiplient si vite que, vers 24 mois, seuls quelques petits îlots ne sont pas connectés. Vers 3 ans, le cerveau de votre enfant présentera bien plus de connexions qu'il n'en aura jamais besoin. C'est alors que commence l'*élagage synaptique*, qui élimine et affine les connexions afin d'accroître l'efficacité du cerveau.

En matière de maladie héréditaire, l'hygiène de vie et son influence sur les gènes jouent également un rôle important. On sait, par exemple, que certaines maladies cardiaques peuvent être congénitales. Si un bébé peut hériter d'une tendance à développer ce type d'affection, son hygiène de vie peut activer ou désactiver les gènes qui en sont à l'origine.

question ? réponse

À quel membre de la famille mon bébé va-t-il ressembler le plus ?

Il peut présenter les caractéristiques et les traits de personnalité de différents membres de vos familles : les cheveux d'une tante, le sens de l'humour d'un cousin, ou le nez de votre mère. Ceci s'explique par l'ADN et de l'hérédité.

Votre bébé partage la moitié de son ADN avec vous et l'autre avec son papa. Vous partagez vous-même la moitié de vos gènes avec chacun de vos parents. Autrement dit, votre bébé partage un quart de ses gènes avec vos parents (ses grands-parents).

À chaque génération, les gènes sont brassés et rebrassés. À la conception, l'embryon reçoit 23 chromosomes de l'ovocyte de sa mère et 23 du spermatozoïde de son père, qui s'apparient pour former 46 chromosomes au total. Ceux-ci contiennent les gènes dont on hérite. Lorsque le spermatozoïde féconde l'ovocyte, les chromosomes fusionnent et s'échangent les gènes au hasard.

De même, si une fratrie reçoit des gènes des mêmes parents, il ne s'agit pas nécessairement des mêmes gènes, ni des mêmes allèles dominants. En effet, la mère transmet un exemplaire de chaque gène à son bébé. Or, chaque exemplaire est différent (chacun présente des variantes) : la mère ne transmet donc jamais la même version d'un gène à chaque enfant. Tous les gènes issus de chacun des parents pouvant être ainsi brassés, les combinaisons sont infinies.

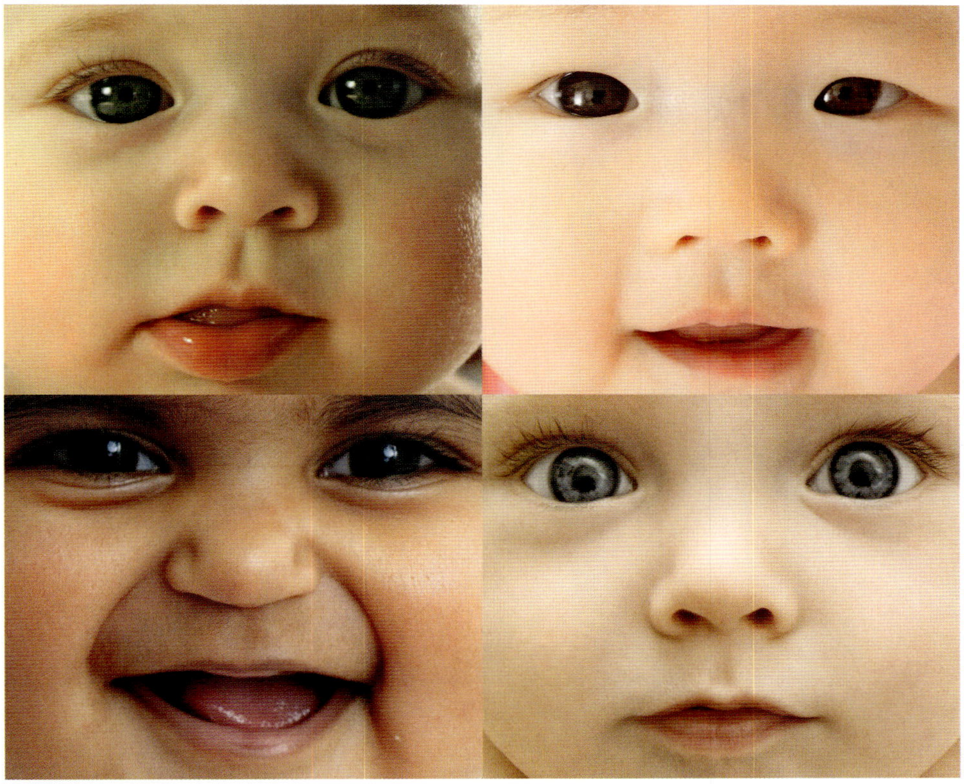

Yeux bleus, bruns, bridés, nez épaté ou retroussé Ou l'étonnante diversité de l'être humain, liée à la fois au patrimoine génétique et aux différents facteurs environnementaux.

question ? réponse

Qu'est-ce qui détermine s'il s'agit d'un garçon ou d'une fille ?

Le sexe de votre bébé est défini par des chromosomes particuliers, qui contiennent sa structure génétique unique. Un être humain ne présentant pas d'anomalie chromosomique est porteur de 23 paires de chromosomes, chacune incluant un chromosome hérité de chaque parent. La 23e paire est appelée *chromosome sexuel* car elle détermine le sexe. Un ovocyte contient toujours le chromosome femelle, X, et un spermatozoïde inclut soit un chromosome X (femelle) soit un chromosome Y (mâle). S'il présente deux chromosomes X, l'embryon est une fille, s'il associe un X et un Y, c'est un garçon. C'est donc le spermatozoïde qui détermine le sexe du bébé.

question ? réponse

Quel est l'impact des facteurs environnementaux sur mon enfant ?

Les enfants qui grandissent dans le même foyer ne partagent pas en permanence le même environnement. Ils ont des chambres et des enseignants différents, et éprouvent des émotions différentes. Aussi, la taille de chaque enfant est influencée en partie par son alimentation. Ainsi, les premiers aliments de votre aînée ne seront pas les mêmes que ceux de votre benjamine. Votre propre alimentation joue également un rôle. Si vos goûts ont changé depuis votre première grossesse, l'influence des aliments sur chacun de vos enfants sera différente, et peut avoir des répercussions sur leurs caractéristiques physiques.

question ? réponse

Les gènes de mon bébé peuvent-ils déterminer s'il sera ou non en surpoids plus tard ?

Non, mais ils peuvent l'y prédisposer, si c'est une caractéristique familiale. Dans ce cas, de nombreux facteurs environnementaux (ses habitudes alimentaires, son niveau de stress, son goût pour le sport…) sont autant de paramètres qui influencent l'activation ou non des gènes responsables du surpoids. Votre alimentation pendant la grossesse a aussi une incidence. Votre bébé sent le goût du liquide amniotique, et s'il s'habitue si tôt aux saveurs sucrées, vous aurez peut-être plus de difficultés à lui faire manger des légumes plus tard.

De quelle couleur seront ses yeux ? Qu'est-ce qui la détermine ?

La couleur des yeux dépend du jeu des allèles dominants et récessifs (variantes génétiques, voir p. 166).

Chacun de nous est porteur de deux allèles déterminant la couleur des yeux (et d'autres caractéristiques), un hérité de chacun de ses parents. L'allèle brun (B) est dominant et l'allèle bleu (b) est récessif. Lorsque les deux sont réunis (Bb), le brun l'emporte sur le bleu, et la personne a les yeux bruns. Pour avoir les yeux bleus, deux allèles bleus (bb) sont nécessaires. Aussi, si votre bébé a les yeux bleus, mais que ses deux parents ont les yeux bruns, le papa et vous êtes tous deux Bb (chacun porteur d'un allèle brun et d'un allèle bleu).

Une mère Bb et un père Bb ont 25 % de chances d'avoir un bébé aux yeux bleus. Ce taux passe à 50 % si l'un est bb et l'autre Bb. Si l'un de vous est BB, ou si vous l'êtes tous les deux, votre bébé ne peut qu'avoir les yeux bruns. Évidemment, si vous avez tous les deux les yeux bleus (donc si vous êtes tous les deux bb), votre bébé aura aussi les yeux bleus.

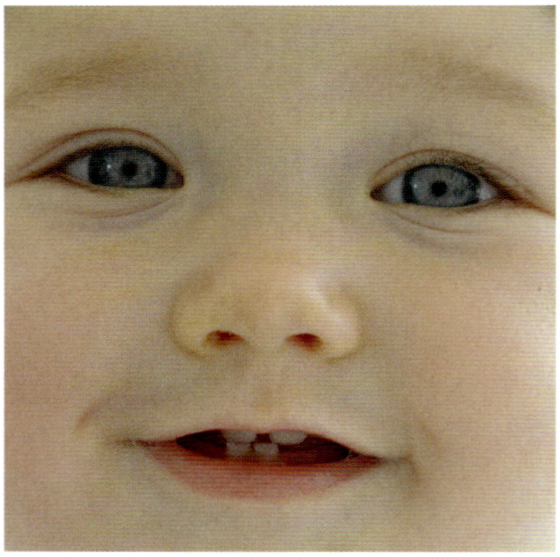

Yeux bleus De nombreux bébés d'Amérique du Nord ont les yeux bleus ou gris à la naissance. La pigmentation peut mettre jusqu'à un an pour se stabiliser et donner aux yeux leur couleur définitive.

Le bleu et le vert correspondent à des allèles récessifs. Lorsque le bleu et le vert sont les seuls allèles présents, ils deviennent codominants, et les yeux de votre bébé peuvent être bleus, verts, ou présenter une nuance des deux.

COULEUR DES YEUX

Le schéma ci-dessous décrit la façon dont les gène déterminent la couleur des yeux de votre bébé.

COULEUR DES YEUX ET GÈNES DES PARENTS

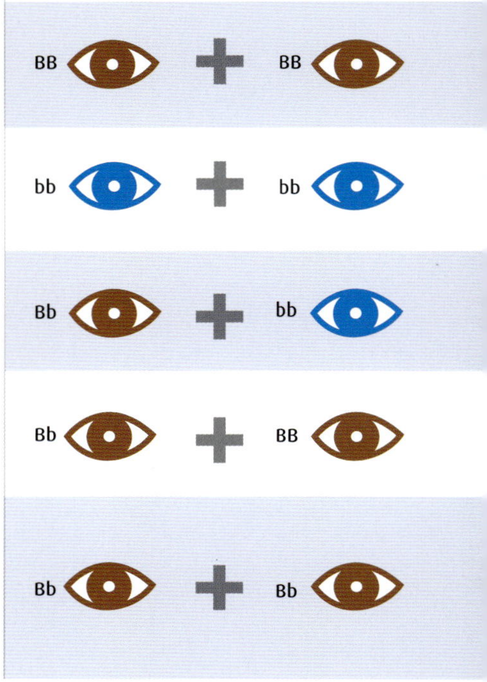

Pourquoi les yeux bruns n'ont-ils pas tous la même nuance ?

Personne ne peut l'affirmer avec certitude. Si la couleur globale des yeux de votre bébé (brun, noisette, bleu ou vert) est certainement déterminée par un ensemble de gènes, le degré de pigmentation de l'iris peut être défini par un autre gène, voire plusieurs autres. La pigmentation dépend de la mélanine, présente non seulement dans l'iris, mais aussi dans les cheveux et la peau. Si vous avez deux enfants et que le premier a les yeux brun foncé et l'autre brun clair, chacun est porteur d'un gène incluant des allèles bruns dominants. D'autres gènes déterminent la quantité de mélanine présente dans les yeux de chaque enfant, ce qui donne différentes nuances de brun. Plus le taux de mélanine est élevé, plus la pigmentation de l'œil est foncée.

Le **daltonisme** est une affection congénitale **plus fréquente chez les hommes** que chez les femmes.

Mon bébé sera-t-il aussi grand que son papa ? Peut-on le savoir dès la naissance ?

Les gènes de chaque parent ont une incidence sur la taille qu'atteindra l'enfant à l'âge adulte. Une méthode permet d'estimer combien mesurera un enfant à l'âge adulte : ajoutez la taille des deux parents en centimètres, divisez-la par deux, puis ajoutez 6,5 cm pour un garçon et soustrayez 6,5 cm pour une fille. Par exemple, si vous mesurez 1,65 m et le papa 1,80 m, votre fils pourrait mesurer 1,79 m et votre fille 1,66 m. Cette formule ne donne cependant qu'une estimation. En réalité, outre les gènes, la santé, l'alimentation de l'enfant, ainsi que d'autres facteurs environnementaux influencent également sa croissance. La taille du bébé à sa naissance n'est pas non plus un indicateur de la taille qu'il fera plus tard, notamment s'il est prématuré. L'état de santé, le poids et l'alimentation de la maman pendant la grossesse sont davantage susceptibles d'influer sur le poids de naissance que les gènes.

Mon bébé peut-il avoir les cheveux bouclés si les miens sont raides ?

Chez les Caucasiens, les cheveux frisés sont déterminés par un allèle dominant. La réponse dépend donc de la paire d'allèles dont votre bébé hérite de ses parents. Si vous avez les cheveux raides, mais que le papa les a frisés, votre bébé a 50 à 75 % de chances d'être bouclé aussi, selon que votre partenaire est porteur de deux allèles des cheveux frisés ou d'un allèle des cheveux frisés et d'un des cheveux raides. Si vous avez tous les deux les cheveux raides, votre bébé les aura probablement aussi. Si vous avez tous les deux les cheveux frisés, votre bébé a de fortes chances d'avoir aussi de jolies boucles, mais si vous êtes tous deux porteurs d'allèles des cheveux raides, il a 25 % de chances d'avoir les cheveux raides.

e même principe s'applique à tous les traits
hysiques (couleur des cheveux, teint, fossettes...).

OULEUR DES YEUX ET GÈNES POTENTIELS

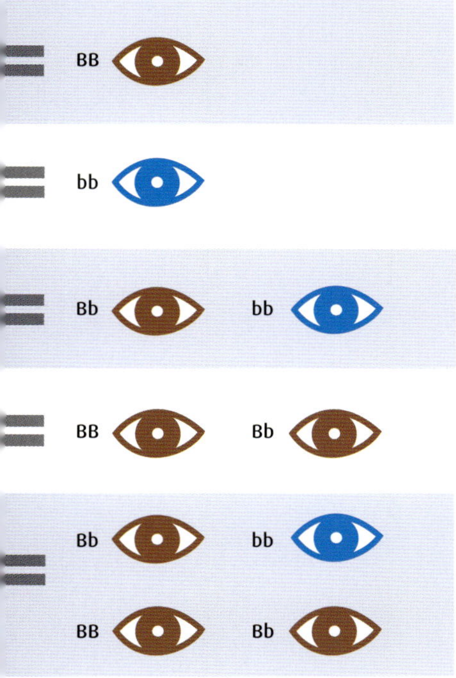

Le père de mon bébé est chauve. Si j'ai un garçon, perdra-t-il ses cheveux lui aussi ?

La transmission génétique de la calvitie n'est pas encore tout à fait comprise. On a cru pendant longtemps que l'*alopécie androgénétique* (calvitie familiale qui commence par un dégagement du front) venait du côté de la mère. Il était en effet supposé qu'un garçon n'héritait pas de la calvitie de son père, mais de celle de son grand-père maternel par l'intermédiaire de sa mère. Or, des cas anecdotiques montrant que ce n'est pas toujours le cas, les scientifiques ont cherché un schéma confirmant l'hérédité directe par le père. S'il semble n'y avoir encore aucune preuve de la localisation du gène défectueux dans le chromosome Y, un certain nombre de signes suggèrent que des mutations génétiques dans le chromosome 20 (transmis soit par la mère soit par le père) augmenteraient le risque de calvitie héréditaire. Les facteurs environnementaux (notamment l'alimentation et le stress) entrent également en ligne de compte. En fait, même si les chiffres suggèrent que les garçons nés de père chauve risquent eux-mêmes de perdre leurs cheveux, on ne peut en avoir la certitude. En ce qui concerne les filles, des taux élevés d'hormones féminines garantiraient la mise en sommeil du gène de la calvitie.

L'alopécie androgénétique est la cause la plus fréquente de calvitie chez les hommes. Hormones et prédisposition génétique en sont certainement à l'origine.

À quoi est dû l'albinisme ?

L'albinisme est une affection génétique rare due à un dysfonctionnement des gènes contrôlant la production de mélanine.

Les protéines présentes dans les gènes ne reçoivent pas l'ordre de déclencher la production de mélanine, ce qui se traduit par l'absence de pigmentation. Les personnes atteintes ont généralement le teint très pâle, les yeux roses ou gris pâle, et les cheveux blancs. Cette affection peut entraîner des problèmes de vue et une photosensibilité, car la mélanine est essentielle à la rétine (« écran » à l'arrière de l'œil). L'albinisme est acquis par hérédité autosomique récessive (les deux parents sont porteurs du gène défectueux et le transmettent au bébé) et par transmission liée à l'X (ou le gène défectueux est associé au chromosome X chez l'un des parents).

TRANSMISSION LIÉE AU CHROMOSOME X

La transmission liée à l'X conditionne la survenue de maladies dues à la présence d'un gène défectueux dans le chromosome X. Le tableau ci-dessous en décrit le fonctionnement.

MÈRE (XX)	PÈRE (XY)
La probabilité qu'une petite fille présente elle-même le gène défectueux est de 50 % (et donc celle de ne pas en hériter du tout de 50 %), mais elle ne développera pas la maladie. En effet, les filles sont porteuses de deux chromosomes X (XX) : dans ce cas, l'un sera défectueux, l'autre sain et compensera le premier. La petite fille sera donc en bonne santé.	Une petite fille sera obligatoirement porteuse, car étant de sexe féminin (XX), elle aura nécessairement hérité du chromosome X défectueux de son père.
Un petit garçon présentera un chromosome X et un Y (XY), transmis respectivement par sa mère et son père, ce qui lui donnera 50 % de risque d'hériter de sa mère du chromosome X porteur du gène défectueux. Le cas échéant, il sera atteint d'albinisme, car il ne sera porteur d'aucun autre chromosome X pour compenser.	Un petit garçon ne sera pas porteur, car étant de sexe masculin, il aura hérité du chromosome Y de son père.

Le cerveau de mon bébé sera-t-il complètement formé à sa naissance ou continuera-t-il à se développer ?

question ? réponse

Le cerveau de votre bébé grandit plus vite que tout autre organe. Aussi, à la naissance, sa tête est encore disproportionnée par rapport à son corps.

Le cerveau continue de se développer tout au long de l'enfance et à l'âge adulte, mais il est plus sensible à certaines périodes des premières années de vie. Entre la conception et 3 ans, le cerveau du jeune enfant subit un nombre incroyable de modifications. À la naissance, il compte près de 100 milliards de cellules cérébrales (neurones), soit globalement le nombre dont il disposera durant sa vie. À ce moment-là, les connexions neuronales élémentaires sont en place et contrôlent les fonctions vitales, telles que la respiration, le rythme cardiaque, la digestion et les réflexes. Les premières années, les connexions s'établissent très rapidement. Plus leur nombre est important, plus les fonctions mentales supérieures, comme la mémoire, la concentration, le langage, l'intelligence et les capacités de socialisation se développent. À l'âge adulte, le réseau neuronal rend possible le raisonnement, le jugement et l'imagination.

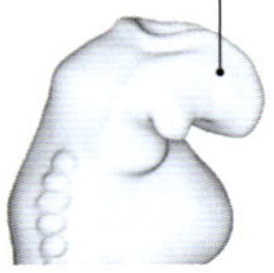

À 5 semaines, le tube neural forme la proéminence du cerveau antérieur.

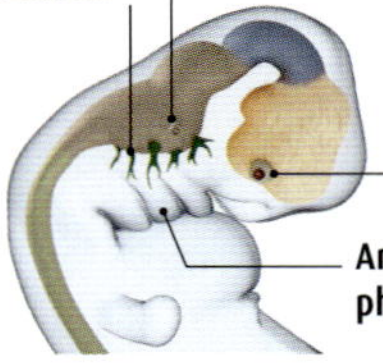

À 9 semaines, les renflements qui formeront les différentes régions du cerveau grossissent et commencent à se replier les uns sur les autres.

LA FORMATION DU CERVEAU

***In utero*, le cerveau de votre bébé évolue et se développe de façon incroyable.**

SEMAINE	ACTIVITÉ
5	Le tube neural se divise afin de créer des espaces distincts pour le développement des cellules cérébrales et des cellules nerveuses, débutant ainsi la formation du cerveau et du système nerveux central (SNC).
7	Les deux hémisphères cérébraux commencent à se séparer. Le droit régira la créativité, la perception spatiale et la pensée latérale, le gauche sera le siège de la logique et de la pensée pratique.
8	Les synapses, qui ouvrent et ferment les voies de transmission des messages aux neurones, commencent à se former. Un bébé naît avec assez peu de synapses : la plupart se développent au cours des deux à trois premières années de vie, lorsque les fondements de la mémoire et de la compréhension du monde sont en place.
12	La formation du cervelet commence. La communication entre les deux moitiés du cerveau débute au même moment, et la formation des neurones (la *neurogenèse*) s'intensifie considérablement. L'hypothalamus et l'hypophyse sont créés.
14-16	Les réactions réflexes des membres du bébé et des traits de son visage suggèrent qu'il répond désormais aux stimuli *in utero*. Ses neurones commencent donc à fonctionner et traitent ce qu'il est en train de vivre. Ceci coïncide avec la maturation des bourgeons gustatifs et la capacité des os de ses oreilles à transmettre désormais les sons.
22-25	La substance cérébrale est constituée et le cortex cérébral se replie progressivement sur lui-même, donnant au cerveau son aspect strié caractéristique. Ceci augmente la surface cérébrale et optimise l'apprentissage.
26-40	Le système nerveux du bébé est totalement développé. Son cortex cérébral commence à envoyer des impulsions électriques : les scientifiques pensent que la mémoire est alors fonctionnelle car certaines de ces impulsions viennent en réponse à des voix familières. Entre 22 et 40 semaines, le cervelet a triplé de volume, et désormais le cerveau pèse environ 350 g.

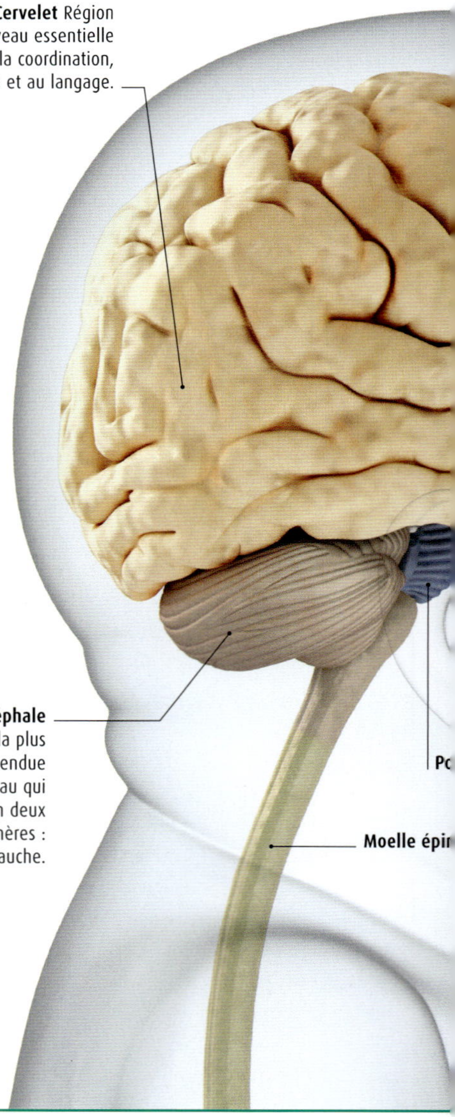

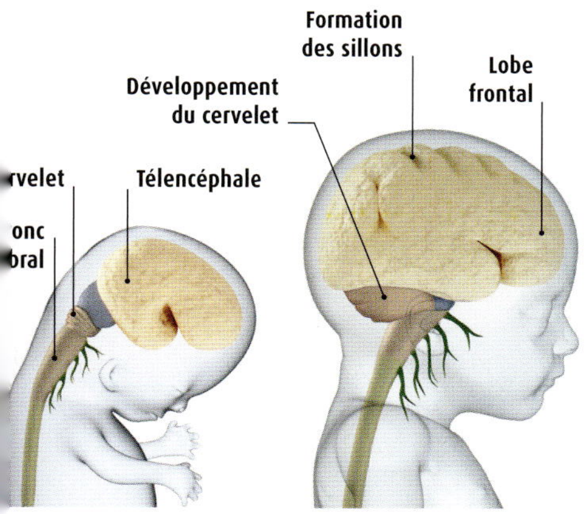

13 semaines, les lobes nt formés. Les connexions tre les cellules sont ablies et le cerveau stérieur (rhombencéphale) divise en deux, formant nsi le cervelet et le tronc rébral.

À 25 semaines, la surface du cerveau est encore lisse. Elle se plisse à mesure que le nombre de neurones augmente.

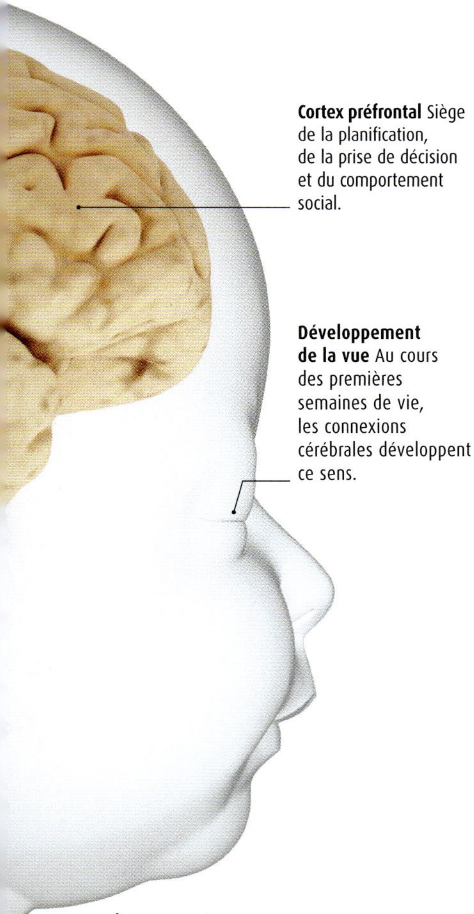

À 40 semaines, la surface du cerveau devient de plus en plus complexe afin de contenir les 100 milliards de neurones dont dispose votre bébé. Si les connexions sont encore rudimentaires, elles se développent rapidement.

question ? réponse

On m'a dit que le stress peut avoir une incidence sur le développement du cerveau du bébé. C'est vrai ?

Le stress peut avoir des répercussions sur le fœtus, mais la plupart des développements cérébraux ont lieu après la naissance. Des études suggèrent que, pendant la grossesse, le stress peut influer sur la façon dont le bébé appréhende le monde et y réagit une fois né. Toutefois, le niveau de stress de la mère n'est pas le seul facteur à prendre en compte. À la naissance, le *câblage neuronal* ne concerne qu'un quart du cerveau du bébé ; le reste des connexions seront établies par l'expérience. La façon dont vous apprendrez à votre enfant à gérer le stress est donc également importante, de même qu'une approche parentale aimante et cohérente.

Gérer le stress pendant la grossesse

Si vous êtes angoissée ou stressée, parlez-en : les autres peuvent vous aider à trouver des solutions. Il est possible que votre partenaire ou les membres de votre famille puissent prendre davantage le relais à la maison pour vous laisser vous reposer, ou que votre employeur vous propose quelques aménagements. Votre médecin est aussi là pour vous conseiller. Prenez le temps de vous reposer et de vous détendre ; la méditation et les techniques de respiration, les massages et une activité physique douce, comme la marche ou le yoga, aident à mieux gérer le stress.

question ? réponse

Le cerveau des petits garçons et des petites filles est-il identique ?

Fondamentalement, oui. Cependant, après la naissance, lorsque les synapses commencent à établir les connexions, chaque sexe tend à créer différemment son réseau neuronal. Les filles sont plus enclines à regarder attentivement les visages, même lorsqu'elles sont de très jeunes bébés, alors que les garçons ont tendance à regarder autour d'eux, ne perdant pas une miette de ce qui se passe. Et si cela semble un cliché, il est prouvé que les garçons ont une meilleure perception spatiale que les filles : les régions qui régissent l'orientation présentent plus de connexions dans le cerveau d'un petit garçon que dans celui d'une petite fille. Chez les filles, en revanche, les connexions inhérentes au langage, à l'empathie et à la communication sont plus denses. Naturellement, la question de savoir si les facteurs environnementaux influencent les comportements « de fille » ou « de garçon » fait largement débat. Bien que cela soit certainement le cas, ils n'expliquent pas tout : les hormones masculines et féminines y sont également pour beaucoup. En définitive, la plasticité incroyable des connexions cérébrales dote notre cerveau d'un potentiel, mais ce sont les gènes et l'environnement dans lequel nous sommes éduqués qui déterminent dans quelle mesure ce potentiel est exploité.

question ? réponse

Dois-je m'inquiéter si mon bébé ne suit pas les étapes du développement ?

Il est fort probable qu'il apprenne tout simplement à son rythme. Être « en retard » n'est que très rarement un signal d'alerte. Les bébés évoluent tous à un rythme différent, subtil mélange de gènes, du sexe et d'autres facteurs comme la prématurité.

Les étapes du développement ne sont cependant pas figées : elles interviennent lorsque le bébé est prêt et durant un temps bien plus long que ne le suggèrent généralement les frises. Chaque bébé est unique et progresse à sa façon. Mais, l'acquisition de certaines compétences physiques ou *motricité globale* (tenir sa tête et son cou droits, s'asseoir, sourire, faire « coucou », ramper, marcher), intervient généralement dans le même ordre pour tous. La force d'un bébé se développe de la tête aux pieds au cours de ses 18 premiers mois. Si le vôtre ne montre pas de tonus musculaire ou très peu, ne répond pas aux stimuli, ne semble pas capable de coordonner ses mouvements, ou paraît appréhender le monde très différemment des autres nourrissons de son âge, parlez-en à votre médecin. Il y a fort à parier qu'il vous rassure et vous dise que tout va bien.

Le saviez-vous ?

Pour aider votre bébé à apprendre à marcher, jouez avec lui hors de son landau ou de son lit, un peu tous les jours. Ceci favorise sa motricité globale. Encourager des activités telles que la position à plat ventre contribue au développement de votre bébé en renforçant les muscles du cou, de la tête et des abdominaux, qu'il sollicitera pour s'asseoir, pour ramper, puis pour marcher.

» Dans ce chapitre…

Les préparatifs pratiques

Il est important que vous soyez **bien préparée** à l'accouchement, et que vous vous **sentiez prête** à accueillir votre nouveau-né. Dans ce chapitre, vous trouverez des conseils pratiques sur **ce dont vous aurez besoin** pour vous, votre bébé et votre maison. Savez-vous qu'il vaut mieux anticiper et emprunter ou acheter un moïse, un siège auto, du matériel d'allaitement ou des biberons, une poussette ou un porte-bébé, avant l'arrivée du bébé ? À la fin de ce chapitre, vous saurez exactement quoi mettre dans votre **valise d'hôpital** ou ce que vous devez prévoir si vous accouchez à domicile. Vous découvrirez également d'autres aspects auxquels vous devez vous préparer, en particulier si vous attendez une naissance multiple.

À mesure que votre corps change, vous aurez besoin de **tenues de maternité** qui **s'adaptent** à votre morphologie, et **d'accessoires de confort** pour mieux dormir et soulager les maux de la grossesse. Vous allez également commencer à vous **équiper** pour **l'arrivée du bébé.**

Conseils pratiques pour la maman

Ai-je vraiment besoin de tenues de maternité ?

Pendant la grossesse, le confort est essentiel. Les premiers mois, vous pouvez vous débrouiller en portant des vêtements plus grands ou en empruntant les pulls de votre conjoint. Mais, pour la plupart des femmes, ceci ne dure qu'un temps. Le tissu et la coupe des vêtements de maternité s'élargissent précisément aux endroits où votre corps s'arrondit le plus, alors que les vêtements normaux deviennent simplement plus serrés et inconfortables. Si vous avez l'impression de gaspiller de l'argent dans des vêtements de grossesse que vous ne porterez que 5 ou 6 mois, sachez que vous allez beaucoup les porter et que vous les ressortirez pour vos futures grossesses. Cela vaut donc la peine d'investir un peu. La bonne nouvelle, c'est que vous pouvez constituer une garde-robe de maternité convenable à moindre coût, en empruntant des vêtements ou en les achetant d'occasion.

Pensez aux saisons...

Au moment de composer votre garde-robe de maternité, pensez à la date présumée du terme. Si vos premiers mois de grossesse tombent en été, inutile de dépenser des fortunes en robes légères ou débardeurs pour future maman que vous n'utiliserez plus ensuite. De même, vous n'aurez pas besoin de pulls ni de hauts à manches longues si votre accouchement est prévu en milieu d'été. En revanche, vous ferez peut-être de bonnes affaires sur des articles en soldes qui conviendront parfaitement dans 6 mois.

... Et au confort

En s'arrondissant, votre ventre peut entraîner des maux de dos, et ainsi vous empêcher de bien dormir la nuit. En fin de grossesse, même la position assise peut être inconfortable. Des accessoires comme une ceinture ou un coussin de maternité sont alors d'un grand soulagement. Notez que certains coussins peuvent aussi être utilisés pour allaiter votre bébé par la suite. Envisagez également l'achat d'un ballon, dont vous aurez l'utilité avant, pendant et après l'accouchement, et de coussins gonflables qui rendront la position assise plus confortable si vous avez des hémorroïdes (fréquentes durant la grossesse) et éviteront toute pression sur vos éventuels points de suture.

Je veux me vêtir comme d'habitude le plus longtemps possible. Quand devrai-je opter pour des tenues de maternité ?

En général, c'est au début du 2e trimestre que la taille de vos pantalons va commencer à serrer. Vos vêtements habituels deviendront alors de plus en plus inconfortables et difficiles à porter.

Il est possible que votre poitrine ait déjà pris un peu de volume et que vos hauts vous moulent davantage, ce qui ne vous empêche pas pour autant de porter vos vêtements habituels. Vers 20-24 semaines, cependant, voire peut-être plus tôt, votre choix vestimentaire deviendra limité et vous aurez besoin de porter des vêtements spécialement conçus pour les femmes enceintes. Investissez dans quelques « pièces maîtresses » dans lesquelles vous vous sentirez bien… et belle ! Beaucoup de femmes n'essaient pas de cacher leur grossesse, préférant des coupes près du corps qui mettent en valeur leurs nouvelles formes.

Rallongez la durée de vie de vos vêtements

La ceinture de grossesse extensible est une formidable innovation. Fabriquée dans un tissu doux et respirant, elle se porte à même la peau et vient recouvrir la taille de votre pantalon ou votre jupe, masquant ainsi tout espace entre votre bas et votre haut. La ceinture reste bien en place et maintient votre pantalon, si bien que vous pouvez laisser votre fermeture Éclair ou vos boutons défaits. Elle permettra aussi de camoufler vos bourrelets après l'accouchement et, si vous allaitez, de dénuder moins de peau.

Autres possibilités

» Agrandissez la taille de vos pantalons et de vos jeans : enfilez un élastique dans la boutonnière et passez chacune des extrémités autour du bouton.
» Les hauts longs couvriront votre ventre pendant le 1er trimestre, car ils ne remonteront pas trop. Tuniques, blouses amples, de forme empire, ou robes et hauts drapés seront parfaits pendant la période de transition où la plupart de vos vêtements seront trop étroits, mais vos rondeurs pas encore assez prononcées pour porter des vêtements de maternité.
» Extensibles, les longues robes pulls et les jupes en jersey s'adapteront à votre ventre pendant cette phase intermédiaire.
» Au début du 2e trimestre, il peut aussi être astucieux d'emprunter des vêtements à votre partenaire : ses chemises et ses tee-shirts vous feront des tenues décontractées à porter la fin de semaine ou le soir.

Les essentiels Jusqu'au 2e trimestre bien avancé, vous vous sentirez à l'aise dans les tuniques amples ou de forme empire que vous avez déjà.

Quels tissus sont les plus confortables pendant la grossesse ?

Enceinte, vous aurez certainement plus chaud que d'habitude en raison de l'augmentation de votre volume sanguin. Optez donc pour des tissus légers et respirants. Portez plusieurs couches de vêtements fins que vous pouvez enlever ou ajouter. Les tissus naturels comme le jersey, la laine, la soie, le lin et le coton sont particulièrement adaptés. Si vous voulez éviter toute exposition à des substances chimiques, choisissez-les d'origine biologique : ils vous apporteront aussi plus de douceur. Les nouveaux tissus comme le bambou ou le chanvre sont aussi doux et respirants. Tous sont hypoallergéniques et très agréables à porter.

Beaucoup de femmes se plaignent de démangeaisons, car leur peau s'étire pour s'adapter à la croissance du bébé. Évitez donc le polyester, la viscose et le nylon, qui peuvent irriter la peau. Pensez aussi aux vêtements en fibre naturelle extensible contenant du Lycra, comme les leggings en coton, dans lesquels vous vous sentirez très à l'aise.

Au fur et à mesure que vous vous arrondissez, vous **préférerez** peut-être porter des vêtements qui **mettent en valeur vos nouvelles courbes** et soulignent votre ventre plutôt que de le cacher.

question ? réponse

Quels vêtements de maternité sont indispensables ?

S'habiller avec un ventre qui s'arrondit à vue d'œil peut d'abord sembler compliqué. Mais avec quelques articles de base dans votre garde-robe de future maman, vous pourrez composer à l'infini, notamment si vous les assortissez avec des accessoires que vous avez déjà, en fonction des occasions.

Constituez progressivement votre garde-robe de maternité en achetant d'abord quelques éléments de base (un ou deux pantalons ou jeans de grossesse, une robe, et des hauts), puis un ou deux articles en plus à mesure que vos formes évoluent. Si vous optez pour des coloris neutres, vos vêtements seront plus faciles à assortir avec des tuniques amples, des hauts drapés, ou les gilets et les vestes que vous avez déjà et que vous pourrez continuer à porter ouverts. Donnez du style aux pièces neutres avec des foulards ou des bijoux afin de composer plusieurs tenues différentes.

Les jeans de maternité peuvent être portés en toute occasion, en journée comme en soirée. Il en existe de tous les styles et de différentes formes à la taille : avec bandeau extensible sur le ventre ou en dessous, ou encore avec côtés élastiques et qui suivent vos formes à mesure que vous vous arrondissez. Choisissez le vôtre en coton denim stretch, doux et confortable à porter même en fin de grossesse.

Outre un jean de maternité, vous pouvez investir dans :

» **Un pantalon simple**, à porter avec une chemise ou un haut et un gilet ou une veste au travail, ou avec un top plus habillé en soirée.

» **Une robe ou une tunique de maternité.** Les coupes drapées sont parfaites, car vous pouvez les ajuster à mesure que vous vous arrondissez, tout comme les coupes Empire, qui mettent les formes en valeur et s'accordent parfaitement avec un legging.

» **Des hauts** (tee-shirts, gilets et hauts à manches longues) selon la saison.

» **Des collants de maternité** et des leggings.

Le vêtement de maternité que **vous mettrez le plus souvent** sera certainement un **jean.**

La bonne taille

En général, il est conseillé de prendre celle d'avant-grossesse, mais toutes les marques ne taillent pas de la même façon. Si vous pouvez, essayez quelques articles pour vous rendre compte par vous-même. Certains magasins mettent à disposition des coussins de différents gabarits pour simuler votre ventre rond : servez-vous en pendant vos essayages pour choisir la bonne taille.

Si vous êtes tentée d'acheter des vêtements « normaux » une ou plusieurs tailles au-dessus, sachez qu'ils auront des proportions globales plus larges. Les hauts risquent donc de mal tomber sur les épaules et les bras, et les pantalons de remonter sur la jambe et de ne pas tenir sur le ventre.

Pantalon de maternité Si vous trouvez un pantalon de grossesse confortable qui vous va bien, vous devriez pouvoir le porter jusqu'à l'accouchement, et même après.

question ? réponse

J'ai un budget limité. Où puis-je trouver des vêtements de maternité stylés à petit prix ?

Même si votre grossesse est une formidable nouvelle, elle a également un coût, car elle suppose notamment la préparation de la chambre du bébé et l'achat du matériel de transport. Heureusement, côté garde-robe, vous pouvez tout à fait rester raisonnable et limiter les frais. La plupart des grandes enseignes proposent désormais des gammes future maman de qualité, qui incluent généralement de nombreux morceaux à des prix très abordables. Si vous anticipez, vous pourrez peut-être profiter des soldes pour faire de bonnes affaires et dénicher des articles qui seront de saison à la fin de votre grossesse.

Acceptez également les vêtements de maternité que vous proposeront vos amies, sœurs ou cousines, qui seront certainement heureuses de vous les prêter, même si elles ne font pas tout à fait la même taille que vous. De nombreux articles pour femmes enceintes, notamment les hauts, peuvent convenir à différentes tailles. Si cela peut vous aider à accepter plus facilement, proposez-leur d'échanger vos vêtements.

Recherchez les bonnes affaires

Les vêtements d'occasion sont aussi un bon plan, car ils sont généralement en excellent état, les futures mamans ne les ayant portés que peu de temps. Faites le tour des friperies, dépôts-ventes, et autres associations caritatives près de chez vous : vous y trouverez des vêtements « presque neufs » et ferez certainement de bonnes affaires. Si les vide-greniers vous permettront de refaire votre garde-robe pour une bouchée de pain, intéressez-vous également aux sites d'enchères en ligne où les jeunes mamans mettent en vente leurs vêtements de grossesse par lots entiers.

Vos **chaussures** sont trop petites ? Votre **pointure peut augmenter**, car les ligaments des pieds se relâchent sous l'effet de la **relaxine.** Cette nouvelle pointure peut être définitive.

question / réponse

Dois-je renoncer à mes talons hauts ?

Si rien n'interdit de porter des talons hauts pendant la grossesse, la plupart des podologues les déconseillent. Réservez-les donc aux grandes occasions.

Les talons hauts modifient la posture, augmentant la contrainte exercée sur les genoux et incitant à cambrer le dos pour compenser la répartition du poids. Durant la grossesse, cet effet est exacerbé, car les articulations et les ligaments sont plus souples (dû à la relaxine) et le centre de gravité est déplacé. Pour éviter les douleurs, ne les portez qu'occasionnellement.

Confort et soutien

Enceinte, vous trouverez les chaussures larges, à talons plats et qui tiennent bien le pied nettement plus confortables. Les futures mamans ont souvent les pieds qui gonflent, en raison d'un excès de liquide dans l'organisme (œdème). Certaines prennent même une demi-pointure ou une pointure en plus, car la relaxine relâche les ligaments du pied. Choisissez des chaussures dotées d'un petit talon rigide de 2,5 cm, qui vous empêcheront de vous pencher en arrière. Méfiez-vous des chaussures trop plates qui offrent peu d'amorti et deviendront de moins en moins confortables à mesure que vous prendrez du poids.

Talons hauts Il va sans dire que plus le talon est élevé, plus la pression sur l'avant du pied est importante. Lorsque vous portez des talons, ne les choisissez pas trop hauts, afin de réduire la contrainte exercée sur les pieds, les lombaires et les genoux.

PORTER DES TALONS PENDANT LA GROSSESSE

Porter des talons hauts en étant enceinte est (plus que jamais) affaire d'équilibre. Votre ventre rond déplace votre poids vers l'avant, vous obligeant à ajuster l'alignement de la colonne vertébrale, des genoux et des jambes pour garder l'équilibre.

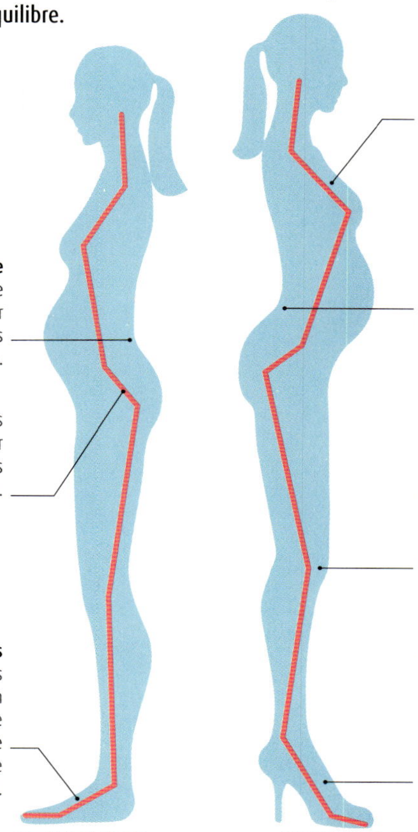

question / réponse

Dois-je acheter un maillot de bain pour future maman ?

Cela dépend de l'utilisation que vous comptez en faire. Si vous nagez régulièrement (c'est une activité physique idéale lorsque l'on est enceinte), cela vaut la peine d'investir dans un maillot de grossesse, spécialement conçu pour bien maintenir votre poitrine et votre ventre ronds, et qui s'adaptera à vos formes tout en garantissant confort et aisance de mouvement. En revanche, si vous n'en avez besoin que pour passer 2 semaines de vacances au soleil, un maillot en maille extensible que vous avez déjà peut suffire. Vous pouvez aussi opter pour un bikini avec culotte basse ou un *tankini* dont le haut recouvre le ventre.

Maillot de bain de maternité Si vous faites souvent de la natation, il est judicieux d'acheter un maillot spécial avec un bon maintien.

question / réponse

Ma grossesse sera très avancée cet hiver. Dois-je acheter un manteau de maternité ?

Si vous avez envie d'investir dans un manteau de future maman, plusieurs boutiques offrent des manteaux pour femme enceintes comportant une extension pour s'adapter à l'évolution de votre silhouette. Également, il est possible de vous procurer seulement une extension et de continuer d'utiliser le manteau d'hiver que vous possédez déjà. Seulement, assurez-vous que l'extension est compatible avec votre manteau ; les fermetures éclair doivent concorder. L'avantage de l'extension est qu'elle peut se convertir en porte-bébé lorsque vous aurez accouché, et ainsi garder votre bébé bien au chaud lorsque vous sortirez dehors avec lui.

question ? réponse

Pourquoi faut-il porter des soutiens-gorge de maternité ? Les modèles habituels ne conviennent-ils pas ?

Rares sont les femmes qui ne constatent pas d'augmentation significative de leur poitrine pendant leur grossesse. En effet, la plupart prennent deux à quatre profondeurs de bonnet : les seins réagissent aux changements hormonaux et se préparent à la lactation.

Les seins ne sont pas les seuls à augmenter de volume : la cage thoracique s'élargit également, parfois jusqu'à 10 cm. Les femmes enceintes prennent en moyenne deux tours de poitrine. En outre, les seins peuvent devenir plus lourds et douloureux. Compte tenu de tous ces changements, il est important de porter un soutien-gorge qui assure confort et maintien.

Douceur et soutien

Porter un soutien-gorge bien ajusté et emboîtant pendant la grossesse contribue à éviter ou à réduire les vergetures, garantit une bonne posture, et soulage les tensions exercées sur les épaules et le dos. Si la taille de vos seins ne change pas pendant la grossesse, vos soutiens-gorge habituels peuvent suffire, mais il est probable que votre poitrine devienne plus sensible, et vous devrez alors veiller à être à l'aise dans les sous-vêtements que vous portez. Un bon soutien-gorge de maternité est fabriqué dans un tissu doux, sans armature et offre un soutien renforcé au niveau des épaules et du dos. Extensible et souple, il s'adapte à votre poitrine à mesure qu'elle gagne en volume.

Les soutiens-gorge de maternité sont conçus pour assurer **un bon maintien** et sont fabriqués dans des tissus doux et respirants pour un **maximum de confort**.

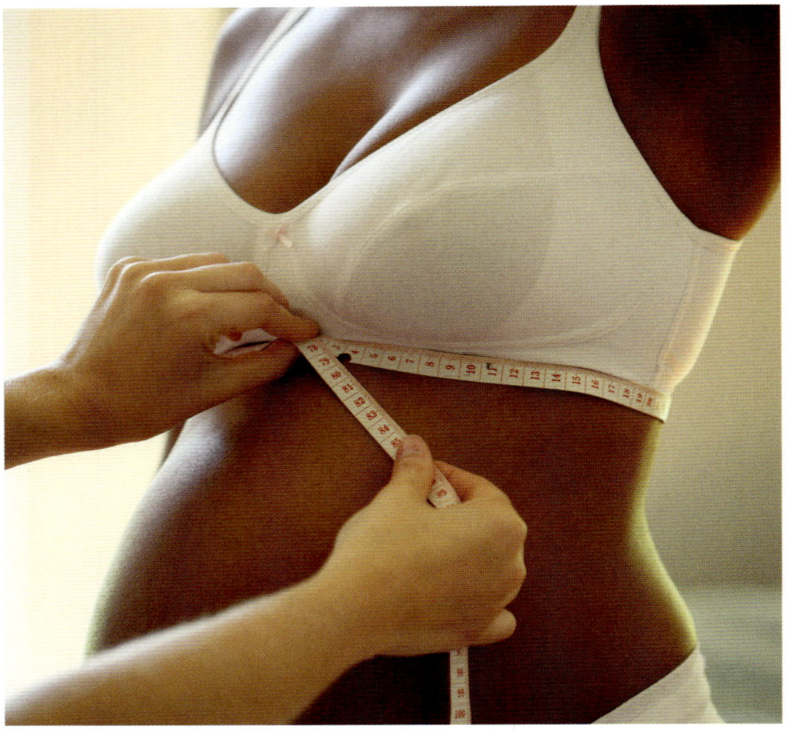

Essayage Afin de déterminer votre taille, essayez votre nouveau soutien-gorge avec une conseillère. Elle tiendra également compte de l'évolution de votre poitrine au cours des prochains mois.

Le saviez-vous ?

Ne devinez pas votre nouvelle taille de soutien-gorge ! Lorsque l'on essaie seule, on se retrouve souvent avec un soutien-gorge inconfortable et qui ne va pas (et c'est bien la dernière chose dont on ait besoin lorsque l'on est enceinte ou jeune maman). Des conseillères spécialisées proposent leurs services dans les boutiques de lingerie ou au rayon lingerie de nombreuses grandes enseignes. Une conseillère mesurera vos tours de poitrine et de buste, vous demandera de passer un soutien-gorge d'essayage pour évaluer votre profondeur de bonnet, ou déterminera visuellement la taille qu'il vous faut.

question ? réponse

À quel moment dois-je acheter un soutien-gorge de grossesse ?

Ceci varie d'une femme à l'autre, mais dès que vos soutiens-gorge habituels commencent à serrer, il est temps d'en changer. S'ils laissent des marques rouges sur la peau, ils sont trop serrés. Vous devrez peut-être en changer de taille deux ou trois fois au cours de votre grossesse, car vos seins vont continuer à grossir.

En général, si vous ne l'avez pas déjà fait, le bon moment pour vérifier si vos soutiens-gorge conviennent toujours se situe vers la fin du 1er trimestre. Certaines femmes optent pour de la lingerie de grossesse plus tôt si leur poitrine est trop sensible. Au cours du 2e trimestre, votre ventre et votre cage thoracique s'élargissant encore, vous devrez reprendre vos mesures.

question ? réponse

Quand dois-je acheter un soutien-gorge d'allaitement, puisque mes seins vont encore grossir après l'accouchement ?

Achetez-en au moins un avant l'arrivée du bébé afin d'éviter de devoir aller faire les boutiques juste après sa naissance. Le volume des seins se stabilise vers 36 semaines d'aménorrhée. À ce stade, une conseillère expérimentée peut déterminer votre future taille de soutien-gorge. Votre poitrine va encore grossir avec la montée de lait et vous aurez besoin de soutiens-gorge de taille supérieure. Une fois la production de lait stabilisée, le volume de vos seins devrait réduire à nouveau : achetez donc des soutiens-gorge réglables.

Je suis enceinte de presque 35 semaines et mon soutien-gorge de grossesse me serre. Est-il possible de ne pas en porter à ce stade ?

Si la profondeur des bonnets est adaptée, mais qu'il vous serre sous la poitrine, vous pouvez acheter une rallonge de soutien-gorge. Cet accessoire bon marché s'y attache pour y ajouter 3 ou 4 jeux de crochets, et le rallonger de quelques centimètres à mesure que votre cage thoracique s'élargit. Cela évite d'acheter un nouveau soutien-gorge de grossesse à ce stade avancé.

Quelle est la différence entre le soutien-gorge de grossesse et celui d'allaitement ?

Les soutiens-gorge d'allaitement offrent un accès facile aux seins. Ils sont généralement dotés de clips pour rabattre le tissu du bonnet, permettant ainsi d'allaiter votre bébé sans avoir à retirer votre soutien-gorge. Ils sont conçus pour ne pas exercer de pression sur les tissus mammaires, afin de limiter le risque d'obstruction des canaux galactophores ou les problèmes d'allaitement. Les soutiens-gorge de grossesse n'ont pas de système d'accès aux seins, mais ils sont plus extensibles et évolutifs, car ils s'adaptent à votre poitrine à mesure qu'elle grossit. Les mamans qui n'envisagent pas d'allaiter préfèrent parfois en porter après la naissance, car elles n'ont pas besoin de bonnets amovibles.

Je préfère les soutiens-gorge à armature. Puis-je continuer à en porter ?

Il est en général déconseillé de porter des soutiens-gorge à armature pendant la grossesse et l'allaitement. À mesure que vos seins grossissent, les baleines s'enfoncent dans la peau et les tissus, ce qui est inconfortable et peut bloquer le débit sanguin en leur direction. Pendant l'allaitement, la pression exercée par les armatures peut engorger les canaux galactophores, obstruer le flux de lait, voire entraîner une mastite (voir p. 274-275). La plupart des soutiens-gorge de maternité sont sans armatures. Mais, si vous préférez les armatures, sachez que certains sont dotés de baleines plus souples. Elles emboîtent davantage le sein sans exercer de pression sur les tissus mammaires.

On m'a conseillé de porter un soutien-gorge la nuit. Est-ce vraiment nécessaire ?

Si vos seins sont très sensibles, un soutien-gorge léger sans armature peut vous soulager la nuit. Vous pouvez même acheter un soutien-gorge de nuit spécialement conçu pour apporter un maximum de confort, ou essayer de porter une brassière. Après l'accouchement, si vous avez des pertes de lait et que vous mettez des coussinets, porter un soutien-gorge la nuit contribuera à les maintenir en place (voir p. 275).

Votre soutien-gorge habituel vous semblera peut-être trop petit dès **8 ou 10 semaines** d'aménorrhée. Vous devrez vous adresser à une conseillère spécialisée environ **tous les 2 mois** afin de vérifier si votre lingerie est **toujours à votre taille.**

Comment choisir mon soutien-gorge de maternité ?

Confort et maintien sont les maîtres mots. N'évaluez pas votre nouvelle taille : demandez à une conseillère spécialisée de prendre vos mensurations et de vous orienter vers des coupes adaptées.

Préférez-le en coton respirant ou en coton Lycra, extensible au niveau des bonnets. Des bretelles larges et réglables assureront un bon maintien des seins sans « scier » la peau. De même, les ailes doivent être confortablement ajustées sans être trop serrées et doivent être tendues : si elles plissent, le soutien-gorge est trop grand. Doté d'une bande sous-poitrine incurvée à l'avant, il sera parfaitement adapté à votre ventre qui s'arrondit. Choisissez un modèle à 4 jeux d'agrafes dorsales afin de pouvoir l'ajuster correctement. Votre cage thoracique s'élargit durant la grossesse, puis perd en volume après la naissance. Aussi, si vous en achetez un dans les premiers mois de grossesse, veillez à pouvoir l'agrafer au cran le plus serré afin d'avoir la possibilité de décaler l'élastique à mesure que votre corps s'arrondit. De même, si vous achetez un soutien-gorge d'allaitement en fin de grossesse, choisissez-en un que vous attachez au dernier cran dont vous pouvez agrafer et dégrafer les bonnets d'une main.

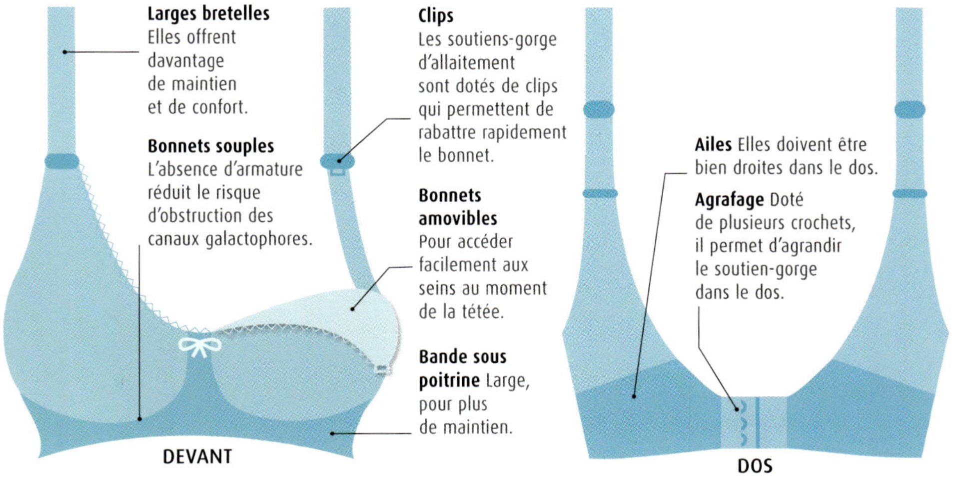

Anatomie d'un soutien-gorge Les soutiens-gorge de grossesse et d'allaitement sont conçus de la même façon, et assurent un bon maintien. Si vos mamelons sont sensibles, optez pour un modèle sans coutures. Les soutiens-gorge d'allaitement présentent des attaches sur les épaules ou l'entre-bonnet pour agrafer et dégrafer facilement les bonnets.

question ? réponse

Un ballon est-il vraiment utile ? Dois-je investir ?

Il peut vous être précieux pendant le travail, et vous aider à effectuer certains exercices afin de vous préparer à l'accouchement. Il vous servira d'appui si la position assise vous est inconfortable ou si vous avez une mauvaise posture.

Fabriqués dans un matériau particulier, ils sont rigoureusement identiques aux ballons de gymnastique. Certains sont parfois dotés d'un revêtement antidérapant. Si vous décidez d'en acheter un, faites-le assez tôt dans votre grossesse : vous pourrez l'utiliser pour vous caler le dos ou réaliser des exercices pré- et post-natals. Si vous optez pour un ballon de gymnastique et non de naissance, assurez-vous qu'il mesure au moins 65 cm de diamètre, ou 75 cm si vous êtes grande.

Des exercices et du confort

Pendant la grossesse, asseyez-vous sur le ballon pour garder une bonne posture. Vous devez vous tenir bien droite afin de maintenir l'équilibre sans vous voûter, ce qui contribue à renforcer les muscles et à éviter le mal de dos. Sur le ballon, vous pouvez pratiquer des exercices du plancher pelvien (voir p. 67) ou du bassin (voir ci-dessous) pendant la grossesse et après l'accouchement.

Trouver votre équilibre sur le ballon peut être compliqué au début ; tant que vous n'êtes pas en confiance, demandez à quelqu'un de vous aider à vous asseoir et à vous relever. Pour plus de stabilité, utilisez le ballon sur un tapis plutôt que sur une surface lisse.

En fin de grossesse, lorsque la position assise peut devenir inconfortable, vous serez plus à l'aise sur un ballon que sur une chaise, et vous aurez peut-être aussi moins de difficultés à vous relever. En outre, assise sur le ballon, vous prenez naturellement un léger appui vers l'avant, ce qui peut aider le bébé à bien se positionner avant le début du travail (voir p. 199).

Pendant la première phase de l'accouchement, le fait d'être sur le ballon vous aide à rester bien droite et active (voir p. 210) et à balancer le bassin, favorisant ainsi une bonne position du bébé pour l'accouchement. Après la naissance, si vous avez des points de suture, vous serez plus confortablement assise sur un ballon. En outre, c'est un bon moyen de reprendre en douceur une activité physique.

UTILISATIONS DU BALLON

Un ballon peut s'avérer utile non seulement pendant le travail, mais aussi tout au long de la grossesse et même après l'accouchement.

» **S'asseoir :** placez les jambes de part et d'autre du ballon, afin d'assurer un bon équilibre et de stabiliser la position. Pieds bien à plat sur le sol, dos bien droit, abaissez les épaules en les repoussant en arrière, mains sur les genoux.

» **Pratiquer des exercices du bassin :** Effectuez des cercles du bassin dans le sens horaire puis antihoraire. Joignez ensuite les deux mouvements en décrivant des huit. Enchaînez par quelques exercices de renforcement du plancher pelvien.

» **Pendant l'accouchement :** assise sur le ballon, balancez doucement le bassin. Si, pendant les contractions, vous êtes mieux agenouillée, prenez appui sur le ballon en passant les bras autour.

Ballon Pour une stabilité maximale, utilisez-le sur une surface non glissante (un tapis) et pieds nus.

Conseils contre le mal de dos

» En plus des accessoires de maintien qui soulagent le mal de dos, pratiquer souvent une activité physique douce aide à rester souple et en forme, et renforce le dos et les muscles. Essayez la natation, le yoga prénatal ou des exercices de renforcement simples (voir p. 65).

» Dormir sur un matelas ferme vous aidera beaucoup. Si le vôtre est trop souple, placez une planche au-dessous pour le raffermir.

» Utilisez un ballon (voir ci-contre) pour vous maintenir droite en position assise et soulager votre dos.

question ? réponse

J'ai des lombalgies persistantes à mesure que mon ventre s'arrondit. Que puis-je utiliser pour maintenir mon dos la journée ?

Certains accessoires peuvent en effet vous aider, notamment une ceinture de grossesse et un coussin de soutien lombaire. Une ceinture de grossesse stabilisera votre bassin tout en maintenant votre abdomen et votre dos. Réglable, elle s'ajuste sous le ventre pour soulever et maintenir l'utérus, ce qui diminue la pression exercée sur le dos et soulage les hanches. Ces ceintures sont particulièrement appréciées en cas de station debout ou de marche prolongée.

Lorsque vous êtes assise sur une chaise ou dans une voiture, utilisez un coussin de soutien lombaire. Ils épousent la forme du dos et améliorent ainsi la posture en vous empêchant de vous enfoncer dans le siège, et en soulageant la contrainte exercée sur les ligaments dorsaux.

En outre, une literie trop souple peut accentuer le mal de dos. Placez une planche sous votre matelas, si vous n'avez pas la possibilité de dormir sur un lit plus ferme.

Touchant près de 3/4 des femmes enceintes, le mal de dos est un des maux de la grossesse les plus fréquents. Pour en savoir plus, voir p. 133. Les douleurs de la ceinture pelvienne entraînent aussi des douleurs lombaires (voir p. 132 pour obtenir des conseils à ce sujet). Parlez également de votre mal de dos à votre médecin qui pourra vous orienter vers de la physiothérapie obstétrique.

J'envisage d'allaiter. Est-il vraiment utile d'acheter un coussin d'allaitement ?

question ? réponse

Souvent en forme de U ou de V, un coussin d'allaitement évite de porter votre bébé en permanence pendant qu'il tète. Vous pourrez ainsi y caler votre nourrisson, ou appuyer vos bras pendant la tétée, afin d'éviter fatigue et crampes.

Certaines femmes trouvent ces coussins extrêmement utiles, en particulier dans les premières semaines d'allaitement où la maman comme le bébé travaillent leur technique et essaient de trouver leur position de confort. Le coussin s'installe autour de la taille pour soutenir le bébé ou vos bras pendant qu'il tète (au sein comme au biberon). Ce support vous empêche de tendre le cou en avant pendant l'allaitement, ce qui améliore votre posture et n'entrave pas le flux de lait. Vous pouvez toutefois utiliser des coussins ordinaires, si vous pensez qu'il ne vaut pas la peine d'investir dans un coussin d'allaitement. Doublé, ce dernier a toutefois l'avantage de se transformer en un petit nid sur lequel votre bébé pourra s'appuyer plus tard, avant de pouvoir rester assis tout seul.

Cale-bébé Très large, ce coussin permet d'y installer votre nourrisson.

COUSSIN D'ALLAITEMENT

Utilisez un coussin d'allaitement
Asseyez-vous confortablement, le dos bien calé. Passez le coussin autour de votre taille et positionnez votre bébé pour le faire téter.

Plus je grossis, plus il m'est difficile de bien dormir. Que faire ?

question ? réponse

Utilisez des coussins bien positionnés afin de soutenir votre ventre, vos jambes et votre dos. À mesure que votre abdomen grossit, il devient compliqué de trouver une position de sommeil confortable. Après 16 semaines d'aménorrhée, se coucher sur le dos devient plus pénible. Vous devez d'ailleurs éviter cette position, car elle exerce une pression sur les principaux vaisseaux sanguins (l'aorte et la veine cave inférieure), et altère votre circulation sanguine et celle de votre bébé, ce qui peut entraîner chez vous une sensation de faiblesse. Toutefois, ne vous inquiétez pas si vous vous retrouvez sur le dos pendant la nuit ; vous vous retournerez naturellement dans une position plus adéquate si votre corps sent qu'il n'est pas à l'aise.

Généralement la plus confortable en fin de grossesse, la position couchée sur le côté, en particulier le côté gauche, améliorerait la circulation. Vous pouvez cependant avoir la sensation que votre abdomen n'est pas soutenu lorsque vous êtes allongée sur le côté et, comme beaucoup de femmes, vouloir utiliser un accessoire de maintien pour vous sentir bien dans cette position (voir p. 114-115).

Coussins de soutien
Vous pouvez utiliser l'un des nombreux modèles de coussins de grossesse disponibles : certains sont même multifonctions, car ils peuvent aussi être utilisés en journée, puis servent de coussin d'allaitement une fois que votre bébé est là. Glissez un coussin ergonomique sous votre ventre lorsque vous êtes allongée sur le côté, ou derrière les lombaires quand vous êtes assise. Pour un confort maximal, vous pouvez investir dans un maxi-coussin : de votre taille, il s'enroule autour de vous pour soutenir votre ventre, votre dos et vos jambes pendant que vous dormez. Vous pourrez l'utiliser ensuite pour soutenir votre bébé pendant qu'il tète. Si vous ne souhaitez pas investir dans des coussins de grossesse, vous pouvez utiliser des oreillers et des traversins.

Les maxi-coussins enveloppent tout votre corps, et ont **beaucoup de succès** auprès des femmes enceintes.

Si j'ai des points de suture après l'accouchement, quels coussins gonflables me conseillez-vous pour m'asseoir ?

question ? réponse

Si vous avez besoin de points de suture à la suite d'une déchirure ou d'une épisiotomie (voir p. 217), un coussin gonflable peut contribuer à diminuer la pression sur votre périnée lorsque vous vous asseyez, et vous soulager momentanément. À mesure que les points se résorbent, il est possible que votre périnée soit sensible et douloureux, ce qui peut rendre la position assise inconfortable. Vous avez le choix parmi plusieurs modèles :

» **Ceux en forme de C** qui évitent d'exercer une pression sur une zone précise.

» **Ceux de type bouée**, avec un trou au milieu, qui évitent d'exercer toute pression sur le périnée lorsque vous êtes assise. Toutefois, ne vous y asseyez pas trop longtemps, car ils peuvent comprimer la zone, ce qui peut s'avérer inconfortable.

GROS PLAN

Préparer votre valise

Dès 36 semaines d'aménorrhée, préparez votre valise pour l'accouchement, car le travail peut se déclencher à tout moment. Que vous ayez prévu d'accoucher à l'hôpital, dans une maison de naissance ou à domicile, vous aurez besoin de quelques affaires pour le travail, et de l'équivalent d'un sac de nuit avec quelques articles supplémentaires pour le bébé et vous après la naissance. Renseignez-vous sur ce que votre hôpital accepte ou non, et pensez également à préparer des affaires pour le papa. Enfin, n'oubliez pas votre dossier de maternité et, si vous en avez un, votre plan de naissance !

Collations saines Préparez une réserve de collations saines et une bouteille d'eau afin de conserver toute votre énergie et de rester hydratée pendant le travail. Les petits pains et les biscuits aux céréales complètes apportent des sucres lents. Ajoutez également un fruit frais et une barre de céréales.

Vous aurez besoin de quelques articles de toilette avant et après l'accouchement : un baume à lèvres, un spray pour le visage ou un gant que vous pourrez humidifier.

Si vous avez des points de suture, les passages aux toilettes peuvent être durs ! Prenez un récipient en plastique, pour verser de l'eau tiède sur votre périnée quand vous urinez.

Accessoires de confort Pour plus de confort en vue de l'accouchement, prenez quelques oreillers et un ballon si l'hôpital n'en fournit pas. Pensez également à un brumisateur pour vous rafraîchir, à des huiles essentielles ou à d'autres produits naturels qui vous aidreont lors de l'accouchement.

Votre nécessaire post-accouchement Vous aurez besoin de vieilles culottes ou de sous-vêtements jetables et de protections hygiéniques « maternité ». Pour allaiter, prévoyez un soutien-gorge d'allaitement, des coussinets, des langes et une crème d'allaitement. Prenez des vêtements de nuit, des pantoufles et une tenue confortable pour votre sortie d'hôpital.

Tenez-vous prête à changer votre bébé. Prenez un paquet de couches taille nouveau-né, des sacs à couches et des lingettes.

Vêtements pour le bébé Préparez quelques vêtements de naissance, comme des pyjamas et des brassières. Pensez également à prendre un gilet ou un manteau, ainsi qu'un bonnet pour le jour où votre bébé sortira de l'hôpital. Veillez à ce que le siège auto soit prêt lui aussi.

Ayez sur vous un téléphone portable ou un appareil photo chargé et prêt à prendre les premiers clichés de votre merveille. Prenez un chargeur pour être sûre.

Vêtements pour accoucher Préparez votre tenue d'accouchement ! L'idéal est une vieille chemise de nuit ou une tunique confortable, ainsi qu'une paire de chaussettes pour garder les pieds bien au chaud. Si vous prévoyez d'accoucher en piscine, prenez un haut de maillot.

Prenez des magazines pour vous occuper entre les contractions, en particulier si vous avez opté pour l'épidurale.

QUELQUES FAITS

Si ces chiffres vous semblent difficiles à croire, votre expérience de jeune maman vous prouvera vite le contraire !

12 couches

C'est en moyenne ce dont a besoin un bébé tous les jours. Il urine toutes les 1 à 3 heures et produit plusieurs selles par jour.

40 jours

Dans certaines cultures, c'est la durée pendant laquelle la maman et le bébé sont incités à rester chez eux pour bien se rétablir de la naissance.

3 tenues

La plupart des bébés en ont besoin d'au moins trois par jour. Veillez à ce que la garde-robe de votre nouveau-né soit assez fournie.

16 semaines

Après l'accouchement, vous semblerez être enceinte de 16 semaines. Votre utérus devra encore regagner sa taille initiale et vous mettrez un peu de temps à perdre vos kilos en trop.

5 830

C'est le nombre moyen de couches utilisées pour un enfant.

Préparer l'arrivée d'un bébé est très excitant. Le temps est venu pour vous de dresser la liste de ce dont votre **nouveau-né aura besoin** et de faire quelques **achats.** Bien sûr, vous pourrez toujours faire vos emplettes après la naissance, mais sachez que **certains articles sont indispensables** dès l'arrivée de votre bébé.

Préparer l'arrivée de votre bébé

Définissez vos priorités

Une fois assurée de la bonne évolution de votre grossesse, réfléchissez à ce dont votre bébé et vous aurez absolument besoin. Faites ensuite vos achats petit à petit : une fois votre bébé là, vous pourrez ainsi vous consacrer pleinement à lui, vous reposer et retrouver la forme.

Vous aurez besoin d'un certain nombre d'articles volumineux (poussette, moïse, berceau ou bassinette, siège auto, etc.), dont l'achat vous demandera certainement un peu de réflexion. Prenez le temps de chercher et de comparer. Vous aurez peut-être envie d'essayer différents sièges auto et poussettes avant de vous décider, prévoyez donc une sortie magasinage avant que votre gros ventre vous gêne trop. Si votre budget est serré et que vos amis ou votre famille ont émis le souhait de vous faire un cadeau, proposez-leur de participer à l'achat de certains articles. Pensez également à ce que vous pouvez emprunter ou acheter d'occasion.

Les vêtements de naissance sont adorables, et il vous sera difficile de ne pas craquer dès maintenant sur des tenues que votre bébé ne mettra en fait que très peu. La plupart des futurs parents ne réalisent pas à quel point un nouveau-né « pousse » vite. Pour éviter les dépenses inutiles, achetez quelques indispensables maintenant, et attendez de voir ce dont aura besoin votre enfant à mesure qu'il grandit.

En outre, il est judicieux d'investir en avance dans un sac à langer, un thermomètre (voir p. 292), et du matériel de toilette simple. Si vous décidez de donner le sein, vous n'aurez pas besoin de grand-chose en dehors de quelques bons soutiens-gorge d'allaitement. En revanche, si vous optez pour l'allaitement artificiel, achetez un premier jeu de biberons et de tétines. Si vous pensez vouloir allaiter, mais craignez de ne pas y arriver, ne vous inquiétez pas : vous pourrez toujours acheter des biberons après la naissance.

Achats à long terme

Inutile de stresser pour préparer la chambre de votre bébé : pendant ses 6 premiers mois, il sera mieux dans la vôtre, avec vous. De plus, les premières semaines, votre nouveau-né n'aura besoin que de très peu de jouets. Son nouvel environnement et l'observation des visages lui offriront toute la stimulation dont il aura besoin. Toutefois, si vous voulez avoir sous la main de quoi l'amuser, cherchez des jeux adaptés à son âge. Les nourrissons adorent observer les visages et les motifs dont les couleurs tranchent bien. Dans un premier temps, les miroirs pour bébé ou les livres en tissu aux motifs noirs et blancs ou de couleurs vives feront donc amplement le bonheur de votre petit bout.

question ? réponse

De quels vêtements mon bébé aura-t-il besoin ?

Multicouche Habillez-le de plusieurs couches de vêtements pour pouvoir en retirer ou en ajouter et réguler sa température corporelle.

Habillez votre bébé de façon très simple. Les premières semaines, vous le nourrirez et le changerez principalement à l'intérieur : vous n'avez donc besoin que de quelques tenues confortables.

Les nouveau-nés ne peuvent pas réguler leur température corporelle. Ce mécanisme se met en place au fur et à mesure qu'ils grandissent. Le mieux est donc de mettre votre bébé en cache-couches et d'ajouter des couches de vêtements si nécessaire. Pour commencer, achetez 6 ou 8 cache-couches en coton, à emmanchures américaines et munis de pressions à l'entrejambe, 6 pyjamas avec ouverture pressionnée à l'avant (particulièrement adaptée pour les premiers mois), 2 gilets légers, un bonnet doux ou un chapeau à bords larges, une veste ou un manteau, selon la saison, et des chaussettes pour garder ses petits pieds au chaud. Les vêtements qui se boutonnent à l'avant sont plus pratiques que les liens à nouer et les fermetures éclair qui seront plus gênants pour votre bébé, et faciliteront le change. En hiver, mettez un cache-couches sous son pyjama et son manteau et ajoutez un nid d'ange si la température se rafraîchit.

LA PREMIÈRE GARDE-ROBE DE VOTRE BÉBÉ

Pour les vêtements de votre bébé, choisissez des matières douces, d'entretien facile et lavables en machine. Le coton est idéal pour un bébé. Sa fibre naturelle et durable, très douce sur sa peau sensible, ne tient pas trop chaud et se lave sans problème.

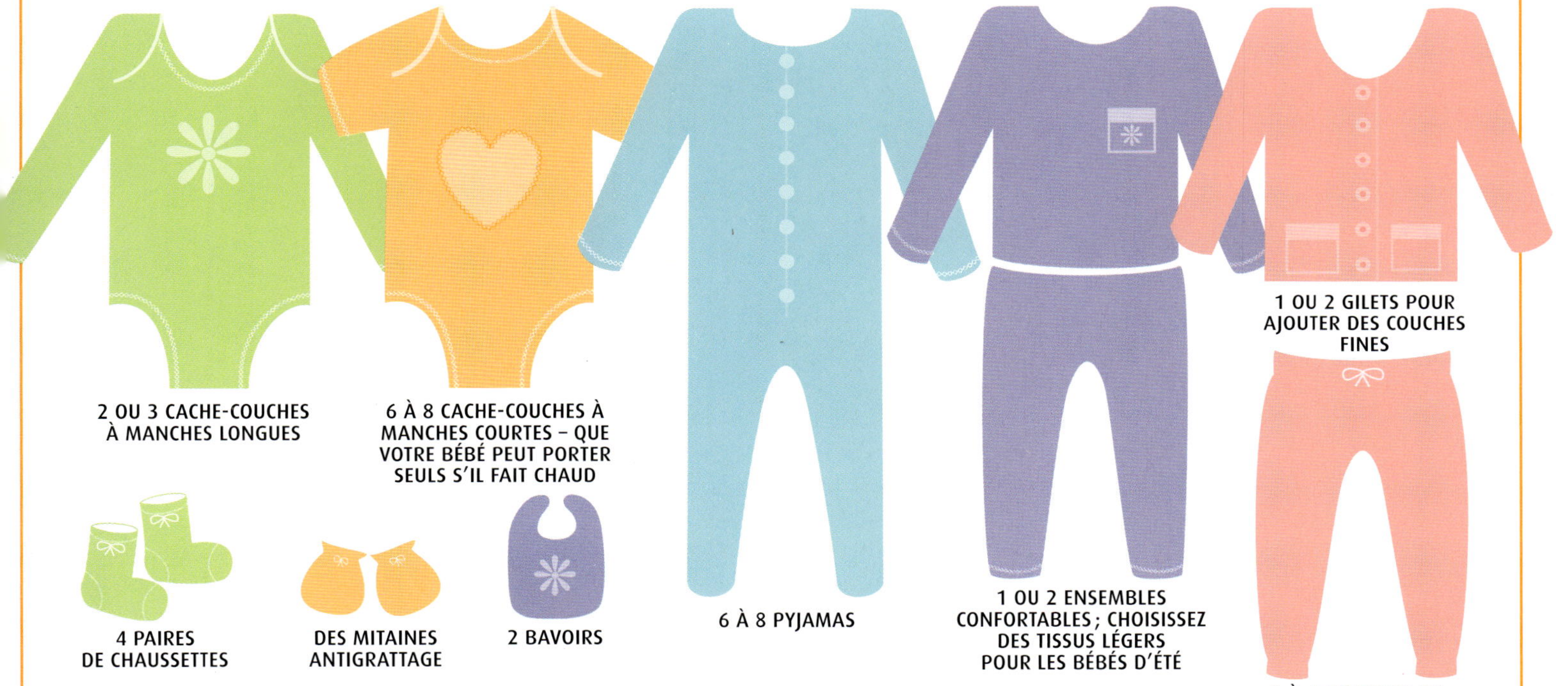

Tenues d'intérieur Les premiers mois, pyjamas et cache-couches conviennent parfaitement de nuit comme de jour. Pour faire plus « habillé » la journée, mettez à votre bébé un petit ensemble confortable, ou un legging et un cache-couches sur lequel vous ajouterez éventuellement un gilet.

Tenues d'extérieur En été lorsqu'il fait chaud, un tee-shirt ou un cache-couches à manches courtes suffisent à votre bébé. N'oubliez pas de lui mettre un chapeau ainsi que de la crème solaire. Autrement, superposez cache-couches, tee-shirts, leggings, chaussettes et gilets en fonction du temps, et investissez dans une chancelière, un manteau chaud, et un bonnet doux en hiver.

question ? réponse

De quoi aurai-je besoin pour la toilette de mon bébé ?

Les premières semaines, vous alternerez bain et petite toilette (voir p. 284), rituel qui consiste à laver votre bébé sans l'immerger dans l'eau.

À moins que votre nouveau-né trouve ce moment vraiment apaisant et agréable, il n'est pas nécessaire de le baigner tous les jours : 2 ou 3 bains par semaine sont largement suffisants. Le nettoyage minutieux du visage, du cou, des mains et des fesses (ce que l'on appelle la petite toilette) exige très peu de matériel, mais doit être réalisé avec soin et chaque fois que vous ne donnez pas de bain. Dans tous les cas, assurez-vous d'avoir tout le nécessaire à portée de main et que l'eau et la pièce ne sont pas trop fraîches.

LA PETITE TOILETTE

Vous avez besoin de très peu de choses :

» **Du coton hydrophile.** Utilisez un disque neuf pour chaque zone, y compris pour nettoyer le contour des yeux et les oreilles.

» **Deux bassines d'eau.** Une pour chaque extrémité du corps afin d'éviter toute infection croisée.

BASSINE D'EAU

LE BAIN

Pour donner le bain à votre bébé, vous aurez besoin du matériel suivant :

» **Une baignoire de bébé,** un lavabo ou une baignoire classique. La baignoire de bébé a pour avantage de pouvoir s'installer partout. Si votre nourrisson semble ne pas apprécier l'eau, essayez de prendre le bain avec lui en l'apaisant.

» **Un tapis antidérapant** (seulement si vous envisagez d'utiliser une baignoire classique).

» **Un thermomètre de bain** qui vous permettra de vérifier que la température de l'eau est comprise entre 35 et 38 °C. Vous pouvez également plonger votre coude dans l'eau : elle doit être tiède, pas chaude.

» **Un gel corps et cheveux spécialement formulé pour les bébés,** à utiliser modérément car il est préférable de laver votre enfant à l'eau claire dans un premier temps.

» **Des gants de toilette doux ou une éponge.**

» **2 ou 3 capes de bain,** pour y envelopper votre bébé à la sortie du bain et éviter toute déperdition de chaleur par la tête.

» **Du liniment ou une huile pour bébé,** à appliquer sur la peau de votre nourrisson après l'avoir séché.

L'heure du bain C'est une bonne occasion de jouer avec votre bébé, ayez donc tout le nécessaire pour en profiter.

question ? réponse

Est-ce vraiment nécessaire de laver les vêtements neufs de mon bébé avant de les lui mettre ?

Oui, il est judicieux de laver les habits de votre bébé avant qu'il les porte pour la première fois. Cela permet d'éliminer tous les résidus de substances utilisées lors de la fabrication et susceptibles d'irriter la peau sensible de votre enfant. Évitez les lessives bio pour laver les vêtements, les draps ou encore les langes de votre bébé : en effet, la plupart ne contiennent pas d'enzymes et peuvent donc s'avérer irritantes.

question ? réponse

Faut-il acheter un thermomètre ? Si oui, où l'installer ?

Un thermomètre permet de s'assurer que la pièce dans laquelle dort votre bébé est à la bonne température, et de réduire ainsi le risque de mort subite du nourrisson. Achetez-en un pour sa chambre. Pour un bébé, la température idéale est comprise entre 16 et 20 °C. Si vous voulez vous assurer que votre enfant n'a ni chaud ni froid, installez plusieurs thermomètres dans la maison. Il en existe une infinité, du modèle à alcool parmi les moins chers, au modèle numérique intelligent. Pensez cependant à ne pas trop couvrir votre bébé si la température ambiante est adéquate.

question ? réponse

Comment choisir un sac à langer et que mettre à l'intérieur ?

Vous pouvez utiliser un sac à langer avec tapis à langer intégré ou détachable, ou un sac de votre choix dans lequel vous glisserez un tapis à langer pliable. Lorsque vous partez de chez vous, ayez toujours dans ce sac un « kit à langer » composé des éléments suivants :

» **Quelques couches jetables** et des sacs à couche.

» **Un petit paquet de lingettes** non parfumées (réservez les lingettes à un usage occasionnel, car elles peuvent agresser la peau délicate de votre nouveau-né).

» **Un petit tube de crème protectrice** pour éviter ou soulager l'érythème fessier.

» **Des vêtements de rechange** pour votre bébé et pour vous. Une fois rentrée, remplacez ce que vous avez utilisé pour changer votre bébé à l'extérieur : votre sac à langer sera ainsi toujours prêt pour une sortie, même imprévue.

question / réponse

Combien de couches et de tailles différentes dois-je stocker avant la naissance du bébé ?

Votre bébé aura besoin de couches dès le départ, mais attention aux quantités que vous achetez en promotion car vous ne connaissez pas encore son gabarit.

S'il est plutôt dodu, il risque de porter très peu de couches en taille nouveau-né. Il vous faudra aussi un peu de temps pour déterminer la marque qui vous convient le mieux.

La première semaine, votre bébé mouillera environ 6 couches par jour, soit près de 42 en 7 jours. Ce nombre va progressivement augmenter, pour atteindre au moins 10 à 12 couches par jour. Vous pouvez donc commencer à acheter 1 ou 2 paquets de couches en taille nouveau-né en prévision de la première semaine, puis vous aviserez le moment venu. Certaines couches pour nouveau-nés présentent une découpe qui contourne le moignon ombilical. Elle n'est pas indispensable : il suffit de rabattre la couche sur le devant.

Couches lavables

Au début, vous en aurez besoin d'une vingtaine, ainsi que de culottes lavables si vous optez pour un modèle séparable composé d'une couche en tissu et d'une culotte de protection imperméable. Les couches lavables impliquent un investissement financier important au départ.

Aussi, si vous n'êtes pas convaincue de vouloir en utiliser, attendez d'avoir pris vos marques avec votre bébé pour envisager cette solution.

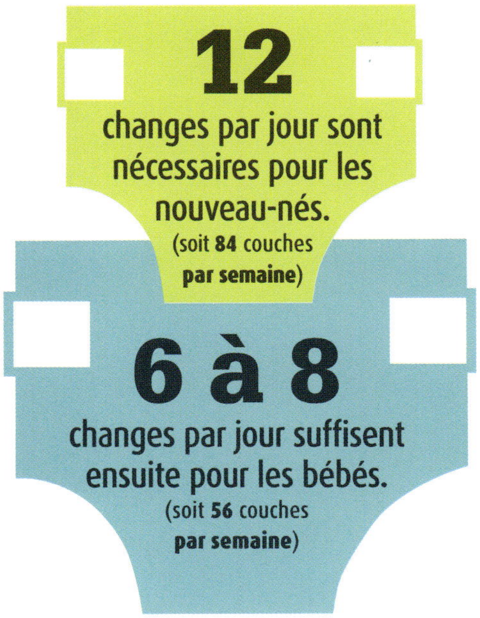

JETABLES OU LAVABLES ?

Pour choisir quel type de couches acheter, évaluez les avantages et les inconvénients de chacun :

» **Confort :** les jetables sont plus respirantes, mais les substances chimiques hydratantes et absorbantes qu'elles contiennent peuvent irriter la peau. Les lavables sont plus douces.

» **Commodité :** les jetables sont plus pratiques en sortie, à la garderie ou en voyage. Les lavables sont moins absorbantes, vous devrez donc changer votre bébé plus souvent. Aujourd'hui, il est très simple et rapide de changer une couche, qu'elle soit lavable ou jetable.

» **Coût :** les lavables reviennent généralement moins cher que les jetables, à moins que vous fassiez appel à un service de blanchisserie spécialisé.

» **Autres :** la fabrication des couches jetables implique l'utilisation de plastiques et de ressources comme les arbres, et certaines posent le problème de l'enfouissement des déchets. Le lavage des couches en tissu consomme de l'eau claire et de l'énergie, mais ne produit d'autre déchet que de l'eau sale. Toutefois, les jetables réduisent le risque d'infection en collectivité, notamment en garderie.

Couches jetables
C'est le choix de la facilité. Étudiez cependant toutes les possibilités avant de prendre une décision : vous opterez peut-être pour une solution mixte.

question / réponse

En dehors des couches, que dois-je prévoir pour changer mon bébé ?

Il vous faudra un matelas à langer plastifié, du coton hydrophile ou des lingettes pour nettoyer ses fesses, ainsi qu'une crème protectrice. À la maison, préférez des cotons humides aux lingettes afin d'éviter les irritations cutanées, et appliquez une crème protectrice à base de zinc ou d'huile de ricin contre l'érythème fessier. Si vous utilisez des couches jetables, vous choisirez peut-être une poubelle à couches, dont le système enferme chaque couche souillée dans un sachet individuel, masquant ainsi les odeurs. Sachez cependant qu'elle n'est pas indispensable. Si vous utilisez des couches lavables, prévoyez un seau où vous stockerez les couches sales avant de les laver. Il en existe de spéciaux, mais un seau classique muni d'un couvercle fera très bien l'affaire.

question / réponse

De quoi d'autre aurai-je besoin pour les soins quotidiens de mon bébé ?

Certains accessoires de base vous faciliteront la vie. Prévoyez quelques langes pour protéger vos vêtements pendant le rôt, ou vous couvrir un peu plus pendant que vous allaitez. Pensez à une brosse de bébé ou à un peigne doux, pour démêler les cheveux de votre nourrisson lorsqu'il sera plus grand, et à des petits ciseaux pour lui couper les ongles. Si votre bébé naît en été, vous aurez aussi besoin d'une crème solaire pour protéger sa peau des rayons du soleil. On conseillait auparavant d'éviter la crème solaire chez les bébés de moins de 6 mois (les substances contenues dans ces produits pouvant irriter leur peau délicate), et de ne pas les exposer directement au soleil, surtout entre 10 heures et 16 heures Toutefois, la recommandation actuelle est de couvrir la peau des bébés et d'éviter les rayons directs du soleil, tout en appliquant de petites quantités de crème solaire sur les zones de peau exposées. Choisissez un facteur de protection solaire (FPS ou IP) 30 minimum et assurez-vous que le produit filtre également les UVA. En outre, veillez à lui mettre un chapeau à bords larges. Lorsqu'il sera un peu plus grand et que vous l'amènerez à la plage, vous pourrez investir dans une combinaison de bain, qui couvre les jambes et les bras, offrant ainsi une protection très efficace contre les UV.

Un moniteur de bébé vous rassurera lorsqu'il dormira. Il existe des systèmes audio simples, avec un émetteur que vous placez à proximité de votre bébé et un haut-parleur que vous gardez avec vous, des modèles audio avec détecteur de mouvement, qui déclenchent une alarme s'il ne bouge pas pendant un certain temps, et même des dispositifs vidéo qui vous permettent de l'entendre et de le voir.

question ? réponse

Où faire dormir notre bébé ?

Au début, il aura besoin d'un moïse, d'un berceau ou d'une bassinette. Le lit de cododo, qui peut être fixé à votre lit, a de plus en plus de succès. Vous pouvez aussi choisir un nid.

Si une bassinette peut convenir dès le début, les premières semaines, votre bébé se sentira probablement mieux dans un moïse ou un berceau, qui lui donnera l'impression d'être encore lové dans votre utérus. Vous pouvez utiliser le moïse comme lit de voyage et le déplacer d'une pièce à l'autre afin que votre enfant soit toujours près de vous, de jour comme de nuit.

Un berceau est plus grand qu'un moïse, vous vous en servirez donc plus longtemps, mais il se transporte moins facilement. Les modèles à bascule permettent de bercer votre nourrisson pour l'apaiser. Un lit de cododo fixé à votre lit est une bonne idée si vous voulez garder votre bébé près de vous en toute sécurité. Doté d'un côté amovible, il vous permet d'accéder facilement à votre enfant pour le réconforter ou le prendre pour le faire téter sans vous lever. Veillez à ce que le berceau soit bien accolé à votre lit afin d'éviter toute chute. Vous pouvez également opter pour un nid, matelas surélevé aux bords renforcés qui peut être placé dans le lit des parents, offrant ainsi au bébé son propre espace de sommeil, tout en le protégeant des oreillers et des couvertures qui risquent de l'étouffer. Enfin, si vous choisissez une bassinette, assurez-vous qu'elle respecte toutes les normes sanitaires et de sécurité en vigueur (voir ci-contre).

Parfaits pour les **premières semaines**, un **moïse** ou un berceau donnent au bébé l'**impression** d'être encore dans le **ventre de sa maman**.

POUR LE SOMMEIL

Moïse ou bassinette ? Ce n'est qu'une question de préférence. Assurez-vous cependant que votre équipement respecte les critères suivants.

» Le moïse : choisissez un modèle doté d'une assise rigide et de poignées solides pour le transporter sans risque. Le moïse peut rapidement devenir trop petit. Vers 2 ou 3 mois, votre bébé vous semblera probablement un peu à l'étroit dedans. Votre nourrisson doit pouvoir étendre les bras et basculer la tête en arrière sans toucher les côtés ou l'extrémité.

» La bassinette : assurez-vous qu'elle répond aux normes de sécurité canadiennes. L'espace entre les barreaux ne doit pas dépasser 6,5 cm afin d'éviter que votre bébé ne se coince, et la hauteur entre le dessus du matelas et le haut du lit doit être d'au moins 50 cm. Certaines sont équipées d'un sommier réglable qui peut être abaissé à mesure que le bébé grandit. À vous de choisir, mais veillez à ce que tous ces critères soient respectés.

Le saviez-vous ?

Trop jeune pour les jouets, votre nouveau-né sera néanmoins stimulé très tôt par son environnement. Les tout-petits ne peuvent pas se concentrer longtemps, mais ils adorent observer les motifs noir et blanc, les couleurs vives, ou se regarder dans un miroir. Votre enfant appréciera particulièrement un mobile coloré au-dessus de son lit. Assurez-vous qu'il est bien fixé et hors de sa portée. Certains modèles ont une boîte à musique intégrée, très utile pour apaiser votre bébé. Les jeunes bébés touchent à tout : procurez-vous quelques livres en tissu qui lui feront découvrir différentes textures.

question ? réponse

De quelle literie bébé a-t-il besoin dans son moïse ou sa bassinette ?

Il vous faut 1 ou 2 protège-matelas au cas où la couche de votre bébé fuirait la nuit, 3 ou 4 draps-housses et 2 ou 3 gigoteuses. Choisissez des draps-housses en coton et des gigoteuses avec un indice de chaleur (ou TOG) adapté à la température de la pièce. Les mains et les pieds des bébés sont souvent plus froids que le reste du corps : ce ne sont donc pas de bons indicateurs de leur température corporelle. Pour vérifier que votre bébé n'a pas chaud, mettez la main dans le creux de son cou ou sur sa poitrine et, le cas échéant, ouvrez un peu sa gigoteuse. Il est très important d'utiliser des draps spécialement adaptés aux lits pour bébé ou aux moïses.

question ? réponse

Outre une bassinette, y a-t-il d'autres meubles indispensables dans lesquels nous devrions investir ?

Vous passerez beaucoup de temps à nourrir votre bébé, à le câliner ou à lui lire des histoires : il peut donc être judicieux d'acheter un bon fauteuil. Il existe des fauteuils d'allaitement, mais ils peuvent être chers. Quel que soit le modèle que vous choisissez, il doit être confortable et bien soutenir le dos et les bras. Assurez-vous aussi de pouvoir poser les pieds à plat sur le sol. Une table à langer s'avère très pratique. Il en existe différents modèles, avec étagères, tiroirs ou placards, mais dont le prix peut être élevé. Une commode assez large pour y installer un matelas à langer et poser quelques couches peut suffire. Enfin, il est essentiel de disposer d'assez de rangement.

Pour sa chambre, choisissez des **tons** neutres, et **ajoutez de la couleur et de la fantaisie** avec de la décoration, plus facile à changer quand il aura grandi.

Nous commençons à préparer la chambre du bébé. À quoi devons-nous penser en premier ?

Si vous envisagez de réaménager une pièce pour en faire une chambre de bébé, prenez le temps de chercher et d'acheter des luminaires adaptés et de la peinture non toxique : il n'y a aucune d'urgence. Pour réduire le risque de mort subite du nourrisson (MSN) (voir p. 287), le plus sûr sera que votre bébé dorme pendant ses 6 premiers mois dans un moïse ou une bassinette installée dans votre chambre. Il est donc inutile que sa chambre soit finie dès son arrivée. Ceci étant dit, il est préférable de peindre sa chambre au moins 2 ou 3 mois avant de l'y installer, afin de pouvoir aérer la pièce. Évitez les peintures qui dégagent des vapeurs potentiellement nocives et choisissez une marque qui ne contient pas de substances chimiques. Assurez-vous également que le produit présente des taux faibles ou nuls de composés organiques volatils (ou COV, gaz présents dans des produits tels que les peintures d'intérieur), leurs émissions étant toxiques.

Pensez également à l'éclairage de la chambre. Une veilleuse ou un variateur vous éviteront de tâtonner dans le noir au moment des tétées et des changements de couches nocturnes. Enfin, les rideaux occultants font le bonheur de nombreux parents : ils évitent que la lumière du jour ne réveille le bébé à l'aube, notamment en été.

Comment s'assurer que sa chambre ne présente aucun danger ?

Pensez d'abord à la disposition de la chambre et au meilleur emplacement pour le lit. Agencez ensuite le reste des meubles et des accessoires.

Évitez d'installer le lit de votre bébé près d'une fenêtre ou dans un espace où il recevra la lumière directe du soleil. Veillez également à l'éloigner des tirettes et cordons de rideaux que votre enfant pourrait tirer au risque de s'étrangler ou de se retrouver coincé sous le tissu. Une fois qu'il se mettra debout, vous devrez vous assurer qu'il ne peut grimper sur aucun meuble depuis son lit, ni faire tomber d'objet des étagères. Tous vos meubles doivent être solides ou bien fixés au mur afin de ne pas tomber sur votre bébé s'il prend appui dessus. Facile d'entretien et sain, un sol en bois massif est idéal.

SÉCURITÉ : L'ESSENTIEL

Avant de laisser votre bébé dans sa chambre, pensez à vérifier quelques éléments essentiels à sa sécurité.

» Température : la pièce doit rester à une température constante, comprise entre 16 et 20 °C. Utilisez un thermomètre pour vous en assurer.

» Moniteur de bébé : installez-le hors de portée de votre bébé, mais suffisamment près de son lit pour que vous puissiez l'entendre s'il pleure ou si quelque chose ne va pas.

» Détecteur de fumée : installez-en un dans la chambre de votre bébé ou juste à côté. Optez pour un modèle optique (ou photo-électrique), doté d'un système infrarouge qui envoie un rayon à intervalles réguliers (quelques secondes) afin de détecter les particules de fumée.

» Objets dangereux : vérifiez que votre bébé ne peut s'emmêler dans aucun lien, cordon, jouet ou autre élément de décoration, comme un mobile, situé trop près de son lit. Si vous avez un tapis, fixez-le au sol avec du ruban adhésif double face afin d'éviter d'y glisser dessus.

Votre bébé régulera mieux sa **température** pendant son sommeil si vous choisissez des **draps-housses en coton** et une **gigoteuse adaptée à la saison et à la température de la pièce.**

Nous avons une bassinette d'occasion. Devons-nous changer le matelas ?

Il est en effet préférable que le matelas soit neuf. Des études ont prouvé qu'un matelas qui n'est pas en parfait état augmente le risque de mort subite du nourrisson, qui survient généralement pendant que le bébé dort. Choisissez un matelas ferme, avec une housse respirante amovible et lavable. Les matelas en mousse sont les moins chers et peuvent être dotés d'un revêtement imperméable. Ils présentent toutefois une moins bonne longévité et se déforment plus rapidement. Les matelas à ressorts sont de meilleure qualité et plus fermes. Les matelas en coco (ou fibre de noix de coco), ou en fibre naturelle, sont les plus fermes, les plus durables, mais aussi les plus chers. Les matelas hypoallergéniques présentent une couche supérieure matelassée amovible que vous pouvez laver à haute température afin d'éliminer les acariens. Quel que soit le matelas que vous choisissez, assurez-vous qu'il répond aux normes canadiennes en vigueur.

question ? réponse — J'envisage d'allaiter. Que faire pour m'y préparer ?

Il est préférable de suivre les conseils de votre médecin, ou encore de participer aux réunions des associations de soutien à l'allaitement maternel. Les séances d'information sur l'allaitement sont dispensées dans les CLSC, dans le cadre de la préparation à la naissance prise en charge par l'assurance maladie. Vous pouvez également vous rapprocher des associations spécialisées dans ce domaine et participer à des groupes de discussion. Entreprenez plutôt cette démarche au cours du dernier trimestre de grossesse, afin que tout soit encore frais dans votre esprit à l'arrivée du bébé. Lors de ces séances ou de ces réunions, animées par des infirmières ou des consultantes en lactation diplômées, vous visionnerez des DVD sur l'allaitement maternel ou rencontrerez des mères expérimentées qui vous montreront comment faire. On vous expliquera comment bien caler votre bébé et quelles positions essayer. On vous parlera également des difficultés potentielles et de la façon de les surmonter. Vous y trouverez aussi des conseils pour favoriser la lactation. De nombreuses lectures sont également disponibles sur le sujet. Reportez-vous aux pages 266 à 277 pour plus d'informations sur l'allaitement maternel.

question ? réponse — J'ai entendu parler de coussins d'allaitement. Cela en vaut-il la peine ?

L'allaitement peut être une formidable expérience pour la maman et son bébé. Il est donc essentiel que vous soyez bien installée pour en faire un vrai moment de plaisir. Mais ce n'est pas toujours évident. Il faut soulever votre bébé à la hauteur de vos seins plutôt que de vous pencher sur lui. Les premières semaines, alors qu'il est tout petit, un bon coussin vous aidera à le soutenir sans avoir à le prendre dans vos bras. Mais les coussins d'allaitement sont spécialement conçus et offrent un meilleur support que les coussins classiques. Sachez aussi qu'un fauteuil ou un coussin d'allaitement minimisent les difficultés liées à l'allaitement maternel. La plupart des fauteuils étant trop hauts, il est conseillé d'utiliser un fauteuil d'allaitement, plus bas et rembourré aux bons endroits, qui favorise une bonne position. Ajoutez des oreillers dans votre dos pour vous caler. Gardez les genoux à plat ou un peu relevés pour que votre bébé soit bien orienté vers vous.

question ? réponse — Que dois-je acheter pour allaiter ?

L'allaitement maternel a pour avantage (entre autres) d'être très économique. Vous pouvez toutefois investir dans quelques articles qui amélioreront votre confort et vous faciliteront la vie.

Pensez à l'indispensable soutien-gorge d'allaitement : prévoyez-en 2 ou 3 confortables. Veillez à ce qu'ils soient dotés de clips que vous pouvez ouvrir d'une main (voir p. 179), car vous aurez votre bébé dans les bras dès qu'il vous faudra l'allaiter. Les bonnets doivent s'ouvrir complètement afin d'éviter toute pression sur les tissus mammaires susceptible d'obstruer les canaux galactophores ou d'entraîner une mastite. Même si vous préférez attendre la naissance pour décider d'allaiter ou non, mieux vaut acheter un soutien-gorge avant l'accouchement, car il ne vous sera pas facile de faire les boutiques une fois votre bébé là. Coussinets, crèmes d'allaitement et langes sont facultatifs mais restent abordables.

Les tire-lait

Vous pouvez attendre d'avoir pris vos marques avant de décider si vous avez besoin d'un tire-lait. Toutefois, un appareil manuel ou électrique vous sera extrêmement utile lorsque vous devrez passer au biberon.

Achetez au moins un **soutien-gorge d'allaitement** avant la naissance, car il vous sera ensuite moins facile de faire les boutiques.

CE QUE VOUS DEVEZ ACHETER

Hormis le tire-lait, achetez avant la naissance tout ce dont vous avez besoin pour allaiter, et mettez-le dans votre valise afin que vous puissiez vous en servir dès l'arrivée de votre bébé.

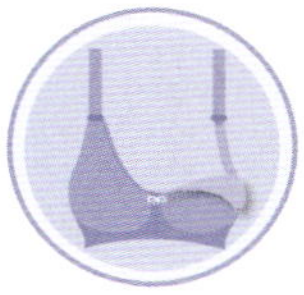

» **Un soutien-gorge d'allaitement**, offrant un bon maintien constituera votre principal investissement. Allez l'essayer dès 36 semaines d'aménorrhée : une conseillère spécialisée sera alors en mesure d'anticiper la taille que vous ferez après avoir accouché (voir p. 178). Si vous utilisez des coussinets, vous pouvez également acheter un soutien-gorge de nuit pour les maintenir en place.

» **Des coussinets lavables ou jetables** absorberont les pertes de lait. Ces coussinets fins et discrets sont extrêmement efficaces. Préférez ceux sans revêtement plastifié, moins susceptibles d'irriter la peau.

» **Une crème d'allaitement** aide à protéger et soulager les mamelons. Choisissez un produit pur, hypoallergénique, à base de lanoline et sans paraben.

» **Des langes** vous seront très utiles : positionnés sur votre épaule après la tétée, ils absorberont les régurgitations éventuelles de votre bébé. Vous pouvez également vous en servir pour vous couvrir lorsque vous allaitez en public, ou utiliser un châle ou une écharpe.

» **Un tire-lait** permettra de recueillir le lait de vos seins par aspiration (voir p. 272). Les modèles manuels sont munis d'une téterelle et d'un piston que vous actionnez à la main ; les systèmes électriques, fonctionnent sur le même principe mais aspirent le lait grâce à un moteur, et sont donc beaucoup plus rapides.

» **Des vêtements de nuit avec ouverture sur le devant** pour pouvoir allaiter facilement la nuit.

question ? réponse

Il existe tellement de tétines et de biberons, comment faire le bon choix ?

Toutes les tétines et tous les biberons peuvent être utilisés avec du lait maternisé ou du lait maternel que vous aurez tiré. Il n'y a pas de bon ou de mauvais choix. Vous pourrez les acheter après la naissance, il est donc inutile d'en constituer un stock dès maintenant.

Les biberons standard ont beaucoup de succès. De petite, moyenne ou grande contenance, ils vous permettent d'adapter la quantité de lait en fonction de l'âge et de l'appétit de votre bébé. Généralement vendus avec une tétine et un bouchon, ils se lavent facilement, et sont compatibles avec la plupart des stérilisateurs (voir p. 279) et poches isothermes. Certains biberons sont conçus pour soulager les coliques en limitant la quantité d'air avalée par le bébé lorsqu'il tète. Ils conviennent donc particulièrement aux nourrissons qui semblent agités après la tétée ou régurgitent. Les biberons anticolique sont souvent plus chers, et ceux munis d'une valve ou d'un tube pour ajuster le flux de lait sont plus difficiles à nettoyer. Il existe également des biberons autostérilisants au micro-ondes. Légèrement plus chers, ils sont pratiques, même si les recommandations actuelles ne préconisent plus la stérilisation systématique. Enfin, vous pouvez opter pour des biberons stérilisés à usage unique, dans lesquels il suffit d'ajouter le lait, et qui se jettent une fois la tétée terminée. Très pratiques en déplacement, ils sont toutefois chers et produisent beaucoup de déchets s'ils sont utilisés régulièrement. Si les substances chimiques utilisées pour la fabrication des biberons en plastique vous préoccupent, tournez-vous vers les biberons en verre. Solution écologique, ils sont néanmoins plus chers et peuvent se casser.

Les tétines

Elles peuvent être en silicone ou en caoutchouc, et de débits différents. Celles en caoutchouc sont plus souples et plus douces que celles en silicone, mais durent également moins longtemps. Les tétines à débit lent sont les mieux adaptées aux nouveau-nés et aux jeunes bébés. En général, les tétines sont en forme de cloches. Certaines, plus larges, reproduiraient la forme du mamelon et sont conseillées par les fabricants en cas d'allaitement mixte (sein et biberon) ou au moment du sevrage. Il est cependant peu probable qu'une tétine de biberon puisse réellement reproduire le mamelon de la mère et induise le mouvement de succion particulier nécessaire. En outre, rien ne prouve que ces tétines sont vraiment plus faciles à utiliser.

CE DONT VOUS AVEZ BESOIN

Vérifiez régulièrement l'état de votre matériel, notamment des tétines, et remplacez-les dès qu'elles présentent des signes de détérioration.

- **6 à 8 biberons (assortiment de différentes capacités).**
- **6 à 8 tétines pour nouveau-né.**
- **Du lait maternisé.**
- **Vous pouvez également faire bouillir biberons et tétines. Voir p. 279 pour en savoir plus sur les différents systèmes de stérilisation.**
- **Un goupillon pour biberons et tétines.**

Biberons Il en existe de toutes tailles, avec des tétines de différents débits. À vous de voir quel modèle permet à votre bébé de téter facilement et confortablement.

question ? réponse

En matière de poussettes, le choix ne manque pas ! Comment s'y retrouver ?

Pour savoir quoi acheter, le mieux est de vous concentrer sur vos besoins réels et de vous demander ce qui correspondra le mieux à votre mode de vie, à votre budget, à vous – en tant que parents –, et à votre bébé.

Si vous utilisez souvent les transports en commun ou empruntez régulièrement des escaliers, une poussette légère, pliante ou un landau très compact peuvent parfaitement convenir. Si vous êtes adeptes de la voiture, envisagez plutôt l'achat d'une coquille que vous fixerez sur un châssis, afin de transporter facilement votre bébé entre la maison, la voiture et la poussette sans trop le déranger. Les modèles robustes avec roues pivotantes, plus maniables, sont parfaits pour arpenter les rues de la ville ; si vous roulez sur terrain accidenté, votre poussette sera plus facile à conduire si elle est équipée de 3 roues, dont une fixe.

Le confort est essentiel

Vous aurez besoin d'un modèle dans lequel votre nouveau-né pourra dormir. Certains ont une assise réglable qui peut être positionnée totalement à plat puis relevée à mesure que votre bébé grandit. La poussette doit être bien rembourrée et le dossier ferme. Il existe des systèmes réversibles qui vous permettront de garder un œil sur votre nouveau-né, puis de le tourner vers l'extérieur lorsqu'il sera plus grand : à vous de voir si vous préférez qu'il soit face à vous ou à la route. Assurez-vous que les poignées sont à la bonne hauteur, afin de ne pas avoir à vous pencher et à forcer sur votre dos. En cas d'écart de taille important avec votre partenaire, optez pour un modèle à poignées réglables.

Avant d'acheter votre poussette, **essayez-la**, et entraînez-vous à la plier avant la naissance.

COMMENT CHOISIR LA POUSSETTE QUI VOUS CONVIENT

Le tableau ci-dessous présente les différents choix possibles, et détaille leurs principales caractéristiques avec les avantages et les inconvénients de chacun.

MODÈLE	DESCRIPTION
Poussette 	Souvent bien rembourrée et confortable, elle offre un bon maintien du dos. Son hamac réglable est un réel atout : lorsque votre bébé grandit, vous pouvez l'y asseoir, orienté vers vous ou vers la route, pour qu'il puisse regarder autour de lui. Les modèles dont le hamac est totalement inclinable conviennent dès la naissance. Il existe également des systèmes combinés 3-en-1 (voir ci-dessous), ou avec des roues de tailles différentes, les plus grosses ayant de meilleures suspensions.
Landau 	Plus traditionnel que la poussette, il offre à votre nouveau-né un environnement clos et douillet dans lequel vous pouvez l'allonger tout en restant dans son champ de vision pendant que vous le promenez. Les modèles avec nacelle amovible permettent de transporter votre bébé en voiture les premiers mois.
Poussette combinée 	Ce système inclut également une coquille de transport et une nacelle que vous montez sur le châssis. Pratique, il permet de déplacer votre bébé entre la maison, la voiture, et l'extérieur sans le changer de siège.
Poussette-parapluie 	Légère et facile à utiliser, elle se loge facilement dans le coffre d'une voiture. Elle est donc idéale pour voyager ou faire les courses. Même si la plupart des poussettes-parapluies sont plutôt destinées aux bébés en âge de s'asseoir, certains modèles s'inclinent totalement pour y allonger un nouveau-né. Néanmoins, nacelles et coquilles de transport ne sont pas adaptables sur ces poussettes.
Poussette double 	Si vous avez des jumeaux ou un jeune enfant que vous devrez promener avec votre nouveau-né, vous aurez besoin d'une poussette double. Il peut s'agir d'un modèle côte à côte ou tandem, où les assises sont l'une derrière l'autre ou l'une au-dessus de l'autre. Dans les poussettes côte à côte, vos enfants pourront se voir et profiter d'une vision à 180°, alors que dans un modèle tandem, le champ de vision d'un des deux est restreint. Par ailleurs, si elles peuvent être difficiles à manier dans les escaliers, les poussettes tandem sont plus pratiques dans les passages étroits. Vous pouvez également acheter une poussette simple convertible en poussette double si nécessaire.

question ? réponse

Dois-je acheter des accessoires pour ma poussette ou est-ce une dépense superflue ?

Vous devrez envisager l'achat de quelques accessoires, surtout si vous comptez sortir par tous les temps. Une housse de pluie transparente, qui se fixe directement sur la poussette ou le landau, offre une protection intégrale contre la pluie et le vent. L'air passe par en dessous et circule à travers des aérations latérales pour laisser respirer votre bébé. Une chancelière sera bien douillette les jours de froid. Vendue directement avec la poussette chez certains fabricants, vous pouvez également en acheter une à part. Lorsqu'il fait beau, une ombrelle ou un pare-soleil protégeront votre enfant. Les tout-petits ont souvent besoin d'un coussin réducteur qui s'adapte autour de leur tête afin de la caler. Cet accessoire peut être utilisé dans le siège auto ou la poussette.

question ? réponse

J'adore l'idée de porter mon bébé en écharpe et d'avoir les mains libres. Lesquelles sont les mieux adaptées aux nouveau-nés ?

Porte-bébés et écharpes de portage conviennent parfaitement dès la naissance. Néanmoins, si vous optez pour l'écharpe, soyez vigilante. Les porte-bébés permettent de positionner votre enfant à la verticale contre vous, sont munis de systèmes de sécurité, et peuvent être utilisés pour des nouveau-nés d'au moins 3,5 kg. Au départ, votre bébé doit être orienté vers vous, mais vous aurez la possibilité de le tourner vers l'extérieur quand il sera plus grand. Choisissez un modèle en tissu lavable, qui soutient bien votre enfant, avec de larges bretelles confortables et si possible une ceinture, afin que le poids soit réparti de façon homogène à travers votre dos.

Les écharpes de portage sont fabriquées dans des tissus doux et souples. Certaines peuvent être portées sur l'épaule, pour reproduire la forme d'un berceau, d'autres permettent de porter votre bébé dans différentes positions. Elles posent cependant des problèmes de sécurité, pouvant étouffer le bébé s'il n'y est pas correctement installé. L'enfant doit être positionné le plus haut possible et bien contre le buste du porteur, son visage doit être visible en permanence, son dos et sa nuque doivent être bien maintenus, et son menton ne doit pas toucher sa poitrine afin de ne pas gêner sa respiration.

question ? réponse

Nous prenons peu la voiture. Un siège auto est-il obligatoire ?

Même si vous prenez rarement la voiture, la loi exige que votre bébé soit correctement installé dans un siège auto, quel que soit le trajet, même court.

Il est recommandé de placer le siège auto dos à la route jusqu'à ce que votre bébé atteigne un certain poids (voir ci-contre). En cas de choc, sa tête et sa colonne vertébrale seront mieux protégées ; s'il est dans un siège face à la route, un choc important risque de léser gravement les muscles et les ligaments fragiles de son cou.

Un jeune bébé ne doit pas passer plus de 2 heures d'affilée dans un siège auto : la position semi-verticale risque de comprimer sa poitrine, ce qui peut entraîner une gêne respiratoire et endommager sa colonne vertébrale en développement.

Normes de sécurité

Tous les sièges d'auto vendus au Canada sont conformes aux normes de Transports Canada. Vérifiez que l'étiquette de conformité est présente sur le siège avant de l'utiliser. Sachez qu'il est illégal d'utiliser des sièges d'auto achetés dans les autres pays, car leurs normes de sécurité diffèrent des nôtres. Une date d'expiration est habituellement gravée sur la partie en plastique des sièges d'auto vendus au Canada. Si vous ne trouvez pas de date d'expiration, consultez le guide d'utilisation du siège ou communiquez avec le fabricant du siège.

Avant d'utiliser le siège auto de votre enfant, lisez très attentivement les instructions du fabricant. En cas de doute, consultez le site Web de la SAAQ (Société de l'assurance automobile du Québec) où vous trouverez des informations sur comment choisir le siège en fonction de la taille et du poids de votre enfant, comment le fixer correctement à la banquette de votre véhicule et enfin, comment installer votre enfant en toute sécurité.

CHOISIR SON SIÈGE AUTO

Ils sont classés en différents groupes en fonction du poids du bébé. Vous devrez passer au groupe suivant lorsque son poids sera supérieur à la limite autorisée ou que le sommet de sa tête dépassera du dossier.

TYPE	DESCRIPTION
Le siège de bébé	Pour les nouveau-nés jusqu'aux bébés de 10 kg (22 lb). Ce siège permet d'allonger complètement l'enfant.
Le siège d'enfant	Pour les enfants ayant un poids de 10 kg (22 lb) jusqu'à 18 kg (40 lb).
Le siège d'appoint	Pour les enfants de plus de 18 kg (40 lb).

Siège auto
Équipement essentiel faisant l'objet d'une réglementation stricte, il doit répondre aux normes de Transports Canada.

Que faire pour que les premières semaines se passent le mieux possible ?

Sur le plan pratique, il y a de nombreuses façons de préparer l'arrivée de votre bébé (voir ci-dessous). En vous organisant assez tôt, vous serez plus sereine et vous sentirez prête.

Anticipez

Focalisée sur l'heureux événement, vous risquez d'en oublier les aspects pratiques à prendre en compte après l'arrivée de votre bébé. Il est pourtant judicieux de commencer à y réfléchir et à vous préparer dès maintenant, pour vous simplifier la vie au maximum après la naissance : vous vous apercevrez vite que s'occuper d'un bébé est extrêmement prenant et laisse peu de temps pour autre chose.

ORGANISEZ LA VIE À LA MAISON

Si vous avez une envie impérieuse de tout nettoyer dans votre maison, allez-y : suivez votre instinct... Mais n'oubliez pas pour autant de prendre du temps pour vous, et pensez que votre famille et vos amis peuvent vous soutenir sur le plan pratique et affectif lorsque votre bébé sera là.

Le soutien des proches

Les premières semaines, l'aide de la famille et des amis est très précieuse pour les jeunes parents. Au départ, vous serez épuisés par le rythme et les nuits entrecoupées. Tout ce qui pourra vous soulager un peu sera donc le bienvenu. Si vous attendez des jumeaux ou savez déjà que vous accoucherez par césarienne, prévoyez de vous faire aider (conjoint, parent proche, aide à domicile...). Discutez avec votre partenaire de la façon dont il veut organiser son congé de paternité.

Voyez vos amis

D'autres jeunes parents vous encourageront et vous offriront un soutien précieux alors que vous devrez vous adapter à une toute nouvelle vie. Si vous effectuez votre préparation à la naissance avec d'autres futures mamans, prenez leurs coordonnées. Lorsque votre bébé sera là, vous serez très occupées et il sera plus facile de vous donner rendez-vous que de vous voir à l'improviste. Grâce à ces rencontres, vous garderez une vie sociale et vous sentirez soutenue.

Repos et détente

Même si cela ne relève pas de l'organisation à proprement parler, prendre le temps de vous faire plaisir vous aidera à vous détendre, favorisera votre bien-être et vous mettra dans de bonnes conditions physiques et mentales pour accueillir votre bébé. Déjeuner entre copines, séance de cinéma avec votre partenaire ou soin relaxant : profitez au maximum de votre temps libre ! Prévoyez du temps pour vous, en particulier pour les choses qui demanderont beaucoup plus d'organisation après la naissance.

Si, en fin de grossesse, vous ressentez un **regain d'énergie** et avez envie de nettoyer votre maison du sol au plafond, il s'agit d'un **instinct primaire de nidification**, un besoin de **préparer** le **foyer protecteur** de votre progéniture.

Mettez de l'ordre

Phénomène bien connu, de nombreuses futures mamans éprouvent le désir de nettoyer et de ranger, pour « préparer leur nid ». Il est judicieux d'astiquer votre maison maintenant : si le ménage est fait à fond, vous n'aurez pas à le faire une fois que votre bébé sera là. Votre intérieur n'en sera que plus agréable et apaisant. Utilisez si possible des produits écologiques afin de ne pas inhaler de substances nocives. Vous aurez peut-être envie de trier des papiers ou vos vêtements pour faire de la place dans vos placards. Restez toutefois raisonnable et n'en faites pas trop. Et si vous n'arrivez pas à tout organiser comme vous le voudriez, ne vous tracassez pas.

Cuisinez

Prenez le temps de mitonner quelques petits plats équilibrés que vous congèlerez en vue des premières semaines qui suivront l'accouchement. Les jeunes parents sont souvent étonnés du temps que prend un nouveau-né : vous serez peut-être trop fatigués pour cuisiner. Ainsi, vous serez moins tentés de céder aux aliments « pratiques » et peu équilibrés, et si vous allaitez, vous serez sûre de manger sainement. Indiquez la date de congélation afin de consommer le plat dans un délai raisonnable. Passez également en revue votre congélateur et vos placards, et faites des réserves. Si vous n'en avez pas encore l'habitude, envisagez de faire vos courses en ligne.

AIDE-MÉMOIRE

Faites la liste des tâches à prévoir et cochez-les au fur et à mesure, par exemple :

VÊTEMENTS ET MATÉRIEL

» Passer en revue tout ce qui a été acheté et vérifier qu'il ne manque rien.
» Laver les vêtements, les langes et la literie du bébé avec de la lessive non biologique.
» Mettre quelques vêtements pour le bébé dans la valise d'hôpital.
» S'entraîner à plier la poussette.
» Installer et régler le siège auto.
» Éventuellement, savoir utiliser le stérilisateur.

HÔPITAL

» Repérer le chemin pour s'y rendre.
» Préparer de la monnaie pour le stationnement, le cas échéant.
» Demander si un badge d'entrée est nécessaire à l'arrivée.
» Vérifier si la valise est prête.
» S'assurer d'avoir les coordonnées des amis et de la famille.

MAISON

» Dresser la liste des tâches ménagères qui doivent être faites.
» Discuter avec votre partenaire de la répartition des tâches à l'arrivée du bébé.
» Prévoir qui s'occupera des autres enfants, le cas échéant.
» Remplir le réfrigérateur et les placards.
» Acheter des pochettes pour ranger les factures et mettre à jour le courrier.
» Rester à jour dans le paiement des factures.

» Dans ce chapitre...

Le travail et l'accouchement

L'accouchement et la rencontre avec votre bébé approchent, et il est normal que vous soyez nerveuse. Ce chapitre vous aidera à **prendre confiance en vous et à vous sentir prête**. Il décrit les signes avant-coureurs et les différentes **phases du travail**, les positions les plus efficaces et le rôle du partenaire de naissance. Vous trouverez également des informations sur le **soulagement de la douleur** ou l'accouchement naturel, et saurez à quoi vous attendre en cas de césarienne ou d'accouchement assisté.

Vers 36 semaines d'aménorrhée, **la rencontre de votre bébé devient imminente**. Votre obstétricien commence à noter la position du fœtus dans l'utérus, à vérifier si **sa tête est engagée**, et à vous questionner sur votre plan de naissance. Votre corps peut également manifester certains signes, caractéristiques d'une naissance proche.

Se préparer au travail

Le temps et l'espace

Au cours des 4 dernières semaines de grossesse, la croissance de votre bébé est très rapide (environ 225 g par semaine). Il a de moins en moins d'espace, et vous avez peut-être l'impression qu'il se tortille davantage qu'il ne donne de coups de pied. Soyez attentive à ses mouvements, et s'il « dort » plus que d'habitude ou s'il bouge moins souvent ou de façon moins tonique, appelez immédiatement l'hôpital.

À ce stade, votre obstétricien fera attention à la taille de votre ventre afin de s'assurer que la quantité de liquide amniotique est suffisante pour votre bébé, et donnera une estimation finale de son poids à la naissance.

Par une palpation de votre abdomen, il déterminera dans quelle position se trouve votre bébé. Les pressions exercées peuvent vous paraître un peu énergiques, et même désagréables, mais soyez sans crainte, elles ne font aucun mal au fœtus. Le cas échéant, votre médecin essaiera d'aider votre bébé à mieux se positionner. Enfin, il déterminera si la tête est engagée (voir p. 202) et dans quelle mesure.

Le travail en question(s)

Au cours des dernières semaines, vous discuterez du travail avec votre médecin. Vous aurez ainsi l'occasion de préparer votre plan de naissance (voir p. 88-89) et de poser toutes vos questions. Si votre bébé se présente par le siège ou se trouve en travers de votre abdomen, il vous dira ce que cela implique lors du travail afin que vous puissiez en discuter avec votre partenaire. Souvenez-vous que le travail est un processus en évolution constante. Mieux vous serez informée en amont, plus vous aurez confiance en vos choix en salle d'accouchement.

Observer et attendre

Beaucoup de femmes passent leurs dernières semaines de grossesse à l'affût des signes annonciateurs d'un accouchement imminent, et essaient même une multitude de recettes de grands-mères pour déclencher le travail. Votre corps réagit désormais à toute sorte de modifications chimiques, qui peuvent avoir des effets assez étonnants sur votre comportement, votre humeur et votre bien-être. Changez-vous les idées, par exemple à travers des activités douces qui demandent de la concentration. Lisez ce livre qui vous tente depuis si longtemps, mettez-vous au tricot ou à la couture, rempotez vos plantes aromatiques, ou regardez un bon film. N'en faites pas trop, mais restez occupée pour ne pas être obsédée par LA grande question ; « Quand ? ». Et surtout, ignorez les commentaires du type « Alors, toujours rien ? ». Contentez-vous de sourire, et changez de sujet.

question ? réponse

Mon dossier de maternité indique la position de mon bébé, mais que signifie-t-elle et quelle est son importance ?

Les os de la région pelvienne sont extrêmement souples, mais la position de votre bébé peut avoir une incidence sur son passage à travers le bassin et sous l'arcade pubienne. Quand votre bébé est en position idéale, la partie la plus étroite de sa tête peut sortir en premier, lui offrant ainsi suffisamment d'espace pour plier la nuque et rentrer les épaules.

POSITIONS DU BÉBÉ

Dans l'utérus, votre bébé peut être à la verticale (présentation longitudinale), à l'horizontale (présentation transverse) ou en diagonale (présentation oblique). En position verticale, la façon dont le bébé se présente face au col de l'utérus peut varier.

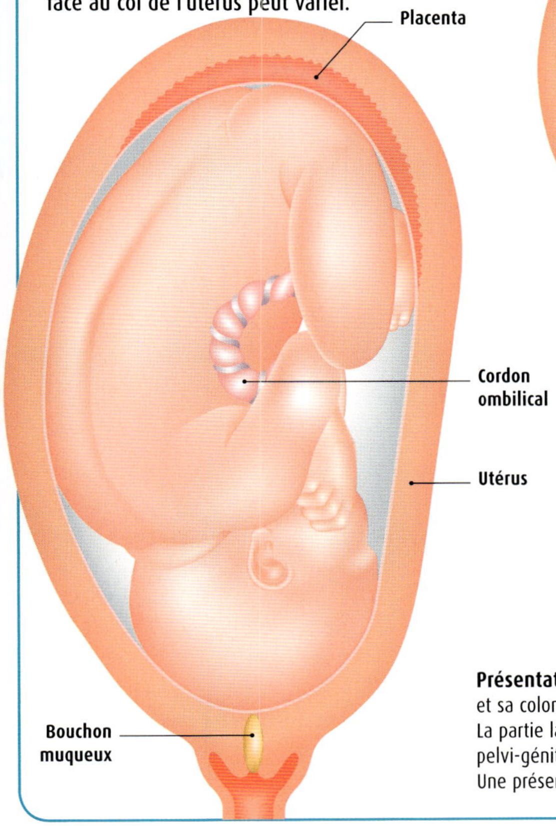

Présentation antérieure Le bébé a la tête en bas (position céphalique) et sa colonne vertébrale se trouve à l'opposé de celle de la mère. La partie la plus étroite de sa tête s'engage en premier dans la filière pelvi-génitale (c'est ce que l'on appelle la *présentation en sommet*). Une présentation latérale (dos sur le côté) est également favorable.

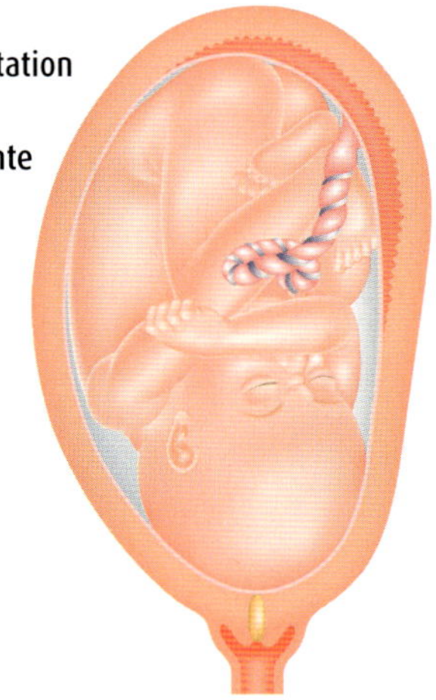

Présentation postérieure Le bébé a aussi la tête en bas, mais sa colonne vertébrale est orientée vers celle de la mère. Dans cette position, le bébé doit se tourner davantage pour descendre dans la filière pelvi-génitale et le travail peut donc être plus long.

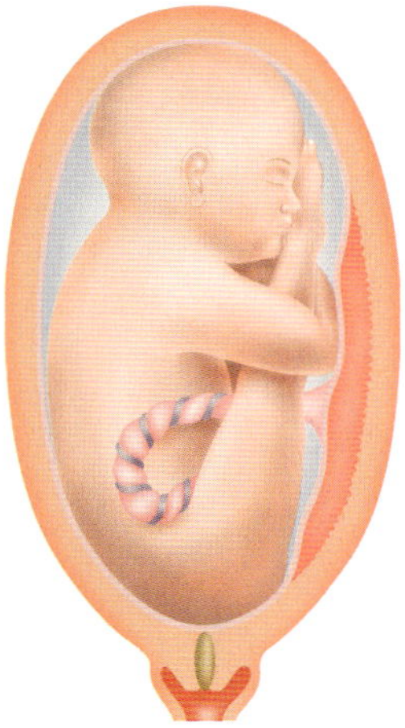

Présentation par le siège Le bébé présente ses fesses ou ses pieds en premier. On distingue 3 positions de siège : complet, décomplété et semi-décomplété (voir p. 200).

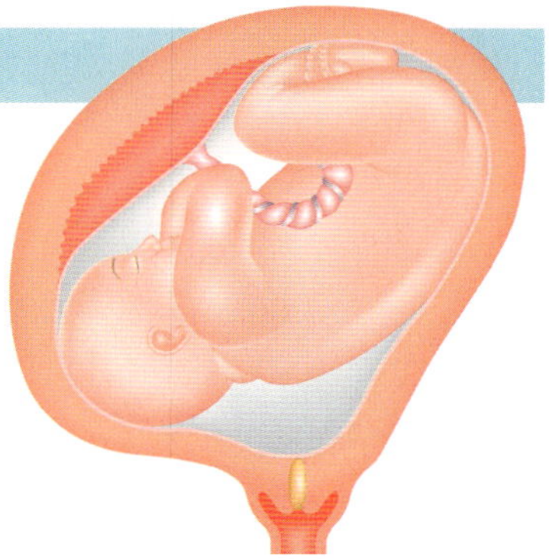

Présentation oblique Le bébé est positionné en diagonale. Il est très rare qu'un fœtus reste dans cette position jusqu'au début du travail. Seul 1 % des bébés se présentent en position transverse ou oblique.

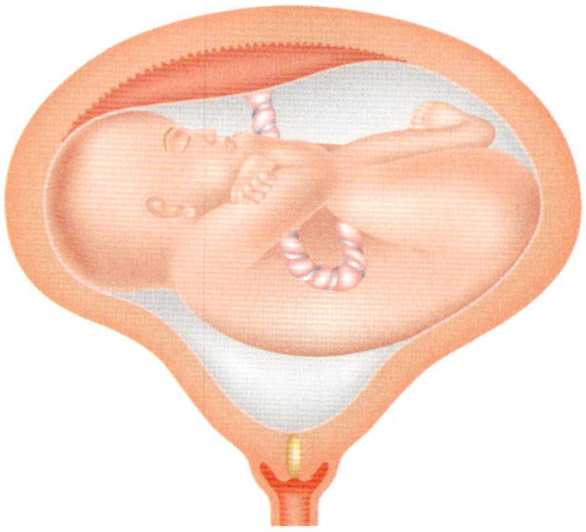

Présentation transverse Le bébé est positionné en travers de l'utérus, à l'horizontale. Son corps étant perpendiculaire à la filière pelvi-génitale, il ne peut pas s'engager.

question ? réponse

Quelle est l'incidence de la position du bébé sur le travail ?

Pour voir le jour, votre bébé doit descendre et se tourner à travers la filière pelvi-génitale (voir p. 214-215). En présentation antérieure ou occipito-latérale (céphalique), le sommet de la tête s'engage en premier et le fœtus a plus d'aisance de mouvement ; le travail est donc relativement court et se déroule sans difficulté. En position postérieure, la partie de la tête présentée en premier est plus large, et le bébé doit effectuer une rotation plus importante pour descendre : le travail est plus long. Dès lors, il n'est pas nécessairement plus douloureux, mais il peut s'avérer pénible pour le bébé, qui peut, dans de rares cas, rester coincé. Si l'infirmière estime que le travail dure trop et que votre enfant commence à présenter des signes de souffrance, elle demandera l'avis d'un obstétricien. Selon le cas, l'équipe médicale optera pour un accouchement assisté ou une césarienne. Cette dernière option est fort probable si le bébé se présente en position transverse ou oblique au moment du travail.

37 semaines

Votre bébé est considéré **à terme** à 37 semaines. Si vous atteignez 41 semaines et 6 jours, votre accouchement risque fort d'être déclenché.

À 36 semaines, dois-je m'inquiéter si mon bébé est en siège ?

Il peut encore se retourner (certains changent de position quelques jours avant la naissance), mais votre équipe médicale vous parlera des options possibles.

Si la plupart des bébés se retournent la tête en bas vers 34 semaines d'aménorrhée, il est aussi normal qu'un bébé fasse la culbute quelques jours avant sa naissance, voire juste avant le travail. Si votre bébé a toujours la tête en haut à 36 semaines, votre obstétricien vous proposera de procéder à une *version par manœuvre externe* (VME) pour le retourner manuellement. S'il réussit, vous éviterez probablement une césarienne. Il vous parlera aussi des avantages et des inconvénients d'un accouchement par voie vaginale et d'une césarienne afin que, dans l'éventualité où votre bébé resterait en siège, vous puissiez faire un choix éclairé. Toutes les situations ne sont pas les mêmes, notamment parce que l'on distingue 3 positions de siège (voir ci-dessous).

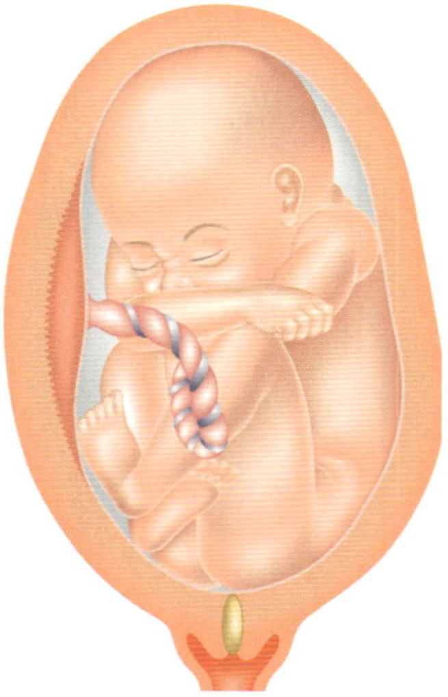

Siège complet (jambes fléchies) Assis en tailleur, il est recroquevillé sur lui-même, les fesses vers le bas, le menton et les genoux repliés sur la poitrine et les pieds croisés.

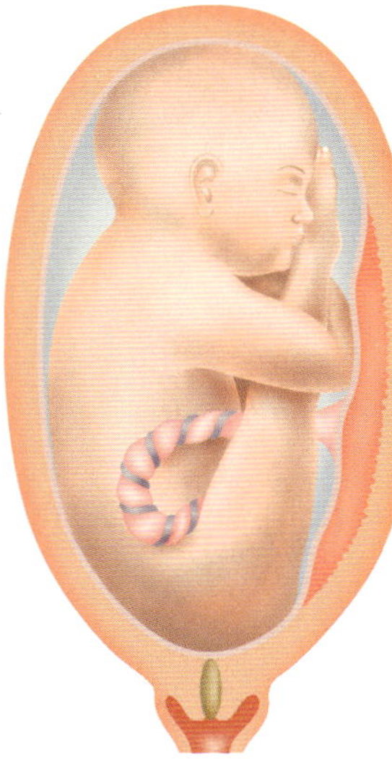

Siège décomplété (jambes tendues) Les fesses se présentent en premier, et les jambes sont relevées, les pieds en l'air. Il est possible que le bébé tienne ses genoux.

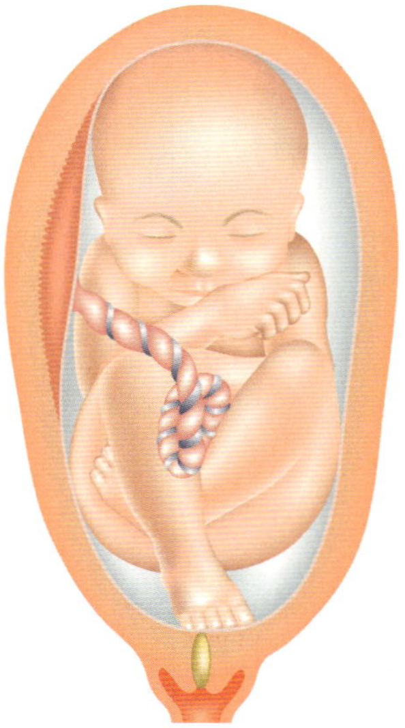

Siège semi-décomplété Le bébé présente les pieds en premier : il est assis en tailleur, mais tend un pied vers le bas, exerçant une pression sur le col de l'utérus.

Si mon bébé est en siège, puis-je le retourner ou un médecin doit-il s'en charger ?

Entre 36 et 37 semaines, on vous proposera une version par manœuvre externe (VME). Cette technique non invasive, pratiquée par un obstétricien, consiste à exercer une forte pression sur votre abdomen afin d'essayer de retourner le bébé en position céphalique (tête en bas). Bien que parfois un peu désagréable, elle ne présente aucun danger pour votre bébé ni pour vous, et s'avère efficace dans 50 % des cas. Lorsqu'elle fonctionne, la VME réduit le risque de césarienne. En outre, certaines positions entraînant une « bascule » du bébé vers le bassin pourraient lui offrir plus d'espace pour bouger. Si vous voulez forcer un peu la nature, agenouillez-vous, les fesses relevées, une joue contre le sol, ou allongez-vous sur le dos en plaçant un coussin sous les hanches pour les soulever, les genoux fléchis, les pieds bien à plat. Si l'efficacité de ces méthodes n'est pas scientifiquement prouvée, sachez qu'elles sont sans danger pour votre bébé. Veillez simplement à ne pas vous faire mal au dos ou à la nuque en les pratiquant. Vous pouvez également essayer la moxibustion, technique utilisée en médecine traditionnelle chinoise reposant sur la chaleur, et qui, dit-on, pourrait aider les bébés à se retourner. L'acupuncture, très populaire, est aussi une option à envisager.

Si mon bébé n'a pas la tête en bas, la césarienne s'impose-t-elle ?

Bien que, le plus souvent, la césarienne soit la solution la plus pratiquée si le bébé est en siège, un accouchement par voie vaginale est parfois possible. Si votre bébé se présente par les fesses, est de gabarit moyen, et que la largeur de votre bassin le permet, votre obstétricien vous permettra peut-être d'accoucher par voie vaginale, si vous le souhaitez. En revanche, si le bébé présente un pied ou un genou en premier, la césarienne est généralement l'option la plus sûre.

Seuls 3,5 % des accouchements se font par le siège. Si votre bébé ne semble pas vouloir « faire la culbute » de lui-même, votre obstétricien pourra essayer de le retourner en position céphalique par VME (voir ci-contre) au cours des dernières semaines. Cependant, s'il est en position transverse (en travers de l'utérus) et ne peut pas être retourné manuellement, la césarienne sera inévitable.

Le travail pourra-t-il se dérouler normalement si mon bébé se présente par le siège ?

Oui. Avec un bébé en position céphalique ou en siège, les premières phases du travail sont globalement les mêmes. Cependant vous serez beaucoup plus surveillée dans le second cas. Vous pourrez toujours marcher, mais le moniteur fœtal que l'infirmière ne manquera pas de brancher limitera un peu vos mouvements. Demandez si vous pouvez disposer d'un système de monitorage portable, et suivez les conseils de l'équipe obstétrique. Pendant le travail, videz régulièrement votre vessie (environ toutes les 2 heures), afin de laisser à votre bébé le plus d'espace possible pour adopter une position favorable.

Soyez **attentive aux mouvements de votre bébé** dans votre ventre. Signaler au médecin tout **changement dans son comportement** est important.

question ? réponse

Je sens que ça approche. Certains signes peuvent-ils m'indiquer que le début du travail est imminent ?

Avant même de ressentir les symptômes d'un travail en cours, votre corps vous signale que l'accouchement n'est qu'une question de semaines ou de jours. Il suffit de savoir identifier ces signes.

Le tableau ci-dessous répertorie les indications les plus fiables d'un travail imminent. Les différents signes sont organisés de haut en bas, des plus précoces à ceux qui exigent d'appeler l'hôpital. N'oubliez pas qu'il est impossible de prévoir la façon dont le travail va se dérouler pour chaque femme, et que de véritables signes peuvent apparaître et disparaître, alors que d'autres peuvent ne jamais se manifester. Écoutez votre corps et, rassurez-vous, vous ne pouvez pas passer à côté : quand vous serez en travail, vous le saurez ! En cas d'inquiétude ou de doute, n'hésitez pas à appeler votre médecin : il vous rassurera et vous dira quoi faire, si nécessaire.

SIGNES ANNONCIATEURS D'UN TRAVAIL PROCHE

SIGNE	SYMPTÔMES	ENCORE COMBIEN DE TEMPS À ATTENDRE ?	ACTION
Nidification	Une envie irrépressible de nettoyer, ranger, fabriquer, faire des courses ; un regain d'énergie ; un désir impérieux de protéger votre ventre et votre famille.	Des jours ou des semaines.	Essayez de ne pas trop en faire, et veillez à ce que chaque accès de vitalité soit suivi d'un repos de qualité ; mangez peu et souvent, et buvez beaucoup ; restez attentive aux autres signes de travail.
Sensation d'allégement	Une impression de pouvoir respirer plus aisément accompagnée d'une pression accrue sur la vessie ou le bassin.	Des jours ou des semaines.	Lors de votre prochain rendez-vous, parlez de cette sensation à votre médecin : il vérifiera la position de votre bébé.
Insomnie	Des difficultés à dormir malgré la fatigue.	Des jours ou des semaines.	Reportez-vous aux pages 114-115 afin d'obtenir des conseils pour dormir mieux et davantage.
Fausses contractions (contractions de Braxton Hicks)	Des tensions irrégulières de l'abdomen ; le ventre devient dur au toucher ; une sensation désagréable mais non douloureuse.	À l'approche du terme, la multiplication des fausses contractions, ou *contractions de Braxton Hicks*, indique certainement que votre corps se prépare au travail, mais n'annonce en rien un accouchement imminent.	En cas de doute ou d'inquiétude, si vous avez des saignements clairs ou des douleurs abdominales, ou si vous pensez avoir perdu les eaux (voir p. 206), appelez votre médecin. Ne craignez pas de l'alerter pour rien.
Lombalgies	Une douleur lancinante et persistante dans le bas du dos.	À l'approche du terme, ce type de douleur peut indiquer que le col de l'utérus commence à se dilater ; le travail peut se déclencher d'ici quelques jours, peut-être moins.	Appelez l'hôpital si ces dorsalgies s'accompagnent de douleurs, de crampes abdominales, ou de la perte du bouchon muqueux (voir p. 206) ; prenez de l'acétaminophène et détendez-vous en pratiquant une activité apaisante.
Diarrhées ou nausées	Des selles molles ou liquides, associées à une envie persistante d'aller aux toilettes ; des nausées voire des vomissements.	Sans que l'on sache pourquoi (peut-être en raison du pic de sécrétion d'hormones ou de la pression qu'exerce le bébé sur les intestins), beaucoup de femmes ont la nausée ou la diarrhée les jours précédant le travail. Assurez-vous que vos affaires sont prêtes, même si votre bébé peut attendre encore quelques jours.	Hydratez-vous, mangez peu et souvent ; appelez l'hôpital si les diarrhées ou les vomissements persistent plus de 24 heures.

question ? réponse

Mon ventre se durcit et j'ai une sensation de tension. Est-ce une contraction ?

Il s'agit peut-être de « fausses contractions », ou contractions de Braxton Hicks (du nom du médecin anglais qui les a décrites le premier). Si ces sensations de tension vont et viennent, sont irrégulières, de courte durée (pas plus d'une minute), ou plus fortes après un effort, si elles sont désagréables sans être vraiment douloureuses, et si vous ne présentez pas d'autres signes de travail (voir p. 206), il s'agit probablement de « fausses contractions » et non d'un travail actif. Elles surviendraient même tout au long de la grossesse, devenant de plus en plus perceptibles et fréquentes à l'approche du terme. Vous commencerez probablement à les ressentir au cours des 3 ou 4 dernières semaines. Si l'hypothèse la plus répandue consiste à dire que les « fausses contractions » contribuent à renforcer le tonus musculaire de l'utérus en vue des « vraies », certains scientifiques pensent qu'elles marquent, en fin de grossesse, le début de l'*effacement*, où le col s'ouvre et remonte, pour ne former qu'un avec le muscle de la paroi utérine.

question ? réponse Y a-t-il des moyens naturels de déclencher le travail ?

Il existe, dit-on, diverses « méthodes naturelles » pour déclencher le travail, mais les preuves scientifiques sont insuffisantes pour confirmer leur véritable efficacité. Néanmoins, si votre grossesse se déroule sans complication, si vous êtes à terme et que rien n'indique que votre bébé est en souffrance, vous pouvez toujours essayer ces techniques, en prenant soin toutefois d'en parler à votre médecin.

» La méditation et l'hypnose : le stress et l'angoisse entraînent la sécrétion d'adrénaline, qui indique au cerveau que le moment n'est pas opportun pour accoucher et inhibe la libération d'ocytocine, hormone impliquée dans le déclenchement du travail. La méditation et l'hypnose peuvent vous aider à vous détendre et à lever les obstacles neurologiques à sa sécrétion.

» Les rapports sexuels : les contractions de l'utérus pendant l'orgasme agiraient comme un catalyseur sur les contractions de travail. L'intimité elle-même, la proximité de l'être aimé en qui on a confiance, entraîne la sécrétion d'ocytocine. En outre, les prostaglandines contenues dans le liquide séminal assouplissent le col de l'utérus induisant ainsi le déclenchement du travail. Toutefois, si vous avez rompu la poche des eaux, n'ayez pas de relation sexuelle, car le risque d'infection est accru.

» La stimulation des mamelons : caresser doucement les mamelons en les faisant rouler entre le pouce et l'index favorise la sécrétion d'ocytocine. L'objectif étant de simuler la succion du bébé, cette approche exige d'être méthodique. Pour reproduire le schéma de l'enfant qui tète un sein pendant 20 minutes, puis l'autre quelques heures après, vous devrez stimuler votre poitrine au même rythme. Les effets nécessaires au déclenchement du travail pouvant prendre jusqu'à 72 heures, il vous faudra être très motivée pour que cela fonctionne !

» L'acupuncture : cette branche de la médecine chinoise traditionnelle consiste à piquer avec des aiguilles le corps d'un patient le long de *méridiens* (lignes énergétiques interconnectées qui déclenchent des effets physiques). Si certaines femmes jurent qu'elle peut déclencher le travail, aucune étude sérieuse n'a encore démontré son efficacité dans ce domaine. Si vous voulez essayer, adressez-vous à un praticien expérimenté dans la prise en charge des femmes enceintes, et parlez-en d'abord à votre médecin.

» L'homéopathie : on ne dispose d'aucune preuve formelle de son efficacité dans le déclenchement du travail. Si vous voulez prendre un remède homéopathique, consultez d'abord un homéopathe qualifié ayant l'habitude de prendre en charge les femmes enceintes. Avant toute chose, discutez-en avec votre médecin.

» Les plats épicés : les currys et autres plats pimentés stimulent la digestion et génèrent de la chaleur dans l'organisme. Beaucoup de femmes affirment que cette activité intestinale favorise le déclenchement du travail. Vous ne risquez rien à essayer (hormis peut-être quelques brûlures d'estomac et une indigestion !).

» L'ananas frais : riche en une enzyme digestive appelée broméline, il stimule la digestion qui elle-même favoriserait les contractions de l'utérus. Cependant, il est nécessaire d'ingérer plusieurs ananas entiers pour que le taux de broméline dans l'organisme produise ses effets. Vous avez donc plus de chances d'avoir une bonne diarrhée que d'accoucher dans les 24 heures qui suivent !

» Les remèdes à base de plantes médicinales : l'huile d'onagre et d'autres remèdes à base de plantes, comme la cimicifuga, favoriseraient le déclenchement du travail. Ne prenez jamais ce genre de produit sans le conseil d'un pharmacien expérimenté dans le domaine de la grossesse, et discutez-en toujours avec votre médecin.

» L'infusion de feuilles de framboisier : bien que les effets des feuilles de framboisier sur l'utérus soient démontrés, les médecins déconseillent leur utilisation en vue du déclenchement du travail, une surstimulation de l'utérus pouvant provoquer une souffrance du bébé.

question ? réponse Que signifie « la tête du bébé est engagée » ?

Lorsqu'il descend, le bébé engage la partie la plus large de sa tête dans la cavité formée par les os de votre bassin (ou *détroit supérieur du bassin*).

L'engagement se déroule de façon progressive, et débute généralement entre 34 et 36 semaines d'aménorrhée. Le bébé peut mettre plusieurs semaines à descendre et trouver méthodiquement sa position. Parfois, il attend le début du travail, laissant les contractions générer la pression dont il a besoin pour glisser dans la cavité pelvienne. Un gros bébé, une grossesse multiple, la présence d'un fibrome utérin ou encore un mauvais emplacement du placenta sont synonymes d'un engagement plus long. Il n'y a aucune corrélation entre le moment de l'engagement (précoce ou tardif) et le début du travail ou sa durée. Un bébé qui s'engage à 32 semaines n'a pas plus de chances de venir rapidement au monde qu'un autre qui attend que le travail ait commencé.

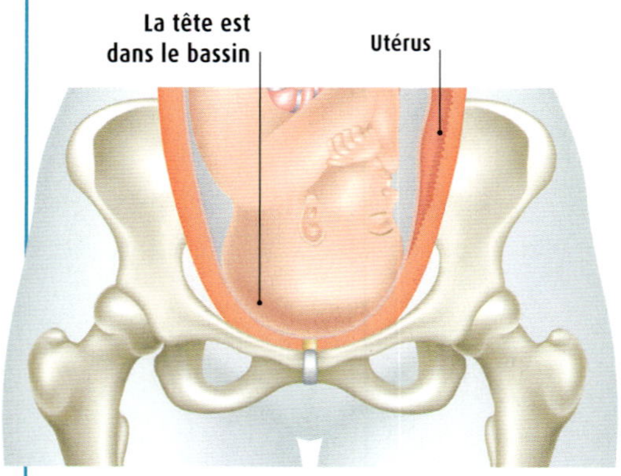

Avant l'engagement Le bébé a la tête au-dessus de votre bassin et peut la tourner ou la balancer.

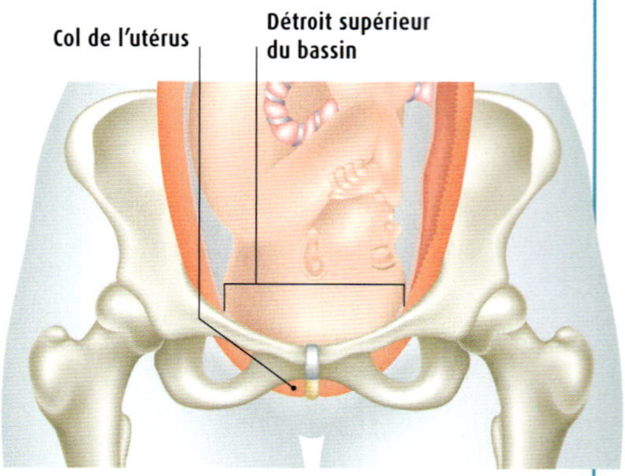

Après l'engagement La tête du bébé se trouve dans la cavité pelvienne, vous procurant une sensation de soulagement au niveau des poumons, mais aussi de pesanteur sur le pubis.

question ? réponse

J'ai atteint ma date prévue d'accouchement et on parle de déclencher le travail. Qu'est-ce que cela veut dire ?

Le déclenchement consiste à provoquer artificiellement le travail. On vous le proposera systématiquement si vous atteignez 41 semaines et 6 jours. Après 42 semaines, le placenta devient moins efficace et le risque de mortinatalité augmente. C'est pourquoi le déclenchement est fortement recommandé à ce stade.

L'équipe médicale vous expliquera pourquoi un déclenchement semble approprié dans votre cas, et vous présentera les options qui s'offrent à vous. Même si vous êtes à 41 ou 42 semaines, vous pouvez demander d'attendre, mais vous serez informée des risques et prendrez ainsi votre décision en connaissance de cause. Si vous acceptez le déclenchement, votre obstétricien ou votre sage-femme vous proposera de commencer par un décollement des membranes placentaires. Ce geste est réalisé en cabinet. Il consiste à introduire un index dans votre vagin et à décrire un mouvement circulaire de balayage au-dessus du col de l'utérus, contre la paroi utérine, afin de séparer les deux membranes qui enveloppent le bébé. Cela peut provoquer la stimulation hormonale nécessaire au ramollissement du col et au déclenchement naturel du travail dans la semaine suivante. Environ la moitié des femmes entrent en travail dans les 2 jours qui suivent un décollement des membranes. La procédure peut être répétée s'il n'y a aucune évolution au bout d'une semaine. Si cette technique est inefficace, un déclenchement médical sera proposé.

MÉTHODES DE DÉCLENCHEMENT MÉDICAL

Si le décollement des membranes placentaires ne déclenche pas le travail, on vous expliquera quelles sont les méthodes médicales envisageables dans votre cas.

	DE QUOI S'AGIT-IL ?	QUAND ET COMMENT ?	EFFICACITÉ
Prostaglandine	Hormone naturellement présente dans l'organisme, la prostaglandine induit la maturation du col de l'utérus. Un gel ou une sorte de tampon (Propess) contenant cette hormone est introduit dans votre vagin.	Cette procédure a nécessairement lieu à l'hôpital. Si le travail n'a pas débuté dans les 6 heures qui suivent l'administration du gel, la procédure sera renouvelée, sachant que vous ne pourrez pas recevoir plus de 2 doses. Si on vous a posé un « tampon », il vous faudra patienter jusqu'à 24 heures.	Des études montrent que si le col de l'utérus est déjà mature, un déclenchement par prostaglandine peut induire le travail dans les 24 heures.
Rupture artificielle de la poche des eaux	Également connue sous le nom de *rupture artificielle des membranes* ou *amniotomie*, cette technique consiste à percer intentionnellement la poche des eaux afin de déclencher le travail.	Elle vous sera proposée si l'administration de prostaglandine n'a pas eu d'effet. En raison du risque accru d'infection, ce geste a nécessairement lieu à l'hôpital. L'obstétricien percera le sac amniotique, à l'aide d'un *perce-membrane* ou *amniotome*.	Si le succès de ce geste n'est pas garanti, des études montrent que le travail se déclenche souvent dans les 24 heures lorsqu'il est associé à la prise d'ocytocine.
Ocytocine	Cette hormone, sécrétée par l'organisme de la mère lorsqu'il sent le bébé appuyer sur le col de l'utérus, déclenche le travail.	L'administration d'ocytocine est une méthode de déclenchement courante au Québec aujourd'hui. Elle s'effectue généralement par perfusion. Si la maturation du col par prostaglandine n'a eu aucun effet, on vous proposera un déclenchement par ocytocine.	Enfin, si cette dernière étape est sans succès, une césarienne sera inévitable.

question ? réponse

Je respire désormais plus aisément : mon bébé a-t-il changé de position? Est-ce mauvais signe?

Si le terme est proche, c'est plutôt bon signe. Votre bébé se prépare à naître et descend dans la partie inférieure de votre bassin, soulageant ainsi votre abdomen : vous vous sentez plus légère. Le fœtus étant plus bas, vos poumons ont plus d'espace pour se déployer et vous respirez plus aisément.

En revanche, vous ressentirez certainement une pression plus importante sur votre vessie, ce qui vous obligera à aller (encore) plus souvent aux toilettes.

question ? réponse

J'ai entendu dire qu'en cas de déclenchement, le travail est plus douloureux. Est-ce vrai?

Lors d'un travail naturel, le corps envoie au cerveau des signaux afin de provoquer la sécrétion d'endorphines, antidouleurs hormonaux qui aident à supporter le travail et l'accouchement. En cas de déclenchement, l'organisme ne bénéficie pas de cette préparation naturelle, qui dès les prémices encore imperceptibles du travail, induit la libération des endorphines nécessaires. Ainsi, de nombreuses femmes affirment qu'un travail provoqué est plus douloureux qu'un travail naturel. Ne vous inquiétez pas : un déclenchement ne restreint en rien les options qui s'offrent à vous pour soulager la douleur. Demandez donc à l'équipe médicale ce qu'elle peut vous proposer si vous avez du mal à gérer. Les statistiques montrent que les femmes dont le travail est déclenché sont plus susceptibles de demander une épidurale, et que le risque de recourir à une aide à l'accouchement est également supérieur (15 % de plus) (voir p. 222).

C'est à l'issue du travail que vous pourrez enfin tenir votre bébé. Bien qu'il se caractérise par des signes, des phases et des marqueurs spécifiques, **ce processus varie selon les femmes**.

Du prétravail à la délivrance

Déroulement du grand événement

Votre équipe médicale vous parlera des 3 phases du travail. La première est généralement la plus longue : elle commence par les premières contractions – et parfois la perte du bouchon muqueux (voir p. 206) qui indique que le col de l'utérus commence à s'ouvrir –, et se prolonge jusqu'à la dilatation complète du col. La deuxième phase se caractérise par la poussée de votre bébé à travers la filière pelvi-génitale pour le mettre au monde. La troisième consiste à expulser le placenta et les membranes : c'est la délivrance. En pratique, pour vous, le travail ne sera qu'un seul et même processus, qui débutera par quelques signes *a priori* anodins et se terminera par l'arrivée de votre bébé.

Écoutez votre corps

Si évoquer le travail en termes médicaux, en parlant de phases, de centimètres et de fréquence, est utile à votre équipe médicale, cela ne décrit pas vraiment ce qu'il représente pour vous. C'est un moment magique : celui où vous fondez ou agrandissez votre famille, celui qui marque le début d'une nouvelle vie, celui où votre corps accomplit sa mission la plus naturelle, la plus essentielle et la plus riche de sens.

Évidemment, vous vous posez beaucoup de questions : vais-je savoir « gérer » ? Vais-je « y arriver » ? Le travail va-t-il se dérouler comme prévu ? Rappelez-vous que les marqueurs cliniques ne sont pas des règles immuables et que chaque accouchement est unique ; évitez de vous demander sans cesse à quelle phase vous en êtes, quel est votre diamètre de dilatation, ou depuis combien de temps votre bébé montre des signes d'arrivée imminente. Écoutez plutôt votre corps, répondez aux signaux qu'il vous envoie, et concentrez-vous sur cet enfant que vous pourrez bientôt tenir dans vos bras. Le stress inhibant la sécrétion d'ocytocine, hormone qui déclenche les contractions, restez aussi calme que possible. Marchez, restez debout, asseyez-vous ou prenez appui sur un ballon : il est important que vous soyez à l'aise. Rien ne vous impose d'être allongée sur un lit, et si l'on doit vous mettre sous monitorage, vous pourrez toujours rester debout ou vous asseoir pour laisser la gravité vous donner un coup de pouce. Cet événement est le vôtre, ne l'oubliez pas.

question ? réponse

À quoi dois-je m'attendre pendant le travail ? Quelle est sa durée ?

Lorsque le corps entre en travail, il traverse une série d'étapes. Même si chaque travail est unique, sa progression suit un schéma qui aide l'équipe médicale à vous surveiller et indique que votre bébé ne va plus tarder.

Prendre appui sur un ballon vous aidera à être plus à l'aise pendant le travail.

Comprendre **l'évolution du travail** vous aidera à évaluer le moment où vous devrez **vous rendre à l'hôpital.**

L'ENGAGEMENT

En fin de grossesse, la tête de votre bébé descend dans la partie inférieure de votre bassin, ou « s'engage » (voir p. 202), en vue de l'accouchement. Pour un premier bébé, l'engagement survient généralement plus tôt, car les muscles utérins n'ont jamais été étirés et exercent une pression plus forte pour pousser le fœtus dans la cavité pelvienne.

Durée Ce signe avant-coureur peut survenir plusieurs semaines avant l'accouchement lors d'une première grossesse, ou parfois juste avant le début du travail chez les multipares.

Action À partir de 36 semaines, votre médecin palpera votre abdomen pour vérifier si la tête du bébé est engagée.

1re PHASE – LE TRAVAIL LATENT

La 1re phase du travail sert à ouvrir le col de l'utérus. Appelée *phase de latence*, elle se caractérise par des contractions irrégulières, relativement légères qui commencent à *effacer* le col, c'est-à-dire à l'affiner et à l'étirer. Le col se dilate alors jusqu'à 3 ou 4 cm. La douleur est forte mais supportable, semblable à des crampes menstruelles.

Durée Phase la plus longue, elle peut représenter jusqu'à 2/3 de la durée totale du travail, et prendre plusieurs heures lors d'une première grossesse. Cette étape est généralement plus courte chez les multipares.

Action En général, il est conseillé de consulter durant la phase de latence. Trouvez des positions confortables tout en restant active.

1re PHASE – LE TRAVAIL ACTIF ET LA TRANSITION

La deuxième partie de la 1re phase est appelée le *travail actif.* Elle se caractérise par des contractions régulières et intenses, que vous ne pouvez ignorer. Le col s'ouvre alors plus rapidement. Entre 7 et 9 cm de dilatation, commence la transition : les contractions deviennent plus fortes et vous avez envie de pousser. La 1re phase prend fin lorsque le col est complètement dilaté, à 10 cm.

Durée Pour un premier bébé, le col se dilate d'environ 1 cm par heure. Le travail actif peut progresser beaucoup plus vite si vous êtes déjà maman.

Action Chronométrez vos contractions et restez chez vous jusqu'à ce que les contractions soient moins espacées (toutes les 5 minutes environ) et durent 60 secondes.

2e PHASE

Elle commence lorsque le col est à dilatation complète et se termine par la naissance du bébé. Elle se caractérise par une forte envie de pousser car, sous l'effet des contractions, votre bébé appuie contre le plancher pelvien. Le moment venu, l'équipe médicale vous soutiendra et vous guidera, en vous encourageant à pousser au moment des contractions.

Durée La 2e phase du travail peut durer jusqu'à 3 heures, mais sa phase active, qui se termine par la poussée et l'expulsion du bébé, prend environ 30 minutes chez les nullipares. S'il ne s'agit pas d'une première grossesse, la 2e phase dure en général 2 heures ou moins, avec moins de 30 minutes de poussée.

Action Vous êtes presque au bout. Écoutez les encouragements de votre partenaire de naissance et laissez l'équipe médicale vous guider.

3e PHASE

La 3e phase consiste en l'expulsion du placenta et des membranes après la naissance du bébé. Ultime phase du travail, la *délivrance* du placenta peut se faire de façon physiologique (ou *naturelle*), ou être *dirigée* grâce à une injection d'ocytocine synthétique qui permet d'accélérer le processus.

Durée Chez les nullipares comme chez les multipares, une délivrance dirigée prend 5 à 15 minutes, tandis qu'une délivrance naturelle dure 20 à 30 minutes.

Action Il vous faudra peut-être pousser encore un peu plus pour expulser le placenta.

question ? réponse

Quels sont les signes annonciateurs du début du travail ? Que faire si je les ressens ?

Trois signes peuvent se manifester à l'approche d'un travail imminent. Vous ne les présenterez peut-être pas tous (certaines femmes n'en observent même aucun) mais, le cas échéant, parlez-en à votre médecin.

Savoir reconnaître les premiers signes de travail est un sujet de préoccupation très fréquent chez les futures mamans. Toutefois, votre expérience peut s'avérer très différente de celle d'autres femmes. Si les symptômes décrits ci-dessous sont annonciateurs d'un travail imminent, pour certaines, le travail peut durer plusieurs jours (voir p. 205), en particulier pour un premier bébé. Les premières contractions de travail indiquent que le col de l'utérus a commencé à s'assouplir et à s'affiner (ou s'*effacer*) afin de s'élargir pour permettre au bébé de passer à travers la filière pelvi-génitale. La durée de ce processus est très variable : écoutez votre corps et chronométrez vos contractions. La rupture de la poche des eaux survient généralement après l'apparition des premières contractions : si cela vous arrive avant, contactez votre médecin.

SIGNES DE TRAVAIL IMMINENT

	SYMPTÔMES	QUAND MON BÉBÉ VA-T-IL NAÎTRE ?	ACTION
Perte du bouchon muqueux	Écoulement vaginal jaunâtre ou brunâtre, le bouchon muqueux a une consistance visqueuse qui ressemble à un amas de glaire congelée de couleur beige, ou marbré de brun s'il est teinté de sang. Il peut être expulsé en une ou plusieurs fois.	Même si la perte du bouchon muqueux est un signe évident d'ouverture du col, le travail actif peut ne débuter que dans quelques jours voire quelques semaines s'il s'agit d'un premier bébé.	Contactez votre médecin. Il vous conseillera probablement de prendre un bain et de vous détendre, et d'être attentive à l'apparition des premières contractions. Toutefois, si vous avez des saignements rouge vif, que vous ne vous sentez pas bien ou que le bébé ne bouge pas, appelez immédiatement l'hôpital ou le 911.
Contractions de travail	Crampes douloureuses, semblables à celles ressenties pendant les règles, qui débutent dans la partie supérieure de l'abdomen et se diffusent vers le bas. Irrégulières et relativement espacées au début, ces contractions se rapprochent ensuite de plus en plus, pouvant durer 1 à 2 minutes.	Associées à la phase de latence, ces contractions peuvent indiquer que le travail actif débutera dans quelques heures à peine (ou moins), mais évoluent parfois lentement et peuvent durer plusieurs jours.	Appelez votre sage-femme si vous avez opté pour un accouchement à domicile. Sinon, restez chez vous jusqu'à ce que les contractions soient espacées de 10 à 5 minutes. Si vous saignez ou si vous perdez les eaux, partez à l'hôpital.
Perte des eaux (rupture de la poche des eaux)	Elle survient sous la forme d'un véritable flot ou d'un léger écoulement de liquide, qui peut vous faire penser à une fuite urinaire, le liquide amniotique ressemblant à de l'urine très claire.	Votre bébé n'arrivera peut-être que dans quelques jours mais, le sac amniotique étant rompu, il est exposé à un risque d'infection. Il est donc possible que les événements se précipitent un peu.	Appelez immédiatement votre médecin ou rendez-vous à l'hôpital. Votre bébé présentant désormais un risque d'infection, vous ferez l'objet d'une étroite surveillance. Ne prenez surtout pas de bain. Si le liquide amniotique est verdâtre, partez tout de suite à l'hôpital : il peut s'agir de méconium, selles produites par le fœtus.

question ? réponse

J'ai perdu le bouchon muqueux. Cela signifie-t-il que la 1re phase du travail a commencé ?

Si la perte du bouchon muqueux s'accompagne de contractions irrégulières, vous êtes probablement en phase de latence. Toutefois, ce n'est pas un signe de travail en soi : cela indique simplement que la situation évolue dans le bon sens. Le moment est venu d'être attentive à d'autres signes plus significatifs, notamment à l'intensité des contractions et son évolution dans le temps.

question ? réponse

Je pense que le travail a commencé et j'ai des nausées. Dois-je manger ?

Donner naissance à un bébé demande énormément d'énergie, et votre corps a besoin de carburant. En début de travail, la phase de latence (lorsque les contractions sont peu fréquentes et que vous êtes encore à l'aise pour bouger) est le moment idéal pour consommer quelques aliments nutritifs qui vous aideront à tenir le coup durant les stades plus intenses. Ceux qui contiennent des sucres lents (pâtes ou pain complets, flocons d'avoine, œufs et haricots) conviennent parfaitement. Une tartine de miel sur du pain complet est une bonne collation qui passe généralement bien. Si vous vous sentez trop mal pour prendre un repas complet, tournez-vous vers les aliments qui ont soulagé vos nausées ces derniers mois. Prenez régulièrement de petites collations riches en énergie et nutriments, au goût (et à l'odeur) neutre, comme les pommes de terre, le riz, les pâtes et la semoule. Pensez également aux amandes émondées, non grillées, qui sont très énergétiques. Restez bien hydratée et buvez beaucoup d'eau.

Que faire si, comme dans les films, je perds les eaux en plein supermarché ?

Certes le travail est imprévisible, mais sachez que dans 85 % des cas, la rupture de la poche des eaux intervient lorsque le col est complètement dilaté, au début de la 2e phase de travail. Vous n'auriez donc vraiment pas de chance si vous perdiez soudainement les eaux au beau milieu du supermarché. En outre, le plus souvent, le liquide amniotique s'écoule sous forme de filet ; vous pourrez donc vous rendre aux toilettes pour vérifier, sans que personne s'en aperçoive. Plus la tête de votre bébé est basse dans votre cavité pelvienne, moins la quantité de liquide qui s'écoule est importante. En effet, la position du fœtus force la majeure partie du liquide amniotique dans une sorte de « bulle » de liquide au-dessus de son corps. Mais cela ne signifie pas pour autant que le liquide ne peut pas s'écouler en un flot en début de travail. Si cela vous arrive en public, demandez de l'aide, asseyez-vous, puis rendez-vous à l'hôpital. Vous devrez être examinée et surveillée, votre bébé n'étant plus protégé des infections.

Comment chronométrer mes contractions ?

Vous devez mesurer non seulement la durée des contractions mais aussi l'intervalle entre chacune d'elles. Commencez à chronométrer dès que le haut de votre ventre (le *fond utérin*) se tend ; la contraction s'intensifie et devient plus douloureuse, poussant votre bébé. Vous aurez l'impression que la tension et la douleur se déplacent vers le bas et s'atténuent progressivement : cette phase plus « douce » de la contraction contribue à ouvrir la partie inférieure de l'utérus et à étirer le col. Lorsque la douleur atteint son niveau le plus faible, la contraction est terminée. Notez alors le nombre de secondes écoulées, ainsi que l'heure, afin d'évaluer la fréquence.

Ai-je besoin d'un chronomètre pour mesurer mes contractions ?

Non, une montre classique avec trotteuse suffit. Si vous avez un téléphone intelligent, sachez qu'il existe des applications gratuites très bien faites qui calculeront tout à votre place. Téléchargez-en quelques-unes pour voir laquelle vous convient le mieux ; faites-les également essayer à votre partenaire.

Que se passe-t-il lors d'une contraction ?

Les muscles de l'utérus se serrent (ou se *contractent*) pour ouvrir la partie inférieure du col dans un premier temps, puis pour expulser le bébé.

En début de travail, ou durant la phase de latence, vous ressentirez peut-être des contractions dans la partie inférieure de l'utérus. Semblables à de fortes douleurs menstruelles, elles déclenchent l'ouverture du col. Plus tard, pendant le travail actif, elles deviennent bien plus fortes : prenant naissance dans la partie haute de l'utérus (le fond utérin), elles se diffusent vers le bas. Elles ouvrent le col beaucoup plus rapidement, et contribuent à pousser le fœtus. Lors de la contraction, la circulation sanguine vers l'utérus est brièvement interrompue ; entre chacune d'elles, votre bébé est alimenté en oxygène, et vous pouvez ressentir une douleur résiduelle.

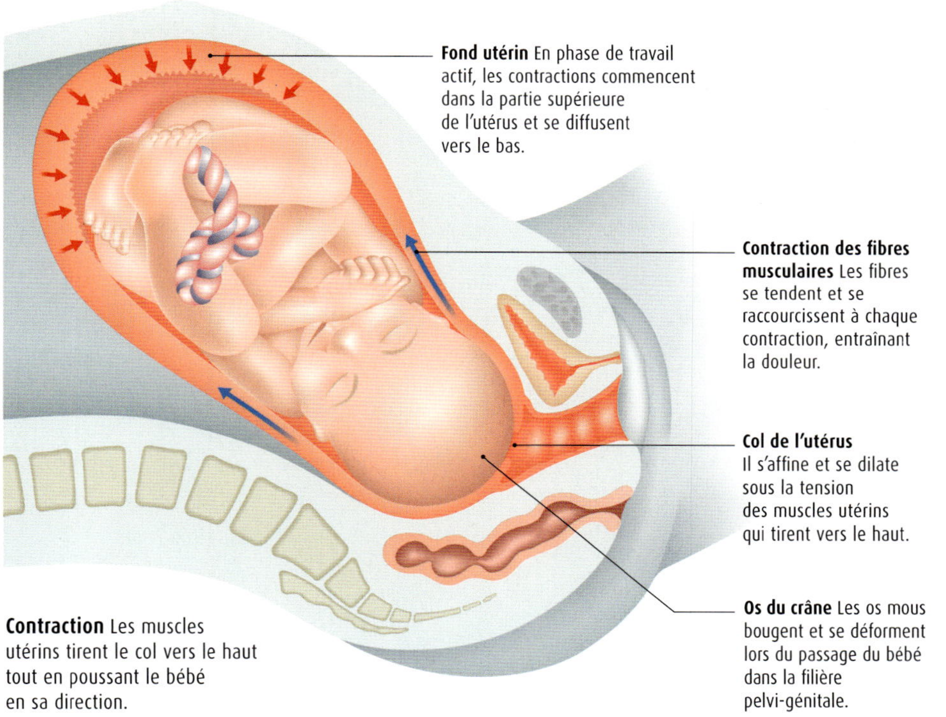

AUGMENTATION DE LA FRÉQUENCE DES CONTRACTIONS

En début de travail, les contractions surviennent toutes les 20 à 30 minutes et durent entre 15 et 30 secondes. Elles deviennent progressivement plus longues, plus fortes et plus fréquentes.

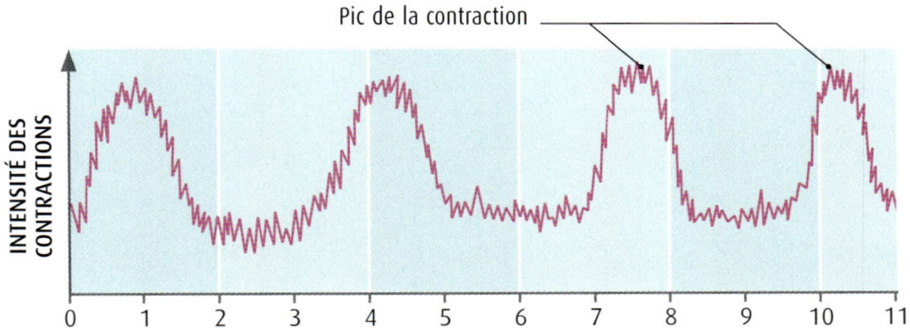

Les contractions régulières sont caractéristiques d'un travail qui se déroule normalement. Comme le montre le tracé, leur intensité augmente progressivement.

question ? réponse En tant que partenaire de naissance, quel est mon rôle ?

Des études montrent que moins une femme est angoissée au cours du travail, plus son accouchement est court et facile, et mieux elle le vit. Le partenaire de naissance peut donc aider la future maman à rester la plus calme possible, en lui offrant une aide pratique et un soutien affectif pendant le travail, tout en faisant lui-même preuve de sérénité.

En quoi garder mon calme peut-il aider ma partenaire ?

À mesure que les contractions de votre partenaire gagnent en intensité, son cerveau sécrète des endorphines, qui élèvent son seuil de tolérance à la douleur et l'aident à gérer le travail. À l'inverse, si elle est angoissée, son organisme libère de l'adrénaline qui signale à son cerveau un danger. Le corps décide alors que le moment est mal choisi pour accoucher, et inhibe la sécrétion d'endorphines et d'ocytocine, hormone qui contrôle les contractions, bloquant ainsi le travail.

Comment aider ma partenaire le mieux possible ?

Il existe de nombreuses façons de l'encourager et de faire en sorte qu'elle se sente bien (voir encadré ci-dessous). Mais vous devez avant tout savoir comment les choses se déroulent, et connaître ses préférences à propos du travail, de l'accouchement et de ce qui suivra. Pour être prêt le jour J, renseignez-vous sur le sujet (la progression du travail et ce que peut ressentir la future maman aux différents stades), et assistez aux séances de préparation à l'accouchement prévues en fin de grossesse. Demandez à votre partenaire quel est son plan de naissance, de façon à pouvoir intervenir à sa place si, le moment venu, elle est trop fatiguée ou préoccupée pour répondre aux questions ou en poser. Aucun de vous deux ne sait comment elle réagira : il vous faudra donc faire preuve de souplesse et vous tenir prêt à répondre à ses désirs, qu'elle accepte que vous la touchiez et la souteniez physiquement, ou préfère rester dans sa bulle, avec vous à ses côtés.

LE RÔLE DU PARTENAIRE DE NAISSANCE

Source de réconfort du début à la fin, le partenaire de naissance encourage la future maman et contribue activement à la sérénité des événements. Voici quelques conseils pratiques pour faire en sorte que tout se passe en douceur.

Les préparatifs

» Renseignez-vous sur le fonctionnement de l'établissement dans lequel votre partenaire va accoucher, des visites sont le plus souvent organisées.
» Apportez à votre partenaire de quoi manger et boire (il est important qu'elle reste bien hydratée tout au long du travail).
» Créez une ambiance agréable : par exemple, tamisez les lumières, mettez de la musique ou allumez des bougies.
» Massez le dos de votre partenaire pour la détendre et faites-lui couler un bain chaud.

Le grand départ

» Vers la fin de la grossesse, évitez l'abus d'alcool afin de pouvoir prendre le volant.
» Renseignez-vous sur les modalités de stationnement de l'hôpital (emplacement du stationnement, et s'il est payant ou non).
» Si vous n'avez pas de véhicule, ayez sous la main le numéro d'un taxi fiable.
» Demandez à votre partenaire où se trouvent son dossier de maternité et sa valise. Décidez ensemble à l'avance des modalités de garde de vos autres enfants.
» Ne partez pas pour l'hôpital au dernier moment.

Pendant le travail

» Pendant les contractions, respirez avec votre partenaire.
» Soutenez-la lorsqu'elle est debout.
» Si on lui propose d'intervenir, posez des questions pour qu'elle décide en connaissance de cause : quels sont les avantages et les inconvénients ?
» Si elle est trop fatiguée ou émue, faites entendre ses besoins et ses souhaits.
» Respectez l'avis de l'équipe médicale et reformulez ses instructions si votre partenaire semble ne pas les comprendre.
» Interprétez ses signes non verbaux : a-t-elle besoin de parler, de caresses, d'un massage ?
» Rassurez-la, soutenez-la et encouragez-la.
» Épongez son visage et proposez-lui de l'eau.
» N'oubliez pas de manger et de boire.

QUAND SE RENDRE À L'HÔPITAL

Votre rôle consiste notamment à chronométrer les contractions et à aider la future maman à déterminer le moment du départ.

Si elle a du mal à garder les idées claires, vous serez amené à estimer le moment du départ pour l'hôpital. Si les contractions sont irrégulières (bien que douloureuses), et qu'elle peut parler entre chacune, mieux vaut rester chez vous. Lorsqu'elles sont fortes, espacées de 5 minutes, et durent environ 60 secondes, il est temps de partir. Partez plus tôt si vous habitez loin de l'hôpital.

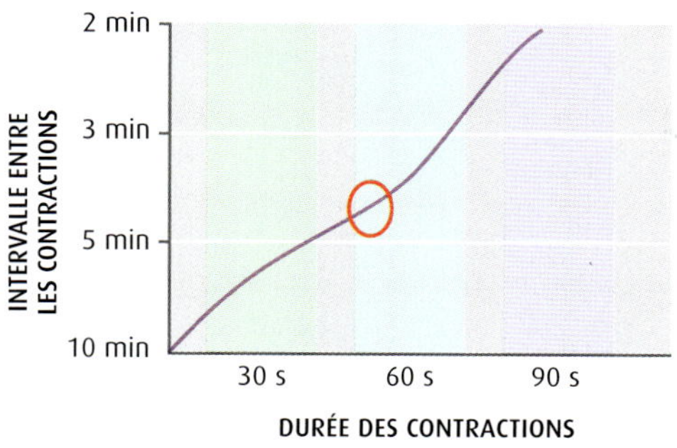

ACCOUCHEMENT INOPINÉ

Dans de très rares cas, le travail va si vite qu'il ne laisse pas à la future maman le temps de se rendre à l'hôpital. Si vous êtes avec votre partenaire et qu'elle ressent une envie irrépressible de pousser, vous devrez prendre les devants.

» Aidez-la à rester calme. Appelez l'hôpital.

» Demandez à votre partenaire où elle souhaite s'installer, montez le chauffage dans la pièce choisie et fermez la porte pour la maintenir à température. Rassemblez 4 serviettes propres et 2 ou 3 couvertures. Placez 2 serviettes pliées sous les fesses de votre partenaire. Trouvez un sac ou un contenant en plastique non percé pour y recueillir le placenta.

L'accouchement en lui-même

» Rappelez l'hôpital : une infirmière restera en ligne avec vous pour vous guider. (Activez le haut-parleur, car vous devrez avoir les mains libres.) Si vous voyez la tête du bébé, soutenez-la dès qu'elle commence à sortir. Vérifiez le cordon : s'il est enroulé autour du bébé avant l'expulsion complète, dénouez-le s'il est assez lâche. Sinon, attendez que le bébé soit totalement sorti pour le libérer.

» Encouragez votre partenaire à pousser sur chaque contraction. Une fois la tête, les épaules et enfin le corps sortis, placez le bébé sur le ventre de sa maman. Laissez le cordon intact, il devrait être assez long. Séchez le bébé, et enveloppez-le dans une serviette ou une couverture pour le garder au chaud. Ne tirez pas sur le cordon et n'essayez en aucun cas de le couper ou de le clamper. Il continuera à pomper le sang vers le bébé pendant environ 10 minutes après la naissance, puis les pulsations s'arrêteront. Laissez-le en place même après ce délai.

» Il faudra encore quelques contractions pour expulser le placenta et les membranes qui sortiront en même temps que le cordon et les membranes du sac amniotique. Cela provoquera un saignement, qui est normal. Placez le placenta dans un sac en plastique afin que le médecin puisse le vérifier. Gardez votre bébé au chaud, et restez calme.

Toucher apaisant Un massage des lombaires peut détendre votre partenaire en début de travail, et la soulager si les contractions entraînent des douleurs dans le bas du dos.

question ? réponse

Quelles sont les meilleures positions à adopter lors de la 1re phase de travail ?

Pour mieux la supporter, alternez positions actives et de repos. Si les premières favorisent la progression, les secondes vous offrent un répit entre deux contractions.

Suivez votre **instinct** et jugez si vous préférez **bouger, vous asseoir ou rester debout.**

En restant debout, vous aiderez votre bébé à descendre bien au fond de votre bassin et à appuyer sur votre col de l'utérus. Ceci ordonne à votre cerveau de sécréter davantage d'ocytocine, hormone qui stimule la survenue d'autres contractions. Plus que dans toute autre position, elles deviennent alors plus fréquentes, plus longues et plus efficaces : le travail est plus court que si vous étiez couchée. Marcher aide également votre bébé à descendre dans votre bassin et accélère donc le travail. Des études montrent que rester active au cours de la 1re phase réduit le recours aux antidouleurs ainsi que le risque de césarienne. Toutefois, la position couchée ou assise permet de récupérer entre chaque contraction : veillez néanmoins à ne pas rester trop longtemps immobile pour ne pas ralentir le travail.

Monter et descendre des escaliers vous permettra de rester active. Pensez à bien prendre appui sur la rampe.

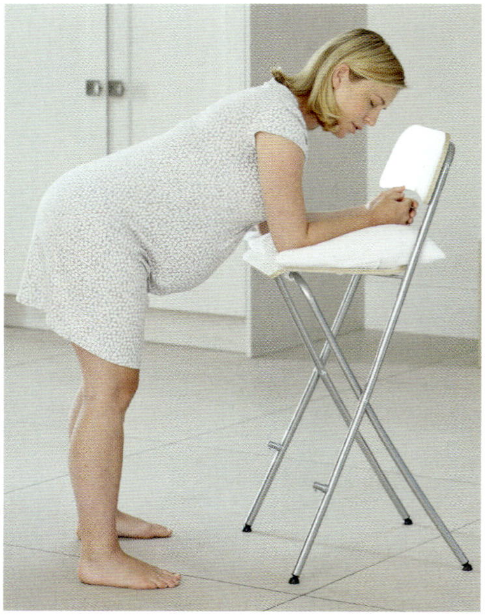

Debout, en appui sur un tabouret haut pour supporter votre poids. Pour plus de confort, placez un coussin sous vos avant-bras.

Debout, en appui sur un lit Particulièrement efficace lorsque le dos de votre bébé est orienté vers votre colonne vertébrale, cette position soulage les douleurs dorsales.

Debout, en appui sur un ballon qui soutient en grande partie votre poids. Cette position vous permet de rester debout, même si la fatigue se fait sentir.

À genoux, en appui sur un ballon qui vous soutient et vous permet d'effectuer des mouvements de rotation, d'un grand soulagement pendant les contractions.

Assise, en appui sur un panier à linge ou un tabouret
Reposez-vous dans cette position, afin de reprendre des forces entre deux séries de contractions.

À califourchon sur une chaise
Cette position favorisera l'ouverture de votre cavité pelvienne tout en vous permettant de récupérer.

À genoux sur un lit, dans les bras de votre partenaire qui vous apportera à la fois réconfort et soutien physique.

Debout, en appui contre votre partenaire qui peut soutenir votre poids. Vous vous sentirez ainsi proches l'un de l'autre, ce qui vous aidera à vous détendre.

Couchée sur le côté
Si le dos de votre bébé se présente face au vôtre, le fait d'être allongée sur le côté peut soulager la douleur et aider le fœtus à changer légèrement de position.

Allongée à moitié sur le ventre, le dos du fœtus vers le plafond
Si vous savez que votre bébé est orienté vers la droite, son dos face au vôtre, couchez-vous sur le côté gauche un court instant. Sous l'effet de la gravité, il peut adopter une position plus confortable.

question ? réponse

Quels sont les avantages d'un travail qui se déroule dans l'eau ? Quels en sont les risques ?

Les femmes dont le travail a lieu dans l'eau ont moins recours aux antidouleurs, sans doute en raison de son effet apaisant. L'amplitude (intensité) des contractions, elle, ne change pas, que la future maman soit ou non immergée. Grâce à la flottabilité, elle peut en outre changer plus facilement de position. Le travail en milieu aquatique ne présente aucun risque spécifique. L'infirmière pourra surveiller le rythme cardiaque fœtal à l'aide d'un moniteur étanche afin de s'assurer que votre bébé n'est pas en souffrance, et interviendra si nécessaire.

question ? réponse

À quel moment rentrer dans la piscine d'accouchement ?

Certains spécialistes conseillent de ne pas entrer dans la piscine avant 7 cm de dilatation. En effet, être dans l'eau plus tôt ralentirait les contractions et donc le travail. D'autres, en revanche, affirment que l'eau atténue la douleur et favorise la relaxation. Le travail serait ainsi plus efficace. Si vous utilisez la piscine d'accouchement à l'hôpital ou en maison de naissance, vous devrez respecter le protocole de l'établissement. Si vous êtes chez vous, vous pourrez entrer et sortir de l'eau quand bon vous semble. Assurez-vous toutefois que la température ne dépasse jamais 37,5 °C.

question ? réponse

Je veux être allongée sur un lit : cela rendra-t-il le travail plus douloureux ?

En position allongée, le bas de votre colonne vertébrale appuie sur la tête du bébé. Ainsi, lorsqu'il essaie de passer pour s'engager plus profondément dans votre bassin, la pression exercée à ce niveau est plus forte et le travail plus douloureux. Être allongée sur le dos réduit également l'espace dont disposent les os de votre bassin pour s'écarter et laisser glisser votre bébé, ce qui accentue la douleur. En outre, dans cette position, les contractions peuvent être plus douloureuses et moins efficaces, prolongeant ainsi le travail. Si vous devez vous allonger, ne vous mettez pas sur le dos mais sur le côté gauche. Bien que la position couchée soit la plus pratique pour l'équipe médicale, sachez que votre bébé pourra être surveillé même si vous êtes assise.

question ? réponse

Qu'est-ce que la *dilatation du col de l'utérus*? A-t-elle un effet sur le travail?

Pendant la grossesse, le col est pour l'utérus un épais socle musculaire, fermé. En début de travail, il commence à s'assouplir, à s'étirer et à s'*effacer*, puis il se *dilate* pour que votre bébé puisse passer par votre vagin et naître.

L'infirmière évaluera la progression du travail en vérifiant dans quelle mesure votre col est effacé, et son diamètre de dilatation (exprimé en centimètres). Ces changements débutent dès la 1re phase de travail (phase de latence), mais peuvent être lents car les contractions qui agissent directement sur le col de l'utérus sont irrégulières à ce stade. Si la dilatation stagne, vous aurez probablement l'impression que le travail ne progresse pas alors que le col peut encore être en train de s'affiner pour s'élargir davantage. La dilatation du col peut entraîner la perte du bouchon muqueux. Une fois le col dilaté à 3 ou 4 cm, la première phase du travail passe du stade latent au stade actif. Dès lors, les contractions deviennent plus fortes, plus longues et plus fréquentes, et ouvrent le col plus rapidement. Le col atteint sa dilatation complète à 10 cm : vous avez alors une forte envie de pousser.

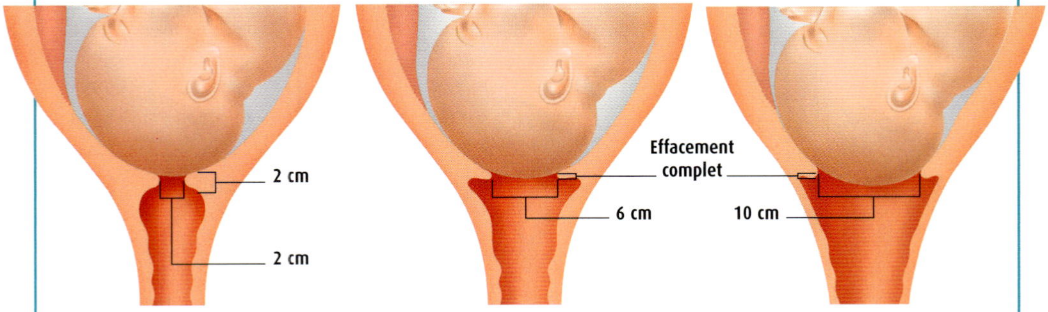

2 cm de dilatation Le col commence à peine à s'ouvrir. C'est le début du travail (phase de latence) et les contractions sont probablement encore assez irrégulières.

6 cm de dilatation Vous êtes en plein travail actif. Vos contractions sont fortes, régulières et de plus en plus douloureuses, vous demanderez peut-être un analgésique à ce stade.

10 cm de dilatation Votre col est complètement ouvert et vous avez l'impression que les contractions sont permanentes. Lorsqu'on vous donnera le feu vert, vous pourrez pousser.

question ? réponse

Quand appeler l'hôpital?

Vous pouvez appeler dès que vous commencez à ressentir des contractions fortes et douloureuses. Une infirmière vous posera des questions et vous demandera comment vous vous sentez afin d'évaluer la progression du travail. Au son de votre voix, elle comprendra tout de suite comment vous gérez la situation et réagissez aux contractions. Si ces dernières sont douloureuses mais irrégulières, et si vous devez accoucher à l'hôpital ou dans une maison de naissance, elle vous conseillera probablement de rester chez vous le plus possible et de prendre de l'acétaminophène ainsi qu'un bain chaud pour mieux supporter la douleur. Des études montrent que le travail progresse mieux si la future maman est dans un environnement confortable et familier, la relaxation et le repos stimulant la sécrétion d'ocytocine, qui favorise à son tour des contractions plus fréquentes et plus longues.

Lorsque vos contractions surviendront toutes les 5 minutes et dureront au moins 60 secondes, il sera temps de partir pour l'hôpital. Où que vous ayez prévu d'accoucher, appelez immédiatement l'hôpital si vous perdez les eaux ou constatez un saignement.

Si vous êtes inquiète, n'hésitez pas à rappeler même si on vous a déjà dit de patienter : les infirmières ont l'habitude de rassurer et d'accompagner les futures mamans en début de travail.

question ? réponse

Mon travail est très lent et marque des pauses : que se passe-t-il?

Le travail n'est pas une science exacte. Si, pour certaines femmes, il peut être relativement rapide et n'être l'affaire que de quelques heures, pour d'autres il peut durer plusieurs jours. Au début, il est normal que le travail s'interrompe puis reprenne, notamment s'il s'agit d'un premier bébé. Ce sont la fréquence de vos contractions, leur intensité et leur longueur qui déterminent le moment où vous passez de la phase de travail latent à celle de travail actif.

question ? réponse

Que faire si mon bébé arrive trop vite pour me laisser le temps de me rendre à l'hôpital?

Il est très rare que ce soit le cas pour un premier bébé. Si vous pensez vraiment que le travail progresse trop rapidement pour pouvoir vous rendre à l'hôpital, restez calme. Appelez tout d'abord le département de la maternité afin que l'on vous envoie du secours, puis prévenez votre partenaire de naissance. Si vous êtes seule, demandez à un parent, un ami ou un voisin de venir vous aider. Rassemblez des serviettes, des couvertures et un sac en plastique, et installez-vous dans une pièce chaude et sans courant d'air. Si vous avez très envie de pousser, essayez de ralentir les choses en vous mettant à quatre pattes, les avant-bras en appui sur le sol et les fesses en l'air : cette position soulage la pression exercée sur le périnée. Si l'envie de pousser est irrépressible, allez-y et voyez si vous pouvez sentir la tête du bébé. Après l'expulsion, placez-le sur votre ventre pour le garder au chaud, séchez-le avec une serviette et couvrez-le. Laissez le cordon intact jusqu'à ce que les secours arrivent. Lorsque vous avez à nouveau envie de pousser, suivez votre instinct et expulsez le placenta, que vous placerez dans un sac en plastique.

question ? réponse

Que se passera-t-il lorsque j'arriverai à l'hôpital?

À votre arrivée, vous serez admise dans le service d'obstétrique. Puis, si vous semblez être en phase active, on vous installera dans une salle de travail ou bien en chambre ou dans un box afin qu'une infirmière puisse vérifier la progression (voir ci-contre). Si votre examen indique que vous êtes encore en tout début de travail, il est possible que l'on vous demande de rentrer chez vous et de revenir plus tard.

question ? réponse Comment l'infirmière pourra-t-elle évaluer la progression du travail ?

Dès votre arrivée à l'hôpital ou à la maison de naissance, vous serez examinée afin de déterminer le stade du travail et votre état général. L'infirmière prendra votre température et votre tension artérielle (elle vérifiera ces constantes toutes les 4 heures pendant toute la durée du travail), et vous demandera certainement un échantillon d'urine. Entre les contractions, elle effectuera un examen de votre abdomen pour s'assurer que la tête du bébé est engagée et évaluer sa position, ou *présentation* (voir p. 199), afin de déterminer l'imminence de la naissance. Si l'infirmière pense que vous êtes en phase de travail actif, elle procédera à un examen vaginal pour en avoir le cœur net et estimer le diamètre de dilatation de votre col (voir l'encadré ci-contre). Cet examen sera réalisé environ toutes les heures, en vue de contrôler la progression du travail.

question ? réponse Pendant le travail, mon bébé sera-t-il surveillé ?

Le rythme cardiaque de votre bébé sera contrôlé tout au long du travail, généralement de façon intermittente, afin de s'assurer qu'il va bien. L'infirmière utilisera un appareil doppler portatif, qu'elle posera sur votre abdomen pour capter le rythme cardiaque de votre bébé. On vous proposera peut-être un monitorage continu par cardiotocographie (CTG), afin de mesurer à la fois le rythme cardiaque fœtal et la fréquence des contractions. Deux dispositifs seront alors maintenus sur votre ventre par des sangles, vous empêchant de vous éloigner des appareils. Les résultats seront imprimés sous forme de graphe. S'il est difficile de capter le rythme cardiaque du bébé, votre équipe médicale aura peut-être recours à un monitorage interne qui consiste à faire passer une électrode reliée à un câble à travers le col de l'utérus pour la poser sur le cuir chevelu du bébé (ceci est indolore pour lui). Il ne s'agit pas d'une procédure de routine et l'équipe médicale vous expliquera pourquoi elle est recommandée dans votre cas.

question ? réponse Puis-je commencer à pousser dès que j'en ressens l'envie ?

Il est important d'attendre le feu vert de l'infirmière avant de commencer à pousser. Vers la fin de la 1re phase, lorsque votre col est dilaté entre 7 et 9 cm, commence la phase de transition (voir encadré ci-dessous). Il est possible que vous ressentiez une forte envie de pousser à ce stade. Or, si vous le faites avant d'être à dilatation complète, le col, qui n'est pas prêt à laisser passer le bébé, peut enfler au moment où sa tête appuiera dessus, ce qui peut compliquer considérablement le travail. Si l'infirmière estime que le moment n'est pas opportun, elle vous invitera à haleter puis à expirer lentement, afin de calmer votre envie de pousser. Elle peut également vous demander de vous asseoir, les genoux contre la poitrine. Le soulagement de la douleur, par une épidurale par exemple, peut également ralentir les choses. L'infirmière jugera si cette option est judicieuse à ce stade, ou s'il vaut mieux laisser faire les choses.

question ? réponse Des différentes phases du travail, qu'est-ce que la *transition* ?

Ce terme décrit la fin de la 1re phase de travail, lorsque le col de l'utérus atteint sa dilatation complète, marquant ainsi le début de la 2e phase.

Pendant la transition, vous ressentirez dans le bas du dos une forte pression, douloureuse et continue, qui se diffusera vers le bas, et une pesanteur sur le périnée car le bébé pousse contre le col de l'utérus. Ceci permet de libérer encore davantage d'hormones pour aider le col à gagner les quelques centimètres qui lui manquent pour être totalement dilaté (9 à 10 cm).

Toutefois, même si ce stade n'implique pas de changements physiologiques caractéristiques, vous (et en particulier votre partenaire de naissance et l'infirmière) saurez que vous êtes entrée en phase de transition car vous constaterez un certain nombre de changements dans votre comportement, dont voici la liste.

VOTRE COMPORTEMENT

» **Vous pourriez paniquer** ou devenir subitement angoissée et effrayée.

» **Vous semblerez peut-être** désorientée et confuse.

» **Vous vous mettrez peut-être à crier** ou à rabrouer votre partenaire de naissance alors qu'il tente de vous apaiser.

» **Vous pourrez demander un analgésique** alors que vous pensiez ne pas vouloir y recourir.

» **Vous affirmerez peut-être** ne plus pouvoir continuer.

» **Vous pourriez vous renfermer sur vous-même,** mutique et somnolente.

VOS SENSATIONS

» **Vous aurez peut-être des nausées** ou vous sentirez faible.

» **Il est possible que vous ayez des frissons.**

» **Vous aurez peut-être l'impression que vos contractions** se rapprochent ou ne s'interrompent jamais.

» **Vous aurez probablement une envie impérieuse** de pousser.

» **Vous constaterez peut-être** que vous perdez du sang.

Il est préférable que votre partenaire s'informe **sur vos changements éventuels de comportement** afin qu'il ne soit pas surpris !

Je sais que la naissance marque la fin de la 2e phase du travail. Mais que se passe-t-il au cours de cette étape ?

Intense, cette phase est aussi la plus excitante car elle se termine par l'arrivée du bébé. Malgré la fatigue, beaucoup de femmes puisent alors l'énergie nécessaire dans d'idée de pouvoir l'aider activement à naître et la perspective de sa rencontre imminente.

La 2e phase commence lorsque le col est à dilatation complète (10 cm) et se termine par l'expulsion du bébé. Une fois la transition (voir p. 213) passée, les signes caractéristiques de cette étape se manifestent. Vous allez ressentir, au niveau du périnée (la portion de peau et de muscle située entre l'anus et le vagin), une envie irrépressible de pousser, les contractions pressant votre bébé contre le plancher pelvien. Cette pesanteur, due à une hypersécrétion d'ocytocine provoquée par *le réflexe de Ferguson*, signifie que le bébé a atteint les muscles du plancher pelvien. Alors que le fœtus appuie sur les récepteurs sensoriels de cette région, ces derniers signalent au cerveau que le moment de l'expulsion est venu. Une fois la dilatation complète confirmée par l'infirmière, vous pourrez pousser. Les messages envoyés à votre cerveau lui indiquent d'abaisser le diaphragme et de contracter les abdominaux, renforçant ainsi l'action de vos muscles utérins. L'ensemble de votre corps œuvre désormais pour aider votre bébé à progresser à travers votre bassin.

Torsions et rotations

Le passage de votre bébé à travers la filière pelvi-génitale et sa venue au monde impliquent un ensemble de mouvements appelés *mécanismes du travail*. En effet, le fœtus ne descend pas directement, mais doit effectuer plusieurs mouvements de torsion et de rotation afin de pouvoir traverser votre squelette sans encombre. Ainsi, la durée de la 2e phase du travail dépend de la position du bébé dans la filière pelvi-génitale et de sa facilité à se mouvoir dans l'espace que lui offre votre bassin. Vous ressentirez une certaine satisfaction

L'ACCOUCHEMENT

Alors que les contractions poussent votre bébé vers le bas, celui-ci tourne plusieurs fois sur lui-même afin de progresser à travers votre bassin et sortir par votre vagin.

1 **Votre bébé descend** progressivement à travers votre bassin grâce aux contractions. Sa tête est légèrement inclinée vers sa poitrine, ses bras et ses jambes sont rentrés, afin de faciliter son passage à travers la filière pelvi-génitale.

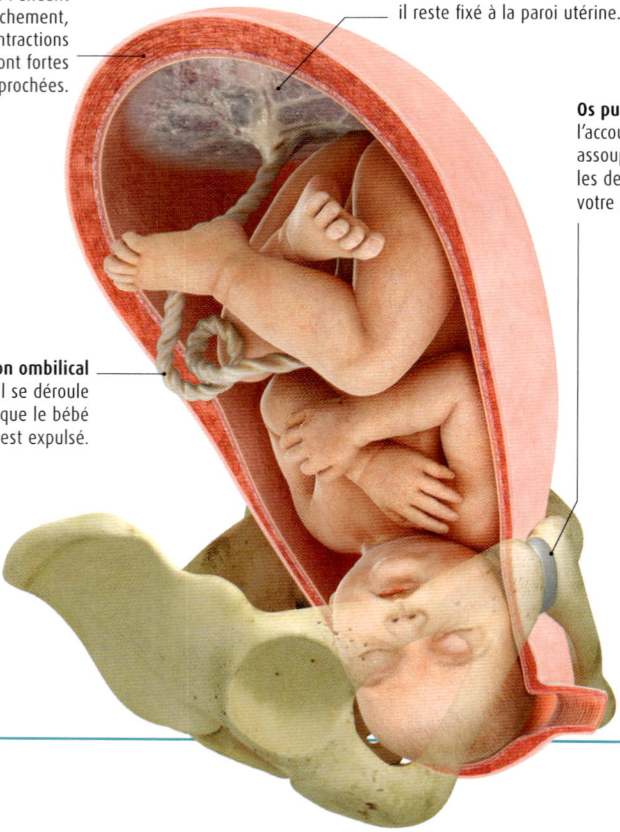

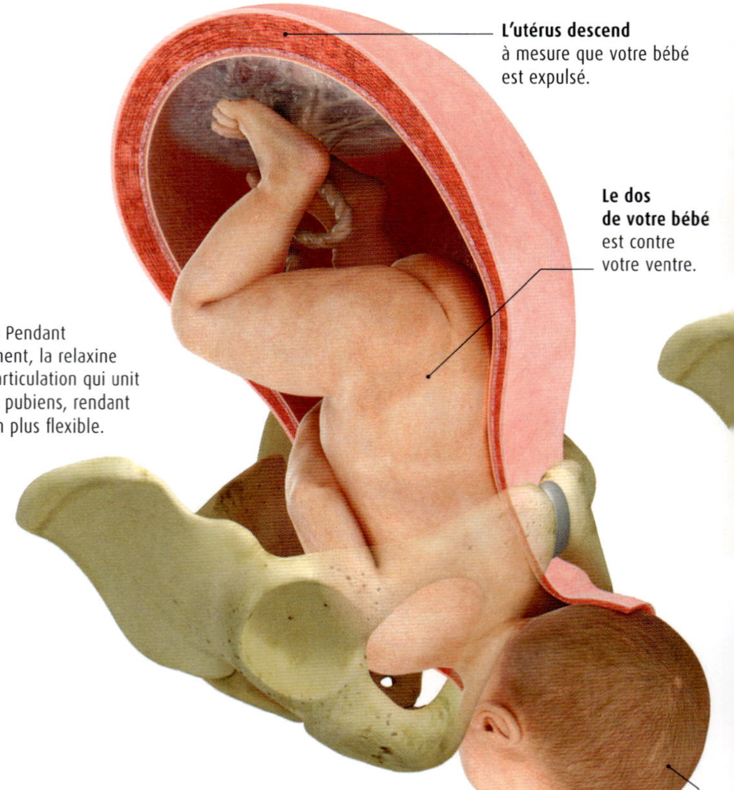

2 **Le *couronnement*** décrit le moment où la tête de votre bébé commence à sortir. Le reste de son corps suivra assez rapidement, la tête, qui a déjà « ouvert la voie », constituant la partie la plus large.

à chaque poussée, vous rapprochant chaque fois du grand moment.

Le couronnement et l'expulsion

À mesure que le travail progresse et que le bébé appuie sa tête contre le plancher pelvien, il effectue une rotation de 45°, de sorte que son visage soit face à votre colonne vertébrale. Cette position lui permet de loger sa tête sous l'*arcade pubienne* (arche formée par deux os du bassin). Le moment où la tête passe à travers ces os et sort de votre vagin est appelé le *couronnement*. Il est possible qu'il provoque une sensation de brûlure : c'est le *cercle de feu*. À ce stade, le bébé effectue une nouvelle rotation de 45° afin de pouvoir passer ses épaules à travers votre bassin, sa tête tournant également. Elles sont alors dégagées à leur tour, puis le reste du corps suit.

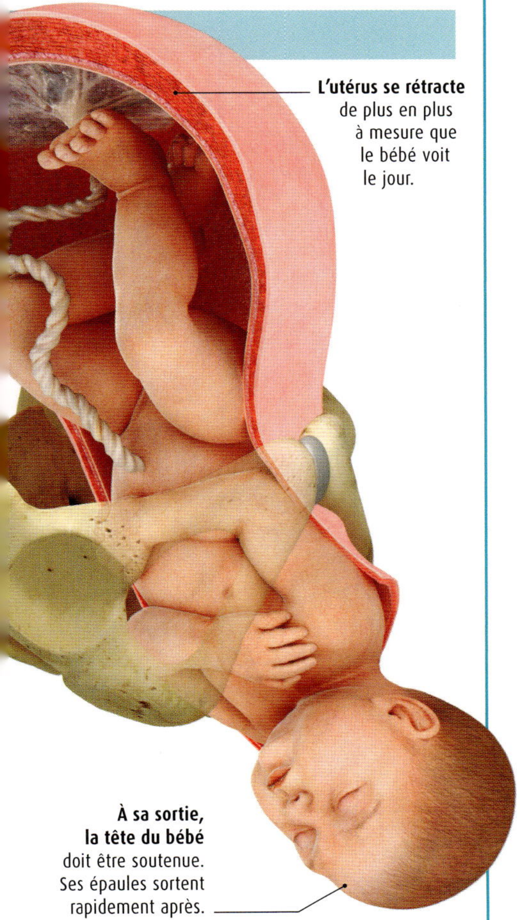

3 Une fois la tête dehors, le reste du corps ne tarde pas à sortir. Ses épaules sont dégagées l'une après l'autre, rapidement suivies par le reste du corps.

La position choisie peut-elle faciliter l'accouchement ?

Certaines positions ouvrent naturellement le bassin et sont donc plus efficaces pour accoucher. Mais l'essentiel est de choisir la plus confortable pour vous.

Durant la 2ᵉ phase du travail, plus vous restez debout, plus la gravité facilitera la descente de votre bébé. La position accroupie est l'une des plus efficaces pour accoucher. Présentant tous les avantages de la verticalité (voir p. 211), elle ouvre en outre les os du bassin, offrant à votre bébé l'espace nécessaire pour passer facilement. Certains spécialistes pensent que rester debout pendant le travail et accoucher accroupie peut réduire la durée du travail d'environ 1 heure. Si vous voulez être accroupie pendant les derniers stades du travail, vous devrez avoir de bonnes cuisses ! Demandez à votre partenaire de naissance de passer ses bras sous vos aisselles pour vous soutenir afin de soulager la contrainte exercée sur vos muscles. Vous pouvez également vous tenir à quatre pattes ou à genoux, auquel cas vous aurez besoin d'un appui physique car cette position nécessite un bon équilibre. Si votre bébé est sous monitorage, vous serez peut-être obligée de rester sur un lit : suivez les conseils de l'infirmière.

Accroupie avec soutien Votre partenaire peut se mettre derrière vous pour vous aider. Vous pouvez aussi vous positionner face à lui, les mains autour de son cou, alors qu'il vous soutient fermement sous les bras.

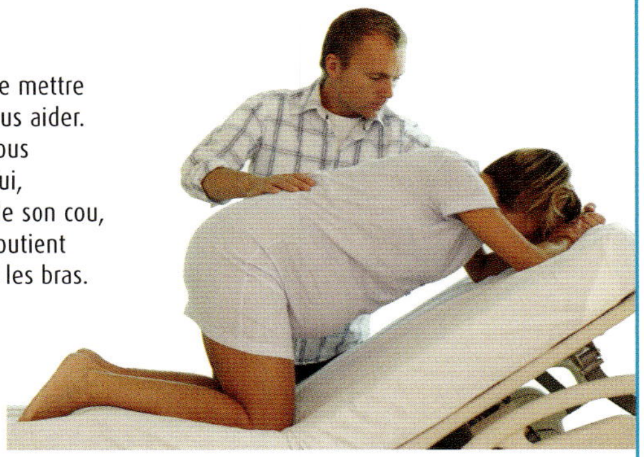

À quatre pattes Installez-vous sur un lit ou sur le sol. Dans cette position, votre partenaire de naissance peut vous soutenir et vous masser le dos.

Combien de temps va durer la poussée ?

Cela dépend surtout de s'il s'agit d'une première grossesse ou non. En effet, entre le début de la 2ᵉ phase et la naissance, il peut s'écouler jusqu'à 3 heures pour un premier bébé, contre 2 heures au maximum pour un deuxième. La position du fœtus a également une incidence sur la durée de l'accouchement. L'infirmière restera avec vous tout au long de cette étape : écoutez-la bien pour savoir ce qui se passe et quand pousser. Dès lors, elle évaluera la progression en vous examinant, et surveillera le rythme cardiaque du bébé. Certaines femmes s'inquiètent de ces contrôles fréquents, craignant qu'ils ne présagent rien de bon, mais ils sont tout à fait normaux, au contraire. Rappelez-vous que la 2ᵉ phase n'est pas une question de durée mais de progression : tant que votre travail évolue, même s'il semble lent, tout va bien pour vous et votre bébé.

Que puis-je faire pour accélérer l'accouchement ?

Rester debout peut contribuer à ce que le travail aille plus vite, mais la rapidité n'est pas toujours ce qu'il y a de mieux. Lorsque le travail est contrôlé et bien géré, le périnée s'étire, préservant les muscles du plancher pelvien et diminuant le risque de déchirure ou d'épisiotomie (voir p. 217). Écoutez votre corps. Respirez en poussant pour donner plus d'aisance à votre bébé dans la filière pelvi-génitale ; retenir votre respiration, en revanche, le tire vers le haut. Arrêtez de pousser à mesure que la contraction s'atténue. Votre bébé recule alors un peu, mais chaque poussée le fait doucement progresser.

En position accroupie, la gravité joue en votre faveur. Votre sage-femme et votre partenaire peuvent vous offrir un soutien physique.

Les **encouragements et le soutien** de votre partenaire de naissance sont essentiels, vous donnant la force de pousser.

question ? réponse Si la position accroupie facilite l'accouchement, pourquoi voit-on le plus souvent les femmes couchées sur le dos ?

Pour des raisons de confort pour l'équipe médicale, au Québec, les femmes accouchent traditionnellement à demi allongées sur un lit. Cependant, certains hôpitaux encouragent aujourd'hui les futures mamans à choisir la position qui leur convient le mieux. Il est généralement reconnu que le *décubitus dorsal* n'est pas nécessairement la position la plus confortable et la plus efficace pour accoucher. Il existe d'autres positions, plus physiologiques : debout, accroupie ou à quatre pattes. À la verticale, vous bénéficiez des effets de la gravité qui favorisent la progression du travail. Bien que ne protégeant pas des déchirures, cela réduit le risque d'épisiotomie et d'accouchement assisté. Les tabourets ou les chaises d'accouchement offrent les mêmes avantages (voir encadré, en haut à droite).

Bien que reposante, la position allongée peut ralentir le travail, car elle ne vous permet pas de profiter de la gravité. Votre dos devra être relevé afin de ne pas trop comprimer vos vaisseaux, et éviter ainsi de diminuer votre débit sanguin et celui du bébé. Pour l'infirmière, la position allongée s'avère plus pratique pour vous examiner et surveiller votre bébé ; elle permet notamment de brancher un moniteur, bien que cela soit également possible si vous êtes assise.

En revanche, accoucher sur un lit a pour avantage de permettre au médecin de poser votre bébé sur votre ventre immédiatement après sa naissance, sans que vous ayez à vous déplacer pour trouver une position confortable et stable, ce qui peut s'avérer compliqué si vous vous sentez un peu « sonnée » après l'effort de l'accouchement.

question ? réponse J'envisage d'accoucher dans l'eau. Est-ce vraiment sans risque et devrai-je sortir de l'eau pour pousser ?

Accoucher dans l'eau est parfaitement sûr. Bien que de nombreux parents se demandent si le bébé ne risque pas de se noyer, sachez qu'un accouchement dans l'eau ne présente pas plus de risques (de noyade ou de toute autre complication) qu'un accouchement classique. Si votre bébé naît dans une piscine, il continuera d'être alimenté par le cordon ombilical laissant ainsi au médecin tout le temps de le sortir de l'eau avant qu'il ait le réflexe de respirer. Si vous êtes inquiète, vous pouvez sortir du bassin au moment de l'expulsion.

---

question ? réponse Je voudrais accoucher allongée sur le côté. C'est possible ?

Tout à fait. Vous allonger sur le côté est une très bonne alternative si l'effort imposé par la position accroupie ou debout pendant la 2e phase du travail vous décourage un peu. Des études montrent que,

Le saviez-vous ?

Si vous êtes fatiguée, une chaise d'accouchement est une excellente alternative à la position allongée. La gravité favorisera le travail, sans que vous ayez à puiser dans vos réserves pour rester debout. Le bébé passe à travers l'assise en U, grâce à laquelle l'infirmière peut aussi vous examiner. Les tabourets d'accouchement, très semblables, n'ont pas de dossier, ce qui permet à votre partenaire de s'asseoir derrière vous pour vous soutenir, vous masser et vous réconforter.

par rapport à un accouchement sur le dos, la position latérale réduit le risque d'épisiotomie et d'accouchement assisté, et accélère moins le rythme cardiaque du fœtus. Lorsque vous êtes allongée sur le côté, votre bassin s'ouvre (comme en position accroupie), facilitant ainsi le passage du bébé.

question ? réponse

Si je suis sous monitorage, devrai-je rester allongée ?

Tant que votre position ne crée aucune interférence avec les électrodes et les câbles posés sur votre ventre, vous pouvez rester assise. Il est également possible de vous mettre à quatre pattes, ou à genoux en prenant appui sur les épaules de votre partenaire de naissance. Être sur un lit ne signifie pas nécessairement que vous devez rester allongée. Cela dépend aussi des habitudes de l'hôpital.

question ? réponse

Si je suis sous épidurale, serai-je obligée d'être allongée pour accoucher ?

L'épidurale supprimant toute sensation dans la partie inférieure du corps à partir de la taille, vous devrez sûrement rester allongée. Dans certains hôpitaux, l'équipe médicale surveille étroitement son administration afin d'en laisser se dissiper les effets à l'approche de la poussée, avec le consentement de la future maman. Ceci lui permet de se laisser guider par son corps au moment d'expulser le bébé. L'infirmière vous indiquera les positions que vous pouvez adopter sans risque si l'on vous aide.

question ? réponse

Une déchirure est-elle systématique et aurai-je des points de suture si cela m'arrive ?

Environ 85 % des femmes subissent une lésion du périnée (déchirure ou épisiotomie) lors de l'accouchement (voir ci-dessous). Le degré de la déchirure est déterminé en fonction du traumatisme induit.

» **Une déchirure du 1er degré** est une lésion superficielle du vagin, qui ne concerne qu'une surface réduite du derme et de l'hypoderme, et ne nécessite, dans la plupart des cas, aucune suture.

» **Une déchirure du 2e degré** est plus profonde et touche les muscles du périnée. Le médecin suturera probablement la lésion et vous aurez besoin d'analgésiques pour soulager la douleur pendant quelques jours.

» **Une déchirure du 3e degré** touche le sphincter anal, et constitue un traumatisme important. Elle nécessite l'intervention d'un obstétricien en bloc opératoire, généralement sous épidurale ou rachianesthésie. Cette lésion peut entraîner une incontinence fécale transitoire, le temps que tout se remette en place. La cicatrisation peut prendre plusieurs semaines.

» **Une déchirure du 4e degré** est rare. Elle touche non seulement le sphincter anal, mais également la paroi musculaire du canal anal. Suturée en bloc opératoire, ce type de lésion peut entraîner une incontinence fécale temporaire, et cicatrise généralement en quelques semaines. Votre médecin et votre kinésithérapeute vous expliqueront comment favoriser la cicatrisation et renforcer les muscles lésés, afin de récupérer vos fonctions le plus rapidement possible. Si la douleur semble devenir plus intense ou si vous constatez une inflammation à la périphérie des sutures, parlez-en à votre médecin qui vérifiera l'absence d'infection.

question ? réponse

Qu'est-ce qu'une épisiotomie et dans quels cas est-elle nécessaire ?

Toujours pratiquée pour des raisons médicales, cette incision chirurgicale ouvre le périnée, facilitant ainsi le passage du bébé.

Ce geste, loin d'être anodin, permet au médecin de maîtriser la sortie du bébé. Lors de votre préparation à l'accouchement, votre médecin vous expliquera dans quels cas il est indiqué. Par exemple, il est possible que votre périnée soit trop ferme pour s'étirer et permettre le passage de votre bébé, risquant d'entraîner une déchirure du 3e ou 4e degré (voir ci-dessus). L'épisiotomie peut également faciliter l'expulsion si l'effort de l'accouchement risque de s'avérer dangereux pour vous (notamment si vous présentez une maladie cardiaque), si votre bébé montre des signes de souffrance (rythme cardiaque faible ou trop rapide), ou encore s'il ne progresse plus et qu'une aide à l'accouchement est nécessaire (voir p. 222).

Réalisée à l'aide d'un ciseau chirurgical à bout rond ou d'un scalpel au moment où votre bébé descend dans votre périnée, l'incision mesure 3 à 4 cm. La zone sera endormie sous anesthésie locale au moment de l'incision et plus tard, lorsqu'elle sera recousue. Les sutures sont généralement effectuées dans l'heure qui suit l'accouchement. Une fois l'anesthésie dissipée, cette région restera douloureuse pendant 1 semaine environ, le temps que les points se résorbent, et vous ressentirez des picotements en allant aux toilettes. Pour soulager cette gêne, il est conseillé de verser de l'eau tiède sur la zone pendant que vous urinez.

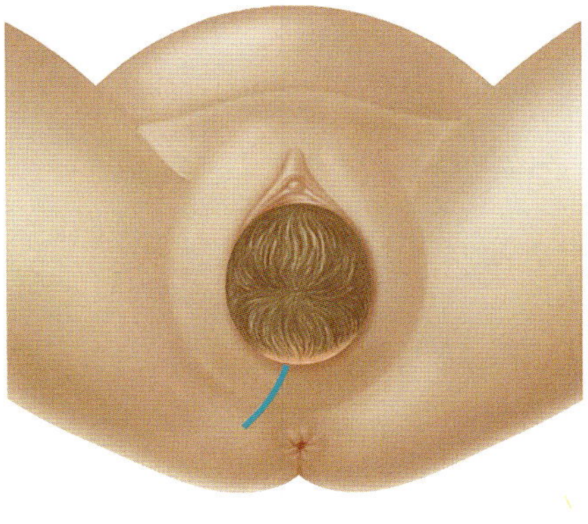

Épisiotomie Cette incision est généralement pratiquée en diagonale depuis l'arrière du vagin, vers l'extérieur. Elle est ensuite refermée par des points résorbables.

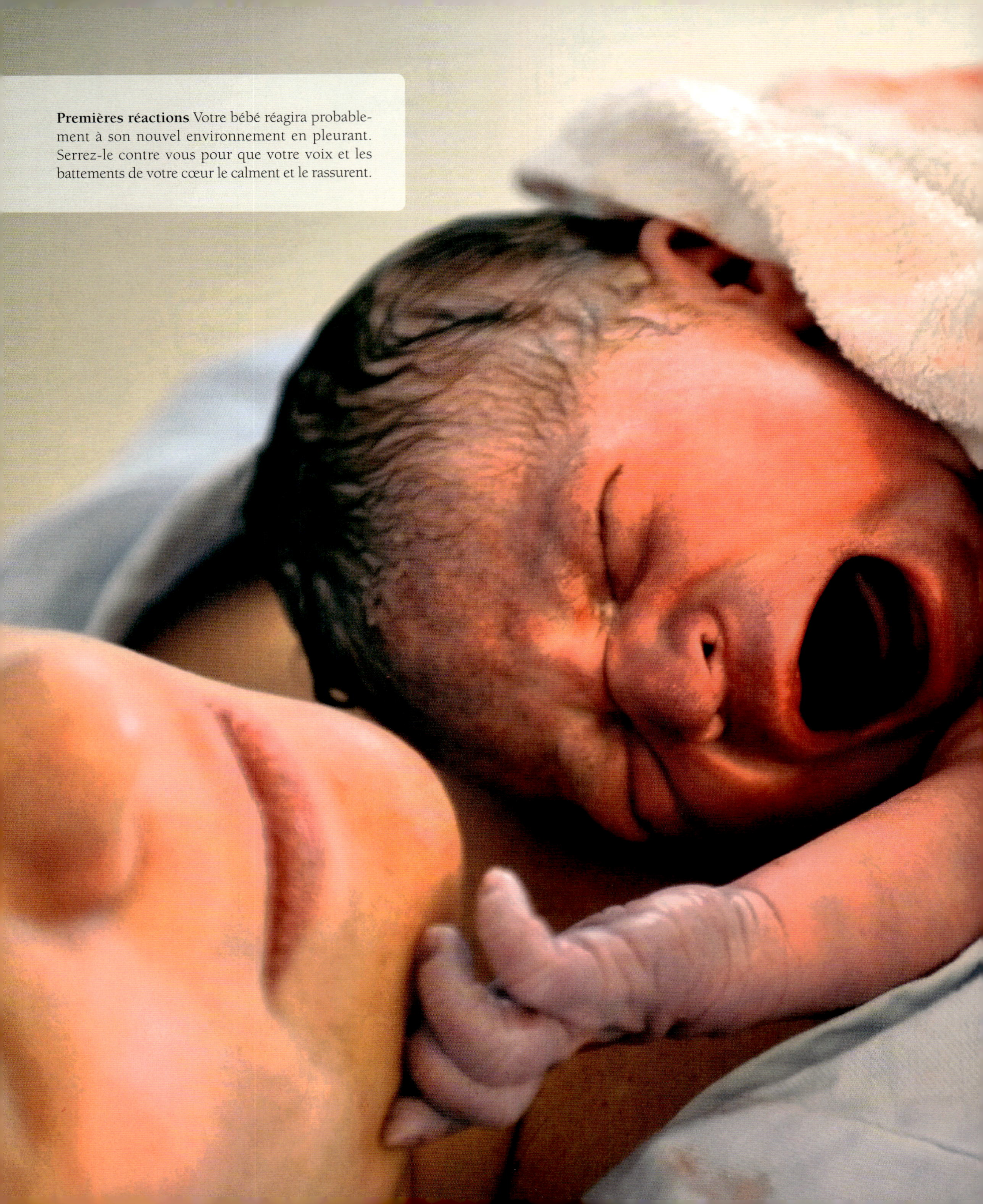

Premières réactions Votre bébé réagira probablement à son nouvel environnement en pleurant. Serrez-le contre vous pour que votre voix et les battements de votre cœur le calment et le rassurent.

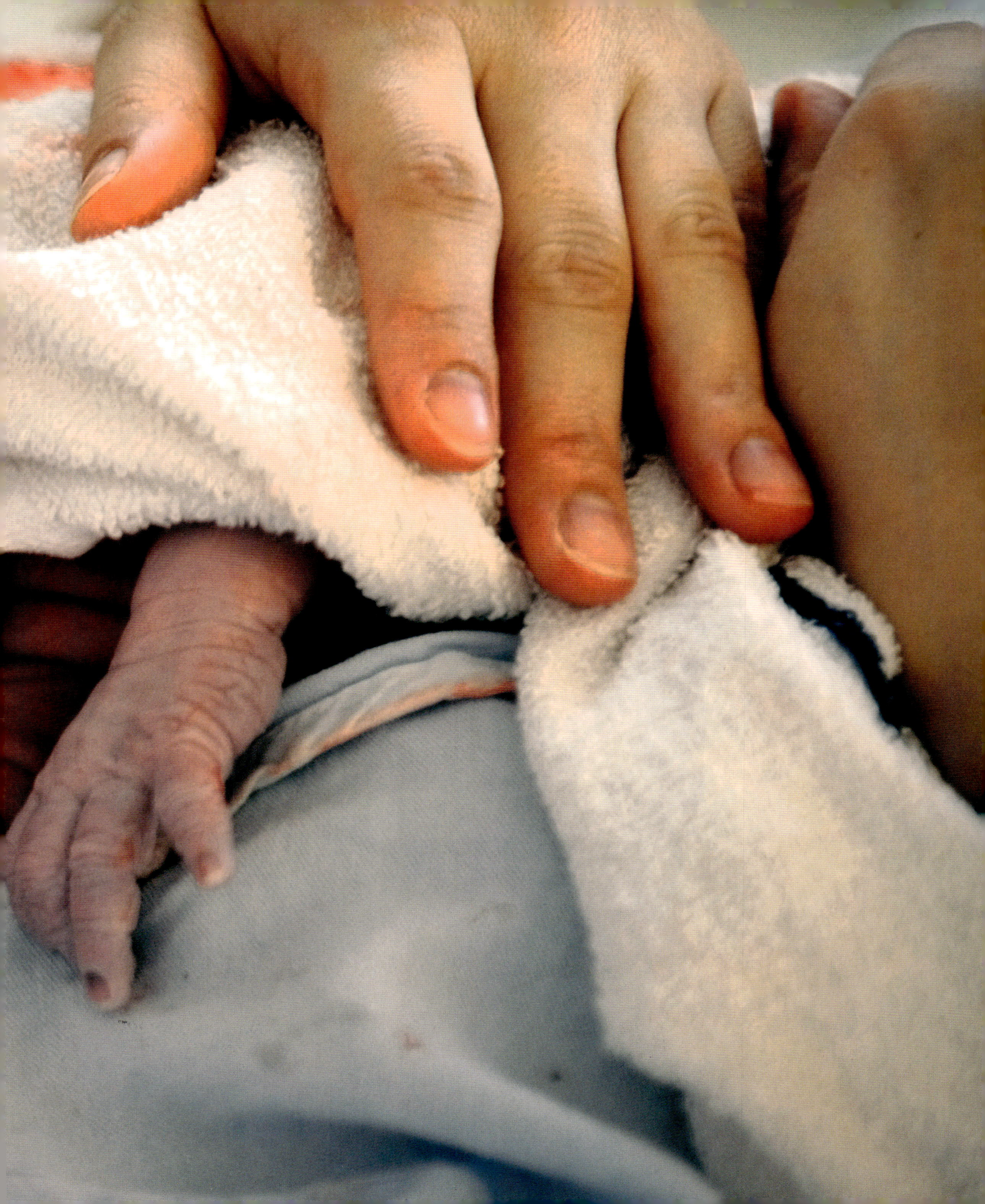

Qu'est-ce que la 3e phase, et que devrai-je faire au cours de cette étape ?

Votre bébé est là, mais le travail n'est pas terminé. Passé votre premier câlin, vous ressentirez quelques contractions supplémentaires pour expulser le placenta et les membranes.

Même si la partie la plus excitante du travail est à présent derrière vous, il faut encore expulser les *annexes fœtales* qui ont nourri et protégé le fœtus pendant la grossesse. Le placenta, qui commence à se décoller de la paroi utérine dès que le bébé est sorti, appuie à son tour sur votre périnée, déclenchant une hypersécrétion d'ocytocine qui stimule à nouveau les contractions. Le processus sera probablement facilité par une injection d'hormone synthétique (voir ci-dessous). Le médecin vous guidera et, le plus souvent, seules quelques poussées seront nécessaires à la *délivrance*. Enfin, notez que le détachement du placenta de la paroi utérine provoque un saignement.

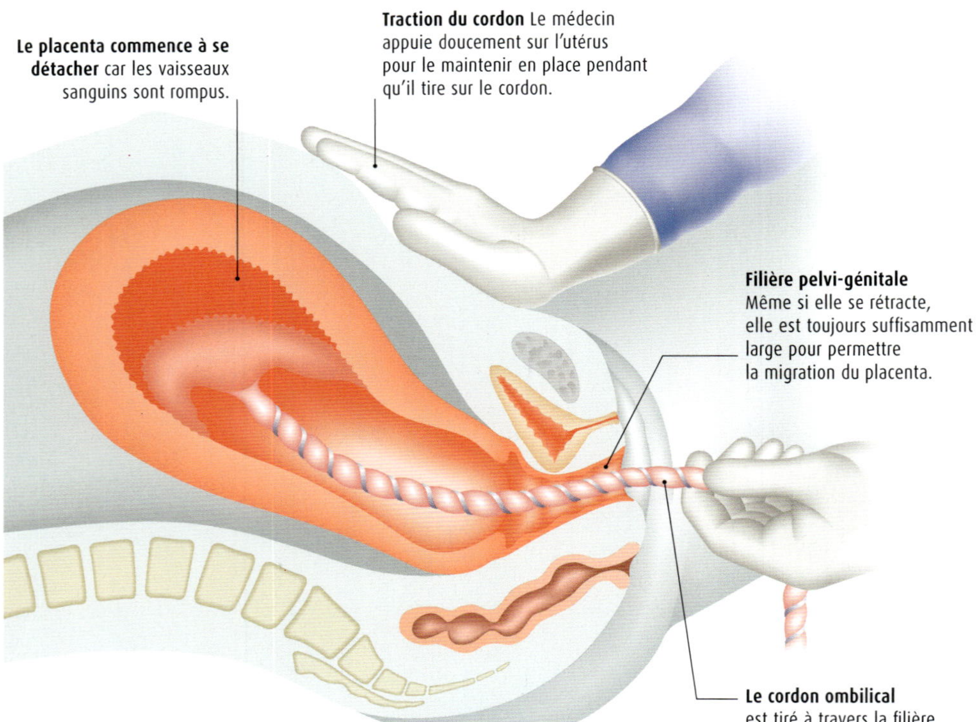

La délivrance Lorsque le placenta se détache, les vaisseaux sanguins sont sectionnés sous l'action des contractions, laissant le sang s'accumuler à l'endroit où le placenta était fixé sur la paroi utérine.

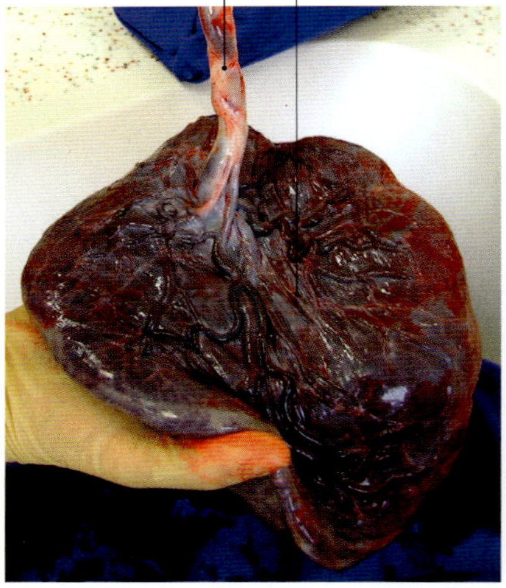

Placenta sain Un placenta à terme pèse environ 500 g pour 20 à 25 cm de diamètre. Les membranes doivent également être expulsées de l'utérus afin d'éviter toute infection ou hémorragie grave.

Je n'aurai qu'une envie : connaître mon enfant. Combien de temps va durer la 3e phase ?

Le plus souvent, elle est accélérée par l'injection d'ocytocine. Immédiatement après la naissance s'ouvre la *phase de rémission clinique* qui dure en moyenne 10 à 15 minutes pendant lesquelles vous ne ressentez pas de contraction. Ce délai doit être respecté, sachant qu'au-delà de 30 minutes, le risque d'hémorragie étant accru, tout sera mis en œuvre pour intervenir. Vous percevrez ensuite des contractions utérines (sauf si les effets de l'analgésie persistent encore). Une fois le décollement du placenta confirmé, il sera temps de l'expulser, ce qui, en général, n'est l'affaire que de 3 poussées.

Existe-t-il plusieurs types de délivrance ?

Il existe en effet plusieurs modes d'expulsion des annexes fœtales. Au Québec, la *délivrance dirigée* n'est pas systématique, mais commune. En effet, des études montrent qu'elle réduit le risque de saignement grave après l'accouchement, ou *hémorragie du post-partum (HPP)*. L'infirmière vous fera une injection d'ocytocine synthétique (par voie intraveineuse lors du dégagement du bébé ou dans la cuisse, après l'accouchement) afin de déclencher les contractions et favoriser l'expulsion du placenta. La délivrance normale naturelle, est également dirigée, mais de façon mécanique. Une vingtaine de minutes après l'accouchement, l'infirmière appuiera doucement sur le cordon ombilical, décollant le placenta de la paroi utérine et le tirant hors de votre vagin, avec ses membranes.

question ? réponse

Je préfère ne pas avoir d'injection. Y a-t-il des moyens naturels d'accélérer la délivrance?

Si vous accouchez à l'hôpital, vous pourrez choisir les modalités de votre délivrance, s'il n'y a pas de complications. En position debout ou assise, la gravité facilite l'expulsion du placenta et des membranes. Le cas échéant, soyez prudente et assurez-vous que votre partenaire vous soutient, car vous serez probablement un peu instable après l'effort de l'accouchement. Par ailleurs, le peau à peau avec votre bébé et la tétée de bienvenue augmenteront la sécrétion d'ocytocine, accélérant ainsi le processus.

question ? réponse

Peut-on garder le placenta?

Au Québec, il n'est pas interdit de récupérer son placenta. Dans certains hôpitaux, on demande aux mamans si elles veulent voir le placenta. On n'offre pas d'emblée aux parents de repartir avec, mais certains acceptent lorsque les parents le demandent. Bien que ce soit un phénomène encore marginal au Québec, de plus en plus de femmes s'informent sur cette option.

question ? réponse

J'ai toujours cru que le cordon ombilical était coupé immédiatement après la naissance, mais on m'a dit que ça ne devrait pas être le cas. Pourquoi?

Après l'expulsion, le sang continue de circuler pendant environ 10 minutes dans le cordon. C'est pourquoi, afin que cet afflux de sang supplémentaire vienne augmenter les réserves en fer du bébé, le clampage du cordon est parfois différé de quelques minutes, le fer étant essentiel au développement neurologique. Lorsque les pulsations du cordon auront cessé (après que le sang résiduel aura été poussé vers le corps du bébé), il sera temps de le clamper et de le couper. On demandera à votre partenaire s'il souhaite s'en charger. Ce geste peut être différé que la délivrance soit naturelle ou dirigée, et même en cas de césarienne.

question ? réponse

Je crains que mon bébé ait un drôle de nombril si mon partenaire ne coupe pas le cordon correctement. Je me trompe?

L'aspect du nombril de votre bébé n'a rien à voir avec la manière dont le cordon est coupé à la naissance : c'est l'insertion du cordon ombilical *in utero* qui le détermine. Si votre partenaire veut jouer un rôle actif dans votre accouchement en coupant le cordon, encouragez-le à le faire : c'est une bonne façon pour lui de participer aux premiers instants de votre enfant. S'il souhaite avoir cet honneur, précisez-le dans votre plan de naissance et parlez-en à votre médecin.

Le saviez-vous?

La *placentophagie*, pratique qui consiste à manger son placenta, est un phénomène encore très minoritaire au Québec. Le placenta est jugé par certains comme étant très bénéfique pour la mère, constituant un riche apport en fer et la protégeant du *baby blues*. Alors que la tradition occidentale est plutôt de l'incinérer, sa consommation est relatée dans de nombreuses cultures. Ses bénéfices réels restent encore à démontrer, mais sa teneur élevée en nutriments et en hormones ne fait aucun doute.

question ? réponse

Comment le cordon ombilical est-il coupé?

La section du cordon ombilical est un moment important où votre bébé passe de la vie *in utero* à une existence indépendante à l'extérieur.

Peu après la naissance de votre bébé, le médecin ou votre partenaire coupera le cordon ombilical pour séparer votre bébé du placenta. Il sera d'abord clampé en deux endroits afin d'éviter tout saignement. Une pince en plastique sera placée à 3 ou 4 cm du nombril du bébé, et une deuxième à l'autre extrémité du cordon, tout près du placenta. Le cordon sera ensuite coupé entre ces deux pinces (ou clamps). Celui-ci étant dépourvu de nerfs, cette procédure est parfaitement indolore pour votre bébé. À l'emplacement du cordon, votre bébé gardera un *moignon ombilical* qui va noircir progressivement en se desséchant et tombera naturellement dans les 10 jours suivant la naissance.

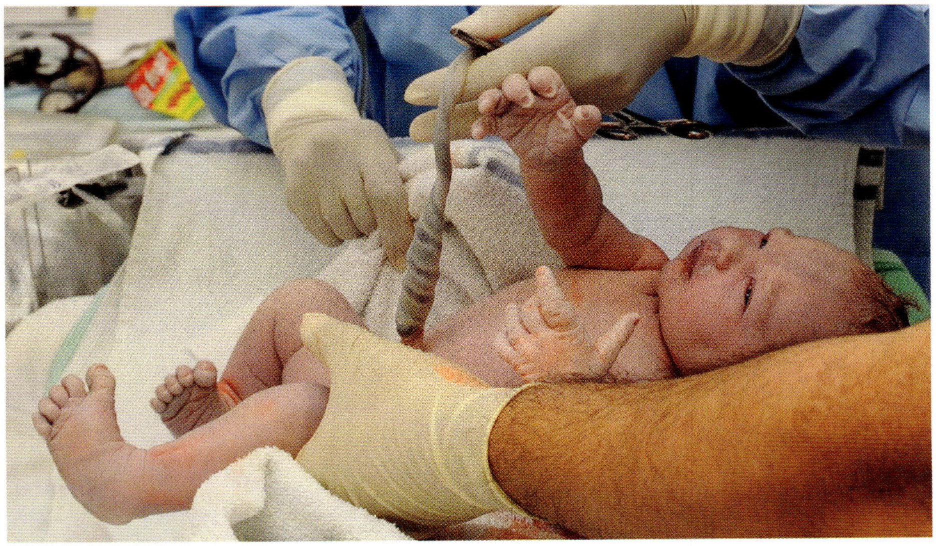

Couper le cordon Ce geste est réalisé après la naissance par le médecin, ou votre partenaire s'il le souhaite.

Qu'est-ce qu'un *accouchement assisté* et comment se déroule-t-il ?

Un accouchement assisté, ou *extraction instrumentale*, consiste à recourir à des instruments spéciaux (forceps ou ventouse) pour vous aider à accoucher par voie vaginale en vue d'éviter une césarienne.

Forceps Pinces, généralement en métal, qui s'ouvrent et se ferment comme des ciseaux, et dont la forme incurvée épouse celle du crâne. L'obstétricien les positionnera de chaque côté de la tête de votre bébé pour le tirer doucement au moment de la contraction afin de le guider vers la sortie.

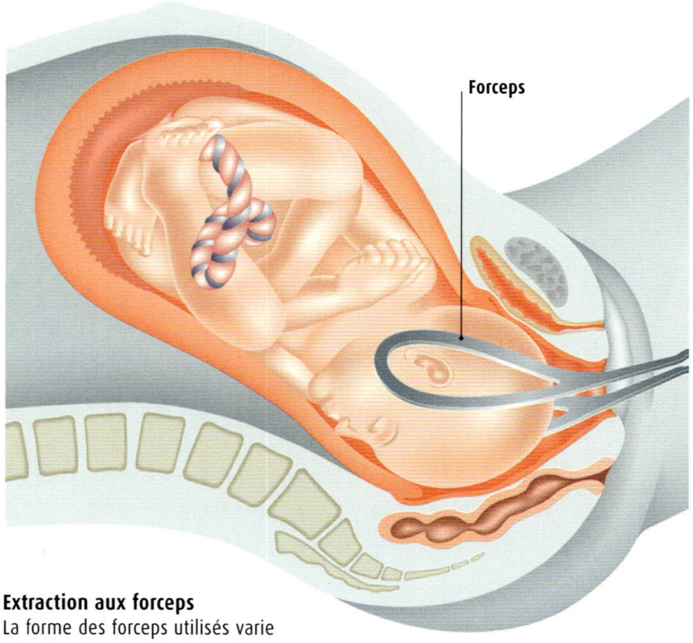

Extraction aux forceps
La forme des forceps utilisés varie selon la position du bébé et le sens dans lequel il doit être orienté.

Ventouse Cet instrument est doté d'une cupule en plastique ou en métal qui est placée sur la tête du bébé. Le vide est créé par aspiration sous la ventouse, qui adhère alors au crâne. L'obstétricien attend la contraction pour tirer sur le dispositif et sortir le bébé.

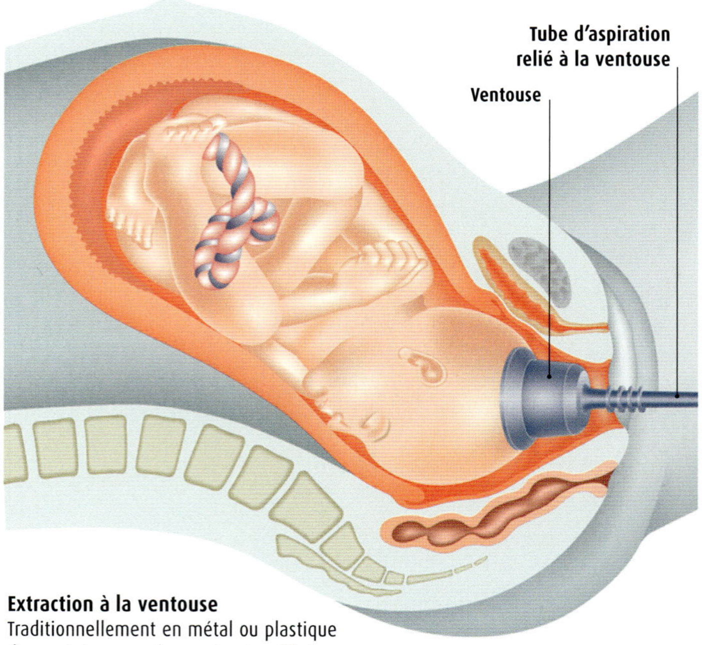

Extraction à la ventouse
Traditionnellement en métal ou plastique dur, certaines cupules sont aujourd'hui en silicone, ce qui facilite leur insertion.

Dans quel cas l'accouchement assisté est-il nécessaire ?

L'extraction instrumentale n'a lieu que lorsque votre état ou celui de votre bébé devient préoccupant au cours de la 2e phase du travail. Ce peut être le cas notamment s'il montre des signes de souffrance, si vous présentez des troubles cardiaques qui rendent l'effort de l'accouchement dangereux pour vous, si votre travail a été long et que vous êtes épuisée ou encore si, sous l'effet de l'épidurale, vous ne poussez pas assez. Cette procédure, à laquelle l'équipe médicale n'aura recours que s'il s'agit de l'option la plus sûre, vous permettra d'accoucher par voie vaginale tout en réduisant les risques pour vous et votre bébé.

Me préviendra-t-on si un accouchement assisté est nécessaire ?

Si l'équipe médicale doit recourir à une aide à l'accouchement, elle vous expliquera la procédure étape par étape. On vous demandera tout d'abord de vous mettre en position gynécologique : vous devrez vous asseoir, le dos légèrement incliné sur le dossier de la table d'accouchement, les genoux repliés, les cuisses écartées, les pieds dans les étriers. Avant que la procédure ne débute, une sonde sera insérée dans votre vessie afin de la vider. En outre, il est possible qu'une épisiotomie (voir p. 217) soit pratiquée afin d'élargir suffisamment votre vagin pour laisser passer les forceps ou la ventouse afin d'attraper la tête du bébé. Pour atténuer la gêne occasionnée, une anesthésie locale sera réalisée à l'intérieur de votre vagin (*bloc pudendal*), à moins qu'une épidurale soit recommandée si votre bébé a besoin d'aide pour se tourner à travers votre bassin. Avec une épidurale, la transition vers une césarienne sera plus facile si l'accouchement assisté s'avère infructueux. L'infirmière vous expliquera ce qui se passe et pourquoi, et vous invitera à poser des questions si vous en éprouvez le besoin. Votre partenaire de naissance peut jouer un rôle important dans ce cas, en interrogeant lui aussi l'équipe de sorte que vous soyez certains de bien comprendre tous les deux la situation.

14,2 % Au Canada, les **accouchements assistés concernent un peu plus d'une grossesse sur 7.**

Qui pratiquera l'accouchement assisté s'il s'avère nécessaire ?

Au Canada, un médecin ou une sage-femme peut se servir des instruments d'aide à l'accouchement. Au cours de la procédure, la salle d'accouchement sera assez animée puisque vous aurez à vos côtés des infirmières et un obstétricien et, éventuellement, un pédiatre qui sera disponible au cas où votre bébé ait besoin d'une attention particulière après sa naissance. En général, le pédiatre n'est là que par sécurité, mais si vous êtes inquiète, demandez que l'on vous explique le rôle de chacun.

Entre les forceps et la ventouse, quel est le mieux ? Aurai-je le choix ?

Si ces deux instruments sont aussi sûrs et efficaces l'un que l'autre, leur choix dépend des circonstances médicales et des habitudes de l'obstétricien qui est le seul habilité à prendre une décision en la matière. Par exemple, la ventouse est plus indiquée si votre bébé doit être tourné pour pouvoir descendre dans la filière pelvi-génitale. Cette méthode est également moins susceptible d'endommager votre vagin ou votre périnée. Les forceps, quant à eux, sont plus doux pour le bébé, mais comportent un risque de lésion accru pour vous. Cependant, s'il est en difficulté, la priorité sera d'agir sans délai, et les forceps permettront de le sortir plus rapidement. Si l'utilisation de la ventouse échoue dans un premier temps, le médecin décidera probablement de recourir aux forceps. Cependant, si cette technique se solde également par un échec, la césarienne en urgence sera inévitable.

En général, combien de temps dure un accouchement assisté ?

Une fois que vous aurez été préparée et que les forceps ou la ventouse seront en place, votre bébé devra être expulsé en 3 poussées maximum. Si ce n'est pas le cas, votre obstétricien peut décider de recourir aux forceps (s'il a commencé par utiliser la ventouse) ou de pratiquer une césarienne en urgence. Une infirmière sera en permanence à vos côtés, et vous expliquera ce qui se passe. Si l'accouchement assisté est nécessaire parce que l'épidurale gêne la rotation de votre bébé, elle vous indiquera exactement quand pousser afin d'aider l'obstétricien à l'extraire.

Un accouchement assisté comporte-t-il des risques pour moi ?

Une épisiotomie peut être nécessaire, et il est possible que la procédure entraîne une déchirure vaginale ou anale. Ces lésions seront recousues après l'accouchement. En cas de saignement important, il existe un risque accru de formation d'un caillot sanguin (comme pour tout accouchement qui s'accompagne d'une hémorragie). Environ 1/3 des accouchements assistés entraînent une incontinence urinaire. Votre médecin vous suggérera certainement quelques exercices de renforcement du plancher pelvien afin de récupérer plus vite. Dans de rares cas, cette procédure peut entraîner une lésion du sphincter anal (muscle circulaire autour de l'anus) à l'origine d'une incontinence fécale temporaire.

Comment mettre toutes les chances de mon côté pour éviter un accouchement assisté ?

Être bien soutenue tout au long du travail, par l'infirmière et votre partenaire de naissance, peut contribuer à éviter un accouchement assisté. Vous pouvez également vous tenir debout ou vous allonger sur le côté pour aider votre bébé à bien se positionner et faciliter sa descente dans la filière pelvi-génitale. De même, restez calme et laissez-vous guider par l'infirmière qui vous dira quand pousser afin d'éviter de vous épuiser. L'absence d'épidurale réduit également le risque d'extraction instrumentale.

Quels seront les effets d'un accouchement assisté sur un bébé ?

Les aides à l'accouchement laissent souvent des marques sur le bébé, comme un gonflement (œdème), des ecchymoses ou des coupures. Ces désagréments esthétiques disparaissent cependant très vite.

Les bébés extraits à la ventouse ont souvent la tête allongée du fait de l'aspiration. Appelé « chignon », cet œdème est sans danger pour le crâne ou le cerveau du bébé, dont la tête retrouvera son aspect normal dans les 24 à 48 heures. Votre enfant peut également présenter une petite ecchymose, ou *hématome céphalique*, à l'endroit où l'aspiration a été la plus forte. Ce bleu disparaît lui aussi rapidement. Le stress induit par un accouchement à la ventouse expliquerait pourquoi les bébés nés à l'aide de cet instrument présentent un score Apgar plus faible à 5 minutes de vie (voir p. 238). (Ce score revient toutefois à la normale au bout de 10 minutes.) Les forceps laissent souvent sur le visage ou la tête de légères marques qui cicatrisent très vite après la naissance.

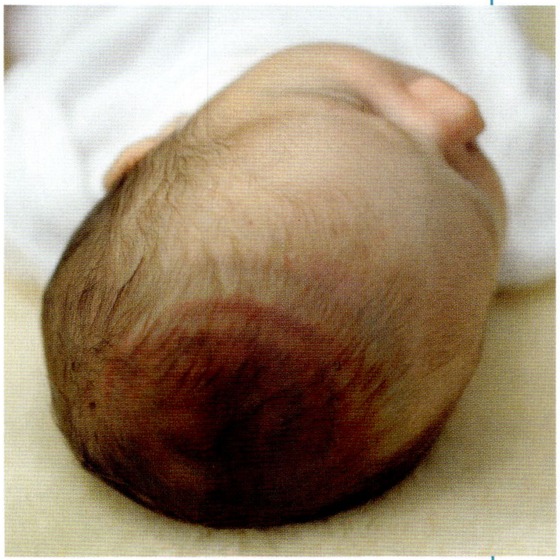

Marques et ecchymoses sont fréquentes après un accouchement assisté, mais ces désagréments sont superficiels et disparaissent rapidement.

question ? réponse

J'attends des jumeaux et j'espère accoucher par voie vaginale. Le travail sera-t-il différent ?

La plupart des naissances de jumeaux se déroulent sans complication, mais votre équipe médicale vous surveillera de très près.

Durée du travail

Que vous portiez un ou plusieurs bébés, la dilatation du col (1re phase) prend à peu près autant de temps. La mise au monde de jumeaux (2e phase), en revanche, peut être plus longue, votre corps ayant le double de travail. Toutefois, les fœtus sont généralement plus petits et leur passage dans le bassin peut en être facilité. Au final, la durée de l'accouchement varie peu par rapport à une grossesse unique.

Sous étroite surveillance

Le rythme cardiaque de vos bébés sera suivi de près. Il est possible qu'au début cette surveillance s'effectue par un moniteur fœtal portatif ou des électrodes amovibles placés sur votre ventre, ce qui vous permettra de rester mobile. Alors que vous vous rapprocherez de la 2e phase, et en général, une fois que vous aurez rompu la poche des eaux, un monitorage continu sera nécessaire : vous ne pourrez alors plus vous déplacer. Bien avant la date prévue d'accouchement, renseignez-vous sur la politique de votre hôpital en matière de surveillance du travail en cas de grossesse multiple, afin que vous puissiez concilier vos attentes et la liberté de mouvement que l'on vous laissera.

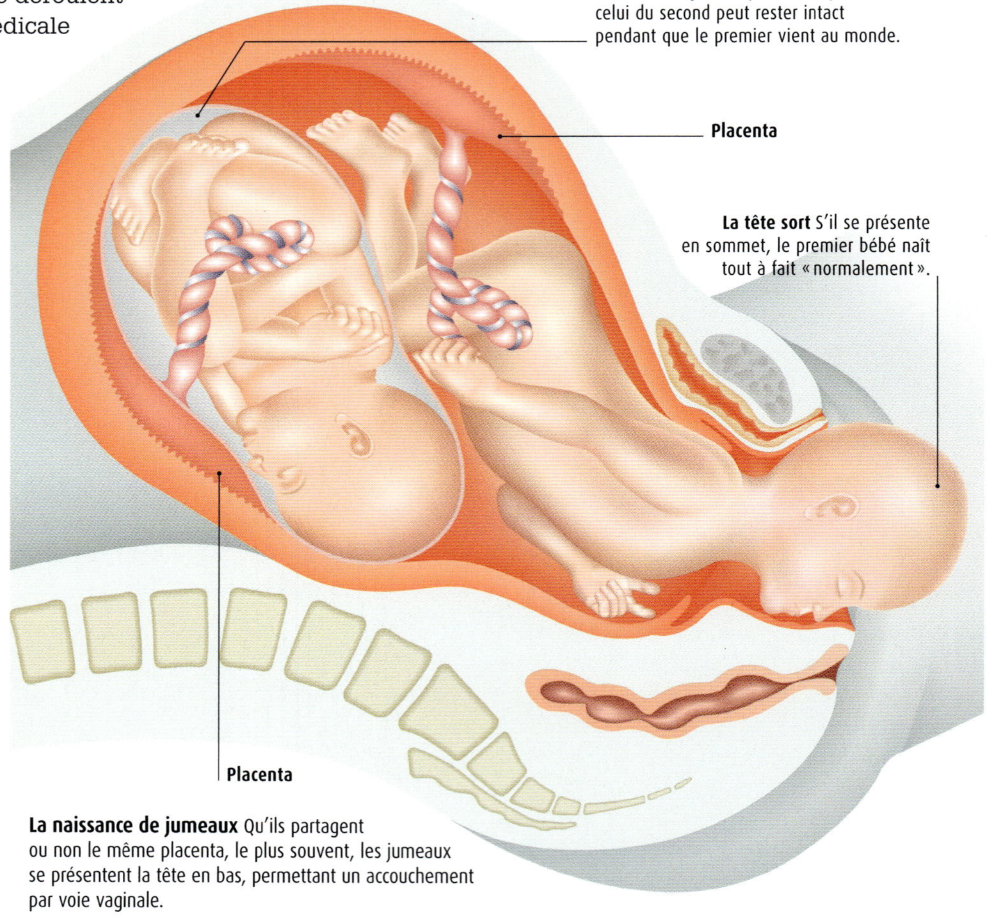

La naissance de jumeaux Qu'ils partagent ou non le même placenta, le plus souvent, les jumeaux se présentent la tête en bas, permettant un accouchement par voie vaginale.

Donner naissance à deux bébés

Si les jumeaux ont tous deux la tête en bas, ou si l'un est en position céphalique et l'autre en siège ou en travers, vous pourrez peut-être les mettre au monde l'un après l'autre par voie vaginale. Alors que le premier bébé ouvre la filière pelvi-génitale en naissant, le second se retourne souvent une fois son jumeau sorti, à moins qu'une palpation de votre abdomen soit nécessaire pour le faire basculer. Une fois le premier bébé né, on vous invitera à le mettre au sein (même si vous n'avez pas l'intention d'allaiter) : en effet, en tétant, il stimulera votre sécrétion d'ocytocine qui déclenchera de nouvelles contractions utérines permettant ainsi la poursuite de la 2e phase du travail. L'équipe médicale essaiera de faire en sorte que votre second enfant naisse dans les 15 minutes qui suivent son jumeau. Si le travail ralentit, on vous fera probablement une injection d'ocytocine. Un délai de plus de 30 minutes entre les deux naissances peut augmenter le risque de décollement placentaire (séparation du placenta de la paroi utérine), susceptible d'interrompre le débit sanguin vers le bébé.

Possibilité d'intervention

Si le premier bébé est né par voie vaginale, il est très rare qu'une césarienne soit nécessaire pour mettre au monde le second (seulement 5 % des cas). Cependant, l'intervention peut être nécessaire si la position du second jumeau n'est pas favorable, qu'il est en souffrance ou que vous êtes trop fatiguée. Si vous souhaitez que votre douleur soit soulagée, demandez une épidurale. En outre, elle fera office d'anesthésie locale si vous avez besoin d'une aide à l'accouchement ou d'une césarienne en urgence.

Lors de la naissance de jumeaux, **les deux bébés ont la tête en bas dans 50 % des cas.** Parfois le premier est en position céphalique, et **le second ne se retourne qu'une fois son jumeau sorti.**

50 %

Au Québec, environ 50 % **des jumeaux naissent par voie vaginale**. Toutefois, afin de minimiser les risques, la césarienne est vivement conseillée chez les femmes enceintes de triplés ou plus.

Le travail sera-t-il systématiquement déclenché si je suis enceinte de multiples?

La majorité des multiples naissent prématurément, mais dans le cas contraire, votre obstétricien préconisera un déclenchement ou une césarienne programmée avant 40 semaines d'aménorrhée. Toutes les grossesses comportent un risque de mortinatalité si le bébé reste trop longtemps *in utero*; avec les multiples ce risque intervient plus tôt. Pour les jumeaux, un déclenchement est donc recommandé entre 38 et 39 semaines (voir p. 203), tandis qu'une césarienne sera généralement nécessaire à 34 semaines pour des triplés, et à 32 semaines pour des quadruplés ou plus.

Mon médecin dit qu'il y aura beaucoup de monde en salle d'accouchement? Pourquoi?

Les naissances multiples sont plus compliquées que celles d'enfants uniques. L'accouchement se déroule généralement en salle de césarienne en présence d'une équipe médicale complète (un ou deux obstétriciens, un anesthésiste, un pédiatre, une ou deux infirmières). Une césarienne doit en effet pouvoir être pratiquée sans délai si besoin. Dans la salle, une table de réanimation néonatale (sorte de berceau sur roulettes muni d'un respirateur) sera disponible pour chaque bébé, et les équipements seront également plus nombreux. Certes, tout ceci peut vous sembler assez impressionnant, mais restez concentrée sur vos bébés et votre partenaire de naissance. Rassurez-vous, tout ce petit monde est là pour prendre soin de vous. N'hésitez surtout pas à poser des questions sur le rôle de chacun.

La délivrance est-elle différente lorsque l'on accouche de jumeaux?

Un accouchement gémellaire par voie vaginale se déroulant nécessairement à l'hôpital, l'injection d'ocytocine est systématique afin d'accélérer la 3e phase du travail. Une délivrance dirigée est en effet indiquée dans ce cas, le risque d'hémorragie étant supérieur lors de la mise au monde de jumeaux. Comme pour un enfant unique, l'infirmière vérifiera si le ou les placentas sont intacts.

Si vos jumeaux sont de même sexe et ont chacun un placenta, l'infirmière examinera les annexes fœtales afin de déterminer s'il s'agit de vrais jumeaux ou non. Si elle n'y parvient pas, vous pourrez toujours faire pratiquer un test ADN par un laboratoire privé afin d'en avoir le cœur net. Toutefois, sachez qu'au fil du temps, les ressemblances entre les vrais jumeaux deviennent de plus en plus évidentes.

Mes bébés devront-ils aller en service de néonatologie? Cela gênera-t-il la formation de liens affectifs entre nous?

Si un ou plusieurs de vos bébés sont très petits, ils devront y passer quelque temps et ils seront surveillés en continu jusqu'à ce qu'ils soient assez costauds. Soyez rassurée, à moins d'une contre-indication, vous pourrez les prendre d'abord dans vos bras. Rappelez-vous que les liens affectifs se nouent quand les bébés sont encore dans le ventre de leur mère : votre relation a donc déjà commencé. Prenez des photos d'eux, ensemble et séparément : en leur absence, les regarder stimulera la sécrétion d'hormones de l'attachement. Cela favorisera également le réflexe d'éjection qui vous permettra de tirer votre lait pour eux. Enfin, vous pourrez ainsi vous habituer peu à peu à votre nouveau statut de mère.

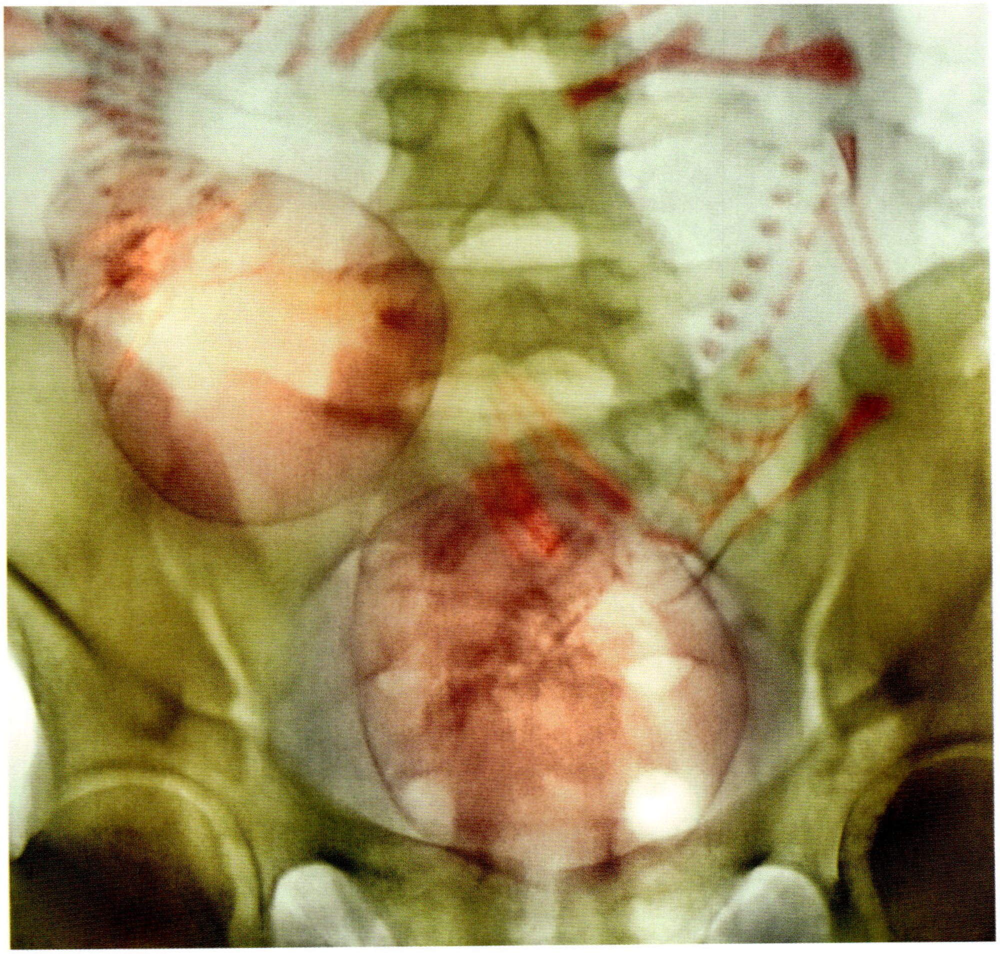

Jumeaux à terme *in utero* Les deux fœtus sont en position céphalique, le crâne orienté vers le bassin de la mère. À droite, la tête du bébé est engagée dans le bassin : la naissance est imminente.

Vous ne pouvez prévoir **quelle sera votre réaction** à la douleur au moment de l'accouchement, mais être informée sur le déroulement du travail et les différents moyens disponibles pour vous soulager peut vous être d'une aide précieuse.

Le soulagement de la douleur

La perception de la douleur

La douleur du travail est différente de toutes celles que vous avez pu ressentir. Alors que la douleur « classique » vous signale que quelque chose ne va pas, celle de l'accouchement indique, au contraire, que tout va bien : votre bébé est sur le point de naître.

Le degré de douleur ressenti, ou *perception douloureuse*, varie largement d'une femme à l'autre. Alors que certaines n'éprouvent qu'un inconfort modéré tout au long du travail, d'autres sont littéralement submergées par la souffrance. Ceci étant, la nature de la douleur dépend de chaque phase du travail. Les crampes caractéristiques de la 1re phase se font sentir alors que l'utérus se contracte pour pousser le bébé dans le bassin. Longues et diffuses, vous les percevrez dans votre abdomen, peut-être dans le bas du dos, et parfois même dans les fesses et jusque dans les cuisses. Au cours de la 2e phase, la douleur est davantage localisée, car les muscles et les tissus de la filière pelvi-génitale s'étirent alors que le bébé traverse le vagin.

La psychologie de la douleur

De nombreuses femmes craignent de ne pas pouvoir gérer la douleur de l'accouchement, et même de se sentir en échec si elles demandent une analgésie. D'après certaines études, les futures mamans bien informées gèrent mieux la douleur. Elles sont ainsi plus à même de se détendre et se sentent davantage maîtresses de leur corps. Comprendre l'origine de la douleur, étudier les solutions antalgiques disponibles, et décider de celles que vous accepteriez ou préféreriez éviter (le cas échéant) est important pour vous sentir en maîtrise, ce qui, en soi, aide à mieux gérer cette épreuve. Les méthodes modernes de soulagement de la douleur sont sans danger pour votre bébé ; en revanche, la peur d'avoir mal peut rendre l'accouchement traumatisant non seulement pour vous, mais aussi pour votre enfant. Envisager la douleur de l'accouchement comme une souffrance « positive » qui vous aide à accomplir l'extraordinaire, peut vous aider à vous préparer à ce grand événement, comme vous le feriez, disons, pour un marathon.

Les solutions antidouleur

Pendant le travail, vous pouvez choisir une gestion « naturelle » de la douleur en recourant par exemple aux techniques de relaxation ou de respiration que vous aurez apprises durant vos séances de préparation à l'accouchement (voir p. 228-229) ou vous faire aider médicalement. Le recours à l'analgésie épidurale est le plus répandu mais la rachianesthésie est aussi utilisée (voir p. 230). Il n'existe ni bonne ni mauvaise approche du soulagement de la douleur. Si vous pensez pouvoir gérer uniquement à l'aide des techniques de respiration, et constatez par la suite qu'une épidurale s'impose, n'hésitez pas à la demander. Il est essentiel que le travail soit aussi serein et positif que possible.

question ? réponse

Quelles sont les solutions antidouleur disponibles et à quel moment puis-je y recourir ?

Si certaines femmes parviennent à surmonter la douleur à l'aide de méthodes naturelles, comme la respiration, sur toute la durée du travail, pour d'autres, l'efficacité des techniques peut varier à mesure que l'accouchement progresse. Cependant, beaucoup choisissent d'allier prise en charge médicale et approches naturelles.

LES SOLUTIONS ANTIDOULEUR DISPONIBLES

Le tableau ci-dessous décrit la façon dont les différentes solutions antidouleur peuvent être mises en œuvre au cours du travail. En général, l'expulsion du placenta (3e phase) n'exige pas de prise en charge de la douleur.

PHASE	DESCRIPTION DE LA DOULEUR	SOLUTIONS NATURELLES	SOLUTIONS MÉDICALES
1re phase de travail – Phase de latence	Les contractions vont et viennent. La douleur ressemble à des crampes menstruelles, et se manifeste parfois dans le bas du dos. En général supportable, elle vous permet de bouger et parler. Puis, elles se rapprochent et s'intensifient.	» **La respiration** aide à se concentrer lors des contractions. » **La méditation** permet de rester calme et concentrée. » **L'eau chaude** apaise et détend. » **Les massages** soulagent le dos et détendent. » **L'acupuncture** détend en début de travail.	» **Les analgésiques** peuvent être utilisés à ce stade si les contractions sont vraiment fortes.
1re phase de travail – Phase active	Les contractions sont fréquentes et intenses. Il est difficile de parler et de bouger. Vous pouvez avoir des nausées, ressentir une forte pression dans le dos, et une douleur dans les cuisses.	» **Une respiration lente et régulière** aide à vous concentrer et oxygène davantage vos muscles. » **La méditation et les massages** sont utiles à ce stade. » **L'eau** soulage la pression exercée sur le dos et le bassin.	» **Les analgésiques,** aident à gérer les contractions. » **L'épidurale** peut être demandée si la douleur est insupportable.
Phase de transition	Les contractions sont très intenses, avec peu de répit entre chaque. Vous ressentez une forte pression sur les lombaires et le rectum, vous pouvez être épuisée, bouleversée et nauséeuse.	» **La respiration contrôlée** est utile si vous paniquez ou perdez pied : prenez des inspirations peu profondes puis soufflez lentement. » **L'eau :** vous pouvez rester dans la piscine si vous souhaitez accoucher dans l'eau.	» **Les analgésiques :** Évitez les opiacés car ils peuvent induire une gêne respiratoire chez le bébé. » **L'épidurale :** si elle n'a pas été posée, il est peut-être trop tard pour qu'elle fasse effet.
2e phase de travail	Contractions intenses. Vous avez envie de pousser, percevez une pression dans le rectum et des picotements lors du couronnement.	» **La respiration :** concentrez-vous et expirez lentement pour pousser. Il faut haleter lors du couronnement. La douleur semble productive lors des poussées.	» **Les analgésiques.**

question ? réponse

Puis-je recourir à plusieurs solutions antidouleur ?

Oui. La plupart des techniques naturelles peuvent être associées à une prise en charge médicale. Les opiacés peuvent être administrés à tout moment jusqu'à ce que vous ayez envie de pousser. Néanmoins, ces substances pouvant passer dans la circulation sanguine du bébé et ralentir son rythme respiratoire, il est préférable que leur injection ne soit pas trop proche de la naissance. Si vous en recevez, vous pourrez toujours demander une épidurale ensuite.

question ? réponse

Puis-je avoir une épidurale si j'accouche à la maison ?

Non, car elle ne peut être posée que par un anesthésiste en milieu hospitalier. Si vous choisissez d'accoucher chez vous, discutez-en avec un médecin car outre l'épidurale, ni la césarienne ni aucune réanimation ne peuvent être pratiquées à domicile.

Le saviez-vous ?

Même si l'accouchement à domicile implique de ne pouvoir avoir recours à l'épidurale, des études montrent que les quelques femmes qui choisissent d'avoir leur bébé chez elles vivent mieux la douleur. Savoir d'emblée qu'elle ne sera pas soulagée (et donc avoir un seuil d'acceptation plus élevé) y est-il pour quelque chose ? Ou est-ce le fait d'être dans un environnement plus serein ? Ou les deux à la fois ? Nul ne le sait.

question ? réponse

Les techniques de respiration permettent-elles vraiment de mieux gérer le travail ?

Face à l'angoisse ou à l'inquiétude, retenir sa respiration est un réflexe fréquent. Conséquence, l'apport en oxygène diminue, les muscles se contractent, le sang circule moins bien, et des tensions apparaissent. Dans cet état d'hypervigilance, la perception de la douleur est accrue et le travail devient difficile à supporter. À l'inverse, rester calme et respirer régulièrement ralentit le rythme cardiaque, diminue l'anxiété, et améliore vos apports en oxygène et ceux de votre bébé. Avec un peu de pratique (voir p. 72), vous saurez respirer correctement tout au long du travail, en vous concentrant notamment sur l'expiration au plus fort de la contraction, afin de rester aussi détendue que possible. Certaines méthodes (voir p. 73) reposent sur des techniques de respiration qui aident la future maman à se concentrer pendant la contraction et à respirer pendant la perception douloureuse, plutôt que d'essayer d'y résister.

question ? réponse

J'ai appris que certains hôpitaux disposaient d'une piscine d'accouchement. En quoi l'eau aide-t-elle à mieux supporter le travail ?

Il est bien connu que prendre un bain chaud permet de se relaxer. Lorsque les muscles se détendent, le taux d'endorphines (hormones du bien-être) augmente. Logiquement, l'immersion dans l'eau chaude pendant le travail procure un soulagement immédiat : la libération d'endorphines bloquerait la transmission du message douloureux au cerveau, réduisant ainsi la souffrance perçue. En outre, l'eau supporte votre ventre et facilite vos mouvements ; votre sens de l'équilibre et la flottabilité vous permettent de changer de position sans peine, vous offrant plus d'autonomie. Si cet environnement liquide peut soulager la douleur des contractions utérines, certains spécialistes pensent qu'il est préférable d'attendre que le travail soit bien engagé, l'eau chaude pouvant ralentir les premières contractions. (Notez que celle-ci ne doit pas excéder 37,5 °C, sans quoi votre température corporelle risque d'augmenter et d'entraîner une tachycardie fœtale).

Si vous envisagez d'accoucher dans l'eau, renseignez-vous au plus vite auprès de votre hôpital pour vous assurer qu'il dispose d'un espace physiologique proposant une baignoire et qu'il pratique l'accouchement dans l'eau.

question ? réponse

On m'a dit que la méditation pouvait être utile pendant le travail. Quel en est le principe ?

Cette technique vise à détourner votre attention de la souffrance de l'accouchement afin d'élever le seuil de tolérance à la douleur. La méditation consiste tout simplement à occuper l'esprit de façon à ce que vous restiez détachée de vos sensations physiques. En effet, si l'esprit est entraîné à croire que vous serez capable de gérer la douleur du travail, vous aurez bien plus de chances de contrôler vos sensations à cette fin. En revanche, si vous êtes persuadée que cette expérience sera insupportable, vous ressentirez pleinement la douleur.

Choisir une phrase ou une image que vous visualiserez pendant que vous méditez peut également vous aider :

» Imaginez un torrent qui parcourt des rochers ; voyez-vous les reflets de l'eau ? À quel débit coule-t-elle ? Quel bruit produit-elle ? Voyez-vous des éclaboussures ou de l'écume ? Plus vous parvenez à visualiser de détails, moins vous vous concentrez sur la douleur.

Monitorage en piscine Le rythme cardiaque de votre bébé sera surveillé à l'aide d'un appareil portatif étanche.

» Pour expirer lentement et profondément pendant la contraction, visualisez la flamme d'une bougie. Fermez les yeux et imaginez que vous soufflez dessus tout doucement, afin de la faire vaciller sans jamais l'éteindre.

» Lorsqu'une nouvelle contraction arrive, répétez un mot ou une phrase (dans votre tête ou à voix haute), comme « calme » ou le prénom de votre bébé. Vous pouvez également choisir une phrase comme « Je suis forte et je maîtrise » en imaginant les lettres ou les mots devant vous à mesure que vous la prononcez.

question ? réponse — J'ai entendu parler du dispositif TENS. Que faut-il savoir sur cet appareil?

TENS est l'abréviation anglaise de *Transcutaneous Electrical Nerve Stimulation* (neurostimulation électrique transcutanée). C'est un appareil portatif qui émet vers les nerfs des impulsions électriques basse tension, au moyen d'électrodes positionnées de chaque côté de la colonne vertébrale. Cette stimulation des nerfs bloquerait les influx douloureux, favoriserait la libération d'endorphines et réduirait l'anxiété.

question ? réponse — L'acupuncture est-elle sans danger durant le travail, et pourrai-je bouger si j'y recours?

Cette méthode de prise en charge de la douleur est encore peu utilisée au Québec pendant l'accouchement. Elle consiste à piquer avec de petites aiguilles des points précis du corps afin de réduire la sensibilité à la douleur et de favoriser la sécrétion d'endorphines. Sans risque au cours du travail, ces gestes doivent être réalisés par un thérapeute expérimenté. Votre hôpital acceptera peut-être la présence d'un acupuncteur à vos côtés, à moins que certaines infirmières de l'établissement soient formées à cette pratique. Faites d'abord quelques séances pendant votre grossesse pour voir de quoi il retourne. Le jour J, le thérapeute interviendra probablement sur certains points comme les oreilles, afin de ne pas limiter vos mouvements.

question ? réponse — Les massages m'apaisent beaucoup. Me seront-ils utiles pendant le travail?

Les massages vous aideront à vous détendre entre deux contractions, à relâcher les tensions et à soulager la douleur en bas du dos. Le toucher, également très apaisant, vous rendra plus confiante en votre capacité à gérer la douleur.

Une étude publiée en 2013 montre que les femmes qui bénéficient d'un massage de 30 minutes dans le bas du dos, alors que la 1re phase du travail est bien engagée, souffrent moins que celles qui ne sont pas massées. Lors de cet essai clinique, la durée moyenne du travail s'est avérée globalement équivalente dans les deux groupes étudiés, et les kinésithérapeutes qui ont réalisé les massages ont également vu toutes les femmes du groupe témoin pendant 30 minutes, sans les manipuler. Les investigateurs ont donc conclu que les massages ont sur la perception de la douleur une incidence positive qui peut être mesurée.

Si le contact physique vous aide et vous rassure au quotidien, demandez à votre partenaire d'assister aux séances de massage qui peuvent être proposées dans le cadre de votre préparation à l'accouchement. Essayez les différentes techniques pendant votre grossesse afin de déterminer celles qui vous conviennent, de sorte que votre partenaire soit prêt à les mettre en pratique.

Sachez, cependant, qu'une fois en travail, certaines femmes ne supportent plus d'être touchées. Vous ne pouvez pas savoir comment vous réagirez alors, mais parlez-en à votre partenaire afin qu'il ne se vexe pas si vous refusez finalement son contact.

MASSAGE APAISANT

Vous pouvez essayer les techniques suivantes afin de déterminer quels sont les gestes que vous appréciez, et ceux qui, selon vous, pourront vous aider pendant le travail.

Massage relaxant Vous et votre partenaire devez être confortablement installés afin que chacun puisse pleinement profiter de ce moment.

» **Balayage du dos :** assise sur un tabouret ou un ballon, demandez à votre partenaire de laisser courir légèrement ses mains de vos épaules vers l'intérieur du dos, entre vos omoplates, puis de chaque côté de votre colonne vertébrale, en descendant, dans un mouvement de balayage qu'il répétera plusieurs fois.

» **Élimination des tensions :** assise sur une chaise, un tabouret ou le bord d'un lit, demandez-lui de pétrir doucement les muscles de vos épaules et de votre nuque.

» **Massage du cuir chevelu :** demandez-lui de masser le sommet de votre crâne, du bout des doigts, comme s'il vous faisait un shampooing.

» **Toucher apaisant :** si l'idée d'être caressée ou massée pendant le travail vous déplaît, demandez-lui de tenir votre paume entre ses deux mains, en exerçant une légère pression qu'il relâche ensuite. Ce simple contact est très rassurant.

» **Massage des pieds :** votre partenaire appuie fermement sur la plante de vos pieds avec ses pouces, alternant frictions et petits cercles afin de libérer les points de tension.

question ? réponse

En quoi consiste la rachianesthésie ? Dans quel cas est-elle réalisée ?

Souvent utilisée pour les césariennes programmées, la rachianesthésie permet de rester consciente et de voir son enfant dès la naissance. L'anesthésiste injecte des analgésiques dans le liquide céphalorachidien, à l'aide d'une aiguille introduite au bas du dos, entre la 3e et la 5e vertèbre lombaire. À la différence de l'épidurale, cette méthode, rapide à mettre en œuvre, ne permet pas de laisser un cathéter en place et donc de prolonger l'anesthésie en réinjectant des produits si nécessaire. De plus, elle provoque parfois des nausées et des vomissements, voire un risque de chute de tension. Pour pallier ces problèmes ou les prévenir, d'autres médicaments peuvent être administrés par perfusion.

question ? réponse

J'ai entendu parler de gaz hilarant. Est-il sans danger pour mon bébé ?

Le gaz hilarant, ou MEOPA, contient du protoxyde d'azote médicinal. Il est très utilisé pour soulager la douleur de l'accouchement dans certains pays, notamment au Royaume-Uni et en Belgique. Dans cette indication, il est associé à 50 % à de l'oxygène. Administré par inhalation à l'aide d'un masque ou d'un embout buccal, le gaz hilarant agit dans les 20 secondes. Son action disparaît cependant très vite. Il peut être à l'origine d'effets indésirables de courte durée comme des nausées ou des fourmillements dans les poignets et les chevilles. Enfin, même s'il traverse le placenta et entre dans la circulation sanguine du bébé, il est considéré sans danger pour ce dernier car il se dissipe très rapidement.

Il est contre-indiqué en cas de maladie coronarienne et de pathologie cardio-respiratoire.

68 %
des accouchements au Québec se font sous **épidurale.**

question ? réponse

Qu'est-ce qu'une péridurale et comment fonctionne-t-elle ?

Elle consiste à injecter des analgésiques directement dans l'espace qui entoure la moelle épinière. Supprimant toute sensation dans la partie inférieure du corps à partir de la taille, c'est un antidouleur très puissant.

Un anesthésiste fait d'abord une injection, afin d'insensibiliser la zone où sera réalisée l'épidurale, dans le quart inférieur du dos. Il introduit ensuite une aiguille hypodermique munie d'un cathéter, dans l'espace épidural. (On vous demandera de vous recroqueviller sur le côté ou de vous asseoir en vous penchant en avant pour élargir l'espace entre vos vertèbres.) Ensuite, il retire l'aiguille, laissant le cathéter en place. L'analgésique (mélange d'anesthésique et de narcotique) est alors injecté dans la colonne vertébrale à travers le cathéter, ou administré à l'aide d'une pompe à perfusion, afin de bloquer les voies nerveuses qui relient l'utérus et le cerveau. Auparavant, les épidurales induisaient une totale insensibilité, mais aujourd'hui, certaines offrent davantage de sensations tout en supprimant la douleur : vous pourrez sentir quand pousser le moment venu.

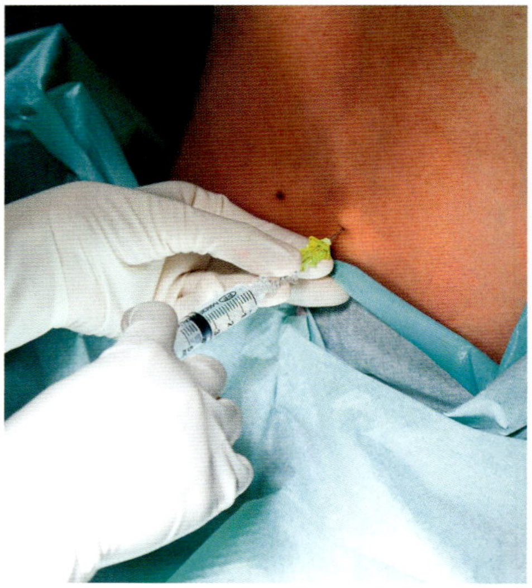

Épidurale La dose d'analgésique est injectée à travers un petit cathéter placé dans votre colonne vertébrale.

question ? réponse

J'envisage d'accoucher sans épidurale. Est-ce qu'il y a des contre-indications ?

Il y en a quelques-unes : cette technique est en effet contre-indiquée si vous présentez certaines maladies neurologiques, des troubles de la coagulation sanguine, une infection de la peau dans le dos ou si vous avez subi une intervention de la colonne vertébrale.

question ? réponse

Combien de temps prend la pose d'une épidurale et quelle est sa durée d'action ?

Il faut environ 10 minutes pour poser une épidurale. Ses effets se font pleinement sentir en 15 à 20 minutes, et persistent tant que l'administration d'anesthésique est renouvelée. Certains établissements disposent de systèmes à pompe qui permettent de contrôler vous-même la dose d'anesthésique reçue et la fréquence d'administration, vous laissant seul juge des sensations que vous voulez percevoir et à quel moment. Une fois l'administration interrompue, les effets de l'anesthésique se dissipent et les jambes récupèrent toute leur sensibilité dans les 2 heures.

INSERTION DANS L'ESPACE ÉPIDURAL

L'espace épidural se situe autour de la moelle épinière, et s'étend sur toute sa longueur. Lors d'une épidurale, un fin cathéter est introduit directement dans cet espace afin de permettre l'administration d'analgésique.

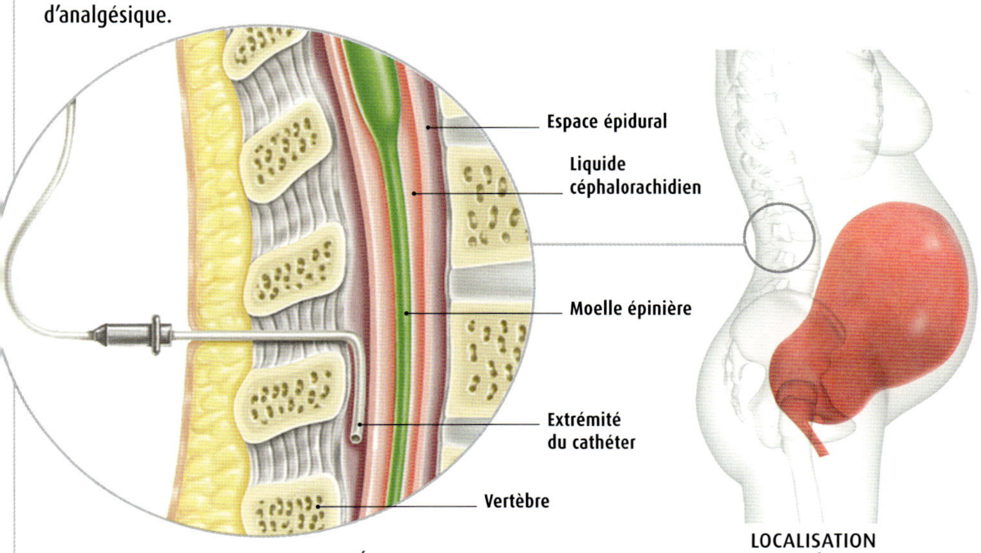

COUPE DE LA COLONNE VERTÉBRALE

LOCALISATION DU POINT D'INSERTION

Un mélange d'**anesthésique** et de **narcotique** injecté dans la colonne vertébrale **bloque la transmission du signal douloureux** de l'utérus au cerveau.

question ? réponse

Je crains que l'épidurale n'endommage ma colonne vertébrale. Quels sont les risques et les effets indésirables de ce type d'anesthésie?

Les cas de lésion définitive de la colonne vertébrale suite à une épidurale sont très rares (entre 1 sur 80 000 et 1 sur 320 000, selon les sources statistiques). Si, au moment de l'insertion de l'aiguille ou immédiatement après son retrait, vous ressentez une gêne importante ou une douleur au niveau du site de ponction, signalez-le à l'anesthésiste qui repositionnera le cathéter si nécessaire. Une légère douleur dans le dos suite à l'épidurale n'a rien d'anormal, mais si elle est importante, parlez-en à un médecin.

Parfois (1 à 5 % des cas), une *brèche durale* se produit. Petite perforation accidentelle qui survient lors de l'introduction de l'aiguille et provoque une fuite de liquide céphalorachidien, elle se manifeste le plus souvent par un gros mal de tête. Néanmoins, avec du repos, ce petit trou cicatrise rapidement, et la fuite cesse d'elle-même. Dans certains cas, l'anesthésiste pourra tenter de colmater la brèche avec un peu de votre sang, pour fabriquer une sorte de croûte qui laissera aux tissus sous-jacents le temps de cicatriser.

Nausées et démangeaisons peuvent aussi être associées à l'épidurale. Temporaires, elles peuvent être traitées facilement. Enfin, une chute de la tension artérielle est également possible, mais un médicament vous sera probablement administré par voie intraveineuse pour éviter cet effet indésirable.

question ? réponse

Un accouchement sans douleur, que demander de mieux? Mais l'épidurale présente-t-elle des inconvénients?

L'épidurale présente en effet plusieurs aspects négatifs qui peuvent vous conduire à la refuser :

» **Une mobilité restreinte :** vous serez limitée dans vos déplacements car vous n'aurez plus aucune sensation dans les jambes et serez sous monitorage. Même les épidurales « déambulatoires » demeurent restrictives ; renseignez-vous au préalable sur ce que propose votre hôpital et la liberté de mouvement dont vous bénéficierez.

» **Un travail plus long :** les antalgiques affaiblissent les muscles du bassin dont l'action est alors moins efficace pour aider votre bébé à se positionner correctement, allongeant ainsi la durée du travail. Ceci augmente également le risque d'accouchement assisté (extraction instrumentale) (voir p. 222).

» **Un risque d'intervention est accru :** sous épidurale, le risque d'accouchement assisté est en effet plus élevé.

» **Une efficacité limitée :** l'épidurale peut être efficace lors de la 1re phase du travail, mais ses effets peuvent s'avérer beaucoup moins puissants au cours de la 2e phase où l'expulsion du bébé entraîne une douleur localisée et beaucoup plus vive.

» **Des risques associés :** si la plupart des médecins s'accordent à dire que l'épidurale est sans danger pour le bébé, elle implique quelques risques pour vous (voir ci-contre).

Le saviez-vous ?

Si vous n'aviez pas envisagé d'épidurale, vous pouvez toujours revenir sur votre décision, du moment que l'anesthésiste vous a reçue en consultation et qu'il n'a décelé aucune contre-indication.

Vous savez peut-être déjà que vous accoucherez par **césarienne**, ou vous vous demandez ce qui se passera si l'on vous annonce, en salle de travail, qu'une intervention est nécessaire. Savoir ce qu'implique une césarienne, et ce qui vous attend après, vous **aidera à vous préparer sur le plan psychologique** mais aussi pratique.

La césarienne

La décision d'intervenir

Au Québec, les césariennes représentent un accouchement sur 4. Si elles sont réalisées en majorité pour des raisons médicales connues à l'avance (par exemple, un placenta prævia, une grossesse multiple ou une présentation en siège), et sont donc *programmées*, environ la moitié sont pratiquées *en urgence*. En effet, face à certaines complications d'un accouchement par voie vaginale, l'intervention peut s'avérer l'option la plus sûre pour la maman et le bébé.

Elle n'est cependant pas nécessairement synonyme d'urgence vitale : un travail trop lent demeure le principal motif de césarienne non programmée. Quel que soit le cas de figure, votre équipe médicale ne manquera pas de vous expliquer pourquoi elle est indiquée dans votre situation. Certaines femmes l'accueillent comme un soulagement, alors que d'autres sont déçues, ou la perçoivent comme un échec. Ces réactions n'ont rien d'anormal, et poser des questions sur les risques et les bénéfices de l'intervention vous rassurera énormément.

Vous pouvez en demander une pour motif non médical (notamment si vous redoutez la douleur ou avez eu une expérience traumatisante). Vous devez en discuter le plus tôt possible avec votre obstétricien, et préciser vos souhaits dans votre plan de naissance (voir p. 88-89). Il est primordial que vous soyez consciente des risques, plus importants, et des suites de couches, plus complexes. Les échanges avec votre médecin doivent aboutir à une « décision partagée ». Sachez néanmoins qu'il est en droit de refuser de pratiquer ce type de césarienne, dite de *convenance*, et est tenu, le cas échéant, de vous adresser à l'un de ses confrères.

À quoi s'attendre

Une césarienne est une intervention chirurgicale assez lourde qui peut être vitale pour vous ou votre bébé. Comme toute opération, elle comporte des risques. Pour la mère, elle peut entraîner une hémorragie (pendant et après l'intervention), un arrêt cardiaque, une infection de l'utérus ou de la paroi utérine, une lésion de la vessie, un séjour plus long à l'hôpital, mais aussi augmenter le risque d'hystérectomie plus tard, ou compliquer les futurs accouchements.

Pour le bébé, cette épreuve peut s'avérer plus stressante car il ne bénéficie pas des effets apaisants des hormones de l'accouchement. Il est possible que ses poumons et ses voies nasales soient obstrués par des mucosités résiduelles, ce qui peut gêner sa respiration. Bien qu'il soit infime (2 % des cas), il existe pour le bébé un risque de coupure, cependant bénigne, car la plaie cicatrise en quelques jours. Votre enfant peut également être admis en service de néonatologie (voir p. 310).

Avant de sortir de l'hôpital, vous pourrez discuter de l'intervention avec l'équipe médicale et poser toutes les questions que vous souhaitez sur les suites de couches et les complications possibles. Sachant qu'il vous faudra environ 6 semaines pour récupérer, n'hésitez pas à demander de l'aide pour prendre soin de votre bébé les premiers temps.

85 %
des césariennes sont réalisées pour **les raisons suivantes :** utérus cicatriciel, progression insuffisante du travail, souffrance fœtale ou présentation en siège.

Que se passe-t-il avant l'intervention ? Devrai-je me préparer ?

Une césarienne implique beaucoup de modalités en amont, sauf si elle doit être pratiquée en urgence.

» **Le consentement éclairé** Vous devrez signer un formulaire de consentement afin d'attester que vous acceptez l'intervention, comprenez les risques et autorisez les médecins à prendre toutes les mesures nécessaires.

» **La rencontre avec l'anesthésiste** Si le temps ne presse pas trop, il vous indiquera les agents utilisés et vous expliquera leurs effets.

» **Votre préparation personnelle** Vous ne devrez porter ni bijoux, ni maquillage, ni vernis à ongles, ni faux ongles (pour permettre à l'anesthésiste de contrôler la coloration de votre peau et de vos ongles, et surveiller votre taux d'oxygène).

» **Votre préparation par l'équipe médicale** Selon les hôpitaux, vous serez rasée intégralement ou seulement sur le haut du pubis, autour du site d'incision. S'il s'agit d'une césarienne programmée, on vous fera un prélèvement sanguin afin de déceler une éventuelle anémie (facteur de risque d'hémorragie) et de déterminer votre groupe sanguin, au cas où une transfusion soit nécessaire. Pour surveiller votre tension et votre rythme cardiaque, l'infirmière vous posera un brassard de tensiomètre et des électrodes sur la poitrine. Vous recevrez des antibiotiques pour réduire le risque d'infection postopératoire et, si nécessaire, un antihypotenseur. En cas d'anesthésie générale, des antiacides et un antiémétique vous seront administrés.

» **Immédiatement avant l'intervention** L'anesthésie vous sera administrée et on vous posera une sonde urinaire afin de contrôler votre vessie.

Dans quels cas une césarienne est-elle nécessaire ?

Cette intervention peut être pratiquée pour plusieurs raisons, en général médicales. Si un tiers sont programmées en raison de problèmes présentés par la mère ou l'enfant, ou par convenance, les autres s'imposent en cas de complications au cours du travail ou lorsqu'il devient urgent de mettre le bébé au monde.

MOTIFS D'UNE CÉSARIENNE PROGRAMMÉE

» **Une césarienne itérative** peut être proposée par votre obstétricien si vous avez déjà eu une césarienne et que vous présentez des facteurs de risque (complications lors de la précédente procédure, risque élevé de déchirure des cicatrices en cas d'accouchement par voie vaginale).

» **Une présentation en siège ou transversale** Si le bébé se présente en siège ou en travers de votre utérus et qu'il ne peut pas être repositionné manuellement, la césarienne s'impose le plus souvent.

» **Un placenta prævia** peut bloquer le passage du bébé et entraîner une grave hémorragie.

» **Une grossesse multiple** exige le plus souvent une césarienne, bien qu'un accouchement par voie vaginale soit envisageable pour des jumeaux, si le premier bébé a la tête en bas.

» **Certaines maladies cardiaques** peuvent rendre l'accouchement par voie vaginale dangereux pour la mère.

» **La mère peut également demander une césarienne**, notamment si l'un de ses précédents accouchements a été difficile, ou si la douleur la terrifie.

MOTIFS D'UNE CÉSARIENNE EN URGENCE

» **Une progression insuffisante du travail** La césarienne peut être nécessaire si le travail est long et lent, et que votre col n'est pas assez ouvert, ou si les contractions sont trop faibles. Bien qu'il n'y ait là aucune urgence vitale, ce cas de figure représente la principale cause d'intervention en urgence.

» **Une souffrance fœtale** est parfois constatée au cours du travail. C'est pourquoi les infirmières surveillent systématiquement le rythme cardiaque du bébé.

» **L'échec d'un accouchement assisté** (utilisation des forceps ou de la ventouse) rend la césarienne incontournable.

» **Un décollement placentaire** (détachement du placenta de la paroi utérine) peut se produire avant ou pendant le travail. Bien que rare, cette complication exige une césarienne en urgence.

» **Une rupture utérine,** déchirure d'une cicatrice laissée par une précédente césarienne, est également possible. Cela concerne moins de 1 % des femmes ayant un utérus cicatriciel. Votre obstétricien évaluera le risque de rupture utérine avant d'envisager un accouchement par voie vaginale.

» **Une procidence du cordon** est également très rare. Si le cordon ombilical descend dans le col avant le bébé, il peut être comprimé et compromettre ainsi l'oxygénation de l'enfant.

Pourrai-je rester consciente pendant la césarienne ?

Dans la plupart des cas, vous serez sous épidurale ou rachianesthésie, dont l'action insensibilise seulement la partie inférieure du corps : vous resterez donc éveillée. La rachianesthésie, injection unique de produit, n'est réalisée qu'en cas d'intervention chirurgicale. Bien qu'elle élimine toute douleur, vous ressentez les gestes de l'obstétricien dans votre abdomen. La musique favorise la concentration. Selon les hôpitaux, vous pourrez demander à accueillir votre enfant en musique. En cas d'extrême urgence, le médecin peut recourir à une anesthésie générale, plus rapide à administrer. Celle-ci implique que vous soyez totalement endormie, mais ne sera pratiquée que si les bénéfices sont supérieurs aux risques. En effet, les substances utilisées peuvent traverser le placenta et rendre le bébé somnolent, même si aucun effet à long terme sur celui-ci n'a été démontré. En général, l'intervention dure de 40 à 50 minutes, mais peut s'avérer plus longue si vous en avez déjà eu une.

Pourrai-je voir mon nouveau-né pendant la césarienne ?

Un champ opératoire sera tendu au-dessus de votre poitrine afin que vous ne puissiez pas voir l'obstétricien intervenir. Toutefois, le moment venu, le champ sera légèrement baissé pour vous présenter votre bébé, puis il sera totalement retiré, une fois que vous serez recousue.

Quels membres du personnel seront présents au bloc ?

Plusieurs personnes seront présentes tout au long de la procédure afin de vous rassurer, vous et votre partenaire de naissance. Outre l'obstétricien, l'équipe médicale inclura un interne obstétricien, un anesthésiste et une infirmière anesthésiste, 2 ou 3 infirmières de bloc et un pédiatre (qui sera ainsi immédiatement disponible pour examiner votre bébé).

Mon partenaire de naissance pourra-t-il entrer en salle de césarienne avec moi ?

Si vous êtes sous épidurale ou rachianesthésie, la présence de votre partenaire sera autorisée au bloc. Il devra porter une blouse, une charlotte et des surchaussures, et s'installer à côté de vous, au niveau de votre tête. En revanche, en cas d'anesthésie générale, aucun accompagnant ne sera admis dans le bloc. Votre partenaire de naissance devra donc patienter à l'extérieur de la salle de césarienne.

Je suis séropositive. Devrai-je nécessairement accoucher par césarienne ?

Non. Bien que la césarienne soit une pratique largement répandue au Québec, en cas d'infection par le VIH, un accouchement par voie vaginale n'est pas pour autant exclu, si votre traitement antirétroviral est efficace. En outre, les études montrent globalement que, pour le bébé, le risque d'infection lors d'un accouchement naturel n'est en rien supérieur à celui associé à une naissance par césarienne. Votre équipe médicale vous conseillera en fonction de votre cas.

Qui s'occupera de mon bébé si j'ai une anesthésie générale ?

Si votre bébé va bien, cette décision n'appartient qu'à vous : si possible, faites-en part au médecin juste avant d'entrer au bloc. En général, votre partenaire de naissance sera invité à garder votre enfant en peau à peau jusqu'à votre réveil, et à lui donner son premier biberon, si vous ne pouvez vous en charger vous-même.

Dans quels délais sera pratiquée la césarienne si elle s'avère nécessaire en cours de travail ?

Tout dépend du degré d'urgence. La césarienne sera réalisée aussi vite que l'exige la situation clinique, et votre bébé pourra être mis au monde dans les 30 à 75 minutes qui suivent la décision d'intervenir. S'il existe un réel danger pour votre bébé ou pour vous, soyez assurée qu'elle sera réalisée dans les plus brefs délais. En revanche, en

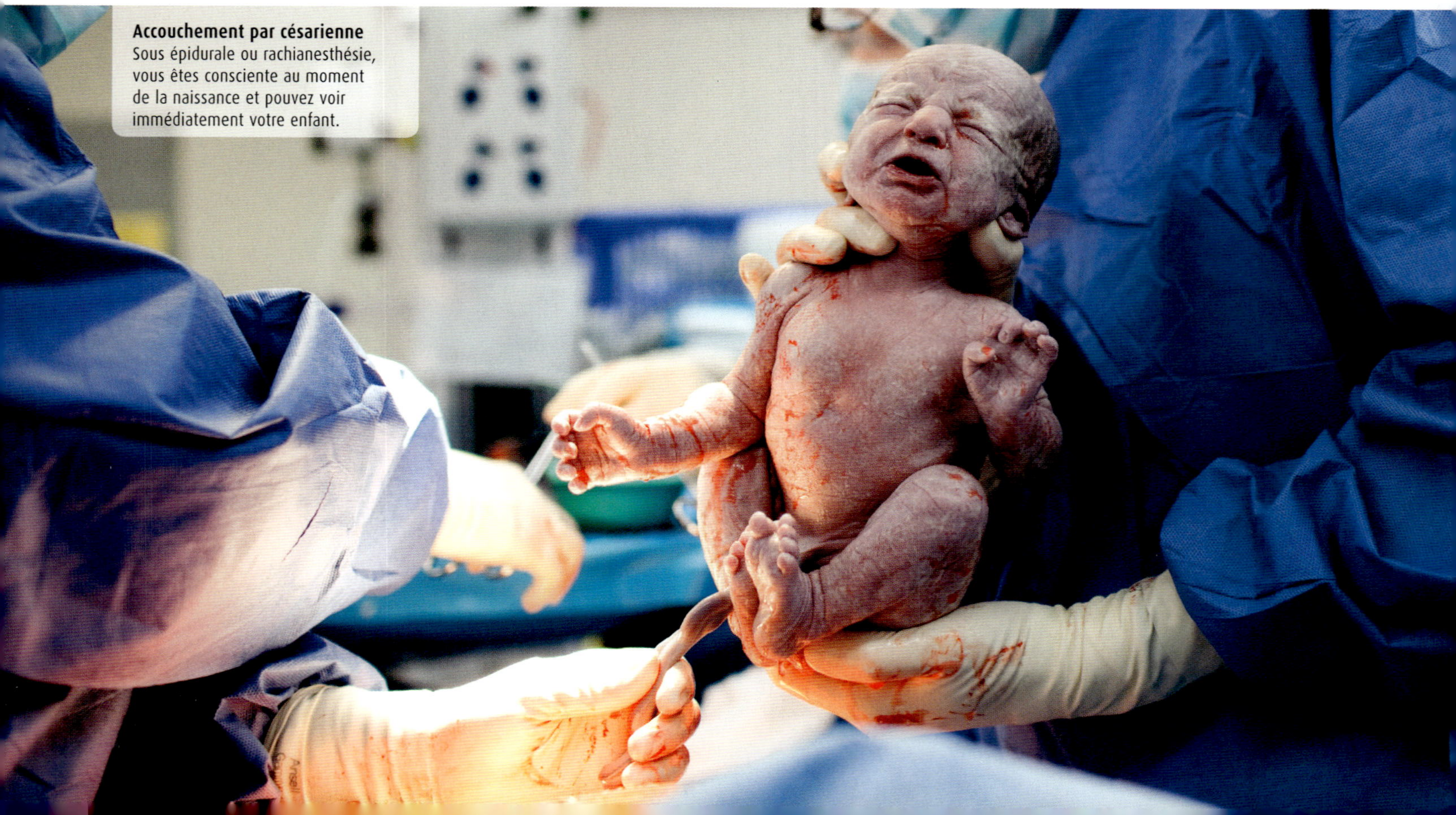

Accouchement par césarienne
Sous épidurale ou rachianesthésie, vous êtes consciente au moment de la naissance et pouvez voir immédiatement votre enfant.

l'absence d'urgence vitale (par exemple, si vous êtes trop fatiguée pour continuer, ou si seule la position du bébé pose problème), l'équipe prendra un peu plus de temps pour préparer la salle de césarienne.

Lors d'une césarienne, comment se passe la délivrance ? Le placenta est-il décollé chirurgicalement de la paroi utérine ?

Non, une fois votre bébé né, vous recevrez une injection d'ocytocine synthétique (voir p. 220). Cette hormone contribue non seulement à endiguer le saignement dû à l'accouchement, mais aussi à favoriser les contractions afin que le placenta se détache de la paroi utérine, comme lors d'un accouchement par voie vaginale. L'obstétricien tire ensuite doucement sur le cordon ombilical afin de finir de décoller le placenta qu'il retire à travers l'incision pratiquée sur votre abdomen.

Pourrai-je aller directement en chambre avec mon bébé après l'intervention ?

En règle générale, vous passerez au moins 2 heures en salle de réveil, si possible avec votre bébé, mais cela dépend des hôpitaux. L'équipe médicale contrôlera régulièrement votre tension artérielle ainsi que votre pouls, afin de s'assurer que vous ne présentez pas de complications. On vous donnera des analgésiques et l'infirmière s'assurera que vous pouvez manger et boire. Si tout va bien, et que vous êtes bien réveillée et alerte, vous pourrez aller en chambre.

Combien de temps devrai-je rester à l'hôpital ? Devrai-je revenir pour que l'on me retire les points ?

En règle générale, en l'absence de complications, vous pourrez rentrer chez vous dans les 4 à 7 jours. Après l'intervention, une sonde urinaire et une perfusion intraveineuse sont souvent laissées en place pendant 24 à 48 heures. Toutefois, vous n'aurez certainement pas à retourner à l'hôpital pour retirer les points, l'utérus étant généralement recousu avec du fil résorbable, de même que l'incision abdominale. En revanche si votre abdomen a été refermé à l'aide de sutures chirurgicales ou d'agrafes, celles-ci seront retirées dans les 5 à 10 jours, soit avant votre sortie de l'hôpital, par votre médecin traitant. Si vous avez eu une incision verticale, vous devrez probablement garder vos points plus longtemps.

Quand pourrai-je me lever et reprendre mes activités normales ?

Vous serez invitée à marcher, ainsi qu'à manger et boire normalement le plus rapidement possible, sous réserve que les effets de l'anesthésie aient totalement disparu, que vous n'ayez pas de vertiges et que vous vous sentiez bien. Le fait de bouger réduit également le risque de formation de caillots sanguins (le plus souvent, un traitement anticoagulant vous sera administré par injection). En revanche, vous mettrez plus de temps à pouvoir conduire ou porter du poids à nouveau. Reportez-vous à la page 260 pour en savoir plus sur les suites de couches après une césarienne.

Comment se déroule une césarienne ?

Après vous avoir administré l'anesthésique, le praticien s'assurera que vous ne sentez rien. Vous sentirez probablement les gestes de l'obstétricien, mais ne percevrez aucune sensation douloureuse.

Une sonde urinaire sera posée afin de vider votre vessie pendant l'intervention. Une fois votre abdomen badigeonné de solution antiseptique, l'intervention peut commencer. Une incision est réalisée juste au-dessus des poils pubiens. L'obstétricien sépare alors les couches de graisse et de tissu musculaire avant d'inciser la partie inférieure de l'utérus. Si ce n'est déjà fait, les membranes qui enveloppent votre bébé sont rompues. Celui-ci est extrait par la partie de son corps la plus proche de l'incision. La naissance a généralement lieu dans les 10 premières minutes de l'intervention. Une fois le bébé sorti, le cordon ombilical est clampé, et l'on vous porte votre enfant pour un tout premier câlin.

L'incision horizontale inférieure de votre abdomen (ou *segmentaire transverse*), visible sur votre peau, mesure généralement de 15 à 20 cm, et laisse une petite cicatrice qui s'atténue avec le temps. En revanche, celle pratiquée dans l'utérus situé juste en dessous, ne fait que 5 à 7 cm de long, afin de le préserver au maximum. Ceci permet de réduire le risque de problèmes gynécologiques ultérieurs et augmente les chances d'un accouchement par voie vaginale en cas de nouvelle grossesse. Plus rarement, et dans des circonstances bien particulières, l'incision peut être verticale. Ne focalisez pas sur votre cicatrice : elle n'est après tout qu'une des nombreuses modifications de votre nouveau corps de mère.

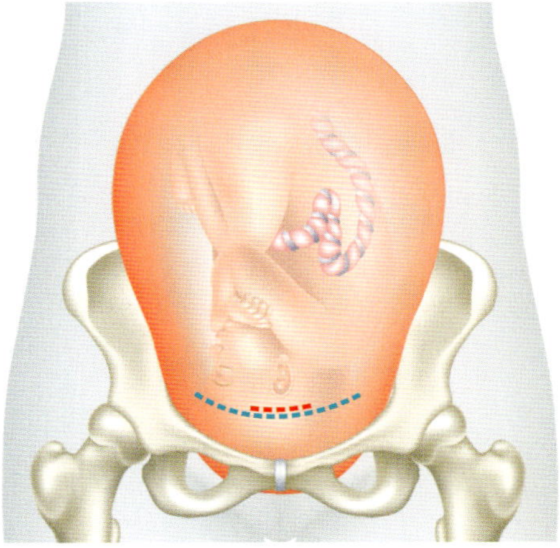

LÉGENDE

- ----- Incision de l'utérus sur 5 à 7 cm
- ----- Incision de la paroi abdominale sur 15 à 20 cm

Incision segmentaire transverse Technique d'incision la plus courante, c'est la moins risquée et la plus favorable à un accouchement ultérieur par voie vaginale. Elle laisse une cicatrice discrète sur la limite du maillot.

L'accouchement est terminé : votre **nouveau-né est dans vos bras** et vous êtes prête à découvrir ce petit être qui vient de faire de vous une maman. Toutefois, il reste à l'équipe médicale encore quelques examens à faire. D'ailleurs, saviez-vous que les soins qui vous sont prodigués juste après la naissance sont parfois appelés la « 4e phase du travail » ?

Juste après la naissance

Les premiers instants de votre bébé

Dès sa naissance, et si tout va bien, on déposera délicatement votre bébé contre vous afin de vous laisser profiter d'un premier câlin. Il sera séché, puis enveloppé dans un linge, avant de vous être confié pour une séance de peau à peau. Entretemps, le cordon sera clampé et coupé par l'infirmière ou votre partenaire s'il le souhaite. Votre nouveau-né dans vos bras, l'infirmière l'observe d'un œil aguerri (voir p. 238-239), avant de procéder à sa pesée. Que vous accouchiez à l'hôpital ou en maison de naissance, les professionnels qui vous entourent essaieront d'être les plus discrets possible dans leurs examens, afin de ne pas perturber ces premiers instants, propices à l'attachement. Si vous ou votre bébé avez besoin de soins après la naissance, ils feront en sorte de vous réunir le plus rapidement possible. Enfin, si vous avez décidé d'allaiter, il est important d'offrir à votre bébé une *tétée de bienvenue* dès sa première heure de vie, ses réflexes de succion et de fouissement (voir p. 267) étant très forts à ce moment-là. Une infirmière vous aidera à le mettre au sein.

Les soins de la maman

Avant que vous ne quittiez la salle d'accouchement, l'infirmière s'assurera que vous commencez à présenter des signes de récupération. Elle prendra votre tension et votre température, palpera votre abdomen afin de vérifier que votre utérus a commencé à se contracter, évaluera vos pertes sanguines, et contrôlera l'intégrité du placenta et des membranes. Elle examinera également votre périnée à la recherche de lésions, et plus précisément de déchirures ou de coupures occasionnées par l'expulsion du bébé. Le cas échéant, elle estimera si des sutures sont nécessaires ou non.

L'infirmière vous expliquera tout ce qu'elle fait au fur et à mesure, tout en vous laissant câliner votre bébé pendant qu'elle vous examine. En fait, il sera un excellent moyen de détourner votre attention au cours de cette ultime étape de l'accouchement.

Vos émotions

Naturellement, après avoir accouché, vous serez probablement très émue : non seulement vos hormones seront au plus haut, mais vous serez aussi bouleversée par le soulagement et la joie d'accueillir votre enfant. Vous avez envie de pleurer ? Ne vous inquiétez pas, les infirmières voient toutes les émotions en salle d'accouchement : elles sont là pour vous soutenir, vous encourager, vous rassurer ou vous apaiser, selon votre humeur du moment.

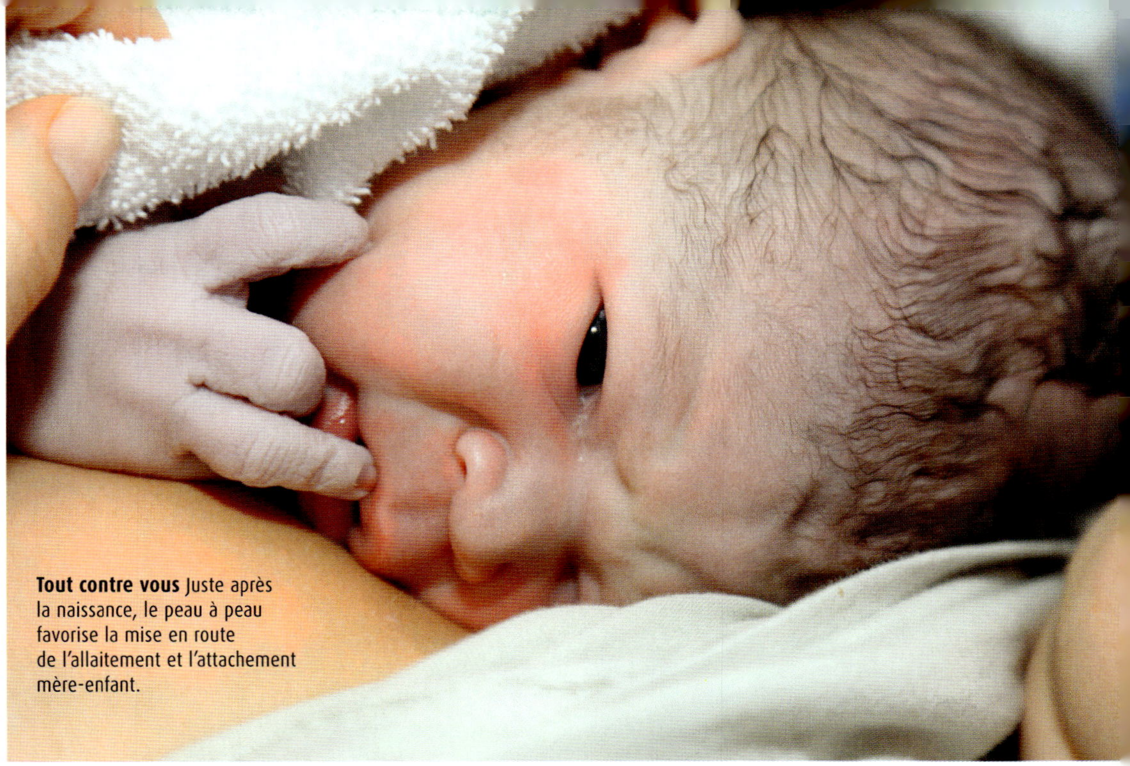

Tout contre vous Juste après la naissance, le peau à peau favorise la mise en route de l'allaitement et l'attachement mère-enfant.

Comment réagira mon bébé à la naissance?

Sa première réaction sera de pleurer : un signe positif qui indique qu'il peut respirer de façon autonome. Certains bébés ont besoin d'une prise en charge et peuvent être placés sous oxygène. D'autres toussent un peu et ont besoin d'aide pour éliminer les mucosités qui obstruent leurs voies respiratoires. Pendant ses premières minutes de vie, votre nouveau-né sera surveillé afin d'évaluer ses réactions au monde extérieur.

Dès que vous l'aurez contre vous, il cherchera très vite votre mamelon : l'instinct le pousse immédiatement à chercher à se nourrir.

Si mon accouchement provoque une déchirure, aurai-je nécessairement des points?

Tout dépend de sa gravité (voir p. 217). Une déchirure superficielle, du 1er degré, cicatrise le plus souvent d'elle-même. Une déchirure du 2e degré peut être suturée en salle d'accouchement sous anesthésie locale, votre bébé dans vos bras. En revanche, une déchirure du 3e ou du 4e degré nécessite d'être recousue par un obstétricien au bloc opératoire. Si vous avez eu une épidurale, la dose d'anesthésique pourra être renouvelée juste avant l'intervention. Dans le cas contraire, vous aurez une rachianesthésie ou anesthésie locale. L'anesthésie générale reste rare. Votre partenaire et votre bébé pourront peut-être rester à vos côtés pendant que l'on vous recoud.

Les points, le plus souvent résorbables, disparaîtront d'eux-mêmes en 2 semaines pour les plus superficiels, et en 3 mois pour ceux situés plus en profondeur.

Le saviez-vous?

Juste après l'accouchement, une femme perd en moyenne 5,5 kg, ce qui représente le poids du bébé, du placenta et du liquide amniotique. Vous garderez néanmoins votre apparence de femme enceinte car l'utérus met du temps à se rétracter, et l'excédent de liquide accumulé pendant la grossesse n'est éliminé qu'en plusieurs jours ou plusieurs semaines.

Dans quelle mesure les saignements provoqués par l'accouchement sont-ils normaux?

Vous saignerez après l'expulsion du bébé, au moment où le placenta se détachera de la paroi utérine, exposant les vaisseaux sanguins auxquels il était relié. Jusqu'à 500 ml de sang au cours des premières 24 heures, on estime la perte normale. Une fois le placenta expulsé, l'utérus continue à se contracter, ce qui contribue à refermer les vaisseaux sanguins et à endiguer le saignement. Une épisiotomie ou une déchirure peuvent également vous faire saigner.

Touchant 5 % des jeunes mamans, une *hémorragie du post-partum* (HPP) est un saignement important au cours des 24 heures qui suivent l'accouchement. La principale cause d'HPP primaire est une contraction inefficace de l'utérus, qui provoque d'importantes pertes sanguines. Après l'accouchement, vous constaterez également des lochies (saignements vaginaux) induites par le renouvellement de la muqueuse utérine (voir p. 259).

Et si le saignement est très important et persiste?

À moins que le saignement soit très abondant, l'équipe médicale essaiera, en premier lieu, de freiner le flux, par un massage de l'utérus, l'administration d'un médicament coagulant ou une injection d'ocytocine synthétique (voir p. 220). Si votre placenta est incomplet ou si l'origine du saignement reste indéterminée, vous serez certainement admise au bloc opératoire, sous anesthésie générale, pour qu'un chirurgien-obstétricien retire le reste du placenta ou recherche la cause de l'hémorragie et intervienne en conséquence. Si vous avez perdu beaucoup de sang, il est possible que vous soyez transfusée.

Pourrai-je me laver après l'accouchement?

Oui. Si tout va bien, vous pourrez vous laver. Après une épidurale, une infirmière vous fera d'abord une toilette, puis vous serez autorisée à vous doucher dès que vous pourrez marcher. Probablement un peu instable, veillez à ce que quelqu'un reste à vos côtés.

L'idée d'aller aux toilettes après l'accouchement m'angoisse. Vais-je avoir mal?

À l'hôpital, l'équipe médicale voudra s'assurer que vous urinez bien avant de vous laisser sortir : l'épreuve des toilettes est donc incontournable. Si vous avez eu une déchirure ou une épisiotomie, l'urine provoquera probablement une sensation de brûlure, que vous pourrez atténuer en versant de l'eau tiède sur la zone sensible. Afin de ramollir vos selles et faciliter leur excrétion, buvez beaucoup d'eau et mangez des fibres.

question ? réponse

Comment saurai-je si mon bébé est en bonne santé ?

Même si les premiers pleurs de votre bébé seront un vrai soulagement, vous voudrez être certaine qu'il va bien. Dès ses premiers instants, votre enfant sera attentivement observé et fera l'objet de nombreux examens avant la sortie de l'hôpital. Non invasifs et très efficaces, ils permettent de déceler d'éventuels problèmes de santé.

Le score d'Apgar

En 1952, l'anesthésiste-obstétricienne américaine Virginia Apgar a mis au point un test reposant sur 5 indicateurs visant à évaluer l'état de santé des bébés dès leurs premières minutes de vie. Longtemps critiqué pour sa simplicité, il demeure l'un des premiers examens auxquels sera soumis votre bébé – 1 minute, puis 5 minutes, ou parfois 10 minutes après sa naissance.

LE SCORE D'APGAR

Il tient son nom de l'acronyme formé par le nom anglais des 5 indicateurs évalués juste après la naissance (*Appearance, Pulse, Grimace, Activity, Respiration*), et inspiré du propre nom de Virginia Apgar. C'est pourquoi on le trouve parfois sous la graphie APGAR.

» **Coloration :** la coloration de la peau et des lèvres indique si les apports en oxygène de votre bébé sont suffisants.

» **Fréquence cardiaque :** le rythme cardiaque de votre bébé est écouté au stéthoscope.

» **Réactivité :** la réaction de votre bébé à certains stimuli, comme la lumière ou le toucher, est également observée.

» **Tonus musculaire :** les mouvements des bras et des pieds donnent une indication du tonus musculaire de votre bébé.

» **Respiration :** le rythme et l'effort respiratoire de votre bébé sont évalués.

Si à l'issue de l'évaluation à 1 minute puis 5 minutes, le score cumulé est de 7 ou plus, tout va bien. Entre 5 et 7, le bébé a besoin d'aide pour respirer ; le plus souvent une friction de la poitrine suffit à mettre en route ses réflexes. Avec un score inférieur à 5, il nécessite une prise en charge plus importante et la présence d'un pédiatre pour l'examiner.

SCORE	0	1	2
Coloration Couleur des lèvres et de la peau	Peau bleue sur l'ensemble du corps	Corps rose et extrémités bleues ou pâles	Peau rose sur l'ensemble du corps
Fréquence cardiaque	Absence de rythme cardiaque	Rythme cardiaque faible	Rythme cardiaque fort
Réactivité	Sans réaction	Réaction aux stimuli	Pleurs spontanés
Tonus musculaire	Inactivité, faiblesse	Extension et rétractation lentes des bras et des jambes	Bras et jambes très actifs
Respiration	Absence de respiration	Respiration lente, faible ou très irrégulière	Respiration régulière et pleurs forts

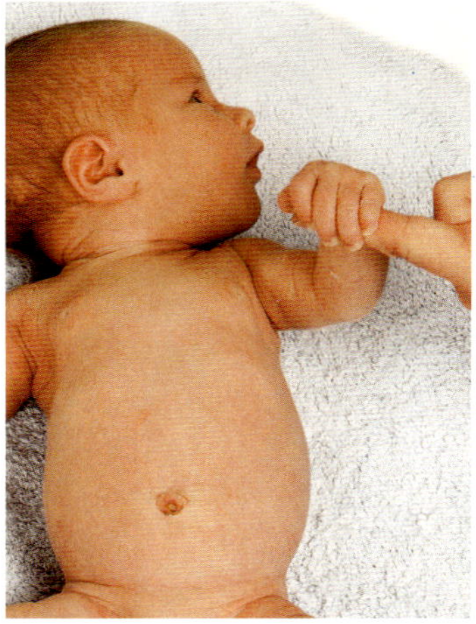

Réflexe d'agrippement Vous serez surprise de la « poigne » de votre bébé, qui attrape instinctivement tout objet placé dans la paume de sa main.

Un bilan de santé rapide

Le score d'Apgar sera évalué si rapidement que vous ne vous en rendrez probablement pas compte. Toujours en salle d'accouchement, votre bébé sera examiné de la tête aux pieds (voir à droite) afin de vérifier que tout va bien. Si l'infirmière décèle un problème, elle vous donnera toutes les explications nécessaires, et il sera pris en charge en conséquence. Dans certains cas, elle peut également demander l'avis d'un pédiatre.

Si votre nouveau-né est en bonne santé, vous ne tarderez pas être installés en chambre. Il sera à nouveau examiné, à l'hôpital (voir p. 246), dans les 72 heures qui suivront. Si la santé de votre bébé vient à vous inquiéter, parlez-en immédiatement à un membre de l'équipe médicale.

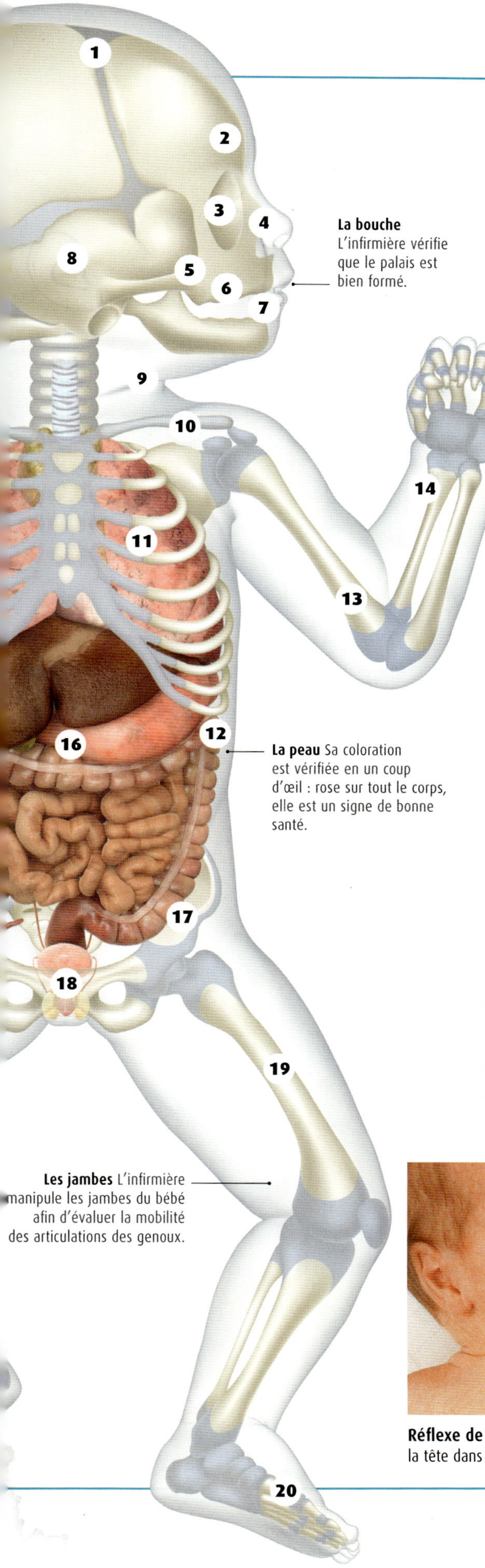

UN EXAMEN DE LA TÊTE AUX PIEDS

1 La tête : les fontanelles, la forme de la tête, le périmètre crânien et la texture des cheveux sont-ils normaux ?

2 L'expression du visage : grimace-t-il lorsqu'il réagit aux stimuli, son expression est-elle symétrique ? Il s'agit là d'un signe positif.

3 Les yeux :
» Les pupilles s'accommodent-elles à la lumière ?
» Le bébé a-t-il les yeux rouges, signe de cataracte ?

4 Le nez : les voies nasales sont-elles obstruées par des mucosités, gênant la respiration du bébé ?

5 Les joues : Tourne-t-il la tête lorsqu'on lui caresse la joue ? Ce geste permet d'évaluer son réflexe de fouissement et sa réaction au toucher.

6 La bouche :
» Le palais est-il complètement formé ?
» La langue bouge-t-elle correctement, sa taille et sa couleur sont-elles satisfaisantes ?
» Lorsque l'infirmière met son doigt dans sa bouche, a-t-il le réflexe de le sucer ?

7 Les lèvres : Cherche-t-il à « téter » lorsque l'on effleure le haut de ses lèvres ?

8 Les oreilles :
» Sont-elles symétriques ?
» Présentent-elles des excroissances ?
» Peuvent-elles être repliées vers l'avant et vers l'arrière ?
» Lorsque l'on pince doucement les lobes, le flux sanguin revient-il rapidement, signe d'une bonne circulation ?
» Tourne-t-il la tête dans en direction du bruit ?

9 Le cou : lorsque sa nuque est manipulée, penche-t-il la tête en avant, en arrière, et d'un côté à l'autre ?

10 Les clavicules : l'accouchement a-t-il entraîné une lésion claviculaire ?

11 La poitrine :
» Les poumons sonnent-ils clair ?
» Le cœur est-il bien positionné et le rythme cardiaque est-il satisfaisant ?

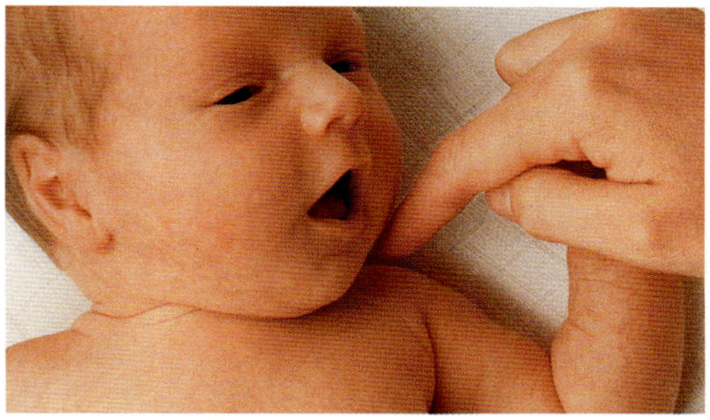

Réflexe de fouissement Lorsque sa joue est effleurée, il tourne la tête dans sa direction. Ce réflexe garantit le succès de la tétée.

12 La peau :
» Sa coloration traduit-elle une bonne oxygénation ?
» Présente-t-il des signes de jaunisse (voir p. 249) ?
» La température corporelle est-elle normale ?

13 Les bras :
» Sont-ils proportionnés à sa taille du bébé ?
» Les écarte-t-il dans un réflexe du sursaut (ou réflexe de Moro) ? À défaut, l'infirmière, tenant la tête du bébé au creux de la main, le penchera en avant pour lui donner l'impression de tomber et le déclencher.

14 Les mains et les poignets :
» Lorsque l'on caresse le dos de sa main, ouvre-t-il les doigts comme pour attraper quelque chose ?
» Lorsque l'infirmière met un doigt dans sa paume, les serre-il ? Elle soulèvera ensuite sa main, en le relevant légèrement, afin d'évaluer son réflexe d'agrippement.
» Chaque main compte-t-elle le bon nombre de doigts, et sont-ils de la bonne longueur ?
» Les paumes des mains présentent-elles certains plis caractéristiques ? Leur présence peut en effet laisser supposer une trisomie 21. Le cas échéant, ils seront associés à d'autres signes.
» Les poignets sont-ils parfaitement mobiles ?

15 Le dos :
» Les omoplates sont-elles symétriques ?
» Des touffes de poils ou des masses graisseuses sont-elles visibles le long de la colonne vertébrale ? Le cas échéant, cela peut être un signe de *spina-bifida*.
» Toutes les vertèbres sont-elles en place et correctement alignées ? Ne présentent-elles aucune anomalie ?
» Une légère pression sur la colonne vertébrale semble-t-elle douloureuse pour le bébé ?

16 Le ventre :
» Sa taille et sa symétrie sont-elles normales ?
» Les organes semblent-ils normaux ? Si, par exemple, la palpation des contours du foie est normale, celle de la rate ou des reins est surprenante.
» Le moignon ombilical est-il infecté ou saigne-t-il ?

17 Les hanches : les articulations présentent-elles une bonne mobilité ?

18 Les organes génitaux :
» A-t-il excrété du méconium ? Si oui, ceci montre que l'anus est ouvert.
» Les organes génitaux semblent-ils normaux ? Chez un petit garçon, les testicules sont-ils descendus ?

19 Les jambes :
» Sont-elles de la même longueur ?
» La mobilité des genoux et des chevilles est-elle correcte ?

20 Les pieds :
» Leur position au repos est-elle normale ? Les chevilles et les voûtes plantaires sont-elles souples ?
» Chaque pied compte-t-il le bon nombre d'orteils, et sont-ils de la bonne longueur ?
» Les orteils sont-ils palmés ?

» Dans ce chapitre…

La période postnatale

Les premiers temps avec un nouveau-né **sont parfois difficiles**, **mais sont également synonymes de grand plaisir**. Ce chapitre vous aidera à vous préparer à ce qui vous attend les premières semaines. Vous y trouverez tout ce que vous devez savoir sur **l'allaitement maternel ou au biberon**, et serez ainsi tout à fait prête quand votre enfant sera là. Et lorsque vous pouponnerez enfin votre **petite merveille**, nos conseils pratiques vous aideront à profiter au maximum de chaque instant passé ensemble.

GROS PLAN

Les 12 premières semaines

On dit qu'un bébé est « complètement formé » à la naissance. Or, naturellement, de nombreuses phases de développement physique, psychologique et émotionnel l'attendent encore. Dans 3 mois, lorsque vous regarderez les photos de votre nouveau-né, vous aurez du mal à croire que ce petit être fragile et recroquevillé soit devenu ce bout de chou plein de vitalité et curieux de tout, capable de rire, de sourire, et d'attraper tout ce qui est à sa portée.

1 **SEMAINE** Votre bébé, la plupart du temps recroquevillé sur lui-même et les poings serrés, s'adapte à la vie extra-utérine.

Conseil : mettez-le face à un miroir : il adore observer les visages et cherchera le vôtre immédiatement après sa naissance.

2 **SEMAINES** Votre bébé est capable de tenir sa tête droite quelques secondes lorsqu'il est contre votre épaule.

Conseil : faites-lui des grimaces et tirez-lui la langue : il essaiera de vous imiter.

3 **SEMAINES** Les mouvements de votre bébé sont moins saccadés et mieux maîtrisés. Il commence à contrôler ses muscles. Certains de ses réflexes primitifs disparaissent peu à peu.

Conseil : bien qu'il ne fasse pas encore la distinction entre le jour et la nuit, vous pouvez l'y aider en laissant filtrer davantage de lumière dans sa chambre en journée.

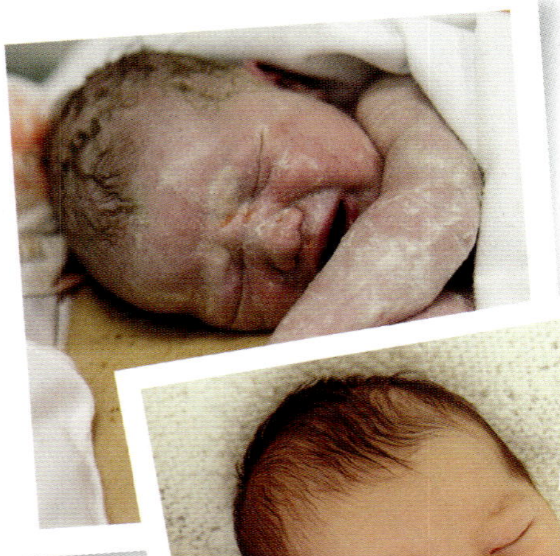

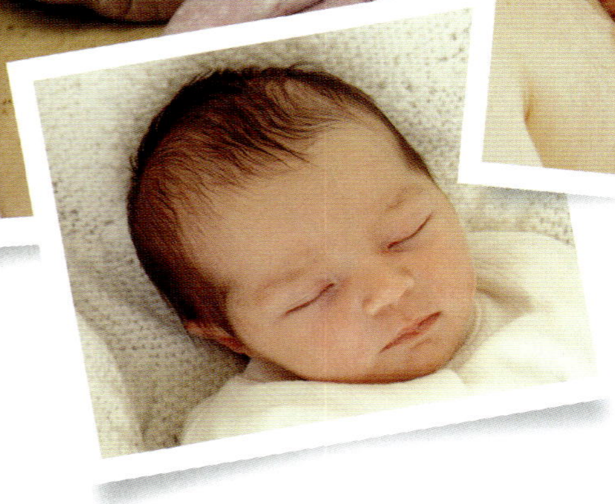

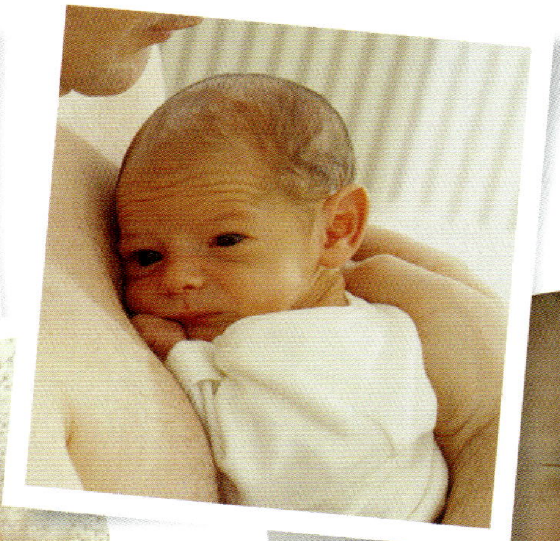

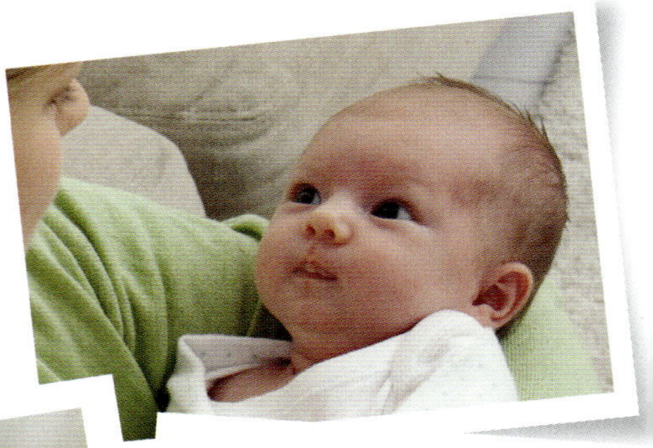

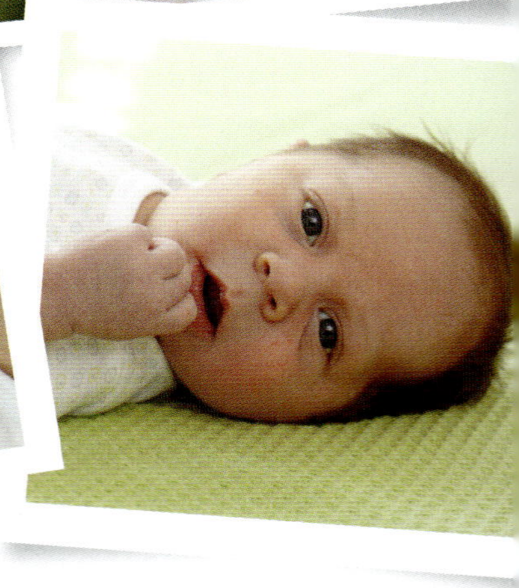

4 **SEMAINES** Les muscles de son cou sont désormais plus puissants et il tient sa tête droite un peu plus longtemps lorsqu'il est contre vous.

Conseil : allongez votre bébé sur le ventre pour l'inciter à relever la tête et contribuer ainsi à muscler son dos et sa nuque.

5 **SEMAINES** Votre bébé peut désormais fixer son regard et sollicite beaucoup ses muscles oculaires pour accommoder sa vision de près ou de loin. Il peut suivre des yeux un objet en mouvement de gauche à droite, et inversement.

Conseil : les jeunes bébés adorent les motifs noirs et blancs. Placez devant lui quelques jouets bien contrastés qu'il pourra admirer.

6 **SEMAINES** C'est à ce stade que vous découvrirez la récompense de tous vos efforts : le premier sourire de votre bébé. Il devient plus sociable et répond à votre voix, vous regardant lorsque vous parlez.

Conseil : même s'il ne peut encore répondre avec des mots, parlez-lui afin de développer ses capacités langagières. Vous obtiendrez peut-être parfois quelques ronronnements en retour.

QUELQUES FAITS

De 20 à 25
C'est, en centimètres, la distance à laquelle voit votre bébé à 2 semaines.

4 semaines
À cet âge, le bébé se recroqueville moins sur lui-même.

10 jours
En général, le cordon ombilical tombe naturellement une dizaine de jours après la naissance.

7 SEMAINES Votre bébé commence à découvrir ses mains : vous le verrez certainement les observer en bougeant les doigts, ou les porter à la bouche pour mieux les explorer. C'est le début de la coordination œil-main. Ses muscles oculaires sont à présent assez développés pour coordonner les mouvements de ses yeux. Il découvre sa voix et ses premiers gazouillis se font entendre.

Conseil : lorsqu'il est allongé sur le dos, pendez des jouets au-dessus de lui, juste à portée de ses mains.

8 SEMAINES Le dos et le cou de votre bébé sont assez musclés pour qu'il tienne sa tête dans l'alignement de son corps quand il est sur le dos. Tenez-le sous les aisselles en le laissant battre des pieds contre le sol, voire prendre un peu appui, les jambes étant parfois déjà capables de soutenir un peu de poids à ce stade.

Conseil : laissez -lui beaucoup d'espace pour bouger, s'étirer, et renforcer ses muscles en développement.

9 SEMAINES Votre bébé devient plus sociable. Il reconnaît ses parents et interagit. Il commence à associer les personnes à l'amusement et au jeu.

Conseil : votré bébé adore votre voix, alors essayez des tons différents et variez les expressions de votre visage. Imitez ses gazouillis pour lui apprendre que l'art de la conversation se pratique mieux à deux !

10 SEMAINES À ce stade, votre bébé commence à acquérir une compétence importante : la capacité à se calmer et à s'apaiser tout seul. Vous remarquerez aussi qu'il peut être davantage stimulé, et qu'il s'exerce beaucoup à ramener les deux mains devant le visage.

Conseil : amenez-le à la piscine. Cela lui permettra de découvrir un nouvel environnement, de nouveaux sons et de nouvelles sensations, mais constituera aussi une première étape vers l'apprentissage de la nage.

11 SEMAINES Votre bébé commence à reconnaître des objets, comme son biberon, ou des gestes, comme ceux que vous faites au moment de l'allaiter, et montre alors des signes d'impatience à l'approche de la tétée. Désormais, il sait faire le lien entre les sons et les objets qui les émettent.

Conseil : rassemblez dans une boîte des jouets de diverses couleurs et textures, produisant différents sons, et proposez-les lui afin qu'il puisse les explorer de ses mains.

12 SEMAINES À présent, votre bébé commence à vraiment communiquer avec vous. Il gazouille, pousse de petits cris et babille même un peu. Il attrape parfois des objets de manière intentionnelle, plutôt que de saisir ce qui se trouve à sa portée. Son système digestif est totalement mature. Ses premiers éclats de rire se font entendre, signe qu'il vous trouve vraiment drôle !

Conseil : essayez d'intégrer quelques gestes à ses berceuses.

De 14 à 18

C'est le nombre d'heures que dort votre bébé par 24 heures.

6 millions

Chaque centimètre carré de peau de votre nouveau-né compte 6 millions de cellules.

4 réflexes

À la naissance, votre bébé présente 4 réflexes naturels : le sursaut, le fouissement, l'agrippement et la marche.

Félicitations **pour cet adorable bébé !** Rien ne peut vous préparer à devenir maman. À la vue de ce petit bout, vous ressentirez un déferlement d'émotions : de la joie et **de l'émerveillement mêlés à l'impression que tout ceci est irréel**.

Les 12 premières semaines

Une nouvelle famille

En tant que jeune maman, il est tout aussi important de faire connaissance avec votre bébé que de vous reposer et prendre soin de vous. Les pages suivantes vous offrent un aperçu de ce qui vous attend au cours des 12 premières semaines.

Si vous avez accouché à l'hôpital, vous serez transférée en chambre avec lui. En ce qui concerne l'allaitement, si vous n'avez pas eu l'occasion de commencer en salle d'accouchement, vous serez encouragée à mettre votre enfant au sein avec l'aide d'une infirmière. La mise en route de l'allaitement peut prendre du temps : votre bébé apprend, comme vous, alors ne vous inquiétez pas si cela vous semble difficile au début.

C'est au moment où vous vous retrouverez seule avec votre enfant que vous réaliserez qu'il est vraiment là ; vous serez alors submergée de toutes sortes d'émotions. Vous passerez aussi beaucoup de temps à l'admirer, émerveillée. Dans ce monde inconnu, vous êtes la seule personne qui lui est familière, celle dont il reconnaît immédiatement l'odeur et la voix. Tenez-le contre vous, de préférence en peau à peau, et parlez-lui. Si vous avez eu une césarienne et que vous avez du mal à le porter, demandez à votre partenaire de le prendre en peau à peau à votre place.

Pour annoncer la grande nouvelle à vos proches, contentez-vous d'appeler les principaux intéressés, puis éteignez votre téléphone. En tant que parents, vous apprécierez davantage ces premières heures avec votre nouveau-né si vous n'êtes pas trop interrompus. Et bien que les visites soient autorisées à l'hôpital, il est préférable de limiter le nombre de personnes qui viendront vous voir. Votre entourage aura tout le temps de le rencontrer au cours des prochaines semaines.

Le retour à la maison

Selon les circonstances de votre accouchement, l'évolution de l'allaitement et la santé du bébé (voir p. 238-239), vous pourrez, dans le meilleur des cas, sortir de l'hôpital dans les 48 premières heures qui suivent la naissance (96 en cas de césarienne). Profitez de votre séjour pour poser des questions sur la façon de s'occuper d'un bébé, du changement de couches au bain, en passant par l'alimentation et le sommeil.

Avoir la responsabilité de ce petit être peut sembler impressionnant, mais surtout ne paniquez pas : sachez que vous êtes la mieux placée pour prendre soin de lui. Une fois rentrés chez vous, vous et votre bébé serez suivis pendant une dizaine de jours par une infirmière de votre CLSC, dans le cadre d'une visite au minimum, réalisée de préférence chez vous. Des consultations supplémentaires peuvent être également prévues, en fonction des éléments médicaux à surveiller ou de vos besoins. Par la suite, votre enfant sera suivi par un médecin généraliste ou un pédiatre.

question ? réponse

La plupart des parents aiment-ils immédiatement leur bébé ?

Certains « craquent » pour leur enfant au premier regard, et d'autres non. Si l'amour ne vous submerge pas, ne vous inquiétez pas. L'attachement est parfois progressif, mais la relation qui finit par s'instaurer n'en est pas moins forte et durable.

On a longtemps pensé que le lien mère-enfant s'installait dans un temps très court, juste après la naissance. On sait aujourd'hui qu'il est le fruit d'un long processus, beaucoup plus subtil et complexe, dont la mise en place prend parfois des mois. L'affection profonde, qui découle d'un lien fort et durable, s'instaure progressivement. Prendre votre bébé dans vos bras et vous occuper de lui au quotidien vous permettra d'établir entre vous une relation solide, une confiance et un amour mutuels et illimités. Ce lien peut même se développer sans que vous vous en rendiez compte : pour certains parents, le premier coup de cœur survient lorsque leur enfant, déjà âgé de plusieurs semaines, leur adresse son premier sourire.

Tout contre vous Le peau à peau favorise l'attachement et le développement de votre bébé.

Conseils pour créer des liens

» **Prenez votre enfant contre vous :** il aura tout le temps d'apprendre à se calmer et à s'endormir seul, mais dans ses tout premiers jours ou semaines de vie, câlinez-le autant que vous voulez.

» **Interagissez :** passez le plus de temps possible avec lui lorsqu'il est réveillé ; cherchez le contact visuel, chantez-lui des berceuses, parlez-lui. Il vous voit et vous entend, et cette communication nourrit les liens qui s'établissent entre vous.

» **Faites de lui votre priorité :** oubliez les tâches ménagères et n'hésitez pas à accepter l'aide de votre entourage. Ces premières semaines sont précieuses, alors consacrez-lui autant de temps que possible.

» **Limitez les visites :** certes, vos proches ont hâte de faire sa connaissance, mais essayez d'espacer les visites pendant les premières semaines. Il est important que vous passiez du temps ensemble, en famille.

» **Donnez-vous du temps :** ne forcez ni votre comportement, ni vos sentiments. Essayez de vous détendre et laissez la relation se mettre en place. Si après plusieurs semaines vous vous sentez toujours aussi détachée, parlez-en à votre médecin ou à votre sage-femme.

question ? réponse

C'est un garçon ! Pourtant, j'étais sûre d'avoir une fille. Comment surmonter cela ?

Fille ou garçon, sa venue est un réel bouleversement. Les premiers temps, il s'agira surtout de vous adapter à votre nouvelle vie avec ce petit être fragile. En outre, il est probable qu'il ne soit pas comme vous l'aviez imaginé, tant par son apparence physique que par son comportement. Vous serez envahie par une multitude d'émotions liées aux changements hormonaux, à la fatigue de l'accouchement et à l'environnement hospitalier. Essayez de vous concentrer sur l'essentiel : faire connaissance avec votre bébé et nouer des liens avec lui. Qu'il s'agisse d'une fille ou d'un garçon, au fil du temps une relation unique naîtra entre vous, même si cela peut être long.

question ? réponse

Je trouve les premières tétées difficiles. Est-ce normal ?

Oui. Les bébés naissent avec des réserves et ont parfois besoin de peu se nourrir les premiers temps. Comme vous, votre enfant est épuisé par l'épreuve de l'accouchement, et il dort beaucoup. Il est donc possible qu'il ait du mal à téter. Si vous avez décidé de le nourrir au sein, il est préférable de commencer l'allaitement le plus rapidement possible, même si vous mettez tous les deux du temps à « prendre le coup ». Privilégiez le contact peau à peau et mettez souvent votre bébé au sein afin de favoriser la sécrétion des hormones de l'allaitement. Si vous avez un peu de mal, faites-vous aider par une infirmière ou une consultante en lactation.

En moyenne, au cours de ses premières semaines de vie, un nouveau-né tète **8 à 12 fois par jour**, voire plus.

Je voudrais rentrer chez moi peu après l'accouchement, mais mon bébé doit subir des examens. Pourquoi ?

Après un premier bilan de santé établi juste après sa naissance (voir p. 239), il fera l'objet d'un nouvel examen approfondi, afin de déceler certaines affections ou anomalies qui seraient passées inaperçues lors des examens prénatals.

Celui-ci sera réalisé par un pédiatre avant la sortie de l'hôpital et après 48 heures de vie, voire le jour du départ en cas de sortie dans les 96 heures qui suivent l'accouchement. Si vous avez accouché à domicile, votre sage-femme pourra effectuer les dépistages associés au test de Guthrie dans les jours qui suivent la naissance, mais c'est un médecin généraliste ou un pédiatre qui devra se charger de la visite obligatoire des 8 jours.

Ce dépistage précoce permet une prise en charge rapide du nouveau-né en cas de problème, et offre en général de meilleurs résultats à long terme.

Le cœur d'un bébé **bat généralement à raison de 110 à 160 pulsations par minute.** Au départ, la taille du cœur occupe une grande partie de la paroi thoracique.

LES EXAMENS DU NOUVEAU-NÉ

Outre l'évaluation de ses réflexes, le pédiatre procède aux examens suivants :

» **La peau :** sa coloration est observée sur tout le corps, de même que les taches de naissance.

» **Le cœur et les poumons :** avec un stéthoscope, il les écoute afin de déceler toute anomalie. Le pouls est aussi vérifié.

» **La tête et le visage :** les fontanelles (zones souples) qui permettent aux os du crâne de se resserrer lors du passage du bébé dans la filière pelvi-génitale, sont examinées. Il s'assure aussi que les traits du visage sont symétriques.

» **Les yeux :** à l'aide d'une lampe spéciale, ou ophtalmoscope, il teste le « réflexe rouge » afin de s'assurer de l'absence de cataracte.

» **La bouche :** le palais est examiné pour s'assurer qu'il n'y a pas de fente palatine. Le médecin vérifie que la langue bouge librement et ne présente pas d'adhérence pouvant gêner la tétée.

» **Les hanches :** il replie doucement les jambes du bébé vers le haut et procède à une rotation des hanches pour s'assurer de l'absence de malformation articulaire (voir p. 324).

» **Les organes génitaux :** chez les garçons, le pénis et la position des testicules sont vérifiés. On vous demandera s'il a uriné ou émis des selles.

» **Le dos :** la colonne vertébrale est examinée afin de s'assurer qu'elle ne présente aucune anomalie.

» **Les mains et les pieds :** les doigts et les orteils sont examinés, les paumes sont vérifiées à la recherche de plis caractéristiques, et la position des pieds et des chevilles au repos est contrôlée.

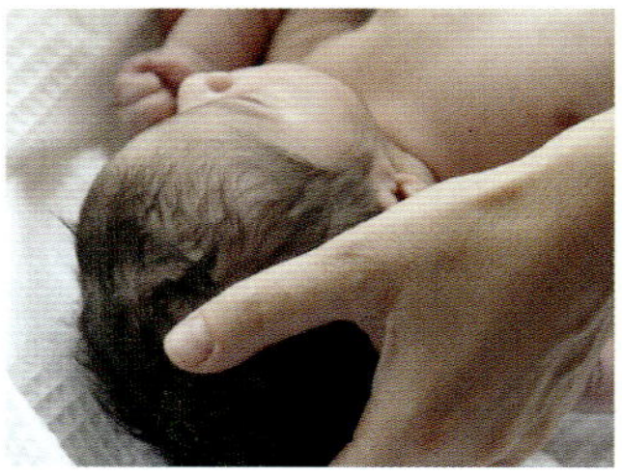

La tête Ses fontanelles sont examinées. Les marques laissés par les aides à l'accouchement sont aussi contrôlées.

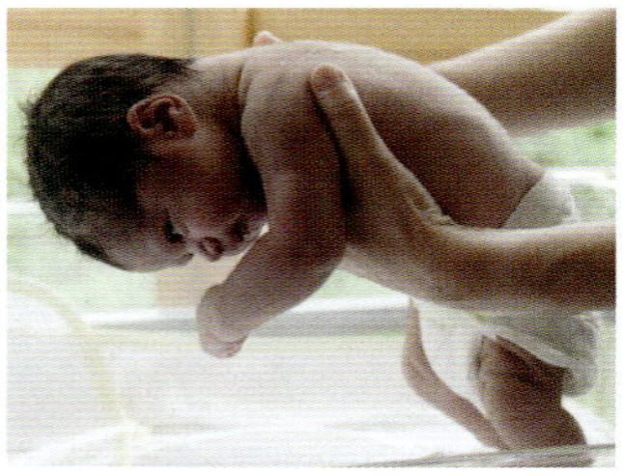

La colonne vertébrale Tout le dos est examiné pour vérifier qu'il est bien droit et ne présente aucune anomalie.

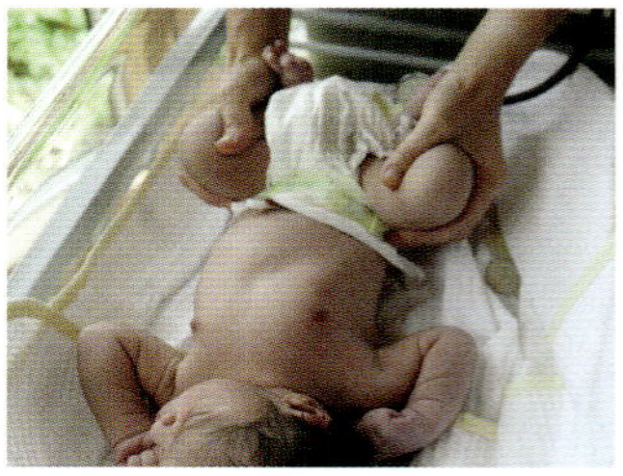

Les hanches Le pédiatre procède à une rotation des hanches du bébé pour s'assurer qu'il n'y a pas de luxation.

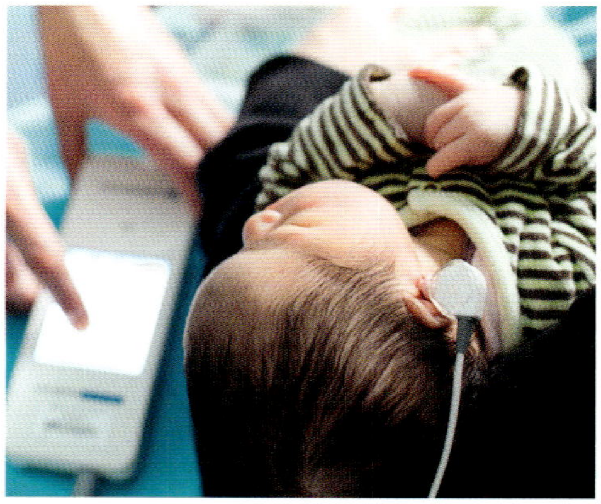

Dépistage auditif Cet examen, non obligatoire mais fortement conseillé, est réalisé avant la sortie de l'hôpital.

Mon bébé subira-t-il un test auditif avant de quitter l'hôpital ?

Au Québec, de 4 à 6 bébés sur 1000 naissent avec une surdité de différents degrés, à une ou aux deux oreilles. Dans les premières années de vie, la surdité de l'enfant peut passer inaperçue auprès des parents et de l'entourage. Le dépistage de la surdité est actuellement offert dans certains établissements du Québec. Les bébés qui présentent un facteur de risque connu de surdité sont généralement dépistés et pris en charge par le personnel hospitalier.

Pourquoi mon bébé a-t-il besoin de vitamine K à la naissance ?

Elle est essentielle à la coagulation. Pourtant, certains nouveau-nés présentent une carence en vitamine K car celle-ci a du mal à traverser la barrière placentaire et n'est présente dans le lait maternel qu'en très faible quantité. Ils sont alors exposés à un risque de maladie hémorragique du nouveau-né (MHNN), affection rare mais potentiellement mortelle, qui provoque un saignement du nez, de la bouche et parfois du cerveau. Votre enfant en recevra donc 2 ou 3 doses par voie orale, sous forme de gouttes, ou bien une injection unique qui peut s'avérer nécessaire en cas d'accouchement assisté.

Dois-je réveiller mon bébé toutes les 2 ou 3 heures pour le faire téter ?

Rassurez-vous, il ne se laissera pas mourir de faim. Après l'avoir vu bien éveillé immédiatement après sa naissance, vous serez probablement étonnée du temps qu'il passe à dormir, et peut-être même inquiète qu'il ne s'alimente pas assez. Les premiers jours, il n'a besoin que de petites quantités de prélait, ou *colostrum*, produit naturellement par vos seins. Une cuillère à café de cette substance épaisse et crémeuse, riche en anticorps, suffit à remplir son petit ventre. Toutefois, il est préférable de mettre votre bébé au sein toutes les 2 ou 3 heures pour commencer. Pas question d'établir un rythme de tétée (il est bien trop tôt pour cela), mais cela vous aidera à travailler votre technique et stimulera la lactation. Le « vrai » lait n'arrivant que 3 à 5 jours après l'accouchement, plus le bébé tète, plus le lait « vient » rapidement.

Pourquoi mon bébé respire-t-il si bruyamment lorsqu'il dort ?

Il respire uniquement par le nez, ce qui lui permet d'inspirer et d'expirer sans encombre pendant une longue tétée. Toutefois, lorsque ses voies nasales sont obstruées, il renifle et ronfle pour évacuer le mucus, produisant ainsi une sorte de sifflement lorsqu'il respire. Si les mucosités passent derrière sa gorge, vous percevrez également des gargarismes. Encore très étroites, ses voies aériennes se bouchent facilement.

Par ailleurs, sachez que les bébés passent la moitié du temps à dormir : lorsqu'ils rêvent, ils sont souvent plus agités et plus bruyants. Ils ont parfois des périodes de sommeil où ils cessent de respirer pendant quelques secondes, puis reprennent une respiration rapide et peu profonde, qui redevient ensuite normale. Ces pauses respiratoires, qui ne durent que quelque temps, sont particulièrement courantes chez les prématurés, mais on les observe aussi chez les bébés nés à terme. Une respiration bruyante intermittente n'a donc rien d'inquiétant. En revanche, si elle est rapide et fastidieuse, si le bruit est constant, rauque ou aboyant, si les pauses respiratoires durent plus de 10 secondes, si votre enfant écarte les narines, ou si sa peau prend une teinte bleutée, consultez immédiatement un médecin.

Les premières selles de mon bébé sont noires. Est-ce normal ?

Vous risquez d'être surprise de découvrir dans la couche de votre nouveau-né des selles noir verdâtre. Rassurez-vous : c'est bon signe.

Cette substance foncée à l'aspect goudronneux est le *méconium*. Il est composé de cellules cutanées mortes, de lanugo, de bilirubine, de mucus et de bile que votre bébé a accumulés dans ses intestins *in utero*, et qu'il élimine au cours de ses premières 24 heures de vie.

Bien qu'un peu alarmantes au prime abord, ces premières selles, collantes et difficiles à nettoyer, sont au contraire bon signe : elles montrent en effet que les intestins de votre bébé fonctionnent bien. Ses selles changeront d'aspect au cours de la première semaine, ou au fur et à mesure que l'allaitement se mettra en place. En cas d'inquiétude, parlez-en à l'équipe médicale ou votre sage-femme.

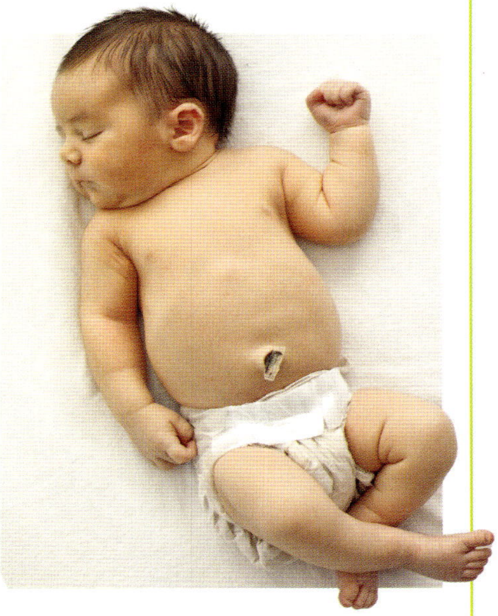

Premières selles Ne vous étonnez pas de voir la couleur des selles de votre bébé évoluer au fil des jours.

À QUOI RESSEMBLENT DES SELLES NORMALES ?

Les jeunes parents sont souvent étonnés de voir les selles de leur bébé changer de couleur et de texture jour après jour. Savoir ce qui est normal (en général) et ce qui ne l'est pas, vous évitera de vous inquiéter chaque fois que vous découvrirez le contenu de la couche de votre bébé.

» **Les 2 premiers jours,** votre bébé éliminera le méconium, substance noir verdâtre, d'aspect goudronneux, qu'il a accumulé dans ses intestins *in utero*.

» **Du 3e au 5e jour,** l'aspect des selles se modifie, passant du vert foncé, au jaune ou marron clair.

» **Si vous allaitez, les selles de votre bébé** seront jaune moutarde, et souvent molles et granuleuses (aspect d'œuf brouillé).

» **Si vous nourrissez votre bébé au biberon,** ses selles seront plus formées et de couleur brun clair. Certains laits maternisés peuvent donner aux matières fécales une teinte plutôt verdâtre.

» **Les premiers jours,** les selles de votre enfant peuvent être fréquentes, parfois après chaque tétée. À partir du 4e jour et pendant quelques semaines, il en produira environ 2 par jour. Les bébés nourris au sein défèquent moins souvent, et passent parfois plusieurs jours sans en émettre. Tant qu'elles sont souples et ne provoquent aucune gêne pour votre bébé au moment de leur expulsion, il n'y a pas lieu de s'inquiéter.

Mon bébé ne ressemble pas à ceux des magazines. Pourquoi ?

question ? réponse

Les jeunes parents sont parfois surpris de l'apparence de leur nouveau-né. La petite merveille que vous tenez dans vos bras n'est peut-être pas le beau poupon que vous aviez imaginé. Il est intéressant de savoir pourquoi, mais aussi de rappeler que même si chaque bébé est unique, ils partagent tous certaines caractéristiques à la naissance.

Que votre bébé soit né par voie vaginale – après avoir subi pressions et torsions tout au long de sa progression à travers la filière pelvi-génitale –, ou par césarienne, il vient d'endurer une réelle épreuve. En outre, il a passé 9 mois dans votre ventre, recroquevillé sur lui-même et flottant dans le liquide amniotique. Il n'est donc pas surprenant qu'il ressorte de cette aventure couvert de sang et tuméfié. Rassurez-vous, la plupart des caractéristiques du nouveau-né (une grosse tête par rapport au reste du corps, les traits du visage gonflés, la peau recouverte d'une étrange substance et une hypertrophie des organes génitaux), s'atténueront dès le lendemain, ou du moins dès que votre bébé se sera remis de cette expérience. Essayez d'apprécier ses traits de nouveau-né tant que vous le pouvez : il ne les gardera pas longtemps.

LA TÊTE

Elle représente 25 % de la longueur de son corps. Les os du crâne, mous et flexibles, ne sont pas encore soudés. Les « espaces souples » qui les séparent, les fontanelles, doivent être manipulés avec soin et disparaissent totalement vers 18 mois. Pendant le travail, les os du crâne bougent afin de mouler la tête à la forme de la filière pelvi-génitale et faciliter sa progression. À la naissance, votre bébé peut donc avoir la tête conique, mais celle-ci s'arrondit progressivement. À la suite d'un accouchement assisté, elle peut présenter des ecchymoses à l'emplacement des forceps ou un gonflement à l'endroit où la cupule de la ventouse a exercé l'aspiration la plus forte ; ces marques disparaissent dans les 24 à 48 heures.

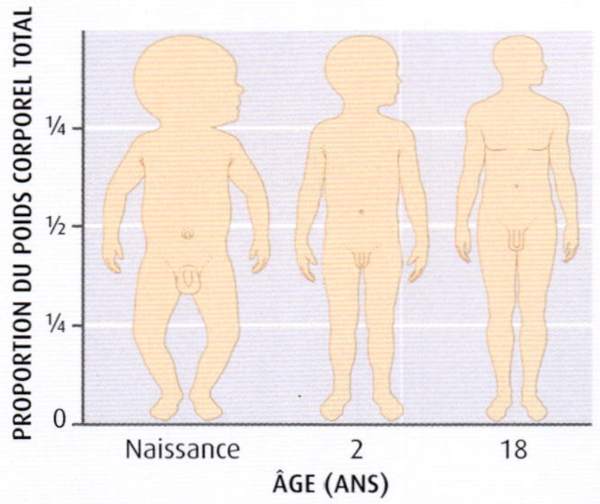

Taille de la tête En grandissant, son corps devient plus proportionné par rapport à sa tête.

LES CHEVEUX

Il peut naître quasi chauve ou, au contraire, très chevelu. Ses cheveux de nouveau-né tomberont en général au cours des premiers mois, pour être remplacés par de nouveaux, qui ressembleront probablement davantage à la chevelure que vous aviez imaginée.

LA PEAU

Il naîtra certainement recouvert de sang, de liquide amniotique et de vernix caseosa, substance blanche et cireuse qui protégeait sa peau *in utero*. S'il naît après 41 semaines, il aura peut-être déjà perdu une partie du vernix et sa peau sera un peu sèche. Il est également possible qu'il présente par endroits un duvet fin, le lanugo, qui sert à retenir le vernix.

La peau, parfois violacée dans un premier temps, reprend une coloration normale dès que le bébé commence à respirer de façon autonome. Très fine, elle peut laisser transparaître par endroits de tous petits vaisseaux sanguins. La circulation sanguine étant immature, ses mains et ses pieds peuvent rester bleutés pendant quelques jours.

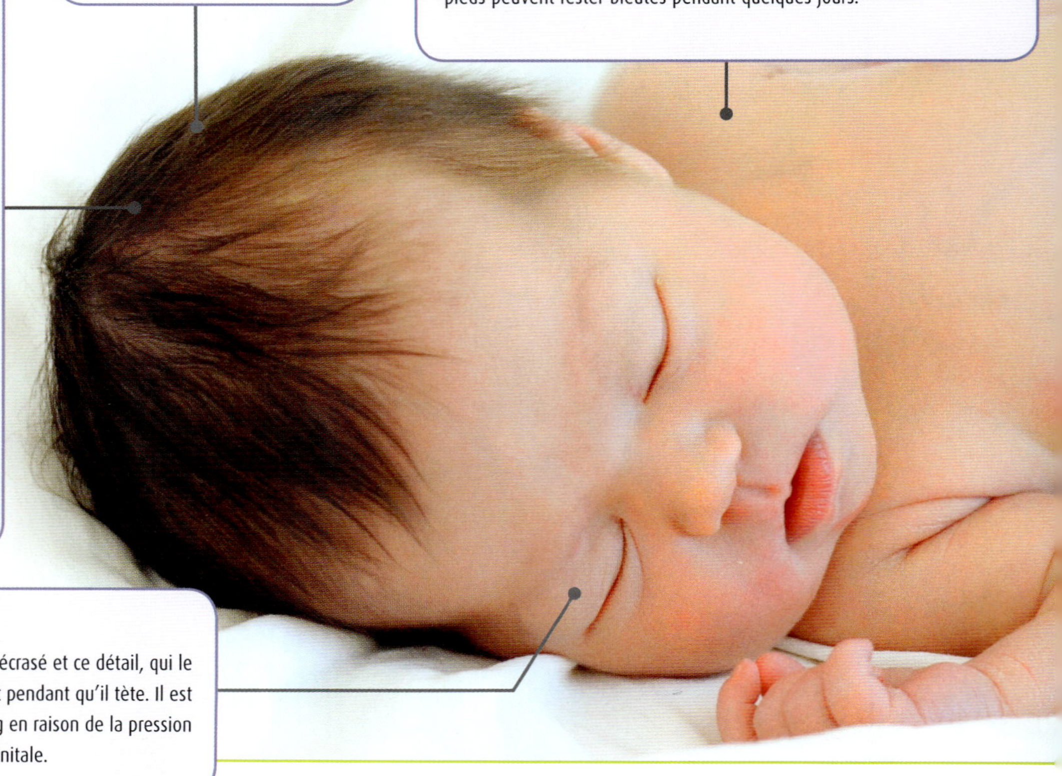

LES YEUX ET LE NEZ

S'il est né par voie vaginale, il peut avoir le nez un peu écrasé et ce détail, qui le rend si mignon, lui permet en fait de respirer facilement pendant qu'il tète. Il est probable que ses yeux soient gonflés et injectés de sang en raison de la pression qu'il a subie lors de son passage dans la filière pelvi-génitale.

VOTRE BÉBÉ A LA JAUNISSE

La jaunisse (ou l'ictère) est extrêmement fréquente chez les nouveau-nés, au point que ceux qui ne l'ont pas font exception.

Induite par l'accumulation d'une substance jaune dans le sang, la *bilirubine*, elle entraîne une coloration jaune pâle de la peau et du blanc des yeux. Tous les nouveau-nés peuvent tolérer une légère jaunisse, qui n'exige alors qu'une surveillance. En général, elle disparaît naturellement en l'espace de 2 semaines. Seul 1 bébé sur 20 nécessite un traitement (voir p. 322).

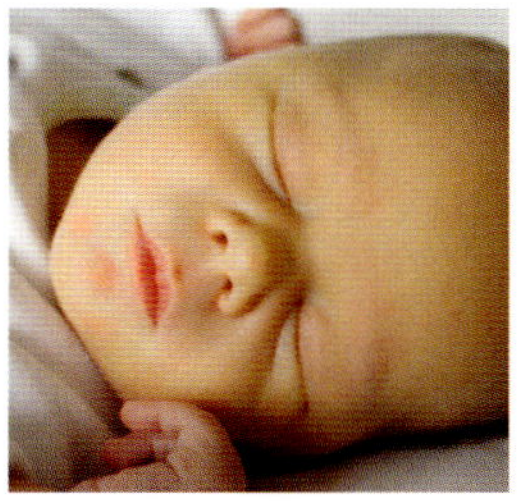

La jaunisse disparaît rapidement et la plupart des bébés n'ont pas besoin de traitement.

TACHES DE NAISSANCE

Les taches présentes sur la peau dès la naissance sont fréquentes et généralement sans gravité. On distingue deux catégories de taches de naissance : vasculaires et pigmentées.

VASCULAIRES	ASPECT	DESCRIPTION
Pince de cigogne	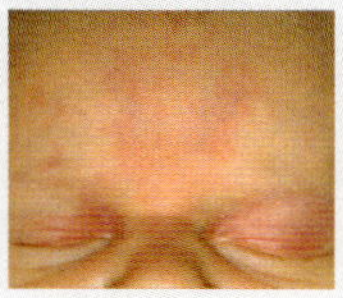	Tache rose pâle, également appelée *tache saumonée*, qui apparaît sur le front, le nez, la nuque, les paupières ou encore autour de la bouche. Elle s'atténue généralement avec le temps jusqu'à devenir à peine visible.
Fraise (hémangiome)	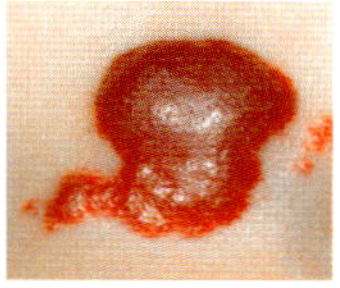	Marque rouge, d'aspect bombé, tout à fait bénigne, formée par la concentration de vaisseaux sanguins immatures. Elle peut se développer très rapidement au cours des premiers mois, puis régresser, avant de disparaître. Selon sa taille et son emplacement, elle peut nécessiter un traitement.
Tache de vin	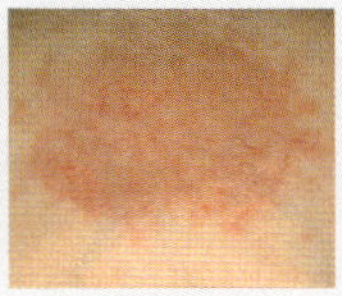	Également appelée *nævus flammeus*, il s'agit d'une tache plane, rouge à lie-de-vin, due à la concentration de vaisseaux sanguins dilatés. Permanente, elle devient plus foncée au fil des années. Bien qu'elles puissent apparaître sur tout le corps, les taches de vin sont généralement localisées sur le visage, le cou ou les membres.
PIGMENTÉES	**ASPECT**	**DESCRIPTION**
Tache café-au-lait	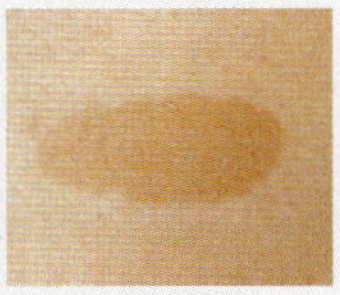	Ces marques de couleur café peuvent se trouver n'importe où sur le corps. Si elles sont souvent présentes dès la naissance, certaines apparaissent bien plus tard. Bien qu'elles soient généralement bénignes, si votre enfant en présente plusieurs, n'hésitez pas à les montrer à un médecin.
Tache mongoloïde	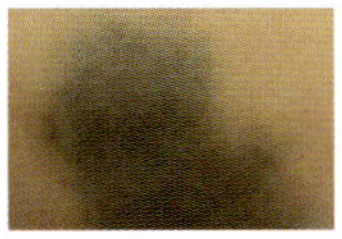	Tache bleu ardoise, plus fréquente chez les bébés qui ont la peau foncée, qui apparait généralement dans le dos ou sur les fesses. Le plus souvent, elle s'atténue d'elle-même pendant la prime enfance.
Grain de beauté	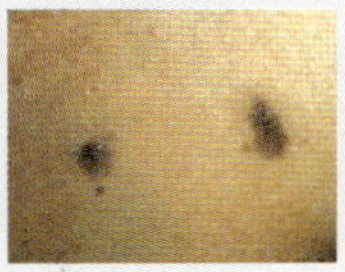	Également appelé *nævus* congénital ou mole, il s'agit d'une tache brune ou noire, qui peut être plane ou bombée. Généralement sans gravité, les grains de beauté doivent faire l'objet d'une surveillance médicale car ils peuvent devenir malins au fil du temps.

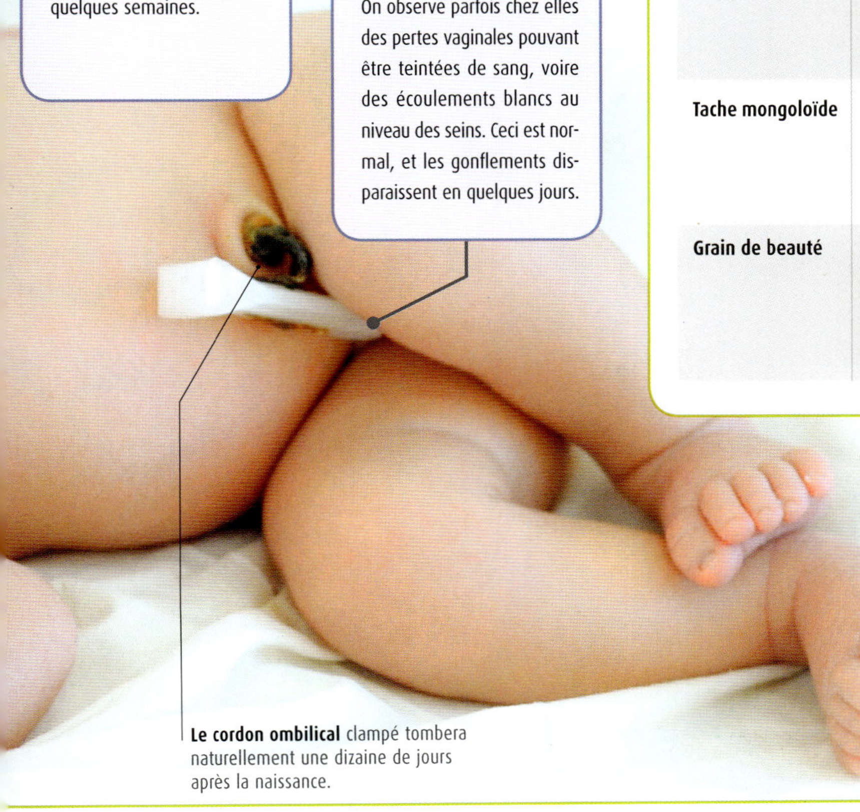

LES PETITS BOUTONS

À la naissance, le nez, les joues, les yeux et le front des bébés sont parfois constellés de petits points blancs. *Ces points miliaires* ou *milium*, sont dus à l'obstruction de glandes sébacées. Indolores, ils disparaissent au bout de quelques semaines.

LES ORGANES GÉNITAUX

Juste avant l'accouchement, les hormones maternelles augmentent subitement et traversent le placenta, ce qui fait gonfler la poitrine et les organes génitaux, chez les garçons comme chez les filles. On observe parfois chez elles des pertes vaginales pouvant être teintées de sang, voire des écoulements blancs au niveau des seins. Ceci est normal, et les gonflements disparaissent en quelques jours.

Le cordon ombilical clampé tombera naturellement une dizaine de jours après la naissance.

LES PIEDS ET LES MAINS

Les jambes de votre nouveau-né peuvent être repliées et ses pieds tournés vers l'intérieur, reflétant ainsi sa position dans votre ventre. Ses membres et ses pieds se muscleront au fil du temps. Si votre bébé est né à terme, ses ongles sont peut-être longs, si bien qu'il risque de se griffer. Très souples, vous pouvez les écourter en tirant simplement dessus du bout des doigts, ou mieux encore, les limer.

Quel suivi médical aura mon bébé après sa sortie de l'hôpital et les semaines suivantes ?

Après votre accouchement, une infirmière du CLSC de votre quartier viendra vous rendre visite. Si elle constate que votre bébé se développe normalement, elle ne fera pas d'autres visites.

La pesée Une fois que l'infirmière ne vous rendra plus visite, un médecin pèsera votre bébé lors de votre visite.

Elle verra ainsi comment vous récupérez de l'accouchement et vous débrouillez au quotidien. Elle vous demandera comment se passe l'allaitement et pèsera votre bébé. Si vous avez été suivie par une sage-femme durant votre grossesse, celle-ci assurera le suivi de votre état et de celui de votre enfant jusqu'à six semaines après la naissance. Également, votre enfant devra être suivi par un médecin de famille ou un pédiatre, c'est-à-dire un médecin qui se spécialise dans les soins et les maladies des enfants. Le premier rendez-vous aura lieu avant la 3e semaine de votre bébé, et devra avoir été pris avant votre accouchement. Par la suite, votre bébé rencontrera votre médecin à 1 mois, à 2 mois, à 4 mois, à 6 mois, à 9 mois, à 12 mois et à 18 mois. À chaque visite, le médecin s'intéressera à la croissance, au développement, à l'attachement et, bien sûr, à la santé de votre bébé. Il abordera avec vous des questions de nutrition, de sommeil, d'hygiène, de sécurité ou de psychologie et vous guidera sur les prochaines étapes à venir. Il s'intéressera également à votre situation familial. Il répondra à toutes les petites questions qui vous assaillent et s'assurera que la vaccination de votre enfant est à jour. Finalement, vous pouvez appelez en tout temps Info-Santé (811). Des infirmières offrent un service de consultation téléphonique 24 heures sur 24, partout dans la province.

À la naissance, **un petit garçon pèse en moyenne 3,4 kg, et une petite fille 3 kg.** Il est normal que votre bébé perde du poids au cours de la première semaine, puis revienne à son poids initial.

En quoi consiste le dépistage néonatal ?

Deux tests sont nécessaires pour un dépistage complet. Le premier consiste en un prélèvement de sang fait à l'hôpital ou à la maison de naissance. Le second consiste en un prélèvement d'urine effectué par vous ou votre partenaire à la maison. Les maladies dépistées sont des maladies rares, mais graves. Si elles ne sont pas traitées, elles empêchent le corps de fonctionner normalement et peuvent laisser des dommages importants aux organes et au cerveau. Les maladies dépistées sont réparties en 3 groupes. Les maladies métaboliques, telles la phénylcétonurie ou la tyrosinémie de type 1, empêchent la digestion normale de la nourriture et causent une accumulation de déchets toxiques dans l'organisme. Les maladies endocriniennes, comme l'hypothyroïdie congénitale, empêchent les hormones de fonctionner normalement et causent des retards de croissance ou des déficiences intellectuelles. Les maladies de l'hémoglobine, comme l'anémie falciforme, déforment les globules rouges du sang et empêchent celui-ci de circuler normalement. Cela cause des crises de douleurs, un plus grand risque d'infections et des complications diverses. Si l'une des maladies est détectée dans le sang ou dans l'urine de votre enfant, vous serez contactés 2 ou 3 semaines après le prélèvement. Le fait de dépister tôt ces maladies chez les nouveau-nés permet d'entreprendre des traitements rapidement après leur naissance. Dans la majorité des cas, ces traitements permettent d'améliorer grandement la qualité de vie des enfants atteints, même s'ils ne permettent pas de guérir la maladie.

Mon bébé a du mal à prendre du poids. Dois-je m'inquiéter ?

Pour les parents, voir leur bébé prendre régulièrement du poids est rassurant. Il est donc naturel que vous soyez soucieuse s'il vous semble que ce n'est pas le cas du vôtre. Or, certains enfants ont simplement tendance à grossir lentement. Si votre nourrisson paraît heureux, éveillé, réactif, et qu'il franchit les différentes étapes du développement, il est certainement en bonne santé. Si vous avez des doutes, parlez-en à votre pédiatre ou à votre généraliste, afin qu'il vérifie où se situe votre enfant par rapport à la courbe de croissance de référence. Selon le résultat, d'autres examens peuvent être nécessaires.

L'absence de prise de poids est généralement liée à des apports caloriques insuffisants ou à une mauvaise assimilation des nutriments par l'organisme. Elle s'explique aussi parfois de façon très simple : si votre bébé a été malade, il peut avoir perdu du poids et mettra quelque temps à reprendre une alimentation normale. De même, il est possible qu'il ne tète pas correctement (voir p. 268-269). Dans ce cas, demandez conseil à un professionnel de la santé ou un spécialiste de l'allaitement.

Si votre bébé est nourri au biberon, assurez-vous que vous utilisez la bonne quantité de poudre pour le bon volume d'eau afin qu'il mange à sa faim et bénéficie de tous les nutriments nécessaires à sa croissance. Une prise de poids lente s'explique aussi parfois par une intolérance ou une allergie au lait, et plus rarement, par un état pathologique.

question ? réponse

À quel moment me faudra-t-il donner un rythme à mon bébé ?

Les premières semaines, commencez à lui apprendre à distinguer le jour et la nuit, mais il est encore trop tôt pour mettre en place des habitudes.

En effet, les premiers temps sont parfois difficiles et vous devrez vous-même vous adapter au rythme de votre bébé, venu au monde avec sa propre horloge interne, en essayant, si possible, de dormir en même temps que lui.

Un nouveau-né dort la plupart du temps (entre 14 et 18 heures par 24 heures), mais par tranches de quelques heures seulement : la faible capacité de son estomac l'oblige à se réveiller toutes les 2 ou 3 heures pour téter. À mesure que son estomac peut contenir plus de lait, il tient davantage entre deux tétées, et un rythme se met peu à peu en place. La souplesse reste cependant le maître mot : les besoins de votre bébé ne seront pas toujours en phase avec vos habitudes, et vous devrez l'accepter.

Au cours des premières semaines, vous pouvez progressivement introduire le concept de jour et de nuit, en tamisant les lumières, en diminuant les activités le soir, et en mettant en place un temps calme qui évoluera plus tard en rituel du coucher. La nuit, faites-le téter dans un environnement paisible et silencieux. Essayez de passer outre la fatigue, et savourez ces premières semaines avec votre nouveau-né. Ces instants privilégiés passent très vite, et vous en serez probablement vite nostalgique.

À la tombée de la nuit Aidez votre bébé à distinguer le jour et la nuit en tamisant les lumières le soir.

Vers 6 semaines, votre bébé commencera à dormir plus longtemps la nuit, et moins le jour.

question ? réponse

Pourquoi mon bébé est-il souvent grognon lorsque je le mets à la sieste ?

Si votre bébé a « passé son heure », la surstimulation et la fatigue excessive l'empêchent de se calmer. Au cours des 3 premiers mois, les périodes d'éveil de votre enfant entre deux siestes s'allongeront peu à peu. Cependant, il aura encore besoin de beaucoup de sommeil, et il est donc important qu'il dorme en journée. Repérer le moment où une sieste s'impose n'est pas évident, car un bébé alors actif et éveillé peut sembler très fatigué l'instant d'après. L'idéal est de le mettre au lit dès que la fatigue commence à se faire sentir : il est alors le plus à même de se calmer et de s'endormir. Soyez attentive aux signes de fatigue, parfois subtils, que votre bébé manifeste : regard perdu ou vitreux, agitation, mouvements brusques ; il peut aussi serrer les poings, tirer sur ses oreilles ou se frotter les yeux.

question ? réponse

Mon bébé pleure souvent lorsqu'il est à la maison avec moi. Est-ce qu'il s'ennuie ?

Vous êtes la plupart du temps tous les deux seuls à la maison et, en tant que maman, vous mettez un point d'honneur à le distraire et à le solliciter... ce qui peut être parfois pesant. N'essayez pas de l'amuser en permanence. Dix minutes de votre attention exclusive suffisent à le combler. Laissez-le ensuite gazouiller 20 minutes sur son tapis d'éveil, après quoi il prendra beaucoup de plaisir à vous observer faire le ménage.

En le prenant avec vous dans toutes les pièces de la maison, votre bébé saura que vous êtes tout près : il se sentira en sécurité et sera alors moins agité. Les nouveau-nés adorent observer leur environnement : votre enfant sera fasciné par cette belle plante verte, et admirera le paysage derrière la fenêtre ou ce papier peint aux motifs contrastés. N'hésitez pas à le déplacer pour lui faire changer de décor. En outre, il sait très bien que vous êtes celle qui répond à tous ses besoins. Ses pleurs sont sa façon de communiquer avec vous : lorsque vous n'êtes que tous les deux, il est davantage centré sur ses besoins.

question ? réponse

Ma famille et mes amis veulent venir voir mon bébé. Comment gérer ces visites sans que cela m'épuise ?

Vos visiteurs doivent comprendre que vous avez besoin de temps pour prendre vos marques. Mais il vous faut aussi tenir compte de leur souhait. Conviez-les à passer une demi-heure dans un premier temps, ou limitez les visites à 1 ou 2 par jour, en évitant de les enchaîner. Si vous êtes fatiguée, n'hésitez pas à le leur dire. Les proches ont aussi parfois envie d'aider : réfléchissez à quelques tâches que vous pourriez leur confier (petites courses ou autres).

Le saviez-vous ?

5 à 10 minutes de relaxation suffisent à se détendre. Au lieu de faire du ménage, optez pour une courte sieste pendant que votre bébé dort. Renseignez-vous également sur les différentes techniques de relaxation (dans des ouvrages spécialisés ou sur Internet).

Depuis que je suis rentrée à la maison, je me sens dépassée et… épuisée. De quelles aides puis-je bénéficier ?

Les premiers jours sont éprouvants. C'est normal, certaines zones du corps sont encore fragiles : ménagez-vous et, prévenir d'éventuelles complications, évitez d'effectuer certaines tâches ménagères.

Par ailleurs, il n'est pas facile de prendre le repos nécessaire quand le bébé ne fait pas encore ses nuits et qu'il faut le nourrir très souvent. Aussi, essayez de récupérer dès que vous en avez l'occasion, par exemple, profitez des moments où votre enfant dort pour dormir également. Et surtout, n'hésitez pas à vous faire aider.

Proches : sollicitez votre entourage pour aller faire les courses, faire les lessives, s'occuper du bébé… Votre compagnon peut prendre le relais pour vous assister au quotidien ; mais n'hésitez pas à faire appel aussi à la famille (les grands-parents sont souvent ravis d'être mis à contribution) ou aux amis.

Relevailles : Il existe plusieurs centres de périnatalité qui offrent des services de relevailles à domicile. Une personne-ressource en aide périnatale peut vous offrir une demi-journée ou une journée entière de services (répit et entretien ménager léger). Les coûts varient selon les services et selon votre revenu annuel. Pour savoir si un tel groupe existe dans votre région, vous pouvez communiquer avec votre CLSC.

Aide financière pour les services d'aide domestique : Le programme d'exonération financière pour les services d'aide domestique permet à des personnes qui doivent recourir à des services d'aide domestique de profiter de tarifs réduits. Ces services comprennent notamment l'entretien ménager et la préparation de repas. Pour plus d'information, consultez le site de Services Québec.

Comment m'organiser pour la première sortie de mon bébé ?

Quitter la maison avec un jeune bébé peut parfois relever du parcours du combattant. Cependant, avec un peu d'anticipation et d'organisation, votre première sortie sera plus simple et agréable. Le plus important : être en mesure de transporter votre bébé en toute sécurité. Si vous prenez la voiture, sachez que la loi impose l'utilisation d'un siège-auto adapté. Préparez votre itinéraire, en prévoyant des haltes pour changer votre bébé et le faire téter. Pour une balade à pied, à vous de voir si vous préférez installer votre bébé dans un porte-bébé ou une poussette. Si vous empruntez les transports en commun, renseignez-vous sur la présence éventuelle d'escaliers. Évitez d'être trop ambitieuse pour votre première sortie : vous n'êtes pas encore remise de votre accouchement, et devez prendre autant soin de vous que de votre bébé. Que vous prévoyiez un long voyage en voiture, ou de vous rendre à pied à l'épicerie du coin, il est essentiel de vous organiser.

Un sac à langer est indispensable et doit contenir ce qui suit :

» Des couches.
» Des lingettes.
» Des langes.
» Une tenue de rechange.
» De la crème solaire.
» Du rechange pour vous au cas où votre bébé régurgiterait sur vous.
» Le cas échéant, un biberon, de l'eau et une dose de lait. (Voir aussi p. 281).

Les sorties Prévoyez à l'avance ce dont vous aurez besoin pour votre bébé.

Que se passe-t-il lors de la première visite de suivi de mon bébé ?

Avant sa 3e semaine de vie, vous devrez amener votre bébé chez un pédiatre ou vore médecin de famille pour vérifier que tout va bien. Le professionnel de la santé qui l'examinera vous posera des questions sur ses soins, son alimentation, son sommeil, et pourra répondre à toutes vos questions. Il vous parlera également des différents vaccins, que votre enfant commencera à recevoir dès le mois suivant.

Cette consultation permettra de constater les progrès de votre bébé. Le médecin examinera ses hanches afin de vérifier qu'elles sont toujours bien en place, écoutera son cœur à la recherche d'un souffle au cœur, par exemple, et vérifiera l'alignement de sa colonne vertébrale en s'assurant qu'il n'y a pas de fossette à la base, signe d'un problème neurologique. L'ouverture du pénis et la position des testicules seront contrôlées chez un petit garçon ; la région vaginale chez une fille. Bien que ces éléments aient déjà été vérifiés à la naissance, certaines anomalies passent parfois inaperçues jusqu'à ce que le bébé soit un peu plus grand. Par exemple, ce n'est qu'à ce stade que ses yeux peuvent être examinés afin de s'assurer qu'il peut fixer un objet et le suivre des yeux. On vous demandera également si votre enfant sourit et interagit, ou encore s'il gazouille ou pousse de petits cris. Si l'examen révèle une anomalie, vous serez orientés vers un spécialiste.

Le saviez-vous ?

La déclaration de naissance doit être faite dans les 30 jours suivant la naissance pour l'inscription au registre de l'état civil du Québec. Le plus souvent, elle se fait à l'hôpital, dans les jours après l'accouchement.

question ? réponse

Mon bébé est plus potelé que les autres enfants de son âge. Est-ce que je le nourris trop ?

Votre bébé est bien joufflu ? Sachez que son poids corporel va presque doubler au cours de ses 3 premiers mois de vie. Sédentaire dans un premier temps, il accumule une couche de graisse, avant de commencer à se déplacer une fois que ses muscles seront suffisamment développés.

Certains bébés sont naturellement plus costauds que d'autres (essentiellement en raison de leur patrimoine génétique). Ces différences disparaissent généralement pendant la petite enfance. Toutefois, l'obésité étant aujourd'hui un fléau mondial, il est préférable d'être informé des pièges potentiels d'une prise de poids excessive.

Bébés nourris au biberon

Plusieurs études montrent que les bébés nourris au sein ont tendance à être plus minces, principalement parce qu'ils s'arrêtent de téter dès qu'ils n'ont plus de faim. Si vous avez opté pour le biberon, soyez attentive aux signes de satiété que votre enfant manifeste. Ne le forcez pas à finir : s'il se désintéresse de son biberon avant de le terminer, en s'agitant ou en tournant la tête, il vous indique que son estomac est plein. Lorsque, pourtant pleins de bonnes intentions, les parents ignorent ces signes, ils encouragent leur enfant à trop manger, et cette habitude peut persister pendant l'enfance et au-delà.

CONSEILS POUR UN JUSTE POIDS

Le poids de votre bébé ne doit pas être une obsession, mais gardez en tête les recommandations suivantes :

» **Un suivi régulier :** votre médecin surveillera la courbe de croissance de votre enfant, et vous dira s'il y a lieu de s'inquiéter.

» **Le sommeil :** il est important que votre enfant dorme assez pour avoir un bon métabolisme et ne prenne pas trop de poids. À 3 mois, votre bébé a besoin de dormir 15 heures par jour, il est donc essentiel de mettre en place de bonnes habitudes de sommeil.

» **La diversification alimentaire :** des études montrent que diversifier l'alimentation avant 4 à 6 mois a une incidence négative sur le poids. Ne soyez donc pas trop pressée de passer aux purées. Lorsque le moment sera venu, préférez les fruits et les légumes aux céréales et autres bouillies.

Petits dodus D'un enfant à l'autre, le poids peut varier considérablement. En outre, il est parfaitement normal que le poids d'un bébé se situe au-dessus ou au-dessous de la moyenne.

question ? réponse

Par rapport aux bébés du même âge qui m'entourent, mon enfant semble en retard. Dois-je m'inquiéter ?

Chaque bébé franchit les étapes du développement à son propre rythme. Côtoyer des parents qui ont des enfants du même âge est une bonne chose, mais vous pousse aussi parfois à vous demander si votre bébé fait tout ce qu'il est censé faire à ce stade.

En fait, tous les bébés suivent les mêmes étapes du développement, mais ne les franchissent pas au même moment. Votre bébé va développer 4 domaines de compétences : physiques, verbales, sociales et cognitives. Si l'apprentissage dans un domaine est souvent lié à l'acquisition de compétences dans un autre, il n'est pas rare qu'un bébé se concentre sur une aptitude donnée, avant de passer à la suivante. Par exemple, alors qu'un bébé tape inlassablement sur tous les jouets qui se trouvent sur son tapis d'éveil, un autre se concentre sur les nouveaux sons qu'il parvient à produire, fascinés par ses propres gazouillis et ronronnements. Au final, les deux bébés travaillent leurs muscles et développent leur aptitude à communiquer.

Tant qu'il est stimulé, votre bébé acquiert de nouvelles compétences et, en général, le temps nécessaire pour les maîtriser importe moins que l'apprentissage en lui-même. Par exemple, si votre enfant fait ses premiers pas à 17 mois, alors qu'une frise du développement indique que la marche s'acquiert entre 12 et 15 mois, cela ne signifie pas nécessairement qu'il y a un problème. Si le développement de votre enfant vous préoccupe, parlez-en à votre pédiatre ou votre médecin généraliste, qui vous conseillera et vous rassurera.

Si vous avez des **jumeaux**, essayez de ne pas trop les comparer. Rappelez-vous que ce sont **deux individus** qui se développent chacun à leur rythme.

question ? réponse

À quel moment mon bébé devra-t-il être vacciné ?

Dès l'âge de 2 mois (voire à la naissance pour certains enfants). Votre bébé recevra ensuite d'autres vaccins ainsi que des rappels à 4 mois, 6 mois, 12 mois et 18 mois. Votre médecin vous informera des vaccins nécessaires.

LE CALENDRIER VACCINAL

Outre ceux prévus dans les 18 premiers mois de vie, votre enfant recevra d'autres vaccins durant l'enfance et l'adolescence. Le tableau ci-dessous détaille le calendrier vaccinal en vigueur en 2017.

ÂGE	VACCIN	MOTIF
2 mois	Vaccin DCaT-HB-VPI-Hib : « 6 en 1 »	Immunise à la fois contre la diphtérie (D), la coqueluche (Ca), le tétanos (T), l'hépatite B (HB), la poliomyélite (VPI) et les infections à Haemophilus influenzae de type B (Hib), comme la méningite, l'épiglottite et les infections touchant les os et les articulations.
	Vaccin pneumocoque	Protège contre les infections à pneumocoque graves : méningite, bactériémie, pneumonie.
	Vaccin rotavirus	Immunise contre la gastroentérite à rotavirus.
4 mois	Vaccin DCaT-HB-VPI-Hib : « 6 en 1 »	Rappel.
	Vaccin pneumocoque	Rappel.
	Vaccin rotavirus	Rappel.
6 mois	Vaccin DCaT-VPI-Hib	Rappel.
	Vaccin contre la grippe (influenza)	Rappel.
12 mois	Vaccin RRO	Protège contre la rougeole (R), la rubéole (R) et les oreillons (O).
	Vaccin méningocoque C	Immunise contre les infections graves au méningocoque C (méningite, méningococcémie).
	Vaccin pneumocoque	Rappel.
18 mois	Vaccin DCaT-HB-VPI-Hib	Rappel.
	Vaccin RRO-Var	Rappel du vaccin RRO, avec le vaccin pour la varicelle en plus.
4-6 ans	Vaccin dcaT-VPI	Rappel du vaccin contre la diphtérie, la coqueluche et la poliomyélite.
	Vaccin Varicelle	Rappel.
9-10 ans (4e année)	Hépatite B	Protège contre un type particulier d'hépatite.
	Vaccin VPH	Protège contre le virus du papillome humain.
14-15 ans (secondaire 3)	Vaccin DcaT	Rappel.
	Vaccin méningocoque C	Rappel.
Tous les ans	Grippe	Pour les populations à risque (enfants de moins de 6 mois, femmes enceintes, personnes atteintes d'asthme ou de pneumopathies, ou âgées de 65 ans et plus).

question ? réponse

Comment les vaccins fonctionnent-ils et pourquoi sont-ils nécessaires ?

Ils protègent de certaines maladies potentiellement graves. L'immunité est un processus naturel acquis par l'organisme. Lorsque nous sommes exposés à une infection, nous fabriquons des anticorps pour y résister plus tard. Un vaccin contient une forme très affaiblie d'une maladie donnée, en général administrée par injection, qui vise à développer l'immunité contre cette maladie, sans l'attraper.

Tous les nouveau-nés héritent de leur mère une certaine immunité, mais celle-ci disparaît vers 2 mois : c'est pourquoi les premiers vaccins sont effectués à ce stade.

question ? réponse

Une amie m'affirme que mon bébé n'a pas besoin de vaccins. C'est vrai ? Puis-je refuser de le faire vacciner ?

Au Québec, il n'est pas obligatoire de faire vacciner votre enfant. Toutefois, sachez qu'il est fortement recommandé que tous les enfants reçoivent les vaccins usuels, même les enfants en bonne santé et qui ont une bonne alimentation. L'enfant allaité devrait être vacciné lui aussi, même si l'allaitement maternel protège contre plusieurs infections.

Avant de refuser de vacciner votre enfant, évaluez bien le rapport bénéfices-risques. Les programmes de vaccination ont permis de réduire l'incidence de nombreuses maladies graves et mortelles, et d'en éradiquer certaines. Si vous ne faites pas vacciner votre enfant, non seulement vous l'exposez au risque de contracter la maladie, mais vous mettez aussi à mal l'*immunité collective* (conséquence de la vaccination qui freine la propagation de la maladie au sein de la population générale lorsque le nombre de personnes immunisées est assez important).

Effets indésirables

Certains parents redoutent que les vaccins multivalents (plusieurs vaccins en une seule injection) n'affaiblissent le système immunitaire de leur bébé : en fait, la fabrication d'anticorps contre un vaccin n'en sollicite qu'une infime partie. Sachez que votre enfant est exposé tous les jours à des bactéries et des virus que son organisme combat très bien. En outre, les effets indésirables sont souvent bénins (voir ci-contre), les cas graves restent rares.

question ? réponse

Comment me préparer à faire vacciner mon bébé, et le réconforter après ?

Comme la plupart des parents, vous avez un petit pincement au cœur à l'idée de faire vacciner votre enfant. Rassurez-vous : la procédure est très rapide et efficace.

Votre bébé ignore ce qui l'attend, mais peut ressentir votre angoisse. S'il est naturel que vous soyez inquiète, essayez malgré tout de rester détendue, et rappelez-vous qu'il est dans son intérêt d'être vacciné. Ne prévoyez rien d'autre ce jour-là, avant et après la vaccination, afin que vous ne vous sentiez pas pressée par le temps et puissiez vous consacrer pleinement à votre enfant ensuite.

Déroulement

Lorsque vous amènerez votre bébé pour le faire vacciner, on vous proposera de l'asseoir sur vos genoux pendant l'injection. Votre présence, votre contact et votre voix le rassureront : parlez-lui doucement et câlinez-le. Vous pouvez aussi le faire téter avant l'injection, afin de le mettre en confiance, et détourner son attention avec une tétine. Dans tous les CLSC, vous pouvez faire vacciner votre enfant gratuitement. Dans certains bureaux de médecin, il peut y avoir des frais pour la vaccination. Votre enfant peut continuer à voir son médecin au bureau mais être vacciné au CLSC sans frais, si vous le désirez.

Soulager votre bébé après

Si votre bébé a de la fièvre ou semble grognon, vous pouvez lui donner de l'acétaminophène, tout en veillant à le faire téter comme d'habitude afin qu'il reste hydraté. Surtout, ne donnez aucun médicament à votre enfant avant l'injection, en prévision d'une éventuelle fièvre, car cela pourrait réduire l'efficacité du vaccin.

Après le vaccin
Si votre enfant a de la fièvre ou semble grognon, donnez-lui de l'acétaminophène pour le soulager.

Le saviez-vous ?

Les programmes de vaccination sont extrêmement efficaces à travers le monde. En effet, en Angleterre et au pays de Galles, environ 60 000 cas de diphtérie à l'origine de 5 800 décès étaient recensés en 1914. En 1942, année de l'introduction du vaccin dans ces deux pays, 41 404 cas ont été déclarés, dont 1 827 décès. En 1946, le taux de mortalité associé à la diphtérie était passé à 472. Au Japon, en 1974, environ 70 % des enfants étaient vaccinés contre la coqueluche, et seuls 393 cas avaient alors été répertoriés dans tout le pays. Le taux de vaccination a ensuite chuté, concernant seulement 10 % des enfants. Conséquence : 13 000 cas de coqueluche en 1979, dont 41 décès. Lorsque la vaccination des nourrissons est redevenue systématique, le taux d'incidence de la coqueluche a diminué. Au Canada, la vaccination a permis d'éradiquer la poliomyélite depuis 1994.

question ? réponse

Les vaccins présentent-ils des effets indésirables ?

Il est normal que les effets indésirables potentiels des vaccins inquiètent. Cependant, loin d'être systématiques, ils sont généralement légers et transitoires. Ils peuvent entraîner une rougeur et un gonflement localisés, éventuellement une petite bosse sur le site d'injection (généralement en haut de la cuisse), réactions indolores qui disparaissent en quelques jours. Si votre bébé a de la fièvre après l'injection, donnez-lui de l'acétaminophène. Les réactions allergiques demeurent très rares et, le cas échéant, peuvent être traitées.

Les prématurés sont vaccinés au même âge que les autres bébés : comme eux, ils conservent **l'immunité** de leur mère **pendant 2 mois.**

question ? réponse

Mon bébé a de l'eczéma. Peut-il malgré tout être vacciné ?

Les allergies comme l'eczéma, l'asthme ou tout type d'intolérance alimentaire ne sont pas un obstacle à la vaccination. La seule raison pour laquelle votre enfant ne peut pas être vacciné à la date convenue est la fièvre : dans ce cas, le rendez-vous sera reporté. S'il vous semble que votre bébé n'est pas en forme le jour où son vaccin est prévu, parlez-en au professionnel de la santé qui doit lui faire l'injection. De même, s'il a mal réagi à un précédent vaccin (ce qui reste rare), demandez conseil à votre praticien.

question ? réponse

Est-il vrai qu'il ne faut pas amener un bébé à la piscine avant qu'il soit vacciné ?

Ceci est une légende urbaine. Vous pouvez amener votre enfant à la piscine quand cela vous chante, qu'il soit vacciné ou non.

Se muscler Vers 12 semaines, votre bébé commence à maîtriser sa tête. Certains arrivent même à la relever lorsqu'ils sont sur le ventre. Laissez-le quelques minutes dans cette position afin qu'il travaille les muscles de sa nuque, son dos et son tronc.

Que vous ayez accouché par voie vaginale ou par césarienne, votre corps va connaître de **très nombreux changements** afin de retrouver son état d'avant-grossesse. Il est essentiel que vous preniez autant soin de vous que de votre bébé.

Les suites de couches

Les conséquences physiques

Quelle que soit la façon dont s'est déroulé votre accouchement, vous en ressentirez les conséquences physiques. Vous serez probablement épuisée, notamment si le travail a été long. En cas de déchirure ou d'épisiotomie (incision du vagin et du périnée), les points de suture risquent d'être douloureux, de rendre la position assise inconfortable et de provoquer une sensation de picotement en allant aux toilettes. Si vous avez eu une césarienne, vous devrez récupérer d'une chirurgie abdominale lourde, ce qui peut prendre plusieurs semaines. Il faudra y aller en douceur et accepter toute l'aide qu'on vous propose.

Votre organisme a été soumis à rude épreuve pendant les 9 derniers mois, et va maintenant revenir à son état d'avant-grossesse, ce qui suppose, entre autres, des changements hormonaux considérables. Par exemple, vos seins vont commencer à se remplir de lait pour nourrir votre bébé.

Les montagnes russes émotionnelles

Après la naissance, vos émotions vont passer d'un extrême à l'autre : follement heureuse et comblée par la joie d'être mère en admirant votre bébé blotti dans vos bras, vous serez, dans la minute qui suit, angoissée et aurez envie de pleurer sous l'effet de la fatigue. Les hormones vous chamboulent, et l'absence de votre gros ventre provoquera peut-être une sensation de vide en vous. Quelques jours après l'accouchement, la plupart des femmes connaissent le fameux *baby blues*. Mais malgré ce séisme physique et émotionnel, vous devrez vous concentrer sur l'une des plus importantes missions de votre vie : prendre soin de votre bébé. Acceptez toute l'aide que l'on vous propose, et principalement de la part de votre partenaire, qui est là pour assurer le temps que vous récupériez, et pour vous offrir tout le soutien physique et psychologique dont vous avez besoin.

Dans les semaines qui vont suivre, l'aide de vos proches sera vraiment la bienvenue et la moindre contribution fera la différence. Dites-leur honnêtement ce dont vous avez besoin : demandez-leur de cuisiner pour vous, de repasser votre linge ou simplement de s'occuper de votre bébé une heure ou deux pour vous laisser dormir.

Donnez-vous du temps

On dit souvent qu'il faut 6 semaines pour se remettre d'un accouchement, un chiffre pour le moins arbitraire. En effet, une étude récente révèle qu'une année entière est nécessaire pour récupérer complètement et retrouver la forme : il est donc essentiel d'y aller en douceur. Donnez-vous du temps pour vous remettre sur pied et pensez à vous : mangez bien, trouvez des moyens de vous détendre, et reprenez peu à peu vos activités, voire un peu d'exercice physique. Tout ceci vous aidera à bien récupérer.

J'ai l'impression de sentir de légères contractions. Que se passe-t-il ?

Après l'accouchement, le « travail » de votre utérus n'est pas terminé. Son volume ayant été multiplié par 10 pendant la grossesse, il entre désormais en phase d'involution, processus qui lui permet de retrouver sa taille initiale.

Alors que votre utérus se rétracte, vous ressentirez des crampes, semblables à de légères contractions de travail. Elles sont en général tout à fait supportables, en particulier à la suite d'une première grossesse, car les muscles, qui n'avaient alors jamais été étirés, se contractent plus facilement.

Si vous avez du mal à tolérer la douleur, demandez conseil à votre médecin. Vous pouvez aussi prendre de l'acétaminophène ou recourir aux techniques de respiration que vous avez utilisées pendant le travail. Vous remarquerez peut-être que la douleur est plus intense lorsque vous allaitez : en effet, l'hormone responsable de l'éjection du lait (l'ocytocine) favorise également les contractions utérines. Si la perception de contractions plus fortes n'est pas systématique, l'allaitement permet en revanche à l'utérus de se rétracter plus rapidement. Sachez que celui-ci peut mettre jusqu'à 6 semaines pour retrouver sa taille initiale. Globalement, c'est au cours de la 1re semaine que les douleurs sont les plus vives, beaucoup de femmes les percevant à peine au-delà de ce délai.

RÉTRACTATION DE L'UTÉRUS

Quelques jours après l'accouchement, votre utérus aura retrouvé la taille qu'il faisait en milieu de grossesse. Il se rétractera ensuite rapidement et, à environ 6 semaines, ne sera pas plus gros qu'une prune (sa taille initiale).

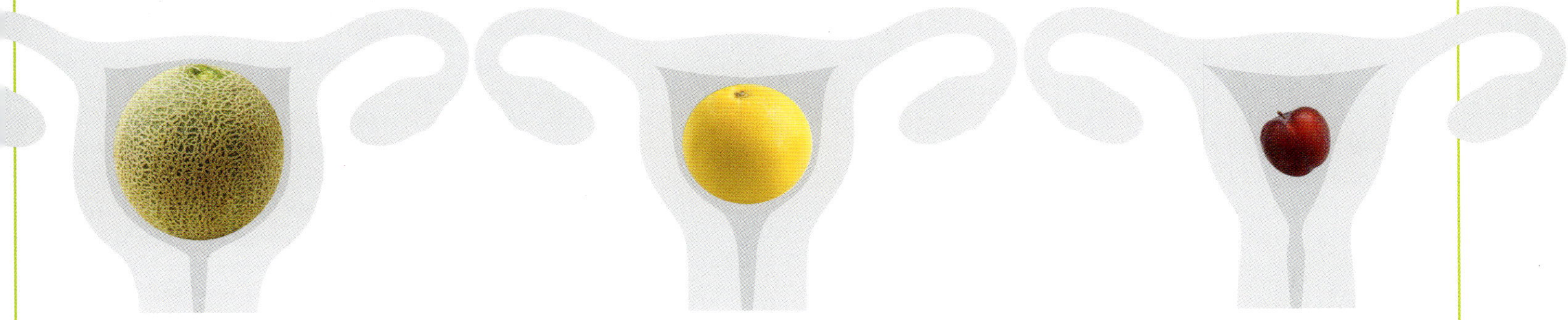

1 à 2 jours après l'accouchement
À ce stade l'utérus a la taille d'un cantaloup, et pèse environ 450 g.

7 jours après l'accouchement
Votre utérus est gros comme un pamplemousse et pèse près de 300 g.

6 semaines après l'accouchement
Votre utérus n'est pas plus gros qu'une prune et pèse aux alentours de 100 g.

Je saigne beaucoup. Est-ce normal ?

Ces saignements sont tout à fait normaux : alors qu'il se rétracte, l'utérus élimine un mélange de sang et de tissus appelé lochies. Dans un premier temps semblables à des règles abondantes, elles diminuent peu à peu, passent du rouge au rose dilué, et finissent par devenir des pertes jaunâtres. Préférez les serviettes hygiéniques aux tampons qui risquent d'infecter l'utérus. Le flux peut rester abondant pendant 2 semaines. Si après avoir diminué, les pertes redeviennent rouges et importantes, qu'elles sentent mauvais, que leur abondance nécessite l'utilisation de plusieurs protections hygiéniques en 1 heure, si vous éliminez de gros caillots, ou si vous vous sentez fiévreuse ou avez des vertiges, consultez un médecin. Tout saignement excessif qui survient entre 24 heures et 6 semaines après l'accouchement est une hémorragie du post-partum (HPP) secondaire. Un morceau de placenta est peut-être resté fixé à la muqueuse utérine.

Quand la consultation postnatale est-elle prévue et en quoi consiste-t-elle ?

En général, elle a lieu entre 6 et 8 semaines après l'accouchement, et peut être réalisée par un gynécologue, un généraliste ou une sage-femme. Votre praticien prendra votre tension et palpera votre abdomen pour vérifier que votre utérus a retrouvé sa taille normale. Il examinera vos cicatrices et s'assurera que les points se sont bien résorbés. En cas de difficultés liées à l'allaitement, prenez rendez-vous plus tôt. Un traitement peut être nécessaire. C'est aussi l'occasion de faire le point sur votre contraception et votre état physique et émotionnel. Si vous avez besoin d'aide, votre praticien pourra vous adresser à des confrères.

L'allaitement n'empêche pas d'être enceinte : ce n'est donc pas une méthode de contraception.

Pourquoi ma cicatrice de césarienne est-elle douloureuse au toucher ?

Pendant la cicatrisation, il est normal que cette région reste sensible. Vous avez eu une incision importante, et votre organisme travaille à la régénération des tissus musculaires et fibreux afin de refermer la plaie.

Il n'y a rien d'étonnant à ce que vous ayez mal de temps en temps, notamment si certains mouvements maladroits « tirent » sur votre cicatrice : restez prudente. Augmentez progressivement votre niveau d'activité pour laisser à votre corps le temps de se remettre. Pour plus de confort, portez de grandes culottes ou les boxers de votre partenaire, même si ce n'est pas très sexy. Les sous-vêtements plus minimalistes risquent en effet de frotter sur votre cicatrice et de vous gêner.

Hormis les premiers jours (où le moindre mouvement peut être très douloureux et où vous devrez marcher prudemment, par petits pas, le plus souvent avec du soutien), la douleur devrait être assez supportable, malgré un inconfort persistant. En prenant régulièrement vos antalgiques, tout devrait bien aller, hormis quelques tiraillements si vous en faites trop ou êtes particulièrement fatiguée. Si au bout de quelques jours la douleur reste très vive, permanente ou semble s'intensifier, et si la cicatrice est rouge et enflammée, parlez-en à un médecin.

Le collagène contenu dans le tissu cicatriciel est moins élastique que celui du tissu d'origine. De plus, les nouvelles fibres de collagène se forment souvent de façon aléatoire ce qui peut entraîner une certaine rigidité, réduisant ainsi la mobilité des tissus environnants.

Des adhérences (fixation du tissu cicatriciel aux tissus environnants et autres organes) peuvent aussi vous gêner. Une fois votre cicatrice bien refermée, généralement en 6 semaines, massez-la délicatement du bout des doigts pour assouplir les tissus, éliminer les éventuelles adhérences, améliorer la circulation et favoriser ainsi la cicatrisation. Pensez aussi à appliquer de l'huile enrichie à la vitamine E. En outre, une bonne hygiène de vie vous aidera à mieux cicatriser et réduira la gêne ressentie. La marche douce est une excellente activité physique après une césarienne.

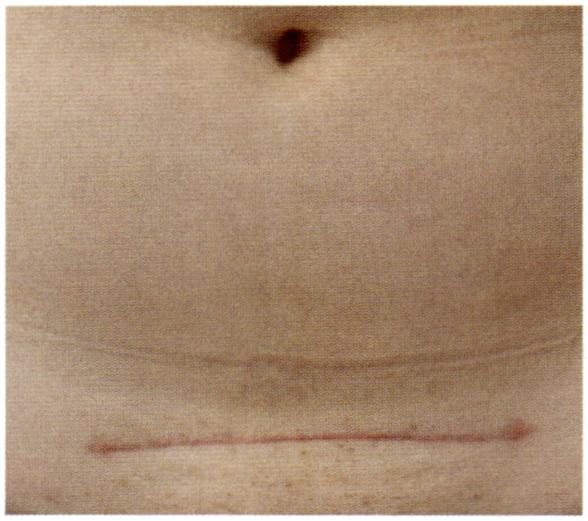

Cicatrisation rouge au début, votre cicatrice, généralement située au niveau de la limite du maillot, s'éclaircira au fil du temps. Les démangeaisons sont tout à fait normales pendant la cicatrisation.

Le saviez-vous ?

Faites des exercices de renforcement du plancher pelvien (voir p. 66-67) dès que vous vous sentez prête, même après une césarienne. Puis, marchez un peu pour renforcer le bas de la ceinture abdominale. Au bout de 6 semaines, faites quelques relevés de buste, un peu de vélo ou de natation. Commencez par des séances de 10 minutes et augmentez le rythme peu à peu. En cas de douleurs, consultez votre médecin.

Je ressens encore des douleurs 4 semaines après ma césarienne. Est-ce normal ?

La cicatrisation provoque très souvent des tiraillements. Votre paroi abdominale, les muscles sous-jacents et votre utérus ont été incisés et ont besoin de temps pour se régénérer. Comptez entre 6 et 8 semaines pour un retour à la normale, même si ce délai peut varier.

En général, les femmes se sentent mieux au bout de quelques jours, et bien qu'il leur soit alors plus facile de se déplacer, le site d'incision peut rester sensible car les différentes couches de muscle et de peau doivent se ressouder. Comme à la suite de toute intervention chirurgicale, en faire trop et trop vite risque d'aggraver les choses. À 6 semaines, votre plaie aura l'air plutôt bien refermée, mais la cicatrisation interne ne sera pas terminée.

Si, lors d'un effort, en soulevant un sac lourd par exemple, vous sentez un vif élancement, il est temps de vous reposer. Continuez être prudente dans vos mouvements : sortez du lit en roulant sur le côté, et évitez de soulever de lourdes charges pendant les 2 ou 3 mois qui suivent l'accouchement.

Après une césarienne, certaines femmes souffrent de flatulences. Elles irritent même parfois le diaphragme et entraînent ainsi une douleur à l'épaule ; buvez de l'eau florale de menthe poivrée ou du thé à la menthe pour soulager ces symptômes. Mangez des aliments riches en fibres, buvez beaucoup et mâchez lentement. Si le repos est essentiel, il est aussi important d'avoir une activité douce pour améliorer la circulation, ce qui réduit notamment le risque de thrombose veineuse profonde et favorise la cicatrisation.

Je suis déçue car mon accouchement ne s'est pas passé comme prévu. Comment passer à autre chose ?

Toutes les femmes enceintes sont invitées à rédiger un plan de naissance (voir p. 88), mais il est possible qu'il ne se concrétise pas le jour venu. Tout ne s'est pas déroulé comme vous l'espériez ? Vous avez l'impression de n'avoir pas pu être maîtresse de votre accouchement, ou la naissance de votre bébé n'a pas été aussi joyeuse que vous l'aviez imaginée ? Rassurez-vous, avec le temps, vous parviendrez à surmonter votre déception.

La meilleure façon de « digérer » cette expérience et d'accepter ce qui s'est passé ou d'apaiser votre sentiment d'échec est d'en parler : à votre partenaire, à votre famille et, en particulier, à votre obstétricien ou à votre sage-femme. Si vous n'avez pas pu le faire avant de quitter l'hôpital, prenez rendez-vous pour en discuter ultérieurement. Le cas échéant, lors de votre prochaine grossesse, faites part de votre expérience à votre médecin afin d'éviter, si possible, de revivre la même chose. Vous pouvez également en discuter avec vos amis ou sur des forums en ligne. Vous vous rendrez vite compte que vous n'êtes pas seule et qu'il est tout à fait normal que vous vous sentiez déçue, bouleversée ou même en colère.

Essayez de n'en vouloir ni à vous ni à votre bébé, et si vous êtes angoissée ou déprimée, parlez-en à votre généraliste.

question ? réponse

Combien de temps me faudra-t-il pour retrouver mon corps d'avant-grossesse ?

Une fois votre bébé là, vous avez envie de vous retrouver. Cela peut toutefois prendre plusieurs mois ; soyez patiente et n'en espérez pas trop, trop vite.

Il n'existe pas de **crème miracle** pour effacer les vergetures, mais une crème hydratante vous permettra de garder la peau souple et douce.

CHANGEMENTS PHYSIQUES

Assurer la croissance et porter un fœtus pendant 9 mois n'a rien d'anodin : naturellement, votre corps a subi des changements physiques.

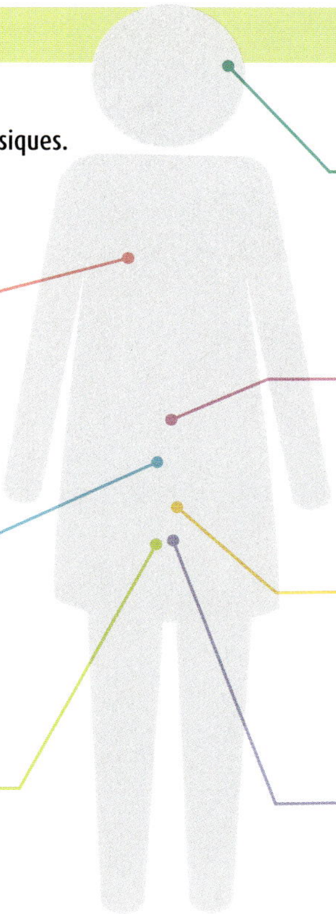

» **Seins :** gonflés et tendus, ils sont même parfois douloureux au moment de la montée de lait, quelques jours après la naissance. Cette sensation s'atténue généralement une fois l'allaitement bien en place.

» **Peau :** les vergetures, dont souffrent la plupart des femmes, sont provoquées par la rupture des fibres de collagène sous l'action de la peau qui s'étire pour laisser plus de place au bébé. Elles s'atténuent avec le temps, sans disparaître complètement.

» **Muscles du plancher pelvien :** vous souffrirez peut-être temporairement d'incontinence ou de fuites urinaires, notamment en riant, éternuant ou toussant. Pour muscler votre périnée, faites quelques exercices de renforcement du plancher pelvien (voir p. 67).

» **Cheveux :** compte tenu de la variation du taux d'œstrogènes, vous risquez de perdre vos cheveux pendant 6 à 12 mois.

» **Abdomen :** les muscles de votre ventre et de votre bassin seront lâches. Vous pouvez faire quelques exercices doux dès les premières semaines sauf si vous avez eu une césarienne, attendez alors votre consultation postnatale.

» **Vessie :** le traumatisme infligé à votre vessie peut entraîner une infection urinaire. Buvez beaucoup d'eau afin de réduire ce risque.

» **Anus :** beaucoup de femmes ont des hémorroïdes (voir p. 132) en fin de grossesse. Ayez une alimentation riche en fibres et buvez beaucoup d'eau pour faciliter votre transit. Appliquez un onguent sur la zone concernée.

question ? réponse

À la suite d'une déchirure pendant l'accouchement, on a dû me recoudre. Comment soulager la gêne que me procurent les points ?

Pendant la cicatrisation, douleur et inconfort dans cette région sont tout à fait normaux, et il existe différents moyens de les soulager. Pensez en premier lieu aux antalgiques. Les 2 premiers jours, vous pouvez également envelopper de la glace dans une serviette que vous appliquerez sur votre périnée, par tranches d'une heure maximum. Pour éviter toute infection, veillez à ce qu'il reste toujours propre, en vous lavant les mains avant de toucher la zone et en vous douchant régulièrement.

En outre, les exercices de renforcement du plancher pelvien stimulent la circulation sanguine ce qui favorise la cicatrisation. Afin d'apaiser la sensation de picotement lorsque vous urinez, versez de l'eau tiède sur votre vulve ou utilisez un vaporisateur d'eau. Asseyez-vous sur la toilette les jambes bien écartées, ou les pieds et les genoux légèrement surélevés. Vous pouvez aussi uriner dans la douche, sous un jet d'eau tiède. Buvez beaucoup d'eau et privilégiez les aliments riches en fibres pour avoir un bon transit. En cas de constipation, ou si votre déchirure est importante, on vous prescrira probablement un laxatif afin d'assouplir vos selles. Ne vous retenez pas d'aller aux toilettes car cela augmente le risque d'infection urinaire et de constipation. Si vous avez toujours mal après plusieurs semaines, parlez-en à votre médecin ou à votre sage-femme.

question ? réponse

Je suis épuisée et j'ai du mal à sortir du lit le matin. Est-ce normal ?

Il est normal que vous soyez très fatiguée pendant les semaines et les mois qui suivent l'accouchement. Laissez à votre corps le temps de se remettre. La relaxine, qui pendant la grossesse rend vos ligaments plus élastiques en prévision du travail, persiste dans votre organisme après l'accouchement. Elle exacerbe alors certaines douleurs. Pour bien récupérer, il est essentiel que vous dormiez dès que vous le pouvez, que vous mangiez correctement et que vous repreniez peu à peu vos activités.

Dès que vous en êtes capable, bougez, car **être active** est très salutaire, notamment pour le système digestif.

Maintenant qu'il est là, je devrais être ravie. Mais je me sens triste et bouleversée...

question ? réponse

Votre petite merveille est certes tout ce dont vous aviez rêvé, mais être parent n'est pas toujours facile. Les jours qui suivent la naissance sont intenses : épuisée par l'accouchement, vous essayez tant bien que mal de rentrer dans votre nouveau rôle et vos émotions font le yoyo alors que vos hormones flambent.

Un léger blues

Peu après leur accouchement (en général autour du 4e jour), la plupart des femmes connaissent le *baby blues*, qui ne dure généralement pas plus d'une journée. Elles ont alors envie de pleurer, sont irrationnelles et extrêmement sensibles.

Le *baby blues* s'explique par plusieurs facteurs. Après la naissance, votre corps subit d'importants changements pour retrouver son état initial. La progestérone et les œstrogènes, qui contribuaient au bon déroulement de votre grossesse, chutent, tandis que les hormones de l'allaitement montent en flèche. Non seulement ces bouleversements hormonaux vous perturbent, mais vous subissez aussi le contrecoup de l'accouchement (fatigue, éventuellement points de suture ou césarienne). Si cette expérience a été difficile pour vous, vous avez peut-être du mal à l'accepter. En outre, vos seins, qui se gorgent de lait, deviennent douloureux, et votre sommeil est entrecoupé. Enfin, et surtout, vous vous adaptez à votre nouveau rôle de maman.

Se sentir déprimée

Si, comme 10 % des femmes, vous êtes encore d'humeur morose au-delà du *baby blues*, ou si vous broyez toujours du noir 1 ou 2 mois après la naissance, vous souffrez peut-être de dépression post-partum (DPP), et devez consulter votre médecin.

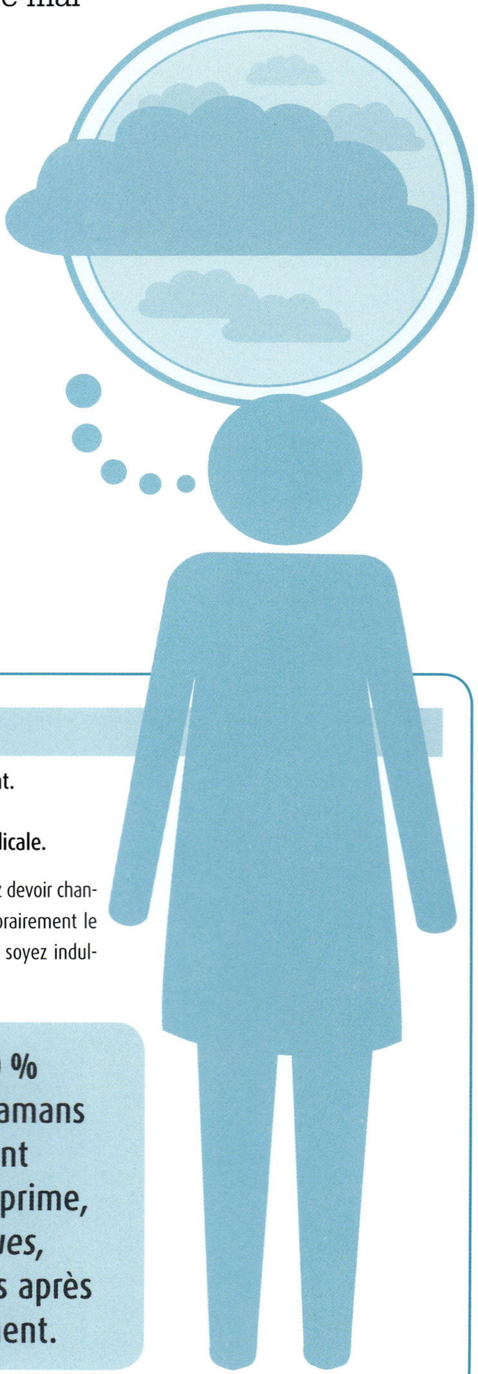

LE BABY BLUES

Le *baby blues*, de courte durée, n'exige aucun traitement : il disparaît de lui-même lorsque les hormones se stabilisent. Toutefois, bien vous reposer, vous sentir soutenue et prendre du temps pour vous peut vous aider à mieux vivre cette période. Il en va de même en cas de dépression post-partum, état qui, de surcroît, nécessite une prise en charge médicale.

» Bien se reposer : il est normal d'avoir du mal à gérer lorsqu'on est très fatigué, a fortiori avec un nouveau-né dont il faut s'occuper. Après l'effort de l'accouchement, vous avez besoin de calme et de repos, ce qui, en tant que jeune maman, peut être difficile à trouver. En effet, les nombreuses visites, l'environnement bruyant de l'hôpital, les pleurs de votre nouveau-né et le sommeil interrompu ne sont pas propices à un bon repos. Loin de vous l'idée que vous devez tout faire ! Vous allonger pendant que votre bébé dort n'est pas de la paresse, c'est au contraire primordial car votre corps peut ainsi récupérer et recharger ses batteries.

» De l'amour et de la compréhension : votre partenaire et vos proches ont un rôle essentiel à jouer, tant sur le plan émotionnel que pratique. Ils doivent vous inciter à vous reposer le plus possible en prenant le relais, faire preuve de patience, vous laisser pleurer et vous écouter, faire en sorte que vous ayez une bonne alimentation, et vous rassurer en vous disant que ce que vous ressentez est naturel et que tout ira bientôt mieux. De votre côté, dites-leur clairement ce dont vous avez besoin.

» Du temps pour prendre vos marques : avoir un bébé sera probablement le plus grand bouleversement de votre vie, et il est difficile de se préparer à être parent. Une période d'adaptation est donc nécessaire : vous allez devoir changer vos priorités et ralentir temporairement le rythme. Laissez-vous du temps et soyez indulgente avec vous-même.

Près de **70 %** des jeunes mamans connaissent une légère déprime, le *baby blues*, environ 4 jours après l'accouchement.

LA DÉPRESSION POST-PARTUM (DPP)

Il est important de connaître les facteurs de risque et les signes d'alerte de la DPP. Le cas échéant, n'hésitez pas à demander de l'aide et à parler à quelqu'un.

Les facteurs de risque

Les facteurs de risque ci-dessous constituent un terrain propice à la DPP. Si l'un d'eux s'applique à vous, prenez les devants : il est en effet plus facile de prendre des mesures préventives que de se motiver à trouver de l'aide une fois la dépression installée.

» Vous avez été déprimée avant ou pendant votre grossesse.
» Votre accouchement a été traumatisant.
» Vous avez vécu récemment un événement stressant, comme un deuil.
» Vous êtes généralement peu soutenue.

Signes d'alerte

» Vous avez du mal à dormir, le sommeil agité, ou vous vous levez très tôt avec des angoisses.
» Vous vous sentez un peu anxieuse, ou êtes peut-être très angoissée et avez parfois des crises de panique.
» Vous êtes irritable et avez du mal à vous concentrer.
» Vous avez du mal à éprouver de la joie ou du plaisir, et n'avez plus d'humour.
» Vous vous sentez coupable et malheureuse.
» Vous avez peu ou trop d'appétit.
» Vous êtes léthargique, fatiguée, démotivée, et n'avez pas le courage de prendre soin de vous.
» Vous vous sentez seule.
» Vous n'avez que peu d'intérêt pour votre bébé.

Soutien

Parlez à votre partenaire, à vos proches, et consultez votre généraliste ou votre sage-femme si vous constatez des signes d'alerte plus d'une semaine après l'accouchement. Si un traitement peut facilement remédier à votre état, laisser traîner les choses peut avoir des conséquences sur votre relation avec votre bébé, votre partenaire et les autres.

Si vous avez déjà souffert de dépression, ces symptômes vous seront familiers, néanmoins dans la DPP, la façon dont la maladie influe sur votre bébé et votre relation avec lui est une composante essentielle. Demander de l'aide peut radicalement changer la façon dont vous vivrez votre maternité.

OBTENIR DE L'AIDE

La DPP peut être prise en charge, prenez donc rapidement rendez-vous avec votre médecin traitant.

Beaucoup de femmes atteintes de DPP n'ont pas besoin de traitement, mais 1 sur 4 en souffre encore au bout d'un an. Pendant ce temps, leur relation avec leur bébé en pâtit, ce qui peut altérer son développement social.

Votre médecin vous orientera vers une psychothérapie, vous prescrira des antidépresseurs ou les deux. Les médicaments vous aideront à retrouver le moral afin de pouvoir identifier les causes de votre dépression. Certains peuvent être pris sans risque en cas d'allaitement. Les effets des antidépresseurs mettent environ 2 semaines à se faire sentir, et le traitement devra durer 6 mois pour venir réellement à bout de votre dépression.

Il est possible qu'on vous prescrive un bilan thyroïdien, car le taux d'hormone thyroïdienne peut baisser après la grossesse et induire certains symptômes de dépression.

GROS PLAN
Le peau à peau

Le contact peau à peau consiste à placer votre bébé, en couche, directement sur votre poitrine nue. Prenez le temps de vous détendre tranquillement : tous ces moments passés ainsi à ne rien faire d'autre qu'être ensemble sont importants pour l'attachement mère-enfant. Couvrez-vous d'une couverture pour vous faire un petit cocon. Savourez la présence physique de votre bébé : son corps tiède sur votre poitrine, sa petite main enroulée autour de votre doigt et sa tête toute douce contre votre joue.

Faire connaissance Plus vous passerez de temps en peau à peau, plus vite vous apprendrez à vous connaître l'un l'autre. C'est une façon de communiquer votre amour à votre bébé et de vous rassurer sur votre aptitude à prendre soin de lui comme vous l'avez fait pendant votre grossesse.

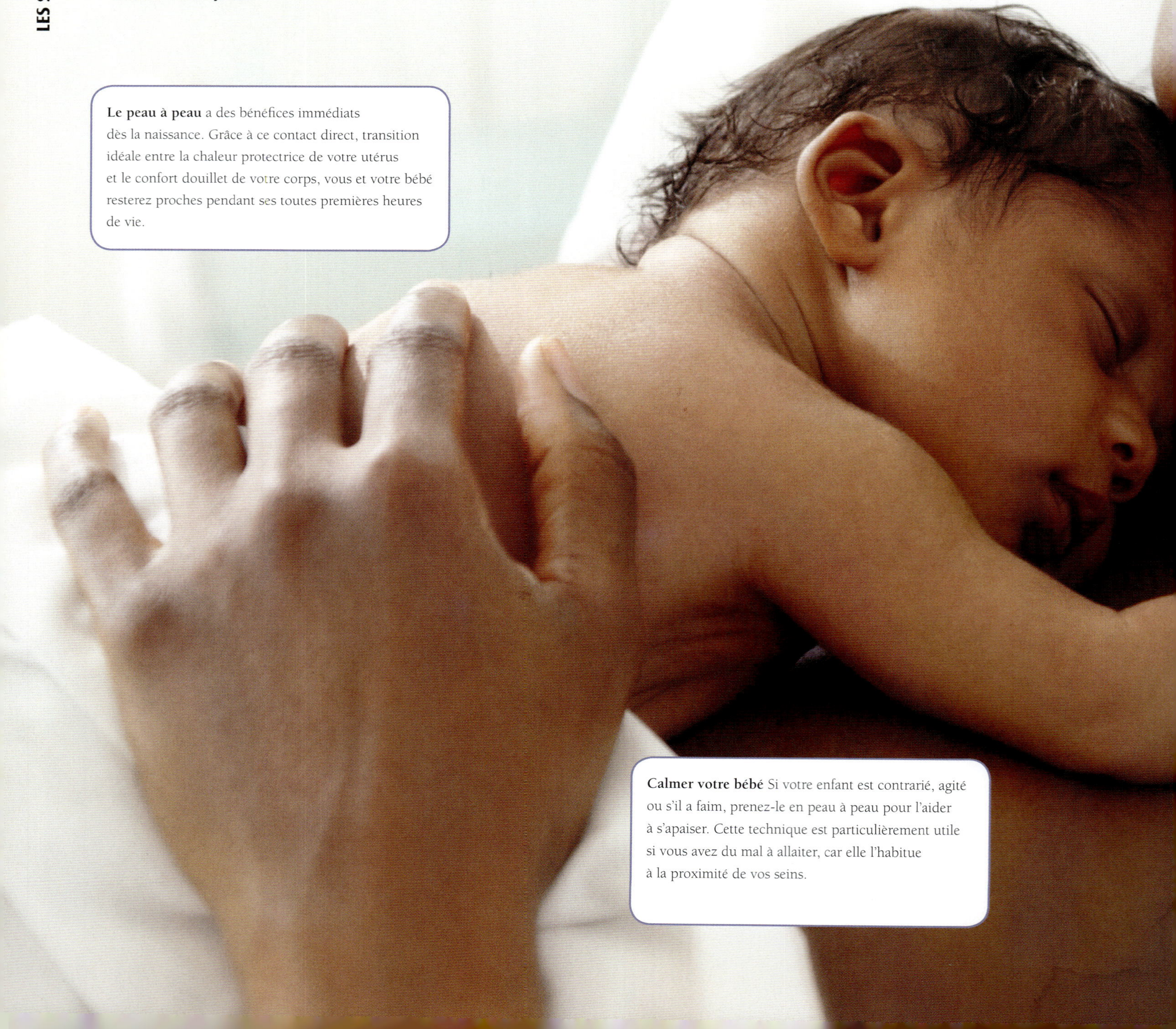

Le peau à peau a des bénéfices immédiats dès la naissance. Grâce à ce contact direct, transition idéale entre la chaleur protectrice de votre utérus et le confort douillet de votre corps, vous et votre bébé resterez proches pendant ses toutes premières heures de vie.

Calmer votre bébé Si votre enfant est contrarié, agité ou s'il a faim, prenez-le en peau à peau pour l'aider à s'apaiser. Cette technique est particulièrement utile si vous avez du mal à allaiter, car elle l'habitue à la proximité de vos seins.

Lien parent-enfant Votre partenaire peut aussi prendre votre bébé en peau à peau. Encouragez-le à passer du temps seul avec lui afin de favoriser leur attachement mutuel. En outre, ce peut être pour vous l'occasion de dormir ou de vous reposer.

QUELQUES FAITS

1 heure de contact peau à peau immédiatement après la naissance réduit significativement le niveau de stress du bébé après le traumatisme de l'accouchement.

Lorsque vous êtes peau à peau, le **rythme cardiaque** et la **respiration** de votre bébé sont plus réguliers et plus stables.

En général, les bébés pris régulièrement en peau à peau **pleurent moins**.

Le peau à peau favorise **la digestion du bébé**.

Le peau à peau permet de réguler la température de votre bébé et de la maintenir à **37 °C**.

Grâce au contact peau à peau, votre bébé attrape les bonnes bactéries qui se trouvent sur votre peau, **le protégeant ainsi des infections**.

Le peau à peau **aide à la mise en route de l'allaitement** car il permet à votre bébé de voir et de sentir votre mamelon, ce qui l'incite à téter.

Le peau à peau permet de **déclencher la montée de lait**.

Le peau à peau aide à vous **rassurer** sur votre aptitude à prendre soin de votre bébé.

Votre lait est **spécifiquement adapté** pour couvrir l'ensemble des **besoins nutritionnels de votre bébé** pendant environ 6 mois, et lui offrir une **protection immunitaire** dès la naissance.

L'allaitement maternel

Une alimentation sur mesure

À l'instant même où votre bébé voit le jour, vos seins sont prêts à le nourrir : d'abord avec le colostrum (prélait), sécrété pendant la grossesse et disponible immédiatement, puis avec votre lait, environ 3 jours plus tard. La production de lait, ou *lactation*, est déclenchée par une élévation importante du taux de prolactine à l'accouchement.

Suivant le principe de l'offre et de la demande, chaque fois que votre bébé tète, vos seins sont stimulés pour produire plus de lait pour la tétée suivante. En cas de poussée de croissance, vos seins, que votre bébé sollicite davantage, produisent des quantités supérieures de lait, répondant ainsi à ses besoins et satisfaisant son appétit. Les premiers jours, à peine quelques tétées suffisent à apporter à votre nouveau-né tous les nutriments concentrés et les anticorps que le lait maternisé ne peut lui offrir, l'aidant ainsi à prendre un bon départ dans la vie.

Bon pour vous et votre bébé

Non seulement l'allaitement maternel est gratuit et parfaitement adapté d'un point de vue nutritionnel, mais ses bénéfices pour la santé sont largement démontrés. Chez les enfants nourris au sein, otites, bronchites et gastro-entérites sont en effet moins nombreuses au cours de la 1re année, de même que les cas de mort subite du nourrisson. Plus tard, le risque d'obésité et de diabète est également moins élevé. L'allaitement maternel protégerait en outre de l'eczéma infantile. D'après plusieurs études portant sur le lien entre allaitement maternel et QI, les bébés nourris au sein, toutes classes sociales confondues, auraient des résultats scolaires supérieurs et réussiraient mieux dans la vie, probablement en raison d'un meilleur développement neuronal favorisé par les nombreux acides gras présents dans le lait maternel.

L'allaitement est aussi bon pour les mamans : il permet de brûler plus de calories, et accélère donc la perte de poids. En outre, l'ocytocine sécrétée pendant la tétée aide l'utérus à se contracter après l'accouchement. Il réduit également le risque de dépression post-partum, et, à long terme, d'ostéoporose ou encore de cancer du sein, des ovaires et de l'endomètre.

La mise en route

Bien que l'allaitement soit un processus naturel, il est loin d'être inné. Les débuts peuvent en effet être laborieux et vous aurez besoin de temps et de pratique pour améliorer votre technique. Être bien conseillée et soutenue est fondamental : profitez de toute l'aide proposée à l'hôpital et, dès votre retour à la maison, n'hésitez pas à contacter votre CLSC ou une consultante en lactation. Vous comprendrez rapidement mieux les signes que manifeste votre bébé lorsqu'il a faim, ce qui rendra les tétées beaucoup plus faciles et sereines.

question ? réponse

On me dit que « le sein est ce qu'il y a de mieux », mais que contient au juste le lait maternel ?

Votre montée de lait aura lieu 3 à 5 jours après la naissance. En attendant, vos seins contiennent du prélait, ou colostrum, une substance très concentrée, épaisse, de couleur crème, et dont les bénéfices pour la santé de votre bébé sont innombrables.

Le colostrum est le premier aliment idéal : riche en nutriments essentiels, il contient également des anticorps protecteurs qui renforcent instantanément l'immunité de votre bébé. Il est fabriqué en quantités infimes et votre nouveau-né n'en reçoit pas plus de quelques cuillerées à café au cours de ses premiers jours de vie. Ceci lui convient néanmoins très bien, son estomac faisant la taille d'une noix.

Il est riche en protéines et en acides aminés, favorisant ainsi la croissance et le développement. Il présente une teneur élevée en glucides, vitamines liposolubles et minéraux, mais peu de graisses, que votre bébé a du mal à digérer au début. Ses principaux nutriments sont essentiels au développement du cerveau, du cœur et du système nerveux central.

Il présente une forte concentration en globules blancs – qui aident à combattre les maladies – et en immunoglobulines – qui protègent contre les germes.

Il fait également office de laxatif naturel, ce qui déclenche l'excrétion du méconium (voir p. 247).

En plus d'offrir du colostrum à votre bébé, ses premières tétées stimuleront la lactation. Comme le montre le schéma ci-dessous, la composition du lait maternel est également exceptionnelle.

Lait prodigieux Le lait maternel contient un parfait équilibre de nutriments et d'anticorps protecteurs.

EAU 88,1 %

Le lait à maturité contient un peu moins de 90 % d'eau. Le bébé reçoit d'abord du lait de début de tétée, aqueux et qui étanche sa soif ; sous l'effet de la succion, il fait progressivement venir le lait de fin de tétée, plus crémeux, plus riche et essentiel à la prise de poids. Issu des cellules graisseuses, il progresse plus lentement à travers les canaux jusqu'au mamelon. Chaque fois que votre bébé tète, il reçoit donc un repas complet qui l'hydrate et le nourrit.

PROTÉINES 0,9 %

Le lactosérum et la caséine sont les principales protéines présentes dans le lait maternel. L'immunoglobuline sécrétoire (sIgA), autre protéine spécifique et principal anticorps du lait « à maturité », protège contre les infections ORL.

LACTOSE 7,0 %

Le principal glucide contenu dans le lait maternel est le lactose, riche en énergie. Il empêche le développement des mauvaises bactéries dans les intestins, favorisant ainsi l'absorption du calcium et du phosphore.

GRAISSES 3,8 %

Les graisses contribuent à la croissance, au développement du cerveau et du système nerveux, et facilitent l'absorption des vitamines. Le lait maternel est riche en acides gras polyinsaturés, essentiels au développement des yeux et des nerfs.

AUTRES 0,2 %

La teneur en vitamines et minéraux reflète vos apports alimentaires. La vitamine D est présente en quantité insuffisante dans l'alimentation. Il est recommandé d'en prendre 10 µg par jour pendant la durée de l'allaitement.

question ? réponse

Certes, l'allaitement maternel est naturel, mais comment s'y prendre ?

Si votre accouchement s'est bien passé, on vous encouragera à mettre immédiatement votre bébé au sein. En peau à peau contre vous, il cherchera instinctivement votre mamelon. Essayez de ne pas presser les choses et gardez à l'esprit que tout ceci est nouveau pour lui aussi. Caressez-lui la joue pour déclencher son réflexe de fouissement, parlez-lui et trouvez le contact oculaire. S'il cherche avec la bouche ou tête dans le vide, guidez-le vers votre mamelon. Il tétera peut-être de façon intermittente le temps de s'habituer. À la naissance, son petit estomac peut à peine contenir 15 ml de lait (une cuillerée à café) : vous devrez donc le nourrir à intervalles réguliers.

question ? réponse

Il m'arrive d'allaiter pendant une heure. Combien de temps doit durer une tétée ?

Une tétée peut durer de quelques minutes à 1 heure voire plus. Une fois l'allaitement bien en place, vous trouverez probablement les tétées plus efficaces et plus rapides. Toutefois, leur durée dépend en grande partie du tempérament de votre bébé. Alors que certains tètent avec enthousiasme et en peu de temps, d'autres préfèrent aller plus lentement, voire faire une pause en milieu de tétée.

Il est important que vous ne limitiez pas le temps que passe votre bébé au sein sous peine de le priver du lait de fin de tétée, plus gras et plus nourrissant, qui satisfait son appétit et assure sa croissance.

Le saviez-vous ?

Pour un nouveau-né, on recommande généralement 8 à 12 tétées par 24 heures, réparties uniformément de jour comme de nuit. Si votre bébé dort beaucoup, vous devrez le réveiller doucement toutes les 2 ou 3 heures pour lui proposer le sein, en caressant sa joue afin de stimuler son réflexe de fouissement. Grâce à ces tétées fréquentes, il s'habituera à la mise au sein et à la succion tant que vos seins sont encore assez peu remplis, le lait n'arrivant qu'aux alentours du 3e jour.

Comment puis-je être sûre que mon bébé est bien mis au sein ?

question ? réponse

Le secret d'un allaitement maternel réussi (c'est-à-dire des tétées confortables pour vous et qui offrent assez de lait à votre bébé) réside dans une bonne mise au sein. Différentes techniques permettent d'installer votre nouveau-né correctement. Vous n'y parviendrez peut-être pas avant quelques tétées, mais donnez-vous du temps et demandez de l'aide si nécessaire.

L'importance d'une bonne mise au sein

Si votre bébé n'est pas bien mis au sein, il tire sur votre mamelon plutôt que de masser vos tissus mammaires en tétant. Conséquence, vos mamelons sont douloureux, parfois craquelés, et des problèmes de lactation peuvent même apparaître, la succion de votre bébé, trop faible, ne stimulant pas suffisamment vos seins. Le risque de complications augmente aussi lorsque le bébé ne vide pas complètement le sein. Une mastite (voir p. 274-275) est alors à craindre si le lait stagne dans les canaux, qui peuvent alors s'infecter.

À l'hôpital comme à la maison, les infirmières sont là pour vous aider et vous conseiller. Vous pouvez également faire appel à une consultante en lactation.

LA MISE AU SEIN EN 3 ÉTAPES

Installez-vous le plus confortablement possible avant de commencer la tétée. Choisissez un fauteuil qui soutient bien vos lombaires, et appuyez votre dos et vos bras sur des oreillers si nécessaire. Les coussins d'allaitement permettent de caler votre bébé et s'avèrent particulièrement utiles si vous avez eu une césarienne car ils supportent le poids de votre enfant, évitant ainsi d'exercer une pression sur votre cicatrice.

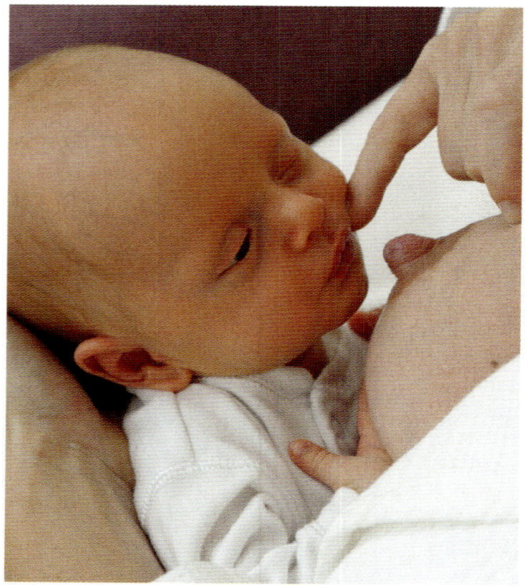

1 TENEZ VOTRE BÉBÉ LE NEZ CONTRE VOTRE MAMELON

Placez votre bébé face à vous, « ventre contre ventre », le nez à hauteur du mamelon. Soutenez doucement sa tête et ses épaules d'une main. Sa tête et son corps doivent être alignés afin qu'il n'ait pas à se tourner pour téter. Approchez votre bébé de votre poitrine : sa tête légèrement penchée en arrière, son menton contre la partie inférieure de votre sein, et votre mamelon pointant vers son palais, bien plus près de sa lèvre supérieure que du milieu de sa bouche. Caressez doucement sa joue ou bien passez votre mamelon sur son nez ou sa lèvre supérieure, afin de lui faire ouvrir grand la bouche.

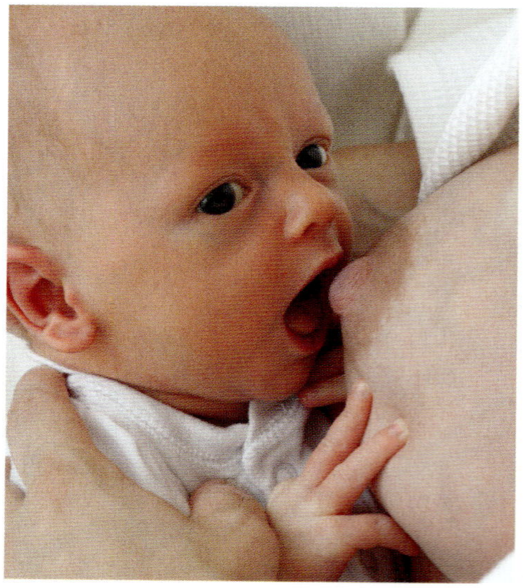

2 ATTENDEZ QU'IL AIT LA BOUCHE GRANDE OUVERTE

Il doit ouvrir la bouche comme s'il avait l'intention de bâiller. Ceci est très important, car il doit prendre une grande partie de l'aréole dans la bouche. En plus d'une succion douloureuse, certains problèmes inhérents à l'allaitement peuvent survenir s'il ne tète que le mamelon.

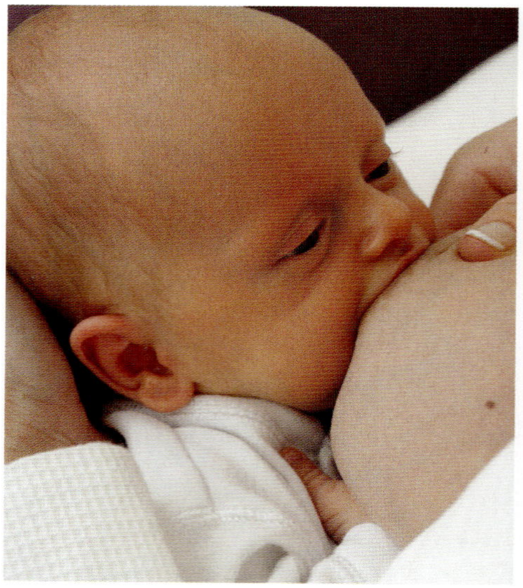

3 METTEZ-LE AU SEIN

Une fois que votre bébé a la bouche grande ouverte, mettez-le rapidement au sein, en rapprochant tout son corps du vôtre (pas seulement sa tête) pour lui éviter d'avoir à tendre le cou. Orientez votre mamelon vers son palais, en vous assurant qu'il est bien au fond de la bouche. Si votre bébé a du mal à prendre le sein, comprimez légèrement votre mamelon en formant un U avec le pouce et l'index, sans trop appuyer sur les tissus mammaires.

Un allaitement réussi Une bonne mise au sein garantit une tétée efficace, mais aussi plus de confort pour vous.

Nez dégagé Les narines de votre bébé sont loin du sein, afin qu'il puisse respirer sans encombre.

Mouvements des mâchoires et des oreilles Vérifiez que les muscles de son visage bougent comme il se doit.

Position du mamelon Sa bouche couvre l'aréole afin qu'il ne tète pas uniquement le mamelon.

EST-IL BIEN MIS AU SEIN ?

Sa lèvre inférieure doit être ourlée vers l'extérieur et couvrir davantage d'aréole que la lèvre supérieure. Son menton doit être contre votre sein et son nez libre pour qu'il puisse respirer facilement. Un rythme de succion-déglutition va alors se mettre en place. Pendant qu'il tète, sa mâchoire inférieure et ses oreilles bougent. Vous entendrez probablement le bruit de la déglutition et de ses lèvres qui claquent. Lorsque votre bébé se retire du sein, votre mamelon ne doit pas sembler comprimé.

SIGNES D'UNE MAUVAISE MISE AU SEIN

Il est normal qu'au début la tétée soit un peu inconfortable, mais cette sensation ne doit pas persister ni devenir douloureuse. Un bruit sec, qui se produit lorsque votre bébé ne tète que le mamelon, vous indiquera qu'il n'est pas bien mis au sein.

LE RETIRER DU SEIN

S'il vous semble que votre bébé n'est pas bien mis au sein, inutile de continuer. Pour éviter de tirer sur le mamelon, interrompez doucement la succion en plaçant votre petit doigt au coin de la bouche de votre bébé, et recommencez.

PREMIERS SIGNES DE FAIM

Mettre au sein un bébé affamé est bien plus difficile. Mieux vaut savoir décrypter ses premiers signes de faim :

» Il cligne des yeux en se réveillant.
» Il ouvre et ferme la bouche, peut téter dans le vide ou tirer la langue.
» Il met la main à la bouche et la tête parfois.
» Il serre les poings.
» Il tourne la tête d'un côté à l'autre ou cherche du nez votre mamelon (il « fouit »).
» Il agite les pieds et les jambes.

Mains savoureuses Si votre bébé tète ses mains, il a probablement faim.

LE RÉFLEXE D'ÉJECTION

Lorsque votre bébé commence à téter, les nerfs de votre mamelon sont stimulés, déclenchant ainsi la sécrétion d'ocytocine.

Une autre hormone, la prolactine, signale aux tissus mammaires de produire plus de lait. L'ocytocine stimule les cellules présentes dans les seins afin de libérer le lait qui est ensuite poussé à travers les canaux vers le mamelon : c'est ce que l'on appelle le *réflexe d'éjection*. Ce processus entraîne un picotement lorsque le bébé commence à téter. Certaines femmes ressentent même une légère douleur qui s'atténue rapidement, une gêne, voire une sensation de pression.

Canaux galactophores Conduits à travers lesquels le lait maternel est poussé.

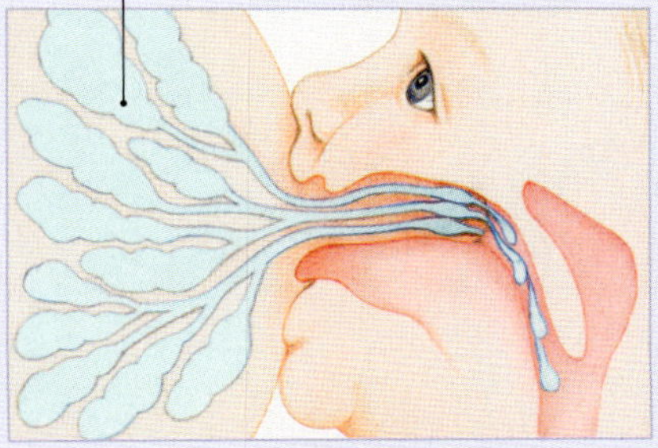

Flux de lait Le lait libéré par le réflexe d'éjection arrive jusqu'au mamelon pour nourrir votre enfant.

Comment me préparer pour faire téter mon bébé, et quelles sont les meilleures positions à adopter ?

Il est essentiel que vous soyez confortablement installée et bien calée pour allaiter votre enfant. Si la tétée risque d'être un peu longue, ayez sous la main de quoi boire et grignoter.

Vous allez passer beaucoup de temps assise à allaiter votre bébé. Il est donc indispensable que le haut de votre dos, vos épaules et votre cou ne subissent aucune contrainte, et que vos lombaires et vos bras soient bien soutenus. Si vous êtes avachie, vous risquez d'avoir mal au dos et aux épaules. En outre, la mise au sein peut s'avérer difficile, ce qui peut rendre vos mamelons douloureux et entraîner d'autres problèmes inhérents à l'allaitement. En effet, les tensions provoquées par une mauvaise posture peuvent bloquer le flux de lait.

Asseyez-vous dans un fauteuil au dossier ferme, ou utilisez des coussins pour soutenir le bas de votre dos afin que vous restiez bien droite tout au long de la tétée. Essayez de ne pas voûter les épaules (comme on a tendance à le faire lorsqu'on est tendu), mais au contraire de bien les baisser, ce qui vous détendra immédiatement. Il est possible de faire téter des jumeaux simultanément, par exemple, en adoptant la position du « ballon de rugby » (voir ci-dessous). Concernant l'allaitement des jumeaux, demandez conseil à une infirmière de votre CLSC ou à une consultante en lactation.

POSITIONS POUR ALLAITER

La façon dont vous positionnez votre bébé peut l'aider à téter de façon efficace et empêcher vos mamelons de devenir douloureux. Si vos seins ou vos mamelons vous font mal, alternez les positions d'une tétée à l'autre afin de répartir plus uniformément la pression autour de l'aréole.

La berceuse Assise, le dos bien droit, le ventre de votre bébé contre le vôtre, son dos et ses fesses appuyés sur votre avant-bras. Placez un coussin sur vos genoux afin de soutenir votre bras ainsi que le poids de votre bébé pendant la tétée.

Le bain de soleil Tenez votre bébé de sorte qu'il soit totalement en appui contre vous. Vous trouverez probablement cette position très confortable pour nourrir votre enfant la nuit. Calez votre dos avec des coussins pour être confortablement installée dans cette position à demi-relevée.

Le ballon de rugby Cette position est très pratique si vous avez eu une césarienne (car elle évite toute pression sur votre cicatrice) ou pour allaiter des jumeaux. Placez un oreiller sur votre cuisse afin d'y installer votre bébé et glissez votre bras autour de lui en soutenant sa tête de votre main.

Côte à côte Allongée sur le côté, installez votre bébé face à vous. En appui sur le coude, ou la tête posée sur l'avant-bras, soutenez de votre autre main sa tête et le haut de son corps, puis guidez-le doucement vers votre sein. Vous pouvez placer des oreillers dans votre dos, ou utiliser une couverture ou une serviette repliée afin d'être légèrement surélevée. Cette position, très relaxante, est particulièrement adaptée en cas de césarienne (elle n'exerce aucune pression sur l'abdomen) et bien sûr pour les tétées de nuit.

question ? réponse

Dois-je proposer mes deux seins à mon bébé à chaque tétée?

Il n'y a pas de règle immuable : laissez-vous guider par votre bébé et soyez attentive à ses signes de satiété. Au moment de la montée de lait, qui intervient au cours de la 1re semaine, vos seins seront bien pleins et votre nouveau-né se contentera probablement de ne téter que d'un côté. Vous devrez tout simplement vous souvenir de lui proposer l'autre sein à la tétée suivante, afin de garantir une lactation homogène, et d'éviter que le mamelon devienne douloureux s'il est trop sollicité. Pour ce faire, notez de quel côté vous avez fait téter votre bébé en dernier, ou portez un bracelet ou un élastique au poignet correspondant.

Si votre bébé peut être rassasié encore longtemps avec un seul sein, il est également possible qu'il ait besoin de téter les deux une fois l'allaitement bien en place. S'il semble agité lorsque vous le retirez d'un sein, essayez de lui proposer le second. Il est important que votre bébé reste assez longtemps sur chaque sein afin de tirer à la fois le lait de début de tétée, aqueux et hydratant, et le lait de fin de tétée, plus riche en nutriments. Prenez donc soin de ne pas l'enlever trop tôt du sein.

Lors des poussées de croissance, fréquentes les premiers mois, vous constaterez pendant quelques jours que votre bébé, loin d'être rassasié après le premier sein, a besoin de téter le deuxième. S'il a très faim, il est même possible qu'il revienne sur le premier et tète jusqu'à satiété. Vos seins adapteront leur production de lait en fonction des besoins quotidiens de votre enfant.

question ? réponse

Comment faire faire son rot à mon bébé? Est-ce toujours nécessaire?

Il est préférable que votre bébé fasse son rot après chaque tétée, car cela lui permet d'évacuer l'air qu'il a avalé et qui pourrait le gêner, le rendant grognon et agité.

Si, en milieu de tétée, votre bébé semble perturbé, donnant parfois des coups de pieds et s'éloignant du sein, il a probablement besoin de faire un rot afin d'éliminer l'air qu'il a avalé. Les bébés nourris au biberon (voir p. 278-281) prennent généralement plus d'air avec la tétine.

Au fur et à mesure, vous apprendrez à interpréter les besoins de votre enfant et saurez s'il faut lui faire faire systématiquement son rot, ou s'il arrive parfois à se calmer de lui-même.

Lorsqu'il fait son rot, votre bébé peut recracher un peu de lait, ce qui est tout à fait normal. Ayez toujours un lange à portée de main, afin d'essuyer les régurgitations qui souilleraient vos vêtements.

Si l'air emprisonné semble le faire souffrir, tenez votre bébé en position verticale pendant une vingtaine de minutes après la tétée : cela fait remonter l'air et soulage la douleur. S'il a du mal à faire son rot, essayez de changer de position ou de tapoter ou masser son dos un peu plus énergiquement.

LES POSITIONS POUR L'AIDER À FAIRE SON ROT

Il existe plusieurs positions pour aider votre bébé à faire son rot. Comme pour les positions d'allaitement, vous et votre bébé trouverez probablement celle qui est la plus efficace et la plus confortable pour vous deux.

Sur votre épaule Tenez votre enfant à la verticale, en appui sur votre épaule, pendant que vous massez ou tapotez doucement son dos. Placez un lange sur votre épaule afin de protéger vos vêtements si votre enfant vient à régurgiter un peu de lait.

Sur le ventre Portez votre bébé sur le ventre, allongé sur votre bras ou sur vos genoux, sa tête légèrement surélevée par rapport à son corps. Assurez-vous que sa tête est bien soutenue, puis massez ou tapotez doucement son dos afin de libérer l'air emprisonné dans son ventre.

Assis, le dos droit, le menton soutenu Lorsque la nuque de votre bébé sera un peu plus musclée, asseyez-le sur vos genoux, votre paume soutenant son buste, le pouce et l'index écartés sous son menton. Massez ou tapotez doucement son dos.

question ? réponse

Que signifie « tirer du lait » et en quoi est-ce utile ?

« Tirer du lait » consiste à extraire du lait de vos seins sans que votre bébé tète, et les raisons d'opter pour cette technique sont nombreuses.

Si votre bébé est prématuré, s'il ne peut pas téter ou si son état de santé ne le lui permet pas, tirer votre lait lui permettra de lui faire bénéficier malgré tout de ses bienfaits.

Les premières semaines, si vos seins sont très pleins, douloureux et engorgés, votre nouveau-né peut avoir du mal à prendre le sein (voir p. 268-269). En tirant du lait, vous éliminerez le trop-plein ce qui facilitera la mise au sein. De même, si votre bébé tète trop faiblement, cette méthode stimulera la lactation et vous permettra de maintenir une production suffisante.

Tirer son lait offre également la possibilité de déléguer les tétées à quelqu'un d'autre. En effet, avoir une réserve de lait maternel au congélateur peut s'avérer très pratique le jour où vous ne vous sentez pas bien, ou devez quitter votre bébé pour quelques heures. Lorsque vous reprendrez le travail, tirer régulièrement votre lait permettra à votre enfant de continuer à profiter des bienfaits du lait maternel. Enfin, si vous allaitez toujours au moment de la diversification alimentaire, vous pourrez tirer votre lait pour préparer purées et bouillies.

Comment tirer son lait

Vous pouvez tirer votre lait à la main ou à l'aide d'un tire-lait. Lorsque vous en aurez l'habitude, vous pourrez même associer les deux techniques, par exemple en stimulant la libération du lait à la main, puis en utilisant le tire-lait. Si vous n'envisagez de tirer votre lait que peu de temps, pour un prématuré par exemple, sachez qu'il existe des tire-lait disponibles à la location. Parlez-en à une infirmière de votre CLSC ou à une consultante en lactation.

UTILISER UN TIRE-LAIT

Avant de tirer votre lait, lavez-vous les mains et assurez-vous que tout le matériel que vous allez utiliser est propre et stérilisé (voir p. 279).

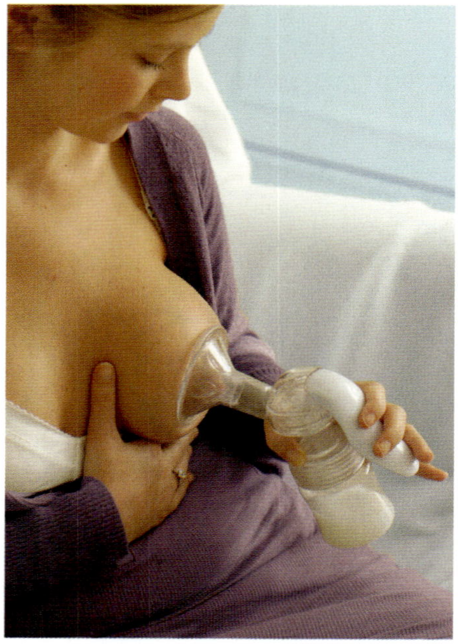

Le tire-lait manuel Il s'agit d'un flacon muni d'un piston et d'une téterelle qui crée le vide sur le sein. Placez cette dernière sur votre sein, l'aréole bien au centre, puis commencez à pomper. Les tire-lait manuels sont légers, mais peuvent être fatigants à utiliser.

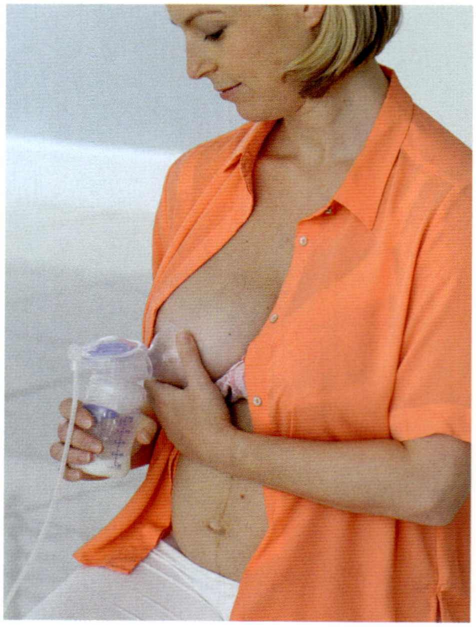

Le tire-lait électrique Un moteur électrique actionne le mécanisme d'aspiration, dont vous pouvez adapter la puissance pour plus de confort. Ces appareils sont beaucoup plus rapides et donc mieux adaptés à un usage très régulier. Leur stérilisation est toutefois plus fastidieuse que celles des modèles manuels.

TIRER SON LAIT MANUELLEMENT

Prenez un contenant stérilisé dans lequel vous recueillerez le lait. L'expression manuelle exige un peu de pratique, aussi, si vous n'obtenez que quelques gouttes la première fois, n'abandonnez pas.

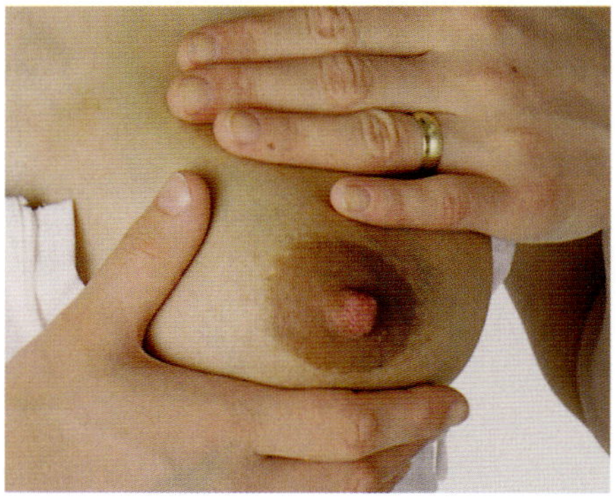

Faire venir le lait Soutenez votre sein d'une main et placez l'autre au-dessus de l'aréole afin de faire venir le lait jusqu'à votre mamelon.

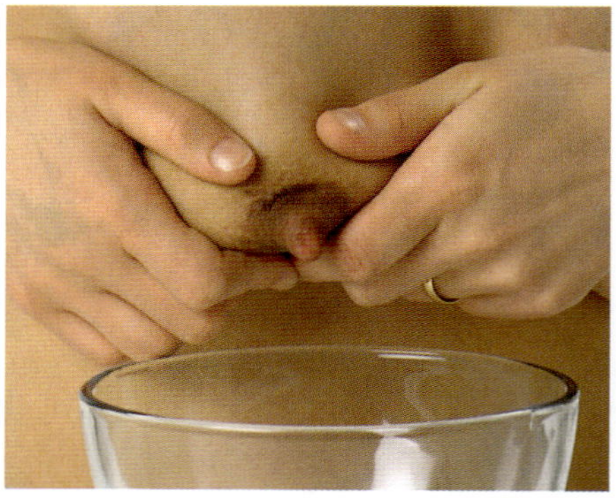

Presser-relâcher Exercez une légère pression sur votre sein, puis relâchez. Répétez ce mouvement en accélérant progressivement.

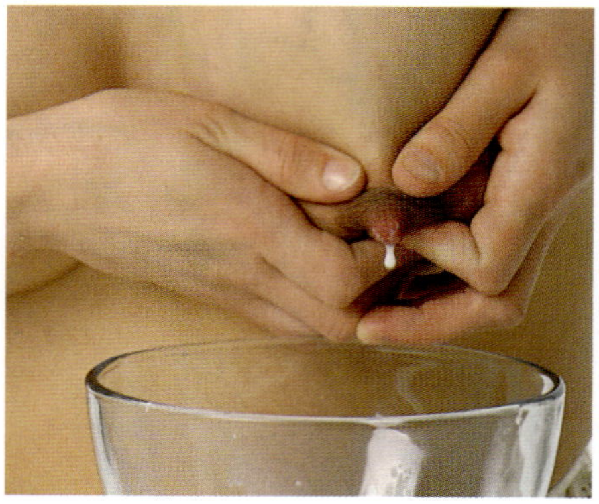

Recueillir le lait Le lait peut mettre quelques minutes à couler. Recueillez le lait dans un récipient stérile. Vous devrez peut-être changer la position du pouce et des doigts autour du sein pour mieux répartir le lait à l'intérieur.

À quel moment puis-je commencer à tirer mon lait pour donner des biberons à mon bébé ?

Cela dépend des raisons pour lesquelles vous tirez votre lait. Si votre bébé est prématuré et que vous souhaitez lui donner du lait maternel, vous pouvez tirer votre lait immédiatement, à l'hôpital. En revanche, si vous avez fait le choix de le nourrir au sein, il est préférable d'attendre que l'allaitement soit bien en place.

Attendre quelques semaines avant de donner à votre bébé un biberon de lait maternel l'aidera à développer sa technique de succion, qui implique de coordonner la langue et les mâchoires dans un mouvement unique. La tétée au biberon suit en revanche un principe bien différent, car le lait vient au bébé davantage par gravité que par sa succion, et le débit est généralement plus rapide.

L'introduction du biberon (et donc d'une tétine) au cours des premières semaines d'allaitement peut aussi entraîner une confusion sein-tétine : l'enfant perd le mouvement de succion nécessaire à l'allaitement maternel, ce qui, associé à la frustration d'un flux de lait moins rapide, le conduit à préférer le biberon. Cela dit, ce phénomène ne touche pas tous les bébés, et certains sont ravis d'alterner.

Donner votre lait au biberon Une fois l'allaitement bien en place, vous devriez être en mesure de nourrir votre bébé au sein et au biberon.

Devrai-je tirer mon lait à un moment précis de la journée ?

Il n'y a pas de règle en la matière. Selon certains spécialistes il est préférable de tirer le lait après une tétée afin de garantir que le bébé n'en manque pas ; toutefois, si vous être sûre d'avoir assez de lait, vous pouvez aussi le faire avant. Dans ce cas, veillez à ne pas être à proximité de votre enfant pour éviter qu'il sente votre lait et voit vos seins, ce qui pourrait lui donner envie de téter.

Beaucoup de femmes trouvent que leur production de lait est plus abondante le matin au réveil, il peut donc être judicieux de tirer votre lait après la première tétée.

Lorsque vous maîtriserez mieux la technique, vous pourrez utiliser le tire-lait sur un sein pendant que votre bébé tète l'autre. Vos seins renouvelleront naturellement la quantité de lait prélevée : vous ne risquez donc pas d'en manquer.

Le saviez-vous ?

Le lait maternel contient des substances qui détendent ou, au contraire, stimulent votre bébé selon les moments de la journée. En effet, les nucléotides ont une action apaisante le soir et tonifiante le jour.

Je ne parviens à tirer que très peu de lait. Cela signifie-t-il que je n'en produis pas suffisamment ?

Vos seins fabriquent très probablement assez de lait. Ne jugez pas votre lactation d'après la quantité que vous parvenez à exprimer.

Si certaines femmes n'ont aucun mal à remplir des biberons entiers, d'autres ont plus de difficultés. Dans votre cas, il est peut-être plus efficace de tirer votre lait en petites quantités, mais plus souvent. Chaque femme est différente. Certaines, qui ne réussissent qu'à tirer de très faibles quantités, ont pourtant des bébés qui grandissent bien et tètent à leur faim, et ont donc clairement assez de lait.

La tétée est de loin la méthode la plus efficace pour prélever le lait ; même si vous ne parvenez à n'en tirer que très peu, rassurez-vous : votre bébé en prend beaucoup plus lorsqu'il tète.

Par ailleurs, sachez qu'il existe des moyens de stimuler votre réflexe d'éjection (voir p. 269). Avant tout, vous devez être détendue et confortablement installée, les tensions pouvant empêcher l'éjection du lait. Une douche chaude ou un gant de toilette chaud posé sur votre sein peut également faciliter les choses. Choisissez un moment où vous ne risquez pas d'être interrompue, installez-vous dans un endroit calme, avec une boisson chaude et un peu de musique. Vous pouvez masser vos seins pour déclencher le flux de lait : décrivez des mouvements circulaires, puis de haut en bas, en direction des mamelons. Lorsque vous commencez à tirer votre lait, pensez à votre bébé (imaginez-le dans vos bras ou en train de téter) afin de déclencher le réflexe d'éjection.

> **Il est normal que l'odeur, la couleur et la consistance de votre lait varient en fonction de ce que vous mangez.**

Comment et combien de temps conserver le lait maternel ?

Le lait que vous tirez doit être immédiatement placé au réfrigérateur ou au congélateur. Recueillez votre lait dans un récipient stérilisé (un biberon, une poche pour lait maternel, ou un bac à glaçon – ce format permet de décongeler rapidement de petites quantités). Notez toujours la date de prélèvement sur le récipient.

Votre lait peut être conservé au réfrigérateur, pendant 5 jours à 4 °C ou moins. La température pouvant varier près de la porte, il est préférable de le stocker au fond. Vous pouvez également le garder 2 semaines au freezer, ou jusqu'à 6 mois au congélateur à – 18 °C.

Décongelez le lait au réfrigérateur ou à température ambiante, et ne le recongelez jamais. Si votre bébé préfère, faites tiédir le biberon au bain-marie.

question ? réponse

J'allaite depuis 2 semaines et mes mamelons sont douloureux et crevassés. Que puis-je faire?

Vos seins et vos mamelons ne sont pas habitués à l'allaitement : les désagréments ne sont pas rares, surtout les premières semaines.

Il est important de remédier rapidement à tout inconfort physique afin de faire de l'allaitement une expérience positive. Si vous appréhendez la douleur, vous ne serez pas bien, ce qui peut avoir des conséquences sur la façon dont votre bébé tète.

Les mamelons douloureux et les crevasses sont un désagrément fréquent qui ne devrait cependant pas persister une fois que votre bébé saura bien prendre le sein et téter de manière efficace. En effet, les tétées plus courtes solliciteront moins vos mamelons.

Certains problèmes, comme les crevasses, peuvent empêcher une tétée efficace et entraîner d'autres désagréments. Par exemple, si le lait n'est pas bien drainé, un canal peut se boucher, et dans le pire des cas, entraîner une mastite. Ces deux affections, très douloureuses, peuvent vous faire vous sentir très mal, et doivent donc être traitées sans délai.

Être bien pour allaiter En cas d'inconfort physique lié à l'allaitement, faites immédiatement le nécessaire.

ALLAITEMENT MATERNEL : VOS INTERROGATIONS

Il est essentiel de comprendre les causes des désagréments liés à l'allaitement maternel pour les résoudre au plus vite et garantir un allaitement efficace.

PROBLÈME	DESCRIPTION	CAUSES
Mamelons douloureux, crevassés ou qui saignent	Il est normal que vos mamelons soient sensibles, mais une douleur qui persiste au-delà de la 1re semaine peut indiquer un problème. Si des crevasses apparaissent, vous ressentirez, en début de tétée, une douleur vive qui durera quelques secondes. Elles peuvent également saigner. Il est possible que votre bébé avale alors un peu de sang, qui peut ensuite apparaître dans ses selles ou ses régurgitations. Bien qu'impressionnant, cela reste néanmoins sans danger pour lui.	Si votre bébé ne prend pas bien le sein, il tète le mamelon plutôt que le tissu mammaire. Ceci rend le mamelon de plus en plus sensible, et la pression exercée peut créer des crevasses. Vos mamelons étant souvent humides, les crevasses ont du mal à cicatriser. Si vos mamelons deviennent soudainement rouges et douloureux alors que tout allait bien, vous avez peut-être une mycose, infection fongique que vous et votre bébé pouvez vous transmettre mutuellement. Vous aurez tout deux besoin d'un traitement.
Obstruction des canaux galactophores	Un canal galactophore bouché peut entraîner une grosseur accompagnée d'un gonflement et d'une inflammation, rendant ainsi la zone sensible. Il est possible que le gonflement s'atténue légèrement après la tétée. Si des bactéries viennent se loger dans le canal bouché, l'obstruction peut évoluer en mastite (voir ci-dessous).	Les canaux galactophores forment un réseau chargé d'acheminer le lait jusqu'au mamelon. Ceux-ci peuvent s'obstruer si le lait n'est pas bien drainé, le plus souvent parce que le bébé n'est pas bien mis au sein ou qu'il ne tète pas assez fort. Les premiers jours, alors que vos seins produisent beaucoup de lait, le trop-plein peut boucher un ou plusieurs canaux. De même, un soutien-gorge mal ajusté peut exercer une pression et bloquer le lait. Si vous constatez une rougeur, un gonflement ou des grosseurs, contactez votre médecin.
Mastite et abcès du sein	L'un de vos seins est dur, gonflé et rouge, et votre température est légèrement élevée? Vous avez probablement une mastite. Si l'infection progresse, votre sein peut devenir très douloureux, la fièvre monter, et vous risquez de présenter des symptômes semblables à ceux de la grippe. Il arrive que la zone se remplisse de pus, formant ainsi un abcès, grosseur extrêmement douloureuse. Les mastites sont plus fréquentes les premières semaines, tant que la lactation n'est pas stabilisée.	Ces problèmes découlent en général d'une mauvaise mise au sein ou d'une succion trop faible de votre bébé, ayant entraîné l'obstruction d'un canal galactophore ou une *stase lactée* (stagnation du lait). Si les bactéries que vous avez sur la peau atteignent un canal bouché, elles peuvent provoquer une *mastite*. En cas d'anémie ou d'extrême fatigue, vos défenses immunitaires sont affaiblies, ce qui vous expose davantage au risque d'infection.

Placez **des feuilles de chou vert glacées** sur vos seins pour apaiser et réduire l'inflammation.

QUE FAIRE

» Vérifiez votre technique de mise au sein.
» La tétée finie, laissez sécher vos mamelons à l'air.
» Le lait maternel ayant des propriétés antibactériennes, étalez-en quelques gouttes sur vos mamelons.
» Appliquez un peu de crème à la lanoline, qui est sans risques, même avant la tétée.
» Évitez les coussinets car ils gardent l'humidité.
» Les bouts de seins sont utiles à condition de ne pas les porter longtemps.
» Continuez d'allaiter avec le sein douloureux.

» Continuez à allaiter votre bébé, en vous assurant qu'il est bien mis au sein pour une tétée efficace.
» La succion étant souvent plus forte en début de tétée, proposez à votre bébé le sein atteint en premier afin de favoriser le drainage du lait.
» La chaleur favorise l'écoulement du lait : en début de tétée, posez un gant de toilette chaud sur votre sein, que vous pouvez aussi masser doucement afin d'atténuer le gonflement.
» Adressez-vous à une consultante en lactation afin d'améliorer votre technique de mise au sein.

» Si vous pensez avoir une mastite, contactez immédiatement votre médecin, qui vous prescrira des antibiotiques. Il est important de poursuivre l'allaitement afin de vider régulièrement vos seins, et d'éviter ainsi qu'ils s'engorgent. Vous devrez peut-être multiplier les tétées ou tirer votre lait afin de drainer suffisamment votre sein.
» Placez un gant frais ou des feuilles de chou vert glacées sur votre sein pour réduire l'inflammation et ainsi apaiser la douleur.
» Il est important que vous vous reposiez beaucoup.
» Prenez des analgésiques doux, comme de l'ibuprofène (qui a, en outre, un effet anti-inflammatoire).
» Un abcès ne répondant pas aux antibiotiques nécessitera peut-être un drainage chirurgical.

question ? réponse — J'ai l'impression que mes seins vont exploser. Cela va-t-il durer ?

Cette sensation de trop-plein, ou d'engorgement, peut persister un jour ou deux. Il n'est pas rare que les jeunes mamans prennent une ou deux tailles de bonnet au moment de la montée de lait. En effet, non seulement les seins se remplissent de lait, mais le débit sanguin augmente aussi à l'intérieur, d'où une sensation de trop-plein.

En outre, vos seins peuvent être chauds, durs et douloureux, et de petites grosseurs perceptibles sous leur peau. Cet engorgement disparaît généralement en faisant téter votre bébé, et lorsque la lactation commence à se stabiliser.

Si vous êtes vraiment gênée, ou si votre bébé a du mal à prendre le sein, exprimez un peu de lait (voir p. 272) pour éliminer l'excédent. Veillez toutefois à ne pas en tirer trop, au risque d'augmenter encore la production.

Massez un peu vos seins pendant que votre bébé tète afin d'aider le lait à s'écouler. Pour déclencher le réflexe d'éjection, vous pouvez aussi placer un gant chaud sur votre sein ou prendre une douche chaude juste avant d'allaiter. Après la tétée, une compresse froide ou encore des feuilles de chou glacées vous apaiseront en réduisant la chaleur de vos seins. Un soutien-gorge d'allaitement bien ajusté, que vous pourrez également porter la nuit, vous offrira un bon maintien, ce qui soulagera votre poitrine.

question ? réponse — J'ai souvent des fuites de lait. Comment puis-je y remédier ?

Les fuites peuvent être dues à une surproduction de lait ou au déclenchement inopiné de votre réflexe d'éjection (voir p. 269). Cet écoulement peut survenir quand votre bébé tète l'autre sein, que vous êtes dans un environnement chaud (sous la douche, par exemple), que vous entendez votre enfant pleurer, ou que vous pensez à lui.

Tirer un peu de lait avant et après la tétée peut réduire les fuites, et des tétées fréquentes permettront d'évacuer régulièrement le lait et d'adapter la production aux besoins de votre bébé. Si vous sentez qu'une fuite est imminente, croisez discrètement les bras sur la poitrine afin d'exercer une légère pression sur les mamelons et stopper ainsi le flux. Vous pouvez également placer des coussinets dans votre soutien-gorge pour contenir les fuites. Enfin, pensez à emporter des vêtements de rechange si vous sortez.

question ? réponse — Mon bébé s'endort pendant la tétée. Que faire ?

Si votre enfant fait un petit somme pendant qu'il tète, réveillez-le doucement. En général, un bébé se retire de lui-même lorsqu'il est rassasié, mais certains s'endorment au sein ou continuent de téter par plaisir (tétée de confort). Si sa mâchoire ne bouge plus, ou si la succion devient plus légère et rapide, mais qu'il ne semble pas déglutir, il n'a certainement plus faim. Dans ce cas, ou bien s'il s'endort, stimulez-le doucement et aidez-le à faire son rot, puis vérifiez s'il veut continuer à téter ou non.

question ? réponse — Mon bébé pleure dès qu'il se retire du sein. Ai-je assez de lait ?

Si vous faites souvent téter votre enfant, vous serez probablement en mesure de satisfaire son appétit. En cas de poussée de croissance, il est possible que votre bébé ait besoin de téter davantage pendant un jour ou deux. Il peut alors se mettre à pleurer dès la fin de la tétée, ou peu de temps après, et vous aurez alors l'impression de l'allaiter en permanence.

Si vous nourrissez votre enfant chaque fois qu'il réclame, votre lactation va s'intensifier. Proposez-lui vos deux seins à chaque tétée, afin que la production de lait augmente plus vite : vous devrez peut-être même alterner plusieurs fois jusqu'à ce qu'il soit rassasié.

Le meilleur moyen de savoir si votre enfant tète bien est de vérifier s'il prend du poids. S'il est tonique et de bonne humeur, et s'il mouille au moins 6 couches par jour, vous pouvez être sûre qu'il est bien nourri. Si vous êtes inquiète, parlez-en à votre sage-femme ou à votre médecin.

question ? réponse — J'ai les mamelons inversés. Cela m'empêchera-t-il d'allaiter ?

Il est tout à fait possible d'allaiter si vous avez les mamelons inversés, mais vous aurez besoin d'aide. Une consultante en lactation viendra probablement voir comment vous vous y prenez. Elle vous incitera peut-être à utiliser un tire-lait pour faire sortir votre mamelon avant la tétée, ou bien de porter des bouts de sein pour faciliter la mise au sein. Vous pouvez aussi tirer le tissu mammaire vers l'arrière au moment de la mise au sein. Demandez conseil à votre médecin en cas de difficultés.

question ? réponse

J'ai encore du mal à mettre mon bébé au sein. Vers qui me tourner pour obtenir de l'aide ?

En matière d'allaitement, les sources de soutien ne manquent pas. Les premiers jours, à l'hôpital, les infirmières vous aideront à travailler votre technique. Par la suite, selon la région où vous habitez, vous pouvez trouver des consultantes en lactation, des cliniques d'allaitement ou des médecins spécialisés en allaitement.

Si vous avez besoin de parler, des associations de soutien à l'allaitement maternel proposent une assistance téléphonique qui vous permettra de discuter avec des spécialistes et des mères expérimentées. Mais le mieux est parfois de rencontrer quelqu'un qui peut observer votre technique. Des organisations communautaires proposent des réunions qui vous donneront l'occasion de rencontrer d'autres mamans, voire d'obtenir une aide personnalisée de la part de professionnels de la santé.

À votre sortie d'hôpital, on vous aura probablement remis toute la documentation nécessaire, et une infirmière ou votre médecin pourra vous conseiller sur les ressources vers lesquelles vous tourner (spécialistes de l'allaitement, associations, réseaux). L'entraide et le soutien que vous y trouverez peuvent être très précieux. Vous pouvez aussi vous renseigner sur Internet.

Il est aussi important d'être soutenue par votre partenaire. Son appui vous aidera à affronter les problèmes et vous encouragera à continuer.

En cas de difficultés, ne tardez pas à demander de l'aide, la situation pouvant vite empirer si vous n'y remédiez pas rapidement. Avec de bons conseils et du soutien, la plupart des problèmes inhérents à l'allaitement peuvent être résolus.

75 %
environ des jeunes mamans **ont besoin d'aide en matière d'allaitement.** La plupart surmontent leurs difficultés et continuent.

question ? réponse

L'allaitement maternel est très pratique, mais je suis gênée de donner le sein à mon enfant en public. Comment prendre confiance en moi ?

Connaître vos droits et penser à l'avenir peut vous aider à surmonter vos premières réticences à allaiter en public. S'il est normal d'être un peu gênée au début, vous vous apercevrez qu'avec le temps, nourrir votre enfant devant les autres deviendra une seconde nature.

L'un des plaisirs de l'allaitement est de pouvoir faire téter votre bébé à tout moment et n'importe où. Votre lait est toujours disponible, à bonne température et en quantité suffisante pour répondre aux besoins de votre enfant. Ainsi, en cas de sortie, votre organisation se limite au minimum, car vous n'avez pas à nettoyer de biberons ni à préparer de doses de lait.

L'allaitement maternel est donc extrêmement pratique. La plupart des mamans n'ont aucune difficulté à trouver un endroit où elles peuvent nourrir leur enfant en toute discrétion, et trouvent que la plupart des gens ne le remarquent même pas, ou du moins respectent totalement cette pratique.

Allaiter en public, c'est votre droit

Même si l'allaitement maternel est ce qu'il y a de plus naturel au monde, vous essuierez peut-être quelques regards réprobateurs ou réflexions désobligeantes, qui pourront vous mettre mal à l'aise. D'un point de vue légal, rien ne vous interdit d'allaiter en public. En effet, donner le sein à votre bébé dans un parc ou un centre commercial n'a rien d'une « exhibition à caractère sexuel », délit puni par la loi. Certains restaurateurs peuvent se montrer réticents. Le cas échéant, rappelez-leur que vous êtes dans votre droit et qu'ils peuvent regarder ailleurs si la situation les gêne. Essayez de ne pas trop vous préoccuper de ce que pensent les autres, et surtout détendez-vous.

Anticiper

Côté vêtements, les hauts amples qui se soulèvent facilement vous permettront de mettre votre enfant au sein en toute discrétion. Vous pouvez également porter un débardeur sous votre T-shirt afin de couvrir votre ventre de jeune maman, même si en général, vos bras autour de votre bébé suffisent à le dissimuler. Entraînez-vous aussi à dégrafer votre soutien-gorge d'allaitement d'une seule main.

Si certaines femmes optent pour un lange ou un châle afin de se couvrir davantage, d'autres pensent au contraire que cela attire les regards. Faites ce que bon vous semble : si vous couvrir un peu plus vous rassure, n'hésitez pas, mais surtout, n'ayez jamais l'impression de devoir vous cacher pour allaiter votre enfant.

Un allaitement serein L'allaitement maternel est naturel : vous n'avez pas à vous cacher ni à vous sentir gênée de mettre votre bébé au sein.

question ? réponse

Je veux continuer à allaiter, mais c'est difficile. Cela vaut-il vraiment la peine de persévérer ?

Allaiter prend du temps, fatigue, et entraîne parfois des désagréments physiques. Aussi, beaucoup de mères en arrivent à se demander si elles doivent continuer.

Comme la plupart des jeunes mamans, vous serez certainement surprise de voir à quel point l'allaitement maternel est exigeant. À moins de tirer votre lait, vous êtes en effet la seule personne à pouvoir nourrir votre bébé. Il est donc naturel de vouloir partager les tétées et d'envisager de passer au lait maternisé, d'autant que cela vous permettra d'avoir un peu de temps libre et de dormir une nuit complète, votre partenaire pouvant se charger des biberons.

Se donner du temps

Néanmoins, rassurez-vous, une fois l'allaitement bien en place, les choses seront plus faciles. Votre bébé tétera de façon plus efficace, et les tétées seront donc plus courtes. Vous devriez aussi avoir surmonté les désagréments des débuts (voir p. 274-275). Et n'oubliez pas qu'au lieu de passer au lait maternisé, vous pouvez aussi tirer du lait (voir p. 272), ce qui vous permettra de faire une pause tout en continuant à faire profiter votre bébé des bienfaits du lait maternel.

Une expérience gratifiante

La plupart des femmes qui persévèrent dans l'allaitement maternel ne regrettent en rien de l'avoir fait, car elles finissent par y trouver un véritable plaisir : pratique et facile, il constitue en outre une merveilleuse façon de tisser des liens affectifs. Donc oui, cela vaut la peine de persévérer, car nourrir votre enfant au sein peut être une expérience extrêmement gratifiante pour vous comme pour lui. Cela dit, si vous pensez vraiment que l'allaitement maternel n'est pas fait pour vous, il n'y a aucune honte à arrêter.

Pour de nombreuses femmes, **l'allaitement devient un plaisir**, ce qui compense largement les difficultés du début.

Un allaitement serein Avec le temps, les femmes trouvent dans l'allaitement maternel une expérience gratifiante pour elle comme pour leur bébé.

question ? réponse

Donner de temps en temps à mon bébé un biberon de lait maternisé peut-il avoir une incidence sur la lactation ?

Cela dépend du moment où vous le faites. En permettant à votre partenaire de nourrir votre bébé, donner du lait maternisé vous offrira un peu de temps libre et rendra les tétées de nuit moins contraignantes pour vous. Toutefois, si vous voulez poursuivre l'allaitement au sein, même en réduisant la fréquence des tétées, il est préférable d'attendre 6 à 8 semaines avant de proposer un biberon à votre bébé.

En effet, les premières semaines, vos seins s'adaptent et la lactation se stabilise peu à peu. Introduire le lait maternisé peut réduire votre lactation, celle-ci étant déterminée par la demande de votre bébé. En outre, votre enfant devra apprendre une nouvelle technique de succion, ce qui peut entraîner une confusion sein-tétine (voir p. 273).

Au bout de 6 à 8 semaines, votre production de lait sera stabilisée et vous pourrez intercaler un biberon. Ceci réduira toutefois la quantité de lait produite, et il sera difficile de revenir sur votre décision. Vous devez donc être sûre de vous avant de passer au lait maternisé.

En outre, si vous espérez ainsi déléguer quelques tétées de nuit, sachez que préparer un biberon demande un peu plus d'organisation que de donner le sein, et que votre partenaire ne pourra ou ne voudra peut-être pas se charger de toutes les tétées nocturnes.

Le saviez-vous ?

L'OMS préconise l'allaitement maternel exclusif jusqu'à 6 mois. Au Québec, la diversification alimentaire intervient à partir de 6 mois. Vous pourrez alors continuer d'allaiter votre bébé et même utiliser votre lait dans ses purées. Lorsqu'elles reprennent le travail, beaucoup de femmes continuent d'allaiter ou optent pour l'allaitement mixte. Vous pourrez aussi tirer du lait que quelqu'un d'autre pourra donner à votre bébé.

Si l'allaitement maternel ne vous convient pas, vous pouvez choisir de **nourrir votre bébé au biberon**. Le lait maternisé peut aussi être utilisé dans le cadre d'un allaitement mixte, ou dans un second temps, **après avoir sevré votre enfant**. Quoi qu'il en soit, il offre une alternative très sûre au lait maternel.

L'allaitement au biberon

Pourquoi choisir le biberon

Même si l'allaitement maternel est ce qu'il y a de plus naturel, certaines femmes sont mal à l'aise à cette idée, n'apprécient pas cette expérience ou ne peuvent tout simplement pas nourrir leur enfant au sein. Après tout, quelle que soit la source de son alimentation, l'essentiel est que votre bébé ait ce qu'il faut pour bien grandir. Par conséquent, le lait maternisé lui offrira tout ce dont il a besoin pour prendre un bon départ dans la vie. Que ce soit au sein ou au biberon, la tétée est un moment privilégié propice au renforcement des liens affectifs. Certaines mamans décident, dès le début, de tirer du lait pour le donner au biberon, alors que d'autres alternent allaitement maternel et artificiel. En outre, le biberon présente certains avantages, le principal étant de permettre à quelqu'un d'autre de préparer et donner le biberon, vous offrant ainsi un peu de repos. Par ailleurs, les bébés nourris au biberon tètent généralement moins souvent. Au bout de quelques semaines, ils dorment mieux la nuit, et sont moins susceptibles de se réveiller pour téter, les protéines de lait de vache étant plus longues à digérer que celles du lait maternel. Si vous optez pour le biberon dès le début, le lait produit par vos seins mettra une dizaine de jours à se tarir. Pendant ce temps, votre poitrine sera pleine et lourde.

Les premières tétées

Votre nouveau-né doit téter peu et souvent ; proposez-lui donc un biberon dès les premiers signes de faim (voir p. 269). Les jeunes bébés sont particulièrement vulnérables aux germes car leur système immunitaire n'est pas encore mature. Aussi, respectez scrupuleusement les règles d'hygiène pour la préparation des biberons et l'entretien du matériel. Au biberon, les bébés avalent plus d'air (leur bouche enserre moins hermétiquement la tétine que le mamelon) : il est donc important que votre enfant fasse régulièrement son rot.

Passer au biberon

Que vous souhaitiez sevrer votre bébé (c'est-à-dire, passer de l'allaitement maternel à l'allaitement artificiel), ou lui donner votre lait tiré, vous devrez vous équiper de biberons et de tétines, voire d'un chauffe-biberon et d'un stérilisateur (voir p. 191). Certaines tétines sont censée imiter le mamelon pour faciliter le passage du sein au biberon. Si vous voulez continuer d'allaiter au sein tout en donnant des biberons (allaitement mixte), commencez avec un biberon par jour, afin que votre bébé s'habitue au goût du lait et à la sensation de la tétine. La transition peut être plus facile si votre partenaire se charge des premières tétées, le temps que votre enfant s'adapte.

Est-il indispensable de stériliser les biberons et les tétines ?

Si votre bébé est en bonne santé, les recommandations actuelles ne préconisent plus la stérilisation systématique. Mais, si celle-ci est nécessaire, sachez qu'il existe plusieurs méthodes : la stérilisation à chaud ou à froid.

Quelle que soit la technique choisie, vous devez d'abord nettoyer, rincer et égoutter les biberons, tétines, bagues et capuchons. Vérifiez bien qu'il ne subsiste aucune trace de lait. Placez-les ensuite dans le stérilisateur. Versez un fond d'eau, recouvrez le bac avec son couvercle, placez-le dans le micro-ondes et suivez la notice du fabricant pour la puissance et la durée ; la stérilisation dure à peine quelques minutes. C'est un moyen rapide et pratique, mais il faut avoir un micro-ondes ! Si vous utilisez un stérilisateur électrique, le procédé dure une dizaine de minutes, cependant le système est assez cher et plus encombrant. Vous pouvez aussi plonger biberons et accessoires dans de l'eau bouillante en les laissant respectivement 30 et 15 secondes : c'est le système le moins onéreux, mais pas nécessairement le plus pratique !

Pour une stérilisation à froid, ajoutez une pastille ou du liquide de stérilisation dans un bac contenant les biberons et les accessoires recouverts d'eau. Laissez agir le temps indiqué sur la notice du fabricant. Rapide et économique, cette méthode laisse parfois un léger goût de chlore.

Quelle quantité quotidienne de lait maternisé dois-je donner à mon bébé ? Cela dépend-il de son appétit ou dois-je respecter une dose précise ?

Les premières semaines, tout comme un bébé nourri au sein, il ne prendra que de petites quantités de lait à chaque tétée. Ensuite, et jusqu'à 6 mois environ, la règle générale est de donner de 150 à 200 ml par kilo de poids corporel par jour.

Comment préparer le biberon de mon bébé ?

La préparation d'un biberon doit respecter un certain nombre de règles, auxquelles vous ne devez en aucun cas déroger.

La reconstitution du lait maternisé nécessite quelques précautions. En effet, les boîtes de lait en poudre, bien qu'hermétiques, ne sont pas stériles (à la différence des briques), et risquent, par conséquent, de contenir des bactéries, comme des salmonelles, susceptibles de rendre votre bébé malade. L'hygiène est donc primordiale lors de la préparation des biberons. En outre, la quantité de poudre doit être parfaitement adaptée pour apporter à votre bébé tous les nutriments dont il a besoin. S'il n'y en a pas assez, votre bébé ne sera pas suffisamment nourri, s'il y en a trop, il risque d'avoir soif et d'être constipé. Lisez toujours les instructions figurant sur la boîte et utilisez la mesurette fournie avec.

De la précision Suivez scrupuleusement le mode d'emploi pour reconstituer le lait maternisé.

LA PRÉPARATION D'UN BIBERON

À chaque biberon, suivez les étapes décrites ci-dessous. Elles deviendront vite automatiques, mais ne relâchez pas votre vigilance pour autant.

1 **Il n'est pas indispensable de stériliser biberons et tétines,** mais si vous souhaitez le faire à l'eau chaude, n'attendez pas que votre bébé soit affamé. Laissez-les ensuite sécher à l'air libre sur un porte-biberon ou du papier absorbant (ne pas essuyer au torchon).

2 **Lavez-vous soigneusement les mains** et assurez-vous que la surface sur laquelle vous allez préparer le biberon est parfaitement propre.

3 **Versez l'eau dans le biberon,** selon la quantité exacte préconisée sur la boîte de lait. Utilisez de l'eau de source en bouteille recommandée pour l'alimentation des nourrissons. Ne diluez ni ne concentrez la préparation, au risque de perturber le système digestif de votre bébé.

4 **Remplissez généreusement la mesurette fournie,** puis arasez-la contre le rebord de la boîte, ou avec la lame d'un couteau, et ajoutez dans l'eau le nombre de doses de lait requis. Veillez à toujours utiliser la mesurette fournie avec la boîte de lait.

5 **En tenant la tétine par le bout,** poussez-la à l'intérieur de la bague, vissez-la sur le biberon, puis mettez le capuchon dessus. Remuez le biberon doucement afin d'éliminer les grumeaux. Si nécessaire, faites-le tiédir au chauffe-biberon ou au bain-marie.

6 **Vérifiez la température** en déposant quelques gouttes sur la face intérieure de votre poignet : le lait doit être tiède. S'il est trop chaud, mettez-le quelques minutes à mi-hauteur dans un bol ou sous le robinet d'eau froide.

question ? réponse

Comment dois-je donner le biberon à mon bébé ?

Avant tout, vous devez être confortablement installée, le dos droit et bien calé, afin de ne pas exercer de tension sur votre dos, les tétées pouvant durer assez longtemps.

Tenez votre bébé tout contre vous, sa tête au creux de votre bras, le visage tourné vers vous, pour pouvoir lui parler et garder un contact visuel tout au long de la tétée, et favoriser ainsi le lien affectif. Il doit être à hauteur de votre poitrine, en position semi-assise, ce qui l'aidera à déglutir de façon régulière. Comme vous le feriez s'il était au sein, faites une pause en cours de tétée. S'il gémit ou semble agité en milieu de tétée, faites-lui faire son rot, puis reprenez une fois qu'il sera plus calme. Ne laissez jamais votre enfant seul avec un biberon dans la bouche, car il risquerait de s'étouffer.

IMPORTANT

» **Soyez attentive** aux signes d'une tétée trop rapide : si votre bébé « engloutit » son biberon et que du lait suinte au coin de sa bouche, il lui faut une tétine à débit plus lent.

» **N'incitez pas** votre bébé à finir son biberon s'il semble s'en désintéresser. Il n'a probablement plus faim et le forcer pourrait le barbouiller.

COMMENT DONNER UN BIBERON

En suivant ces étapes simples, donner le biberon deviendra vite un rituel très naturel que votre bébé et vous apprécierez beaucoup.

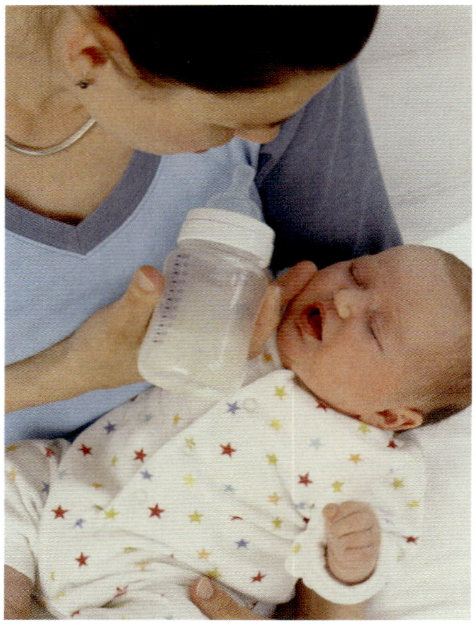

1 **Caressez doucement sa joue** pour déclencher son réflexe de fouissement, puis posez la tétine sur sa lèvre supérieure. Attendez qu'il ouvre la bouche ou frottez doucement la tétine contre ses lèvres pour qu'il la prenne (ne la poussez pas à l'intérieur de sa bouche).

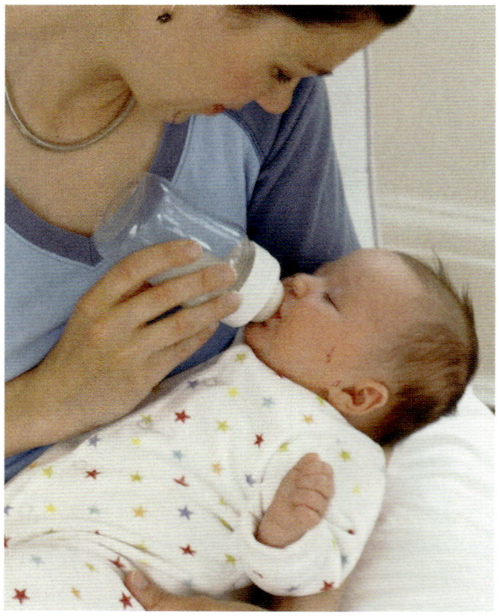

2 **Tenez le biberon incliné,** en veillant à ce que le lait remplisse totalement le col du biberon et la tétine, afin que votre bébé n'avale pas trop d'air en tétant. La tête de votre enfant doit être calée au creux de votre bras.

3 **Au fur et à mesure, inclinez davantage le biberon** afin que la tétine soit toujours remplie. En fin de tétée, placez votre petit doigt (propre) au coin de la bouche de votre bébé pour interrompre la succion et retirer le biberon.

question ? réponse

J'allaite au sein mais j'envisage de passer au biberon. Avez-vous des conseils pour faciliter la transition ?

Si certains bébés passent du sein au biberon sans aucun problème, d'autres font savoir haut et fort que ce changement n'est pas à leur goût. Si votre enfant proteste à l'approche d'un biberon, vous pouvez essayer quelques astuces. Tout d'abord, votre partenaire peut le lui donner afin qu'il ne sente pas votre lait. Ensuite, vous risquez moins de contrarier votre bébé si vous choisissez un moment où il n'est pas trop affamé. Si vous n'êtes pas pressée de passer au lait maternisé, essayez dans un premier temps de lui donner du lait tiré, car il sera sans doute plus disposé à essayer le biberon si son contenu lui est familier.

Pensez aussi que les bébés nourris au sein doivent téter plus fort pour faire venir le lait. Par conséquent, lui proposer une tétine à débit lent au départ évitera de trop le perturber. Cela dit, si votre enfant est affamé, ce type de tétine risque aussi de le frustrer. Vous devrez donc faire plusieurs essais pour trouver celle qui lui convient. Laissez votre bébé jouer avec elle et s'y habituer et n'insistez pas s'il refuse encore au bout de 3 tentatives. Faites une pause, et au bout de 10 minutes, proposez-lui le sein. Attendez quelques jours avant de réessayer.

question ? réponse

Puis-je préparer mes biberons à l'avance ?

Ces dernières années, les recommandations relatives à la reconstitution du lait maternisé et à ses conditions de conservation ont été modifiées. Il est aujourd'hui vivement conseillé de préparer les biberons au dernier moment.

Il fut un temps où il était d'usage de préparer les biberons nécessaires pour la journée et de les conserver au réfrigérateur. Or, le froid n'empêche pas les bactéries de se multiplier, ce qui augmente le risque de contamination pour votre bébé. Chaque biberon doit donc être préparé au dernier moment, et son contenu jeté s'il n'est pas consommé dans l'heure qui suit. En outre, les bactéries se multipliant dans la salive déposée sur la tétine, celle-ci ne doit pas être réutilisée après la tétée sans avoir été lavée, et les biberons ne doivent pas être partagés entre plusieurs enfants.

À RETENIR

» **Préparez toujours vos biberons** au dernier moment.

» **Tout biberon non consommé dans un délai de moins de 1 heure** après sa reconstitution doit être jeté.

» **Remplissez le biberon de la quantité d'eau requise** avant d'ajouter le lait en poudre.

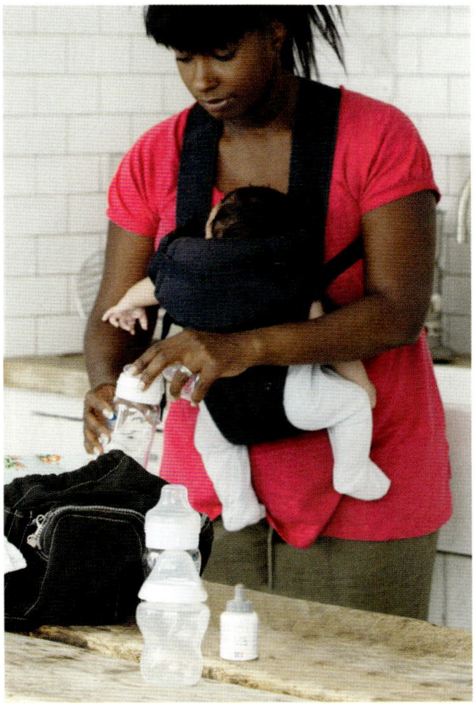

Biberons et sorties Emportez plusieurs biberons ainsi qu'une boîte doseuse de lait, dont les différents compartiments permettent de stocker les doses de lait nécessaires.

Donner le biberon en sortie

Si vous sortez, plusieurs possibilités s'offrent à vous pour nourrir votre bébé. Évaluez bien la durée de votre escapade pour ne pas être prise de court.

» **Le plus simple est d'emporter des briquettes de lait maternisé prêtes à l'emploi que vous ouvrirez le moment venu, et autant de biberons que nécessaire.** Prenez une paire de ciseaux propres car ces briquettes ne sont pas toujours faciles à ouvrir.

» **Préparez vos doses** de lait en poudre, dans des contenants en plastique, une bouteille d'eau et le nombre de biberons nécessaire. Vous pourrez alors reconstituer le lait au dernier moment.

» **S'il est prévu que quelqu'un d'autre fasse téter votre bébé,** par exemple l'un de ses grands-parents ou une gardienne, assurez-vous que la personne sait comment reconstituer le lait maternisé. Si votre bébé est gardé avec d'autres enfants, pensez à écrire son nom sur ses biberons.

question ? réponse

Puis-je faire téter mon bébé à heures fixes ?

Non. Les bébés nourris au biberon, tout comme ceux nourris au sein, doivent être allaités à la demande : les premiers temps, compte tenu de leur petit estomac, les tétées sont peu conséquentes, mais fréquentes. L'allaitement au biberon semble plus structuré : les doses sont calculées en fonction du poids et vous savez quelle quantité de lait prend votre bébé tous les jours. Ce n'est pas pour autant qu'il prendra plus rapidement un rythme régulier. Si les fabricants de lait maternisé conseillent généralement des tétées plus conséquentes mais plus espacées, ce rythme peut ne pas lui convenir, notamment s'il régurgite beaucoup après son biberon. En le rassasiant trop, une grosse tétée peut le barbouiller, et favoriser un surpoids.

question ? réponse

Quel lait maternisé choisir ? Dois-je donner à mon bébé un produit à base de lait de vache ?

Vous devez choisir un lait maternisé adapté à l'âge de votre enfant. Le lait premier âge est recommandé dès la naissance et jusqu'à 6 mois. Afin d'apporter à votre bébé tous les nutriments dont il a besoin et de l'hydrater correctement, il présente le même rapport lactosérum/caséine (60 %/40 %) que le lait maternel, ce qui facilite également sa digestion. Les laits de suite, à plus forte teneur en caséine (protéine plus épaisse), sont moins digestes et ne sont donc pas recommandés avant 6 mois.

Par ailleurs, sachez que les préparations à base de lait de vache conviennent parfaitement à votre bébé. Formulées selon des règles nutritionnelles très strictes, elles garantissent une alimentation adaptée à la croissance de votre enfant. Sauf avis contraire de votre médecin, le lait maternisé que vous donnerez à votre bébé jusqu'à 1 an doit être à base de lait de vache. Toutefois, certains bébés présentent des réactions aux protéines ou au lactose qu'il contient. Dans ce cas, votre médecin vous prescrira un lait spécial, ou *lait hydrolysé*, dont le lactose a été retiré et les protéines brisées. Les préparations à base de soja sont rarement conseillées, car les enfants intolérants aux protéines de lait de vache le sont souvent aussi à celles de soja. En outre, ces produits contiennent des phyto-œstrogènes dont l'incidence sur les organes reproducteurs suscite des inquiétudes, et parfois même du glucose ajouté, qui peut entraîner des problèmes dentaires. Enfin, les laits à base de soja ne conviennent pas aux enfants de moins de 6 mois. Dans tous les cas, un avis médical est nécessaire, notamment dans les familles végétariennes ou si le bébé ne boit rien d'autre.

Bien que tout petit, votre bébé demande **beaucoup d'attention**. Si vous ne vous êtes jamais occupée d'un nouveau-né, vous aurez peut-être l'impression d'être maladroite. Rassurez-vous, tous les jeunes parents se sentent un peu nerveux au début, mais **prennent rapidement confiance en eux**, au fil des jours et des semaines.

Vous occuper de votre bébé

Une formation « sur le tas »

Être parent est avant tout affaire d'apprentissage, et votre bébé, d'un naturel très tolérant, ne vous tiendra pas rigueur de vos premières maladresses. Il a surtout besoin d'amour et d'attention, mais aussi de sentir que vous êtes là pour répondre à ses besoins. Le reste finira par venir : si ses premiers pleurs vous laisseront perplexe, vous déchiffrerez bien vite ce qu'il cherche à vous faire comprendre, et vous deviendrez bientôt experte dans l'art de porter et manipuler votre bébé, pour le laver, l'habiller ou encore le calmer.

Les soins quotidiens de votre bébé

S'occuper de votre enfant consiste principalement à faire en sorte qu'il soit propre, à l'aise et en sécurité. Qu'il s'agisse d'éviter l'apparition d'un érythème fessier ou de veiller à la qualité de son sommeil (dans un environnement sûr et propice au repos), les soins que vous lui apportez chaque jour contribuent à le rendre heureux. La plupart des rituels que vous mettez en place au début deviendront plus tard de bonnes habitudes de vie. En plus de vous occuper de votre bébé sur le plan pratique, vous devez le stimuler et le faire interagir avec son environnement : au début, cherchez le contact visuel et échangez des sourires. Vous passerez ensuite progressivement aux activités ludiques, aux jouets et à la découverte du monde qui l'entoure. Tout le temps que vous partagez, sous forme de jeu ou lors des soins quotidiens, renforce vos liens affectifs.

Un jeune bébé est vulnérable aux infections, évitez donc de le mettre en contact avec des germes les premières semaines. Toutefois, votre enfant tombera inévitablement malade à un moment donné. Savoir reconnaître quand votre bébé n'est pas bien, et dans quels cas l'avis d'un médecin est nécessaire, vous donnera plus d'assurance quant aux soins que vous devez lui apporter.

Prendre soin de vous

Les premiers mois seront formidables mais épuisants. Reposez-vous, soutenez-vous l'un l'autre avec votre partenaire, et surveillez votre alimentation et votre hygiène de vie afin de disposer de l'énergie et des ressources nécessaires pour bien vous occuper de votre enfant.

question ? réponse

Je n'ai jamais changé une couche ! Par où commencer ?

Choisissez un endroit chaud et sans courant d'air, et allongez votre bébé sur un matelas à langer lavable ou une serviette.

En termes de sécurité, le mieux est de changer votre bébé sur le sol, ce qui mettra votre dos à rude épreuve. Une table à langer est beaucoup plus pratique pour vous, mais implique de garder un œil sur votre bébé en permanence. Assurez-vous de tout avoir sous la main : plus le change est rapide et efficace, moins votre bébé risque d'être contrarié.

CE DONT VOUS AVEZ BESOIN

» **Une couche propre** et une doublure si vous utilisez des couches lavables.

» **Des cotons et de l'eau tiède.** Les lingettes sont agressives pour la peau de votre bébé : limitez leur utilisation, et évitez-les chez le nouveau-né.

» **Une poubelle ou un sac à couches.**

» **De la crème protectrice** (facultative).

CHANGER UNE COUCHE

Si la couche sale contient des selles, aidez-vous de la partie avant pour essuyer votre bébé. Retirez la couche, puis repliez-la sur elle-même, rabattez les languettes adhésives et mettez-la à la poubelle (ou jetez la doublure dans les toilettes, si vous utilisez des couches jetables). Si vous changez un garçon, tenez la couche au-dessus de son pénis pour éviter de vous faire arroser par surprise.

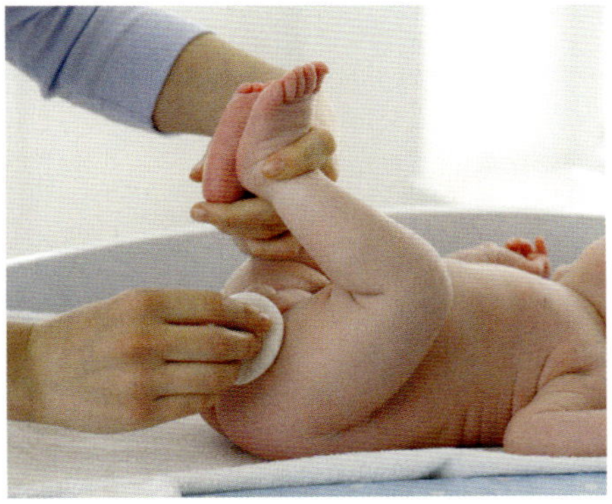

1 **Nettoyez les fesses** avec un coton humide. Chez une fille, procédez d'avant en arrière pour éviter la migration des bactéries vers le vagin. Pour un garçon, nettoyez bien autour des testicules et du pénis, sans tirer sur le prépuce.

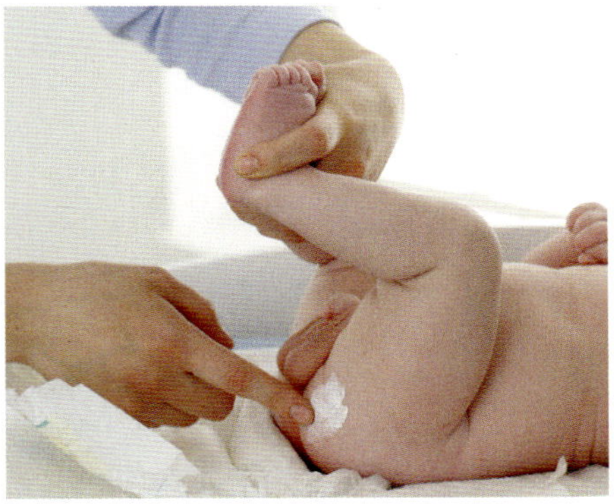

2 **Laissez sécher** quelques minutes à l'air pour prévenir ou apaiser un érythème fessier. Éventuellement, appliquez une fine couche de crème protectrice.

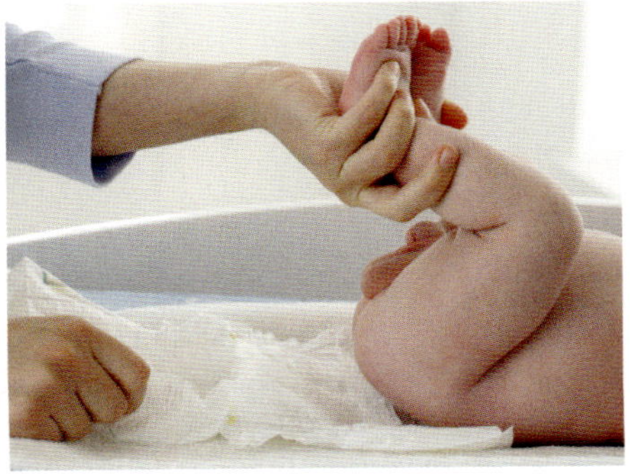

3 **Soulevez-le** en le tenant par les chevilles, et glissez une couche propre sous ses fesses, les languettes adhésives à hauteur de sa taille. Avec un garçon, assurez-vous que son pénis est orienté vers le bas avant de la rabattre.

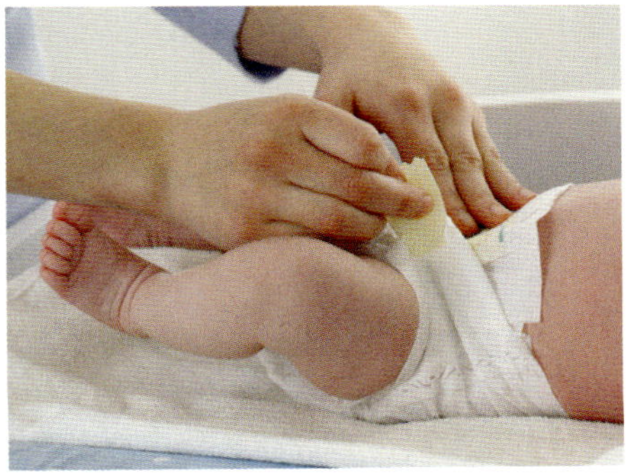

4 **Rabattez la couche** entre ses jambes, puis collez les languettes adhésives : vous pouvez passer un doigt entre la couche et son ventre. Si vous utilisez une couche lavable, placez une doublure à l'intérieur, et ajoutez une culotte.

question ? réponse

Combien de fois par jour dois-je changer la couche de mon bébé ?

S'il va sans dire que votre enfant doit être changé après chaque selle, il est parfois difficile de savoir quand sa couche est mouillée, celles d'aujourd'hui étant très absorbantes. Pour vous faire une idée, versez 4 cuillerées à soupe d'eau dans une couche sèche. Après la première semaine, vous changerez votre bébé au moins 6 fois par jour.

question ? réponse

Doit-on systématiquement changer la couche après la tétée ?

En la matière, faites preuve de bon sens, notamment la nuit. Certains parents craignent que cet interlude supplémentaire ne réveille leur bébé somnolent, repu et prêt à être remis au lit. Vérifiez la couche. Si elle est encore assez sèche et que votre bébé n'a pas d'érythème fessier, n'y touchez pas. Mais si vous préférez jouer la prudence, changez-le pour qu'il ne risque pas de se réveiller plus tard, mouillé et mal à l'aise.

question ? réponse

Comment dois-je soigner les fesses de mon bébé ?

L'érythème fessier est très fréquent chez les bébés. Si votre tout-petit a les fesses rouges, assurez-vous que vous respectez bien les règles d'hygiène. Rester dans une couche humide et sale irrite la peau de votre bébé. Lorsque sa couche est pleine, un bébé le fait généralement savoir (et vous le sentirez !), mais ce n'est pas toujours le cas si sa couche est juste mouillée. Vérifiez régulièrement l'état de sa couche et changez-le fréquemment. Les lingettes peuvent irriter la peau délicate de votre bébé, évitez-les donc s'il a les fesses rouges, et contentez-vous de les nettoyer avec du coton à l'eau tiède. Tous les jours, laissez votre bébé quelques instants les fesses à l'air afin de favoriser la cicatrisation. Avant de lui mettre une nouvelle couche, appliquez de la crème protectrice à base d'oxyde de zinc. Si vous utilisez des couches lavables, assurez-vous de bien les rincer afin d'éliminer tous les résidus de lessive.

question ? réponse

Dois-je donner un bain à mon bébé tous les jours ?

Jusqu'à ce que votre bébé se déplace, un bain quotidien n'est pas indispensable ; une « petite toilette » minutieuse suffit amplement.

La petite toilette consiste à nettoyer le visage, les fesses et tous les plis de peau où la poussière et le lait peuvent s'accumuler. Préparez tout ce dont vous avez besoin à l'avance, afin de pouvoir consacrer toute votre attention à votre bébé, sans le stresser ni le contrarier. Reportez-vous à la page 186 pour plus d'informations sur le matériel nécessaire.

CE DONT VOUS AVEZ BESOIN

» **Un bol ou un lavabo rempli d'eau tiède.**

» **Des cotons** et un gant de toilette.

» **Une couche propre,** et une doublure si vous utilisez des couches lavables.

LA PETITE TOILETTE

Lavez-vous les mains avant de commencer. Allongez votre bébé sur un matelas à langer dans une pièce sans courant d'air. Pour plus de confort, vous pouvez recouvrir le matelas d'une housse ou d'une serviette. Mettez ensuite votre bébé en cache-couches. S'il fait un peu frais, ne découvrez que le bas dans un premier temps. Faites en sorte qu'une moitié de son corps soit toujours couverte pendant que vous lavez l'autre.

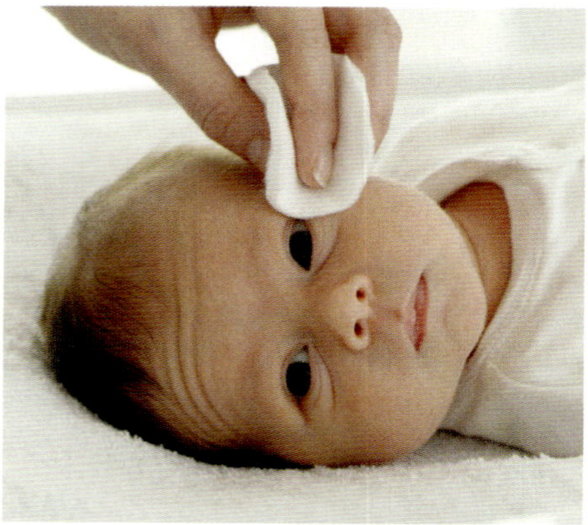

1 **Avec une compresse humide,** essuyez ses yeux de l'angle interne vers l'angle externe. Changez de compresse pour chaque œil. Passez ensuite un coton derrière les oreilles (et non l'intérieur) et tout autour du cou, pour éliminer les résidus de lait logés dans les replis.

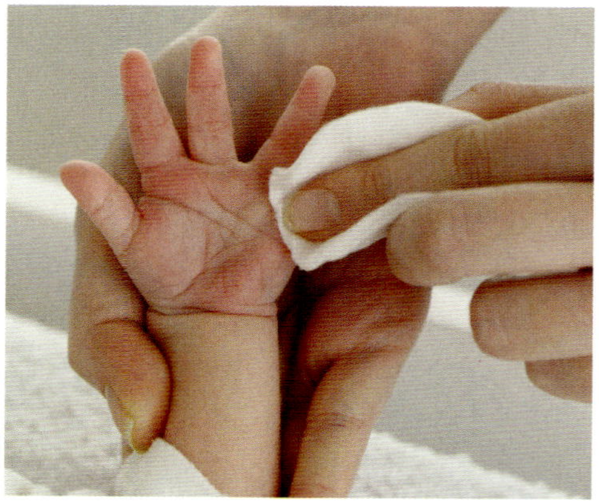

2 **Soulevez doucement les bras de votre bébé** pour nettoyer ses aisselles, puis essuyez ses paumes et dépliez ses petits doigts pour passer entre chaque. Faites ensuite les pieds, en passant minutieusement entre les orteils, puis les jambes en insistant derrière le pli du genou.

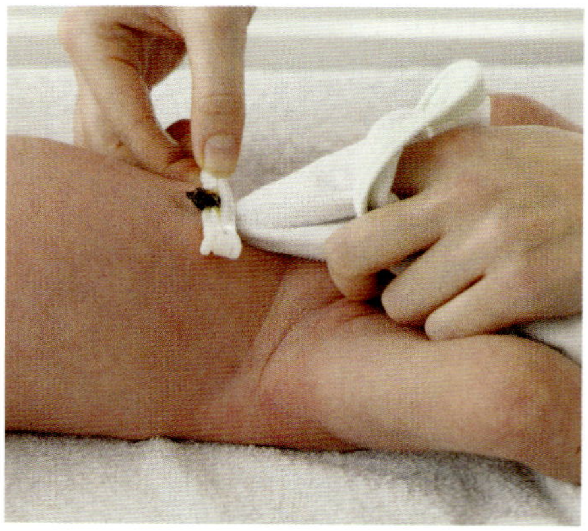

3 **Avec une compresse stérile et du sérum physiologique**, nettoyez autour du cordon ombilical. Désinfectez la base avec un antiseptique, séchez à l'aide d'une gaze et laissez un peu à l'air. Nettoyez ses fesses (voir p. 283), et mettez-lui une couche propre.

question ? réponse

Comment habiller mon bébé pour qu'il n'ait ni trop chaud ni trop froid ?

En général, votre bébé doit porter une couche de vêtements supplémentaire par rapport à vous. Il suffit donc d'ajouter un cache-couches sous son pyjama, ou un gilet sur son tee-shirt. Prenez toutefois l'habitude de vérifier régulièrement si votre bébé est à l'aise : comme il ne régule pas encore sa température corporelle, c'est à vous de veiller à son confort. Couvrir votre bébé de plusieurs couches fines permet d'adapter rapidement sa tenue à la température ambiante : vous ajouterez, par exemple, une petite couverture sur sa poussette pour sortir, ou lui retirerez son gilet dans une pièce bien chauffée. Si votre bébé s'est endormi en promenade, ôtez-lui son manteau, même si vous craignez de le réveiller. Avoir trop chaud n'est jamais bon pour un tout-petit.

Vérifiez sa température en posant la main sur son ventre, sa poitrine ou au creux de son cou, et, le cas échéant, retirez ou ajoutez un vêtement. Sachez que les pieds et les mains des bébés sont souvent froids, et ne constituent donc pas de bons indicateurs de température.

Au soleil, assurez-vous que les épaules de votre enfant sont protégées et mettez-lui un chapeau à bords larges. Sa peau très délicate est sujette aux coups de soleil, aussi, en plus de le couvrir, évitez toute exposition directe aux heures les plus chaudes. Placez un pare-soleil sur sa poussette, et appliquez sur sa peau une crème solaire spécialement formulée pour les bébés.

question ? réponse

Comment enfiler un cache-couches et un pyjama à mon bébé ?

Optez pour des cache-couches dont l'encolure peut être élargie afin de faciliter le passage de la tête. Votre bébé allongé sur le dos, soulevez légèrement sa nuque, enfilez le cache-couches autour de sa tête puis faites-le glisser vers les épaules. Retroussez les manches pour faciliter le passage des mains, puis ajustez-le et fermez les pressions. Disposez ensuite le pyjama ouvert à plat et allongez votre bébé dessus. Enfilez les jambes en les pliant doucement, puis boutonnez le tout. Saisissez la première manche, retroussez-la et glissez-y vos doigts. Avec l'autre main, accompagnez celle de votre bébé vers l'ouverture. Procédez de même pour la seconde manche, puis fermez les dernières pressions.

question ? réponse

Pourquoi mon bébé pleure-t-il? Est-ce toujours parce qu'il a faim?

Pleurer est le principal moyen de communication de votre bébé. Il ignore parfois lui-même pourquoi il est contrarié et sait seulement que quelque chose ne va pas... À vous de comprendre quoi. Les premières semaines, la faim justifie la plupart de ses pleurs; vous pouvez donc lui proposer une tétée. Attention, plus votre bébé grandira et les tétées seront espacées, moins vous aurez intérêt à lui en offrir une dès qu'il pleure, car il pourrait alors s'attendre à manger chaque fois que vous le prenez. Plus vous connaîtrez votre bébé, mieux vous saurez quand quelque chose ne va pas. Si votre enfant est grognon, se frotte les yeux, bâille ou a le regard dans le vide, il a probablement sommeil. Les bébés pleurent aussi lorsqu'ils sont trop stimulés, car ils sont fatigués ou ne savent plus où donner de la tête. Parfois, ils expriment par des pleurs qu'ils ont trop chaud ou trop froid, qu'ils veulent changer de position ou que leur couche est sale. Votre bébé se met à pleurer alors qu'il dormait? Il a probablement besoin d'être rassuré par votre présence. S'il n'est pas bien, il a peut-être simplement besoin d'un câlin.

Si votre bébé pleure beaucoup (au moins 3 heures par jour), souvent à la même heure, qu'il est inconsolable et devient parfois rouge, serre les poings et ramène les jambes sur son ventre, il a peut-être des coliques. Le cas échéant, consultez votre médecin afin qu'il identifie la cause de ses pleurs.

question ? réponse

J'adore porter mon bébé en écharpe mais cela ne risque-t-il pas de le rendre trop « collant » ?

Par sa proximité, le portage est réconfortant pour le bébé... et pour les parents! Votre enfant se sent aimé, en sécurité, comprend que vous êtes là pour lui et les battements de votre cœur l'apaisent. Il n'y a donc aucune raison pour qu'il devienne « collant ». De votre côté, vous comprenez dès les premiers signes ce dont il a besoin. Assurez-vous que votre enfant est bien installé : l'écharpe doit être suffisamment serrée pour assurer sa sécurité et bien soutenir son dos. Le visage de votre enfant doit être dégagé et toujours visible, sa tête près de la vôtre, et son menton ne doit pas retomber sur sa poitrine.

question ? réponse

Comment puis-je calmer mon bébé grognon ?

Tendresse et proximité suffisent bien souvent à apaiser votre bébé et lui montrer que tout va bien.

Répondre aux pleurs de votre enfant en lui parlant doucement, en le caressant et en le tenant tout contre vous, lui montre qu'il peut vous faire confiance pour identifier ses besoins, et qu'il est en sécurité. À terme, cela le rendra plus indépendant et plus confiant. Il n'y a pas de bonne ou de mauvaise façon de calmer un bébé, vous et votre enfant trouverez celles qui vous conviennent.

ASTUCES POUR LE CALMER

Essayez plusieurs techniques afin de trouver celles qui vous correspondront le mieux à tous les deux.

» **Les mouvements réguliers** sont naturellement apaisants pour les bébés, leur rappelant peut-être le ventre de leur mère. Bercez votre enfant ou portez-le dans une écharpe ou un porte-bébé, afin qu'il se sente en sécurité contre vous. S'il continue de pleurer, un petit tour en poussette ou en voiture peut l'endormir, mais il est préférable qu'il ne devienne pas trop adepte de cette méthode pour se calmer.

» **La succion** est naturellement réconfortante pour votre bébé, qui appréciera de téter une suce (à éviter cependant les premières semaines pour ne pas risquer une confusion sein-tétine, voir page 273) ou votre doigt.

» **Les bruits blancs** peuvent détourner son attention lorsqu'il est trop stimulé. Par exemple, le ronronnement du lave-linge lui rappellera le flux de sang qu'il entendait dans votre ventre, et le réconforter.

» **Chuchoter,** parler doucement, chanter une berceuse ou sourire à votre bébé l'aide à se calmer, surtout s'il a juste besoin d'un peu de compagnie.

» **Caresser votre bébé dans le dos** en le portant en position verticale ou sur le ventre en le berçant doucement, peut l'apaiser s'il a des gaz ou des coliques.

» **Le contact physique** est essentiel au bien-être de votre bébé. Caresser sa tête et tapoter doucement son dos ou ses fesses est apaisant pour lui, et s'il a des coliques, un massage peut l'aider à se détendre s'il est réceptif. Commencez par les bras et les jambes, les paumes, puis la plante des pieds. Passez ensuite aux sourcils, et si cela ne le gêne pas, massez-lui le ventre dans le sens des aiguilles d'une montre.

S'il pleure tous les jours à la même heure, et que rien ne le console, votre bébé a peut-être des coliques. Demandez conseil à votre médecin ou à une infirmière de votre CLSC pour savoir comment le soulager.

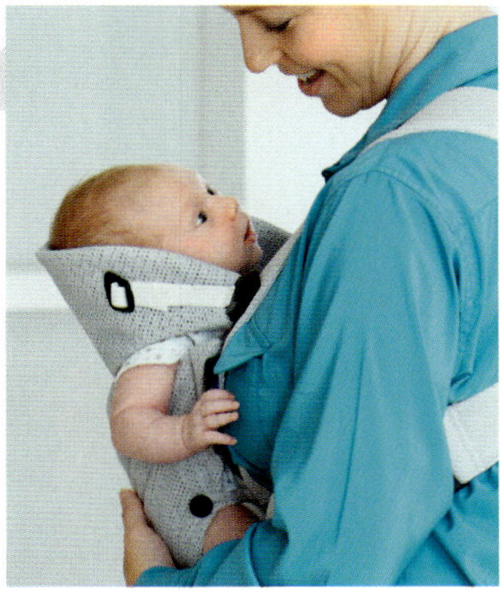

Près de vous Blotti contre vous, votre bébé entend les battements de votre cœur qui l'apaisent.

Tendre câlin Plus grand, votre enfant aimera que vous vous déplaciez en le portant à la verticale.

Sur le ventre Certains aiment être portés sur le ventre, et bercés d'avant en arrière.

De combien de sommeil mon bébé a-t-il besoin ?

question / réponse

En moyenne, les premières semaines, un bébé dort de 14 à 18 heures par jour. Ce temps de sommeil est essentiel à sa croissance et à son développement.

Les premiers mois, un nourrisson grandit très vite. Le temps qu'il passe à dormir permet à son corps de se consacrer pleinement à sa croissance (les hormones de croissance étant sécrétées pendant le sommeil), et à son cerveau de traiter toutes les informations qu'il a reçues. Les nouveau-nés ne dorment que sur de courtes durées, leur petit estomac ayant besoin d'être rempli fréquemment. Leur sommeil est donc réparti sur 24 heures, et ils se réveillent aussi souvent la nuit que le jour. Non seulement votre enfant doit se réveiller souvent pour téter, mais ses cycles de sommeil sont courts (45 à 60 minutes). Lorsqu'il s'éveille à la fin d'un cycle, il lui est difficile de se rendormir naturellement. Par conséquent, les 6 à 8 premières semaines, vous devrez faire téter votre bébé sur 24 heures, en vous levant toutes les 2 ou 3 heures la nuit. Vers 2 mois, votre bébé parviendra à dormir un peu plus la nuit et moins le jour, car il commencera à faire la distinction entre les deux, et son estomac aura grandi.

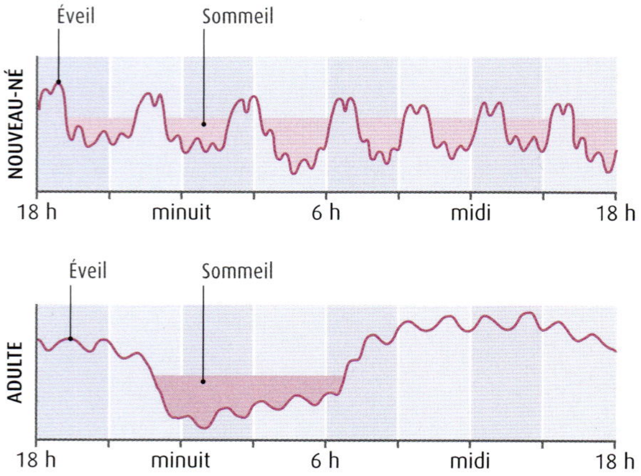

Quantité de sommeil Un nouveau-né dort en moyenne 16 heures par jour (entre 12 et 20 heures), soit le double du temps de sommeil nécessaire à un adulte.

TEMPS DE SOMMEIL MOYEN EN FONCTION DE L'ÂGE

Le tableau ci-dessous vous servira de repère pour savoir combien de temps doit théoriquement dormir votre bébé pendant ses 3 premiers mois. Mais n'oubliez pas que chaque enfant a des besoins différents.

NOUVEAU-NÉ	1 MOIS	2 MOIS	3 MOIS
À la naissance : il dort entre 14 et 18 heures par 24 heures, soit environ 7,5 heures le jour et 8,5 heures la nuit. **Le jour**, son sommeil est réparti entre 3 ou 4 siestes. **La nuit**, il se réveille toutes les 2 ou 3 heures pour téter.	**À 1 mois :** il dort environ 15,5 heures par 24 heures, soit 6 à 7 heures le jour et 8,5 heures la nuit. **Le jour**, il fait 3 ou 4 siestes. **La nuit**, il se réveille encore 2 ou 3 fois.	**À 2 mois**, il dort environ 15,5 heures par 24 heures, soit 5,5 heures le jour, et près de 10 heures la nuit. **Le jour**, il fait 3 ou 4 siestes. **La nuit**, il arrive à dormir sur de plus longues durées.	**À 3 mois :** votre bébé dort environ 15 heures par 24 heures, dont 5 heures dans la journée. **Le jour**, il fait 3 siestes. **La nuit**, votre bébé peut dormir environ 10 heures, avec peut-être encore 1 ou 2 tétées.

Quel est l'endroit le mieux adapté pour faire dormir mon bébé ? Dois-je le mettre dans une bassinette ?

question / réponse

Pendant ses 6 premiers mois, il est recommandé, pour des raisons de sécurité, de faire dormir votre bébé dans un moïse, un berceau ou une bassinette, installé dans votre chambre, de nuit comme de jour. Ainsi, vous répondrez rapidement à ses besoins et il sera rassuré de vous sentir près de lui. Vous pouvez faire dormir votre enfant dans une bassinette dès sa naissance, mais il risque de s'y sentir un peu perdu les premières semaines. Un moïse ou un berceau, en plus de pouvoir être transporté, présente l'avantage d'être plus petit. Tel un cocon, il donnera à votre bébé l'impression d'être encore à l'abri dans votre ventre. Vers 2 mois cependant, il y sera probablement à l'étroit : votre nourrisson doit pouvoir étendre les bras et basculer la tête en arrière sans toucher les côtés ou l'extrémité du moïse.

Puis-je faire du « cododo » avec mon bébé ? Quels sont les risques ?

question / réponse

Partager le même lit que votre bébé peut en effet sembler ce qu'il y a de plus naturel. Si vous allaitez au sein, le « cododo » permet de faire téter votre enfant dès qu'il se réveille, perturbant au minimum son sommeil. Certaines études suggèrent que cette pratique contribue à réguler la respiration du bébé, et à mieux synchroniser son rythme de sommeil et celui de la mère. Elle permet aussi à cette dernière d'être plus réactive à ses besoins. En étant si proche de vous, votre bébé se sentira très en sécurité, et se rendormira probablement plus facilement. Cependant, les spécialistes déconseillent le « cododo » avant 3 mois, et en règle générale, si votre enfant est prématuré ou présentait un faible poids à la naissance. Si vous décidez de partager votre lit avec votre enfant, vous devez être consciente des risques. Veillez à ce qu'il n'y ait ni couverture ni oreiller à proximité de votre bébé, et ne dormez jamais avec lui si vous avez fumé ou consommé de l'alcool, de la drogue ou des médicaments susceptibles de vous plonger dans un profond sommeil et de ralentir votre temps de réaction.

Combien de siestes mon bébé doit-il faire par jour ? Cela l'empêchera-t-il de dormir la nuit ?

Pour ne pas être trop fatigué, il doit en faire au moins 3 par jour. Il prendra probablement l'habitude d'en faire une dans la matinée, peu après la première tétée, une autre en début d'après-midi, et une troisième en fin de journée. Si sa dernière sieste est trop rapprochée de l'heure du coucher, il risque d'avoir du mal à s'endormir pour la nuit. De même, il est important qu'il ne dorme pas trop en journée pour ne pas altérer la qualité de son sommeil nocturne. En grandissant, il fera de moins en moins de siestes, celle de la fin d'après-midi étant généralement la première à disparaître.

Qu'est-ce que le rituel du coucher et faut-il quand l'instaurer ?

À partir de 6 semaines, votre bébé commencera à distinguer le jour et la nuit, et un rituel du coucher peut l'y aider. En répétant les mêmes étapes chaque fois que vous le mettez au lit, il les reconnaîtra, et les associera au moment du coucher. Si vous pratiquez le même rituel tous les soirs, votre enfant sera rassuré, et apprendra à distinguer les siestes du coucher nocturne. Un bain suivi d'une longue tétée et d'une histoire l'aideront à se détendre. Même si vous ne lui montrez que les images, votre bébé adorera entendre votre voix et avoir toute votre attention. S'il est vraiment très fatigué, un bain lui donnera un regain de vitalité pour une bonne tétée avant d'aller dormir. Pour beaucoup de parents, le rituel du coucher est un moment privilégié, calme et tendre.

Les veilleuses peuvent **tromper le cerveau de votre bébé,** qui peut interpréter sa lueur comme la lumière du jour. Optez plutôt pour une **lumière rouge,** pour trouver votre chemin la nuit pour les tétées.

Qu'est-ce que la mort subite du nourrisson et comment l'éviter ? Existe-t-il des facteurs de risque ?

Certaines précautions peuvent être prises pour garantir la sécurité de votre bébé pendant son sommeil. Avant tout, veillez à toujours être dans la même pièce que lui.

Rarissime, la mort subite du nourrisson (MSN) est le décès brutal d'un bébé pendant son sommeil. Si ses causes restent encore mal identifiées, des études montrent qu'un certain nombre de facteurs en augmente le risque (plus élevé au cours des 6 premiers mois) de façon significative. Les bébés prématurés, de faible poids à la naissance et de sexe masculin sont les plus exposés.

PRÉCAUTIONS ET PRÉVENTION

Pour assurer un maximum de sécurité à votre bébé lorsqu'il dort, suivez les conseils suivants :

» **Couchez votre bébé sur le dos** et mettez-lui une gigoteuse pour éviter qu'il ne glisse sous des couvertures.

» **Pendant les 6 premiers mois,** il est plus prudent d'installer votre bébé dans un moïse ou une bassinette dans la même pièce que vous.

» **Bannissez oreillers,** couettes, couvertures, draps et autres peluches de son lit pendant la première année au moins.

» **Maintenez la température de la pièce** où dort votre bébé entre 16 et 20 °C.

» **Ne fumez pas** à proximité de votre bébé, et ne laissez personne le faire. Ne dormez jamais dans le même lit que lui si vous avez fumé ou consommé de l'alcool, de la drogue ou des médicaments qui font dormir.

» **Si possible, optez pour l'allaitement maternel.** L'incidence de la MSN est en effet moins élevée chez les bébés nourris au sein.

» **Ne vous assoupissez jamais sur un canapé ou dans un fauteuil** avec votre bébé.

» **Une sucette** (proposée au bout de 1 mois si vous allaitez au sein) peut réduire le risque de MSN.

Dormir en toute sécurité
Toujours sur le dos, votre bébé doit porter une gigoteuse. N'utilisez jamais ni draps ni couvertures.

Mon bébé est-il encore trop petit pour jouer et interagir ?

Les premières semaines, même si vous avez l'impression qu'il ne fait que téter et dormir (après tout, grandir est déjà très prenant !), votre bébé est prêt pour la découverte et l'interaction. Le jeu et la stimulation sont essentiels à son développement, car il s'ouvre ainsi au monde, apprend à vous connaître et à trouver sa place.

Premiers apprentissages

Vous être la première camarade de jeu de votre enfant : la façon dont vous jouez et réagissez le guide et le met en confiance pour essayer de nouvelles choses. Les premiers mois, il interagit de façon très simple : il observe, gazouille, ronronne, joue avec les expressions du visage, touche et attrape. Grâce à une stimulation adaptée à son âge et à son stade de développement, votre bébé pourra apprendre et renforcer des compétences qui l'aideront à franchir d'autres étapes. Réservez des temps de jeu en tête à tête : après 5 minutes de « coucou », feuilletez un petit moment un livre contenant différentes textures, puis faites-lui découvrir un objet ou un jouet. Cela dit, l'interaction se fera surtout au quotidien, en lui parlant pendant que vous changez sa couche, en lui montrant les objets du quotidien, ou en le surprenant par des « brrr » sur son petit bedon ! Saisissez la moindre occasion d'interagir.

Camarade de jeu et professeur
Même de petites interactions, comme regarder votre bébé dans les yeux, imiter les expressions de son visage ou répondre à ses sourires, créent de nouvelles connexions dans son cerveau et l'aident à mieux comprendre le monde.

LE DÉVELOPPEMENT DE VOTRE BÉBÉ

En connaissant le schéma du développement d'un bébé les premiers mois, vous pourrez proposer des jeux à votre enfant qui favoriseront ses progrès, et éviterez ainsi de le frustrer par des activités non adaptées à ses capacités.

Aptitudes physiques

Votre bébé aura besoin de temps pour contrôler ses membres. Les premières semaines, ses mouvements ne sont pas coordonnés; après des mois recroquevillé dans l'utérus, il se déplie et s'étire peu à peu. À mesure qu'il se muscle, donnez-lui l'occasion de s'entraîner à bouger.

» **Allongez votre bébé sur le dos** pour l'inciter à remuer les jambes, agiter les bras, et donner des coups de pied. Ce petit exercice développera ses muscles en douceur.

» **Installée à côté de lui sur le sol,** commentez ce qu'il fait, ou installez-le sous une arche d'activité pour qu'il s'amuse avec les jouets suspendus.

» **Mettez-le sur le ventre,** dès qu'il est un peu plus costaud. Plus il grandira, plus il sera enthousiaste, et tapera probablement des pieds ou « fera la vague » avec son corps. Une petite séance à plat ventre tous les jours l'aidera à muscler son cou et son dos, et le préparera à se retourner et à ramper.

» **À mesure que votre bébé gagne en coordination et en force,** incitez-le à attraper des objets. Mettez-le sur le ventre et placez un jouet coloré devant lui pour qu'il s'entraîne à le saisir. Surveillez toujours votre bébé, et ne le laissez pas à plat-ventre s'il semble agacé.

Cognition et socialisation

Lire, chanter et parler à votre bébé développe ses capacités langagières. Vos premières « conversations » (qui consisteront à répondre à ses gazouillis) seront pour lui l'occasion d'observer le mouvement de vos lèvres, de découvrir des sons et de reproduire ceux que vous émettez. Ces interactions favorisent aussi ses capacités de socialisation. Il apprend ainsi le principe de la conversation : intervenir à tour de rôle et écouter.

Les sens de votre bébé

Les premiers mois, il est essentiel de stimuler les sens de votre bébé. En effet, il découvre son environnement par le toucher. Les câlins, les caresses et le contact peau à peau le rassurent. Malgré un champ de vision très limité à la naissance, il attrapera bientôt tout ce qu'il voit.

» **Gros motifs, miroirs et objets colorés** seront pour votre bébé un véritable plaisir des yeux.

» **Les livres en tissu** avec différentes textures lui apprendront divers concepts (lisse et rugueux, dur et mou, gaufré et doux).

» **Nommez et décrivez les textures** et les couleurs des objets du quotidien.

» **Commentez les différents bruits** que vous percevez, et parlez-lui des arômes quand vous cuisinez.

Découverte en plein air

Les promenades vous divertiront tous les deux. Que vous alliez faire quelques courses, vous baladiez dans un parc ou passiez un moment dans le jardin, vous changerez d'environnement, source de nouvelle stimulation pour votre bébé. Parlez-lui de ce qu'il peut voir ou entendre dehors : le bruissement des feuilles, la danse de nuages, l'ombre sur le sol, les bus, les trains et les avions qui passent.

QUAND VOTRE BÉBÉ EN A ASSEZ

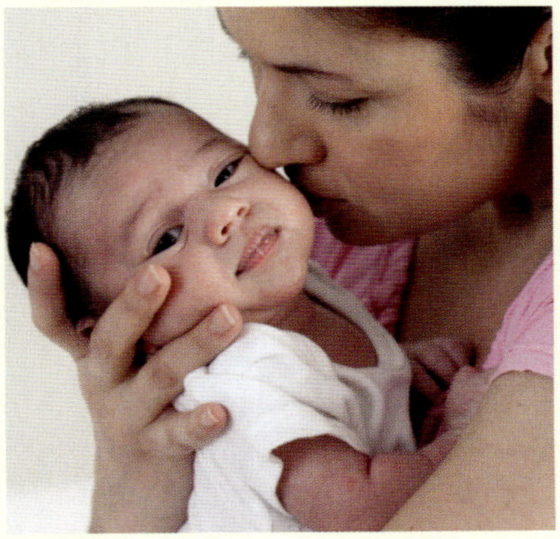

Pause ! Même la visite éclair d'une amie peut être de trop pour votre bébé, surtout s'il passe de bras en bras.

Tous les jours, votre bébé emmagasine de nouvelles images, de nouveaux sons et de nouvelles informations, mais la fatigue le gagne aussi très vite. S'il n'a pas l'occasion de faire une pause, il sera submergé par l'excès de bruit, d'activités et de sensations.

Essayez d'instaurer des temps calmes dans la journée, et soyez attentive aux signes de surstimulation et de fatigue que votre bébé manifeste :

» Il devient agité et grognon.

» Il tourne la tête pour éviter le contact visuel, et se désintéresse de ses jouets ou son activité.

» Il semble se replier sur lui-même.

Si votre bébé est éveillé depuis près de 2 heures, il a probablement besoin d'une sieste. Un temps calme dans son lit ou un câlin lui fera peut-être aussi du bien.

Mon bébé n'est pas dans son état normal, mais j'ignore pourquoi. Dois-je appeler le médecin ?

En tant que jeunes parents, il n'est pas toujours facile de savoir quand votre bébé a besoin de soins médicaux, ou si vous vous alarmez pour un simple nez qui coule. Il est possible que depuis quelques jours, il ne tète pas bien ou ne soit pas aussi éveillé que d'habitude. Les jeunes bébés présentent très peu de symptômes lorsqu'ils sont malades, aussi il est parfois difficile de savoir si votre enfant a juste un petit un coup de mou ou quelque chose de plus grave. Il est donc toujours plus prudent d'écouter la voix de la sagesse et de suivre votre instinct : au moindre doute, consultez votre médecin. Il y a de fortes chances qu'il n'y ait rien de grave. En tout état de cause, les médecins sont généralement ravis de voir des bébés (qu'ils font souvent passer en priorité), et préfèrent que vous péchiez par excès de prudence. Si une fébricule n'a généralement rien d'inquiétant chez un enfant un peu plus âgé, elle est assez rare chez les moins de 3 mois, et constitue parfois le seul signe d'une infection plus grave : elle ne doit donc pas être prise à la légère. Son système immunitaire n'étant pas mature, un nourrisson est davantage exposé aux infections bactériennes secondaires, et son état peut très vite se dégrader. Tout en vous rassurant, votre médecin vous dira que vous avez bien fait de prendre rendez-vous.

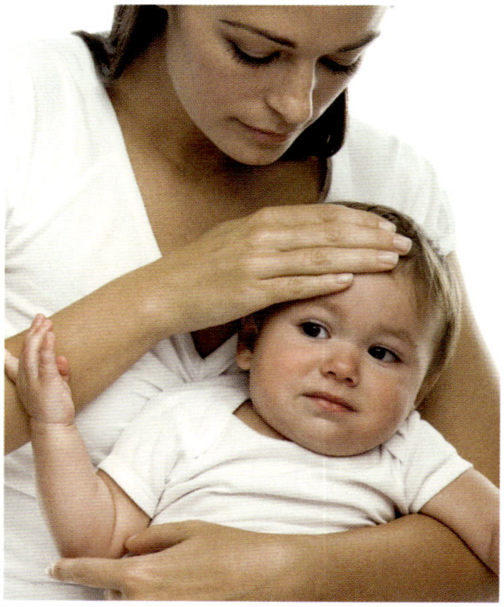

Rester zen Essayez de garder votre calme pour ne pas communiquer votre stress à votre bébé.

Quels symptômes exigent l'avis d'un médecin ?

Certains signes et symptômes ne doivent pas être ignorés et nécessitent d'être traités rapidement, voire de toute urgence (voir ci-dessous).

SIGNES D'UNE MALADIE NÉCESSITANT UN TRAITEMENT MÉDICAL

Les signes suivants indiquent que votre bébé est malade et doit être examiné par un médecin. N'hésitez pas à prendre rendez-vous si vous constatez :

» **Des changements dans son comportement.** Si votre bébé est abattu, somnolent, difficile à réveiller pour la tétée, ou constamment irritable sans raison apparente, il ne se sent probablement pas bien.

» **Des changements dans ses pleurs,** par exemple s'il ne pleure plus ou si ses cris sont particulièrement aigus.

» **Des changements dans son alimentation,** notamment s'il tète moins bien ou refuse plusieurs tétées à la suite.

» **Des vomissements importants ou une diarrhée aiguë** sur plus de 12 heures (voir p. 295), ou accompagnés de sang ou de mucus.

» **Des signes d'infection oculaire** ou un écoulement au niveau des yeux.

» **Un manque de réaction aux sons** ou un écoulement au niveau des oreilles.

» **Une température d'au moins 38 °C** s'il a moins de 3 mois, ou 39 °C s'il a moins de 6 mois.

» **Une fontanelle creusée ou bombée.** (Pensez à vérifier le crâne de votre bébé.) Normalement, les fontanelles doivent être fermes et s'affaissent parfois légèrement au toucher. Elles peuvent être bombées quand votre bébé pleure, est malade ou allongé, mais reprennent leur aspect normal une fois qu'il est calme et redressé.

» **Une éruption cutanée inexpliquée,** notamment si elle s'accompagne de fièvre ou de diarrhées.

» **Des signes de déshydratation** (voir p. 294).

» **Des signes de constipation,** comme des selles moins fréquentes que d'habitude, avec des matières fécales petites et dures.

APPELER LES SECOURS

Si votre bébé présente l'un des symptômes suivants, faites immédiatement le 911 :

» **Il ne respire plus** ou avec de grandes difficultés.

» **Il est inconscient** ou ne réagit pas à ce qui se passe autour de lui.

» **Il a des convulsions,** même si elles cessent.

» **Il présente un ou plusieurs symptômes** de méningite (voir p. 295).

SE RENDRE AUX URGENCES

Rendez-vous immédiatement aux urgences si vous constatez l'un des symptômes ou problèmes suivants chez votre bébé :

» **Malgré la prise de médicaments,** il reste abattu et la fièvre persiste.

» **Sa respiration est difficile,** rapide, haletante, ou très sifflante.

» **Il a très mal au ventre.**

» **Il présente une coupure qui ne cesse pas de saigner** ou s'élargit.

» **Son crâne présente un affaissement** ou un gonflement important.

» **Il devient bleu.**

Le saviez-vous ?

Lorsqu'un bébé est malade, il est important de le faire beaucoup boire, de connaître les signes et symptômes, d'abandonner un peu les habitudes, de ne pas trop le couvrir, de le garder à l'abri des courants d'air (tout en évitant les pièces mal ventilées ou trop chaudes) et de rester calme pour ne pas l'effrayer.

Que dois-je dire ou demander au médecin ?

Pour optimiser le temps (probablement limité) que pourra vous consacrer votre médecin, pensez aux informations susceptibles de lui être utiles, et préparez les questions que vous souhaitez lui poser. Afin de ne rien oublier une fois dans son cabinet, notez dans un carnet tout ce que vous voulez lui demander, et prenez de quoi écrire : vous consignerez tous les conseils et recommandations qu'il vous donnera pour soigner votre bébé à la maison. Votre praticien vous demandera quels sont les symptômes de votre bébé et quand ils sont apparus, s'il tète bien et mouille ses couches, ou encore dans quelle mesure sa température a fluctué et à quelle heure vous l'avez prise. Le cas échéant, indiquez-lui les médicaments que vous avez donnés à votre enfant, à quelle dose, et quand. Ayez également sous la main l'historique de vaccination de votre bébé.

Comment puis-je savoir si mon bébé a de la fièvre, et comment la traiter ?

Si votre bébé est anormalement rouge, qu'il a la peau moite et transpire, et que son front, sa nuque ou son ventre sont chauds, il a probablement de la fièvre et doit être surveillé (voir p. 292). Il peut aussi être grognon et plus somnolent que d'habitude.

Chez la plupart des enfants, la fièvre disparaît en quelques jours. Si votre médecin a examiné votre bébé et estimé qu'il pouvait être soigné à domicile, continuez à le surveiller jusqu'à ce que tout rentre dans l'ordre. Faites-le beaucoup boire et soyez attentive au moindre signe de déshydratation (diminution du nombre de couches mouillées ou fontanelle creusée [voir p. 294]). Une fois qu'il ira mieux, ne lui faites pas reprendre tout de suite ses activités normales : il sera encore fatigué et aura besoin d'un peu de temps pour récupérer. Cela dit, en général, les bébés se remettent incroyablement vite des petites maladies. Si son état se dégrade, notamment s'il est de plus en plus abattu ou se déshydrate, si vous constatez une éruption cutanée, ou si vous êtes simplement inquiète, suivez votre instinct et consultez un médecin, ou allez à l'hôpital.

COMMENT GÉRER LA FIÈVRE

Parlez calmement à votre bébé, dites-lui que tout va bien, et suivez les conseils suivants pour faire baisser sa température.

» **Lorsque votre tout-petit a de la fièvre, la première des choses à faire** est de contacter votre médecin, mais aussi de faire en sorte qu'il ne se déshydrate pas. En effet, la fièvre le fait transpirer ; il perd ainsi de l'eau par évaporation à travers la peau. Augmentez ses apports en liquide avec des tétées fréquentes, et si vous n'allaitez pas au sein, complétez avec des biberons d'eau (en bouteille adaptée à l'alimentation des nourrissons).

» **Assurez-vous** que la température ambiante n'est pas trop élevée (environ 18 °C).

» **Pour améliorer le confort de votre bébé,** vous pouvez lui donner de l'acétaminophène (s'il a plus de 2 mois et pèse plus de 4 kg) ou de l'ibuprofène (s'il a plus de 3 mois et fait plus de 5 kg). Si l'un de ces deux médicaments semble ne pas avoir d'effet, essayez l'autre. Acétaminophène et ibuprofène peuvent être donnés par alternance, ou simultanément si la fièvre ne baisse pas.

» **En général, passer un gant humide sur le corps de votre bébé ou lui retirer ses vêtements n'est pas indispensable.** Veillez simplement à ne pas trop le couvrir. S'il a vraiment très chaud, mettez-le en couche.

Des contrôles réguliers
Prenez sa température à intervalles réguliers, et notez-la, de même que l'heure à laquelle vous l'avait vérifiée.

Quelle est la température normale de mon bébé, et comment dois-je la prendre ?

Pour un bébé, la température corporelle normale est de 37 °C, même si cela varie légèrement d'un enfant à l'autre.

Si sa température est supérieure à 37,5 °C, votre enfant a de la fièvre. Consultez immédiatement un médecin s'il a moins de 3 mois et que sa température atteint 38 °C ou plus (ou au moins 39 °C s'il a entre 3 et 6 mois).

La fièvre est-elle toujours inquiétante ?

Chez les bébés de plus de 6 mois et les jeunes enfants, la fièvre en elle-même n'est pas un facteur aggravant, et l'état général est évalué en fonction d'autres symptômes. En fait, l'élévation de la température constitue un signe positif, car elle indique que l'organisme combat une infection, bactéries et virus ayant plus de mal à survivre dans un environnement chaud.

Les jeunes bébés ont rarement de la fièvre. Toutefois, comme il est difficile de remarquer chez eux d'autres signes de maladie ou de déterminer la présence d'une infection sous-jacente potentiellement grave, une élévation de la température doit toujours alerter davantage. Aussi, si votre tout-petit a de la fièvre, consultez un médecin au plus vite, ou amenez-le aux urgences si vous ne pouvez obtenir de rendez-vous rapidement.

PRENDRE SA TEMPÉRATURE

Si vous pouvez juger par vous-même si votre bébé a de la fièvre en l'observant ou le touchant, prendre sa température vous donnera une information précise, très importante chez les jeunes bébés. Pour cela, plusieurs types de thermomètres sont à votre disposition.

TYPE DE THERMOMÈTRE	DESCRIPTION
Thermomètre à bande frontal	Très pratique et simple à utiliser, en particulier si votre bébé est agité. Il suffit de poser la bande sur son front. Ce modèle pèche cependant par son manque de précision, car il mesure la température de la peau, et non du corps.
Thermomètre numérique	Peu onéreux, il est assez précis. Placez la sonde sous l'aisselle de votre bébé, puis maintenez doucement son bras le long du corps. Au bout d'un certain temps, un « bip » indiquera de retirer le thermomètre. Ajoutez 0,5 °C à ce qui est affiché pour obtenir la température réelle. Pour plus de fiabilité, vous pouvez également l'utiliser par voie rectale. En revanche, la méthode buccale est à proscrire chez les moins de 5 ans. Avec ce modèle, le plus dur est souvent que votre bébé reste tranquille. Avant de commencer, prenez-le dans vos bras en l'apaisant, puis parlez-lui calmement pendant que vous prenez sa température.
Thermomètre auriculaire ou temporal	Plus cher, ce modèle prend la température instantanément. Cependant, mal positionné, il peut afficher un résultat erroné.

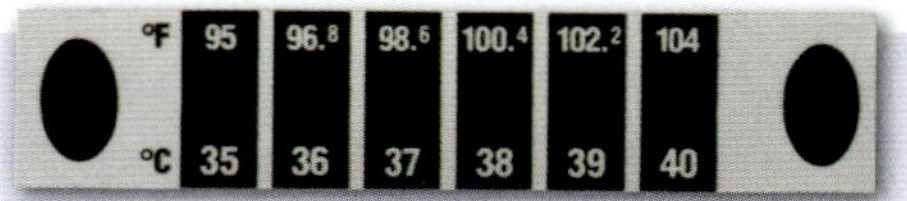

THERMOMÈTRE À BANDE FRONTAL

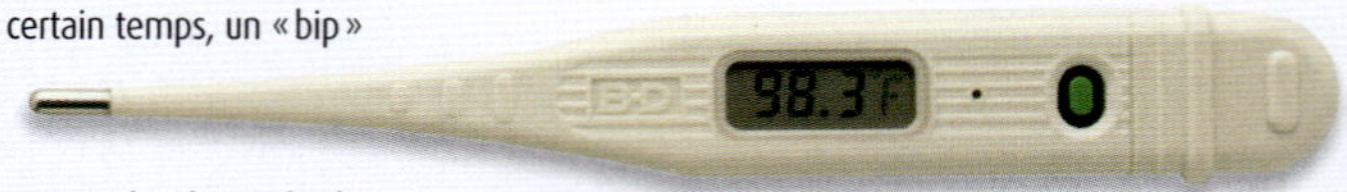

THERMOMÈTRE NUMÉRIQUE

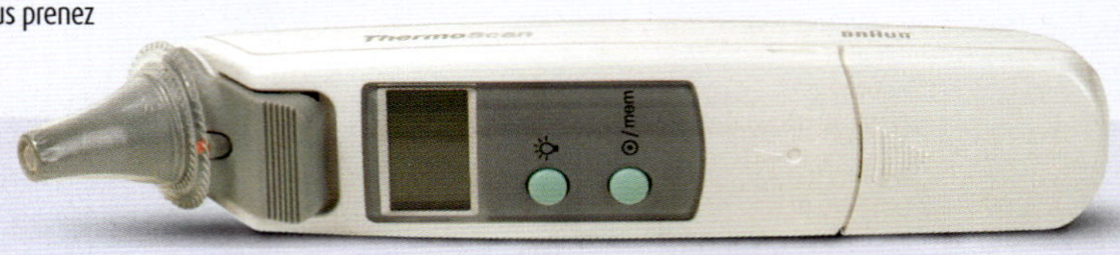
THERMOMÈTRE AURICULAIRE

Aux États-Unis, les bébés et jeunes enfants présentant de la fièvre représentent **20 % des admissions** aux urgences pédiatriques.

Une forte fièvre peut-elle augmenter le risque de convulsions chez mon bébé ?

Oui. Les convulsions fébriles surviennent lorsqu'un bébé ou un enfant présente une température élevée. Toutefois, bien qu'*a priori* alarmantes, elles sont généralement sans gravité. Le plus souvent observées entre 6 mois et 3 ans, elles restent assez rares chez les moins de 6 mois. En cas de convulsion, votre enfant peut se raidir, perdre connaissance et être parcouru de secousses. Tournez-le sur le côté et assurez-vous qu'il n'ait rien dans la bouche, comme une sucette, pour éviter qu'il s'étouffe. Maintenez sa tête sur le côté afin qu'il n'avale pas sa langue. Restez avec lui et chronométrez la crise. Un bébé qui convulse pour la première fois doit toujours être examiné à l'hôpital. Si votre enfant a eu une première crise, et convulse à nouveau pendant moins de 5 minutes, appelez votre médecin pour lui demander conseil. En revanche, si la deuxième crise dure plus de 5 minutes, il doit impérativement être examiné.

question ? réponse

Mon bébé se débat, comment puis-je lui donner ses médicaments ?

Faire prendre un médicament à un bébé ou lui administrer des gouttes dans les yeux n'est jamais une partie de plaisir. Essayez malgré tout de garder votre calme.

Alors que votre bébé est angoissé, vous êtes soucieuse de l'aider à aller mieux. Rien de tel pour que le stress vous gagne tous les deux. Même si vous êtes loin d'être zen, soyez rassurante et allez à l'essentiel. Donnez-lui ses médicaments après un câlin ou juste avant la tétée, quand il commence à avoir faim. Il appréciera d'avaler quelque chose et sera plus réceptif.

LUI ADMINISTRER DES MÉDICAMENTS OU DES GOUTTES

Avant de donner un médicament ou des gouttes à votre enfant, vérifiez toujours la date de péremption. Veillez à les conserver selon les recommandations du fabricant ou du pharmacien.

» **Médicaments par voie orale :** ils peuvent être administrés avec une seringue ou une cuillère-mesure fournies dans l'emballage. Chez les très jeunes bébés, la seringue est souvent la solution la plus simple, car elle permet de mettre le médicament dans la bouche sans en renverser. En outre, jusqu'à environ 4 mois, votre bébé garde un *réflexe d'extrusion*, qui le pousse à ressortir avec sa langue tout ce qui entre dans sa bouche : la seringue est donc mieux adaptée. Prélevez la dose recommandée. Tenez votre bébé contre vous, bien droit, en caressant éventuellement sa joue pour l'inciter à ouvrir la bouche, puis introduisez la seringue. Laissez-le la téter s'il a envie, ou faites sortir le produit progressivement ou par légers à-coups, dans le coin de sa bouche (et non au fond), pour éviter une fausse-route. Si vous utilisez une cuillère, versez doucement le médicament dans sa bouche, par petites quantités s'il préfère.

» **Gouttes ophtalmiques :** si possible, faites vous aider par quelqu'un. L'un de vous tiendra votre bébé, pendant que l'autre administrera les gouttes. Autrement, vous pouvez envelopper votre enfant dans une couverture, pour éviter qu'il se débatte. Lavez-vous les mains. Votre bébé allongé sur le dos ou en position assise et légèrement penché en arrière, tirez doucement sur sa paupière inférieure, et laissez tomber les gouttes dans l'espace situé entre la paupière et le globe oculaire, en évitant tout contact avec l'extrémité du compte-gouttes. Relâchez la paupière. Votre bébé devrait alors cligner des yeux, permettant ainsi la diffusion du produit. S'il refuse de vous laisser abaisser sa paupière, faites couler les gouttes dans le coin interne de l'œil, fermé. Avec un peu de chance, une partie du liquide entrera dans l'œil lorsqu'il l'ouvrira.

» **Lavage de nez au sérum physiologique :** en cas d'encombrement nasal, votre bébé aura du mal à téter ou à respirer. Il est alors recommandé de procéder à un lavage de nez. Commencez par vous laver les mains. Allongez votre bébé sur le dos, en maintenant impérativement sa tête sur le côté, pour éviter une fausse route. Comme pour les gouttes ophtalmiques, le mieux est de vous faire aider. Introduisez l'embout de la dosette dans la narine située le plus en haut, puis pressez dessus pour en vider le contenu. Laissez votre enfant déglutir tranquillement puis procédez de même pour l'autre narine, en tournant sa tête de l'autre côté. Essuyez son nez avec un mouchoir.

» **Gouttes auriculaires :** sentir le liquide couler dans son oreille peut contrarier votre bébé, qui risque alors de se débattre. Enveloppez-le dans une couverture pour le maintenir pendant que vous lui administrez les gouttes. Lavez-vous les mains. Allongez-le sur le dos et tournez sa tête sur le côté. Tirez doucement sur le lobe pour ouvrir le conduit auditif, puis laissez tomber les gouttes dans l'oreille. Maintenez-le quelques minutes dans cette position pour laisser le produit atteindre le fond de l'oreille.

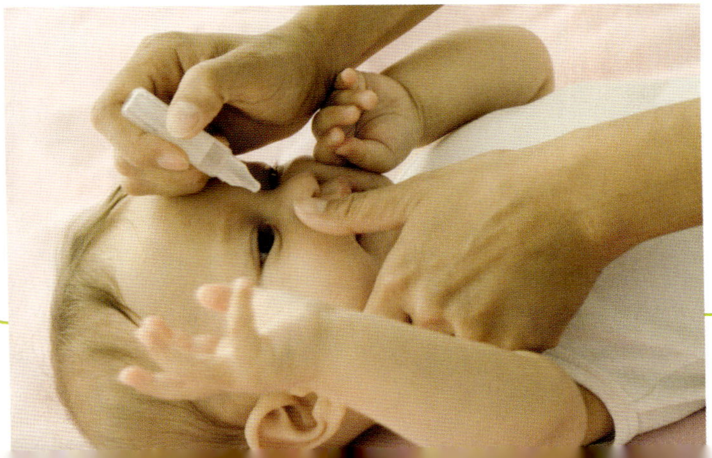

Les gouttes dans les yeux Soyez aussi rapide et calme que possible, et parlez constamment à votre bébé afin de le rassurer.

Le saviez-vous ?

L'incidence des infections et autres maladies, comme les gastro-entérites, les infections respiratoires et les otites récurrentes, est inférieure chez les bébés nourris au sein. Des études montrent également qu'en cas d'allaitement maternel, les infections sont en général moins graves. Par exemple, un enfant nourri au sein a moins de risque d'être hospitalisé pour une maladie respiratoire qu'un enfant nourri au biberon.

question ? réponse

Comment puis-je protéger mon bébé des virus ?

Les infections sont inévitables chez les bébés et les jeunes enfants, car leur système immunitaire, immature, se renforce au fil du temps. Il existe cependant quelques précautions à prendre pour limiter leur fréquence chez votre tout-petit. Poursuivre l'allaitement maternel le plus longtemps possible est une des meilleures façons de préserver votre bébé, car votre lait contient des anticorps protecteurs. Les premières semaines, il est également préférable de limiter, voire d'éviter, le contact avec des personnes enrhumées ou atteintes de virus. À 2 mois, votre bébé aura ses premiers vaccins, et respecter le calendrier vaccinal le protégera contre plusieurs infections graves.

question ? réponse

Comment puis-je réconforter et prendre soin de mon bébé lorsqu'il est malade ?

S'occuper d'un bébé malade quand on est jeune parent est naturellement un peu stressant. Heureusement, votre seule présence le réconforte et l'apaise, aidant ainsi son organisme à combattre la maladie Lorsqu'il est malade, votre bébé se sent un peu perdu. Restez près de lui, faites-lui des câlins, et parlez-lui calmement pour le rassurer.

Si l'état des jeunes bébés peut rapidement se dégrader, ils récupèrent également très vite s'ils reçoivent toute l'attention nécessaire. Savoir quels sont les signes à rechercher, quand consulter un médecin, et dans quels cas votre bébé peut être soigné à la maison, vous donnera l'assurance nécessaire pour bien vous occuper de lui.

Comment reconnaître les désagréments et maladies les plus courants ?

Lorsqu'un bébé n'est pas bien, il peut être irritable, abattu ou bouder ses tétées. S'il a de la fièvre, c'est qu'il combat une infection. Un nez qui coule et une toux sont faciles à repérer, tout comme des maux de ventre. D'autres signes sont moins évidents : soyez vigilante si votre bébé devient plus « collant » ou a du mal à téter. Si vous sentez que quelque chose ne va pas, contactez votre médecin.

Déshydratation

» Symptômes :
Elle se manifeste par moins de couches mouillées, une urine foncée, des selles dures et une constipation. Abattement, pleurs sans larme, bouche sèche et pâteuse, ou fontanelle creusée (zone souple du crâne) sont également observés.

» Que faire :
Si votre bébé vomit, a la diarrhée ou de la fièvre (voir p. 292), veillez à le faire beaucoup boire pour éviter qu'il se déshydrate. Proposez-lui plus souvent de téter, au sein ou au biberon (il prendra peut-être moins de lait, mais plus souvent). Entre deux tétées, donnez-lui un soluté de réhydratation orale (disponible en pharmacie), ou de l'eau (en bouteille adaptée à l'alimentation des nourrissons). Si votre bébé présente l'un des signes de déshydratation ci-dessus, contactez votre médecin.

Des tétées fréquentes Faire téter votre bébé souvent l'aide à rester bien hydraté.

Croûtes de lait

» Symptômes :
Ces desquamations du cuir chevelu forment parfois des plaques épaisses ou des petites croûtes. Elles peuvent être dues à une hyperactivité des glandes sébacées au cours des premiers mois, qui décline ensuite progressivement. Les croûtes de lait sont sans danger, et ne causent généralement ni démangeaisons ni inconfort.

» Que faire :
En général, elles disparaissent en quelques semaines ou quelques mois. Si votre bébé n'en a pas beaucoup, lavez-lui régulièrement les cheveux avec un shampooing doux pour éviter leur accumulation, et détachez les squames avec une brosse douce. Massez le cuir chevelu avec un peu d'huile d'olive ou de liniment, et laissez reposer toute la nuit afin de ramollir les squames avant de les éliminer au brossage. Ne tirez pas dessus, au risque d'endommager la peau et de provoquer une infection. Si les croûtes de lait persistent, achetez un shampooing spécifique en pharmacie. Si les plaques s'étendent au visage ou au reste du corps, ou si vous constatez un saignement ou une inflammation, consultez votre médecin.

Eczéma

» Symptômes :
Démangeaisons, sécheresse et rougeurs au niveau du visage et des replis de la peau, comme le cou, l'intérieur du coude ou l'arrière du genou. Cette maladie apparaît généralement chez les bébés entre 2 et 4 mois, et peut être liée à une allergie au lait.

» Que faire :
Demandez à votre médecin comment traiter l'eczéma de votre bébé. Il pourra vous conseiller notamment l'utilisation de crèmes hydratantes et émollientes, ou vous prescrire des corticoïdes par voie topique. Pour éviter qu'il n'irrite davantage sa peau, mettez à votre bébé des mitaines antigrattage, et gardez ses ongles courts. Évitez les produits pour le bain lors d'une poussée, et utilisez de la lessive non biologique pour laver ses vêtements. En cas d'eczéma douloureux et persistant, parlez à votre médecin des autres traitements possibles, tels que les enveloppements humides, qui favorisent la régénération de la peau.

Muguet

» Symptômes :
Le muguet buccal (ou *mycose*, ou *candidose*) est dû à un champignon de type levure appelé *Candida albicans*. La langue de votre bébé est alors recouverte d'une pellicule blanche. Des taches blanches à la texture gélatineuse peuvent se former à l'intérieur de sa bouche, et gêner la tétée si elles sont douloureuses. Votre bébé peut également présenter un érythème fessier dû à la même infection. Si vous allaitez au sein, il risque de vous la transmettre, et vous souffrirez alors d'une mycose, qui rendra vos mamelons douloureux.

» Que faire :
Prenez rendez-vous avec votre médecin. Pour traiter cette affection généralement bénigne, il prescrira à votre bébé un médicament ou un gel antifongique. En cas d'allaitement maternel, il vous préconisera une crème antifongique à appliquer sur vos mamelons.

Conjonctivite

» Symptômes :
Cette infection oculaire entraîne une inflammation de la conjonctive, fine membrane qui recouvre le blanc de l'œil. L'œil est rouge, enflammé, collant et l'irritation provoque des démangeaisons, des larmoiements, voire un écoulement. Les paupières peuvent présenter des croûtes au réveil. La conjonctivite est induite par une infection, une allergie ou un facteur irritant, comme la fumée de cigarette. Chez le nouveau-né, elle peut être due à des bactéries contractées lors du passage dans la filière pelvi-génitale.

» Que faire :
À l'aide d'une compresse d'eau tiède, retirez délicatement les croûtes et les sécrétions visqueuses. Changez de gaze pour l'autre œil afin de ne pas le contaminer. Lavez-vous bien les mains avant et après avoir touché votre bébé, et séchez-les avec une serviette distincte pour ne pas diffuser l'infection aux autres membres de la famille. Si votre bébé a moins de 28 jours, ou si l'infection est importante ou n'a pas disparu au bout d'une semaine, contactez votre médecin. Il peut s'agir d'une infection bactérienne qui devra être traitée avec un collyre (gouttes ophtalmiques).

Diarrhée et vomissements

» Symptômes :
Des selles liquides, contenant parfois du mucus et très odorantes, indiquent une diarrhée. En cas de vomissements, votre bébé recrache une quantité importante de lait (à l'inverse des régurgitations, où il en rejette à peine quelques cuillerées à café). Une gastro-entérite, un RGO ou encore une allergie peuvent en être à l'origine.

» Que faire :
Remplacez la quantité de liquide perdue pour éviter toute déshydratation. Proposez-lui des tétées fréquentes ; donnez-lui des solutés de réhydratation orale ou de l'eau en bouteille adaptée à l'alimentation des nourrissons. Consultez votre médecin si, au cours des dernières 24 heures, votre bébé a eu au moins 6 selles liquides, ou vomi au moins 3 fois. Il en va de même s'il présente une éruption cutanée, de la fièvre, des signes de déshydratation, ou si vous avez constaté du sang dans ses selles ou ses vomissures.

RGO (reflux gastro-œsophagien)

» Symptômes :
Régurgitation fréquente de lait et d'acide gastrique. (Il est normal pour un bébé de recracher un peu, la valve obturant son estomac restant immature jusqu'à 12-18 mois.)

» Que faire :
Proposez-lui des tétées moins conséquentes, mais plus fréquentes, et faites-lui faire souvent son rot. Évitez de le suralimenter ; si vous lui donnez le biberon, essayez une tétine à débit plus lent. Après la tétée, tenez votre bébé bien droit pour atténuer le reflux. Consultez votre médecin si ces régurgitations fréquentes s'accompagnent d'une toux, de haut-le-cœur, de pleurs persistants ou d'une faible prise de poids.

Rhume et grippe

» Symptômes :
Nez qui coule, toux, yeux rouges, et parfois élévation de la température, constituent les principaux symptômes du rhume. S'ils s'accompagnent d'une poussée de fièvre à 38 °C ou plus, ils peuvent indiquer une grippe. Elle se manifeste aussi par un abattement, un manque d'appétit, des vomissements et des diarrhées.

» Que faire :
Si votre bébé a moins de 3 mois, appelez votre médecin. Entretemps, veillez à le faire boire beaucoup. S'il a le nez bouché et du mal à téter, placez un saladier d'eau chaude ou un humidificateur dans la pièce afin d'augmenter le taux d'humidité ambiante et de fluidifier ses mucosités. Vous pouvez lui faire des lavages de nez avec du sérum physiologique. Après un rhume, il aura besoin de dormir davantage pour récupérer.

Otite

» Symptômes :
Une otite est difficile à identifier chez un bébé, mais s'il se frotte ou se tape l'oreille, est irritable, boude ses tétées, vomit, ne réagit pas aux bruits légers et a de la température quelques jours après le début d'un rhume, une infection de l'oreille est possible. Un écoulement de pus peut être observé si le tympan est atteint.

» Que faire :
Elles disparaissent souvent d'elles-mêmes en 3 jours environ. Consultez immédiatement un médecin si votre enfant a moins de 3 mois et que sa température atteint au moins 38 °C (ou 39 °C s'il a entre 3 et 6 mois). Il vous prescrira probablement des antibiotiques si votre bébé a moins de 3 mois. Appliquez un gant humide tiède sur son oreille pour apaiser la douleur. Les infections récurrentes peuvent être traitées par la mise en place de *diabolos*, petits tubes permettant le drainage du liquide.

Bronchiolite

» Symptômes :
Les symptômes sont identiques à ceux d'un rhume accompagné de fièvre. Ils peuvent s'aggraver au bout de quelques jours et se manifester par une toux sèche et rauque, de brèves pauses respiratoires, des vomissements, une perte d'appétit, et moins de couches mouillées.

» Que faire :
Les symptômes disparaissent généralement en 2 semaines. Consultez immédiatement un médecin si votre enfant a moins de 3 mois et que sa température atteint au moins 38 °C (ou 39 °C s'il a entre 3 et 6 mois). Veillez à le faire beaucoup boire, et à le mettre le plus possible en position verticale pour atténuer la congestion. Placez un humidificateur ou une bassine d'eau chaude dans la pièce afin de rendre l'atmosphère moins sèche. Appelez votre médecin s'il a des difficultés à respirer ou un rythme respiratoire très rapide, ne tète pas bien, n'a pas mouillé sa couche depuis au moins 12 heures, ou est irritable ou sans réaction. Faites le 911 si vous êtes vraiment inquiète.

Laryngite aiguë

» Symptômes :
Cette maladie se manifeste par des difficultés respiratoires et une toux aboyante caractéristique. Elle touche le plus souvent les enfants de 6 mois à 3 ans, mais peut aussi survenir chez les jeunes bébés.

» Que faire :
Lorsqu'elle n'est pas trop sévère, la laryngite aiguë peut être traitée à la maison. Veillez à faire beaucoup boire votre bébé, mettez-le en position verticale pour l'aider à mieux respirer, et réconfortez-le, car les pleurs aggravent les symptômes. Votre médecin peut également vous prescrire des corticoïdes oraux afin de réduire l'œdème laryngé.

Coqueluche

» Symptômes :
Une toux sèche et persistante (qui peut durer des mois) et des quintes prolongées, parfois suivies d'inspirations bruyantes (« chant du coq ») sont caractéristiques. Un écoulement nasal, de la fièvre et des vomissements peuvent être observés.

» Que faire :
Pour prévenir la maladie, veillez, ainsi que votre entourage, à être à jour de vos vaccins. Votre bébé quant à lui sera vacciné dès l'âge de 2 mois. S'il présente des symptômes, consultez immédiatement votre médecin, qui vous prescrira des antibiotiques. En cas de difficultés respiratoires, appelez les secours.

Méningite

» Symptômes :
Il s'agit d'une infection virale ou bactérienne des membranes qui enveloppent le cerveau et la moelle épinière. Chez les bébés, les symptômes suivants peuvent être observés : fontanelle bombée, fièvre avec extrémités froides (la température des jeunes bébés peut cependant être normale ou basse), somnolence, respiration rapide, grognements, pleurs plaintifs ou haut perché ; tremblements, raideur, gigotements ou hypotonie ; irritabilité liée aux douleurs musculaires (votre bébé peut refuser d'être porté) ; diarrhées et vomissements ; raideur de la nuque, hypersensibilité à la lumière ; taches sur la peau ; convulsions. Des taches rouges ou violacées qui ne disparaissent pas lorsqu'on appuie dessus (*test du verre*) peuvent indiquer une septicémie, urgence médicale. Ces symptômes peuvent survenir dans n'importe quel ordre.

» Que faire :
N'attendez pas l'apparition d'une éruption cutanée pour demander de l'aide. Si vous suspectez une méningite, appelez immédiatement les secours et exprimez vos craintes.

Le test du verre Des boutons qui ne disparaissent pas à la pression indiquent une septicémie.

La vie avec un **nouveau-né**, riche en émotions, nouvelles expériences et changements positifs, implique aussi de nouvelles **responsabilités** et interrogations. Vous ne tarderez pas à découvrir que désormais l'**anticipation** est de mise.

Préparer l'avenir

Envisager la reprise du travail

Une des principales interrogations d'une jeune maman est de savoir si elle reprendra une activité professionnelle, et le cas échéant, quand. Même si la date est déjà fixée, vous pouvez toujours changer d'avis : vous aurez peut-être envie de reprendre plus tôt pour des raisons financières ou, au contraire, de prolonger votre arrêt. Au Québec, les femmes ont droit à un congé de maternité d'un an (52 semaines), que ce soit le premier enfant ou non. Vous aurez ensuite la possibilité d'opter pour un congé parental (dont la durée maximale varie selon le nombre d'enfants). Certaines entreprises ont leur propre politique en la matière. Discutez-en avec votre employeur. Quoi qu'il en soit, vous serez plus sereine si vous organisez à l'avance la garde de votre bébé, et profiterez davantage de tous les instants passés avec lui.

Agrandir la famille

Au bout de quelque temps, votre partenaire et vous envisagerez peut-être de donner un petit frère ou une petite sœur à votre enfant. Tous les écarts d'âge entre les membres d'une fratrie ont leurs avantages et leurs inconvénients, et vous devrez sans doute tenir compte de certains. Cela dit, si vous vous sentez tous les deux prêts à franchir le pas, tant sur le plan émotionnel, que physique et financier, c'est peut-être le bon moment. Restez ouverts à la discussion, laissez chacun exprimer ses sentiments et ses attentes, et ne vous braquez pas si vous ne partagez pas le même avis.

Du changement à la maison

Maintenant que vous êtes trois, il est normal que vous vous demandiez si votre maison est assez fonctionnelle pour votre nouvelle famille, et que vous songiez à quelques réaménagements. Comme de nombreux jeunes parents, vous envisagez peut-être de déménager pour pouvoir vous offrir quelque chose de plus grand. Si un déménagement n'est pas d'actualité, vous pouvez réfléchir à quelques changements dans votre logement actuel. Sachez cependant que, tant que l'on s'occupe bien de lui et qu'il se sent aimé, votre enfant sera heureux où qu'il vive. Ne vous sentez donc pas obligés de réaménager votre maison ou de déménager, si cela risque d'être une source de stress et de difficultés financières.

Quelles mesures dois-je prendre dès aujourd'hui pour préparer l'avenir de mon enfant ?

Avant d'avoir un bébé et de devenir des parents responsables, certaines questions ne vous avaient sans doute jamais effleuré l'esprit. Il est désormais temps de vous pencher sur les points évoqués ci-dessous, et de définir vos priorités.

Si la plupart sont d'ordre financier, comme l'ouverture d'un compte épargne pour financer ses études, d'autres sont plus pratiques, comme la désignation d'un tuteur légal qui aura la garde de votre enfant si vous veniez à disparaître. Pensez également à tout ce qui concerne « le patrimoine » que vous voudriez lui transmettre plus tard (anecdotes, lettres, bijoux, meubles et autres biens de famille, voire culture [en particulier s'il y a plusieurs nationalités dans la famille]). Vous trouverez ci-dessous quelques-unes des mesures qu'il peut être judicieux de mettre en place.

PRÉPARER L'AVENIR

COMPTES ET PLANS ÉPARGNE

Que ce soit pour financer ses études ou son premier achat immobilier, vous pouvez envisager dès maintenant l'ouverture d'un compte avec le Régime enregistré d'épargne-études (REEE).

ASSURANCES

Revoyez vos différents contrats d'assurance. Maintenant que vous avez un enfant, il peut être bon d'augmenter vos garanties. Pensez à le désigner comme bénéficiaire de votre assurance-vie et à demander sa prise en charge à votre organisme de complémentaire santé.

SUCCESSION ET DÉSIGNATION D'UN TUTEUR LÉGAL

Préparez votre succession afin d'alléger le plus possible le coût et les démarches pour votre enfant, et, éventuellement, désignez, par testament ou devant notaire, un tuteur légal qui en aura la garde jusqu'à sa majorité.

PENSIONS ET ÉPARGNE-RETRAITE

Pour ne pas être à la charge de votre enfant, même si cela vous semble loin, assurez-vous d'avoir de quoi vivre pendant vos vieux jours.

Nous voulons vraiment avoir un autre enfant. Y a-t-il un écart d'âge idéal entre frères et sœurs ?

Chaque écart d'âge a ses avantages et ses inconvénients, et la décision d'avoir un autre enfant dépend surtout de la façon dont vous envisagez tous les deux votre vie familiale. Vous préférerez peut-être avoir un second bébé tant que votre premier est encore petit, afin de franchir toutes les étapes de la petite enfance en tir groupé. Vos enfants auront ainsi les mêmes jeux et pourront même se retrouver à l'école, développant ainsi une relation forte. Par ailleurs, si vous voulez une famille nombreuse, il est préférable de ne pas trop attendre. Cela dit, les enfants d'âges très rapprochés seraient aussi plus enclins à être jaloux l'un de l'autre. À l'inverse, vous pouvez vouloir attendre d'être sortis des couches avant d'envisager un nouveau bébé, pour pouvoir consacrer plus de temps à chacun de vos enfants. Physiquement, il peut être préférable d'attendre que votre corps ait totalement récupéré, afin de disposer de toute l'énergie nécessaire pour une nouvelle grossesse. Sur le plan financier, un écart d'âge plus important vous évitera de devoir investir dans du nouveau matériel, comme une poussette double ou une autre bassinette, et de cumuler les frais de garde pour plusieurs enfants.

Idéalement, combien de temps dois-je attendre avant de tomber à nouveau enceinte ?

La grossesse et l'allaitement peuvent épuiser vos réserves en nutriments essentiels, notamment en acide folique et en fer. Aussi, donner à votre organisme le temps de les renouveler avant de concevoir à nouveau peut être bénéfique pour votre santé et celle du futur bébé. En outre, d'après de récentes études, les femmes qui ont un autre enfant dans les 18 mois qui suivent un accouchement ont nettement plus de risques d'avoir un bébé prématuré que celles qui attendent plus longtemps. Un écart d'au moins 12 à 18 mois entre deux grossesses réduirait ce risque.

> En plus de l'âge, d'autres facteurs, comme le **tempérament** ou le sexe, influent sur les **relations entre frères et sœurs.**

Je n'ai toujours pas décidé si j'allais reprendre le travail ou non. Quels éléments prendre en compte ?

Pour de nombreuses familles, la situation financière et le coût des frais de garde par rapport aux salaires perçus sont des facteurs décisifs.

Le plus important est de choisir ce qui vous convient le mieux, à vous comme à votre partenaire. Pour définir qui de vous deux sera la bonne personne pour s'occuper le plus de votre enfant, tenez compte de vos situations professionnelles respectives, des conséquences salariales à court et à long terme, et de votre ressenti à l'idée de rester à la maison. En effet, ce qui semblait pouvoir vous convenir quand vous étiez enceinte, peut vous déplaire une fois votre bébé né. Même si vous y aviez bien réfléchi, vous aurez peut-être besoin de plus de temps libre que vous l'imaginiez, ou vous rendrez compte que vous ne seriez pas mécontente de reprendre le travail plus tôt. Si vous êtes plutôt casanière, rester à la maison vous comblera probablement. Toutefois, à la longue, il est possible que vous changiez d'avis. Vous vous apercevrez peut-être que votre travail vous manque, ou aurez envie de poursuivre votre carrière. Si en tant que parents vous êtes comblés et heureux, et si votre mode de garde vous convient parfaitement, alors toute la famille sera épanouie.

ÉLÉMENTS DE DISCUSSION

Si vous avez le choix entre rester à la maison et reprendre le travail, il est préférable d'en discuter avec votre partenaire et de vous poser quelques questions essentielles :

Je ne reprendrai le travail que dans plusieurs mois. À quel moment commencer les démarches pour trouver un mode de garde ?

Confier votre enfant à quelqu'un d'autre est probablement la dernière chose à laquelle vous avez envie de penser. Malgré tout, il est temps de vous pencher sur la question. Réfléchissez au mode de garde qui conviendrait le mieux à votre vie de famille et à ce que vous permettent vos finances. Pour trouver un service de garde offrant des places subventionnées (CPE ou garderie) pour votre enfant, vous devez commencer très tôt vos recherches, même avant la naissance de celui-ci. Votre première démarche devrait être de vous inscrire au Guichet unique d'accès aux places subventionnées en services de garde, La Place 0-5.

Mon partenaire et moi pensons répartir la garde de notre enfant entre nous deux et une tierce personne. Est-ce une bonne idée ?

Si tout le monde est impliqué et satisfait par ce choix, pourquoi pas ? Les papas regrettent souvent de ne pas passer assez de temps avec leur enfant, et beaucoup pensent qu'il peut être très enrichissant de lui consacrer une ou deux journées entières. En reprenant le travail à mi-temps, vous pourrez mieux équilibrer vie professionnelle et personnelle, et votre bébé passera du temps de qualité avec ses deux parents. L'important est de vous assurer que vous suivez tous la même routine, notamment pour les siestes ou les tétées, et partagez la même approche de la discipline ou de l'apprentissage de la propreté, afin que votre enfant sache clairement ce qu'on attend de lui et ne soit pas perturbé.

Au Canada,
78,8 %
des **mères de jeunes enfants** occupent un emploi.

Comment puis-je aider mon bébé à s'adapter à son nouveau mode de garde ?

Faites en sorte de choisir un mode de garde qui vous convient, afin d'être aussi sereine que possible et éviter ainsi que votre bébé ne ressente votre anxiété.

Donnez à votre enfant le temps de s'habituer aux personnes qui s'occuperont de lui et à son nouveau rythme. Si possible, commencez l'adaptation plusieurs semaines avant de reprendre le travail. Les bébés sont beaucoup plus souples qu'on le croit et, avec un peu de temps et de patience, se font très bien à la nouveauté. Avant de le laisser seul avec le personnel de garderie ou sa nouvelle gardienne, passez du temps avec votre bébé en leur compagnie. Puis, prolongez peu à peu les périodes passées avec eux en votre absence. Ainsi, au moment où vous reprendrez le travail, votre enfant aura l'habitude – et sera même ravi – de les retrouver.

Bonjour ! Restez détendue au moment de présenter à votre enfant la nouvelle personne qui s'occupera de lui.

CONSEILS D'ADAPTATION

Voici quelques conseils pour une transition en douceur :

» **Restez calme :** même si vous êtes anxieuse à l'idée de laisser votre bébé, essayez de paraître détendue, au risque de communiquer votre stress à votre bébé. Positivez !

» **Visite à domicile :** prenez votre bébé pour aller visiter votre future garderie et rencontrer votre future éducatrice : votre enfant découvrira ainsi son nouvel environnement en douceur et fera connaissance avec le personnel ou la gardienne.

» **Un jouet repère :** votre bébé appréciera d'avoir avec lui un objet familier, comme un toutou ou son jouet préféré.

» **Coupez court :** essayez de ne pas vous attarder en disant au revoir à votre bébé, même s'il pleure. Bien qu'il vous fende le cœur, revenir sans cesse vers lui ne fera que prolonger son angoisse (et donc la vôtre). Normalement, une fois que vous serez partie, il devrait passer facilement à autre chose. Vous pouvez demander à la personne qui le garde de vous appeler un peu plus tard pour savoir s'il a fini par se calmer.

» **Communiquez :** alors que cette expérience est difficile et totalement nouvelle pour votre bébé et vous, votre gardienne ou le personnel de garderie a probablement l'habitude de ce type de situation. N'hésitez pas à faire part de vos inquiétudes. On vous écoutera et vous conseillera sur la façon de gérer au mieux votre angoisse à tous les deux. Rappelez-vous que vous avez tous le même objectif : un bébé heureux.

Je suis inquiète à l'idée de confier mon bébé à quelqu'un d'autre. Vais-je lui manquer ? Va-t-il aimer sa gardienne plus que moi ?

Pour votre bébé, être en contact avec d'autres adultes est une très bonne chose : son amour pour vous n'en sera pas moins fort pour autant. Laisser votre tout-petit au soin d'une autre personne suscitera chez vous une foule d'émotions : culpabilité, tristesse, mais aussi, malgré tout, un certain soulagement à l'idée d'avoir un peu de temps pour vous. Rassurez-vous : il sera ravi de vous retrouver quand vous viendrez le chercher. Il est rempli d'amour à donner, aussi bien à vous qu'au reste de la famille et aux personnes qui s'occupent de lui.

Ne pas savoir de quoi demain sera fait est aussi stimulant qu'effrayant. Mais comment gérer l'inconnu ?

Être parent, c'est être confronté sans cesse à de nouveaux défis : au moment où vous pensez enfin maîtriser les choses, votre enfant franchit une autre étape et vous oblige à vous adapter à nouveau. Parvenir à trouver le bon équilibre entre vie professionnelle et familiale, et choisir un mode de garde sont des questions essentielles. Parfois, le rôle de parent semble terrifiant : serai-je capable de donner le meilleur à mon enfant ? Sera-t-il heureux et épanoui ? La meilleure façon de vous en sortir est d'essayer d'être aussi organisés que possible, de passer du temps de qualité avec votre enfant et de faire preuve de souplesse. Il y aura probablement des hauts et des bas (exacerbés par l'épuisement des premières années), mais les choses peuvent changer et finiront par le faire. Devenir parent reste malgré tout très exaltant, par ce sentiment d'amour inconditionnel qu'il fait découvrir et le nouveau sens qu'il donne à la vie.

Plus les personnes qui **s'occupent de votre bébé** et **tissent des liens durables** avec lui sont nombreuses, plus votre enfant sera aimant.

Quels éléments prendre en compte lorsqu'on choisit un mode de garde?

question ? réponse

Choisir une personne ou une structure à laquelle confier son enfant est une décision extrêmement importante, qui demande mûre réflexion. Définissez vos priorités, réfléchissez aux aspects qui vous semblent importants et à ce que vous souhaitez pour votre bébé, et cherchez un mode de garde qui répond à ces critères.

Un choix personnel

Discuter avec d'autres parents peut certes être utile, mais ce qui convient à une famille peut ne pas plaire à une autre. Aussi, même si leurs conseils s'avèrent très précieux, cela ne vous empêche pas d'avoir votre propre opinion. Par exemple, pour certains, la collectivité de la garderie est un véritable atout, alors que d'autres préfèrent un environnement plus intime et familial. Essayez de visiter différentes structures d'accueil plutôt que d'en écarter certaines d'emblée. Lors de votre visite, observez la façon dont la gardienne ou l'éducatrice interagit avec les enfants (y compris le vôtre). Est-il réactif et attentionné? L'environnement est-il propre et accueillant? L'éventail des activités proposées et des jouets à disposition est-il assez large? Les enfants ont-ils l'air heureux et détendu? Y a-t-il un espace de jeu extérieur? Des temps calmes sont-ils prévus? Demandez à voir tout règlement, protocole, agrément ou diplôme (n'importe quelle structure ou gardienne jouissant d'une bonne réputation sera ravie de vous les montrer). Vous pouvez également discuter avec d'autres parents dont les enfants sont accueillis au même endroit.

DIFFÉRENTS MODES DE GARDE

Voici quelques informations concernant les différents modes de garde. La logistique et les tarifs varient; il est donc recommandé de vous renseigner le plus possible afin de prendre la bonne décision.

Garderie

La structure : une garderie est une entreprise dirigée par une personne physique ou morale, titulaire d'un permis, qui fournit des services de garde dans une seule installation. Le titulaire a l'obligation de former un comité consultatif de parents. À ce jour, le ministère de la Famille a conclu des ententes de subvention avec plusieurs centaines de garderies afin de leur permettre d'offrir des places subventionnées.

Éléments à prendre en compte : votre bébé sera stimulé et rencontrera d'autres enfants. Les horaires sont stricts et l'établissement peut fermer à certaines périodes. S'il est malade, votre enfant ne pourra pas être accueilli. Veillez donc à prévoir une solution de rechange.

Centre de la petite enfance (CPE)

La structure : un centre de la petite enfance (CPE) est un organisme sans but lucratif ou une coopérative titulaire d'un permis et dont le conseil d'administration est composé au moins aux deux tiers de parents usagers. Il offre, dans une ou plusieurs installations, des services de garde subventionnés.

Éléments à prendre en compte : Dans une installation d'un centre de la petite enfance, les éducatrices et les éducateurs sont soumis à un ratio précis. Il doit y avoir un adulte pour cinq enfants âgés de moins de 18 mois; un adulte pour huit enfants âgés entre 18 mois et moins de 4 ans; et un adulte pour dix enfants âgés de 4 ans.

Gardienne

La structure : Une personne qualifiée vient s'occuper de votre enfant chez vous.

Éléments à prendre en compte : Choisissez quelqu'un que vous connaissez ou qui vous est recommandé par d'autres parents. Si c'est une adolescente ou un adolescent, optez pour celle ou celui qui a de l'expérience et qui a suivi un cours de gardiens avertis. Faites venir chez vous la personne choisie avant de lui confier votre enfant. Observez comment votre enfant réagit en sa présence. Avant de partir, prenez soin de laisser les coordonnées où l'on peut vous joindre et l'heure probable de votre retour.

Nouveaux copains Que ce soit chez une gardienne ou dans une garderie, votre bébé interagira, et apprendra, dès le plus jeune âge, à jouer avec les autres.

Accueil familial

La structure : vous pouvez confier la garde de votre enfant à ses grands-parents, oncles ou tantes, mais aussi la répartir entre vous, ses deux parents.

Éléments à prendre en compte : que vous rémunériez ou non vos proches, cette solution est probablement la plus rentable, en particulier s'ils n'habitent pas loin. Votre enfant sera gardé par des personnes qui l'aiment, dans un environnement familier. Si la garde est répartie entre les deux parents, il est essentiel de respecter chacun les mêmes habitudes et règles de vie.

Service de garde en milieu familial

La structure : la garde en milieu familial est un service fourni par une personne dans une résidence privée. Elle offre généralement des services de garde subventionnés.

Éléments à prendre en compte : Lorsque cette personne est reconnue par un bureau coordonnateur de la garde en milieu familial, elle peut offrir des services de garde éducatifs à un maximum de six enfants, dont deux peuvent avoir moins de 18 mois. Si elle est assistée par un autre adulte, elle peut recevoir jusqu'à neuf enfants, mais au plus quatre d'entre eux peuvent avoir moins de 18 mois.

LES QUESTIONS À POSER

Avant d'aller visiter une garderie ou de rencontrer une éducatrice, notez les questions que vous devrez poser. Voici quelques points qu'il est intéressant de soulever :

» Comment se déroulera une journée type ? En règle générale, une gardienne ne verra pas d'inconvénient à s'adapter aux habitudes de votre bébé, même si elle peut aussi lui proposer un rythme différent. Dans une garderie, compte tenu du nombre d'enfants, votre bébé sera plutôt incité à s'adapter.

» Comment mon bébé sera-t-il nourri, et où dormira-t-il ? En garderie comme chez une gardienne, vous devrez fournir le lait de votre enfant. Plus tard, il pourra prendre des repas équilibrés cuisinés sur place ou les petits plats que vous lui aurez préparés. Veillez à signaler toute allergie éventuelle. Quelle que soit la structure d'accueil, une pièce calme doit être prévue pour la sieste.

» Comment serai-je informée des progrès de mon bébé ? Certaines garderies tiennent un carnet dans lequel est assuré le suivi de l'enfant. Dans le cas contraire, faites un point chaque semaine sur son développement et ses besoins.

» Comment réagissez-vous en cas de problème de comportement ? Les enfants ont besoin de limites pour garantir leur sécurité. Cependant, assurez-vous qu'en matière de discipline l'approche des personnes qui s'occuperont de votre bébé vous convient.

» Acceptez-vous les enfants malades ? La plupart des structures accueilleront votre bébé s'il n'a qu'une petite toux ou le nez qui coule. Toutefois, vous devrez venir le chercher s'il a de la fièvre, vomit, ou a quelque chose de plus grave.

» Quelles sont vos qualifications ? Il est rassurant de savoir que la personne qui s'occupe de votre bébé a toutes les compétences requises pour le faire. Aussi, assurez-vous que les personnes que vous rencontrerez sont titulaires de tous les diplômes et agréments requis, ainsi que d'un brevet de secourisme.

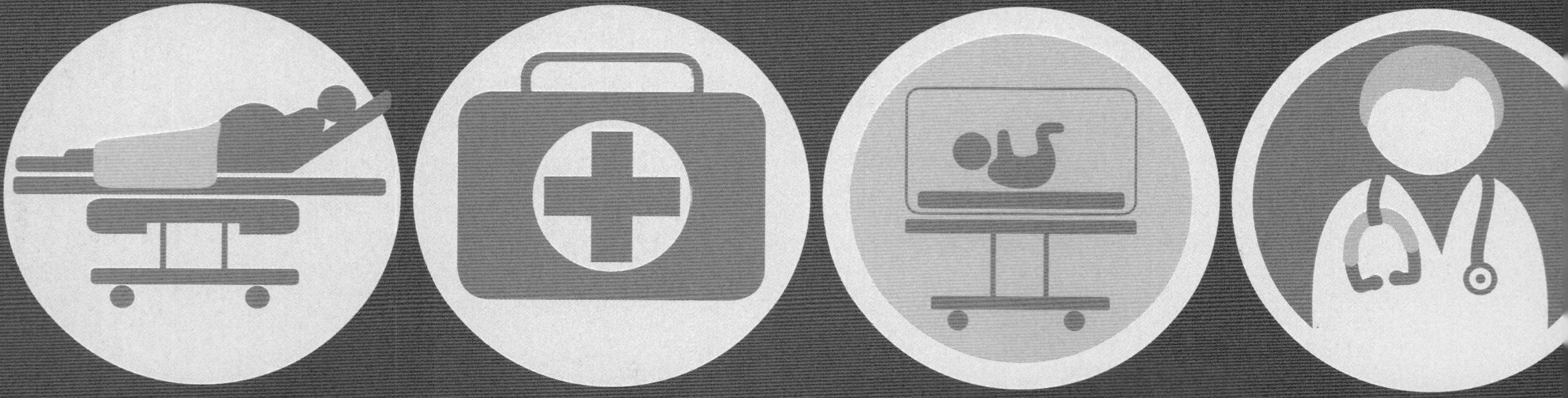

» Dans ce chapitre...

Situations particulières

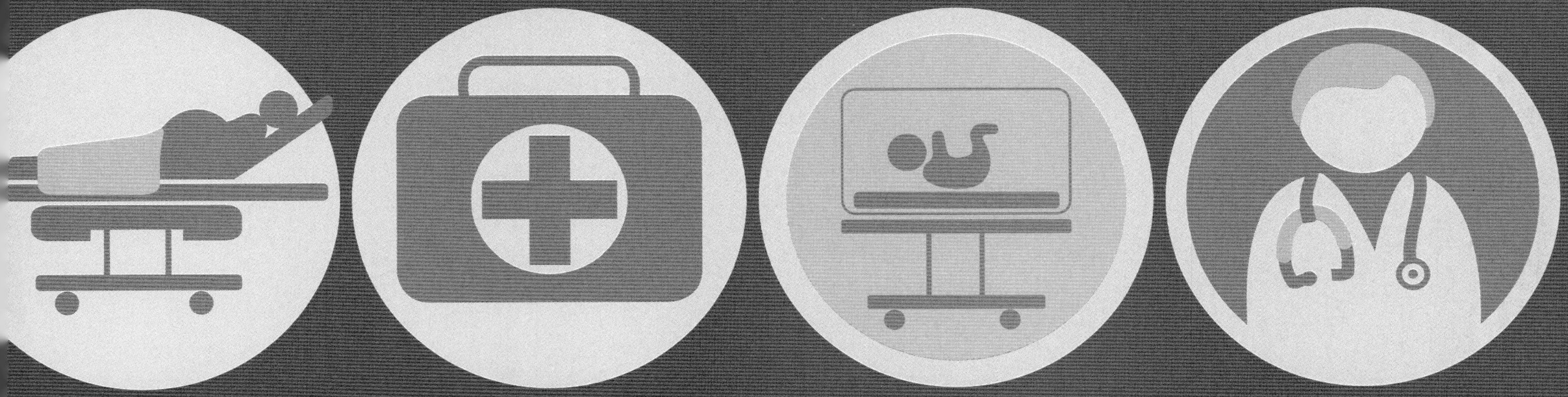

Lors d'une grossesse et d'un accouchement, il arrive que tout ne se passe pas comme prévu. Les professionnels de la santé qui vous entourent sont alors là pour vous conseiller sur votre cas particulier. Dans ce chapitre, nous répondons à des questions fréquemment posées dans diverses situations. Le soutien et les **conseils de spécialistes** peuvent en effet vous être très précieux pour comprendre les différentes options qui s'offrent à vous et vous aider à faire face et à avancer tout en restant positifs.

Au Québec, environ 15 % des grossesses se terminent par une fausse couche, la plupart du temps au cours des 12 premières semaines. **Connaître** les causes possibles, les **symptômes** et les procédures impliquées dans ces fausses couches peut vous aider à vous sentir mieux et à prendre des **décisions éclairées**.

Fausses couches

Qu'est-ce qu'une fausse couche ?

Également appelée *avortement spontané*, la fausse couche est une interruption brutale de la grossesse au cours du 1er ou du 2e trimestre, avant 24 semaines de gestation. Au-delà, le bébé est considéré comme viable, c'est-à-dire suffisamment développé pour être en mesure de survivre avec des soins médicaux adaptés. La perte d'un enfant après 24 semaines est appelée accouchement d'*un enfant mort-né* ou *mortinatalité* (voir p. 309).

Si certaines fausses couches ont une cause particulière, comme une malformation de l'utérus ou un problème au niveau du col (voir page suivante), la plupart de celles qui surviennent au 1er trimestre sont dues à une anomalie chromosomique du fœtus. Plus on avance dans la grossesse, plus le risque de fausse couche est faible. À partir du début du 2e trimestre, il tombe à environ 1 %.

Les symptômes varient en fonction du type de fausse couche (voir encadré à la page de droite). Il peut s'agir, par exemple, d'une douleur sourde accompagnée d'un écoulement (ou de taches) de sang, ou de douleurs semblables à celles ressenties lors des règles associées à une forte hémorragie. Parfois, la fausse couche est asymptomatique (c'est-à-dire sans signes particuliers), et la future maman découvrira que quelque chose ne va pas à l'occasion d'une échographie de routine qui montrera que le bébé a cessé de se développer.

Rechercher la cause

Chaque fausse couche est source d'une profonde détresse, mais il est rassurant de savoir que même si aucune cause n'est établie, la plupart des femmes mèneront ensuite une grossesse à terme. Environ 1 % des couples connaissent 3 fausses couches consécutives ou plus. On parle alors de *fausses couches à répétition*. Le cas échéant, vous pourrez passer différents examens pour essayer d'en définir l'origine (voir p. 306). Si la cause est établie, un traitement peut augmenter vos chances de vivre une grossesse normale la prochaine fois. Mais dans certains cas, la cause reste un mystère, et les fausses couches inexpliquées. Même si cette expérience est bouleversante, statistiquement, à l'avenir vous avez toujours plus de chances de mener une grossesse à terme que de refaire une fausse couche.

Continuer d'avancer

Après une fausse couche, le couple doit faire le deuil et récupérer. Vous aurez peut-être besoin de temps avant de vous sentir physiquement et émotionnellement prêts à envisager une nouvelle grossesse ou déciderez de réessayer dès que possible. D'éventuels examens ou un traitement peuvent influencer votre décision. En l'absence de toute complication, si les saignements se sont arrêtés, vous pouvez réessayer dès que vous vous sentez prêts. N'hésitez pas à modifier un peu votre mode de vie pour optimiser vos chances de mener une grossesse à terme (voir p. 29).

Quels sont les différents types de fausse couche ?

Les différents termes employés pour les désigner peuvent vous troubler, alors que vous êtes vulnérables et bouleversés. En vous familiarisant avec ces notions, vous serez mieux informés, ce qui peut vous aider à faire face à cette délicate situation.

Les fausses couches précoces et les grossesses arrêtées sont les deux principaux types d'avortement spontané. Lors d'une fausse couche précoce, le col de l'utérus commence à s'ouvrir avant que le bébé soit viable. Il n'y a alors aucun espoir de préserver la grossesse. Ce phénomène peut se produire au 1er ou au 2e trimestre. Une grossesse arrêtée survient lorsque l'embryon ou le fœtus arrête de se développer mais reste dans l'utérus. Elle est plus fréquente au cours des 12 premières semaines de grossesse. Le bébé meurt sans que la mère ne reçoive aucun signe d'alerte l'informant que quelque chose ne va pas, et reste un certain temps dans l'utérus (quelques jours, voire quelques semaines) alors que la femme enceinte continue de penser que sa grossesse se passe bien. Parfois, les symptômes de début de grossesse disparaissent, ce qui peut alors être un signal d'alarme. Si vous avez à tout moment le sentiment que quelque chose ne va pas, contactez votre médecin.

Plutôt qu'un événement unique et brutal, une fausse couche est plus souvent un processus complet. Parfois les saignements s'arrêtent d'un coup (voir risque de fausse couche p. 306) ou s'arrêtent pour mieux reprendre, créant ainsi une certaine confusion sur ce qui se passe. En cas d'écoulement de sang à tout moment de votre grossesse, contactez votre médecin.

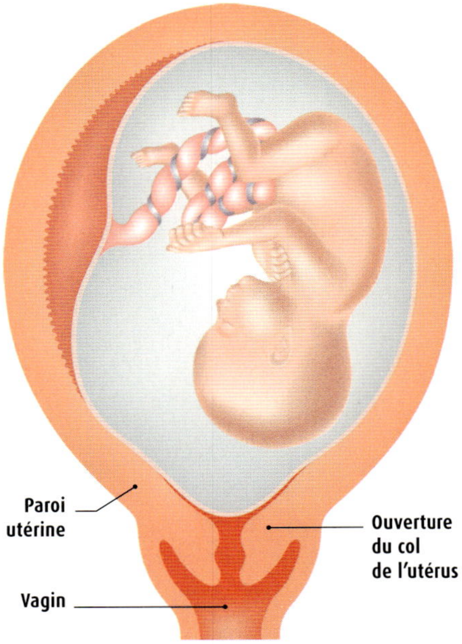

L'ouverture spontanée du col de l'utérus met un terme à une grossesse qui ne s'est pas développée correctement. C'est le cas le plus fréquent.

FAUSSES COUCHES PRÉCOCES ET GROSSESSES ARRÊTÉES

Comprendre ce qui se passe dans différentes situations peut vous aider à surmonter cette épreuve et à mieux appréhender les diverses possibilités de traitement.

TYPE	QUE SE PASSE-T-IL ?	SYMPTÔMES
Fausse couche précoce (Complète ou incomplète)	Le col de l'utérus commence à s'ouvrir avant que le bébé soit viable. En réponse, l'utérus se contracte et commence à expulser le fœtus ou l'embryon en développement. La fausse couche précoce est dite *complète* lorsque tous les tissus de la grossesse (sac embryonnaire, placenta) ont été expulsés, et *incomplète* lorsqu'une partie des tissus reste dans l'utérus.	Elle peut s'accompagner de violentes douleurs, semblables à celle des règles, et de saignements.
Grossesse arrêtée	Une grossesse arrêtée survient lorsque l'embryon ou le fœtus arrête de se développer mais reste dans l'utérus une fois mort, alors que la future maman est persuadée que sa grossesse se passe bien.	Des pertes brunes peuvent se produire, mais elle peut aussi être asymptomatique. Parfois les symptômes de début de grossesse (nausées, tensions mammaires et fatigue) disparaissent brutalement.

Quelles sont les causes d'une fausse couche ? Certains facteurs en augmentent-ils le risque ?

Environ 80 % des fausses couches précoces (c'est-à-dire qui surviennent au cours des 12 premières semaines) se produisent en raison d'anomalies chromosomiques du fœtus. Le bébé peut avoir un excès ou une insuffisance de chromosomes, à l'origine d'une information chromosomique incorrecte qui empêche le bébé de se développer comme il le faudrait. La cause d'une fausse couche dite tardive, qui survient au cours du 2e trimestre, est généralement en lien avec un problème de santé sous-jacent ou une maladie de la mère. Ses facteurs déclenchants sont notamment les suivants :

- » L'apparition d'une infection chez la mère.
- » Une maladie préexistante, comme un dérèglement de la thyroïde, un syndrome des ovaires polykystiques ou du diabète.
- » Une incompétence cervicale.
- » Un problème lié à l'utérus, une malformation, par exemple.
- » Une maladie endocrinienne ou du système immunitaire.

D'autres éléments connus augmentent le risque de fausse couche, tout particulièrement l'âge maternel (le risque est plus élevé au-delà de 35 ans) et le mode de vie. Ainsi, l'obésité, le tabagisme et la consommation de drogues ou d'alcool pendant la grossesse sont autant de facteurs prédisposants. Enfin, il semblerait que la caféine augmente elle aussi le risque de fausse couche.

Les saignements sont-ils toujours graves ?

Pas nécessairement. En début de grossesse, ils peuvent survenir pour de nombreuses raisons sans pour autant compromettre son bon déroulement. Quel que soit le moment, ils doivent faire l'objet d'une consultation.

Dans certains cas, le col de l'utérus reste bien fermé, les symptômes disparaissent et la grossesse continue. On parle alors de risque de fausse couche. Il fut un temps où les médecins conseillaient aux mères de rester allongées, mais rien ne prouve que cela influe vraiment sur l'issue de la grossesse. Si le col de l'utérus continue de se dilater, il n'y a rien à faire, la fausse couche est inévitable. Des saignements en début de grossesse peuvent aussi indiquer une grossesse extra-utérine (voir p. 308). Dans tous les cas, consultez immédiatement votre médecin.

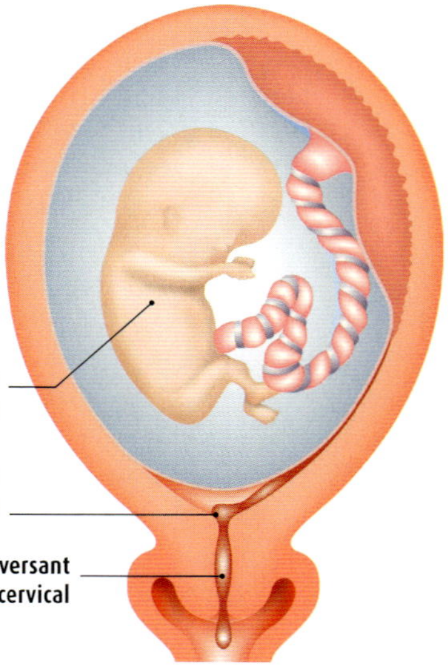

Risque de fausse couche Dans cette situation, des symptômes de fausse couche (ex. : saignements) apparaissent, mais le col de l'utérus reste bien fermé et la grossesse continue normalement.

Comment traiter une fausse couche précoce au cours du 1er trimestre ?

En cas de saignements, vous passerez sans doute une échographie précoce. Si elle révèle que le fœtus ne se développe pas (grossesse arrêtée), vous aurez le choix entre laisser la fausse couche se produire spontanément, sans intervention médicale, on parle alors d'attitude d'expectative, ou la provoquer, par voie médicamenteuse ou par une évacuation chirurgicale des tissus de la grossesse.

Souvent, en cas de fausse couche précoce, les médecins conseillent de laisser faire la nature. Alors, à moins qu'il y ait un risque d'hémorragie, optez pour une attitude d'expectative, plus naturelle. Votre corps pourra ainsi apporter une réponse hormonale à cette perte, ce qui vous aidera à mieux réagir tant sur le plan physique qu'émotionnel.

Il est difficile de prévoir le déroulement exact d'une fausse couche, mais en gros, vous aurez des saignements et souvent des crampes abdominales douloureuses. Environ 15 jours à 3 semaines après, votre médecin vous prescrira une prise de sang pour vérifier que le taux d'hormones hCG est bien redescendu. Si les symptômes persistent, consultez-le de nouveau. Tout au long de cette période difficile, il vous apportera, ainsi qu'à votre partenaire, soutien et aide psychologique. Il vous conseillera sans doute de prendre un médicament pour dilater le col de l'utérus et ainsi favoriser l'expulsion des tissus de la grossesse. En général, les saignements commencent dans les 24 heures qui suivent la prise du traitement. Dans le cas contraire ou, si 3 semaines après, votre bilan sanguin montre que vous êtes toujours enceinte, une intervention chirurgicale peut-être nécessaire pour procéder à l'ablation des tissus de la grossesse, sous anesthésie locale (le plus probable) ou générale. Dans un cas comme dans l'autre, un instrument appelé curette est introduit dans votre vagin. Doté d'une extrémité en plastique, il sert à gratter les tissus de la grossesse avant qu'ils soient aspirés.

Une fausse couche au 2e trimestre est-elle traitée différemment ?

Oui, une fausse couche tardive implique généralement que vous devrez donner naissance à votre bébé. Même si cela peut sembler extrêmement difficile, des études montrent qu'accoucher aide les femmes à aller mieux physiquement et psychologiquement à long terme. Si le travail ne commence pas spontanément, un déclenchement artificiel (médicamenteux) vous sera proposé. L'infirmière vous demandera si vous voulez tenir votre bébé dans vos bras. Faites ce qui vous semble juste pour vous et votre partenaire, et ne culpabilisez pas si vous n'en avez pas envie. Si vous voulez une photo de votre bébé, le personnel de l'hôpital la prendra pour vous.

Est-il possible de connaître la cause de ma fausse couche ?

Oui, mais pas toujours. Il est souvent difficile de connaître avec certitude la cause d'une fausse couche, qui n'est d'ailleurs pas toujours recherchée. Après une fausse couche précoce, vous avez toutes les chances de mener une prochaine grossesse à terme. C'est pourquoi, des examens pour rechercher la cause ne sont proposés qu'après minimum 2 fausses couches consécutives. On parle alors de *fausses couches à répétition*. En revanche, des recherches peuvent être effectuées dès la première fausse couche tardive. Les fausses couches à répétition peuvent être provoquées par une malformation du col de l'utérus ou de l'utérus, des anomalies chromosomiques récurrentes, des problèmes inhérents à votre système immunitaire ou endocrinien, des troubles de la coagulation ou le sperme de votre partenaire. Mais, et c'est le plus vraisemblable, il est possible que la cause ne puisse pas être identifiée.

Pendant ces examens, des analyses de sang seront effectuées pour rechercher une cause génétique. Le cas échéant, le médecin vérifiera le placenta, et en cas de fausse couche tardive, un examen post-mortem du bébé (autopsie) pourra être envisagé. Dans certains cas, l'observation du placenta suffit à donner la réponse. Cependant, il est important de vous préparer à ne jamais connaître la raison de votre fausse couche avec certitude, même après une batterie d'examens.

Combien de temps devons-nous attendre avant une autre grossesse ?

Afin d'éviter tout risque d'infection, dans tous les cas, attendez l'arrêt des saignements. Il est également conseillé d'attendre un cycle menstruel afin de pouvoir estimer le terme avec certitude. Sinon, c'est à vous de voir. Vous pouvez avoir besoin de temps pour vous remettre de la perte que vous avez subie. Mais des facteurs comme l'âge ou le temps passé à essayer d'être enceinte peuvent aussi vous inciter à recommencer tout de suite. Pour optimiser vos chances de concevoir, prenez de l'acide folique, détendez-vous, mangez sainement et limitez votre consommation d'alcool.

question ? réponse

Comment gérer la perte de notre bébé et nous tourner de nouveau vers l'avenir ?

Après la perte dévastatrice de votre bébé, prendre du temps pour faire le deuil peut vous aider à mieux appréhender ce qui s'est passé et à regarder de nouveau l'avenir sereinement. Pendant cette période, différentes émotions se mêleront. Mettre en place des stratégies de faire-face et rechercher du soutien facilitent le processus de guérison.

De nombreuses émotions sont associées au deuil, et vous en ressentirez tout ou partie à différents moments. Vous serez peut-être hébétés, apathiques. Rien d'anormal, c'est la façon dont votre corps fait face au choc de la perte de votre bébé. Avec le temps, cette apathie disparaîtra et laissera la place à un sentiment de colère, de trahison ou de résignation. Puis vous vous sentirez sans doute profondément tristes, renfermés, voire déprimés, ne voulant voir personne, criant de façon incontrôlable, ou repliés sur vous-mêmes. Ces réactions sont parfaitement normales et sont les symptômes de votre réponse très personnelle à la perte de votre bébé. Enfin, vous referez surface, prêts à vivre sans lui. Même si dire que « vous vous en remettrez » n'est pas tout à fait exact (vous n'oublierez jamais le bébé que vous avez perdu), vous serez capables d'accepter ce qui s'est passé et recommencerez à avancer. Certaines choses peuvent vous aider à gérer votre perte et à faire le deuil, mais pour traverser cette période difficile le plus important est d'exprimer ce que vous ressentez à travers des mots et des actions.

» **Écrivez une lettre à votre bébé** dites-lui combien vous l'aimiez et ce que vous espériez pour lui. Glissez-la dans une enveloppe et gardez-la précieusement dans un endroit sûr.

» **Rédigez un journal pour exprimer vos sentiments** Transcrire vos pensées sur papier peut vous aider à les exprimer et à les organiser, voire à mieux les canaliser si c'est ce dont vous avez besoin.

» **Parlez-en avec votre partenaire** Vous aurez peut-être du mal au départ, mais quand chacun de vous sera prêt, ne fermez pas la porte à la discussion. N'oubliez pas que vous vouliez tous les deux être parents ensemble et que vous avez vécu cette perte l'un comme l'autre. Donnez-vous la possibilité d'exprimer votre douleur à votre façon, soutenez-vous et réconfortez-vous mutuellement.

» **Organisez une cérémonie à la mémoire de votre bébé** Plantez un arbre dans votre jardin ou dédiez-lui un banc dans votre parc préféré pour avoir un endroit qui vous rappelle votre bébé et où penser à lui.

» **Impliquez-vous dans un groupe de soutien destiné aux personnes qui ont vécu des fausses couches** Vous rencontrerez ainsi d'autres couples qui savent exactement ce que vous vivez et ressentez. En partageant vos sentiments avec des personnes qui vous comprennent parfaitement, vous créerez ainsi un réseau de soutien et de partage absolument unique, qui vous montrera que vous n'êtes pas seuls.

Si chacun gère la perte d'un être cher à sa manière, en tant que femme votre réaction à votre fausse couche dépendra de votre situation personnelle et sera influencée par le déroulement des événements. Par exemple, si vous avez ressenti de violentes douleurs et beaucoup saigné, vous aurez besoin de plus de temps pour récupérer physiquement. Si la situation s'est éternisée, vous risquez de vous sentir épuisée, mais serez également soulagée de savoir tout cela derrière vous. Donnez-vous du temps pour récupérer et gérer vos émotions, cela vous aidera à aller de l'avant.

Cependant, si au bout de quelque temps vous vous sentez toujours négative ou physiquement faible, parlez-en à votre médecin qui, après avoir fait le bilan sur votre rétablissement, vous donnera des conseils pour vous aider à mieux faire face. Grâce à de l'aide et à un soutien psychologique, vous sentirez moins seule et retrouverez la force et la résilience nécessaires pour vous tourner résolument vers l'avenir.

Un soutien mutuel Faire face ensemble à la perte de votre bébé vous aidera à gérer les émotions difficiles provoquées par une fausse couche.

Qu'est-ce qu'une grossesse extra-utérine ?

Également appelée grossesse ectopique, la grossesse extra-utérine (GEU) est provoquée par l'implantation d'un embryon à l'extérieur de l'utérus. Dans 95 % des cas, la GEU survient dans une des trompes de Fallope, mais elle peut également être localisée dans le col de l'utérus, sur un ovaire ou dans la paroi abdominale.

Il s'agit d'une situation d'urgence, ce qui signifie non seulement que l'embryon ne survivra pas, mais qu'en cas de rupture de la trompe de Fallope la vie de la mère peut également être en danger. Relativement rares, les GEU surviennent dans environ 2 % des cas au Québec.

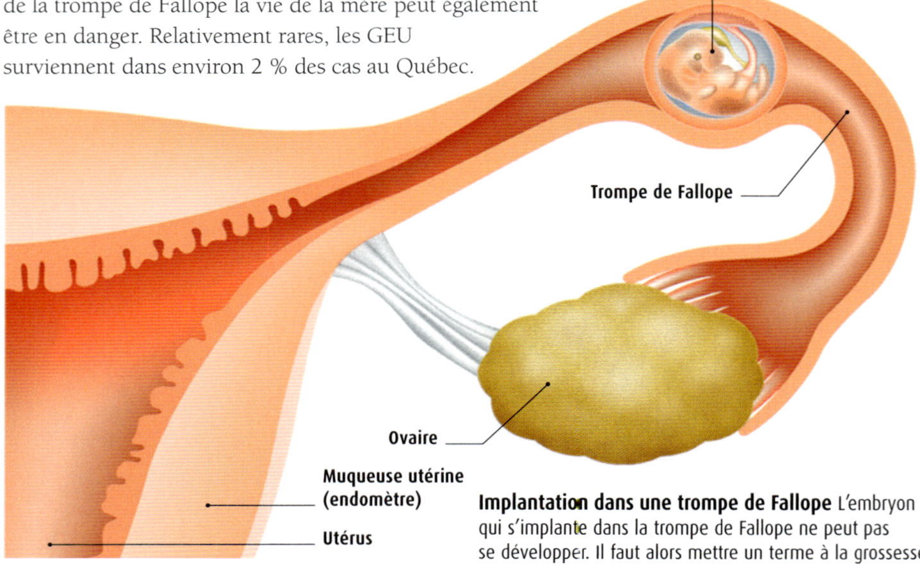

Implantation dans une trompe de Fallope L'embryon qui s'implante dans la trompe de Fallope ne peut pas se développer. Il faut alors mettre un terme à la grossesse.

Comment savoir si je fais une GEU ?

Il n'y a pas de symptômes propres à une GEU. Certaines femmes n'ont d'ailleurs aucun symptôme. Pour d'autres, l'organisme réagit à l'implantation de l'embryon comme à une grossesse normale. Le cas échéant, la découverte de la GEU peut prendre jusqu'à 12 semaines, date de la 1re échographie. Parfois, vous n'en percevrez les signes que lorsque le blastocyste, devenu gros, provoquera un œdème ou une rupture au point d'implantation, indiquant que quelque chose ne va pas. Les premiers symptômes sont notamment :

» Des crampes abdominales violentes, semblables à celles provoquées par des règles douloureuses.
» Des douleurs soudaines ou des douleurs à la palpation d'un seul côté de l'abdomen.
» Des saignements vaginaux.
» Des maux d'estomac, comme des diarrhées et des nausées.
» Une douleur à la défécation.
» Des douleurs à l'épaule.

Quels sont les facteurs qui augmentent le risque de GEU ?

Le risque augmente notamment dans les cas suivants : problèmes antérieurs au niveau des trompes de Fallope (ex. : lésions provoquées par des *Chlamydia trachomatis*), antécédents de GEU, traitement pour une FIV, plaques d'endométriose s'étant étendues jusqu'aux trompes de Fallope, maladie inflammatoire pelvienne, appendicectomie ou autre chirurgie abdominale ayant laissé des cicatrices. Certains contraceptifs qui empêchent l'implantation dans l'utérus, comme les DIU ou la pilule uniquement progestative augmentent également le risque de GEU.

Comment traite-t-on une grossesse extra-utérine ?

Une GEU est une urgence médicale. Vous devrez donc aller à l'hôpital. Vous passerez une échographie vaginale, lors de laquelle une sonde longue et fine est insérée dans le vagin, afin de vérifier s'il y a des signes de grossesse dans l'utérus. Un bilan sanguin sera effectué pour mesurer le taux de gonadotrophine chorionique humaine (hCG), hormone de la grossesse. En fonction du résultat et de vos symptômes, différentes possibilités s'offriront à vous :

» **Une attitude d'expectative,** ce qui revient à dire que votre GEU régressera spontanément, sans aucune intervention. Dans l'attente, vous serez sous étroite surveillance à l'hôpital.

» **Si votre grossesse n'est pas trop avancée,** une prise en charge pharmacologique sera proposée : une injection empêchera l'embryon de se développer. Il finira par mourir avant de disparaître dans les tissus de l'organisme.

» **Un traitement chirurgical** sera mis en place en cas de risque élevé de rupture de la trompe de Fallope. Réalisé sous anesthésie générale, il consiste en l'ablation de l'ovule fécondé, et dans certains cas de la trompe. Sachez que l'ablation d'une trompe n'altère en rien vos chances d'être de nouveau enceinte. Le cas échéant, vous devrez donner votre consentement pour l'ablation de la trompe concernée, sauf naturellement si la rupture tubaire a déjà eu lieu et que vous n'êtes pas en état de le faire.

Une grossesse normale est-elle possible après une grossesse extra-utérine ?

Oui. Même si le risque de refaire une GEU augmente légèrement, statistiquement vous avez bien plus de chances de vivre une grossesse normale la prochaine fois.

65 % des femmes qui ont fait une **grossesse extra-utérine** vivent une grossesse normale dans les **18 mois** qui suivent. Il semble que ce chiffre passe à **85 % après 2 ans.**

question ? réponse

Comment l'accouchement d'un enfant mort-né est-il pris en charge ?

L'accouchement d'un enfant mort-né, ou *mortinatalité*, survient lorsqu'un fœtus meurt *in utero* après 24 semaines de grossesse. Le terme est utilisé lorsque le bébé aurait été « viable », ou suffisamment développé pour survivre avec une assistance s'il était né vivant. La mort du fœtus peut intervenir avant ou pendant le travail. Au Canada, le taux de bébés mort-nés est de 0,5 %.

Dans 1 cas sur 10, la mort *in utero* est la conséquence d'une anomalie génétique. Dans la plupart des autres cas, elle est due à une complication survenue pendant la grossesse plutôt qu'au patrimoine génétique du bébé.

La mort *in utero* est souvent détectée au cours d'une échographie de routine, lors de laquelle aucun rythme cardiaque n'est décelé. À un stade plus avancé de la grossesse, vous pouvez être alertée par le fait que vous ne sentez plus votre bébé bouger. Le cas échéant, votre médecin vous prescrira sur-le-champ une échographie, qui se déroulera en présence de deux technologues pour confirmer le diagnostic. Vous serez incitée à ne pas vous rendre seule au rendez-vous, afin que la personne qui vous accompagne puisse vous soutenir et écouter le médecin, qui peut être amené à vous dire des choses difficiles à entendre.

Si vous souffrez de problèmes médicaux connus, comme une prééclampsie, le travail sera déclenché immédiatement. S'il n'y a pas de danger imminent, vous pourrez rentrer chez vous quelques jours pour prendre le temps d'accepter la nouvelle avant le début du travail. Après l'accouchement, vous pourrez passer du temps avec votre bébé dans les bras si vous le désirez. Vous devrez prendre un médicament pour arrêter la lactation. L'équipe médicale vous demandera votre consentement pour procéder à un examen post-mortem (autopsie). Pour réduire le risque d'accouchement d'un enfant mort-né, allez à tous les rendez-vous de suivi prénatal et signalez tout changement dans mouvements de votre bébé.

CAUSES POSSIBLES DE D'ACCOUCHEMENT D'UN ENFANT MORT-NÉ

Le tableau ci-dessous répertorie quelques-unes des causes possibles de mort *in utero*, même si, dans certains cas, elles ne sont jamais clairement établies.

CAUSES POSSIBLES	QUELLES CONSÉQUENCES POUR MA GROSSESSE ?
Maladies préexistantes	Certaines maladies, comme une insuffisance rénale, de l'hypertension artérielle, du diabète antérieur à la grossesse et d'autres maladies chroniques, peuvent entraîner des complications. Vous serez sous étroite surveillance du début à la fin.
Âge maternel	Les femmes de plus de 40 ans ont plus de risques d'accoucher d'un enfant mort-né que celles dans la vingtaine. Ceci vient du fait qu'une grossesse tardive augmente d'autres facteurs de risque de mort *in utero*, notamment d'anomalie congénitale ou chromosomique du fœtus, de diabète gestationnel, et d'hypertension artérielle.
Facteurs liés au mode de vie	La drogue, l'alcool ou le tabac augmentent le risque de mort *in utero* en limitant l'accès du fœtus à l'oxygène et aux nutriments dont il a besoin. L'obésité est également un facteur de risque.
Grossesse multiple	Les complications induites par une grossesse multiple peuvent aboutir à une mort *in utero*, mais rassurez-vous, vos bébés seront sous haute surveillance du début à la fin.
Prééclampsie	Cette maladie se caractérise par une hypertension chez la mère, qui a pour effet de réduire le flux sanguin destiné au bébé, entraînant de fait un manque d'oxygène.
Problème lié au placenta (y compris décollement)	Le placenta assure le maintien des fonctions vitales dans l'utérus. Votre médecin vérifie la croissance du fœtus à chaque rendez-vous de suivi prénatal. Si le placenta ne fonctionne pas correctement, le bébé peut être plus petit que la normale. S'il s'arrête de fonctionner, le fœtus n'est alors plus alimenté en oxygène et nutriments essentiels à sa vie. Un décollement placentaire (détachement du placenta de la paroi utérine) peut être à l'origine d'un tel dysfonctionnement. Plus de 50 % des morts *in utero* inexpliquées pourraient être dues à un problème lié au placenta, mais toutes les causes ne sont pas encore bien connues.
Hémorragie (y compris décollement du placenta)	Une perte de sang pendant la grossesse entraîne immédiatement une limitation de l'irrigation du fœtus, augmentant ainsi le risque de mort *in utero*.
Cholestase gravidique	Un lien a été établi entre cette maladie hépatique rare et la mort *in utero*, même si on ne sait pas vraiment pourquoi les deux sont liés. Si vous souffrez de cholestase gravidique, votre obstétricien recommandera un accouchement à 37 semaines.
Infection maternelle	Même si le placenta et le sac amniotique forment une barrière contre de nombreuses infections, bactéries et virus peuvent parfois le traverser et contaminer le fœtus. Les infections les plus courantes atteignent l'utérus par le vagin, et sont généralement provoquées par des streptocoques du groupe B, l'E. coli ou des entérocoques. Cependant ce phénomène se produit rarement avant la rupture de la poche des eaux. De nombreuses infections sexuellement transmissibles, comme les Chlamydia et les mycoplasmes augmentent le risque de mort *in utero*.
Problème lié au cordon ombilical	Si votre bébé est empêtré dans le cordon ombilical pendant le travail, ou appuie dessus au point que les veines et les artères qu'il contient sont comprimées, il peut réduire son apport en oxygène. Un prolapsus du cordon qui s'engage dans la filière pelvi-génitale est une autre cause possible d'accouchement d'un enfant mort-né.

Avant de rentrer à la maison, votre nouveau-né peut avoir besoin de **soins médicaux ou supplémentaires**, d'**être surveillé ou de recevoir un traitement**. Cette partie présente certaines situations et maladies qui nécessitent des soins spécifiques.

Bébés en soins spécifiques

Après la naissance

Si vous avez eu des complications pendant votre grossesse ou si un problème a été détecté lors d'un dépistage prénatal, vous êtes peut-être préparés aux soins que l'équipe médicale devra prodiguer à votre bébé immédiatement après sa naissance. Avant l'accouchement, médecins et sages-femmes vous auront expliqué ce qu'ils devront faire. Vous saurez donc à quoi vous attendre. Peut-être aurez-vous eu l'occasion de visiter le service de néonatologie ou de soins intensifs de l'hôpital, et serez alors déjà familiarisés avec les lieux. En revanche, en cas d'imprévu, voir votre bébé nécessiter des soins médicaux dès sa naissance peut être traumatisant et extrêmement inquiétant. En outre, il est possible que le personnel de l'hôpital n'ait pas le temps de bien vous expliquer ce qui se passe, la santé et le bien-être de votre bébé passant avant tout. Il vous informera de la situation dès que possible et vous indiquera pourquoi votre bébé a besoin de soins médicaux.

Votre rôle dans les soins spécifiques de votre bébé

Pour beaucoup de parents, voir leur bébé passer d'une infirmière à l'autre semble contre-nature, comme si leurs premiers instants avec leur enfant, si importants, leur échappaient totalement. Cependant, même si votre bébé a besoin de soins médicaux supplémentaires, son équilibre psychologique et émotionnel repose sur vous. Dans l'utérus, il a appris à reconnaître votre voix, alors n'hésitez pas à lui parler, à le toucher et à le porter dès que vous le pouvez, pour l'aider à guérir aussi vite que possible.

Si l'enfant est séparé de ses parents

Il arrive qu'un bébé ait besoin de soins médicaux spéciaux dès sa naissance. Il peut alors être surveillé dans un secteur particulier de l'hôpital, voire hospitalisé dans un service de néonatologie.

Tous les nouveau-nés prématurés (nés avant la 37e semaine révolue) ne sont pas placés en couveuse. Un bébé né à la fin du 8e mois de grossesse peut rester près de sa mère, s'il apparaît en bonne santé. Il bénéficiera bien sûr d'une surveillance très attentive, et vous pourrez même l'allaiter.

En revanche, un bébé a parfois besoin de se développer d'abord dans une couveuse. C'est notamment le cas s'il naît avant la fin du 8e mois, s'il pèse moins de 2 kg, s'il risque de mal s'alimenter, s'il a des difficultés pour respirer ou s'il a souffert d'un accouchement difficile.

Pénible, cette épreuve semble toujours trop longue, mais n'implique pas un éloignement total. En effet, le personnel soignant favorise les visites quotidiennes, voire plusieurs fois par jour. Vous pourrez vous approcher de votre bébé pour qu'il vous voie, lui parler et le toucher par les ouvertures de la couveuse.

question ? réponse Dans quel cas mon bébé aura-t-il besoin de soins médicaux ?

Il y a de nombreuses raisons à cela. Certaines sont liées à la prématurité, d'autres concernent des bébés nés à terme. Voici la liste des causes les plus fréquentes :

» **Troubles respiratoires :** votre bébé peut avoir besoin d'oxygène supplémentaire ou d'une assistance respiratoire à court terme si ses poumons ne sont pas totalement développés ou sont pleins de méconium, ou encore s'il a une infection.

» **Régulation de la température :** même un bébé né à terme a du mal à réguler sa température. Votre bébé aura peut-être besoin d'aller en couveuse jusqu'à ce que les différents systèmes de son organisme soient plus développés.

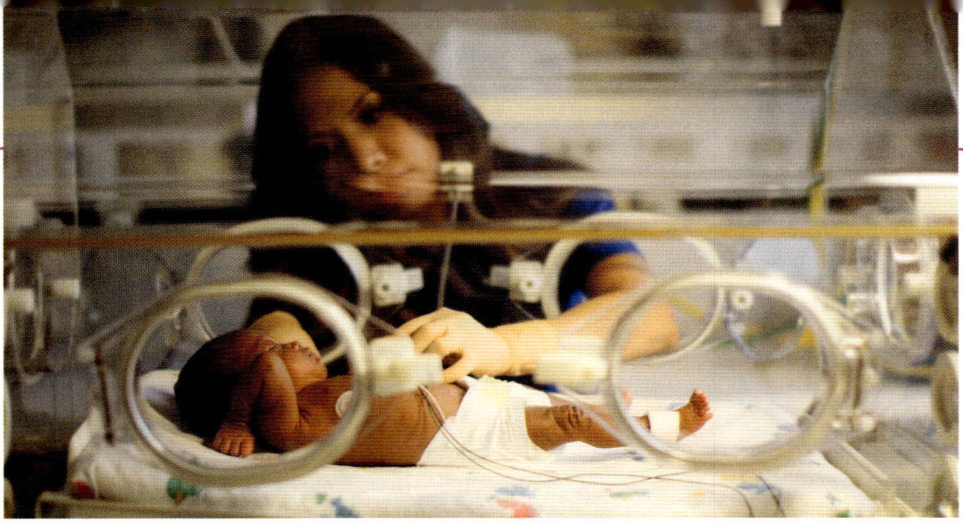

Votre présence rassurante Rester à côté de votre bébé, le caresser, lui parler, permet de le calmer tout en vous apportant un certain réconfort.

» **Hypoglycémie :** elle est provoquée par un taux de glucose (sucre) trop bas dans l'organisme du nouveau-né, notamment s'il est prématuré ou si sa mère a du diabète. L'organisme de votre bébé, et en particulier son cerveau, a besoin de sucre pour fonctionner. Si son taux de glucose n'augmente pas grâce aux tétées, une alimentation par sonde nasogastrique sera mise en place pour corriger le déséquilibre.

» **Jaunisse (voir p. 322) :** elle est fréquemment observée chez les nouveau-nés, dont le foie ne dégrade pas la bilirubine (substance issue de la destruction des globules rouges). Environ 60 % des bébés nés à terme et 80 % des prématurés la contractent. Elle est bénigne dans la plupart des cas. Votre bébé peut avoir besoin d'un traitement s'il est prématuré ou si son taux de bilirubine est élevé. Une exposition à la lumière ou à la photothérapie est parfois conseillée.

» **Persistance du canal artériel :** le canal artériel qui relie l'artère pulmonaire à l'aorte descendante se ferme normalement dans les heures qui suivent la naissance. Dans le cas contraire, les poumons et le cœur du bébé sont en souffrance. (voir p. 323).

question ? réponse Jusqu'à quand et pourquoi un bébé est-il prématuré ?

Est prématuré un bébé né avant 37 semaines d'aménorrhée. Au Canada, le taux de prématurité est d'environ 8 %. En général, une naissance prématurée ne s'explique pas par une raison unique. Souvent, le travail précoce résulte d'une combinaison de facteurs. Dans 30 % des cas environ, la raison de la prématurité reste incertaine. Dans 25 % des cas, il s'agit de naissances provoquées avant terme, suite à la détection d'un problème. Un accouchement prématuré est alors la solution la plus sûre pour la mère, l'enfant, ou les deux. Voici une liste de différents facteurs pouvant entraîner une naissance prématurée :

» **Une affection liée à la grossesse,** comme la prééclampsie (voir p. 144), qui peut limiter la croissance du fœtus, ou le diabète gestationnel (voir p. 145), à cause duquel le bébé peut devenir très gros, peuvent justifier un déclenchement artificiel précoce du travail.

» **Des problèmes liés au placenta,** comme un placenta prævia (voir p. 147) ou une hémorragie rétroplacentaire peuvent aussi entraîner un déclenchement artificiel précoce du travail.

» **Une incompétence cervicale,** en raison de laquelle le col de l'utérus ne soutiendra pas le bébé et les membranes jusqu'au terme.

» **Une fuite de liquide amniotique** qui entraîne des risques d'infection pour le bébé et nécessite le déclenchement du travail.

» **Des antécédents de bébé prématuré** ou de fausse couche tardive augmentent les risques de travail prématuré.

» **Une grossesse multiple** accentue la pression sur les muscles utérins. De même, un excès de liquide amniotique peut détendre l'utérus et déclencher le travail.

» **Une maladie préexistante de la mère** (hypertension artérielle, diabète ou maladie rénale, malformation de l'utérus) peut entraîner un déclenchement prématuré du travail.

» **L'âge maternel inférieur à 25 ans ou supérieur à 35 ans** augmente le risque de travail prématuré.

» **Des facteurs inhérents au mode de vie** (tabagisme, consommation d'alcool ou de drogue, mauvaise alimentation) peuvent être à l'origine d'un travail prématuré.

question ? réponse À quoi ressemble un bébé prématuré ?

Tout dépend de la proximité de la date prévue d'accouchement au moment du travail. Un bébé né à 36 semaines ressemble à un nouveau-né à terme, en un peu plus petit. Si la prématurité est plus importante, il peut avoir un teint très rose voire rougeâtre, parce que la graisse sous-cutanée ne s'est pas encore formée. En outre, il peut être couvert de lanugo, duvet pileux qui protège sa peau dans l'utérus et qui disparaît en fin de grossesse. Sa tête peut sembler grosse par rapport au reste du corps, et en cas de très grande prématurité ses paupières seront sans doute collées. Le sommet de son crâne est mou (et sa fontanelle large). Ses membres peuvent sembler fragiles, et comme son tonus musculaire reste faible, il ne sera pas aussi recroquevillé qu'un bébé né à terme. Les traits de son visage sont façonnés et il peut même avoir des cheveux.

GROS PLAN

Le pouvoir du toucher

Lorsqu'un bébé pleure, notre réflexe est de le prendre dans nos bras pour le câliner. Dans le cas des bébés en soins spécifiques, l'opération peut être plus délicate. Votre enfant est généralement dans un incubateur (ou couveuse) néonatal, relié à de nombreuses machines et perfusions, qui vous empêchent de le prendre dans vos bras aussi souvent que vous aimeriez le faire. Mais le simple fait de le toucher peut être très bénéfique pour lui.

Touchez votre bébé Des études montrent que caresser votre bébé à travers les ouvertures latérales des couveuses néonatales, puis quand il est assez fort, le prendre dans vos bras aussi souvent que vous le pouvez et faire du peau à peau le plus possible peut vous aider à nouer des liens affectifs et déclencher la libération d'hormones qui favorisent la lactation.

Un bébé moins stressé Être près de vous et entendre votre voix contribue à réduire le taux de cortisol, hormone du stress, dans l'organisme de votre bébé. S'il ressent le pouvoir du toucher, le nouveau-né en soins spécifiques tolère mieux les soins médicaux, et est plus calme pendant les examens et les différentes interventions.

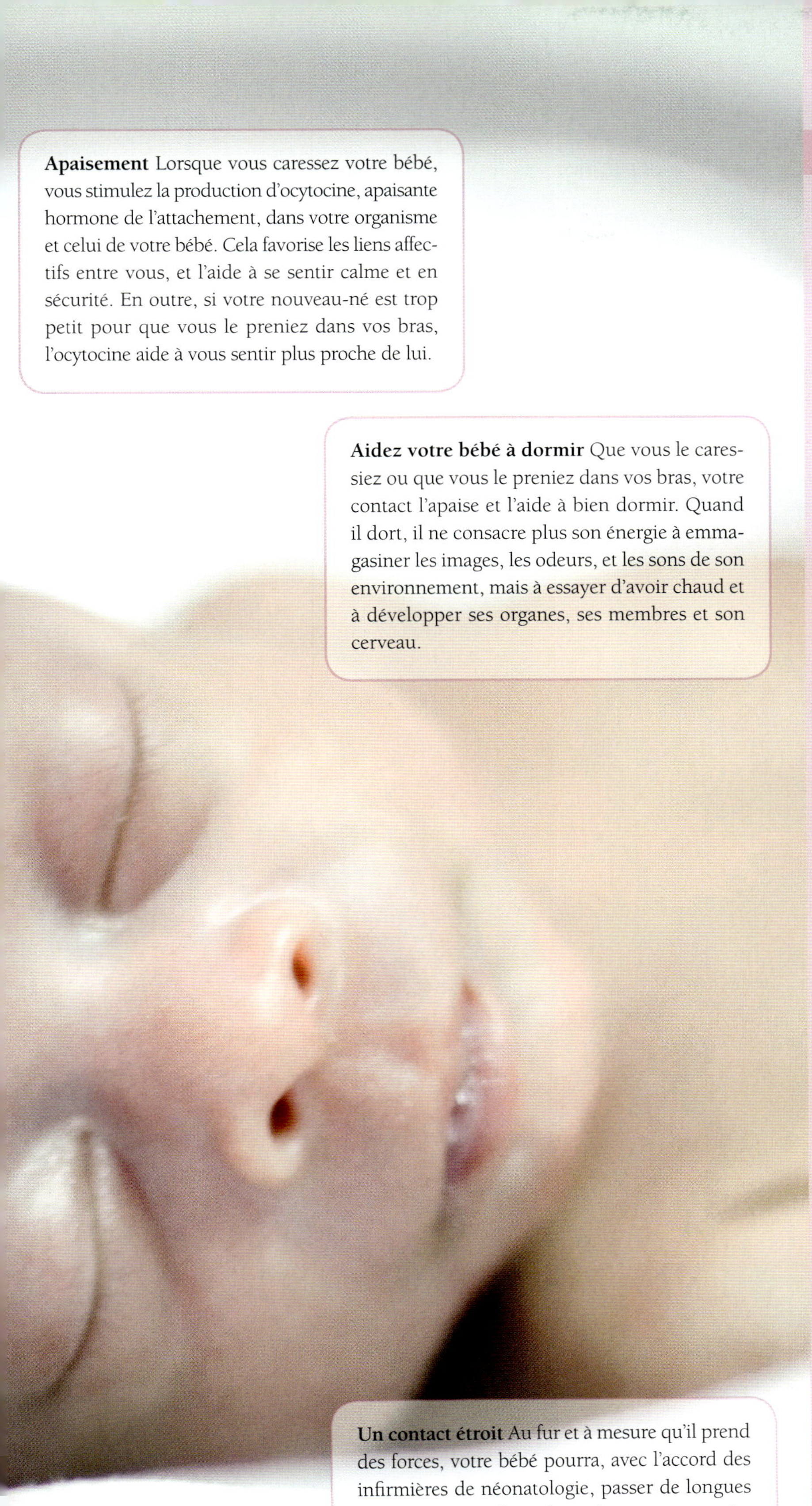

Apaisement Lorsque vous caressez votre bébé, vous stimulez la production d'ocytocine, apaisante hormone de l'attachement, dans votre organisme et celui de votre bébé. Cela favorise les liens affectifs entre vous, et l'aide à se sentir calme et en sécurité. En outre, si votre nouveau-né est trop petit pour que vous le preniez dans vos bras, l'ocytocine aide à vous sentir plus proche de lui.

Aidez votre bébé à dormir Que vous le caressiez ou que vous le preniez dans vos bras, votre contact l'apaise et l'aide à bien dormir. Quand il dort, il ne consacre plus son énergie à emmagasiner les images, les odeurs, et les sons de son environnement, mais à essayer d'avoir chaud et à développer ses organes, ses membres et son cerveau.

Un contact étroit Au fur et à mesure qu'il prend des forces, votre bébé pourra, avec l'accord des infirmières de néonatologie, passer de longues heures dans vos bras, hors de sa couveuse. Le peau à peau présente de nombreux avantages, et même les grands prématurés peuvent profiter de courts moments hors de la couveuse pour retrouver la peau de leur mère.

QUELQUES FAITS

Le toucher a de nombreux avantages, aussi bien pour le bébé en soins spécifiques que les parents.

Renforcer l'immunité Lors du peau à peau, les bactéries de la mère sont transmises au bébé et le protègent de ses propres germes.

Éviter le baby blues Les mères de bébé en soins spécifiques ont plus de risques de souffrir de dépression post-partum. L'ocytocine libérée lors du contact avec votre bébé peut vous aider à l'éviter.

Rentrer plus tôt Les prématurés portés en peau à peau passent souvent moins de temps à l'hôpital. Des études montrent de meilleurs scores de développement neurologique à 6 et 12 mois pour ceux qui ont profité de la méthode kangourou.

Contact peau à peau Les bébés dont les parents recourent à cette méthode régulent mieux leur température, ont de meilleurs taux d'oxygène et prennent le sein plus facilement.

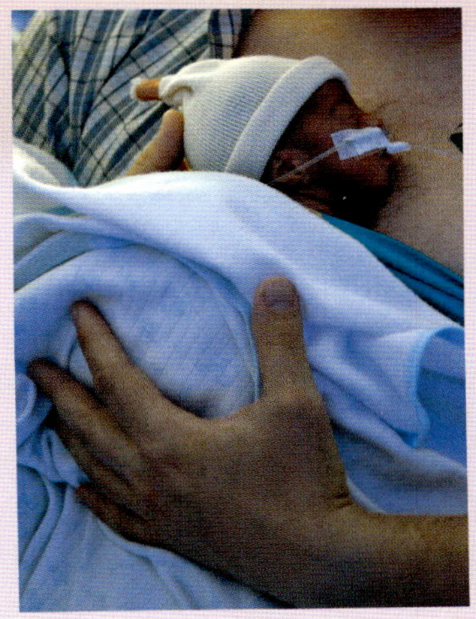

Méthode kangourou Elle consiste à tenir votre bébé nu, blotti contre votre peau, à la verticale sur votre poitrine, enveloppé dans une écharpe ou un drap. Cette technique est apparue en Colombie au début des années 1980, quand les hôpitaux n'avaient pas de couveuse pour garder les prématurés au chaud. Avec la tête sur le côté, le bébé peut facilement respirer et maintenir sa température corporelle.

question ? réponse

À quoi dois-je m'attendre au service de soins intensifs de néonatologie ?

En tant que parents, il est normal d'être angoissés, voire effrayés, face à votre bébé en couveuse, parfois relié à des sondes ou autres machines. Mais n'oubliez pas que le matériel de néonatologie est là pour l'aider à respirer et pour l'alimenter afin qu'il se développe et prenne des forces, jusqu'au jour où il n'en aura plus besoin.

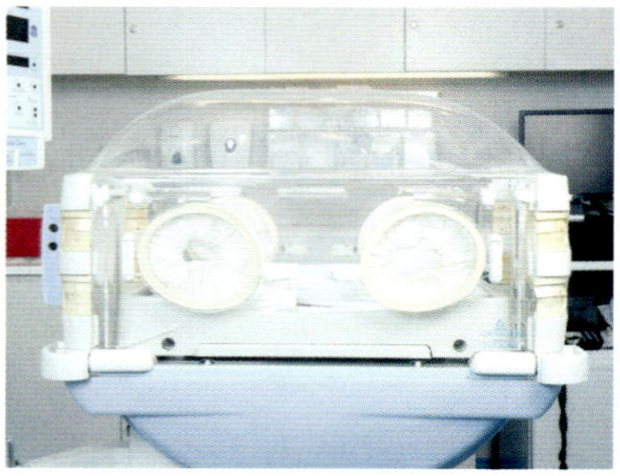

Assistance Les bébés nés prématurément peuvent passer un certain temps en couveuse, sorte de grosse boîte transparente munie d'un couvercle qui garde votre bébé au chaud. Grâce aux ouvertures latérales vous pouvez le toucher et le caresser.

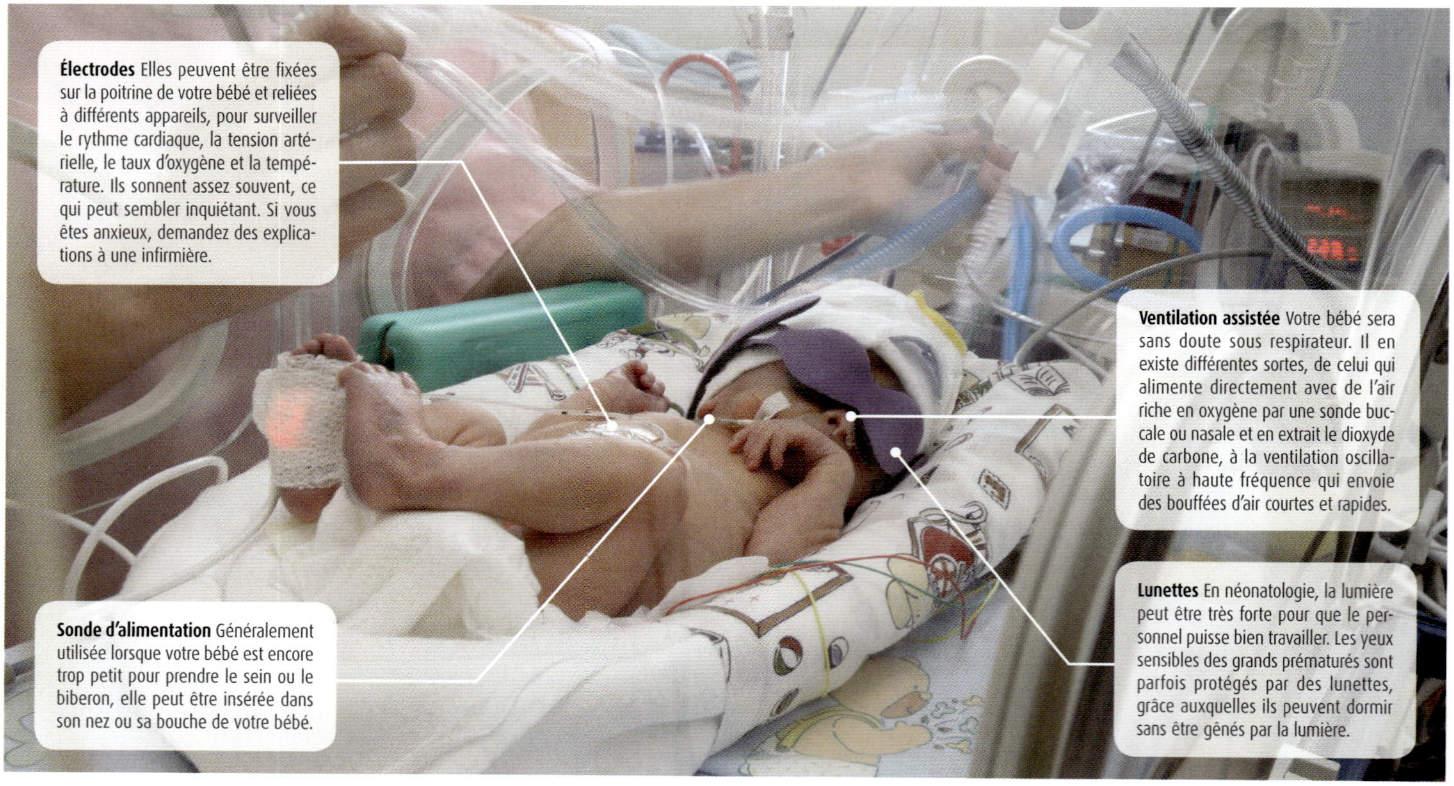

Électrodes Elles peuvent être fixées sur la poitrine de votre bébé et reliées à différents appareils, pour surveiller le rythme cardiaque, la tension artérielle, le taux d'oxygène et la température. Ils sonnent assez souvent, ce qui peut sembler inquiétant. Si vous êtes anxieux, demandez des explications à une infirmière.

Sonde d'alimentation Généralement utilisée lorsque votre bébé est encore trop petit pour prendre le sein ou le biberon, elle peut être insérée dans son nez ou sa bouche de votre bébé.

Ventilation assistée Votre bébé sera sans doute sous respirateur. Il en existe différentes sortes, de celui qui alimente directement avec de l'air riche en oxygène par une sonde buccale ou nasale et en extrait le dioxyde de carbone, à la ventilation oscillatoire à haute fréquence qui envoie des bouffées d'air courtes et rapides.

Lunettes En néonatologie, la lumière peut être très forte pour que le personnel puisse bien travailler. Les yeux sensibles des grands prématurés sont parfois protégés par des lunettes, grâce auxquelles ils peuvent dormir sans être gênés par la lumière.

question ? réponse

Qui va s'occuper de mon bébé en néonatologie ?

Votre bébé recevra des soins spécialement adaptés à ses besoins, 24 heures sur 24. Des infirmières spécialisées en néonatologie le surveilleront chaque minute du jour et de la nuit, et l'une d'elles sera plus particulièrement chargée de veiller sur lui. En plus des infirmières, des pédiatres formés à la prise en charge des prématurés, mais aussi des problèmes concernant plus particulièrement votre bébé, s'occuperont de lui. Par exemple, si votre bébé a des signes de lésions neurologiques, un neuropédiatre se chargera de cet aspect. Un néonatologue, spécialiste des bébés en soins spécifiques, sera également désigné pour s'occuper de votre nouveau-né et une infirmière vous soutiendra tant qu'il sera dans ce service. D'autres infirmières et médecins spécialisés seront là pour lui garantir les meilleurs soins possible.

question ? réponse

Quand puis-je parler des progrès de mon bébé avec l'équipe médicale ? Y a-t-il quelque chose que je puisse faire pour ses soins ?

Les infirmières en néonatologie sont toujours disponibles pour parler et vous encourageront à poser des questions. Dans la mesure du possible, elles vous feront participer à certaines tâches comme laver et changer votre bébé. Si vous avez des questions auxquelles elles ne peuvent pas répondre, elles demanderont au spécialiste le plus compétent de vous contacter rapidement. Vous constaterez que les cliniciens qui s'occupent de votre bébé seront heureux de discuter avec vous de ses progrès et de vous apporter leur soutien. Ils vous impliqueront dans toutes les décisions relatives à ses soins. Si vous êtes inquiète ou désorientée, parlez-en à une infirmière. Elle vous mettra en contact avec d'autres parents qui ont vécu des expériences proches de la vôtre. La meilleure façon de vous impliquer dans les soins de votre bébé est de connaître l'équipe médicale qui s'occupe de lui et d'être là quand les médecins viennent le voir. Les infirmières vous indiqueront les horaires de tournée de chacun d'eux.

Pourrai-je rester en permanence avec mon bébé ?

Tout dépend de la politique de l'hôpital, mais dans la plupart des cas les parents peuvent rester avec leur bébé aussi longtemps qu'ils le veulent, de jour comme de nuit. Être près de lui, le caresser tant que vous pouvez, lui parler, sont autant de manières qui l'aideront à prendre des forces. Cependant, n'oubliez pas que votre corps doit récupérer de la naissance, et qu'avec votre partenaire vous avez besoin de vous reposer. Vous avez été confrontés à des décisions difficiles et avez dû gérer les circonstances inattendues de la venue au monde de votre bébé. Alors même si vous culpabilisez de ne pas être avec lui en permanence, il est essentiel pour votre bien-être de prendre un peu de temps, seul ou à deux, loin du service de néonatologie.

Les autres membres de la famille et nos amis peuvent-ils venir voir notre bébé prématuré ?

La plupart des services de néonatologie acceptent un petit nombre de visiteurs à la fois. Les frères et sœurs sont particulièrement encouragés à venir pour tisser des liens avec le dernier-né de la famille. Cependant, si les parents peuvent généralement rester jour et nuit, le service aura des horaires assez stricts pour les visiteurs extérieurs. Gardez à l'esprit que trop de monde d'un coup peut être envahissant, alors limitez le nombre de visites simultanées. Ne vous sentez pas obligés de recevoir tout le monde. Vous avez beaucoup à faire, et si vous préférez voir simplement la famille proche, il n'y a pas de problème. Les bébés prématurés ont une faible immunité. C'est pourquoi, toute personne ayant une infection comme un rhume ou autre microbe doit rester à distance jusqu'à ce qu'elle soit guérie.

Quand pourrons-nous ramener notre bébé à la maison ?

En néonatologie, chaque cas est différent. Le temps que votre bébé passera dans ce service dépend uniquement de sa santé à la naissance et des raisons pour lesquelles il a besoin de soins spécifiques. En général, il est conseillé que les prématurés restent hospitalisés au moins jusqu'à ce qu'ils aient « atteint le terme ». À ce stade, leurs organes ont fini de se développer et ils sont normalement en mesure de survivre hors de la couveuse. Cependant, la plupart du temps, votre bébé devra satisfaire un certain nombre de critères avant de rentrer chez vous. Il devra d'abord respirer de façon autonome, ce qui se produit par étapes. Au fur et à mesure qu'il prendra des forces, les infirmières lui enlèveront le respirateur pendant de courts moments, pour qu'il apprenne à respirer de lui-même. Le temps passé sans respirateur augmentera progressivement, jusqu'à ce qu'il soit en mesure de respirer seul en permanence.

Outre une respiration autonome, votre bébé devra pouvoir se nourrir correctement au sein ou au biberon, prendre du poids, mais aussi uriner et déféquer régulièrement sans difficulté.

Avant de quitter l'hôpital, l'équipe médicale vous fixera un rendez-vous dans quelques semaines afin d'évaluer les progrès de votre bébé.

Comment me préparer à prendre le relais des soins de mon bébé ?

Avant votre retour à la maison, le personnel médical s'assurera que vous êtes en mesure d'administrer son traitement à votre bébé et que vous bénéficierez de tout le soutien nécessaire (tant sur le plan personnel que professionnel), pour vous occuper de lui. Certains services vous demanderont de rester toute la nuit avec votre bébé juste avant la sortie afin que vous puissiez suivre son schéma de soins sur 24 heures avec toute l'aide dont vous pouvez avoir besoin. Il est normal de vous sentir nerveuse alors que votre bébé était sous étroite surveillance à l'hôpital, mais dites-vous bien que le personnel soignant est heureux de le voir partir et vous fait confiance pour prendre soin de lui. Sa maison est maintenant le meilleur endroit pour lui pour grandir et se développer.

Je suis inquiète à l'idée d'administrer le traitement à mon bébé. Avez-vous des conseils à me donner ou des techniques à me suggérer ?

Les infirmières du service de néonatologie s'assureront que vous êtes confiante pour administrer le traitement à votre bébé à l'hôpital, afin que vous puissiez le faire sereinement à la maison. Mais, sans leurs conseils bienveillants, il est inévitable que vous vous sentiez débordée. Voici quelques conseils et astuces.

» **D'abord et avant tout,** restez calme, sinon votre bébé percevra votre stress et sera lui aussi moins détendu. Les gouttes ophtalmiques et nasales, les vitamines, minéraux et autres médicaments se présentent tous sous une forme liquide facile à administrer.

» **Il est essentiel de bien vous laver les mains** avant de donner le traitement. Secouez chaque flacon, et assurez-vous que vous avez tout ce dont vous allez avoir besoin sous la main, comme des lingettes antibactériennes ou des compresses.

» **Emmaillotez votre bébé** afin qu'il ne remue pas les jambes ou les bras, puis allongez-le sur la table à langer ou sur un de vos bras, selon que vous avez besoin d'une main ou des deux (par exemple, pour des gouttes ophtalmiques il vous faudra les deux).

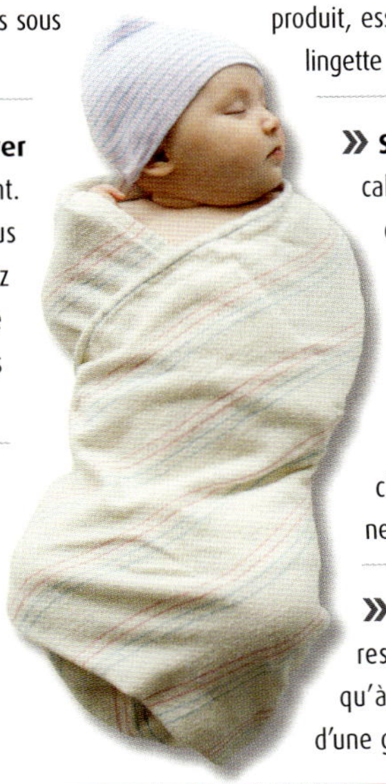

» **Évitez** que le flacon de médicaments, la pipette des gouttes ophtalmiques ou l'embout des gouttes nasales ne touchent la peau de votre bébé. Pas d'inquiétude si cela se produit, essuyez juste la pipette ou l'embout avec une lingette antibactérienne avant de vous en resservir.

» **Si votre bébé s'énerve**, arrêtez tout et calmez-le avant de réessayer. Sauf indication contraire de votre médecin, ne sautez jamais une dose de médicaments.

» **Faites un tableau** pour vous rappeler quels médicaments vous devez donner à quel moment de la journée, et consultez-le chaque jour pour être sûre que votre mémoire ne vous fera pas défaut.

» **Enfin n'oubliez pas** qu'à la maison vous respecterez le même schéma de traitement qu'à l'hôpital, ce qui les premiers temps sera d'une grande aide pour organiser votre journée.

question ? réponse

Comment mon bébé sera-t-il nourri au service de néonatologie ?

Tout dépend de son degré de prématurité. La coordination des mouvements de succion, respiration et déglutition est en place vers 34 semaines de gestation.

Les bébés nés avant ont donc besoin d'être nourris soit par perfusion (directement dans la circulation sanguine), soit par une sonde reliée à l'estomac.

Si votre bébé est un très grand prématuré il sera nourri par voie parentérale, directement dans une veine. Il recevra votre lait maternel, celui d'une donneuse ou un lait maternisé spécialement adapté à ses besoins, composé de glucides, de protéines, de graisses, de vitamines et de minéraux, y compris d'électrolytes, en tenant compte du taux d'électrolytes présents dans son sang, de son âge et de son poids.

Si votre bébé est sous assistance respiratoire, ou ne sait pas encore coordonner les mouvements de succion, respiration et déglutition, il recevra du lait maternel ou maternisé par sonde gastrique buccale ou nasale. Les apports en lait seront fréquents (toutes les 2 ou 3 heures) mais en petites quantités. Vous pourrez peut-être alors le prendre dans vos bras, voire lui donner vous-même son lait. Il recevra votre lait (que vous aurez tiré), celui d'une donneuse en provenance d'un lactarium ou un lait maternisé enrichi spécialement formulé pour les bébés de faible poids de naissance.

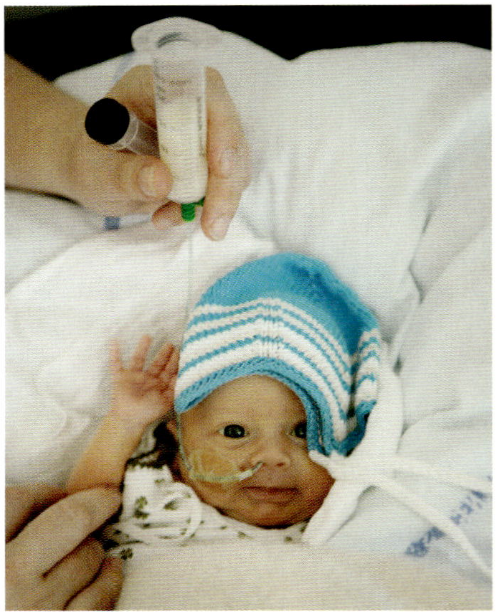

Alimentation à la seringue Grâce à elle, votre bébé reçoit de très petites quantités de lait. D'un point de vue nutritionnel, le lait maternel, fabriqué spécialement par votre organisme pour votre bébé est le meilleur. Il contient des anticorps qui renforcent son système immunitaire.

Passage au biberon Si vous le désirez, lorsque votre bébé sera assez fort pour téter, vous pourrez lui donner le biberon. Utilisez une tétine de petite taille, qui contient très peu de lait, ce qui sera plus facile à gérer pour lui.

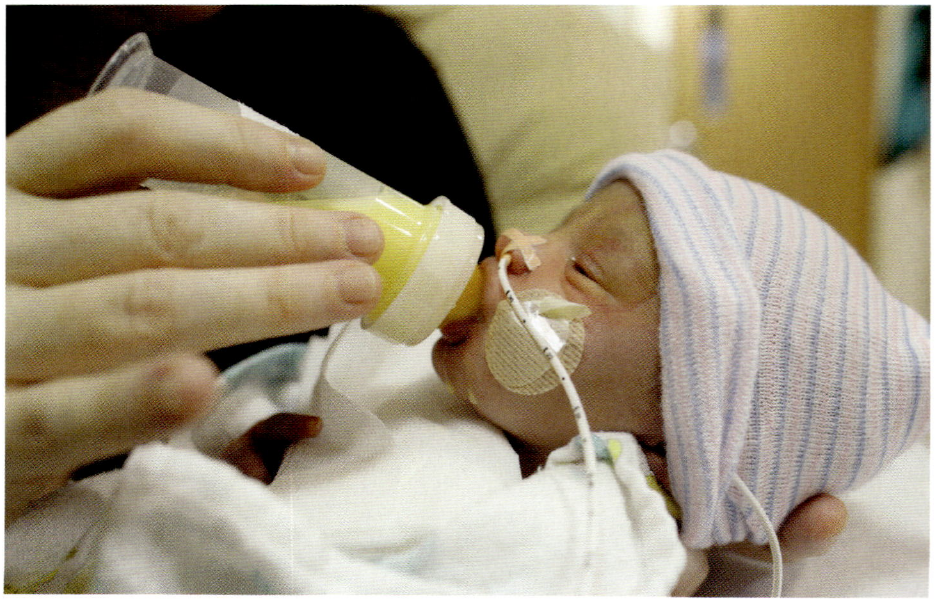

question ? réponse

Quand puis-je commencer à tirer mon lait pour mon bébé ?

Vous pouvez commencer à tirer votre lait dès que vous vous sentez prête. Le plus tôt sera le mieux. Même de très petites quantités de lait maternel contiennent des anticorps et des nutriments importants qui répondent parfaitement à ses besoins. Plus tôt vous commencerez à tirer votre lait, plus tôt vous stimulerez la lactation, et plus vous aurez de chances de réussir à allaiter votre bébé lorsqu'il saura coordonner les mouvements de succion, de respiration et de déglutition. Tant qu'il n'est pas en mesure de prendre le sein, il recevra votre lait par une sonde gastrique.

question ? réponse

Quand pourrais-je commencer à allaiter mon bébé ?

Vous pourrez essayer de mettre votre bébé au sein quand il aura pris des forces et saura coordonner la succion, la respiration et la déglutition. Un bébé prématuré a besoin de temps pour se faire à l'allaitement. Même lorsqu'il aura développé sa technique de succion, il pourra avoir du mal à téter avec sa petite bouche. Commencez par petites touches, pour qu'il s'habitue à prendre le sein et à téter. Il est probable qu'il ne prendra pas grand-chose au début et que des compléments seront nécessaires. Faites-vous aider par les infirmières du service de néonatologie qui sauront vous guider. Elles vous encourageront à prendre votre bébé en peau à peau pour lui donner envie de téter et l'aider à passer progressivement plus de temps au sein.

question ? réponse

Mon bébé régurgite beaucoup de lait. Pourquoi ?

Il est fréquent que les bébés, et particulièrement les prématurés, régurgitent après la tétée. On parle alors de *reflux*, qui est provoqué par un manque de tonicité des muscles qui commandent le *cardia*, orifice situé en bas de l'œsophage qui empêche la nourriture de ressortir de l'estomac et de remonter dans la gorge. Pour essayer de résoudre ce problème, gardez votre bébé bien droit pendant et après la tétée, prenez le temps de lui faire faire son rot. Si vous le nourrissez au biberon, prenez une tétine avec un débit lent pour lui éviter de téter trop vite (voir p. 295 pour plus de conseils sur le reflux).

Mon bébé peut-il avoir un lait maternisé normal ?

Si vous voulez nourrir votre bébé prématuré avec du lait maternisé, il aura besoin d'une formule spéciale enrichie en protéines, nutriments, calories et graisses essentielles. Le temps de l'hospitalisation, il sera fourni par le service de néonatologie. Lorsque votre bébé aura atteint le terme et sera prêt à rentrer à la maison, le pédiatre vous prescrira sans doute ce lait maternisé riche en calories en vous conseillant de continuer à lui en donner jusqu'à ce qu'il ait atteint un certain poids et soit prêt à passer à un lait maternisé normal. Dans tous les cas, ne changez pas de formule sans l'avis du médecin.

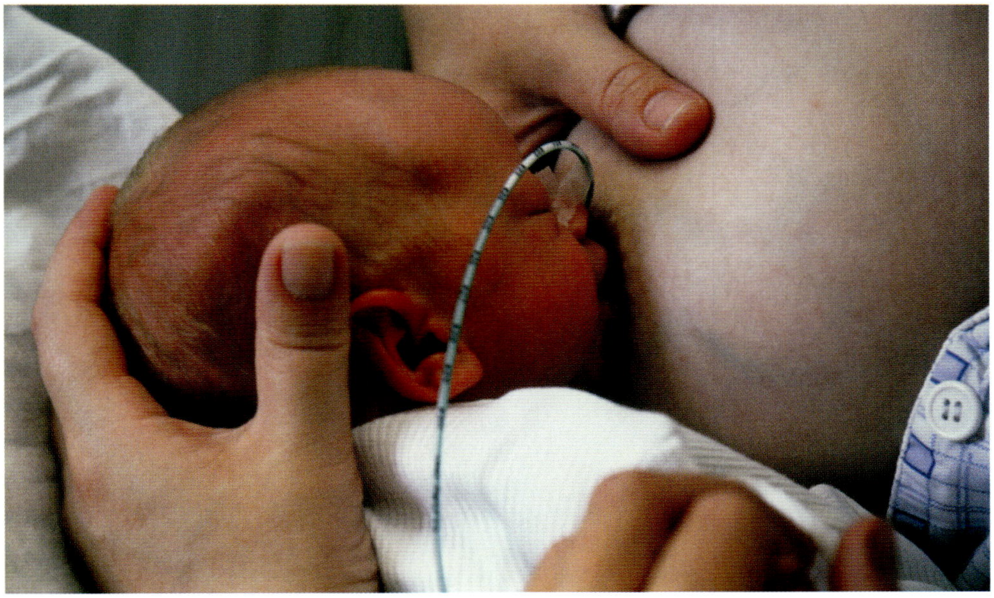

Tétée Soyez patiente lorsque vous commencez à donner le sein à votre bébé prématuré et donnez-lui du temps pour s'habituer à téter.

Comment faciliter le développement et la croissance de mon bébé une fois à la maison ?

Il est rassurant de savoir qu'arrivés à l'âge de 4 ans, la plupart des bébés prématurés ont rattrapé leur retard pour être aussi grands et forts que leurs camarades de classe. En effet, ils font généralement deux poussées de croissance de rattrapage qui les mettent au même niveau que les autres. Pour les déclencher, assurez-vous que votre bébé est bien nourri.

Les premiers mois

Votre équipe médicale laissera votre bébé sortir de l'hôpital quand elle sera sûre qu'il prend du poids. Si vous allaitez, continuez de le faire à la demande. Si vous avez opté pour le biberon, suivez les conseils de votre médecin sur le rythme des tétées. Les bébés nourris au sein, et parfois ceux qui prennent du lait maternisé, recevront des compléments en vitamines et en minéraux, pour avoir des doses supplémentaires de nutriments essentiels à leur développement. Votre bébé devra peut-être continuer à en prendre jusqu'à ce qu'il ait 1 an.

Rattrapage de croissance

Entre 1 et 2 ans, votre enfant peut faire des poussées de croissance de rattrapage, visibles d'abord par l'augmentation de son périmètre crânien sur la courbe de croissance, puis par un pic au niveau de la taille et du poids. Ses vêtements risquent rapidement de devenir trop petits. Il peut ensuite refaire une poussée vers 3 ans. Il fera alors à peu près la même taille et le même poids que tous les enfants de son âge.

Diversification

Si les spécialistes recommandent généralement de commencer la diversification autour de 5 ou 6 mois (dans tous les cas, jamais avant 4 mois), pour les prématurés, il faut compter à partir du terme prévu et non de la naissance. Ainsi, si votre bébé est né avec 4 semaines d'avance, vous devrez attendre qu'il ait 6 ou 7 mois avant d'introduire d'autres aliments que le lait, le temps que son système digestif soit assez mature pour digérer des aliments solides. Si vous avez des doutes ou si votre bébé était un très grand prématuré, l'équipe médicale qui s'est occupée de lui pourra vous guider.

D'autres façons de l'aider

» **Favoriser un bon rythme de sommeil, et apprendre peu à peu à votre bébé à se calmer tout seul pour s'endormir** l'aidera à grandir et à se développer. Des études montrent que les bébés prématurés qui dorment profondément avec la méthode kangourou (voir p. 313) grandissent et se développent mieux que les autres.

» **Au fur et à mesure que votre bébé grandit, un peu d'activité tous les jours** l'aidera à améliorer son tonus musculaire et la solidité de ses os, ce qui favorisera sa croissance.

Être à la maison avec mon bébé est merveilleux, mais épuisant. Comment rendre les choses plus faciles ?

question ? réponse

Rentrer chez vous avec votre bébé qui a besoin de soins spécifiques est un bonheur, mais vous pouvez vous sentir nerveux à l'idée de vous en occuper seule. Ce n'est généralement qu'une fois à la maison que les parents réalisent la difficulté de l'épreuve qu'ils ont traversée. Vous réussirez à y faire face en travaillant sur vos émotions et en vous faisant aider.

Faire face émotionnellement

Il est normal d'appréhender les premiers temps (qu'il s'agisse de jours, de semaines ou de mois) de vie à la maison en tant que famille, après l'hospitalisation prolongée de votre bébé. Vous pouvez être anxieuse à l'idée de vous occuper de lui sans le soutien permanent de l'équipe médicale, tout en étant en colère parce que la vie n'a pas été aussi facile qu'elle aurait dû l'être. La frustration, la culpabilité, la confusion, l'irritabilité et l'impuissance sont d'autres réactions parfaitement normales dans votre situation. Le plan en 5 étapes proposé ci-dessous peut vous aider à venir à bout de ces sentiments complexes.

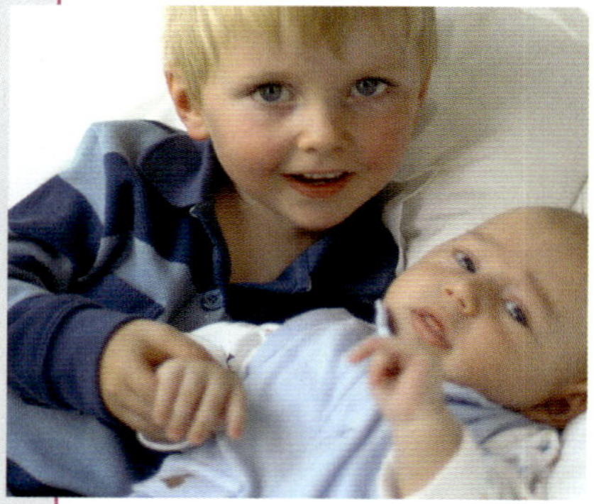

Un lien étroit Le temps que vos aînés passent à parler et à toucher le petit dernier les aidera à nouer un lien solide avec lui.

Votre famille s'agrandit

Accueillir un nouveau bébé dans une famille n'est pas toujours simple, et avec un bébé qui a besoin de soins supplémentaires, le défi n'en est que plus grand. Attention à ne pas exclure vos autres enfants. Si vous le pouvez, impliquez-les dans les soins du bébé. Par exemple faites-les participer à la petite toilette ou demandez-leur d'aller chercher une couche. Si vous êtes inquiète à l'idée qu'un enfant de 2 ans câline un nourrisson prématuré, alors fixez des limites qui vous conviennent. Soyez honnête, mais douce. Expliquez-lui que le bébé a été malade et que pour l'instant seuls les grands peuvent le prendre dans leurs bras, mais qu'il adore qu'on lui caresse la tête ou qu'on lui tienne la main. Chantez des berceuses ensemble, expliquez aux aînés combien ce nouvel arrivant aime entendre leurs voix et à quel point cela l'aide à se sentir mieux. Si vous êtes triste ou irritable, vos autres enfants risquent d'être désorientés et de penser que le bébé n'est pas bien à cause d'eux. Rassurez-les, dites-leur bien que rien n'est de leur faute. Excusez-vous si vous êtes grincheuse, expliquez-leur simplement que vous êtes fatiguée. Remerciez-les quand ils vous aident, et essayez de leur consacrer du temps tous les jours, même si c'est juste au moment du bain ou du coucher.

PLAN EN 5 ÉTAPES

Ce plan en 5 étapes, très simple, vous aidera à gérer vos émotions face à votre bébé qui a besoin de soins spécifiques. Ce n'est certes pas la panacée, mais tout ou partie de ces étapes vous aidera à mieux accepter les événements et à avancer.

1 Admettez votre peine

Si vous saviez avant la naissance que votre bébé aurait besoin de soins supplémentaires, vous souffrez peut-être d'avoir été privée d'une grossesse sereine. S'il est prématuré, vous pouvez regretter de ne pas avoir pu mener votre grossesse à terme. Peut-être pensez-vous à ces premiers moments dont vous n'avez pas pu profiter seule avec votre bébé. Reconnaître la perte d'expériences que vous auriez aimé vivre est le premier pas pour aller mieux.

2 Exprimez vos émotions

L'hôpital pourra vous mettre en contact avec un thérapeute formé à aider les parents des bébés en soins spécifiques. En parlant à quelqu'un qui n'est pas impliqué émotionnellement, vous réussirez à rationaliser vos sentiments. Vous pouvez aller à ces consultations seule ou avec votre partenaire. Rédiger un journal des progrès de votre bébé en exprimant vos sentiments vous rappellera de façon positive à quel point vous avez avancé.

3 Fêtez chaque progrès

Un progrès n'est pas nécessairement une grande étape. Fêtez, par exemple, la première promenade au parc avec votre bébé dans le landau, les 5 minutes de pause que vous êtes accordées pour manger une collation, les deux cartes de remerciement que vous avez réussi à écrire, de petites étapes vers une vie normale qui sont autant de petites victoires. Elles vous rappelleront que vous avancez un peu plus chaque jour.

4 Faites-vous aider

Vous n'avez pas besoin d'être forte tout le temps. Quand vous le pouvez, demandez de l'aide sur des aspects pratiques, pour pouvoir rester à la maison et vous occuper de votre bébé et de vous. Par exemple, quelqu'un pourrait se charger du ménage, des courses et de la cuisine. N'hésitez pas à faire appel à vos amis ou aux membres de la famille, pleins de bonne volonté, et acceptez sans hésiter toute aide spontanée.

Du temps ensemble
Une fois à la maison avec votre bébé, profitez de doux moments avec lui.

OÙ TROUVER DE L'AIDE ET DU SOUTIEN PSYCHOLOGIQUE ?

Les possibilités pour trouver de l'aide et mieux faire face à la situation sont nombreuses.

» **Votre partenaire :** n'hésitez pas à le solliciter, il se sentira ainsi plus impliqué et positif.

» **Les organismes communautaires :** plusieurs organismes communautaires, groupes bénévoles et entreprises d'économie sociale proposent leurs services pour soutenir les parents. Communiquez avec votre CLSC pour connaître ceux de votre quartier.

» **Les amis et la famille :** sollicitez-les dès que vous pouvez. Ils seront ravis de vous donner un coup de main pour vous décharger.

» **D'autres parents :** l'hôpital peut vous mettre en contact avec des parents qui ont vécu une situation semblable. De nombreux hôpitaux mettent en place des groupes de soutien pour les parents de bébés en soins spécifiques.

» **Un thérapeute :** demandez à votre médecin de vous conseiller un thérapeute ou, si vous avez rencontré celui du service de néonatologie, appelez-le pour parler. Exprimer vos sentiments auprès d'un interlocuteur moins impliqué vous aidera à évacuer vos émotions sans crainte d'être jugée.

» **Sur Internet :** recherchez des associations de parents de bébés en soins spécifiques. La plupart proposent des forums de discussion en ligne et des permanences téléphoniques. Elles vous indiqueront les groupes de soutien qui existent dans votre quartier.

5 Prenez un jour après l'autre

Faire des plans ou vous fixer des échéances ne fera que vous compliquer la tâche. Essayez au contraire de profiter chaque jour de chaque moment comme il vient, et savourez les progrès de votre bébé. N'accordez pas trop d'importance à certaines choses. Autorisez-vous à lâcher prise de temps en temps.

Un soutien mutuel

Même si chacun réagit à sa façon face à la pression que s'occuper d'un bébé suppose, essayez de faire équipe. Attribuez-vous des rôles, pour vous sentir à la fois valorisés et impliqués, et vous rendre compte à quel point vos forces mutuelles se complètent. Votre partenaire peut aussi s'inquiéter pour vous. Dites-lui comment vous aider, par exemple, en vous préparant une salade avant de partir travailler ou en se chargeant des lessives. Encouragez-le à faire du peau à peau avec votre bébé, afin de tisser des liens.

Les mamans dont les bébés ont été hospitalisés en néonatologie ont plus de risques de souffrir du *baby blues*. Sachez reconnaître ses symptômes (voir p. 263). Prenez le temps chaque jour de partager votre ressenti afin de renforcer votre relation, et pour vous, de sentir à quel point vous êtes soutenue.

La question la plus fréquemment posée aux médecins à la naissance est : « **Est-ce que tout va bien ?** ». Voici quelques situations auxquelles les parents peuvent être confrontés, dont vous avez peut-être déjà entendu parler.

Complications à la naissance

Examen du bébé à la naissance

L'équipe médicale s'assurera que votre bébé va bien dès ses premiers instants de vie. Dans les jours qui suivent sa naissance, il sera examiné par un pédiatre qui procédera à une série de tests afin de dépister d'éventuelles complications. La plupart des problèmes évoqués dans cette partie, y compris la fente labiale, l'ankyloglossie et la hernie, seront détectés au cours de ces examens (voir p. 246) ou auront été repérés pendant la grossesse. Si nécessaire un traitement sera entrepris immédiatement. Le suivi de votre bébé sera assuré par un pédiatre ou votre généraliste. Vous pouvez aussi vous rendre au CLSC de votre quartier pour une consultation avec un médecin ou une infirmière. Certains problèmes sont identifiés très rapidement, d'autres apparaissent au bout de quelque temps seulement, ce qui explique que la croissance et le développement de votre bébé soient étroitement surveillés les premiers mois.

Faites confiance à votre instinct

Vous êtes la mieux placée pour veiller au bien-être de votre bébé, alors si vous avez l'impression que quelque chose ne va pas, même si vous craignez de vous faire des idées, parlez-en à une infirmière ou à votre médecin. Lorsqu'il s'agit d'un nouveau-né, les inquiétudes sont toujours prises au sérieux, et personne ne pensera que vous angoissez pour rien ou que vous faites preuve d'un excès de prudence.

La découverte du problème

Apprendre que votre bébé a un problème est naturellement bouleversant. Si cette découverte intervient pendant la grossesse, vous aurez le temps de vous y faire et de vous renseigner sur les différents traitements possibles. Si au contraire elle a lieu après la naissance, outre une certaine inquiétude, vous aurez sans doute de nombreuses interrogations. Certains problèmes peuvent être traités facilement. D'autres nécessitent des traitements à plus long terme, voire parfois une intervention chirurgicale. Néanmoins, la plupart peuvent être réglés totalement ou en partie. Avoir connaissance tôt d'une maladie permet un traitement rapide et de meilleurs résultats.

Cette partie décrit un certain nombre de maladies susceptibles de toucher les nouveau-nés. Certaines sont dépistées ou suspectées pendant la grossesse, lors d'une échographie ou en raison d'un problème de croissance, d'autres sont détectées dans les jours ou les semaines qui suivent la naissance. Vous y découvrirez les plus fréquentes, comme la jaunisse ou les hernies ombilicales, mais aussi d'autres beaucoup plus rares. Dans tous les cas, les conséquences pour votre bébé, le traitement et les aides disponibles vous seront expliqués.

question ? réponse Quels problèmes ou quelles maladies peuvent être observés à la naissance ?

Si on considère les milliards de divisions cellulaires et de processus biologiques impliqués dans la conception d'un enfant, il n'est guère surprenant que de temps à autre les choses tournent mal et qu'un bébé naisse avec une maladie qui nécessite un traitement dès les premiers mois de sa vie, ou des soins permanents. Plus vite le problème est détecté, plus tôt ils peuvent être mis en place, ce qui, dans de nombreux cas, limite les conséquences à long terme pour le bébé.

Syndrome de stress respiratoire (SDR)

» De quoi s'agit-il ?

Pour se gonfler correctement, les poumons d'un nouveau-né ont besoin d'une quantité suffisante de surfactant, substance qui maintient les poumons gonflés et les sacs alvéolaires dilatés lorsque le bébé commence à respirer à la naissance. La production de surfactant démarrant vers 27 semaines, les bébés nés avant 31 semaines n'en ont pas assez pour inspirer correctement, ce qui conduit à un SDR. Le cas échéant, votre nouveau-né montrera dès la naissance des signes de difficultés respiratoires dont la sévérité dépend du degré de prématurité. En l'absence de traitement, les symptômes s'aggraveront les jours suivants. Certains bébés seront immédiatement placés sous assistance respiratoire pour commencer à respirer, d'autres produiront un grognement lorsqu'ils essaieront de remplir leurs poumons.

» Que faire ?

Dès le déclenchement du travail prématuré, vous recevrez des injections de stéroïdes pour accélérer le développement des poumons de votre bébé. Quand il sera né, il aura peut-être besoin d'aller en couveuse, où du surfactant lui sera administré par une sonde buccale reliée directement à ses poumons. Une fois stabilisé, il sera mis sous assistance respiratoire, qui remplit mécaniquement ses poumons d'air, en respirant à sa place, ou sous ventilation en pression positive continue, qui empêche les poumons de s'affaisser entre deux inspirations, tout en le laissant respirer de façon autonome.

» Quels sont les risques pour mon bébé ?

Les éventuelles conséquences du SDR sur votre bébé dépendent de son âge gestationnel à la naissance. Avec un traitement rapide et des progrès lents mais réguliers, il peut récupérer complètement. Certains enfants auront besoin d'une assistance respiratoire juste quelques jours, mais en cas de très grande prématurité, elle peut durer des semaines. En effet, parfois les poumons mettent des mois à fonctionner correctement. Chez de nombreux très grands prématurés, le SDR évolue en dysplasie bronchopulmonaire.

Infections congénitales

Les infections virales ou bactériennes présentes à la naissance sont appelées *infections congénitales*. Elles sont transmises par la mère, par le placenta pendant la grossesse, ou lors de l'accouchement. Voici les infections les plus courantes. La toxoplasmose, l'hépatite, le VIH ou le CMV sont également assez fréquents.

INFECTION	DE QUOI S'AGIT-IL ?	QUE FAIRE ?
Streptocoque du groupe B (Infections à SGB)	Un bébé peut contracter une infection à streptocoque du groupe B pendant l'accouchement si sa mère est porteuse de la bactérie. Il contracte alors une septicémie susceptible de provoquer de graves complications. Les prématurés sont plus à risque.	L'administration rapide d'un traitement antibiotique évite les répercussions à long terme. Si la mère est porteuse de l'infection, l'enfant recevra des antibiotiques dès sa naissance afin d'endiguer sa propagation. Si la contamination de la mère n'est pas connue, le bébé risque d'être sans réaction, d'avoir des difficultés respiratoires et le teint pâle, de mal réguler sa température et de convulser.
Herpès	Il existe deux formes du virus de l'*Herpes simplex*, l'HSV1, qui provoque des boutons de fièvre et l'HSV2, à l'origine de l'herpès génital. Le HSV2 est plus fréquent chez les nouveau-nés qui contractent le virus lors de l'accouchement. Il peut entraîner de graves maladies, voire un décès néonatal.	Si vous êtes atteinte (ou pensez l'être) d'herpès génital, votre obstétricien vous conseillera sans doute une césarienne afin d'éviter à votre bébé de contracter le virus. En cas de contamination, dans un premier temps, votre bébé peut n'avoir aucun symptôme et sembler aller tout à fait bien. En revanche, si le virus est actif, il risque alors de devenir sans réaction, d'avoir du mal à téter et d'être fiévreux. Pour endiguer l'infection, un antiviral par voie intraveineuse lui sera administré pendant une durée qui peut atteindre 3 semaines.
Rubéole	Cette infection virale peut provoquer de graves complications chez les enfants prématurés (voir p. 139). La rubéole congénitale survient lorsque le bébé contracte le virus *in utero* au cours du 1er trimestre. Elle peut être à l'origine de troubles du développement qui touchent le cœur, le système nerveux et l'appareil locomoteur.	Il n'y a pas de traitement pour l'infection elle-même, l'objectif est donc d'en limiter les conséquences. Certains enfants devront subir une opération du cœur pour corriger une malformation. Malheureusement, les lésions cérébrales sont irréversibles.

JAUNISSE

» À quoi est due la jaunisse ?
La jaunisse du nouveau-né, également appelée *jaunisse néonatale* ou *ictère du nouveau-né*, est une maladie généralement bénigne provoquée par un taux élevé de bilirubine dans le sang. La bilirubine est un pigment jaune produit lors de la destruction des globules rouges, métabolisé par le foie, puis excrété dans l'urine ou les selles. Dans l'utérus, votre bébé a besoin de plus de globules rouges pour transporter l'oxygène dans son organisme et le placenta. Cependant, après la naissance, ses besoins en globules rouges chutent et l'excédent doit être détruit. Or ces globules rouges supplémentaires sollicitent plus le foie encore immature de votre bébé, qui ne peut pas éliminer toute la bilirubine. Celle-ci est alors réabsorbée dans la circulation sanguine, ce qui provoque une coloration jaunâtre de la peau et du blanc des yeux. La maladie est très fréquente chez les nouveau-nés, puisqu'elle touche 6 bébés nés à terme et 8 prématurés sur 10. Ces derniers la contractent un peu plus fréquemment car leur foie et leur tube digestif, très immatures, ne sont pas capables d'évacuer cette surcharge de globules rouges. En général, la jaunisse survient dans les 2 ou 3 premiers jours de vie, et disparaît spontanément sans traitement en une semaine environ. Cependant, sa forme sévère nécessite une prise en charge afin d'éviter les complications, susceptibles d'entraîner des lésions cérébrales.

» Comment savoir si mon bébé à la jaunisse ?
Si vous constatez que votre bébé a un teint jaunâtre, appuyez doucement au milieu de son front avec votre doigt. En cas de jaunisse, quand vous enlevez votre doigt, la peau est jaune. Vous pourrez également observer un jaunissement de la paume des mains et de la plante des pieds. Les selles peuvent être claires (et non marron) et l'urine très jaune (et non claire). Enfin le blanc des yeux de votre bébé peut aussi être jaune.

» Est-il possible de ne pas voir qu'un bébé à la jaunisse ?
Une jaunisse légère peut tout à fait vous échapper. Mais que vous soyez à l'hôpital ou à domicile, les premiers jours, l'infirmière vérifiera régulièrement qu'elle n'est pas apparue. Il est donc peu probable qu'elle ne soit pas détectée. Elle tiendra également compte des facteurs de risque inhérents à la jaunisse, à savoir prématurité, antécédents de jaunisse chez vos autres enfants, difficultés à téter, allaitement maternel (la jaunisse est plus fréquemment observée chez les bébés nourris au sein) et enfin, manque de tonicité et de réceptivité. Une mauvaise alimentation et un désintérêt peuvent être indicateurs de jaunisse. Contactez immédiatement votre médecin si le teint jaune de votre bébé s'accompagne d'une léthargie extrême, d'irritabilité, du refus de manger ou de fièvre.

» Mon bébé devra-t-il passer des examens pour confirmer une suspicion de jaunisse ?
Si sa jaunisse est forte, votre bébé sera exposé sous une lampe spéciale, sous l'effet de laquelle la peau absorbe la lumière et l'organisme transforme la bilirubine. Une infirmière pourra effectuer un prélèvement sanguin pour faire un dosage de la bilirubine et vous demander un échantillon d'urine pour rechercher des maladies sous-jacentes. Si la jaunisse est confirmée, le médecin procédera à des tests supplémentaires pour en déterminer la cause et la gravité.

» Mon bébé devra-t-il être sous traitement ?
La plupart du temps, la jaunisse disparaît d'elle-même, lorsque le foie est capable de métaboliser l'excès de bilirubine, au maximum dans les 15 jours qui suivent la naissance. Si votre bébé est prématuré, ou si son taux de bilirubine est très élevé, il sera traité par *luminothérapie* (photothérapie). En général, le traitement est efficace en quelques jours, ce qui laisse supposer que tout va bien et que votre bébé peut rentrer à la maison. Si le taux de bilirubine reste élevé, une transfusion sanguine peut être réalisée en service de néonatologie. De petites quantités de sang de votre bébé sont remplacées par celui d'un donneur compatible, jusqu'à ce que le taux de bilirubine soit suffisamment bas pour que la jaunisse disparaisse.

» Que faire pour éviter que mon bébé contracte la jaunisse ?
Assurez-vous que votre bébé mange bien afin qu'il ne soit pas déshydraté. S'il est nourri au sein, encouragez-le à téter toutes les 2 heures. S'il prend le biberon, donnez-lui 30 à 60 ml toutes les 3 heures. Si vous allaitez mais que votre bébé ne prend pas assez et commence à avoir des symptômes de jaunisse, l'infirmière vous suggérera sans doute de tirer votre lait 1 jour ou 2 (ce qui en plus favorisera la lactation) et de le nourrir à la tasse ou au biberon.

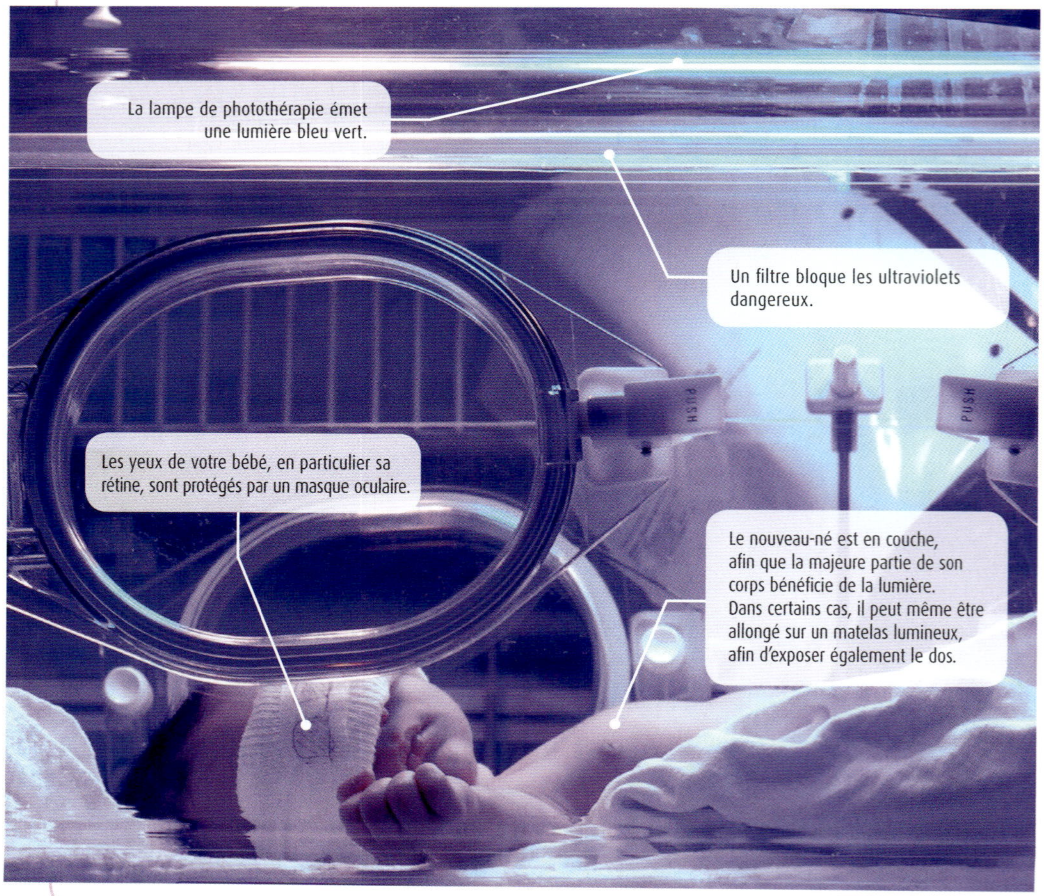

Traitement par photothérapie Votre bébé est placé sous une lampe spéciale qui change la composition chimique de la bilirubine, facilitant ainsi sa dégradation.

Fente labiale et palatine

» De quoi s'agit-il ?
Les différentes parties du visage de votre bébé se développent séparément avant de se souder. Cependant, en cas de problème à la jonction, une fente labiale ou palatine apparaît. Elle correspond à une ouverture dans la lèvre supérieure et dans le palais. Un bébé peut donc avoir une fente labiale, une fente palatine, ou les deux (*labiopalatine*). Cette malformation, souvent héréditaire, empêche votre bébé de s'alimenter correctement, puis de parler. Au Canada, toutes formes confondues, elle touche environ un nouveau-né sur 1 000.

» Que faire :
Il aura besoin d'une opération. L'intervention est généralement réalisée avant le 1er anniversaire de l'enfant. La correction de la fente labiale peut être effectuée dès 3 mois, et est suivie d'une opération du palais. Quelques enfants garderont une voix un peu nasillarde ou des difficultés de prononciation, mais la plupart d'entre eux auront un discours normal. Plusieurs interventions peuvent être nécessaires.

Hernie ombilicale

» De quoi s'agit-il ?
Non douloureuse, elle survient lorsqu'un morceau de l'intestin du bébé s'insère dans l'orifice de la paroi abdominale où était attaché le cordon ombilical, qui ne s'est pas refermé après la naissance. Vous constaterez alors une protubérance lorsque votre bébé pleure ou force sur son ventre. Elle est assez souvent observée chez des bébés en bonne santé nés à terme. Le risque est un peu plus important chez les prématurés.

» Que faire :
En général, l'abstention thérapeutique est de mise, sauf si la hernie est très volumineuse ou infectée. Dans ces cas-là, elles font souvent l'objet d'un traitement chirurgical. Tant que l'infection est traitée avant qu'elle ne se propage à la paroi intestinale, il n'y a pas de conséquences à long terme.

Hernie inguinale

» De quoi s'agit-il ?
Chez environ un prématuré sur 6, une partie de l'intestin grêle forme une protubérance en passant à travers un orifice de la paroi abdominale près de l'aine, endroit appelé *canal inguinal*. Elle se manifeste par une protubérance (grosseur) au niveau de l'aine lorsque le bébé pleure ou force sur son ventre.

» Que faire :
Votre bébé aura besoin d'une intervention chirurgicale pour remettre les intestins en place et fermer l'orifice du canal inguinal afin d'éviter toute récidive. En général, l'opération a lieu dès que le diagnostic de hernie est posé.

Problèmes cardiaques congénitaux

» Quels types d'anomalie peuvent se produire ? Au Canada, un bébé sur 100 naît avec une anomalie cardiaque congénitale. Une des plus fréquentes concerne le canal artériel, grâce auquel la circulation sanguine court-circuite les poumons dans l'utérus. Normalement, ce canal se ferme dans les 24 heures qui suivent la naissance, mais il peut arriver qu'il reste ouvert, entraînant une surcharge en sang du cœur et des poumons (voir p. 311). Les autres problèmes cardiaques congénitaux sont notamment :

Communication interauriculaire (CIA) et communication interventriculaire (CIV) Appelées *trou dans le cœur*, elles surviennent lorsque les cavités du cœur du bébé ne se ferment pas pour être indépendantes, entraînant ainsi un mélange entre le sang oxygéné et le sang désoxygéné. En général, une intervention chirurgicale règle le problème. Souvent, les petites ouvertures se résorbent d'elles-mêmes.

Coarctation aortique Elle consiste en un rétrécissement de l'aorte, ce qui a pour effet de limiter le flux sanguin. Potentiellement grave, elle peut être traitée par l'insertion d'un *stent*, sorte de petit tube qui dilate l'artère, ou par une intervention chirurgicale plus lourde qui consiste à retirer la partie de l'aorte touchée.

Sténose des valves Elle se produit lorsque les valves artérielles ou ventriculaires rétrécissent, ce qui gêne la circulation sanguine entre les cavités du cœur et entraîne un souffle cardiaque. Elle nécessite généralement une intervention chirurgicale.

Certains bébés peuvent avoir des problèmes plus graves, comme le développement incomplet d'une partie du cœur, ou une transposition des gros vaisseaux.

» Quand les problèmes cardiaques sont-ils détectés ? Certaines anomalies sont repérées par le technologue en échographie pendant la grossesse, d'autres seulement après la naissance. Si un problème est détecté *in utero*, un cardiologue vous expliquera les conséquences de la maladie pour votre bébé, et le cas échéant, le traitement nécessaire après la naissance. N'hésitez pas à poser des questions. Votre médecin vous indiquera des groupes de soutien et pourra vous présenter d'autres parents ayant vécu une situation semblable.

LÉGENDE
- Sang riche en oxygène
- Sang pauvre en oxygène
- Mélange de sang riche et pauvre en oxygène

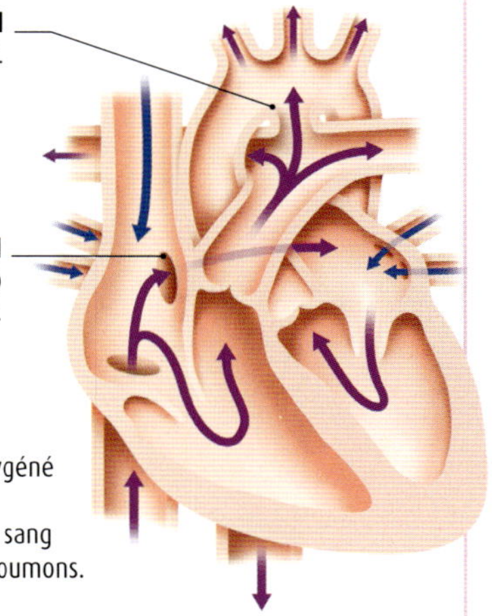

Cœur fœtal
Dans l'utérus, le fœtus est oxygéné par le placenta et la plupart du sang contourne les poumons.

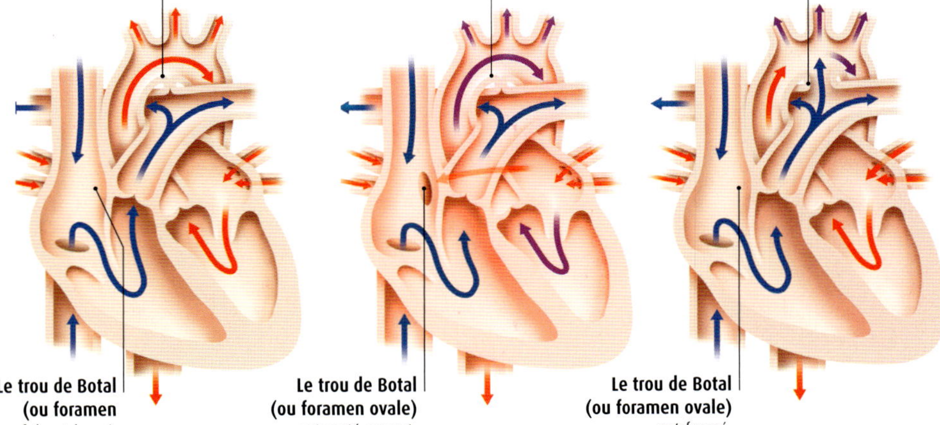

Cœur de nouveau-né en bonne santé À la naissance, le trou de Botal, ou *foramen ovale*, situé entre les cavités, et le canal artériel se ferme. La circulation normale commence.

Foramen ovale ouvert Si l'orifice entre les cavités reste ouvert à la naissance, le sang retourne dans les poumons, ce qui rend la circulation moins efficace.

Vaisseau sanguin ouvert Si le canal artériel ne se ferme pas à la naissance, le sang oxygéné destiné au reste de l'organisme est renvoyé vers les poumons.

Dysplasie de la hanche

» De quoi s'agit-il ?
Cette anomalie est fréquemment observée chez les bébés nés par le siège. Le fémur, os de la cuisse, relie le bassin à la hanche par une articulation orbiculaire qui autorise un large éventail de mouvements circulaires au niveau des membres inférieurs. Dans les 3 jours qui suivent la naissance, le pédiatre examinera votre nouveau-né et procédera à une rotation des hanches afin de s'assurer qu'il n'y a ni luxation, ni gêne au mouvement. La dysplasie de la hanche a un caractère héréditaire et 80 % des bébés touchés sont des filles.

» Que faire :
Dans certains cas, il s'agit juste de renforcer les ligaments autour de l'articulation qui maintient le fémur en place dans la cavité, ce qui se fait naturellement. Si sa dysplasie de la hanche est due à une malformation de l'os, votre bébé devra peut-être porter un harnais spécial (dit de *Pavlik*) qui maintient les cuisses écartées pour que la cavité se forme correctement autour de la tête du fémur alors que les os se consolident. En cas de dysplasie non détectée avant les 6 mois de l'enfant, ou si le port du harnais n'a pas eu d'effet, une intervention chirurgicale sera nécessaire pour replacer le fémur dans la cavité. Après l'opération, le bébé devra porter un plâtre jusqu'à ce que les os se soient reconstitués autour du fémur, ce qui prend environ 3 mois.

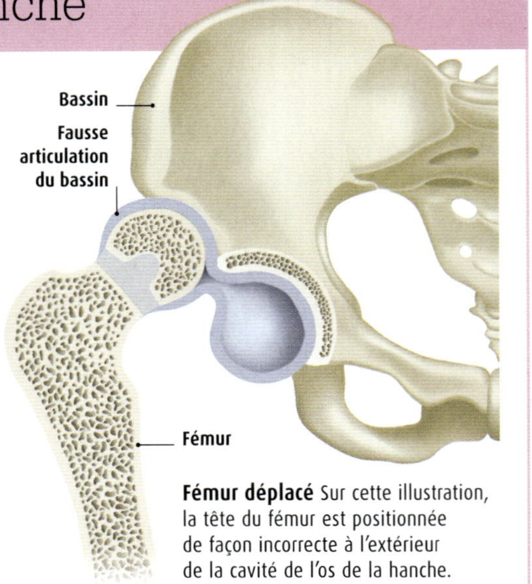

Fémur déplacé Sur cette illustration, la tête du fémur est positionnée de façon incorrecte à l'extérieur de la cavité de l'os de la hanche.

Cryptorchidie

» De quoi s'agit-il ?
Au cours du 3e trimestre, les testicules du fœtus garçon migrent dans les bourses (ou *scrotum*). Cependant dans certains cas (estimés à 1 % des garçons nés à terme et à 25 % des prématurés), un testicule est resté dans l'abdomen ou au niveau de l'aine. Cette anomalie ne provoque aucune douleur.

» Que faire ?
Le plus souvent, les testicules migreront sans aucune intervention avant les 6 mois du bébé. Dans le cas contraire, ils seront mis en place lors d'une intervention chirurgicale (*orchidopexie*), généralement programmée avant les 5 ans de l'enfant.

Pied bot (varus équin)

» De quoi s'agit-il ?
Malformation observée lorsque les tendons internes de la jambe sont plus puissants et plus courts que les tendons externes. Le pied (ou les pieds, les deux étant touchés dans un cas sur 2) est alors tourné vers l'intérieur. En général, les os des chevilles sont également mal formés. Cette anomalie, dont un nouveau-né sur 1000 est atteint, touche plus fréquemment les garçons et est héréditaire. Le pied bot peut être une malformation isolée qui se soigne facilement ou indicateur d'une anomalie chromosomique.

» Que faire ?
Peu après la naissance, votre bébé commencera un programme hebdomadaire de rééducation et de plâtrage pour remettre le pied dans la bonne position au fur et à mesure que ses os grandissent. Ensuite, une simple intervention chirurgicale sera nécessaire pour libérer la tension du tendon d'Achille. Afin d'éviter toute récidive, il devra sans doute porter une orthèse spéciale au pied, en permanence dans un premier temps, puis seulement la nuit, jusqu'à ce qu'il ait 4 ou 5 ans. Au terme du traitement, la plupart des enfants récupèrent complètement.

Syndactylie

» De quoi s'agit-il ?
Les mains et les pieds du fœtus se forment dans les premières semaines de la grossesse. Vers 5 semaines, ils ressemblent à des palmes, les doigts et les orteils étant reliés par la palmure interdigitale. Ils commencent à se séparer 2 ou 3 semaines après. La syndactylie, ou *palmature*, survient lorsque 2 doigts ou orteils (ou plus) ne se sont pas séparés correctement, donnant l'impression d'être palmés. L'effet peut être superficiel, et ne concerner que la peau, mais les os peuvent aussi avoir fusionné. Elle touche un bébé sur 2000, et peut être héréditaire.

» Que faire ?
Une intervention chirurgicale (*désyndactylisation*) est nécessaire pour séparer les os et la peau des doigts ou des orteils reliés. Si plus de 2 doigts ou orteils ont fusionné, plusieurs opérations seront nécessaires. En effet, il n'est possible d'intervenir que sur un côté du doigt à la fois pour préserver la circulation sanguine dans l'ensemble de la main ou du pied.

Ankyloglossie

» De quoi s'agit-il ?
Elle est observée lorsque le frein de la langue, qui la relie au plancher de la bouche, est anormalement court, ce qui limite sa mobilité aussi bien vers l'avant que sur les côtés. Elle peut rendre l'allaitement difficile et les mamelons ulcérés et douloureux si le bébé n'arrive pas à téter correctement. Si votre bébé a des difficultés à se nourrir, l'ankyloglossie peut être suspectée. Elle touche entre 4 et 10 % des nouveau-nés, et est plus fréquemment observée chez les garçons que chez les filles.

» Que faire ?
Si votre bébé a des difficultés à s'alimenter, et que le médecin pense que l'ankyloglossie en est la cause, une incision du frein (*frénotomie*) sera réalisée afin de faciliter les mouvements de la bouche et de la langue.

Rétinopathie du prématuré (RDP)

» De quoi s'agit-il ?
Les images se forment à l'arrière de l'œil, sur la rétine. Chez les bébés nés avant 31 semaines, le risque de développer une vascularisation anormale de la rétine, susceptible d'altérer la réception des informations et de provoquer une distorsion de la vision peut survenir. Elle concerne environ 20 % des bébés prématurés. Il n'existe aucune manifestation extérieure de la maladie, le diagnostic repose donc uniquement sur le dépistage par l'ophtalmologue à la naissance.

» Que faire ?
À la naissance, votre bébé passera un examen ophtalmologique pour évaluer l'état de sa rétine. Des gouttes ophtalmiques pourront lui être administrées afin que le médecin puisse mieux voir de quoi il retourne. La chirurgie au laser empêche la maladie de progresser.

» Quelles conséquences pour mon bébé ?
Les formes légères de RDP, les plus fréquentes, se résorberont avec le temps, au fur et à mesure que les capillaires qui alimentent la rétine tissent leur réseau. Les formes les plus sévères peuvent conduire à un décollement de la rétine. Une correction au laser est possible, mais le taux de réussite n'est pas de 100 % et dans de nombreux cas, les enfants auront une déficience visuelle, en particulier au niveau de la vision périphérique.

Hypospadias

» De quoi s'agit-il ?

Cette anomalie, qui touche environ un garçon sur 300 à la naissance, est caractérisée par une localisation anormale de l'ouverture de l'urètre (méat urinaire) le long du pénis et non sur le gland. Selon l'endroit où elle survient, le pénis peut ne pas être en mesure de se redresser et le prépuce peut ne pas se décalotter normalement vers la face antérieure.

» Que faire ?

Si le méat est proche du gland, l'anomalie est considérée comme légère et est souvent laissée telle quelle. Cependant, les formes les plus sévères, qui peuvent provoquer des douleurs à la miction et plus tard des troubles de la fonction érectile, sont généralement traitées par voie chirurgicale avant les 18 mois de l'enfant.

Sténose du pylore

» De quoi s'agit-il ?

Elle touche environ un nouveau-né sur 500. Le pylore est une structure musculaire qui relie l'estomac à l'intestin. Parfois une partie du muscle est surdéveloppée et empêche l'estomac de se vider dans l'intestin, entraînant des vomissements souvent violents (en jets). Le bébé est alors déshydraté et dénutri. Dans certains cas, la sténose du pylore est héréditaire. Elle touche plus souvent les filles que les garçons et survient généralement aux environs de 6 semaines après la naissance.

» Que faire ?

Une intervention chirurgicale, souvent réalisée par cœlioscopie sous anesthésie générale, est nécessaire pour sectionner le muscle et créer un passage pour que le lait arrive dans l'intestin. Les conséquences à long terme sont rares, et dans la très grande majorité des cas les enfants guérissent complètement et ont une alimentation normale le reste de leur vie.

Imperforation de l'anus

» De quoi s'agit-il ?

Cette malformation rare concerne un bébé sur 5 000. Dans l'utérus, la formation de l'appareil digestif commence principalement par un long tube divisé par de fines membranes, qui disparaissent progressivement au fur et à mesure que les différentes parties du tube digestif se forment. Il arrive que des malformations du colon, du rectum et de l'anus rendant la défécation impossible se produisent. On parle alors d'atrésie ou d'*imperforation de l'anus*.

» Que faire ?

L'imperforation de l'anus est opérée dès qu'elle est découverte, à la naissance si elle a été détectée à l'échographie. Le bébé devra porter une poche de colostomie jusqu'à cicatrisation du côlon. Dans la plupart des cas, l'ensemble du tube digestif fonctionne ensuite parfaitement bien, mais parfois un régime spécial est nécessaire pour atténuer la constipation.

Syndrome d'alcoolisation fœtale

» De quoi s'agit-il ?

Le syndrome d'alcoolisation fœtale (SAF) survient lorsque la quantité d'alcool bue par la mère pendant la grossesse affecte le développement du fœtus. Un nouveau-né atteint du SAF a une petite tête avec des traits du visage caractéristiques, comme deux petites fentes oculaires, des yeux bridés et des paupières tombantes. En outre, des oreilles malformées, une mâchoire sous-développée, une lèvre supérieure fine et une zone plate ou lisse entre le nez et la lèvre, sans sillon (*philtrum*) sont fréquemment observés. Le nez est court et retroussé, et son arête semble parfois basse par rapport à la position des yeux. Le SAF peut aussi entraîner des problèmes cardiaques et des difficultés d'apprentissage. Chaque année au Canada, la forme complète du SAF touche 1 nouveau-né sur 1000.

» Que faire ?

Il n'existe aucun traitement pour le SAF à proprement parler, même si les anomalies cardiaques peuvent être opérables. Plus tard l'enfant sera confronté à des difficultés d'apprentissage et de comportement.

Infirmité motrice cérébrale

» De quoi s'agit-il ?

L'infirmité motrice cérébrale (IMC), ou *paralysie cérébrale*, est la conséquence d'un manque d'oxygénation du cerveau intervenu avant la naissance (endommageant directement les neurones), au cours de l'accouchement (après une hémorragie) ou suite à une maladie contractée après la naissance, comme une méningite. Elle touche les régions du cerveau qui commandent les mouvements volontaires (y compris ceux de la parole et de la déglutition), l'audition, la vision et l'apprentissage.

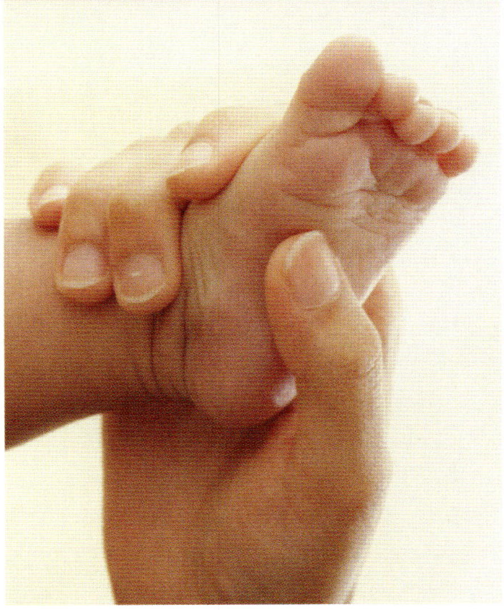

Massothérapie Des thérapies complémentaires, comme des massages doux qui mobilisent les tissus mous, peuvent atténuer la raideur musculaire.

» Que faire ?

Il n'y a aucun traitement contre la maladie, qui n'est pas évolutive et ne s'aggrave donc pas au fil du temps. La gestion du quotidien est adaptée à chaque cas. Si une IMC est diagnostiquée à votre enfant, une équipe de professionnels de la santé sera impliquée dans ses soins. Un interlocuteur privilégié vous aidera à coordonner la gestion de la maladie. De nombreux traitements apportent une aide non négligeable sur certains aspects, en soulageant les symptômes et en optimisant l'indépendance de l'enfant. La kinésithérapie est essentielle. Elle évite aux muscles de s'affaiblir encore plus, ce qui entraînerait une limitation des mouvements. L'ergothérapie peut être utilisée afin d'aider votre enfant à gérer les activités et les tâches quotidiennes. L'orthophonie l'aidera à mieux communiquer et peut aussi lui apprendre à moins baver. Si ses muscles sont très raides, des myorelaxants pourront être prescrits. Enfin, certains problèmes articulaires et osseux nécessitent parfois une intervention chirurgicale.

Au Canada, l'infirmité motrice cérébrale touche environ **1** nouveau-né sur **1000** et est plus fréquemment observée chez les **garçons** que chez les filles. Chaque année, la moitié des nouveaux cas sont la conséquence de **naissances prématurées**.

Il arrive qu'un bébé naisse avec, ou contracte, une maladie due à un **chromosome ou un gène** défaillant, ou dont l'origine peut rester inconnue, pour laquelle il aura besoin d'aide toute sa vie. Vous aurez peut-être découvert le problème de votre enfant pendant votre grossesse, à moins qu'il n'apparaisse qu'après la naissance ou au cours des premiers mois de sa vie.

Bébés différents

Des besoins particuliers

Un « bébé différent » a des besoins particuliers, car il lui faut plus de soutien que la normale pour exprimer son potentiel. Si c'est le cas de votre enfant, il pourra avoir besoin d'aide pour optimiser les occasions de se développer non seulement physiquement, mais aussi émotionnellement, socialement et mentalement. Certaines maladies sont de véritables défis physiques et neurologiques, d'autres ne demandent qu'un régime alimentaire particulier ou un traitement spécial. Une multitude de maladies entraînent des besoins particuliers, de celles qui affectent le bébé sur le plan physique (maladie chronique, malformation des membres ou d'un organe) à celles qui touchent son bien-être mental ou psychologique (troubles de la mémoire ou difficultés d'apprentissage). C'est également le cas de certaines maladies héréditaires comme la fibrose kystique ou chromosomiques, telles la trisomie 21. Cette partie présente les principales affections entraînant des besoins particuliers, ainsi que d'autres plus rares, dépistées lors des tests néonataux effectués avant la 48e heure de vie (voir p. 250).

Revoir vos perspectives d'avenir

Dans de nombreux cas, les bébés nés avec des besoins particuliers ne « souffrent pas » de quelque chose, mais vivent confrontés à des défis, qu'ils relèvent le plus souvent, et qui donnent à leur vie, et à la vôtre, une différente normalité. Comprendre la maladie de votre bébé, connaître ses causes, ses caractéristiques, ses symptômes et son pronostic vous aidera à mieux l'assumer et à élever votre enfant de la façon la plus positive et épanouissante qui soit.

Votre rôle

Si votre bébé a une maladie qui nécessite une attention permanente, prise dans le tourbillon des soins médicaux, vous pouvez facilement vous sentir marginalisée, en particulier les premières années. Vous êtes au cœur de la vie de votre bébé, et votre compréhension de ses besoins est riche d'enseignements. Alors que les médecins peuvent débattre de l'aspect physique et le traiter, vous êtes la mieux placée pour garantir son bien-être émotionnel et social. Aussi, médecins et sages-femmes compteront sur vous pour prendre soin de votre bébé en suivant leurs conseils. Ne sous-estimez jamais l'importance de votre avis, n'hésitez pas à le partager et à poser toutes les questions nécessaires.

Au fur et à mesure que votre enfant grandit et prend conscience de sa situation, parlez-lui de son traitement et des défis auxquels il est confronté en des termes adaptés à son âge. Impliquez les frères et sœurs ainsi que les autres membres de la famille, assurez-vous qu'aucun sujet n'est tabou et ayez des discussions ouvertes, afin de rester unis.

question ? réponse

Comment puis-je me constituer un réseau de soutien efficace ?

Avoir un bébé atteint d'une maladie qui limite son espérance de vie ou entraîne des besoins particuliers est bouleversant pour un parent. Au cours du processus de diagnostic et de la mise en place du traitement, il est essentiel que vous acceptiez toutes les propositions d'aide et de soutien que vous recevrez.

Vous occuper de votre bébé différent implique de nombreux défis et les premières années sont une longue période d'apprentissage. En effet, outre vous adapter à votre nouvelle parentalité et aux changements qu'elle entraîne dans votre mode de vie, vous devez également faire face aux besoins particuliers de votre enfant. Être aidé et soutenu est fondamental.

AIDE ET SOUTIEN

Grâce à l'aide et au soutien dont vous pouvez bénéficier pour vous et votre bébé, vous disposerez de moyens pratiques et de ressources émotionnelles pour faire face à ses besoins particuliers et vous en occuper le mieux possible.

» **Parlez avec votre partenaire.** Même si vous pouvez réagir différemment, personne ne sait mieux que votre partenaire ce que vous vivez. Ne vous jugez pas l'un l'autre et écoutez le point de vue de chacun. Prenez du temps à deux et sachez vous laisser de l'espace.

» **Appelez souvent les différents membres de votre famille,** qui se sentent concernés par ce que vous vivez. Avoir des grands-parents, un oncle ou une tante au courant de tous les détails de l'éducation spéciale de votre bébé est l'assurance de pouvoir faire appel à une gardienne de confiance le jour où vous aurez besoin de vous évader quelques heures.

» **Avoir des amis à qui parler** peut vous apporter un sentiment bienvenu de réconfort et de normalité. Si l'un d'eux vous propose de vous faire quelques courses, d'apporter à manger ou de passer au nettoyeur pour vous, acceptez avec entrain et reconnaissance.

» **Des groupes de soutien** vous apporteront la vision et l'expérience de personnes qui ont vécu une situation semblable et vous aideront à relever les défis les plus difficiles. Même en l'absence de solution, parler à quelqu'un qui connaît votre ressenti et savoir que vous n'êtes pas seule est précieux et vous aidera à rester positive.

» **Des thérapeutes sont formés** pour vous aider à comprendre et à rationaliser vos émotions. S'occuper d'un enfant malade ou qui a des besoins particuliers en implique un tas, et parler à un thérapeute peut vous aider à les canaliser positivement. Demandez à votre médecin de vous indiquer un thérapeute dont l'approche vous convient.

» **Votre médecin traitant** est là pour vous soutenir. Il peut vous conseiller, vous adresser à un spécialiste et connaît les services de votre quartier qui proposent des soins de relève pour que vous puissiez souffler de temps en temps. Il pourra aussi vous informer sur les aides financières et autres allocations auxquelles vous pouvez prétendre.

» **Essayez de trouver une deuxième paire d'oreilles** pour vous accompagner lors des différents rendez-vous à l'hôpital ou chez le médecin. Il peut s'agir de votre partenaire, d'un membre de votre famille proche ou une amie. Prenez des notes pour vous souvenir de vos questions lors d'une prochaine consultation ou d'un suivi téléphonique.

question ? réponse

À quoi est due la trisomie 21 ?

C'est une anomalie chromosomique. Un bébé en bonne santé naît avec 23 paires de chromosomes, chacune étant formée d'un chromosome issu de chaque parent. La trisomie 21 est provoquée par la présence d'un chromosome 21 supplémentaire, qui crée un groupe de trois chromosomes. Au Québec, elle touche environ un bébé sur 770. Le risque d'avoir un enfant trisomique augmente avec l'âge maternel (voir p. 97).

question ? réponse

Quels sont les signes de la trisomie 21 ?

Une personne atteinte de trisomie 21 présente des caractéristiques anatomiques particulières et aura des difficultés d'apprentissage. Certains bébés ont des problèmes cardiaques et intestinaux (atrésie duodénale), ainsi que des troubles visuels et auditifs. Ces caractéristiques sont :

- » Un visage rond avec un grand front.
- » Des plis au-dessus de la paupière supérieure.
- » Des fentes palpébrales obliques.
- » Une implantation basse des oreilles.
- » Un manque de tonus musculaire.
- » Un nez plat et large, dont l'arête semble basse par rapport à la position des yeux.
- » Un pli unique dans la paume des mains.
- » Un auriculaire plus court, parfois courbé vers l'intérieur.
- » Un palais plus arqué et une langue protruse (qui sort de la bouche).
- » Un écart entre le gros orteil et le suivant.
- » Une nuque courte avec un excès de peau.

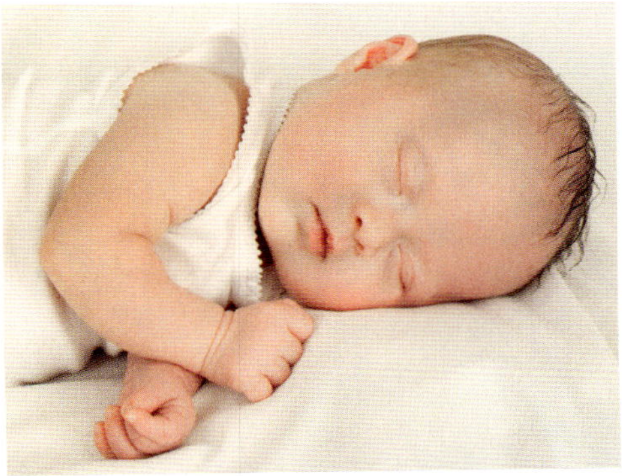

Un visage reconnaissable Même si chaque bébé trisomique a ses propres particularités physiques, certains traits du visage sont communs à toutes les personnes atteintes de la maladie. Ils ne sont cependant pas évidents dès la naissance.

question ? réponse

Mon bébé est trisomique. Devra-t-il rester plus longtemps à l'hôpital ?

C'est fort possible. Même si pendant votre grossesse vous avez été informée que votre bébé serait probablement trisomique, il faudra attendre la naissance et une série de tests pour confirmer le diagnostic. Dans un premier temps, un pédiatre examinera votre nouveau-né à la recherche de caractéristiques anatomiques suggérant la trisomie 21. Un examen sanguin sera réalisé pour rechercher un chromosome 21 supplémentaire. Ce n'est qu'après obtention des résultats, ce qui prend en moyenne 48 heures, que le diagnostic définitif sera posé. De plus, les bébés trisomiques ont parfois des difficultés à s'alimenter à cause d'un manque de tonus musculaire de la langue qui rend la succion difficile. Comme toute jeune maman, vous serez incitée à rester à l'hôpital jusqu'à ce que les infirmières et vous soyez rassurées quant à sa capacité à téter.

Une fois le diagnostic confirmé, votre bébé passera des examens supplémentaires afin de déterminer la sévérité de la maladie. La trisomie 21 varie de légère, auquel cas vous pourrez rentrer chez vous rapidement, à sévère, ce qui peut nécessiter un séjour prolongé à l'hôpital.

question ? réponse

Quels sont les défis que devront relever les bébés atteints de trisomie 21 à long terme ?

S'il fut un temps où l'espérance de vie des personnes trisomiques ne dépassait pas 30 ans, aujourd'hui nombre d'entre elles vivront au-delà de 50, voire 60 ans. De plus en plus, les trisomiques vivent pleinement leur vie. Certains sont mêmes autonomes à l'âge adulte. Il n'en reste pas moins qu'il leur faudra relever de nombreux défis.

» **Un système immunitaire affaibli :** même si personne ne sait vraiment pourquoi, votre bébé sera plus sensible aux infections (rhumes, toux, maladies respiratoires). Il aura également plus de risques de contracter des maladies graves comme une leucémie.

» **Problèmes de thyroïde :** votre bébé est plus enclin que les enfants non trisomiques à prendre un traitement contre l'hypothyroïdie (thyroïde insuffisamment active). Même si cela est assez simple à gérer, il devra probablement composer avec toute sa vie.

» **Difficultés d'apprentissage :** les enfants atteints de trisomie 21 ont des difficultés d'apprentissage. Bien évidemment, plus votre bébé aura de difficultés d'apprentissage, plus il aura de défis à relever sur le plan social et comportemental. Certains problèmes, comme des troubles auditifs et visuels, accentueront ceux liés à la fonction cognitive, puisqu'ils peuvent retarder certains stades du développement notamment l'apprentissage de la parole, de la lecture et de l'écriture. Les difficultés à dormir sont également caractéristiques de la maladie et peuvent gêner l'apprentissage.

» **Démence :** des études montrent que chez les personnes trisomiques le risque de démence est accru après 40 ans, ce qui peut supposer des soins de longue durée en établissement spécialisé.

Le saviez-vous ?

Le syndrôme de Down (autre nom de la trisomie 21) fut nommé d'après le docteur anglais John Haydon Down, qui officialisa cet état en 1862.

question ? réponse

Que faire pour aider mon bébé à l'avenir ?

Comme tous les parents, votre rôle consiste à aider votre bébé à exprimer son potentiel, non seulement en termes d'apprentissage, mais également en matière de confiance en lui, afin qu'il devienne le plus autonome possible.

Évitez de le comparer à d'autres enfants non trisomiques du même âge et fêtez chacun de ses progrès. Adaptez vos méthodes d'éducation à son style d'apprentissage : s'il est créatif, soyez créative avec lui, s'il a du mal à parler, apprenez-lui, le langage des signes, s'il aime la musique, accompagnez-le à des ateliers d'éveil musical, et quand il sera plus grand, encouragez-le à apprendre un instrument. Montrez-lui que ses talents sont uniques, comme tous les enfants, et regardez-le devenir confiant et indépendant. Donnez-lui de nombreuses occasions de rencontrer d'autres enfants, trisomiques ou non, et de jouer avec. Enseignez-lui à adapter son comportement ou à partager, et offrez-lui aussi l'opportunité de se socialiser.

Enfin, il est essentiel que vous travailliez en étroite collaboration avec le personnel médical qui s'occupe de votre bébé, non seulement pour son bien-être physique, mais parce que cela vous aidera à dissiper vos craintes et votre anxiété quant aux examens et autres interventions dont il pourra avoir besoin.

Que d'amour
Avec votre soutien et tout votre amour, votre bébé grandira en confiance et s'épanouira, prêt à relever tous les défis en sachant que vous êtes là pour lui.

Qu'en est-il du dépistage de la fibrose kystique ?

Malheureusement, le Québec est la seule province au Canada à ne pas avoir encore adopté le programme de dépistage néonatal de la fibrose kystique. Un diagnostic précoce de la fibrose kystique grâce au dépistage néonatal permet d'intervenir et de traiter sans délai le nouveau-né. On a montré que des interventions précoces améliorent la taille, le poids et la fonction cognitive des nourrissons touchés, aident à maintenir la pleine capacité de la fonction respiratoire et réduisent le nombre d'hospitalisations; elles peuvent aussi augmenter l'espérance de vie. Ultimement, le dépistage néonatal peut permettre une vie plus longue et une meilleure santé. Sans cette mesure, des dommages irréversibles aux poumons et à l'appareil digestif peuvent survenir. Les parents et les proches passent des mois et des années à tenter de savoir ce qui ne va pas avec la santé de leur enfant avant d'enfin obtenir un diagnostic. Fibrose kystique Canada continue ses démarches auprès du gouvernement québécois pour implanter le programme de dépistage néonatal de la fibrose kystique dans cette province. À ce jour, le gouvernement ne s'est engagé à rien.

Existe-t-il un traitement contre la fibrose kystique ?

Non. Cette maladie réduit l'espérance de vie, qui a cependant considérablement augmenté grâce aux avancées de la médecine. Désormais, plus de 80 % des patients souffrant de fibrose kystique atteignent l'âge de 50 ans. La kinésithérapie, l'oxygénothérapie et l'utilisation de respirateurs facilitent la respiration, tandis qu'une supplémentation en vitamines et minéraux, des enzymes digestives de substitution et un régime riche en calories peuvent améliorer la nutrition et la croissance. Dans les cas les plus graves, une greffe cœur-poumons peut être nécessaire. Une altération des fonctions pulmonaire et pancréatique est caractéristique de la maladie. Il existe un organisme nommé Fibrose kystique Québec qui vient en aide aux personnes atteintes de fibrose kystique en recueillant des fonds pour financer les travaux de recherche, soutenir des soins de haute qualité et sensibiliser le public à la fibrose kystique.

» **Les lésions du pancréas** peuvent entraîner non seulement des problèmes de digestion, mais aussi conduire au diabète, le pancréas étant responsable de la fabrication de l'insuline, hormone qui régule le taux de sucre dans l'organisme.

Qu'est-ce que la fibrose kystique ? Comment affecte-t-elle les bébés ?

C'est une maladie provoquée par un gène défectueux appelé CFTR, qui doit être transmis par les deux parents pour qu'un enfant en soit atteint. Elle est à l'origine d'une accumulation de mucus dans les poumons et le système digestif.

Le gène défectueux altère la façon dont le sel et l'eau circulent à travers les cellules. Ainsi, les cellules de certains organes se retrouvent avec un excès de sel, ce qui provoque un déséquilibre entre le sel et l'eau. Le liquide qui entoure les cellules des organes touchés contient alors trop peu d'eau, ce qui entraîne une accumulation de mucus à l'origine d'un dysfonctionnement de l'organe. Au Canada, environ 1 enfant sur 3600 est atteint de fibrose kystique à la naissance.

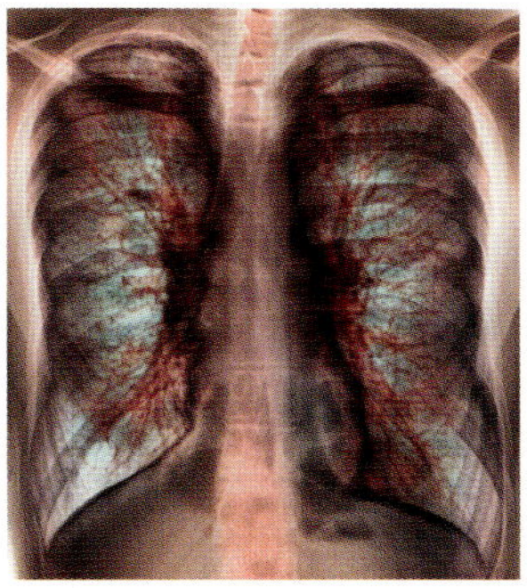

Accumulation de mucus
Ici le mucus (en vert), parfaitement visible dans les poumons d'un malade de la fibrose kystique, bloque les voies aériennes et entraîne des difficultés respiratoires.

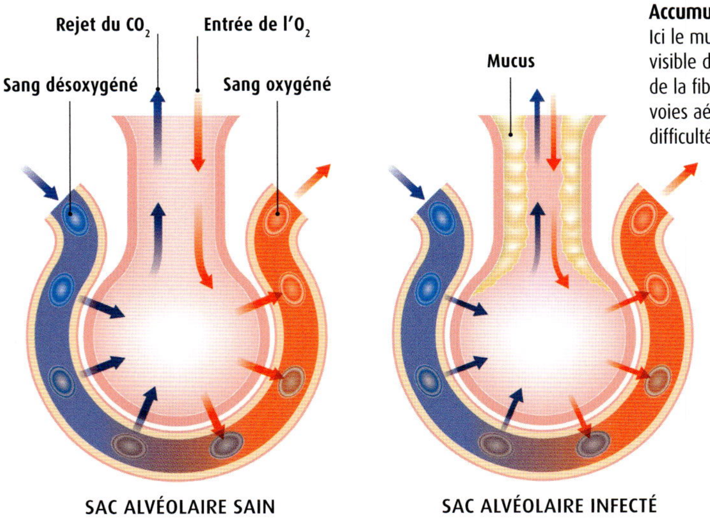

Sacs alvéolaires
L'accumulation de mucus observée dans les poumons d'un malade de la fibrose kystique obstrue les millions de sacs alvéolaires (*alvéoles pulmonaires*), altérant le flux d'oxygène dans les poumons et entraînant de ce fait des difficultés respiratoires.

» **L'intestin** n'absorbe pas correctement les nutriments issus de la nourriture.

» **Le risque de stérilité est accru,** en particulier chez les hommes.

» **La malnutrition** peut induire l'ostéoporose, en particulier chez les femmes.

» **Les crises de sinusite** sont fréquentes, ainsi que les polypes (petites excroissances) nasaux.

» **Les poumons se remplissent de mucus,** ce qui entraîne des difficultés respiratoires, des infections pulmonaires à répétition et une toux encore plus fréquente.

» **Des lésions hépatiques** sont possibles.

La fibrose kystique aura-t-elle des conséquences sur la croissance de mon bébé ?

Tout dépend de la gravité de la maladie, dont les effets varient en fonction des mutations du gène responsable. Les formes légères peuvent toucher seulement les poumons, le pancréas restant relativement stable. Le cas échéant, l'enfant ne souffrira pas de déficits nutritionnels sévères et a plus de chance de grandir normalement. Même dans les cas les plus graves, la plupart des malades peuvent prendre des enzymes pancréatiques complémentaires qui assurent les fonctions du pancréas à sa place, ce qui favorise la dégradation des aliments et améliore nettement la croissance.

Comment soulager les symptômes de la fibrose kystique ?

Assurez-vous d'abord que vous disposez des informations et du soutien nécessaires. Ensuite, suivez soigneusement les conseils du médecin spécialiste de la fibrose kystique, adaptés aux besoins de votre enfant, qui vous aideront à gérer la maladie. Donnez-lui bien tous ses médicaments, notamment ceux qui facilitent la digestion, car ils sont indispensables à sa croissance et à son développement. Avec votre médecin, assurez-vous que votre enfant, particulièrement sensible aux infections, est à jour de ses vaccins. Votre bébé aura aussi besoin de l'intervention d'un kinésithérapeute qui vous apprendra les techniques adaptées à son âge pour désobstruer les bronches, afin que vous puissiez lui prodiguer des soins essentiels à la maison. N'hésitez pas à poser des questions jusqu'à ce que vous vous sentiez pleinement capable de les appliquer seule. Essayez de ne pas paniquer quand il a des difficultés respiratoires, il risque d'être anxieux à son tour s'il sent que vous stressez, ce qui tend à aggraver les symptômes. Rassurez-le pendant que vous mettez en œuvre les procédures apprises. Cependant, si sa respiration vous inquiète vraiment, appelez immédiatement les secours.

N'hésitez pas à enseigner ces techniques à vos proches et à certains de vos amis, afin de pouvoir bénéficier de soutien le cas échéant.

La fibrose kystique peut gêner la croissance de mon bébé. Comment l'aider ?

Outre lui administrer des compléments nécessaires pour faciliter la digestion (voir p. 329) et l'absorption des nutriments essentiels, vous devrez sans doute passer à la diversification alimentaire vers 3 mois, afin de vous assurer que votre bébé a toutes les calories dont il a besoin. Au fur et à mesure qu'il grandira, ayez toujours dans vos placards des collations riches en calories et incitez-le à en manger régulièrement en plus des repas. Encouragez-le à faire du sport et d'autres activités physiques pour renforcer ses poumons. Même si cela peut sembler paradoxal, l'exercice fait partie intégrante du traitement, d'autant que pour votre enfant, courir, jouer et participer à des compétitions sportives avec des amis est essentiel pour avoir une vie aussi normale que possible.

Mon bébé est atteint de phénylcétonurie. De quoi s'agit-il ?

Maladie génétique rare, la phénylcétonurie, ou PCU, apparaît lorsque l'organisme est incapable de fabriquer une enzyme appelée phénylalanine hydroxylase ou PAH.

La PAH est nécessaire pour convertir la phénylalanine (acide aminé, principal composant des protéines) en tyrosine (autre acide aminé), essentielle pour la régulation de l'humeur, la concentration, la mémoire et le maintien des niveaux d'énergie. Une accumulation de phénylalanine peut entraîner un retard mental sévère. Même si elle est potentiellement grave, une fois détectée, la PCU peut être traitée avec un régime alimentaire spécial (y compris un lait maternisé adapté) qui devra être respecté toute la vie durant. Elle fait partie des maladies métaboliques dépistées lors des tests néonataux de prélèvement de sang et d'urine. La PCU touche environ un nouveau-né sur 16 000 au Canada, aussi bien les filles que les garçons.

Héritage génétique
Pour qu'un bébé soit atteint de PCU, il doit recevoir le gène défectueux de ses deux parents. Si seul l'un d'eux le lui transmet, il sera porteur sain de la maladie mais n'en aura pas les symptômes (voir schéma ci-dessous).

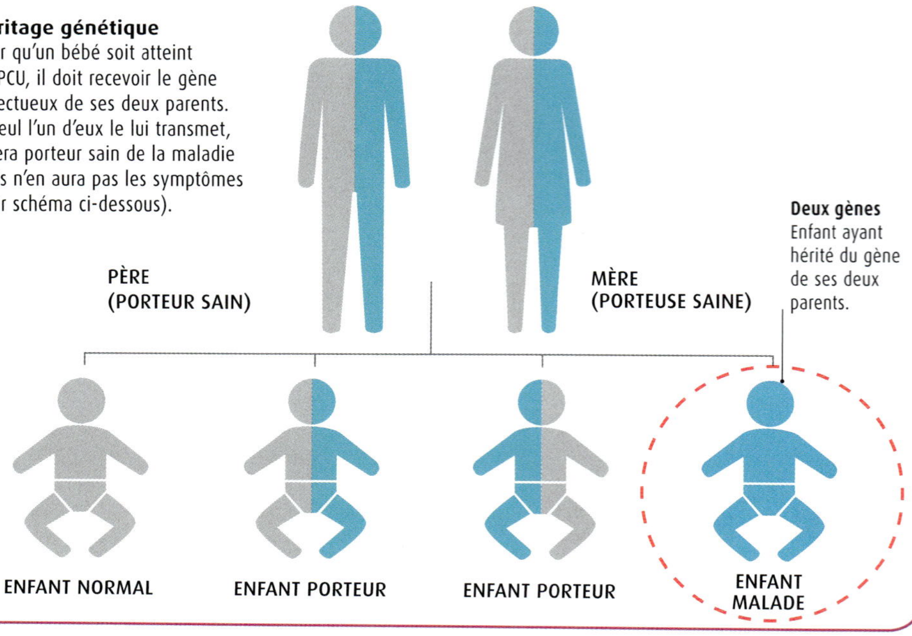

Comment la PCU affecte-t-elle les bébés ?

Au Québec, le dépistage de la phénylcétonurie est effectué dans les 48 heures qui suivent la naissance. Le cas échéant, un traitement peut ainsi être immédiatement mis en place. En l'absence de prise en charge, les principaux symptômes sont : convulsions, odeur de moisi de la peau et des urines, teint pâle, microcéphalie, eczéma, retard de croissance. S'il n'est pas traité, l'enfant peut aussi présenter des troubles sévères de l'apprentissage et du comportement, ainsi qu'une hyperactivité.

Mon bébé pourra-t-il se développer en bonne santé malgré la PCU ?

Tant que le régime alimentaire est respecté la PCU n'a aucune incidence sur la croissance, le développement émotionnel et social, ou les capacités mentales. Le régime alimentaire, pauvre en protéines, contient des glucides et des compléments en tyrosine (un acide aminé), qui participe au bon fonctionnement du cerveau (voir encadré ci-contre). Toute son enfance, votre bébé fera régulièrement des examens sanguins pour vérifier que son taux de phénylalanine est dans des limites normales.

Quelles sont les caractéristiques du syndrome de Turner et comment peut-il être traité ?

Cette maladie chromosomique rare, qui doit son nom à l'Américain Henry Turner qui fut le premier à la décrire en 1938, est liée à l'absence totale ou partielle d'un chromosome X, qui définit le sexe. Sa prévalence est d'environ un cas sur 2 500 naissances de filles. Elle se manifeste notamment par une petite taille. Dans la plupart des cas, les femmes atteintes de ce syndrome sont stériles. Un cou large, une implantation basse des oreilles et des cheveux, un écartement anormal des mamelons et un œdème (gonflement) des mains et des pieds, font partie des principales caractéristiques physiques de la maladie. Des doigts courts, du diabète, ainsi que des problèmes d'audition et de thyroïde sont parfois observés.

Il n'existe pas de traitement particulier pour le syndrome de Turner. Cependant, pour stimuler le développement et déclencher la puberté, une supplémentation en hormone de croissance et en œstrogènes peut être mise en place, même si la plupart des filles restent stériles. Les conséquences de la maladie sont traitées au cas par cas.

Quelles sont les causes de l'hypothyroïdie congénitale ?

L'hypothyroïdie congénitale (HC) est une maladie rare qui touche environ un nouveau-né sur 3 000, avec une incidence légèrement plus élevée chez les filles que chez les garçons. Elle serait due à une malformation de la thyroïde (en général liée à une mauvaise implantation dans la gorge) voire à son absence. Dans de rares cas, elle peut être provoquée par une mutation génétique. Les bébés atteints de la maladie ne fabriquent pas de thyroxine (hormone de croissance) et si elle n'est pas traitée, l'hypothyroïdie peut conduire à un retard mental et de croissance.

L'HC fait partie des maladies dépistées lors des tests néonataux réalisés dans les 48 heures qui suivent la naissance. Si votre bébé est atteint d'HC, il devra prendre une supplémentation en thyroxine toute sa vie. Tant que le dosage est précis et le traitement respecté, la maladie n'a pas de conséquences à long terme.

Qu'est-ce que la neurofibromatose ?

Cette maladie génétique rare touche le système nerveux et provoque des tumeurs non cancéreuses des nerfs périphériques. Outre différents symptômes, elle est associée à des difficultés d'apprentissage.

Les bébés peuvent avoir des lentigines (taches de rousseur) à l'aine et sous les aisselles, et des taches de café au lait partout ailleurs sur le corps. Parfois, les lentigines apparaissent également dans les yeux, et des tumeurs bénignes du nerf optique peuvent survenir. Partout sur la peau, le long des voies nerveuses, de petites excroissances (grosseurs) assez inesthétiques, conséquence des neurofibromes sur les nerfs, peuvent apparaître. Les enfants malades peuvent avoir une macrocéphalie, des difficultés d'apprentissage et des troubles du comportement. Des convulsions ne sont pas exclues. Parfois la vue et l'audition sont également touchées. Il n'y a aucun traitement pour cette maladie évolutive, même si certains médecins recourent à la chimiothérapie ou à la chirurgie pour retirer les tumeurs devenues cancéreuses, ou à la chirurgie seule pour éliminer les tumeurs bénignes qui altèrent les fonctions de l'organisme. Les malades se font souvent aider pour accepter leur apparence, en particulier si les neurofibromes sont trop nombreux pour envisager une ablation uniquement à des fins esthétiques.

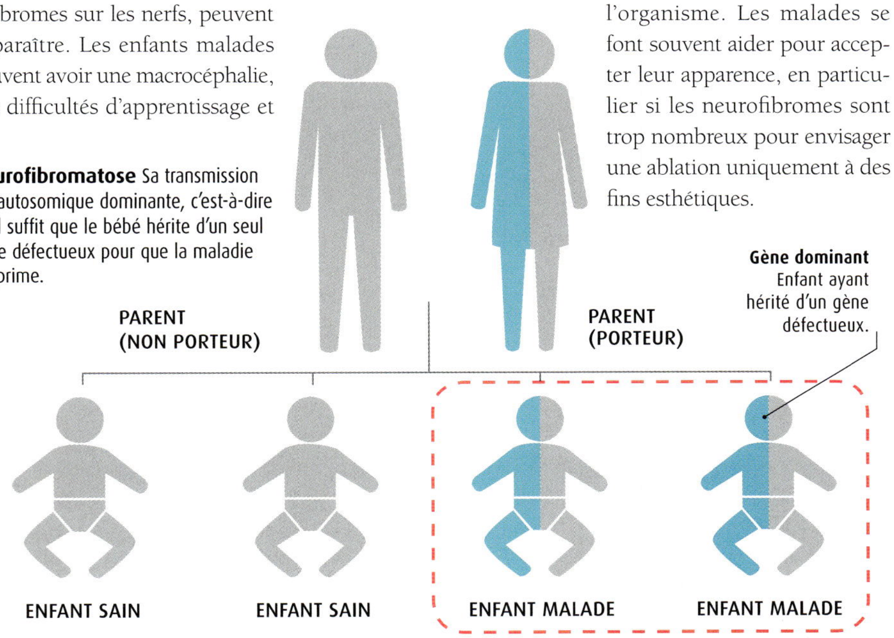

Neurofibromatose Sa transmission est autosomique dominante, c'est-à-dire qu'il suffit que le bébé hérite d'un seul gène défectueux pour que la maladie s'exprime.

Mon enfant est atteint d'anémie falciforme. De quoi s'agit-il ?

L'anémie falciforme, ou drépanocytose, est une maladie héréditaire du sang provoquée par des globules rouges en forme de faucille ou de croissant de lune, alors que les globules rouges (ou hématies) sains sont ronds et souples, et peuvent ainsi circuler librement dans le réseau artériel et veineux. À l'inverse, les hématies falciformes sont rigides et collantes, et se retrouvent « coincées » à la jonction des différents vaisseaux sanguins. Les os, les muscles et les différents organes viennent alors à manquer d'oxygène et de nutriments nécessaires à leur croissance et à leur développement, ce qui entraîne des lésions aux différents organes, un retard de croissance, et des douleurs articulaires et musculaires. Les hématies falciformes ayant une durée de vie plus courte, elles se détruisent plus vite qu'elles ne sont remplacées par la moelle osseuse. Il en résulte une anémie, caractérisée notamment par un teint très pâle et une extrême fatigue.

L'anémie falciforme fait partie des maladies dépistées lors des tests néonataux effectués dans les 48 heures suivant la naissance. Il n'y a pas vraiment de traitement même si parfois une greffe de moelle osseuse et de cellules souches peut être efficace. De gros progrès ont cependant été réalisés : le traitement des symptômes est aujourd'hui mieux compris et les effets de la maladie mieux maîtrisés, l'espérance de vie ayant même été prolongée. Au Canada, environ 10 000 enfants sont gravement atteints.

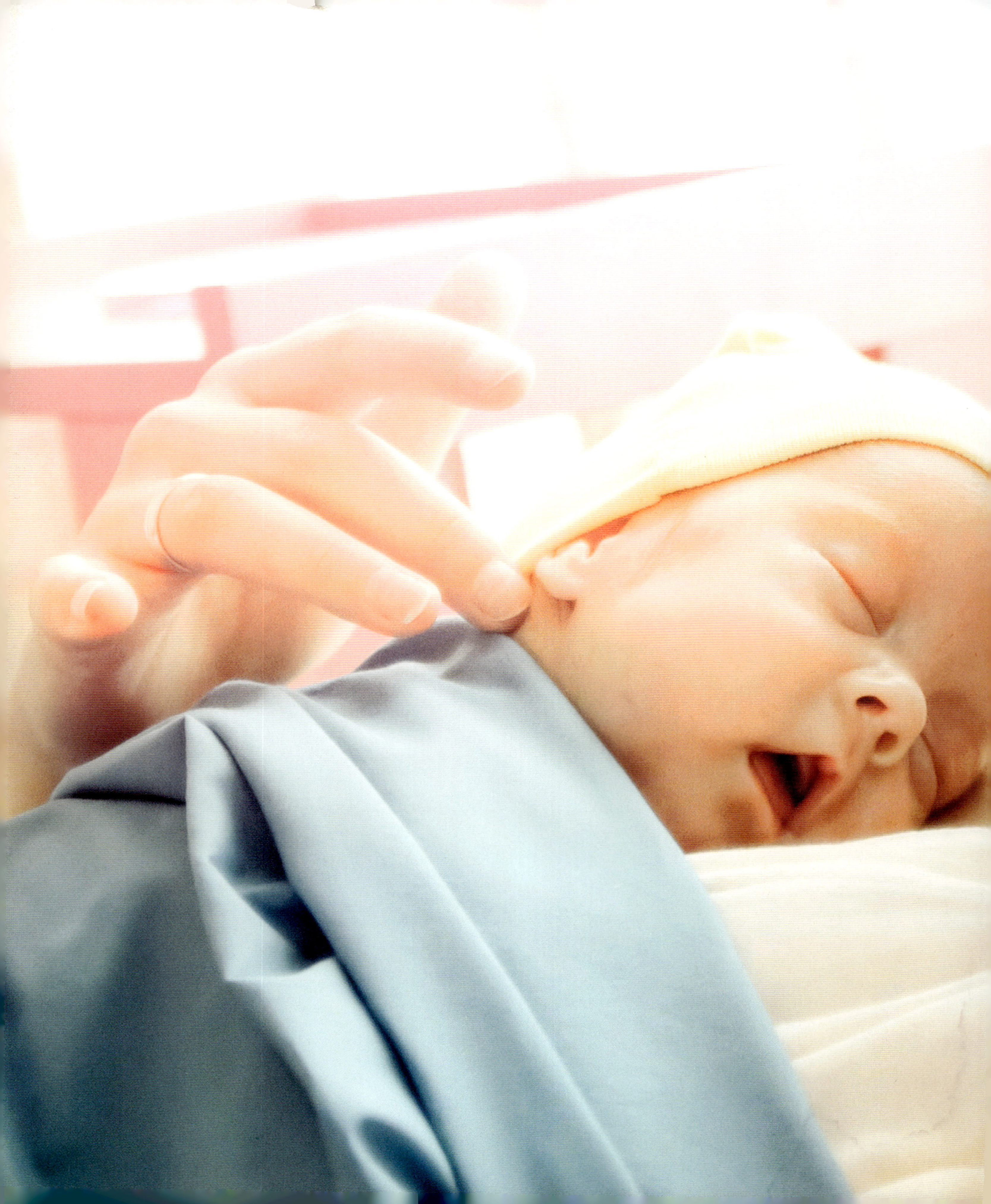

Construire une relation Mêmes les bébés les plus malades bénéficient de l'amour et de l'attention de leurs parents. Votre contact, votre odeur, les bruits émanant de vous sont autant de réconforts pour lui. Votre voix et le bruit des battements de votre cœur, qu'il reconnaît du temps où il était dans l'utérus, le soulagent et l'apaisent.

Glossaire

Accouchement d'un enfant mort-né Perte d'un enfant au-delà de 24 semaines d'aménorrhée.

Accouchement dans l'eau Naissance d'un bébé sous l'eau.

Alvéoles Glandes mammaires qui produisent un flux de lait quand elles sont stimulées par la prolactine et par la succion exercée par le bébé.

Amniocentèse Prélèvement par ponction d'une petite quantité de liquide amniotique à travers l'abdomen de la mère, réalisé à des fins de dépistage d'éventuelles anomalies fœtales.

Amniotomie voir *Rupture artificielle des membranes.*

Anémie État provoqué par un taux anormalement faible d'hémoglobine dans les globules rouges. Elle est traitée par une supplémentation en fer.

Anesthésie générale Anesthésie qui touche l'ensemble de l'organisme et entraîne une perte temporaire de conscience.

Anesthésique (agent) Substance qui entraîne une insensibilité totale ou partielle à la douleur.

Antibiotique Substance capable de détruire ou d'arrêter la multiplication des micro-organismes, en particulier des bactéries.

Anticorps Protéine fabriquée par l'organisme pour combattre virus, bactéries, ou tout autre corps étranger.

Anti-D Injection d'anticorps réalisée sur des femmes de Rhésus négatif si elles ont été exposées à des cellules de sang fœtal de Rhésus positif.

Aréoles Régions colorées qui entourent les mamelons.

AVAC Accouchement par voie vaginale après une césarienne.

Ballet fœtal Premières sensations provoquées par le bébé qui bouge dans l'utérus, généralement vers 20 semaines.

Bébé de faible poids de naissance Nouveau-né dont le poids à la naissance est inférieur à 2,5 kg (5 lb).

Bébé engagé Expression utilisée pour indiquer que le bébé est descendu dans le bassin et que les trois cinquièmes de sa tête sont sous le pubis, ce qui est généralement signe d'un travail imminent.

Bilirubine Hémoglobine (globules rouges) dégradée, normalement convertie en substance non toxique par le foie. Certains nouveau-nés ont des taux de bilirubine trop élevés, ce qui entraîne une jaunisse (ou ictère) du nouveau-né.

Biopsie du trophoblaste Technique de dépistage des maladies génétiques par analyse des villosités (tissus) qui recouvrent le chorion, membrane externe qui enveloppe l'embryon et plus tard formera le placenta. Également appelée *choriocentèse*.

Blastocyste Stade précoce du développement d'un ovule lorsqu'il s'est divisé et subdivisé en un groupe de cellules.

Cardiotocographe ou *Tococardiographe*. Appareil utilisé pour surveiller l'évolution des contractions et du rythme cardiaque du bébé pendant les contractions.

Césarienne Extraction d'un bébé au moyen d'une incision des parois abdominale et utérine.

Chloasma voir *Mélasma*.

Choriocentèse voir *Biopsie du trophoblaste*.

Chorion Membrane externe qui enveloppe le fœtus et le placenta.

Chromosome Structures en forme de bâtonnets sur lesquelles sont localisés les gènes. Chez l'homme, chaque cellule en contient 23 paires.

Col de l'utérus Partie inférieure de l'utérus qui le relie au vagin.

Colostrum Substance épaisse riche en protéines, produite par les seins en fin de grossesse et progressivement remplacée par le lait après la naissance.

Conception Fécondation de l'ovule mûr par un spermatozoïde suivie de son implantation dans l'utérus.

Contractions Tension régulière des muscles utérins lors du travail, qui dilatent le col de l'utérus et poussent le bébé dans la filière pelvi-génitale.

Contractions de Braxton Hicks ou *Fausses contractions*. Contractions de l'utérus survenant tout au long de la grossesse, qui parfois ne sont jamais ressenties par la future maman.

Cordocentèse Prélèvement de sang fœtal ou veineux ombilical utilisé à des fins de dépistage des anomalies congénitales.

Cordon ombilical Organe qui relie le fœtus au placenta.

Couronnement Moment lors duquel la tête du bébé apparaît à l'entrée du vagin lors du travail et ne repart pas en arrière.

Cuillères voir *Forceps*.

Cystite Infection de la vessie.

Déclenchement Processus qui consiste à provoquer artificiellement le début du travail.

Décollement placentaire Séparation prématurée du placenta d'avec la paroi de l'utérus.

Diabète Incapacité de l'organisme à métaboliser le glucose, confirmée par un excès de sucre dans le sang et les urines.

Dilatation (du col de l'utérus) Ouverture progressive du col de l'utérus provoquée par les contractions lors du travail.

Disproportion céphalopelvienne ou *Disproportion fœtopelvienne*. Situation dans laquelle la tête du fœtus est plus large que la cavité pelvienne de la mère. L'accouchement doit alors avoir lieu par césarienne.

Dizygote voir *Grossesse gémellaire*.

Doppler Examen médical qui utilise les ultrasons pour écouter le cœur du fœtus.

Doula Personne qui, en échange d'une rémunération, accompagne la future maman avant, pendant et après l'accouchement.

DPA Date prévue d'accouchement.

Échographie Technique d'imagerie médicale qui utilise les ultrasons réfléchis lorsqu'ils rencontrent des tissus de densités différentes, qui sert notamment pendant la grossesse pour suivre le développement du fœtus. Voir aussi *Sonde*.

Embryon Organisme en développement dans l'utérus entre 4 et 10 semaines. Ensuite, on parle de *fœtus*.

Endomètre Muqueuse de l'utérus.

Engagé voir *Bébé engagé*.

Engorgement Congestion du sein, parfois douloureuse, provoquée par une accumulation de lait, soit parce que l'intervalle entre deux tétées est trop long, soit parce que le bébé a du mal à prendre le sein. La mère doit alors allaiter son bébé ou tirer son lait.

Épidurale Technique consistant à insensibiliser les nerfs dans la région inférieure de la moelle épinière afin d'inhiber la douleur liée au travail et à l'accouchement.

Épisiotomie Incision chirurgicale du périnée pratiquée pour élargir l'entrée du vagin.

Facteur Rhésus (Rh) Caractéristique propre aux globules rouges. Chaque personne est de Rhésus positif ou négatif. Si la mère est Rh + et le fœtus Rh -, elle risque de fabriquer des anticorps anti-Rhésus qui détruiront les globules rouges du bébé. Des injections de sérum anti-Rhésus (ou anti-D) évitent la fabrication de ces anticorps.

Fausse couche Perte spontanée d'un bébé avant 24 semaines de grossesse.

Fausses contractions voir *Contractions de Braxton Hicks*.

Faux jumeaux voir *Grossesse gémellaire*.

Fécondation Rencontre d'un spermatozoïde et d'un ovule pour créer une nouvelle vie. Voir aussi *Conception*.

Fécondation in vitro (FIV) Technique de procréation assistée dans laquelle la fécondation intervient en dehors du corps de la femme avant le transfert des embryons dans l'utérus.

Fente palatine Anomalie congénitale du palais et de la lèvre supérieure, généralement traitée par chirurgie réparatrice.

Fibrome Tumeur bénigne (non cancéreuse), de forme généralement sphérique, qui se développe à partir du muscle utérin.

Fœtus Nom donné au bébé dans l'utérus de la 10e semaine à la naissance.

Fond de l'utérus ou Fond utérin. Partie la plus haute de l'utérus.

Fontanelle Espace membraneux situé entre les os du sommet du crâne d'un bébé, qui se referme entre 18 mois et 2 ans.

Forceps ou *Cuillères*. Instrument en forme de pince destiné à saisir la tête du bébé pour en faciliter l'expulsion lors d'un accouchement difficile.

Gaz hilarant voir *Protoxyde d'azote*.

Gonadotrophine chorionique humaine (hCG) Hormone libérée dans la circulation sanguine de la femme enceinte par le blastocyste en développement après l'implantation. Sa présence dans le sang ou l'urine confirme une grossesse.

Grossesse extra-utérine Grossesse qui se développe en dehors de la cavité utérine. Également appelée grossesse ectopique.

Grossesse gémellaire Développement simultané de deux bébés dans l'utérus. Si deux ovules sont fécondés indépendamment l'un de l'autre par deux spermatozoïdes différents, on parle alors de jumeaux *dizygotes* ou *faux jumeaux*. Plus rarement, un ovule fécondé se divise pour produire des *jumeaux monozygotes* ou *vrais jumeaux*.

Hauteur utérine Distance qui sépare le pubis du haut (fond) de l'utérus, mesurée régulièrement à partir du 2e trimestre de grossesse. C'est un des marqueurs de croissance fœtale.

hCG voir *Gonadotrophine chorionique humaine*.

Hémorragie du post-partum (HPP) Hémorragie excessive consécutive à l'accouchement.

Hépatite Inflammation du foie provoquée par un virus (notamment A, B, C et E), pouvant entraîner une jaunisse et un état pathologique général.

Hormone Messager chimique libéré dans la circulation sanguine, qui cible différents organes afin de déclencher certaines actions.

Hyperémèse gravidique Forme sévère de nausées et de vomissements qui empêche la femme enceinte de manger et de boire correctement, et a tendance à perdurer.

Hypertension artérielle Tension artérielle élevée. Pendant la grossesse, elle peut réduire l'irrigation fœtale.

Hypnonaissance Forme d'autohypnose qui utilise des techniques de visualisation positive et de respiration pour atteindre un état de relaxation profond pendant le travail.

Hypotension Tension artérielle basse.

Ictère du nouveau-né voir *Jaunisse du nouveau-né*.

Implantation Nidation de l'ovule fertilisé dans la paroi de l'utérus.

Incompétence cervicale Trouble du col de l'utérus survenant généralement entre le milieu et la fin de la grossesse ou lésion résultant d'un précédent travail, entraînant une dilatation précoce, à l'origine de fausses couches répétées en milieu de grossesse. Elle est parfois traitée par un cerclage visant à maintenir le col fermé.

Infection urinaire Infection qui touche les reins ou la vessie.

Intraveineuse Voir *Perfusion intraveineuse*.

Jaunisse du nouveau-né Coloration de la peau et du blanc des yeux, provoquée par une augmentation du taux de bilirubine, substance issue de la destruction des globules rouges par le foie. Également appelée jaunisse néonatale ou *ictère du nouveau-né*.

Jumeaux Enfants nés d'une même grossesse.

Lanugo Fin duvet qui recouvre le corps du fœtus.

Ligne brune ou *Linea nigra*. Pigmentation sombre de la peau de l'abdomen, qui relie le nombril et le pubis, située à la jonction des muscles grands droits abdominaux.

Liquide amniotique Liquide qui entoure le fœtus dans l'utérus. En fin de grossesse, il est parfois nécessaire de vérifier au moyen d'une échographie qu'il est présent en quantité suffisante.

Lochies Écoulement vaginal sanguinolent après l'accouchement.

Masque de grossesse voir *Mélasma*.

Méconium Selles émises par le fœtus *in utero* et dans les premiers jours qui suivent la naissance. La présence de méconium dans le liquide amniotique avant l'accouchement est généralement signe de souffrance fœtale.

Mélasma Pigmentation de la peau à l'origine de taches sombres, notamment sur le visage, qui s'accentue en cas d'exposition au soleil. Également appelé *masque de grossesse* ou *chloasma*.

Membrane amniotique Double protection du fœtus composée du sac amniotique et du chorion.

Méningite Grave infection des méninges, membranes qui entourent le cerveau.

Méthode kangourou Technique utilisée notamment pour les prématurés, qui consiste pour les parents à prendre leur nouveau-né en peau à peau pendant de longs moments. Elle favorise la régulation de la température et encourage le bébé à prendre le sein.

Monozygote Voir *Grossesse gémellaire*.

Morula Stade de l'œuf fécondé 3 ou 4 jours après la fécondation, quand il est divisé en 16 cellules.

Multipare Femme qui a accouché deux fois ou plus.

Mycose Infection aux levures qui se forme notamment dans la bouche, sur les mamelons ou au niveau des parties génitales.

Neurostimulation électrique transcutanée (TENS) Soulagement de la douleur au moyen d'impulsions électriques pour bloquer la transmission des messages douloureux au cerveau.

Nourrisson Enfant de plus de 28 jours et de moins de 2 ans.

Nouveau-né Bébé de moins de 28 jours.

Noyau Structure intracellulaire qui contient l'information génétique.

Nullipare Femme qui n'a jamais accouché.

Ocytocine Hormone qui déclenche les contractions dans l'utérus au cours de la 1re phase du travail. Si vous avez passé le terme, vous recevrez peut-être une injection d'ocytocine pour provoquer l'accouchement.

Œdème Gonflement des tissus provoqué par une rétention de liquide, parfois signe de prééclampsie.

Œstrogènes Hormones dont le taux augmente rapidement au cours des premières semaines de grossesse, qui entraîne notamment un épaississement de la muqueuse de l'utérus et un gonflement des seins.

Opiacé (narcotique) Analgésique qui provoque un état de somnolence et de déconnexion.

Ovaire Chacune des deux glandes situées à l'entrée des trompes de Fallope, qui libère des ovules jusqu'à la ménopause.

Ovulation Libération d'un ovule par l'ovaire.

Palpation Manœuvre qui consiste à toucher les différentes parties du corps du fœtus à travers la paroi abdominale de la mère.

Perfusion intraveineuse Injection d'un liquide directement dans la circulation sanguine au moyen d'un cathéter introduit dans une veine.

Périnatal Désigne la période qui s'étend de 24 semaines d'aménorrhée au 8e jour qui suit l'accouchement.

Périnée Ensemble de tissus mous situés autour du vagin, et entre le vagin et le rectum.

Perte du bouchon muqueux Écoulement vaginal muqueux teinté de sang qui se produit avant le travail, conséquence de la dilatation du col de l'utérus, généralement signe d'un travail imminent.

Placenta Organe plat et épais qui alimente le fœtus en oxygène et nutriments.

Placenta prævia Mauvaise position du placenta qui s'insère trop près du col de l'utérus, voire le recouvre. Un accouchement par voie vaginale est alors impossible.

Plancher pelvien Groupe de muscles situés au niveau du bassin, qui soutient la vessie et l'utérus, à travers lequel le bébé progresse lors de l'accouchement.

Poche des eaux voir *Sac amniotique*

Positions actives Approche de l'accouchement qui implique des positions et des mouvements debout pendant le travail.

Postnatal Après la naissance.

Post-partum Après l'accouchement.

Prééclampsie Maladie plus ou moins grave, caractérisée par une hypertension artérielle et un excès de protéines dans les urines.

Prématuré Bébé né avant 37 semaines d'aménorrhée.

Prénatal Avant la naissance.

Présentation Position du bébé dans l'utérus avant et pendant le travail.

Présentation antérieure Position dans l'utérus où le fœtus a le visage tourné vers la colonne vertébrale de sa mère.

Présentation céphalique Position du bébé tête en bas dans l'utérus. C'est la plus courante des présentations.

Présentation en siège Position du bébé dans l'utérus qui se présente les fesses d'abord et non tête la première.

Présentation en sommet Position dans laquelle le sommet de la tête du fœtus est la partie la plus proche du col de l'utérus.

Présentation longitudinale Position dans laquelle la colonne vertébrale du fœtus et celle de la mère sont parallèles.

Présentation postérieure Position dans l'utérus où le fœtus a le visage tourné vers le pubis de sa mère.

Présentation transversale Position du bébé en travers de l'utérus à l'horizontale.

Primipare Femme qui a accouché une fois.

Progestérone Hormone sécrétée par les ovaires puis le placenta.

Prolactine Hormone qui stimule la production de lait.

Prostaglandines Substances naturelles qui provoquent le déclenchement des contractions de travail. Un gel à base de prostaglandines peut être utilisé pour assouplir le col de l'utérus et déclencher le travail.

Protoxyde d'azote ou *gaz hilarant*. Mélange de 50 % d'oxygène et de 50 % d'oxyde d'azote, que la future mère respire avec un masque pendant le travail, et qui soulage la douleur des contractions.

Rachianesthésie Injection d'un anesthésique directement dans le liquide céphalorachidien.

Réflexe d'éjection Flux de lait maternel qui arrive au mamelon.

Réflexe de fouissement ou Réflexe des points cardinaux. Réponse instinctive du bébé qui, lorsqu'on lui stimule le coin de la bouche, cherche spontanément à téter.

Réflexe de sursaut ou Réflexe de Moro. Si la tête ou le cou ne sont pas soutenus, le bébé écarte les bras. Ce réflexe est testé à la naissance afin de vérifier que le système nerveux fonctionne bien

Rubéole Virus pouvant provoquer de graves anomalies congénitales du fœtus si la mère le contracte avant 12 semaines.

Rupture artificielle des membranes ou *Amniotomie*. Rupture chirurgicale de la poche des eaux (ou *Sac amniotique*) souvent provoquée pour accélérer le travail.

Sac amniotique Membrane très fine qui entoure le fœtus et le liquide amniotique, également appelée amnios ou familièrement *poche des eaux*.

Sac vitellin Première source d'approvisionnement en nutriments de l'embryon avant que le placenta prenne le relais vers 12 semaines.

Score d'Apgar Test relatif à la santé du bébé réalisé 1 minute 30 secondes et 10 minutes après la naissance pour évaluer la vitalité du bébé en se basant sur 5 critères (rythme cardiaque, tonus musculaire, réflexes, respiration et coloration de la peau).

Sonde Instrument qui traduit en images ultrasons sur un écran les échos des ondes sonores haute fréquence que renvoie le fœtus dans l'utérus. Voir aussi *Échographie*.

Surfactant Substance qui forme un film à la surface des alvéoles pulmonaires et les empêche de se coller en fin d'expiration. Sa production commençant à 27 semaines, les bébés prématurés ont tendance à en manquer, ce qui explique leurs difficultés à respirer.

Suture Rapprochement des bords d'une plaie ou d'une incision chirurgicale à l'aide de fils ou d'agrafes.

Syndrome du canal carpien Engourdissements et fourmillements dans les mains, provoqués par la compression des nerfs du poignet. Lors de la grossesse, il est induit par l'accumulation de liquides dans l'organisme.

Technologue en échographie Spécialiste en imagerie médicale autorisé à utiliser un échographe.

TENS voir *Neurostimulation électrique transcutanée*.

Thrombose Formation d'un caillot dans un vaisseau sanguin, le plus souvent dans le mollet. Si elle survient dans les poumons, les risques d'embolie pulmonaire sont élevés.

Tire-lait Appareil utilisé pour exprimer le lait des seins.

Tococardiographe voir *Cardiotocographe*.

Toxoplasmose Maladie parasitaire transmise notamment par les chats, présente également dans le sol, et sur les fruits et légumes. Si elle traverse le placenta elle peut provoquer des lésions oculaires ou nerveuses (système nerveux central) chez le fœtus.

Transition Phase située entre la 1re et la 2e phase de travail, lorsque le col se dilate entre 7 et 10 centimètres.

Travail actif Point du travail où le col de l'utérus commence à se dilater plus rapidement et où les contractions deviennent plus fortes, durent plus longtemps et sont plus rapprochées.

Trompes de Fallope Structures tubaires situées de part et d'autre de l'utérus, qui relient les ovaires à l'utérus.

Utérus Organe musculaire creux dans lequel l'ovule fécondé vient se nicher, pour se développer en embryon puis en fœtus.

Vagin Conduit qui relie l'utérus et les organes génitaux externes, dans lequel le pénis s'introduit lors de l'acte sexuel, et par lequel le bébé est expulsé (on parle alors de filière pelvi-génitale).

Varice Veine dilatée qui apparaît surtout en fin de grossesse.

Ventouse (obstétricale) Instrument placé sur la voûte crânienne du bébé, qui facilite l'expulsion grâce à une aspiration.

Vergetures Marques fines qui se forment sur la peau quand elle a été trop étirée, notamment pendant la grossesse.

Vernix Substance blanche et graisseuse qui recouvre le fœtus et le protège pendant toute la grossesse.

Version par manœuvre externe (VME) Manipulation qui consiste à retourner le fœtus qui se présente en siège ou en transverse pour le mettre en position céphalique (tête en bas). Elle peut être réalisée par un obstétricien ou une sage-femme.

Vrais jumeaux voir *Grossesse gémellaire*.

Vulve Partie externe des organes reproducteurs féminins.

Zygote Cellule unique formée par la fusion de l'ovule et du sperme.

Adresses utiles

SITES WEB ET ASSOCIATIONS D'AIDE

Vous trouverez ici les coordonnées d'associations et d'organismes auprès desquels vous pourrez obtenir conseils et soutien en matière de conception, de grossesse et de parentalité.

Ressources d'aide téléphonique

Centre antipoison du Québec
1-800-463-5060
www.antipoison.ca
Quoi faire en cas d'empoisonnement et dépliants à télécharger.

Info-Santé
811
sante.gouv.qc.ca/systeme-sante-en-bref/info-sante-8-1-1
Conseils santé donnés par un infirmier ou une infirmière 24 heures par jour, 7 jours par semaine.

Ligne Parents
1-800-361-5085
www.ligneparents.com
Soutien téléphonique pour parents d'enfants de 0-20 ans, 24 heures par jour, 7 jours par semaine.

Première ressource, aide aux parents
(514) 525-2573 / 1-866-329-4223
www.premiereressource.com
Service téléphonique de consultation professionnelle gratuit pour les parents, offert de septembre à juin.

S.O.S. Grossesse
(418) 682-6222 / 1-877-662-9666
www.sosgrossesse.ca
Service d'écoute téléphonique, d'accueil et d'information pour toute question touchant la grossesse, la contraception et la sexualité.

S.O.S. Violence conjugale
(514) 873-9010 / 1-800-363-9010
www.sosviolenceconjugale.ca
Service téléphonique bilingue et accessible 24 heures par jour, 7 jours par semaine.

Associations, organismes et groupes de soutien

Allergies Québec
(514) 990-2575 / 1-800-990-2575
allergiesquebec.ca
Information, soutien, éducation et formation sur les allergies alimentaires. Section du site Web dédiée aux nouveau-nés.

Association de parents de jumeaux et de triplés de la région de Montréal (APJTM)
(514) 990-6165
www.apjtm.com
Organisme venant en aide aux familles de la région de Montréal ayant vécu une naissance multiple.

Association de parents de jumeaux et plus de la région de Québec
(418) 210-3698
www.apjq.net
Organisme venant en aide aux familles de la région de Québec ayant vécu une naissance multiple.

Association d'information sur l'allergie et l'asthme
1-800-611-7011
www.aaia.ca
Information sur l'asthme, l'allergie et l'anaphylaxie.

Association québécoise des consultantes en lactation diplômées de l'IBLCE
(514) 990-0262
www.ibclc.qc.ca
Pour obtenir la liste des consultantes en allaitement (sur le site Web seulement).

Avant tout les enfants
(514) 593-4303 / 1-800-361-8453
www.avanttoutlesenfants.ca
Organisme offrant toute une gamme de services dont une ligne d'écoute téléphonique, des conseils juridiques professionnels, une banque de données contenant plus de 2000 ressources communautaires et des sessions d'information.

Centre de soutien au deuil périnatal du Centre d'études et de recherche en intervention familiale (CERIF-deuil)
1-800-567-1283 poste 2387
deuil@uqo.ca
Soutien offert aux parents et aux intervenants touchés par le deuil périnatal.

Centre québécois de ressources à la petite enfance
(450) 376-3702 / (514) 369-0234 / 1-877-369-0234
www.cqrpe.qc.ca
Nombreux renseignements sur les groupes d'entraide, les associations du domaine de la santé, les livres suggérés pour les parents, les sites Web pour les parents, etc.

Clinique Parents Plus du Centre de réadaptation Lucie-Bruneau
(514) 527-4527 poste 2220
www.luciebruneau.qc.ca
Clinique spécialisée du réseau de la santé pour parents avec limitations physiques. Évaluation et banque d'équipements adaptés pour favoriser l'autonomie dans les soins à donner au bébé.

Croix-Rouge canadienne
(514) 362-2930 / 1-800-363-7305
www.croixrouge.ca
Information sur le cours sur la prévention et les premiers soins pour les parents de jeunes enfants ainsi que sur le cours de gardiens avertis.

CRP Les Relevailles de Montréal
(514) 640-6741
www.relevailles.com
Soutien téléphonique, cours, rencontres, aide à domicile, formation de portage et références.

Fédération des associations de familles monoparentales et recomposées du Québec
(514) 729-6666
www.fafmrq.org
Organisme de défense des droits et des intérêts des familles monoparentales et recomposées du Québec.

Groupe Les Relevailles
(418) 688-3301
www.groupelesrelevailles.qc.ca
Aide à domicile, groupe d'entraide en dépression post-partum, café-rencontres, massage bébé, soutien téléphonique.

Institut canadien de la santé infantile
(613) 230-8838
www.cich.ca
Organisme voué à la santé infantile et familiale, offrant de nombreuses publications et ressources à l'intention des parents.

Immunisation Canada
(613) 725-3769 poste 122
www.immunize.ca
Explications sur les vaccins, calendrier de vaccination, questions et réponses, ressources, etc.

Ligne j'Arrête
1-866-527-7383
www.jarrete.qc.ca
Information et soutien à l'arrêt tabagique.

Ligue La Leche
1-866-255-2483
www.allaitement.ca
Soutien téléphonique par des monitrices reconnues. Vente de livres et accessoires d'allaitement.

Naître et grandir
naitreetgrandir.com
Site sur le développement et la santé des enfants.

Nourri-Source
(514) 948-9877 / 1-866-948-5160
www.nourri-source.org
Soutien téléphonique par jumelage avec une marraine d'allaitement ; les demandes de jumelage peuvent être faites par téléphone. Pour les autres activités en lien avec l'allaitement, consultez le site Web.

Préma-Québec
(450) 651-4909 / 1-888-651-4909
www.premaquebec.ca
Association québécoise pour les enfants prématurés.

Regroupement Naissance-Renaissance
(514) 392-0308
www.naissance-renaissance.qc.ca
Services de soutien à l'allaitement, relevailles et autres.

RePère
(514) 381-3511
www.repere.org
Programme d'aide et de soutien pour les pères.

Réseau des Centres de ressources périnatales
(418) 336-3316
www.reseaudescrp.org
Site Web pour connaître le CRP de votre région afin d'obtenir des services tels que : cours prénatals, accompagnement à la naissance, relevailles, soutien à l'allaitement et ateliers variés.

Réseau québécois d'accompagnantes à la naissance
1-866-NAISSANCE
www.naissance.ca
Centre d'information et de référence ayant pour but de faire connaître les services de ses membres au public.

Seréna
(514) 273-7531 / 1-866-273-7362
www.serena.ca
Organisme de promotion des méthodes de planification naturelle des naissances.

Sexplique
(418) 624-6808 / 1-877-624-6808
www.sexplique.org
Service d'information en contraception et sexualité de Québec.

Société canadienne de pédiatrie – Soins de nos enfants
(613) 526-9397
www.soinsdenosenfants.cps.ca
Information sur la santé des enfants donnée par des pédiatres canadiens.

APPLICATIONS

Il existe de très nombreuses applications liées à la grossesse, à l'accouchement et aux soins des bébés. Bien que ludique et pratique, leur contenu n'a aucune valeur médicale. Il est donc indispensable de consulter un professionnel de la santé si besoin.

Grossesse Nombreuses sont les applications qui vous accompagneront pendant votre grossesse. Certaines proposent des journaux personnalisés qui permettent, entre autres, de télécharger vos échographies et les photos de votre ventre rond. D'autres intègrent des communautés et des forums où vous pourrez échanger avec de futures mamans. D'autres encore génèrent des alertes pour vos consultations de suivi ou des résumés quotidiens ou hebdomadaires de l'évolution de votre grossesse, permettent de surveiller votre prise de poids, ou envoient des rappels pour effectuer vos exercices de renforcement du plancher pelvien.

Le travail et l'accouchement De nombreuses applications préparent les futurs parents au jour J. La plupart de celles qui sont dédiées à l'accouchement permettent de chronométrer vos contractions, et intègrent un espace pour rédiger votre plan de naissance. Certaines donnent des conseils pour un accouchement naturel, décrivent les différentes positions possibles et proposent même des vidéos illustrant les techniques de travail. Elles exposent généralement les avantages et les inconvénients des différentes méthodes, afin que vous envisagiez toutes les options possibles. Beaucoup d'applications vous aident à vous préparer sur le plan psychologique : elles proposent des exercices de méditation, de relaxation et de visualisation. Certaines, très pratiques, incluent une liste de ce que vous devrez prendre à l'hôpital, que vous pourrez cocher au fur et à mesure que vous préparez votre valise. Nombreuses sont aussi celles qui intègrent une fonction « faire-part », permettant ainsi d'annoncer la bonne nouvelle et d'envoyer des photos de votre petite merveille à vos proches.

La vie avec un bébé D'autres applications vous aideront dans votre quotidien de jeunes parents. Certaines proposent des conseils quotidiens pendant les 6 premiers mois, et permettent d'échanger avec d'autres parents de votre région sur des forums. Pour les mamans fatiguées ou étourdies, il existe des applications qui signalent l'heure des tétées, des changements de couches et des siestes, tout en assurant leur suivi. D'autres localisent l'espace bébé le plus proche pour que vous puissiez changer votre enfant. Les utilisateurs peuvent ensuite noter la propreté, l'accessibilité et l'emplacement des locaux. Pour calmer et apaiser votre bébé, choisissez parmi celles qui proposent un large choix de bruits blancs, comptines et berceuses.

Quand votre bébé sera plus grand, vous pourrez télécharger des applications sur la diversification alimentaire, par exemple. Vous y trouverez conseils, tableaux de suivi et recettes. Et pourquoi ne pas opter pour une de celles dédiées à l'apprentissage des « bébés signeurs » ? Vous pourrez ainsi montrer à votre enfant des gestes simples pour indiquer qu'il veut manger, dormir, jouer ou retrouver son toutou.

Index

A

D

E

F

G

H

I

J

K

L

M

P

Q

R

S

T

U

V

W

X

Y

Z

Remerciements

Remerciements de l'éditeur

Direction de la publication Anna Davidson
Relecture Jemima Dunne, Claire Cross et Jamie Ambrose
Index Hilary Bird
Organisation des séances photos Isabel de Cordova, Peggy Sadler
Modèles Adam Dicuru, Raquel Dicuru, Abby Dorrian, Indiana Dorrian, Myles Dorrian, Justyna Duggan et Adele Roche
Location des maisons pour la photographie www.1st-Option.com

L'éditeur remercie tout particulièrement M. Gidon Lieberman, consultant en fertilité et gynécologie, pour son aide sur le chapitre « Conception ».

Crédits photographiques

La plupart des photographies et images d'examens de bébés en développement ont été réalisées à partir d'embryons et de fœtus vivants, *in utero*, par endoscopie ou échographie. Dans les cas où cela n'a pas été possible, les clichés ont été obtenus par de professionnels de la santé réputés, dans le cadre d'études ou à des fins d'enseignement.

L'éditeur tient à remercier les personnes et entreprises ci-dessous pour lui avoir permis de reproduire leurs photographies (légendes : h – en haut/au-dessus ; b – en bas/au-dessous ; c – au centre ; e – extrême ; g – gauche ; d – droite) :

4 Photolibrary : Digital Vision. **12 Maxine Pedliham** : (hd). **Science Photo Library** : P. Saada/Eurelios (bd). **37 Corbis** : MedicalRF.com (hd). **49 Science Photo Library** : Anatomical Travelogue (ch). **82 Dreamstime.com** : Monkey Business Images/Monkeybusinessimages (bg). **93 iStockphoto.com** : M_a_y_a. **94 Dreamstime.com** : Ngo Thye Aun/Ngothyeaun. **95 Dreamstime.com** : Monkey Business Images/Monkeybusinessimages (bg). **Getty Images** : RJ Sangosti/The Denver Post (cg). **96 Science Photo Library** : Dr G. Moscoso (hd) ; Sovereign, ISM (bg, bd). **99 Wellcome Images. 100-101 LOGIQlibrary. 100 Science Photo Library** : Living Art Enterprises, LLC (bc, bd). **101 Getty Images** : LM Photo/The Image Bank (hg). **102 Dreamstime.com** : Natasnow. **103 Science Photo Library** : Dr Najeeb Layyous (cdh, bg, bc, bd). **107 Corbis** : Tomas Rodriguez. **110 Alamy Images** : View Stock. **111 Alamy Images** : Jose Luis Pelaez Inc/Blend Images. **113 Alamy Images** : Jose Luis Pelaez Inc/Blend Images. **121 Corbis** : B2M Productions/Ocean (bg). **127 Alamy Images** : OJO Images Ltd (g). **130 Dreamstime.com** : Ana Blazic Pavlovic (c). **134 Corbis** : Tomas Rodriguez (hg). **136 iStockphoto.com** : momcilog (b). **140 Corbis** : JGI/Tom Grill/Blend Images (cdb). **141 Getty Images** : Westend61 (bd). **142 Getty Images** : Caroline Purser (cg). **143 Science Photo Library** : (bd). **145 Corbis** : B. Boisson net/BSIP (hd). **146 Science Photo Library** : Gustoimages (cb). **158-159 Science Photo Library** : Edelmann. **163 Science Photo Library** : Neil Bromhall (h). **164-165 Science Photo Library** : Neil Bromhall. **167 Corbis** : Bernd Vogel (cd). **Getty Images** : Marc Romanelli (ch). **iStockphoto.com** : PonyWang (cdh). **193 Dreamstime.com** : Indigolotos (bd). **209 Mother & Baby Picture Library** : Ian Hooton (g). **218-219 Alamy Images** : Lionel Wotton. **220 Corbis** : Juergen Effner/dpa (cd). **221 Corbis** : Rune Hellestad (bd). **223 Alamy Images** : Chloe Johnson (bd). **225 Science Photo Library** : David Parker (d). **228 Science Photo Library** : Ian Hooton (g). **229 Science Photo Library** : Ian Hooton (cb). **230 Alamy Images** : Phanie (cdh). **234 Alamy Images** : Martin Valigursky (b). **237 Alamy Images** : philipus (hd). **243 Alamy Images** : Purestock (cdb). **245 Getty Images** : Layland Masuda (cg). **246 Alamy Images** : Phanie (31). **247 Getty Images** : Siri Stafford (cdh). **248-249 Dreamstime.com** : Aynur Shauerman (b). **249 Alamy Images** : Family (hg). **Science Photo Library** : Dr P. Marazzi (cdh, cdh/fraise, cd, cd/taches de naissance) ; (cdb, cdb/grains de beauté). **253 Getty Images** : Comstock (cd). **255 Alamy Images** : Phanie (hd). **258-259 Getty Images** : Alistair Berg. **264-265 Getty Images** : LWA. **272 Dorling Kindersley** : Antonia Deutsch (bd, cd, hd). **273 Getty Images** : Jamie Grill (hd). **276 Getty Images** : Mecky (bd). **290 Getty Images** : Science Photo Library (bg). **291 Getty Images** : Tetra Images (bd). **293 Getty Images** : Frédéric Cirou (bg). **295 Science Photo Library** : Gustoimages (bd). **299 Getty Images** : ONOKY – Éric Audras (cg). **300-301 Getty Images** : Marina Raith. **311 Corbis** : ERproductions Ltd/Blend Images (hd). **312-313 Getty Images** : Science Photo Library : **313 Getty Images** : Guillermo Legaria/AFP. **314 Corbis** : Glowimages (hd). **Getty Images** : BSIP/UIG (c). **315 Corbis** : JGI/Tom Grill/Blend Images. **316 Getty Images** : Todd Bates/E+ (bg) ; Cultura Science/Marc Fluri (ch). **317 Science Photo Library** : Antonia Reeve. **319 Getty Images** : Focus_on_Nature/E+. **322 Getty Images** : Fertnig/Vetta. **327 Getty Images** : Leanne Temme/Stockbyte. **328 Corbis** : JGI/Tom Grill/Blend Images. **329 Science Photo Library** : Photostock-Israel. **332-333 iStockphoto.com** : IvanJekic.

Toutes les autres images © Dorling Kindersley.
Pour plus d'informations, rendez-vous sur le site **www.dkimages.com**